NOMOSEINFÜHRUNG

Prof. Dr. Edward Schramm
Friedrich-Schiller-Universität Jena

Strafrecht Besonderer Teil II

Eigentums- und Vermögensdelikte

3. Auflage

Die Deutsche Nationalbibliothek verzeichnet diese Publikation in
der Deutschen Nationalbibliografie; detaillierte bibliografische
Daten sind im Internet über http://dnb.d-nb.de abrufbar.

ISBN 978-3-8487-7523-1 (Print)
ISBN 978-3-7489-3373-1 (ePDF)

3. Auflage 2023
© Nomos Verlagsgesellschaft, Baden-Baden 2023. Gesamtverantwortung für Druck und
Herstellung bei der Nomos Verlagsgesellschaft mbH & Co. KG. Alle Rechte, auch die des
Nachdrucks von Auszügen, der fotomechanischen Wiedergabe und der Übersetzung,
vorbehalten.

Vorwort zur 3. Auflage

Dieses Buch bildet in der Reihe „Einführung" das Bindeglied zwischen dem „Strafrecht Allgemeiner Teil" von *Johannes Kaspar* (Universität Augsburg) und dem bald erscheinenden „Strafrecht Besonderer Teil 1 Nichtvermögensdelikte" von *Tobias Reinbacher* (Universität Würzburg). Es trägt seit der 2. Auflage den Titel „Strafrecht Besonderer Teil 2".

Für die 3. Auflage wurden zahlreiche aktuelle Gerichtsentscheidungen eingearbeitet, neue Beispielsfälle gebildet und einige Passagen überarbeitet, so u. a. zu den Fällen des Wegstoßens am Geldautomaten (§ 2 Rn. 20, 24 – 24 b) einschließlich der damit verbundenen Raubproblematik (§ 4 Rn. 11), dem Diebstahl an Scannerkassen (§ 2 Rn. 26 a) sowie der dabei auftretenden Frage nach der Relevanz des Computerbetrugs (§ 8 Rn. 40), dem sog. Informationsdiebstahl (§ 2 Rn. 55), dem Diebstahl durch Berufswaffenträger (§ 2 Rn. 128 a), dem Zurechnungszusammenhang beim Raub mit Todesfolge (§ 4 Rn. 84), den Sachbeschädigungen durch Klimaaktivisten und ihre Rechtfertigung (§ 6 Rn. 18, 28, 34 ff., 41), dem Betrug durch falsche Polizeibeamte (§ 7 Rn. 85), dem Love-Scamming (§ 7 Rn. 157 a), dem Computerbetrug durch elektronischen Taschendiebstahl (§ 8 Rn. 40 a) und der Geldwäschereform von 2021 (§ 12 Rn. 73 – 94). Gerne greife ich Kritik, Anregungen und Hinweise auf (E-Mail-Adresse: edward.schramm@uni-jena.de).

Für ihre tatkräftige Unterstützung danke ich herzlich den wissenschaftlichen Mitarbeiter:innen *Patrick Kranz, Ronja Sanow* und *Meltem Tan*, den studentischen Assistent:innen *Bea Bretschneider, Hannah Domgörgen, Mark Gries* und *Johann Höpfner* sowie meiner Sekretärin Frau *Petra Richter*. Danken möchte ich auch den *Studierenden der Universität Jena* für ihr Feedback und ihre freundlichen Anregungen. Ein besonderer Dank gilt schließlich Herrn *Dr. Peter Schmidt* und Frau *Katrin Brandel* vom Nomos Verlag für die stets vertrauensvolle Zusammenarbeit.

Jena, im Juli 2023   Edward Schramm

Aus dem Vorwort zur 1. Auflage

Aus dem Besonderen Teil des Strafgesetzbuchs gehört der überwiegende Teil der Eigentums- und Vermögensdelikte zum Pflichtfachstoff eines jeden Jurastudenten. Mögen die Ausbildungs- und Prüfungsordnungen der jeweiligen Bundesländer auch unterschiedlich ausgestaltet sein, so bilden doch Sachbeschädigung und Diebstahl, Unterschlagung und Betrug, Raub und Erpressung überall einen Grundstock der strafrechtlichen Ausbildung. Das vorliegende Buch versteht sich als ein Grundriss und konzentriert sich auf die zentralen Tatbestände und Grundzüge dieses Gebiets. Das Buch wendet sich an Studierende, die erstmals die Vorlesung zum Besonderen Teil des StGB hören oder sich auf die strafrechtliche Übung für Fortgeschrittene vorbereiten. Aus diesem Grund werden Straftatbestände in diesem Buch nicht behandelt, die allenfalls im strafrechtlichen Schwerpunktbereich beherrscht werden müssen (wie etwa die Insolvenzdelikte, der Subventions-, Kapitalanlage-, Kredit- und Submissionsbetrug oder Umweltstraftaten).

Nach einer kurzen dogmatischen Einführung (Teil 1) orientiert sich die Darstellung der Materie an der gängigen Systematik von Straftaten gegen das Eigentum (Teil 2), gegen das Vermögen (Teil 3) und gegen spezialisierte Vermögenswerte (Teil 4). Mit diesem Buch, das aus meinen Vorlesungen an der Universität Jena hervorgegangen ist, wird der Versuch unternommen, zum Verständnis dieser Rechtsmaterie in der Breite wie in der Tiefe beizutragen, soweit dies bei der gebotenen Kürze der Darstellung geleistet werden kann. Die (notgedrungen) kurzen Hinweise zur Geschichte des jeweiligen Straftatbestands sollen vor Augen halten, dass Normen Kinder ihrer Zeit sind und ein „Schicksal" haben, das für das Verständnis der Regelung bedeutsam ist. Die (ebenfalls sehr knappen) Verweise auf die praktische Relevanz eines Straftatbestands mögen verdeutlichen, ob der Anspruch der Normgeltung und ihre Durchsetzung in der Wirklichkeit auseinanderklaffen.

Von wenigen Ausnahmen abgesehen entstammen die in den Text eingeflochtenen Beispiele und Lösungen der höchstrichterlichen Rechtsprechung. Diese Fälle sowie die Aufbauschemata und klausurtechnischen Hinweise werden durch Kursivdruck hervorgehoben. Als Literaturnachweise werden vorrangig Kommentare und umfangreichere Lehrbücher herangezogen, die insbesondere für Studierende von Nutzen sein werden, die mit der Erstellung einer Hausarbeit oder einer Seminararbeit befasst sind. Den einzelnen Abschnitten dieses Buchs wurden zudem Hinweise auf Beiträge in den Ausbildungszeitschriften (JuS, JA, Jura, ZJS) vorangestellt (...).

Jena, im Februar 2017 					Edward Schramm

Inhaltsübersicht

Vorwort zur 3. Auflage	5
Aus dem Vorwort zur 1. Auflage	6
Inhaltsverzeichnis	9
Abkürzungsverzeichnis	25
Literaturverzeichnis	27

Teil 1 Einführung

§ 1	Eigentums- und Vermögensschutz im Strafrecht	29

Teil 2 Die Straftaten gegen das Eigentum

§ 2	Der Diebstahl (§§ 242 ff. StGB)	40
§ 3	Die Unterschlagung (§ 246 StGB)	91
§ 4	Der Raub (§§ 249 ff. StGB)	105
§ 5	Die raubähnlichen Sonderdelikte (§§ 252, 316 a StGB)	132
§ 6	Die Sachbeschädigung (§§ 303-305 a StGB)	148

Teil 3 Die Straftaten gegen das Vermögen als Ganzes

§ 7	Der Betrug (§ 263 StGB)	166
§ 8	Die betrugsähnlichen Delikte (§§ 263 a, 265, 265 a StGB)	224
§ 9	Die Erpressung (§ 253 StGB) und räuberische Erpressung (§§ 253, 255 StGB)	254
§ 10	Die Untreue (§ 266 StGB)	277
§ 11	Der Missbrauch von Scheck- und Kreditkarten (§ 266 b StGB)	298
§ 12	Die Anschlussdelikte (§§ 257, 259, 261 StGB)	309

Teil 4 Die Straftaten gegen spezialisierte Vermögenswerte

§ 13	Der unbefugte Gebrauch eines Fahrzeugs (§ 248 b StGB)	337
§ 14	Die Entziehung elektrischer Energie (§ 248 c StGB)	344
§ 15	Die Pfandkehr (§ 289 StGB)	351
Stichwortverzeichnis		355

Inhalt

Vorwort zur 3. Auflage	5
Aus dem Vorwort zur 1. Auflage	6
Inhaltsverzeichnis	7
Abkürzungsverzeichnis	25
Literaturverzeichnis	27

Teil 1 Einführung

§ 1 Eigentums- und Vermögensschutz im Strafrecht	29
I. Sphären der Entfaltung und Ordnung der Rechtsgüter	29
II. Die Auslegung der Straftatbestände	30
III. Zur Klassifizierung der Eigentums- und Vermögensdelikte	31
1. Straftaten gegen das Eigentum und das Vermögen	31
a) Straftaten gegen das Eigentum	32
aa) Zueignung von Sachen	32
bb) Beschädigung oder Zerstörung von Sachen	32
b) Vermögensdelikte	32
aa) Straftaten gegen das Eigentum, sofern vermögenswert	32
bb) Straftaten gegen das Vermögen als Ganzes	32
cc) Straftaten gegen spezialisierte Vermögenswerte	32
c) Zur Bedeutung des Unterschieds	32
aa) Weitergehender Schutz durch Vermögensdelikte	33
bb) Speziellerer Schutz durch Vermögensdelikte	33
cc) Bedeutung des wirtschaftlichen Wertes	33
d) Vermögensdelikte im engen und weiten Sinne	33
2. Vermögensschädigungs-, Vermögensverschiebungs-, Perpetuierungsdelikte	34
3. „Urwüchsige" und fragmentarische Gestalt des Vermögensstrafrechts	34
4. Verteilung der Vermögensdelikte im StGB	34
5. Abgrenzung zum Wirtschaftsstrafrecht	34
IV. Sekundärordnung, Rechtsgüterschutz und Pönalisierungskompetenz	36
1. Rechtliche Sanktionsordnung und sekundärer Charakter des Strafrechts	36
2. Pönalisierungskompetenz	37
Wiederholungsfragen	39

Teil 2 Die Straftaten gegen das Eigentum

§ 2 Der Diebstahl (§§ 242 ff. StGB)	40
I. Einleitung	40
1. Die Systematik der Diebstahlstatbestände	41
2. Rechtsgut	41

II. Der einfache Diebstahl (§ 242 StGB) — 42
1. Prüfungsschema in Klausuren — 42
2. Objektiver Tatbestand — 42
   a) Tatobjekt fremde bewegliche Sache — 43
      aa) Sache — 43
      bb) Beweglichkeit — 44
      cc) Fremdheit — 44
   b) Tathandlung Wegnahme — 46
      aa) Begriff des Gewahrsams — 46
      bb) Bruch fremden Gewahrsams — 49
      cc) Begründung neuen Gewahrsams — 51
      dd) Mehrstufiger Gewahrsam — 52
3. Subjektiver Tatbestand — 53
   a) Vorsatz — 53
   b) Zueignungsabsicht — 54
      aa) Gegenstand der Zueignung — 55
      bb) Enteignungskomponente — 56
      cc) Aneignungskomponente — 58
      dd) Sich- und Drittzueignung — 59
      ee) Objektive Rechtswidrigkeit der erstrebten Zueignung — 60
      ff) Vorsatz bzgl. der objektiven Rechtswidrigkeit — 62
4. Täterschaft und Teilnahme — 62
   a) Allgemeines — 62
   b) Beteiligung bei Drittzueignungsabsicht; „absichtslos-doloses Werkzeug" — 63
   c) Schmierestehen — 63
5. Versuch, Vollendung, Beendigung — 64
6. Konkurrenzen — 65

Wiederholungsfragen — 66

III. Der besonders schwere Fall des Diebstahls, § 243 StGB — 66
1. Einführung — 66
   a) Die maßgeblichen Kriterien — 66
   b) Klausurentechnik — 67
   c) Quasi-Vorsatz — 68
   d) Prüfungsschema in Klausuren — 68
2. Einzelne Regelbeispiele — 68
   a) Einbruchs- und Nachschlüsseldiebstahl (§ 243 Abs. 1 S. 2 Nr. 1 StGB) — 68
      aa) Tatobjekt — 69
      bb) Mögliche Tathandlungen — 69
   b) Besonders gesichertes Gut (§ 243 Abs. 1 S. 2 Nr. 2 StGB) — 70
   c) Gewerbsmäßiger Diebstahl (§ 243 Abs. 1 S. 2 Nr. 3 StGB) — 72
3. Die Geringwertigkeitsgrenze (§ 243 Abs. 2 StGB) — 73
4. Versuchskonstellationen bei § 243 StGB — 74
   a) Versuchtes Regelbeispiel bei versuchtem Grunddelikt — 74
   b) Versuchtes Regelbeispiel bei vollendetem Grundtatbestand — 74
   c) Vollendetes Regelbeispiel bei versuchtem Grunddelikt — 75

		5. Konkurrenzen	75
		Wiederholungsfragen	76
	IV.	**Die Qualifikationstatbestände des Diebstahls**	76
		1. Diebstahl mit Waffen; Bandendiebstahl; Wohnungseinbruchsdiebstahl (§ 244 StGB)	76
		a) Allgemeines	76
		b) Waffen, gefährliches Werkzeug (§ 244 Abs. 1 Nr. 1 a StGB)	77
		aa) Waffe	77
		bb) Gefährliches Werkzeug	78
		cc) Tathandlung „Beisichführen"	80
		c) Sonstige Werkzeuge oder Mittel (§ 244 Abs. 1 Nr. 1 b StGB)	81
		d) Bandendiebstahl (§ 244 Abs. 1 Nr. 2 StGB)	82
		aa) Mindestzahl der Mitglieder; Gehilfe als Bandenmitglied	83
		bb) Zweck des Zusammenschlusses; die „Bandenabrede"	84
		cc) Organisationsstruktur	84
		dd) Mitwirkung eines anderen Bandenmitglieds	85
		e) Wohnungseinbruchsdiebstahl (§ 244 Abs. 1 Nr. 3, Abs. 4 StGB)	86
		aa) Tatobjekt Wohnung	86
		bb) Tathandlung	87
		cc) Qualifikationsobjekt Privatwohnung	87
		f) Konkurrenzen	88
		2. Schwerer Bandendiebstahl (§ 244 a StGB)	89
		a) Prüfungsschema in Klausuren	89
		b) Tatbestandsstruktur	89
		c) Konkurrenzen	90
		Wiederholungsfragen	90
§ 3		**Die Unterschlagung (§ 246 StGB)**	91
	I.	**Einleitung**	91
		1. Verhältnis zum Diebstahl	92
		2. Rechtsgut	92
		3. Prüfungsschema in Klausuren	93
	II.	**Die einfache Unterschlagung (§ 246 Abs. 1 StGB)**	93
		1. Objektiver Tatbestand	94
		a) Tatobjekt	94
		b) Tathandlung	94
		aa) Begriff der Zueignung	94
		(1) Objektive Manifestation der Zueignung	95
		(2) Herrschaftsbeziehung zum Gegenstand	96
		bb) Die wiederholte Zueignung	97
		cc) Unterschlagungen ohne vorherigen Gewahrsam	98
		(1) Fundunterschlagung	98
		(2) Leichenfledderei	99
		dd) Probleme der Drittzueignung	99
		ee) Rechtswidrigkeit der Zueignung	99
		2. Subjektiver Tatbestand	100
		3. Versuch	100

	4.	Täterschaft und Teilnahme	100
	5.	Konkurrenzen, Subsidiaritätsklausel	101
III.	Die veruntreuende Unterschlagung (§ 246 Abs. 2 StGB)		102
	1.	Begriff des Anvertrautseins	102
	2.	Gesetzes-, sitten- und interessenwidrige Auftragsverhältnisse	103
	3.	Vorsatz, Versuch, Teilnahme, Konkurrenzen	103
	Wiederholungsfragen		104

§ 4 Der Raub (§§ 249 ff. StGB) — 105

- I. Einleitung — 105
- II. Der einfache Raub (§ 249 StGB) — 105
  1. Struktur, Rechtsgut, Prüfungsschema in Klausuren — 105
     - a) Rechtsgut — 105
     - b) Struktur — 106
     - c) Prüfungsschema in Klausuren — 106
  2. Der objektive Tatbestand — 107
     - a) Tathandlung Wegnahme — 107
     - b) Tatmittel — 107
        - aa) Gewalt gegen eine Person — 107
          - (1) Weite Auslegung — 108
          - (2) Intensität des Nötigungsmittels — 108
          - (3) Gewalt gegen Dritte — 108
          - (4) Gewalt durch Unterlassen — 109
        - bb) Drohung mit gegenwärtiger Gefahr für Leib und Leben — 110
     - c) Finalzusammenhang zwischen Nötigungsmittel und Wegnahme — 110
     - d) Raubspezifische Einheit — 112
  3. Der subjektive Tatbestand — 112
     - a) Vorsatz, Zueignungsabsicht — 112
     - b) Vorsatz bezüglich Rechtswidrigkeit der erstrebten Zueignung — 113
  4. Versuch, Vollendung, Beendigung — 113
  5. Täterschaft und Teilnahme — 114
     - a) Täterschaft — 114
     - b) Sukzessive Beteiligung, rückwirkende Zurechnung von Erschwerungsgründen — 115
  6. Konkurrenzen — 116

  Wiederholungsfragen — 116

- III. Der schwere Raub (§ 250 StGB) — 116
  1. Allgemeines — 117
  2. Prüfungsschema in Klausuren — 117
  3. Der einfache schwere Raub (§ 250 Abs. 1 StGB) — 118
     - a) Gefährlicher schwerer Raub (§ 250 Abs. 1 Nr. 1 StGB) — 118
        - aa) Beisichführen Waffe/gefährliches Werkzeug (§ 250 Abs. 1 Nr. 1 a StGB) — 118
        - bb) Beisichführen eines sonstigen Mittels/Werkzeugs (§ 250 Abs. 1 Nr. 1 b StGB) — 119
          - (1) Systemwidrige Gesetzesänderung — 119

	(2) Nach äußerem Erscheinungsbild objektiv ungefährliche Gegenstände	120
	cc) Gefahr einer schweren Gesundheitsschädigung (§ 250 Abs. 1 Nr. 1 c StGB)	121
	b) Bandenraub (§ 250 Abs. 1 Nr. 2 StGB)	121
4.	Der besonders schwere Raub, § 250 Abs. 2 StGB	122
	a) Verwendung einer Waffe oder eines gefährlichen Werkzeugs (§ 250 Abs. 2 Nr. 1 StGB)	122
	b) Bandenraub mit Waffen (§ 250 Abs. 2 Nr. 2 StGB)	123
	c) Schwere körperliche Misshandlung, Lebensgefahr (§ 250 Abs. 2 Nr. 3 StGB)	123
	aa) Raub unter schwerer körperlicher Misshandlung (§ 250 Abs. 2 Nr. 3 a StGB)	123
	bb) Lebensgefährlicher Raub (§ 250 Abs. 2 Nr. 3 b StGB)	123
5.	Zeitpunkt der Verwirklichung des Qualifikationsmerkmals	123
6.	Konkurrenzen	124
	Wiederholungsfragen	124
IV.	**Der Raub mit Todesfolge (§ 251 StGB)**	124
1.	Einleitung	125
	a) Erfolgsqualifiziertes Delikt	125
	b) Prüfungsschema in Klausuren	125
2.	Der Tatbestand des § 251 StGB	126
	a) Grundtatbestand, Erfolgseintritt, Kausalität	126
	b) Der spezifische Gefahrzusammenhang	126
	aa) Grundsatz	127
	bb) Anwendung tödlicher Mittel in der Beendigungsphase	128
	c) Leichtfertigkeit; Vorsatz	128
3.	Versuch und Rücktritt	129
	a) Arten des Versuchs beim erfolgsqualifizierten Delikt	129
	b) Rücktritt vom Versuch	129
4.	Täterschaft und Teilnahme	130
5.	Konkurrenzen	130
	Wiederholungsfragen	131
§ 5	**Die raubähnlichen Sonderdelikte (§§ 252, 316 a StGB)**	132
I.	**Der räuberische Diebstahl (§ 252 StGB)**	132
1.	Einleitung	132
	a) Rechtsgut	132
	b) Deliktsnatur	132
	c) Prüfungsschema in Klausuren	133
2.	Objektiver Tatbestand	134
	a) Taugliche Vortat	134
	b) Auf frischer Tat betroffen	135
	c) Einsatz qualifizierter Nötigungsmittel	136
3.	Subjektiver Tatbestand	136
	a) Vorsatz	136
	b) Besitzerhaltungsabsicht	137

4.	Teilnahme	137
5.	Konkurrenzen	138
	Wiederholungsfragen	139

II. **Der räuberische Angriff auf Kraftfahrer (§ 316 a StGB)** 139
    1. Einleitung 139
    2. Tatbestand 141
        a) Verüben eines Angriffs auf Leib, Leben oder Entschlussfreiheit 141
            aa) Verüben eines Angriffs 141
            bb) Angriffsobjekte 142
                (1) Führer eines KFZ 142
                (2) Mitfahrer 143
                (3) Kraftfahrzeug 143
        b) Ausnutzung der besonderen Verhältnisse des Straßenverkehrs 144
            aa) Besondere Verhältnisse des Straßenverkehrs 144
            bb) Ausnutzung 145
        c) Subjektiver Tatbestand 146
    3. Täterschaft und Teilnahme; Versuch, Rücktritt 146
    4. Todesfolge als Erfolgsqualifikation (§ 316 a Abs. 3 StGB) 147
    5. Konkurrenzen 147
    Wiederholungsfragen 147

§ 6 Die Sachbeschädigung (§§ 303-305 a StGB) 148
  I. **Einleitung** 148
    1. Praktische Bedeutung 148
    2. Systematik 149
  II. **Die einfache Sachbeschädigung (§ 303 StGB)** 149
    1. Rechtsgut 149
    2. Prüfungsschema in Klausuren 149
    3. Objektiver Tatbestand 150
        a) Tatobjekt 150
            aa) Sache 150
            bb) Fremdheit 151
        b) Tathandlung 152
            aa) Beschädigen (Var. 1 des § 303 Abs. 1 StGB) 152
                (1) Substanz 152
                (2) Brauchbarkeit 152
                (3) Aussehen 154
                (4) Intensität der Einwirkungen 154
                (5) Nachteiligkeit der Einwirkung 154
            bb) Zerstören (Var. 2 des § 303 Abs. 1 StGB) 155
            cc) Veränderung des äußeren Erscheinungsbildes (§ 303 Abs. 2 StGB) 155
    4. Subjektiver Tatbestand 156
    5. Rechtswidrigkeit 157
    6. Strafbarkeit des Versuchs 158
    7. Konkurrenzen 158
    Wiederholungsfragen 159

Inhalt

III.	Qualifikationstatbestände (§§ 304, 305, 305 a StGB)	159
	1. Gemeinschädliche Sachbeschädigung (§ 304 StGB)	159
	2. Zerstörung von Bauwerken (§ 305 StGB)	160
	3. Zerstörung wichtiger Arbeitsmittel (§ 305 a StGB)	160
IV.	Die Datenveränderung (§ 303 a StGB); Computersabotage (§ 303 b StGB)	160
	1. Datenveränderung (§ 303 a StGB)	161
	a) Zur Einführung	161
	b) Prüfungsschema in Klausuren	161
	c) Objektiver Tatbestand	162
	aa) Tatobjekt	162
	bb) Tathandlungen	163
	d) Subjektiver Tatbestand	163
	e) Rechtswidrigkeit	163
	f) Konkurrenzen	164
	2. Computersabotage (§ 303 b StGB)	164
	a) Rechtsgut, Struktur	164
	b) Prüfungsschema in Klausuren	165
	Wiederholungsfragen	**165**

Teil 3 Die Straftaten gegen das Vermögen als Ganzes

§ 7	**Der Betrug (§ 263 StGB)**	**166**
I.	Einleitung	166
	1. Rechtsgut, praktische Bedeutung	167
	2. Deliktscharakter	168
	3. Weitere Betrugstatbestände	168
	4. Prüfungsschema in Klausuren	169
II.	Objektiver Tatbestand	169
	1. Täuschung	170
	a) Tatsache	170
	b) Täuschung	172
	aa) Allgemeines	172
	bb) Ausdrückliche Täuschung	173
	cc) Konkludente Täuschung	174
	dd) Täuschung durch Unterlassen	175
	(1) Gesetz	176
	(2) Vertrag; Übernahme von Garantenstellungen	176
	(3) Ingerenz	177
	(4) Modalitätenäquivalenz	177
	2. Irrtum	177
	a) Definition	178
	b) Irrtumsfähigkeit	178
	c) Tatsachen; Zurechnungszusammenhang	178
	d) Irrtum und Unkenntnis	179
	e) Sonderwissen, sachgedankliches Mitbewusstsein	179
	f) Zweifel an Richtigkeit	180
	g) Erkennbarkeit des Irrtums – Europäisches Verbraucherleitbild	182

Inhalt

- 3. Vermögensverfügung ... 184
  - a) Definition ... 184
  - b) Art der Verfügung ... 185
  - c) Unmittelbarkeit der Vermögensverfügung ... 186
  - d) Bewusste Verfügung ... 186
  - e) Freiwillige Verfügung ... 188
  - f) Der Dreiecksbetrug ... 188
- 4. Vermögensschaden ... 191
  - a) Zweistufige Prüfungsreihenfolge ... 191
  - b) Vermögensbegriff ... 191
    - aa) Die zwei maßgeblichen Vermögensbegriffe ... 192
      - (1) Der rein ökonomische Vermögensbegriff ... 192
      - (2) Juristisch-ökonomischer Vermögensbegriff ... 192
    - bb) Weitere Vermögensbegriffe ... 193
    - cc) Stellungnahme ... 193
  - c) Einzelne umstrittene Vermögenspositionen ... 194
    - aa) Nichtige Forderungen, z.B. wegen Gesetzes- oder Sittenwidrigkeit ... 194
      - (1) Einsatz zu gesetzlich missbilligten Zwecken ... 194
      - (2) Keine Gegenleistung vom Empfänger der sitten-/gesetzeswidrigen Leistung ... 195
    - bb) Der (unrechtmäßige) Besitz ... 196
    - cc) Subjektive Rechte und Anwartschaften ... 197
    - dd) Die Arbeitskraft ... 198
    - ee) Staatliche Leistungen; strafrechtliche Sanktionen ... 198
  - d) Berechnung des Vermögensschadens ... 199
    - aa) Kompensation ... 200
    - bb) Individueller (persönlicher) Schadenseinschlag ... 200
      - (1) Objektiv unnütze Leistung ... 201
      - (2) Wirtschaftliche Überforderung ... 201
    - cc) Vermögensgefährdung; bilanzielle Bewertungsmaßstäbe ... 202
    - dd) Eingehungs- und Erfüllungsbetrug ... 204
      - (1) Eingehungsbetrug ... 205
      - (2) Erfüllungsbetrug ... 206
    - ee) Gutgläubiger Erwerb ... 206
    - ff) Soziale Zweckverfehlung; Spenden- und Bettelbetrug; Subventions- und Sozialleistungsbetrug ... 208
    - gg) Amtserschleichung ... 210
- 5. Kausalzusammenhang zwischen den objektiven Tatbestandselementen ... 211
- III. **Subjektiver Tatbestand** ... 211
  - 1. Vorsatz bezüglich objektiver Tatbestandsmerkmale ... 211
  - 2. Bereicherungsabsicht ... 212
    - a) Absicht ... 212
    - b) Unmittelbarkeitsbeziehung, „Stoffgleichheit" ... 213
    - c) Objektive Rechtswidrigkeit der Bereicherung ... 215
    - d) Vorsatz bezüglich der objektiven Rechtswidrigkeit der erstrebten Bereicherung ... 215

IV.	Täterschaft und Teilnahme	216
	1. Mittäterschaft und mittelbare Täterschaft	216
	a) Mittäterschaft	216
	b) Mittelbare Täterschaft	216
	c) Exkurs: VW-Dieselskandal	217
	2. Beihilfe	219
V.	Versuch, Vollendung, Beendigung	220
VI.	Der besonders schwere Fall (§ 263 Abs. 3 StGB); Strafantragserfordernis	220
	1. Gewerbs- oder bandenmäßig (§ 263 Abs. 3 S. 2 Nr. 1 StGB)	221
	2. Großer Vermögensverlust (§ 263 Abs. 3 S. 2 Nr. 2 StGB)	221
	3. Wirtschaftliche Not (§ 263 Abs. 3 S. 2 Nr. 3 StGB)	222
	4. Amtsträger (§ 263 Abs. 3 S. 2 Nr. 4 StGB)	222
	5. Versicherungsbetrug (§ 263 Abs. 3 S. 2 Nr. 5 StGB)	222
	6. Strafantragserfordernisse	222
VII.	Konkurrenzen	222
	Wiederholungsfragen	223

§ 8	**Die betrugsähnlichen Delikte (§§ 263 a, 265, 265 a StGB)**	**224**
I.	Der Computerbetrug (§ 263 a StGB)	224
	1. Einleitung	224
	a) Rechtsgut, Systematik	225
	b) Prüfungsschema in Klausuren	225
	2. Tathandlungen	226
	a) Daten und Datenverarbeitungsvorgang	226
	b) Programm-Manipulation (Var. 1 des § 263 a Abs. 1 StGB)	227
	aa) Programme	227
	bb) Gestaltung	227
	cc) Unrichtigkeit der Programmgestaltung	227
	c) Input- bzw. Eingabemanipulation (Var. 2 des § 263 a Abs. 1 StGB)	227
	aa) Verwendung der Daten	227
	bb) Unrichtige bzw. unvollständige Daten	227
	d) Unbefugte Verwendung von (richtigen) Daten (Var. 3 des § 263 a Abs. 1 StGB)	229
	aa) Verwendung	229
	bb) Unbefugtheit	230
	(1) Subjektive Theorie	230
	(2) Computerspezifische Auslegung	230
	(3) Betrugsspezifische Betrachtung	230
	(4) Fallkonstellationen des Geldabhebens zur Verdeutlichung	231
	(a) Geldabheben durch unberechtigten Karteninhaber durch rechtswidrig erlangte EC-Karte	232
	(b) Auftragswidriges/abredewidriges Verwenden einer Codekarte durch einen Beauftragten	232
	(c) Missbräuchliches Geldabheben durch einen berechtigten Karteninhaber	233
	(5) Scannerkassen, Pfandautomaten, elektronischer Taschendiebstahl	234
	e) Ablauf- und Hardwaremanipulation (Var. 4 des § 263 a Abs. 1 StGB)	235

	3.	Zwischenerfolg	236
		a) Überblick	236
		b) Beeinflussung des Ergebnisses eines Datenverarbeitungsvorgangs	236
		c) Unmittelbarkeit	237
		d) Kausalität	238
	4.	Taterfolg	238
	5.	Subjektiver Tatbestand	238
	6.	Strafbarkeit des Versuchs	238
	7.	Konkurrenzen	239
	Wiederholungsfragen		**239**
II.	**Der Versicherungsmissbrauch (§ 265 StGB) und Versicherungsbetrug (§ 263 Abs. 3 S. 2 Nr. 5 StGB)**		**240**
	1.	Versicherungsmissbrauch	240
		a) Prüfungsschema	240
		b) Tatbestand	241
		c) Konkurrenzen	241
	2.	Der Versicherungsbetrug (§ 263 Abs. 3 S. 2 Nr. 5 StGB)	242
		a) Vortat	242
		b) Vortäuschen eines Versicherungsfalls	242
		c) Repräsentantenhaftung	243
	Wiederholungsfragen		**244**
III.	**Das Erschleichen von Leistungen (§ 265 a StGB)**		**244**
	1.	Einleitung	244
		a) Rechtsgut	245
		b) Systematik	245
		c) Prüfungsschema in Klausuren	246
	2.	Tatbestand	246
		a) Tathandlung: Erschleichen	246
		aa) Leistung eines Automaten	246
		bb) Öffentlichen Zwecken dienendes Telekommunikationsnetz	247
		cc) Beförderung durch ein Verkehrsmittel	247
		dd) Zutritt zu einer Veranstaltung oder einer Einrichtung	249
		b) Tatobjekte	249
		aa) Automat (Var. 1 des § 265 a Abs. 1 StGB)	249
		bb) Telekommunikationsnetz (Var. 2 des § 265 a Abs. 1 StGB)	250
		cc) Verkehrsmittel (Var. 3 des § 265 a Abs. 1 StGB)	251
		dd) Veranstaltung oder Einrichtung (Var. 4 des § 265 a Abs. 1 StGB)	251
		ee) Entgeltlichkeit	251
	3.	Subjektiver Tatbestand	251
	4.	Strafbarkeit des Versuchs, Vollendung, Beendigung	252
	5.	Konkurrenzen	252
	Wiederholungsfragen		**252**
§ 9	**Die Erpressung (§ 253 StGB) und räuberische Erpressung (§§ 253, 255 StGB)**		**254**
I.	**Einleitung**		**254**
	1.	Rechtsgut, Struktur, Gesetzessystematik	254
	2.	Tatbestandliches Verhältnis von Erpressung und Raub	255

		3.	Prüfungsschema in Klausuren	255
	II.	Die einfache Erpressung (§ 253 StGB)		256

- II. Die einfache Erpressung (§ 253 StGB) — 256
  1. Objektiver Tatbestand — 256
     - a) Nötigungsmittel — 256
       - aa) Gewalt — 256
       - bb) Drohung mit einem empfindlichen Übel — 257
     - b) „Vermögensverfügung" bzw. „Handlung, Duldung oder Unterlassung" — 259
       - aa) Spezialitätsthese — 260
       - bb) Verfügungsthese — 260
       - cc) Diskussion — 261
     - c) Klausurentechnik — 262
     - d) Vermögensschaden; Dreieckserpressung; Unmittelbarkeitszusammenhang — 263
       - aa) Allgemeines — 263
       - bb) Dreieckserpressung — 263
       - cc) Kausalität; Unmittelbarkeit des Vermögensschadens — 264
  2. Subjektiver Tatbestand — 265
  3. Rechtswidrigkeit — 266
  4. Konkurrenzen — 266

  Wiederholungsfragen — 267

- III. **Die räuberische Erpressung (§ 255 StGB)** — 267
  1. Einleitung — 267
  2. Objektiver Tatbestand — 268
     - a) Nötigungsmittel — 268
       - aa) Handeln, Dulden, Unterlassen bzw. Verfügung — 269
       - bb) Dreiecksnötigung — 269
     - b) Vermögensverfügung; Vermögensschaden — 270
  3. Subjektiver Tatbestand — 270
  4. Rechtswidrigkeit, Beteiligung — 270
  5. Abgrenzung zum erpresserischen Menschenraub (§ 239 a StGB) — 270
     - a) Rechtsgut, Struktur, Prüfungsschema in Klausuren — 270
     - b) Tathandlung — 271
       - aa) Entführungstatbestand (1. Alt. des § 239 a Abs. 1 StGB) — 272
       - bb) Ausnutzungstatbestand (2. Alt. des § 239 a Abs. 1 StGB) — 272
     - c) Subjektiver Tatbestand; Drei-Personen- und Zwei-Personen-Verhältnisse — 272
       - aa) Drei-Personen-Konstellationen — 273
       - bb) Zwei-Personen-Konstellation — 273
     - d) Konkurrenzen — 275

  Wiederholungsfragen — 276

§ 10 Die Untreue (§ 266 StGB) — 277
- I. Einleitung — 277
  1. Rechtsgut — 277
  2. Geschichte, Kriminalpolitik, praktische Bedeutung — 278
  3. Prüfungsschema in Klausuren — 279
  4. Innertatbestandliche Systematik — 280

		5. Verfassungskonformität der Norm	280
	II.	Objektiver Tatbestand	281
		1. Missbrauchs- oder Treubruchsvariante (§ 266 Abs. 1 StGB)	281
		a) Die Missbrauchsvariante (Var. 1 des § 266 Abs. 1 Var. 1 StGB)	281
		aa) Verfügungs- oder Verpflichtungsbefugnis	282
		bb) Missbrauch der Befugnis	282
		(1) Allgemeines	282
		(2) Einverständnis	284
		cc) Vermögensbetreuungspflicht	285
		b) Die Treubruchsvariante (Var. 2 des § 266 Abs. 1 StGB)	286
		aa) Vermögensbetreuungspflicht	286
		(1) Allgemeines	286
		(2) Tatsächliches Treueverhältnis	287
		bb) Verletzung der Vermögensbetreuungspflicht	288
		(1) Allgemeines; spezifische Treuepflichtverletzung	288
		(2) Gravierende Pflichtverletzung	289
		2. Vermögensschaden	290
		a) Allgemeines	290
		b) Besonderheiten bei der Gesamtsaldierung	291
		c) Vermögensgefährdung	291
		d) Zweckverfehlung	293
		e) Individueller Schadenseinschlag	294
	III.	Subjektiver Tatbestand	295
		1. Allgemeines	295
		2. Besonderheiten bei der Vermögensgefährdung	295
	IV.	Täterschaft und Teilnahme	296
	V.	Besonders schwerer Fall der Untreue (§ 266 Abs. 2 StGB); Haus- und Familienuntreue; Bagatelluntreue	296
	VI.	Konkurrenzen	297
		Wiederholungsfragen	297
§ 11		Der Missbrauch von Scheck- und Kreditkarten (§ 266 b StGB)	298
	I.	Einführung	298
		1. Kriminalpolitische Bedeutung	298
		2. Rechtsgut; Rechtsnatur	299
		3. Prüfungsschema in Klausuren	299
	II.	Tatbestand	299
		1. Tatgegenstand	299
		a) Scheckkarten (Var. 1 des § 266 b Abs. 1 StGB)	300
		aa) POS-System; elektronisches Lastschriftverfahren	300
		bb) Bankomatenmissbrauch	301
		b) Kreditkarten (Var. 2 des § 266 b Abs. 1 StGB)	302
		aa) Kunden-(Kredit)karten im Zwei-Parteien-System	302
		bb) Universalkreditkarten im Drei-Parteien-System	302
		cc) Universalkreditkarten im Vier-und Mehr-Parteien-System	303
		2. Täterkreis	304
		3. Tathandlung	305
		a) Missbrauch im Drei-Parteien-System	305

		b) Missbrauch im Vier-Parteien- und Mehr-Parteien-System	306
	4.	Taterfolg Vermögensschaden	306
	5.	Subjektiver Tatbestand	307
III.	Täterschaft und Teilnahme		307
IV.	Strafantragserfordernis und Konkurrenzen		307
	Wiederholungsfragen		308

§ 12 Die Anschlussdelikte (§§ 257, 259, 261 StGB) 309
    I. Einleitung 309
   II. Die Begünstigung (§ 257 StGB) 309
      1. Einleitung 309
         a) Unrechtscharakter 310
         b) Rechtsgut 310
         c) Praktische Bedeutung 311
         d) Prüfungsschema in Klausuren 311
      2. Objektiver Tatbestand 311
         a) Rechtswidrige Vortat eines anderen 311
         b) Hilfeleistung 312
         c) Durch die Tat erlangte Vorteile 312
      3. Subjektiver Tatbestand 314
      4. Beteiligungsregelung 314
      5. Konkurrenzen 315
    Wiederholungsfragen 315
  III. Die Hehlerei (§ 259 StGB) 315
      1. Einleitung 315
         a) Geschichte 316
         b) Rechtsgut, praktische Bedeutung, Systematik 316
         c) Prüfungsschema in Klausuren 317
      2. Objektiver Tatbestand 317
         a) Tatobjekt 317
             aa) Sache 317
             bb) Taugliche Vortat 318
             cc) Durch die Vortat erlangt 319
             dd) Vortat eines anderen 319
         b) Die Tathandlungen 320
             aa) Kooperationszusammenhang 321
             bb) Ankaufen (Var. 1 des § 259 Abs. 1 StGB) 321
             cc) Sich- oder einem Dritten-Verschaffen (Var. 2 des § 259 Abs. 1 StGB) 322
                (1) Sich-Verschaffen 322
                (2) Drittverschaffung 323
             dd) Absetzen (Var. 3 des § 259 Abs. 1 StGB) 323
                (1) Abgrenzung der Varianten; Begriff des Absetzens 323
                (2) Absatzerfolg 324
             ee) Absatzhilfe (4. Var. des § 259 Abs. 1 StGB) 325
      3. Subjektiver Tatbestand 326
      4. Versuch und Vollendung 327

5.	Konkurrenzen und Wahlfeststellung	328
	a) Konkurrenzen	328
	b) Wahlfeststellung	328
	Wiederholungsfragen	329
IV.	**Die Geldwäsche (§ 261 StGB)**	329
1.	Einleitung	329
	a) Geschichte	330
	b) Rechtsgut	330
	c) Prüfungsschema in Klausuren	331
2.	Tatbestandsstruktur	331
	a) Tatobjekt	331
	b) Tathandlungen	333
	aa) § 261 S. 1 Abs. 1 Nr. 1 und Nr. 2 StGB	333
	bb) § 261 Abs. 1 S. 1 Nr. 3 und Nr. 4 StGB	333
	cc) § 261 Abs. 2 StGB	333
	c) Geldwäsche durch Strafverteidiger	334
3.	Selbstgeldwäsche	334
4.	Subjektiver Tatbestand; Versuch	335
5.	Strafschärfung; tätige Reue; Konkurrenzen	335
	Wiederholungsfragen	336

Teil 4 Die Straftaten gegen spezialisierte Vermögenswerte

§ 13	**Der unbefugte Gebrauch eines Fahrzeugs (§ 248 b StGB)**	337
I.	**Einleitung**	337
1.	Rechtsgut	337
2.	Klausurrelevanz; Prüfungsschema in Klausuren	339
II.	**Objektiver Tatbestand**	339
1.	Tatobjekt	339
	a) Kraftfahrzeug	339
	b) Fahrrad	339
2.	Tathandlung	340
3.	Ingebrauchnahme gegen den Willen des Berechtigten	340
	a) Berechtigter	340
	b) Einverständnis	341
	c) Unbefugtes Ingebrauchhalten; erneute Ingebrauchnahme	341
III.	**Subjektiver Tatbestand**	342
IV.	**Strafantrag**	342
V.	**Konkurrenzen**	342
	Wiederholungsfragen	343
§ 14	**Die Entziehung elektrischer Energie (§ 248 c StGB)**	344
I.	**Einleitung**	344
1.	Praktische Bedeutung, Rechtsgut	344
2.	Prüfungsschema in Klausuren	345

	II.	Objektiver Tatbestand	345
		1. Tatobjekt	345
		2. Tathandlung	346
		a) Elektrische Anlage oder Einrichtung	346
		b) Entziehung	346
		c) Leiter	346
	III.	Subjektiver Tatbestand	348
		1. Vorsatz	348
		2. Zueignungsabsicht (§ 248 c Abs. 1 StGB)	348
		3. Schädigungsabsicht (§ 248 c Abs. 4 StGB)	349
		4. Vorsatz bzgl. der Rechtswidrigkeit	349
	IV.	Versuch; Strafantrag	349
	V.	Konkurrenzen	349
		Wiederholungsfragen	350
§ 15		**Die Pfandkehr (§ 289 StGB)**	**351**
	I.	Einleitung	351
		1. Rechtsgut	351
		2. Prüfungsschema in Klausuren	351
	II.	Objektiver Tatbestand	352
		1. Eigene oder fremde bewegliche Sache	352
		2. Geschützte Rechte	352
		3. Wegnahme der Sache	352
	III.	Subjektiver Tatbestand	354
		1. Vorsatz	354
		2. Vereitelungsabsicht	354
		Wiederholungsfragen	354

Stichwortverzeichnis   355

Abkürzungsverzeichnis

A. A.	anderer Ansicht
Abw.	Abweichend
ÄndG	Änderungsgesetz
A/R/R	Achenbach/Ransiek/Rönnau
A/W	Arzt/Weber/Hilgendorf/Heinrich
AnwK	Anwaltskommentar Strafrecht
BeckOK	Beck'scher Online-Kommentar zum StGB
BGB	Bürgerliches Gesetzbuch
BJagdG	Bundesjagdgesetz
Bspr.	Besprechung
BT-Drs.	Bundestagsdrucksache
BtMG	Betäubungsmittelgesetz
Ebd.	ebenda
EGMR	Europäischer Gerichtshof für Menschenrechte
EMRK	Konvention zum Schutz der Menschenrechte und Grundfreiheiten
EU	Europäische Union
FS	Freiheitsstrafe
GS	Geldstrafe
HK	Dölling/Duttge/Rössner
H. M.	herrschende Meinung
H. L.	herrschende Lehre
JA	Juristische Arbeitsblätter (Zeitschrift)
JSE	Jura, Studium und Examen (Zeitschrift)
Jura	Juristische Ausbildung (Zeitschrift)
JuS	Juristische Schulung (Zeitschrift)
KritV	Kritische Vierteljahresschrift für Gesetzgebung und Rechtswissenschaft
LK	Leipziger Kommentar
M/G	Momsen/Grützner
M/R	Matt/Renzikowski
MK	Münchener Kommentar zum StGB
NJW	Neue Juristische Wochenschrift
NK	Nomos Kommentar zum Strafgesetzbuch
NStZ	Neue Zeitschrift für Strafrecht
OrgKG	Gesetz zur Bekämpfung des illegalen Rauschgifthandels und anderer Erscheinungsformen der Organisierten Kriminalität
PKS	Polizeiliche Kriminalstatistik
ProstG	Prostitutionsgesetz
PrStGB	Strafgesetzbuch für die Preußischen Staaten von 1851
RG	Reichsgericht
Sch/Sch	Schönke/Schröder
SK	Systematischer Kommentar
StÄG	Strafrechtsänderungsgesetz
StGB	Strafgesetzbuch
StPO	Strafprozessordnung

Abkürzungsverzeichnis

StRG	Strafrechtsreformgesetz
6. StRG	Sechstes Gesetz zur Reform des Strafrechts v. 26.1.1998, BGBl. 1998 I S. 164.
S/S/W	Satzger/Schmidt/Widmaier
StS	Strafsenat
StVG	Straßenverkehrsgesetz
SVS	Statistisches Bundesamt, Rechtspflege, Strafverfolgung, Fachserie 10, Reihe 3
TierSchG	Tierschutzgesetz
TPG	Transplantationsgesetz
u. a.	unter anderem
VRS	Verkehrsrechts-Sammlung
WaffenG	Waffengesetz
Wistra	Zeitschrift für Wirtschaft, Steuer, Strafrecht
ZIS	Zeitschrift für die Internationale Strafrechtsdogmatik
ZJS	Zeitschrift für das juristische Studium

Literaturverzeichnis

Achenbach, Hans/Rönnau, Thomas/ Ransiek, Andreas: Handbuch Wirtschaftsstrafrecht, 5. Aufl. 2019 (zit.: A/R/R-*Bearbeiter*).
Anwaltkommentar Strafgesetzbuch, hrsg. von *Leipold, Klaus/Tsambikakis, Michael/Zöller, Mark*, 3. Aufl. 2020 (zit.: AnwK-Bearbeiter).
Arzt, Gunther/Weber, Ulrich/Heinrich, Bernd/Hilgendorf, Eric: Strafrecht Besonderer Teil, 4. Aufl. 2021 (zit.: A/W-*Bearbeiter*).
Beck'scher Onlinekommentar Strafgesetzbuch, hrsg. von *Heintschel-Heinegg, Bernd*. 56. Edition, Stand 1.2.2023 (zit.: Beck OK-StGB-*Bearbeiter*).
Dölling, Dieter/Duttge, Gunnar/Rössner, Dieter (Hrsg).: Gesamtes Strafrecht, Handkommentar, 5. Aufl. 2022 (zit.: HK-*Bearbeiter*).
Eisele, Jörg: Strafrecht Besonderer Teil II, Eigentums- und Vermögensdelikte, 6. Aufl. 2021 (zit.: *Eisele*, BT-2).
Eisele, Jörg: Computer- und Medienstrafrecht, 2013 (zit.: *Eisele*, CoM).
Engisch, Karl: Einführung in das juristische Denken. 12. Aufl. 2018 (zit.: *Engisch*, Juristisches Denken).
Feuerbach, Paul Johann Anselm: Lehrbuch des gemeinen in Deutschland geltenden Peinlichen Rechts, 1801 (zit.: *Feuerbach*).
Fischer, Thomas: Strafgesetzbuch, 70. Aufl. 2023 (zit.: *Fischer*).
Hecker, Bernd: Europäisches Strafrecht, 6. Aufl. 2021 (zit.: *Hecker*, EuStR).
Heger, Martin/Pohlreich, Erol: Strafprozessrecht, 2. Aufl. 2018 (zit.: *Heger/Pohlreich*, StPO).
Hilgendorf, Eric/Valerius, Brian: Computer- und Internetstrafrecht, 2. Aufl. 2012 (zit.: *Hilgendorf/Valerius*).
Hillenkamp, Thomas/Cornelius, Kai: 40 Probleme aus dem Strafrecht Besonderer Teil, 13. Aufl. 2020.
Jäger, Christian: Examens-Repetitorium, Strafrecht Besonderer Teil, 9. Aufl. 2021 (zit.: Jäger, BT).
Joecks, Wolfgang/Jäger, Christian: Studienkommentar StGB, 13. Aufl. 2021 (zit.: *Joecks/Jäger*).
Kaspar, Johannes: Strafrecht Allgemeiner Teil, 4. Aufl. 2022 (zit.: *Kaspar*, AT).
Kindhäuser, Urs/Böse, Martin: Strafrecht Besonderer Teil II, Straftaten gegen Vermögensrechte, 12. Aufl. 2022 (zit.: *Kindhäuser/Böse*, BT-2).
Kindhäuser, Urs/Schramm, Edward: Strafrecht Besonderer Teil I, Straftaten gegen Persönlichkeitsrechte, Staat und Gesellschaft, 11. Aufl. 2022 (zit.: *Kindhäuser/Schramm*, BT-1).
Kindhäuser, Urs/Hilgendorf, Eric: Strafgesetzbuch, Lehr- und Praxiskommentar, 9. Aufl. 2022 (zit.: *Kindhäuser/Hilgendorf*).
Klesczewski, Diethelm: Strafrecht Besonderer Teil, 2016 (zit.: *Klesczewski*, BT).
Krey, Volker/Hellmann, Uwe/Heinrich, Manfred: Strafrecht Besonderer Teil, Bd. 2, Vermögensdelikte, 18. Aufl. 2021 (zit.: *Krey/Hellmann/Heinrich*).
Kudlich, Hans: Strafrecht Besonderer Teil I, Vermögensdelikte, 5. Aufl. 2021 (zit.: *Kudlich*, PdW BT-1).
Kühl, Kristian: Strafrecht Allgemeiner Teil, 8. Aufl. 2017 (zit.: *Kühl*, AT).
Kühl, Kristian/Reichold, Hermann/Ronellenfitsch, Michael: Einführung in die Rechtswissenschaft. 3. Aufl. 2019 (zit.: *Kühl*, Einführung).
Küper, Wilfried/Zopfs, Jan: Strafrecht Besonderer Teil, Definitionen mit Erläuterungen, 11. Aufl. 2022 (zit.: *Küper/Zopfs*).
Lackner, Karl/Kühl, Kristian/Heger, Martin: Strafgesetzbuch. Bearbeitet von *Kristian Kühl und Martin Heger*, 30. Aufl. 2023 (zit.: L-*Kühl/Heger*).
Leipziger Kommentar zum Strafgesetzbuch, 12. Aufl. 2006 ff. (zit.: LK-Bearb., 12. A.); 13. Aufl. 2019 ff. (zit.: LK-Bearb.).
Matt, Holger/Renzikowski, Joachim: Strafgesetzbuch, 2. Aufl. 2020 (zit.: M/R-*Bearbeiter*).

Literaturverzeichnis

Maurach, Reinhart/Schroeder, Friedrich-Christian/Maiwald, Manfred/Hoyer, Andreas/Momsen, Christian: Strafrecht Besonderer Teil, Teilband 1, Straftaten gegen Persönlichkeits- und Vermögenswerte, 11. Aufl. 2019 (zit.: *Maurach/Schroeder/Maiwald/Hoyer/Momsen*, BT-1).
Mitsch, Wolfgang: Strafrecht Besonderer Teil 2, Vermögensdelikte, 3. Aufl. 2015 (zit.: *Mitsch*, BT-2).
Momsen, Carsten/Grützner, Thomas: Wirtschafts- und Steuerstrafrecht, 2. Aufl. 2020 (zit.: *Momsen/Grützner*-Bearbeiter).
Münchener Kommentar zum Strafgesetzbuch, hrsg. von *Wolfgang Joecks* und *Klaus Miebach*, 8. Bde., 4. Aufl. 2022 ff. (zit.: *MK-Bearbeiter*).
Murmann, Uwe: Grundkurs Strafrecht, 7. Aufl.2022 (zit.: *Murmann*, GK).
Nomos Kommentar zum Strafgesetzbuch, hrsg. von *Urs Kindhäuser, Ulfried Neumann, Hans-Ullrich Paeffgen* und *Frank Saliger*, 6. Aufl. 2023 (zit.: *NK-Bearbeiter*).
Otto, Harro: Grundkurs Strafrecht, Die einzelnen Delikte, 7. Aufl. 2005 (zit.: *Otto*, BT).
Rengier, Rudolf: Strafrecht Besonderer Teil 1, Vermögensdelikte, 25. Aufl. 2023 (zit.: *Rengier*, BT-1).
Rotsch, Thomas: Strafrechtliche Klausurenlehre, 4. Aufl. 2022 (zit.: *Rotsch*, Klausurenlehre).
Roxin, Claus/Greco, Luis: Strafrecht Allgemeiner Teil, Bd. 1, 5. Aufl. 2020 (zit.: *Roxin*, AT-1).
Roxin, Claus: Strafrecht Allgemeiner Teil, Bd. 2, 2003 (zit.: *Roxin*, AT-2).
Satzger, Helmut/Schluckebier, Wilhelm/Widmaier, Gunter: Strafgesetzbuch, 5. Aufl. 2020 (zit.: *S/S/W-Bearbeiter*).
Satzger, Helmut: Internationales und Europäisches Strafrecht, 10. Aufl. 2022 (zit.: *Satzger*, IntEuStR).
Schmidt, Hubert (Hrsg.), COVID-19, Rechtsfragen zur Corona-Krise, 3. A. 2021 (zit.: *Schmidt*, COVID-19).
Schönke, Adolf/Schröder, Horst: Strafgesetzbuch. 30. Aufl. 2019 (zit.: *Sch/Sch-Bearbeiter*).
Schramm, Edward: Internationales Strafrecht, 2. Aufl. 2018 (zit.: *Schramm*, IntStR).
Systematischer Kommentar zum Strafgesetzbuch, hrsg. von *Jürgen Wolter*, 9. Auflage 2017 (zit. *SK-Bearbeiter*).
Tiedemann, Klaus: Wirtschaftsstrafrecht, unter Mitarbeit von *Marc Engelhardt*, 5. Aufl. 2017 (zit.: *Tiedemann*, WiStR).
Wabnitz, Heinz-Bernd/Janovsky, Thomas/Schmitt, Lothar: Handbuch Wirtschafts- und Steuerstrafrecht, 5. Aufl. 2020 (zit.: *W/J/S-Bearbeiter*).
Wessels, Johannes/Hillenkamp, Thomas/Schuhr, Jan C.: Strafrecht Besonderer Teil 2, Straftaten gegen Vermögenswerte, 45. Aufl. 2022 (zit.: *Wessels/Hillenkamp/Schuhr*, BT-2).
Wittig, Petra: Wirtschaftsstrafrecht, 6. Aufl. 2023 (zit.: *Wittig*, WiStR).

Teil 1 Einführung

§ 1 Eigentums- und Vermögensschutz im Strafrecht

I. Sphären der Entfaltung und Ordnung der Rechtsgüter

Das Strafrecht schützt **Freiheit** in Gestalt von **Rechtsgütern**. Es gewährleistet dem jeweiligen Träger des Rechtsguts eine **Sphäre der Entfaltung**, die von demjenigen rechtlich zu **respektieren** ist, der für die Entscheidung über den Umgang mit dem Rechtsgut **nicht zuständig** ist. Die Rechtsgüter **spiegeln** sich in konkreten Gegenständen oder Zuständen der Wirklichkeit **wider**.[1] Für die nachstehend behandelten Straftatbestände heißt dies: Wird etwa jemandem sein Geldbeutel gestohlen, so beeinträchtigt in normativer Hinsicht der Täter das Eigentum (§ 903 BGB) und die mit ihm verbundenen Freiheiten des Eigentümers (§ 985 BGB).[2] Wird jemand durch irreführendes Verhalten zu einer Geldspende veranlasst, die er sonst nicht geleistet hätte, verliert er dadurch Zahlungsmittel, wodurch normativ der Täter das Rechtsgut Vermögen verletzt und damit das ökonomische Freiheitspotenzial des Spenders verringert.[3]

Um diesen „**Freiheitsschutz durch Freiheitsbeschränkung**" (*Kühl*)[4] sicherzustellen, enthält der Besondere Teil des StGB (§§ 80–358 StGB) auf dreißig Abschnitte verteilt weit über 300 Straftatbestände. Ohne einen gesetzlichen Straftatbestand mit explizitem Normbefehl („Wer ..., wird mit Freiheitsstrafe ... oder Geldstrafe bestraft"), darf der Staat, wie sich aus Art. 103 Abs. 2 GG, § 1 StGB und Art. 7 Abs. 1 EMRK ergibt, niemanden bestrafen: „Nullum crimen, nulla poena sine lege" (*Feuerbach*).[5] Denn die **Normen** aus dem **Allgemeinen Teil** des StGB sind insoweit **unvollständig**, als sie allgemeine Regelungen enthalten (z.B. zum Versuch, zu Täterschaft und Teilnahme), die **erst** und nur im Zusammenspiel mit einem Straftatbestand aus dem **Besonderen Teil** eine Antwort auf die Frage erlauben, ob und wie sich jemand strafbar gemacht hat.

Die in diesem Lehrbuch behandelten Straftatbestände lassen sich in **unterschiedliche Klassen** aufteilen.[6] Die erste und geläufigste Differenzierung geht von dem Gegenstand des Rechtsguts aus und ordnet die Schutzzwecke den Rechtsgütern – im Regelfall dem „**Eigentum**" (z.B. beim Diebstahl oder der Unterschlagung) oder dem „**Vermögen**" (z.B. bei Betrug oder Untreue) – zu. Die Bestimmung des Rechtsguts ist aber nur der erste Schritt zur Erkenntnis des tatbestandlich vertypten Unrechts. Denn Straftatbestände lauten nicht: Wer das Eigentum oder das Vermögen schädigt, wird bestraft. Hinzutreten muss immer noch eine besondere Form menschlichen Verhaltens, durch das dieses Rechtsgut verletzt wird. Innerhalb dieser nach Rechtsgütern gegliederten Deliktsgruppen wird daher sodann nach den **verschiedenen Angriffsmodalitäten** auf das geschützte Rechtsgut unterschieden, wie sie in den Ausformulierungen des

---

1 Zur Verschiedenheit von ideellem Rechtsgut und konkretem Tatobjekt vgl. etwa Sch/Sch-*Eisele*, Vorbem. §§ 13 ff. Rn. 9. Davon abzugrenzen ist die Rechtsgutstheorie als Begründung staatlicher Pönalisierungskompetenzen (dazu unten § 1 Rn. 31; *Kaspar*, AT, § 2 Rn. 20 ff.).
2 Vgl. unten § 2 Rn. 5.
3 Vgl. unten § 7 Rn. 156.
4 *Kühl*, Einführung, § 31 Rn. 11 ff.: „Rechtsgüterordnung als Freiheitsordnung".
5 *Feuerbach*, § 24.
6 *Eisele*, BT-2, § 1; *Rengier*, BT-1, § 1; *Wessels/Hillenkamp/Schuhr*, BT-2, Rn. 1 ff.

jeweiligen Tatbestands zum Ausdruck kommen. Man denke etwa an die Wegnahme in Zueignungsabsicht beim Diebstahl oder die durch eine Täuschung ausgelöste vermögensschädigende Verfügung beim Betrug. Neben der Bestimmung des Rechtsguts bilden namentlich die Präzisierung der vom Tatbestand umfassten Verhaltensweisen, mögliche besondere Anforderungen an den **Status des Täters** und die Frage, welche Intensität von Beeinträchtigungen für eine vollendete Tatbegehung verlangt werden muss, ebenso typische wie komplexe Aufgaben der Auslegung.

II. Die Auslegung der Straftatbestände

4   Wie stets bei der Interpretation von Rechtssätzen bedarf es in Zweifelsfällen, in denen der Gegenstand und die Reichweite eines Straftatbestands zum Schutz von Eigentums- oder Vermögenswerten näher geklärt werden muss, der Anwendung der **juristischen Auslegungsmethoden**.[7] Die juristische Hermeneutik, umschrieben als die Kunst der Auslegung und des Verstehens von Rechtsvorschriften,[8] erlangt im Besonderen Teil des StGB ihre große praktische Bedeutung. An erster Stelle ist die am Schutzzweck der Norm ausgerichtete (sog. **teleologische**) und die im Strafrecht wegen des Analogieverbots (§ 1 StGB, Art. 103 Abs. 2 GG) besonders wichtige, auf den Wortlaut und seine Grenzen ausgerichtete (sog. **grammatikalische**) Auslegung zu nennen. Aber auch die am Ganzen des Strafgesetzbuchs und der übrigen Rechtsordnung orientierte (sog. **systematische**), an der Entstehungsgeschichte der Norm (sog. **historische**) und auf die Übereinstimmung mit dem Grundgesetz, namentlich den Grundrechten abzielende (sog. **verfassungskonforme**) Interpretation können ein großes Gewicht erlangen. Zudem sind zunehmend internationale, d. h. **europa-** und **völkerrechtliche** Vorgaben, als sechste Auslegungsdimension, verbindlich einzubeziehen, dies freilich nur, soweit sie den Regelungsbereich der Norm berühren.[9] Diese sog. unionsrechts- bzw. völkerrechtskonforme Interpretation ist insbesondere dann von Relevanz, wenn die Schaffung oder Änderung der Norm auf europäischen oder internationalen Verpflichtungen beruht (wie etwa bei der Geldwäsche, dem Computerbetrug oder der Datenveränderung). Des Weiteren nehmen die Bedeutung der Interpretation strafrechtlicher Rechtssätze durch die **Rechtsprechung** (namentlich des BGH und des BVerfG) und der Anteil des Richterrechts an der Gesamtrechtsordnung ständig zu. Dies zeigt sich etwa am „Landowsky-Beschluss" des BVerfG, der für die Bestimmung des Vermögensschadens bei § 263 StGB und die Auslegung des § 266 StGB derzeit wegweisend ist.[10] Die „rechtsprechungskonforme" Interpretation von Rechtssätzen bildet aber keine eigene, „siebte" Auslegungsmethode: Verfassungsrechtlich gesehen darf aufgrund des Gesetzlichkeitsprinzips (Art. 103 Abs. 2 GG) nur die „klassische" methodengerechte Auslegung des Gesetzes, nicht aber das „case law" und oder ein höchstrichterliches Präjudiz als solches im Zentrum der strafrechtlichen Rechtsanwendung stehen.

5   Mit diesem Handwerkszeug des Juristen können diejenigen **tatbestandsspezifischen Definitionen** entwickelt (der Inhalt der Rechtsbegriffe) und **Fallgruppen** (der Umfang der Rechtsbegriffe) gebildet werden, mit deren Hilfe die zu entscheidenden Fälle gelöst werden.[11] Jurist:innen bringen zudem bei der Lösung der Fälle, ob gewollt oder

---

[7] Näher dazu *Kaspar*, AT, § 5 Rn. 26 ff.
[8] Vgl. etwa *Engisch*, Juristisches Denken, S. 127.
[9] So z.B. beim Betrug (unten § 7 Rn. 64); vgl. allgemein *Satzger*, IntEuStR, § 9 Rn. 89; *Schramm*, IntStR, Kap. 4 Rn. 83.
[10] Vgl. unten § 7 Rn. 154, § 10 Rn. 13, 54.
[11] *Engisch*, Juristisches Denken, S. 126.

ungewollt, ob bewusst oder unbewusst, ihre **kriminalpolitischen Überzeugungen**, ihr weltanschauliches oder religiöses **Vorverständnis** und ihr (geschultes) **Rechtsgefühl** bzw. ihre **gefühlsgeleiteten Wahrnehmungskompetenzen**[12] in die Deutung und Entscheidungsfindung ein.

III. Zur Klassifizierung der Eigentums- und Vermögensdelikte

Die Eigentums- und Vermögensdelikte bilden eine „**gewaltige Masse**" *(Maiwald)* an Tatbeständen, die über acht Abschnitte des Besonderen Teils des StGB verstreut ist.[13] Als Ordnungsprinzip liegt eine Systematik nahe, mit der das Tatobjekt und die gegen sie gerichtete Begehungsweise miteinander verbunden werden. Die Nummerierung und Reihenfolge der Tatbestände im Gesetz sind seit 140 Jahren, d. h. seit dem Inkrafttreten des StGB im Jahre 1871, im Wesentlichen unverändert.[14] Im Grunde genommen ist diese Struktur noch älter, denn sie findet sich bereits im preußischen StGB von 1851. Freilich taugt die Platzierung der Norm im Gesetz nur beschränkt als Ordnungsmuster: Zwar richtet sie sich ebenfalls nach Tatobjekt und Tatbegehung (so etwa die gewaltsam begangenen Eigentums- und Vermögensdelikte im 20. Abschnitt). Aber zuweilen fasst sie doch seit jeher sehr heterogene Tatbestände unter einen Abschnitt, wie etwa Betrug und Untreue im 22. Abschnitt.[15]

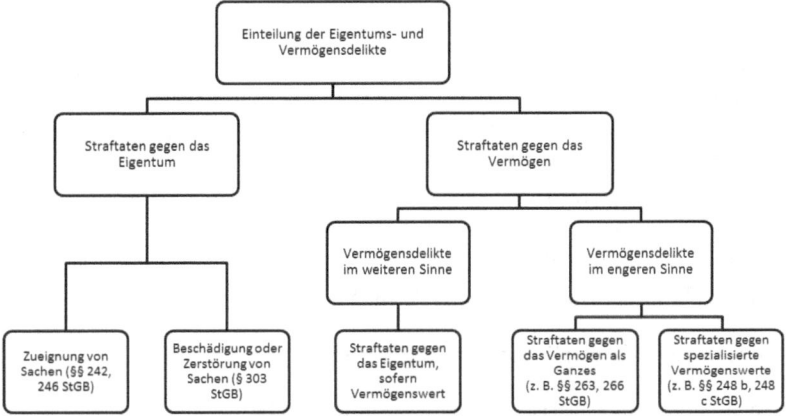

1. Straftaten gegen das Eigentum und das Vermögen

Das deutsche Recht hat sich für die **Zweiteilung** von **Sach- und Zueignungsverbrechen** auf der einen Seite mit dem **Eigentum** als juristisch-formalem Bezugspunkt und **Vermögensverbrechen** mit **ökonomischen Maßstäben** auf der anderen Seite entschieden.[16] Somit werden die Tatbestände nach den beiden Schutzrichtungen Eigentum und Vermögen schematisch wie folgt zugeordnet:[17]

---

12 *Hänni*, Vom Gefühl am Grund der Rechtsfindung, 2011; *dies.*, Juristisches Urteil – seine wahrnehmungstheoretischen Voraussetzungen, in: *Schürmann/von Plato*, Rechtsästhetik in rechtsphilosophischer Absicht, 2020, S. 85 ff.
13 *Maurach/Schroeder/Maiwald/Hoyer/Momsen*, BT-1, § 31 Rn. 3.
14 *Koch*, JuS 2021, 1121.
15 *Maurach/Schroeder/Maiwald/Hoyer/Momsen*, BT-1, § 31 Rn. 3.
16 LK-*Vogel/Brodowski*, Vorbem. §§ 242 ff. Rn. 35.
17 Vgl. etwa *Kindhäuser/Böse*, BT-2, § 2 ff.; *Rengier*, BT-1, § 1 Rn. 2 ff.; *Rönnau*, JuS 2016, 114.

a) Straftaten gegen das Eigentum

aa) Zueignung von Sachen

8
- Diebstahl, § 242 StGB
- Unterschlagung, § 246 StGB
- Raub, § 249 StGB; räuberischer Diebstahl, § 252 StGB

bb) Beschädigung oder Zerstörung von Sachen

9
- Sachbeschädigung, § 303 StGB

b) Vermögensdelikte

aa) Straftaten gegen das Eigentum, sofern vermögenswert

10
- Diebstahl, §§ 242 ff. StGB
- Unterschlagung, § 246 StGB

bb) Straftaten gegen das Vermögen als Ganzes

11
- durch Täuschung: Betrug, § 263 StGB
- durch täuschungsähnliches Verhalten: Computerbetrug, § 263 a StGB; Subventions-, Kapitalanlage- und Kreditbetrug, §§ 264, 264 a, 265 b StGB
- durch Zwang: Erpressung, § 253 StGB; räuberische Erpressung, § 255 StGB; erpresserischer Menschenraub, § 239 a StGB
- Ausnutzung einer Vertrauensstellung: Untreue, § 266 StGB; Veruntreuung von Arbeitsentgelt, § 266 a StGB; Missbrauch von Scheck- und Kreditkarten, § 266 b StGB
- Ausbeutung: Wucher, § 291 StGB
- Erschleichen von Leistungen, § 265 a StGB; Versicherungsmissbrauch, § 265 StGB

cc) Straftaten gegen spezialisierte Vermögenswerte

12
- Herrschaftsrecht an elektrischer Energie: § 248 c StGB,
- Gebrauchs- und Zurückbehaltungsrechte: §§ 248 b, 289, 290 StGB,
- Aneignungsrechte an Wild und Fischen: §§ 292–295 StGB
- Gläubigerrechte: §§ 283 ff., 288, 289 StGB

c) Zur Bedeutung des Unterschieds

13
Die **Unterschiede** zwischen Vermögens- und Eigentumsdelikten sollten **nicht überbetont** werden, da es teilweise Überschneidungen gibt, so etwa bei der Sachbeschädigung oder bei der räuberischen Erpressung.[18] Trotz dieser ‚Grobschlächtigkeit'[19] der Differenzierung hat sie in weiten Teilen ihre Berechtigung, wie sich an folgenden Aspekten zeigt:

---

18 Nach der Rechtsprechung ist das Eigentumsdelikt Raub nur ein Unterfall der räuberischen Erpressung; zu dieser sog. Spezialitätsthese und zur vorzugswürdigen Gegenansicht siehe § 9 Rn. 28 ff.
19 *Maurach/Schroeder/Maiwald/Hoyer/Momsen*, BT-1, § 31 Rn. 9.

aa) Weitergehender Schutz durch Vermögensdelikte

Während über die Eigentumsdelikte nur das **formalisierte Eigentum** (§ 985 BGB) an Sachen und damit an körperlichen Gegenständen geschützt wird, erstrecken sich die Vermögensdelikte auf **alle wirtschaftlich verwertbaren** Positionen einer Person und somit auch auf physisch nicht verkörperte „Gegenstände" wie z.B. Rechte, Forderungen oder Anwartschaften.[20] So kann man betrügerisch, durch Vorspiegelung von Sicherheiten, einen Anspruch auf Auskehrung eines Darlehens erhalten; stehlen kann man aber etwa in diesem Zusammenhang nur den Geldschein oder die Urkunde, in der die Darlehensforderung verbrieft ist, nicht aber die Forderung.

bb) Speziellerer Schutz durch Vermögensdelikte

Der **strafrechtliche Vermögensschutz** ist andererseits aber auch tatbestandlich spezieller, da er an besondere Begehungsweisen anknüpft, und insoweit zugleich **lückenhafter**: So existiert zwar das Eigentumsdelikt der Beschädigung oder Zerstörung einer fremden Sache (§ 303 StGB), aber kein vergleichbarer Straftatbestand der „Minderung oder Vernichtung fremden Vermögens". Ein allgemeines Verbot, fremdes Vermögen zu beschädigen, kann es allenfalls für den Treupflichtigen bei der Untreue (§ 266 StGB) geben, für andere Personengruppen aber nicht. Das Vermögensstrafrecht ist ein Beweis für den fragmentarischen Charakter des Strafrechts.[21]

cc) Bedeutung des wirtschaftlichen Wertes

Diebstahl oder Unterschlagung sind an allem möglich, woran es Eigentum geben kann, also auch an **wirtschaftlich völlig wertlosen** Gegenständen[22] (z.B. persönliche Notizen, Liebesbriefe), während Betrug, Untreue, Erpressung usw. stets den Eintritt eines wirtschaftlichen Wertverlusts (bzw. dessen Gefahr) voraussetzen.

d) Vermögensdelikte im engen und weiten Sinne

An diesem ökonomischen Sachverhalt anknüpfend wird zwischen Vermögensdelikten im weiten und im engen Sinne differenziert. Während die Vermögensdelikte i. e. S. den Eintritt eines Vermögensschadens voraussetzen (z.B. Betrug, § 263 StGB, und Untreue, § 266 StGB), sind Vermögensdelikte i. w. S., wie etwa der Diebstahl oder die Sachbeschädigung, im Regelfall, nicht aber immer mit einem Vermögensverlust für das Opfer verbunden. Im Falle einer Sachbeschädigung oder eines Diebstahls kann der Erfolgsunwert auch in einer rein persönlichkeitsbezogenen, primär immateriellen Einbuße (z.B. dem Verlust eines Romanentwurfs oder einer wirtschaftlich völlig bedeutungslosen Kinderzeichnung) bestehen.[23] Kommt es bei § 303 StGB oder § 242 StGB nicht zu einem Vermögensschaden, mag man die Klassifizierung des Diebstahls als Vermögensdelikt im weiteren Sinne sogar als falsch ansehen, da der Täter letztlich nur die formale Eigentümerposition angreift. Falls das Eigentums- oder Vermögensdelikt mit einem gewaltsamen Angriff verschmolzen ist (etwa beim Raub oder der Erpressung), kommt zudem dem Angriff auf die Persönlichkeitswerte (in Form der qualifizierten Nötigungskomponente) ein besonderes Gewicht zu, wie man etwa an der erheblichen

---

20 *Eisele*, BT-2, Rn. 4.
21 *Kindhäuser/Böse*, BT-2, § 1 Rn. 7.
22 BVerfG NJW 2020, 2953 (sog. Containern); *Wessels/Hillenkamp/Schuhr*, BT-2, Rn. 1.
23 *Wessels/Hillenkamp/Schuhr*, BT-2, Rn. 1.

Strafschärfung des nötigungsbedingten Diebstahls (= Raub, Mindeststrafe 1 Jahr Freiheitsstrafe) gegenüber dem Diebstahl (Mindeststrafe Geldstrafe) erkennt.[24]

2. Vermögensschädigungs-, Vermögensverschiebungs-, Perpetuierungsdelikte

18   Bei den Vermögensdelikten unterscheidet man sodann zwischen (bloßen) Vermögens**schädigungs**delikten (z.B. § 266 StGB) und Vermögensdelikten, bei denen eine Vermögens**verschiebung** eintreten oder zumindest beabsichtigt sein muss (z.B. §§ 253, 255, 263 StGB).[25] Im sachlichen Zusammenhang damit stehen die sog. **Perpetuie**rungsdelikte, welche die Aufrechterhaltung einer rechtswidrigen Vermögenslage unter Strafe stellen (die sog. Anschlussdelikte wie z.B. Begünstigung, § 257 StGB, und Hehlerei, § 259 StGB).

3. „Urwüchsige" und fragmentarische Gestalt des Vermögensstrafrechts

19   Den Vermögensdelikten liegt **kein besonderes** systematisch oder kriminalpolitisch übergreifendes **Konzept** zugrunde; die einzelnen Strafvorschriften sind vielmehr das Ergebnis der jeweiligen speziellen Deliktsgeschichte, auf die im Zusammenhang mit dem jeweiligen Tatbestand eingegangen werden muss.[26] Zudem ist das Vermögensstrafrecht, wie das Strafrecht überhaupt, von fragmentarischem Charakter und enthält – im Unterschied zum relativ umfassenden zivilrechtlichen Instrumentarium – einige „Schutzlücken" (z.B. die Straflosigkeit des Gebrauchsbetrugs).

4. Verteilung der Vermögensdelikte im StGB

20   „Reine" Vermögensdelikte findet man im 19.–27. Abschnitt des StGB mit Ausnahme der Begünstigung, Strafvereitelung und Urkundenfälschung. Ebenfalls Vermögensinteressen schützen die § 142 StGB und § 316 a StGB. Dabei richtet sich die Gesetzesgliederung weitgehend nach der Begehungsweise. Die meisten Vermögensdelikte sind Vorsatztaten.[27] Ausnahmen finden sich etwa bei den Insolvenzdelikten (§§ 283 ff. StGB), die i. d. R. auch fahrlässig begangen werden können. Meistens ist eine Versuchsstrafbarkeit angeordnet (z.B. bei § 263 StGB, nicht jedoch bei § 266 StGB). Bei manchen Strafvorschriften, die eine gewisse Vermögensschutzkomponente besitzen (so z.B. einige gemeingefährlichen Delikte), genügt kraft ausdrücklicher gesetzlicher Regelung eine bloße Gefährdung von Vermögensinteressen (etwa bei den Brandstiftungs- oder Straßenverkehrsdelikten, z.B. §§ 306 f, 315 b, 315 c StGB).

5. Abgrenzung zum Wirtschaftsstrafrecht

21   Während das Vermögensstrafrecht zum Pflichtstoff eines jeden Jurastudierenden gehört, werden Fragen des Wirtschaftsstrafrechts nur in den strafrechtlichen Schwerpunktbereichen behandelt. Doch worin unterscheiden sich das Vermögens- und das Wirtschaftsstrafrecht überhaupt?

---

[24] *A/W-Heinrich*, § 11 Rn. 9.
[25] *Maurach/Schroeder/Maiwald/Hoyer/Momsen*, BT-1, § 31 Rn. 4.
[26] *Kindhäuser/Böse*, BT-2, § 1 Rn. 5 ff.
[27] *Maurach/Schroeder/Maiwald/Hoyer/Momsen*, BT-1, § 31 Rn. 14.

Im strafrechtsdogmatischen Sinne hat das **Wirtschaftsstrafrecht** (zumindest auch) eine **kollektiv-überindividuelle** Ausrichtung. Es schützt **Rechtsgüter der Allgemeinheit**,[28] nämlich die Wirtschaftsordnung als ganze oder zumindest einzelne Zweige der Wirtschaft (z.b. die Kreditwirtschaft in § 265a StGB) bzw. einzelne Instrumente zur Steuerung und Sicherung dieser Ordnung (z.b. das Vertrauen in die Redlichkeit des Geschäftsverkehrs [§ 299 StGB], den freien Wettbewerb [§ 298 StGB] oder die gesetzmäßige Subventionsvergabe [§ 264 StGB]). Das **Vermögensstrafrecht** dagegen will „nur" ein **Individualrechtsgut**, nämlich das jeweilige konkrete Vermögen eines individuellen Rechtssubjekts, vor Schäden bewahren. Nicht selten kommt es dabei aber zur **Überschneidung** von Wirtschafts- und Vermögensstrafrecht (Bsp.: §§ 264a, 265, 265b, 266a Abs. 1, 266b, 298, 299 StGB), was etwa schwierige Probleme auf der Ebene der Konkurrenzen, des Strafantragsrechts oder der (insbesondere prozessual wichtigen) Verletzteneigenschaft erzeugt.

22

Das Wirtschaftsstrafrecht lässt sich aber auch **prozessual-kriminalistisch** definieren: § 74c GVG enthält eine Zuständigkeitsregelung für die „**Wirtschaftsstrafkammern**", die innerhalb der Strafkammern eines Landgerichts (falls erstinstanzlich zuständig) speziell über die in § 74c Abs. 1 GVG aufgelisteten Straftatbestände aus dem Wirtschaftsbereich entscheiden. Für die gängigen Straftatbestände des Eigentums- und Vermögensstrafrechts ist dagegen die allgemeine Zuständigkeit der Strafgerichte (vgl. §§ 24, 73, 74 GVG) gegeben. Aus dem Katalog der in § 74c Abs. 1 Nr. 1–5 GVG genannten Gesetze wird deutlich, dass ein Großteil der Straftatbestände, die das Wirtschaftsstrafrecht ausmachen, außerhalb des StGB in an sich nichtstrafrechtlich ausgerichteten Gesetzen enthalten sind und dort meist als Abschluss am Ende des Gesetzes lokalisiert sind (so z.B. in §§ 399 ff. AktG). Innerhalb des Wirtschaftsstrafrechts werden zudem wirtschaftsbezogene Ordnungswidrigkeiten-Tatbestände behandelt, die als Sanktion keine Freiheits- oder Geldstrafe, sondern eine Geldbuße vorsehen; in einem europarechtlichen Sinne fallen die Geldbußen wegen ihres mit der Freiheits- oder Geldstrafe vergleichbaren präventiven und repressiven Charakters ohnehin unter einen erweiterten Strafbegriff. Außerdem ermöglicht das Ordnungswidrigkeitenrecht über § 30 OWiG eine Sanktionierung des Unternehmens in Form einer Geldbuße, während das StGB (noch) keine (Geld-)Strafen gegen juristische Personen erlaubt.

23

In kriminologischer, d. h. rechtstatsächlicher Hinsicht wird die Wirtschaftskriminalität häufig als „**Weiße-Kragen-Kriminalität**" bezeichnet. Der Begriff stammt von dem amerikanischen Kriminologen *Edwin Sutherland*.[29] Gemeint sind damit Straftaten, die von Personen begangenen werden, die nicht die typischen Merkmale des Kriminellen aufweisen, vor allem nicht aus der sog. „Unterschicht" kommen, sondern einen **hohen sozialen Status** innehaben (z.B. Manager, politische Entscheidungsträger, Journalisten, Ärzte, Rechtsanwälte). White-Collar-Täter sind meistens, wenngleich nicht ausnahmslos, Wirtschaftskriminelle. Der wohl wichtigste Straftatbestand aus dem Bereich der White-Collar-Kriminalität ist die Untreue, § 266 StGB. Weitere mit dem Wirtschaftsstrafrecht verbundene Fragestellungen können in der einschlägigen Fachliteratur nachgelesen werden.[30]

24

---

28 *Tiedemann*, WiStR, § 1 Rn. 81; W/J/S-*Dannecker/Bülte*, Kap. 1 Rn. 10; skeptisch dagegen z. B. *Wittig* § 2 Rn. 27 ff.
29 *Tiedemann*, WiStR, § 1 Rn. 78; *Wittig*, WiStR, § 2 Rn. 8; W/J/S-*Dannecker/Bülte*, Kap. 1 Rn. 6 ff.
30 Vgl. etwa die wirtschaftsstrafrechtlichen Lehrbücher von *Brettel/Schneider*, 3. Aufl. 2020; *Hellmann*, 6. Aufl. 2023; *Kudlich/Oglakcioglu*, 3. Aufl. 2020; *Tiedemann* oder *Wittig*.

IV. Sekundärordnung, Rechtsgüterschutz und Pönalisierungskompetenz

25 Verhaltensweisen, die unter einen Straftatbestand fallen, verstoßen zugleich gegen weitere, geschriebene oder ungeschriebene rechtliche Verhaltensnormen, wie wir sie primär im Zivilrecht und im Öffentlichen Recht finden. Dies zeigt sich auch und gerade bei den Straftaten gegen das Eigentum und Vermögen. Wer einem anderen ein Buch wegnimmt, begeht eine verbotene Eigenmacht (§ 858 BGB), ist zur Herausgabe des gestohlenen Guts verpflichtet (§§ 861, 985 BGB) und ist ungerechtfertigt bereichert (§ 812 BGB). Wer einen anderen beim Verkauf eines Autos (§ 433 BGB) über die Unfallfreiheit täuscht, muss mit einem Rücktritt vom Vertrag (§§ 325, 437 BGB) oder der Anfechtung des Vertrags rechnen (§ 123 BGB) und ist zur Herausgabe des ungerechtfertigt Erlangten (§ 812 BGB) verpflichtet. Ein Finanzverwalter der Universität, der Haushaltsmittel rechtswidrig verlagert, verletzt die für seinen Bereich maßgeblichen hochschul- und dienstrechtlichen Normen.

1. Rechtliche Sanktionsordnung und sekundärer Charakter des Strafrechts

26 Nicht nur die deliktischen Haftungstatbestände des Zivilrechts (§§ 823 ff. BGB), sondern auch das Strafrecht dient der Sanktionierung einer vorgelagerten Ordnung mit ihren Verhaltensnormen. Im Rahmen des § 823 BGB löst der Pflichtenverstoß Schadensersatzansprüche aus (etwa nach § 823 Abs. 2 BGB i. V. m. §§ 242, 263, 266 StGB). Bei den eben genannten Beispielen – § 242 StGB (Buch-Fall), § 263 StGB (Autobetrugsfall) oder § 266 StGB (Finanzverwalter-Fall) – kommt zudem die Sanktion Freiheits- oder Geldstrafe hinzu. Das Strafrecht ist damit eine **Sekundär- und Sanktionsordnung**, die letztlich auf **Pflichten** aus der **Primärordnung Bezug nimmt** (z.B. aus § 433 BGB) und insofern **von dieser abhängt** (**Akzessorietät** des Strafrechts).[31] Zuweilen sind diese Primärnormen nicht explizit gesetzlich geregelt, gleichwohl aber als rechtliche Verhaltensnormen anerkannt (z.B. „Du sollst nicht stehlen", „Du sollst nicht töten"). Sekundärordnung bedeutet aber auch: Anders als in archaischen Kulturen und bis zum Beginn der Aufklärung, in denen das Strafrecht nach überkommenem Rollenverständnis im Zentrum des Rechts stand, bildet das Strafrecht heute nicht mehr das primäre Mittel der rechtlichen Verhaltensordnung. „Das Strafrecht kommt in diesem heutigen Rechtsverständnis, in das sich das moderne Strafrecht einordnen muss, erst sehr spät" (*Frisch*).[32] **Rechtskulturell** gesehen ist das Strafrecht, bildlich gesprochen, hinter die Konflikt- und Schutzmechanismen des Zivilrechts und Öffentlichen Rechts in die **zweite Reihe der Rechtsordnung** gerückt.

27 „Sekundär" darf freilich nicht mit „unwichtig" gleichgesetzt werden: Das **Strafrecht** schützt auch in unseren Tagen – in der staatlichen Rechtsordnung, in der Rechtspolitik sowie im Bewusstsein der Gesellschaft und des Einzelnen – die **Fundamente des Zusammenlebens**. Es hat trotz seines sekundären Charakters seine zentrale rechtliche Bedeutung nicht verloren. Das Strafrecht ist die „**letzte Verteidigungslinie des Rechts**" (*Kühl*), es verteidigt die wichtigsten Gebote und Verbote der gesamten übrigen Rechtsordnung.[33] Auf den Schutz staatlicher, allgemeiner und privater Rechtssphären durch die Verhängung von Freiheits- und Geldstrafen in einem dafür vorgesehenen rechtsstaatlichen Strafprozess mag einmal in der fernen Zukunft, nicht aber im Hier

---

[31] Vgl. *Frisch* NStZ 2016, 16; *Gärditz*, JZ 2016, 641, 642 (Strafrecht als „Verstärkungsmittel' zur Effektuierung der Verbotsnorm"); *Wagner*, ZJS 2020, 577.
[32] *Frisch*, NStZ 2016, 16, 17.
[33] *Kühl*, in: *Kühl/Reichold/Ronellenfitsch*, Einführung in die Rechtswissenschaft, 3. Aufl. 2019, § 30 Rn. 4.

und Jetzt verzichtet werden können: Das Strafrecht „ist eine bittere Notwendigkeit in einer Gemeinschaft unvollkommener Wesen, wie sie die Menschen nun einmal sind" (*Lenckner*).[34]

Wann eine Verletzung der Primärordnung auch eine strafrechtliche Sanktion nach sich zieht, bestimmt der Gesetzgeber durch seine Entscheidung, ein bestimmtes Verhalten unter Strafe zu stellen. Nur ein Bruchteil der primärrechtlichen Ordnungsverstöße ist strafbar. Man denke nur an den millionenfach sich täglich zutragenden Fall der Beschädigung fremder Sachen aufgrund Unachtsamkeit oder der nicht rechtzeitigen oder mangelbehafteten Erfüllung von Verbindlichkeiten. Die fahrlässige Sachbeschädigung etwa eines gemieteten Fahrzeugs löst vertragsrechtliche und deliktische Ansprüche, aber keine Strafbarkeit aus (vgl. §§ 303, 15 StGB). Ebenso ist der bloße Vertragsverstoß als solcher, z.B. die Nichtbezahlung des Kaufpreises, nicht strafbar. Genauso fehlt es häufig an der Strafbarkeit des Versuchs, so etwa bei der nicht vermögensschädigenden, nur versuchten Verletzung von Vermögensbetreuungspflichten (§ 266 StGB). „Ein totales Vermögensstrafrecht liegt auf dem Weg zum totalen Staat" (*Hellmuth Mayer*).[35] Angesichts der Weite und Unschärfe vieler Tatbestandsmerkmale in den Strafvorschriften zum Schutz des Eigentums oder des Vermögens ist aber die Entscheidung nicht immer leicht, zuweilen geradezu überaus komplex, wann ein Verstoß gegen die Primärrechtsordnung zugleich ein solcher gegen die strafrechtliche Sekundärordnung ist. Dies zeigt sich etwa beim Begriff des Vermögens beim Betrug, der Treuepflichtverletzung bei der Untreue oder der Unbefugtheit der Datenverwendung beim Computerbetrug.

2. Pönalisierungskompetenz

Davon zu unterscheiden ist die Frage, welches vermögens- oder eigentumsschädigendes Verhalten der Gesetzgeber überhaupt unter Strafe stellen darf. Damit dringt man zu der großen kriminalpolitischen, rechtsphilosophischen und verfassungsrechtlichen Grundsatzfrage vor, unter welchen Voraussetzungen und innerhalb welcher Grenzen die Legislative bestimmte Verhaltensweisen pönalisieren darf. Zwar wird diese Diskussion vorrangig bei der Strafbarkeit von Angriffen auf Kollektivrechtsgüter oder höchstpersönliche Rechtsgüter geführt (z.B. bezüglich des Schwangerschaftsabbruchs, des Besitzes von Betäubungsmitteln oder des Inzests).[36] Sie erlangt aber auch bei den Eigentums- und Vermögensdelikten Bedeutung, so etwa bei der Frage, ob man nicht Bagatelldiebstähle entkriminalisieren[37] oder aufgrund viktimodogmatischer Erwägungen leichtgläubige Geschädigte aus dem Schutzbereich des § 263 StGB herausnehmen[38] sollte.

Das Strafrecht bildet das Rechtsgebiet, in dem nur besonders bedeutsame außerstrafrechtliche Pflichtverstöße mit der Sanktion der Freiheits- oder Geldstrafe belegt werden.[39] Zudem spricht man vom „rechtsethischen Minimum", das mit der Pönalisierung bestimmter Verhaltensweisen gesichert werde.[40] Nur wenn ein Verhalten sozialethisch schlechterdings inakzeptabel ist und darüber hinaus gravierendes Unrecht

---

34 *Lenckner*, in: *Göppinger/Witter*, Handbuch der forensischen Psychiatrie I, Teil A, 1972, S. 21.
35 *H. Mayer*, Die Untreue, Materialien zur Strafrechtsreform, Bd. 1, 1954, S. 339.
36 BVerfGE 39, 1; 88, 203; 120, 224.
37 Unten § 2 Rn. 2.
38 Unten § 7 Rn. 64 ff.
39 *Murmann*, GK, § 8 Rn. 5.
40 BVerfGE 123, 267 (Lissabon-Entscheidung); *Kühl*, Festschrift Maiwald, 2010, S. 439, 445.

darstellt, lässt sich Strafe legitimieren.[41] Eine Strafe ist eine Rechtsfolge, die elementare Rechtssphären des Beschuldigten einschränkt (Freiheit und Vermögen) und zugleich mit einem gravierenden sozialethischen Vorwurf verbunden ist.[42] Zudem geht das dazu gehörige Strafverfahren häufig mit intensivsten Grundrechtseingriffen einher. Für den Bereich des Eigentums-, Vermögens- und Wirtschaftsstrafrechts wurde diese Legitimation vom BVerfG etwa im Zusammenhang der Geldwäsche[43] oder der Untreue[44] thematisiert (und differenziert bejaht).

31 In Teilen des strafrechtlichen Schrifttums, maßgeblich bei *Roxin* und *Hassemer*, wird bis heute auf die im 19. Jahrhundert entwickelte, somit zeitlich weit vor dem Grundgesetz entstandene (mithin vorkonstitutionelle) **Rechtsgutslehre** zurückgegriffen: Ihr wird eine „systemkritische Funktion" beigemessen. Sie erlaube nur den Schutz elementarer Rechtsgüter, nicht aber etwa von Moral, Gefühl oder Tabu.[45] Teilweise wird, vor allem von *Lüderssen, Jahn* und anderen Vertretern der sog. Frankfurter Schule, ähnlich eine Reduktion des Strafrechts auf ein sog. Kernstrafrecht gefordert und werden weite Teile etwa des Wirtschaftsstrafrechts kritisiert.[46] Häufig wird in diesem Zusammenhang verlangt, dass das Strafrecht die sog. **„Ultima Ratio"** bei der Lösung von Konflikten sein müsse.[47] Dagegen hat das BVerfG[48] die große **politische Entscheidungsfreiheit des Gesetzgebers** betont, die er auch bei der Kriminalisierung bestimmter Verhaltensweisen besitze und die nicht von strafrechtswissenschaftlichen Begrenzungstheorien bestimmt sei. Zwar schützt auch nach dem BVerfG das Strafrecht **Rechtsgüter**; „was aber ein Rechtsgut ist, entscheidet der Gesetzgeber" (*Murmann*).[49] Entscheidungsfreiheit darf freilich **nicht** eine **beliebige** Pönalisierungskompetenz oder gar reine Willkür bedeuten. Bloße Moralwidrigkeiten oder (wirtschafts-)ethisch missbilligtes Verhalten sollten der Ethik und deren „Sanktionsmechanismen" vorbehalten bleiben (z.B. das Nahelegen eines Rücktritts, eine Entlassung oder die Versagung von Ämtern). Die kriminalpolitische Gestaltungsfreiheit des Gesetzgebers ist zudem zwingend an **rechtsstaatliche Vorgaben** gebunden (Art. 20 Abs. 3 GG). Zu diesen zählen die Grundrechte, hier vor allem die Freiheitsrechte. Der Gesetzgeber muss darüber hinaus stets neben dem Schuldprinzip den Maßstab der **Geeignetheit** und **Erforderlichkeit** seines strafrechtlichen Mitteleinsatzes als Ausprägung des Verhältnismäßigkeitsgrundsatzes im weiteren Sinne sowie die **Verhältnismäßigkeit im engeren Sinne** beachten.[50]

32 Sodann ist Deutschland vielfach europa- und völkerrechtliche Verpflichtungen eingegangen, bestimmte Verhaltensweisen unter Strafe zu stellen, die im Wege einer europa- und völkerrechtskonformen Interpretation des nationalen Verfassungsrechts und damit auch bei der Reichweite der nationalen Pönalisierungskompetenz zu beachten sind.

---

41 *Frisch*, NStZ 2016, 16, 24.
42 BVerfGE 128, 326; BGHSt 2, 194; *Hörnle*, Straftheorien, 2. Aufl. 2017, S. 31 ff.; (im Kontext einer „expressiven Straftheorie"); *Kühl*, Fs. Eser, 2005, S. 149, 155.
43 BVerfGE 110, 226 Rn. 129.
44 BVerfGE 126, 170 Rn. 84 ff.
45 Exemplarisch *Roxin*, AT-1, § 2 Rn. 2 ff. m. w. N; zur Rechtsgutdiskussion vgl. *näher* Frisch, NStZ 2016, 16, 22 (Rechtsgutstheorie sei viel zu „undifferenziert"); *Kaspar*, AT, § 2 Rn. 47 ff.; *Rönnau* JuS 2009, 209.
46 Vgl. *Jahn/Ziemann*, JZ 2014, 943.
47 Dazu, dass an dieser Formel aber noch kein Strafgesetz gescheitert sei, vgl. *Gärditz*, JZ 2016, 641, 649. Zu weiteren Schwächen dieses Prinzips vgl. *Frisch*, NStZ 2016, 16, 24. Einen Neuaufbau des verfassungsrechtlichen Ultima-Ratio-Prinzips versuchen aus strafrechtswissenschaftlicher Sicht *Jahn/Brodowski*, JZ 2016, 969.
48 BVerfGE 120, 224; anschaulich BVerfG NJW 2020, 905, 909 Rn. 223 (assistierte Suizidbeihilfe).
49 *Murmann*, GK, § 8 Rn. 14.
50 BVerfGE 120, 224, 243, 245 (Rn. 41, 46).

§ 1 Eigentums- und Vermögensschutz im Strafrecht § 1

Man denke im Eigentums- und Vermögensstrafrecht an den Subventionsbetrug (§ 264 StGB), die Geldwäsche (§ 261 StGB, unten § 12 Rn. 74), deren Einführung und beständige Ausdehnung durch völkerrechtliche Verpflichtungen der Bundesrepublik ausgelöst wurde, den Computerbetrug (§ 263a StGB, unten § 8 Rn. 2), die Datenveränderung (§ 303a StGB, unten § 6 Rn. 45) oder die Computersabotage (§ 303b StGB, unten § 6 Rn. 57).

Wiederholungsfragen

1. Welche Aufgabe besitzt ein Rechtsgut? (Rn. 1).
2. Welche sechs Auslegungsmethoden kennen Sie? (Rn. 4)
3. Wie lassen sich die Eigentums- und Vermögensdelikte systematisieren? (Rn. 7).
4. Hat der Gesetzgeber den Straftaten gegen das Eigentum und das Vermögen ein bestimmtes kriminalpolitisches Konzept zugrunde gelegt? (Rn. 7, 19).
5. Kann man wirtschaftlich völlig wertlose Gegenstände betrügerisch erlangen, stehlen oder beschädigen? (Rn. 16)
6. Was versteht man unter Wirtschaftsstrafrecht? (Rn. 22)
7. Warum wird das Strafrecht auch als Sekundärordnung bezeichnet? (Rn. 26)
8. Sind dem Gesetzgeber bei der Schaffung von Straftatbeständen zum Schutz des Eigentums oder des Vermögens Grenzen gesetzt? (Rn. 31)
9. Welche Straftatbestände aus dem Bereich der Eigentums- und Vermögensdelikte sind aufgrund völker- oder europarechtlicher Verpflichtungen eingeführt bzw. reformiert worden? Nennen Sie bitte zwei Beispiele! (Rn. 32)

Teil 2 Die Straftaten gegen das Eigentum

Die fünf zentralen Straftatbestände gegen das Eigentum bilden – in der Reihenfolge des Gesetzes – der Diebstahl (unten § 2), die Unterschlagung (unten § 3), der Raub (unten § 4), die raubähnlichen Delikte (unten § 5) und die Sachbeschädigung (unten § 6). Ihr Unrechtsgehalt besteht in der (intendierten) Zueignung (§§ 242, 246, 249 StGB) oder Beschädigung (§ 303 StGB) fremder Sachen.

§ 2 Der Diebstahl (§§ 242 ff. StGB)

Literaturempfehlungen zu den §§ 242, 243: *Bode*, Zur Strafbarkeit privater Schrottsammler, JA 2016, 589 ff.; *Bosch*, Gewahrsamsbestimmung nach „natürlicher Auffassung des täglichen Lebens", Jura 2014, 1237 ff.; *Denga*, Die Zivilrechtsakzessorietät von Vermögensdelikten, JA 2018, 833 ff.; *Fahl*, „Taschenbuch-Fall", JA 2002, 649 ff.; *ders.* Der Kellner, der Dieb und der Schweinehund, Jura 2013, 1226 ff.; *Huber*, Grundwissen – Strafrecht: Versuchter besonders schwerer Fall des Diebstahls? JuS 2016, 597 ff.; *Jäger*, Diebstahl nach dem 6. Strafrechtsreformgesetz – Ein Leitfaden für Studium und Praxis, JuS 2000, 651 ff.; *Kudlich*, Taxifahrer – geprellt und abgezogen, JA 2015, 32 ff.; *ders.*, Die Wegnahme in der Fallbearbeitung, JA 2017, 428 ff.; *Oglakcioglu*, Ein Tag im Supermarkt, JA 2012, 902 ff., JA 2013, 107 ff.; *Rennicke*, Zur strafrechtlichen Behandlung des Containerns de lege lata und de lege ferenda, ZIS 2020, 343; *Schramm*, Grundfälle zum Diebstahl, JuS 2008, 678 ff., 773 ff.; *Waßmer/Sommer*, Meine Tasse – Deine Tasse? Die Mitnahme von Glühweintassen aus strafrechtlicher Sicht, JA 2020, 910; *Zopfs*, Der Tatbestand des Diebstahls, ZJS 2009, 506 ff., 649 ff.; *ders.*, Der besonders schwere Fall des Diebstahls (§ 243 StGB), Jura 2007, 421 ff.

I. Einleitung

1 Der objektive Tatbestand des Diebstahls ist **seit über 160 Jahren unverändert**.[1] Schon das preußische StGB (1851) und das Reichsstrafgesetzbuch (1871) verstanden darunter die Wegnahme einer fremden beweglichen Sache mit Selbstzueignungsabsicht. Lediglich der subjektive Tatbestand wurde **1998** um die **Drittzueignungsabsicht** erweitert. Der Diebstahl ist die mit Abstand am häufigsten begangene Straftat. Die **Fallzahlen** gehen derzeit leicht **nach oben.** 2022 wurden etwa 1,78 Mio., (2021: 1,48 Mio.; 2018: 2 Mio.) Verdachtsfälle des Diebstahls polizeilich registriert (= 31 % der Gesamtkriminalität). Der Diebstahl ist das Delikt der Armen schlechthin, wird aber zuweilen auch von finanziell nicht notleidenden, „normalen Bürgern" begangen.[2] Es bildet zudem einen wichtigen Teilbereich der Organisierten Kriminalität in Form von Diebesbanden. Diebstahlsdelikte machen übrigens auch den Großteil der Kinder- und Jugenddelinquenz aus[3] und bilden dabei im Regelfall nur eine Episode im Leben des Kindes, die rasch vergeht. Abgeurteilt wegen Diebstahls wurden im Jahre 2019 rund 80.900 Personen.[4]

---

[1] Er wurzelt in der Naturrechtslehre des 19. Jahrhunderts; zur Historie vgl. LK-*Vogel/Brodowski*, Vor §§ 242 ff. Rn. 18 ff.
[2] *Neubacher*, § 17 Rn. 1.
[3] *Schwind*, § 3 Rn. 10 a.
[4] SVS 2021, S. 36.

§ 2 Der Diebstahl (§§ 242 ff. StGB)

Der Tatbestand erfasst auch den Diebstahl **geringwertiger Gegenstände** (z.B. eines Brötchens). Bagatellfällen versucht man über das (relative) Strafantragserfordernis (§ 248a StGB) oder die Möglichkeiten der Verfahrenseinstellung nach §§ 153, 153a StPO Rechnung zu tragen.[5] Politisch gescheitert sind bislang Reformversuche, **Bagatelldiebstähle** de lege ferenda als **bloße Ordnungswidrigkeiten** nur mit einem polizeilichen Strafgeld, vergleichbar einem Strafzettel beim Falschparken, zu belegen oder eine zivilrechtliche Lösung zu finden.[6] Außerstrafrechtliche Sanktionen des Diebstahls wie z.b. die Kündigung durch den Arbeitgeber beim Diebstahl am Arbeitsplatz[7] oder hohe Bearbeitungsgebühren in Form von „Fangprämien" treffen den Dieb zuweilen schwerer als eine Geld- oder Bewährungsstrafe.[8]

1. Die Systematik der Diebstahlstatbestände

§ 242 StGB stellt den Grundtatbestand des Diebstahls dar. § 243 StGB enthält, trotz seiner Ähnlichkeit mit einem Straftatbestand, nur eine Strafzumessungsregel in Gestalt von Regelbeispielen: § 243 StGB ist daher erst im Anschluss an die Schuldprüfung bei § 242 StGB unter der Überschrift „Strafzumessung" oder „besonders schwere Fälle" zu erörtern. Qualifikationstatbestände und insofern „richtige" Tatbestände (mit Prüfungsschema Tatbestand/Rechtswidrigkeit/Schuld) sind dagegen § 244 StGB und § 244a StGB, die freilich insofern unselbstständig sind, als sie einen (vollendeten oder versuchten) Diebstahl nach § 242 StGB voraussetzen.

Die §§ 247, 248a StGB bezwecken eine (lediglich strafprozessuale) Privilegierung des Täters, indem bestimmte Diebstahlskonstellationen den Strafantragsregeln i.S.d. §§ 77 ff. StGB unterworfen werden. In einer Klausur ist daher bei Haus- und Familiendiebstählen (§ 247 StGB) oder bei einem Diebstahl geringwertiger Sachen (§ 248a StGB) auf das Erfordernis eines Strafantrags (§§ 247, 248a Alt. 1 StGB) bzw. eines besonderen öffentlichen Verfolgungsinteresses (§ 248a Alt. 2 StGB) zu achten. Der räuberische Diebstahl, § 252 StGB setzt zwar einen Diebstahl voraus, gehört aber wegen seiner qualifizierten Nötigungskomponente und gesetzessystematischen Verankerung zum Raub und wird deshalb erst im Kontext des § 249 StGB behandelt (unten § 5 Rn. 4 ff.).

2. Rechtsgut

§ 242 StGB schützt das **Eigentum**, d. h. das aus § 903 BGB fließende Recht des Eigentümers, die Sachherrschaft über ihm gehörende, körperliche Gegenstände auszuüben.[9] Der Angriff auf das Rechtsgut besteht darin, dass der Täter neben der Erlangung der Sachherrschaft in subjektiver Hinsicht das weitere Ziel verfolgt, sich oder einem Dritten eine eigentümerähnliche Stellung zu verschaffen. Objektiv braucht der Zueignungserfolg freilich nicht einzutreten (sog. erfolgskupiertes Delikt).[10] Der Dieb greift also nicht bloß die Sachherrschaftsdimension des Eigentums an, sondern zielt es auf

---

5 Zu dieser Kombination der Strafzumessungs- mit der prozessualen Lösung LK-*Vogel/Brodowski*, Vor §§ 242 ff. Rn. 48.
6 So eine Forderung des Deutschen Anwaltsvereins von 1994 (*Kreuzer*, Strafzettel für Ladendiebe – warum nicht?, Die Zeit v. 11. 11. 1994; *Hamm*, KritV 1993, 213); eingehend zur Reformdiskussion LK-*Vogel/Brodowski*, Vor §§ 242 ff. Rn. 27, 49.
7 Vgl. den Fall „Emmely", BAG NJW 2011, 167.
8 Für eine Kanalisierung dieser Folgen daher NK-*Kindhäuser/Hoven*, § 242 Rn. 3.
9 NK-*Kindhäuse/Hoven*, § 242 Rn. 4; Sch/Sch-*Bosch*, § 242 Rn. 1/2.
10 HK-*Duttge*, § 242 Rn. 3; SK-*Hoyer*, § 242 Rn. 5.

das Eigentumsrecht als solches ab. Ein zivilrechtlich wirksamer Eigentumswechsel auf den Dieb scheitert aber regelmäßig an § 935 Abs. 1 BGB.

Ob neben dem Eigentum **auch** der **Gewahrsam** ein weiteres, eigenständiges Rechtsgut darstellt, ist umstritten,[11] richtigerweise aber zu **bejahen**.[12] Bedeutung erlangt der Streit vor allem beim **Strafantragsrecht**.[13] Die monistische h.L. sieht nur den Eigentümer als Verletzten an; der BGH und eine gewichtige Minderheitsmeinung wollen auch den von einer Wegnahme betroffenen, mit dem Eigentümer nicht identischen **Gewahrsamsinhaber** strafrechtlich schützen und ihm ein **eigenes Strafantragsrecht** einräumen. Dies sollte zumindest dann gelten, wenn es sich um einen vom Eigentümer abgeleiteten Besitzerwerb handelt (z.B. das gemietete KFZ gestohlen wird),[14] nicht aber bei deliktisch erlangtem Besitz (z.B. wenn dem Dieb das von ihm gestohlene Diebesgut entwendet wird).

II. Der einfache Diebstahl (§ 242 StGB)

1. Prüfungsschema in Klausuren

Die Klausurrelevanz der Diebstahlsnormen ist in der Fortgeschrittenenübung und Staatsprüfung sehr hoch.

Prüfungsschema § 242 StGB

A. *Tatbestand*
   I. *Objektiver Tatbestand*
      1. *Tatobjekt: Fremde, bewegliche Sache*
      2. *Tathandlung: Wegnahme*
   II. *Subjektiver Tatbestand*
      1. *Vorsatz*
      2. *Zueignungsabsicht*
         a) *Enteignungsvorsatz*
         b) *Aneignungsabsicht*
         c) *Objektive Rechtswidrigkeit der erstrebten Zueignung und entsprechender Vorsatz*
B. *Rechtswidrigkeit*
C. *Schuld*

2. Objektiver Tatbestand

In objektiver Hinsicht setzt § 242 StGB als Tatobjekt eine fremde bewegliche Sache und als Tathandlung deren Wegnahme voraus.

---

11 Allein auf das Eigentum abstellend etwa Sch/Sch-*Bosch*, § 242 Rn. 1; *Eisele*, BT-2, Rn. 8; *Kindhäuser/Böse*, BT-2, § 2 Rn. 5; MK-*Schmitz*, § 242 Rn. 6.
12 BGH NJW 2001, 1508; HK-*Duttge*, § 242 Rn. 3; NK-*Hoyer*, § 242 Rn. 4; *Rengier*, BT-1, § 2 Rn. 1; *Schramm*, JuS 2008, 678, 679.
13 Mit Fallbeispiel *Schramm*, JuS 2009, 678.
14 Vgl. BGH NJW 1957, 1933.

§ 2 Der Diebstahl (§§ 242 ff. StGB)

a) Tatobjekt fremde bewegliche Sache

▶ **Beispiel („Stromklau-Fall"):**[15] *Dem insolventen A stellte man den Strom ab. Er durchbohrte daraufhin in seinem Kellerraum die hölzerne Trennwand zum Keller seines Wohnungsnachbarn W, schob durch die Löcher Drähte und verband sie mit einer dort verlaufenden Stromleitung. Mit einem Kabel, das er über sein geöffnetes Kellerfenster in seine Wohnung gelegt hatte, verbrauchte er so Strom auf Kosten des W.* ◀

aa) Sache

Sachen sind körperliche Gegenstände i.S.d. § 90 BGB.[16] Es gelten die gleichen Grundsätze wie bei § 303 StGB (vgl. ergänzend dort § 6 Rn. 11). Diese Anbindung an den zivilrechtlichen Sachbegriff folgt daraus, dass nur an Sachen Eigentum erworben werden kann und § 242 StGB dieses gerade schützen soll.[17] Im Einklang mit dem Zivilrecht versteht man unter dem Begriff des Gegenstands alles, was ein Objekt von Rechten sein kann, sofern es zudem körperlich ist. Diese Körperlichkeit fehlt etwa bei Geld auf dem Girokonto, Forderungen, Rechten, Software, aber auch bei Energie oder Daten, nicht aber bei körperlichen Trägern von Energie (z.B. Batterien) oder Daten (z.B. USB-Sticks).[18]

▶ **Lösung:**[19] *Im Stromklau-Fall verneinte das RG die Sachqualität des Stroms. Elektrizität weist zwar nach heutigen physikalischen Erkenntnissen eine gewisse physische Substanz auf. Doch selbst wenn man elektrischer Energie Sachqualität beimessen würde, ändert dies doch nichts daran, dass im Gesetz seit der Einfügung des § 248c StGB der „Strom-Klau" nur vom Sondertatbestand des § 248c StGB erfasst wird.*[20] *Ganz abgesehen davon steht in diesen Fällen der Entzug von Energie und nicht die Wegnahme von mikroskopisch kleinen Elektronen im Vordergrund, deren Verschiebung ohnehin physikalisch wieder ausgeglichen wird.*[21] ◀

Nach herrschender Meinung sind der **Körper** eines lebenden **Menschen** und der Embryo, ebenso wenig Sachen wie im Körper fest eingepflanzten Körperimplantate (Herzschrittmacher, künstliches Gelenk). Vom Körper getrennte **Körperteile** (z.B. Haare, Zähne, Blutspenden, Transplantationsorgane) und Implantate (z. B. Herzschrittmacher, Prothesen) sind dagegen schutzwürdig[22] und auch im Zivilrecht Sachen i.S.d. § 90 BGB. Befruchtete Eizellen und Embryonen innerhalb und außerhalb des Mutterleibs sind aber Vorstufen des Menschen und damit keine Sachen.[23] Die Sachqualität des menschlichen **Leichnams** wird teilweise verneint, weil der Leichnam einen Rückstand des Persönlichkeitsrechts darstelle bzw. wenn noch eine Pietätsbindung bestehe.[24] Die h.M. bejaht hingegen zu Recht die Sacheigenschaft des **Leichnams**, weil die eben genannten Kriterien zu vage sind, zudem schon in der Pietätsphase Transplantationen durchgeführt werden dürfen (§ 4 TPG) und die Sacheigenschaft

---

15 Anlehnend an die klassische Strom-Entscheidung RGSt 32, 165.
16 SK-*Hoyer*, § 242 Rn 3; *L-Kühl/Heger*, § 242 Rn. 2; für eine strafrechtsautonome Bestimmung des Sachbegriffs dagegen z.B. S/S/W-*Kudlich*, § 242 Rn. 5; Beck OK-StGB/*Wittig*, § 242 Rn. 4.
17 HK-*Duttge*, § 242 Rn. 6; *Maurach/Schroeder/Maiwald/Hoyer/Momsen*, BT-1, § 32 Rn. 12.
18 NK-*Kindhäuser/Hoven*, § 242 Rn. 9.
19 RGSt 29, 211.
20 NK-*Kindhäuser/Hoven*, § 242 Rn. 9; *L-Kühl/Heger*, § 248c Rn. 1.
21 Zu Recht teleologisch skeptisch *Brodowski*, ZJS 2010, 144.
22 Vgl. LK-*Vogel/Brodowski*, § 242 Rn. 12; Sch/Sch-*Bosch* § 242 Rn. 10.
23 So die h.M.; vgl. OLG Karlsruhe FamRZ 2016, 1790; MüKoBGB/*Stresemann*, 9. Aufl. 2021, BGB § 90 Rn. 26.
24 *Maurach/Schroeder/Maiwald/Hoyer/Momsen*, BT-1, § 32 Rn. 19, 22; im Zivilrecht z.B. RGZ 100, 171.

von Plastinaten, Gletschermumien oder Moorleichen nicht fraglich ist.[25] Nimmt ein nekrophil veranlagter Mensch einen Leichnam an sich, kommt an sich ein Diebstahl in Betracht.[26] Allerdings ist jeder Leichnam zunächst herrenlos und wird erst mit Vorliegen eines Aneignungsrechts Dritter zu einer fremden Sache. Dieses Recht ist jedoch nur im Ausnahmefall anerkannt, etwa bei Anatomieverträgen oder einer vor dem Tod verfügten Organspende. Der Streit um die Sachqualität von Leichnamen ist freilich eher akademischer Natur: Die Strafbarkeit wegen § 242 StGB scheitert spätestens mangels Eigentumsfähigkeit des Leichnams und von Leichenteilen (z.B. Zahngold) an der Fremdheit der Sache,[27] weshalb hier höchstens § 168 StGB einschlägig sein kann.[28]

bb) Beweglichkeit

14   Beweglich ist eine Sache, wenn sie **tatsächlich fortbewegt** werden kann.[29] Es reicht für die Erfüllung dieses Tatbestandsmerkmals nach nahezu allgemeiner Meinung aus, wenn Teile **unbeweglicher Sachen** erst durch die Tathandlung losgelöst, abgetrennt oder sonst beweglich gemacht werden.[30] Dies ist etwa der Fall, wenn ein Baum abgesägt wird, Schafe von einer Weide das Gras auffressen[31] oder eine auf einem Dach befestigte Solaranlage mit Zueignungsabsicht abmontiert und wegtransportiert wird.[32] Insoweit ist die im Zivilrecht wichtige Entscheidung zwischen beweglichen und unbeweglichen Sachen (§§ 93 ff. BGB) im Rahmen des § 242 StGB unbeachtlich.[33]

cc) Fremdheit

15   ▶ **Beispiel („Containern"-Fall"):**[34] *Auf dem Grundstück des Supermarkts S werden Lebensmittel, die vom Filialleiter Filius F für nicht mehr verkehrsfähig gehalten werden, in einem verschlossenen Container auf dem Grundstück des S gelagert, der zur Abholung durch ein Entsorgungsunternehmen bereitsteht. Zwei Studentinnen öffnen den Verschluss des Containers mit einem Sechskantschlüssel und entwenden (sog. „containern") daraus Lebensmittel, die neu 100 EUR kosten würden.* ◀

16   Eine Sache ist fremd, wenn sie im Allein-, Mit- oder Gesamthandseigentum eines anderen steht. Nicht fremd ist eine Sache, die alleine dem Täter gehört oder die nicht verkehrsfähig bzw. herrenlos ist.[35] Die Fremdheit der Sache ist ein – ebenso wie bei § 303 StGB (vgl. daher ergänzend dort § 6 Rn. 14) – nach bürgerlichem Recht[36] zu bestimmendes akzessorisches Tatbestandsmerkmal. So sind etwa an Brückengeländern angebrachte Liebesschlösser in aller Regel weiterhin Eigentum der Verliebten und nicht

---

25 SK-*Hoyer*, § 242 Rn. 4; NK-*Kindhäuser/Hoven*, § 242 Rn. 12.
26 *Schramm*, JuS 2008, 679.
27 HK-*Duttge*, § 242 Rn. 8; *Joecks/Jäger*, Vor § 242 Rn. 19 ff.
28 So ist Zahngold „Asche" i. S. des § 168 StGB und besitzt nach der Trennung vom Körper auch Sachqualität, ist zivilrechtlich aber keine „fremde" Sache; BGHSt 60, 302 m. Bspr. *Kudlich* JA 2015, 872; OLG Bamberg NJW 2008, 1543, 1547.
29 Sch/Sch-*Bosch*, § 242 Rn. 11.
30 *Joecks/Jäger*, Vor § 242 Rn. 24; AnwK-*Kretschmer*, § 242 Rn. 8.
31 LG Karlsruhe NStZ 1993, 543; OLG Stuttgart, NStZ-RR 2002, 4.
32 *Schramm*, JuS 2008, 678, 680.
33 NK-*Kindhäuser/Hoven*, § 242 Rn. 14.
34 AG Fürstenfeldbruck, Urt.v. 30.1.2019 – 3 Cs 42 Js 26676/18; BayObLG NStZ-RR 2020, 104 m. Bspr. *Bode/Jahn*, JuS 2020, 85; *Jäger*, JA 2020, 393.
35 *Fischer*, § 303 Rn. 4; Sch/Sch-*Hecker*, § 303 Rn. 6; *Küper/Zopfs*, Rn. 445.
36 BVerfG NJW 2020, 2953 („Containern"); SK-*Hoyer*, § 242 Rn. 12; LK-*Vogel/Brodowski*, § 242 Rn. 21 ff.

herrenlos.³⁷ Nicht fremd sind **herrenlose Sachen** (§§ 959, 960 BGB), da diese per definitionem in niemandes Eigentum stehen, sowie verkehrsunfähige und damit zugleich eigentumsunfähige Sachen (freie Luft, Gewässer, i. d. R. auch der Leichnam). Außerdem muss die Sache im Allein-, Mit- oder Gesamthandseigentum eines anderen stehen. Maßgeblich sind hierfür die sachenrechtlichen Bestimmungen des BGB (§§ 873, 929, 1370, 1922).

Umstritten ist dabei etwa die Problematik der Entwendung von **Betäubungsmitteln**, so etwa dann, wenn derjenige, der Drogen beim Hersteller (z.b. einem Produzenten von Crystal Meth) gekauft hat, von einem Dritten bestohlen wird. Nach einer Minderheitsansicht sind Drogen nicht eigentumsfähig. Zudem fehle es häufig am Fremdheitsvorsatz; außerdem bestünde kein Schutzbedürfnis für den Produzenten, da dessen Rechte nicht durch § 903 BGB geschützt seien.³⁸ Dagegen geht die Rechtsprechung davon aus, dass zwar aufgrund § 134 BGB, § 29 BtMG nicht der Käufer Eigentum an den Drogen erwerbe, aber der produzierende Verkäufer formal Eigentümer auf der Grundlage der §§ 950, 953 BGB sei, weshalb bei einer Wegnahme der Drogen beim Käufer letztlich das Eigentumsrecht des Produzenten verletzt werde.³⁹ Erblickt man dagegen – wie hier (oben Rn. 6) – im Gewahrsam ein eigenständiges Rechtsgut des § 242 StGB, so ist in Wahrheit nicht der Drogenproduzent als Eigentümer geschädigt – diesem wird das weitere Schicksal des von ihm vertriebenen Stoffs nach dem Verkauf meist völlig gleichgültig sein –, sondern der letzte, von der Wegnahme betroffene Drogenbesitzer.

17

▶ **Lösung:**⁴⁰ *Bei „Container-Fällen" ändert die* **Wertlosigkeit** *einer Sache nichts am* **strafrechtlichen Schutz** *des Eigentümers vor Wegnahme (o. § 1 Rn. 16). Nach* **§ 958 BGB** *wird eine bewegliche Sache herrenlos, wenn der Eigentümer den Besitz an der Sache aufgibt und dies in der Absicht geschieht, auf das Eigentum zu verzichten.* **Gegen einen Verzichtswillen** *des E spricht nach dem BayObLG zum einen die Bereitstellung der abgesperrten Container auf dem Firmengelände des E und nicht auf offener Straße. Dann sei keine Einwilligung in eine Mitnahme, sondern die Aufgabe des Eigentums nur* **zugunsten des Entsorgungsunternehmens** *gegeben. Zum anderen sei der Supermarkt* **für** *eine ordnungsgemäße* **Abfallentsorgung verantwortlich** *und halte die Sachen zur Abholung durch eine Fachfirma bereit, wie auch der Entsorgende für die* **gesundheitliche Unbedenklichkeit** *in Verkehr gebrachter Lebensmittel einzustehen hat.*⁴¹ *– Auch das* **BVerfG** *hat in seiner Entscheidung über die Verfassungsbeschwerde gegen die Entscheidung des BayObLG bestätigt, dass die Subsumtion des Merkmals „fremd" beim „Containern" nach zivilrechtlichen Maßstäben* **verfassungsrechtlich nicht zu beanstanden** *sei. Im Übrigen begründe die Strafbarkeit des Containern nach § 242 StGB zudem keinen Verstoß gegen das Willkürverbot, den Verhältnismäßigkeitsgrundsatz oder das Ultima Ratio-Prinzip; dem Art. 20 a GG wurde keine Bedeutung beigemessen.*⁴² *– In einem* **Teil des Schrifttums** *wird dagegen zu Recht die* **Fremdheit** *ab dem Moment* **verneint,** *in dem die Container* **nicht mehr abgeschlossen** *sind und* **zur Abholung bereitgestellt** *werden.*⁴³ *Von da an steht eine endgültige Entsorgung im Sinne einer Vernichtung und damit der*

18

---

37 Vgl. den „Liebesschlösser-Fall" in der Vorauflage dieses Lehrbuchs, § 2 Rn. 15, 18; AG Köln JuS 2013, 271 m. Bspr. *Jahn.*
38 *Engel,* NStZ 1991, 520; m. E. auch MK-*Schmitz,* § 242 Rn. 14.
39 BGH NJW 2006, 72; *Fischer,* § 242 Rn. 5 a; NK-*Kindhäuser/Hoven,* § 242 Rn. 20; LK-*Vogel/Brodowski,* § 242 Rn. 31.
40 AG Köln JuS 2013, 271 m. Bspr. *Jahn.*
41 BayObLG NStZ-RR 2020, 104; *Rennicke,* ZIS 2020, 344.
42 BVerfG NJW 2020, 2953 (Nichtannahmebeschluss betr. Verfassungsbeschwerde gegen BayObLG NStZ-RR 2020, 104) m.Anm. *Hoven; Muckel,* JA 2020, 956; *Rennicke,* NStZ 2021, 483; *Sachs,* JuS 2021, 280.
43 *Jäger* JA 2020, 393; *Wessels/Hillenkamp/Schuhr,* BT-2, Rn. 85.

Verzicht auf das Eigentumsrecht im Vordergrund. Solange die Container aber noch verschlossen sind, will der Eigentümer generell Personen den Zugriff auf die Waren verwehren, und kann folglich von einem Eigentumsverzicht nicht ausgegangen werden. – Angesichts der Vernichtung von **mehreren Millionen Tonnen verzehrfähiger Lebensmittel in Deutschland pro Jahr** wäre es überaus begrüßenswert, den **Einzelhandel,** wie etwa in Frankreich, **gesetzlich dazu zu verpflichten,** noch verzehrfähige Lebensmittel an gemeinnützige Organisationen wie z. B. „Die Tafel" zu spenden[44] oder eine zivilrechtliche Sonderregelung zu schaffen, die solche Lebensmittel **der Fremdheit entkleidet.**[45] Eine entsprechende Forderung u. a. des Bundeslandes Hamburg und des Freistaats Thüringen wurde aber im Juni 2019 auf einer Justizministerkonferenz von der CDU-Mehrheit abgelehnt.[46] Stattdessen beschränkt man sich auf sog. „Dialogforen".[47] Die jetzige Bundesregierung plädiert dafür, im Rahmen der **RiStBV** (Richtlinien für das Straf- und Bußgeldverfahren) eine explizite Regelung zum Containern aufzunehmen und eine regelmäßige **Verfahrenseinstellung** nach **§ 153 StPO** in Betracht zu ziehen, was in manchen Bundesländern bei Bagatelldiebstählen aber ohnehin bereits gängige Praxis ist.[48] ◀

b) Tathandlung Wegnahme

19 Wegnahme bedeutet den **Bruch fremden** und die **Begründung neuen** (nicht notwendigerweise tätereigenen) **Gewahrsams.**[49]

aa) Begriff des Gewahrsams

20 ▶ **Beispiel („List und Gewalt am Geldautomaten"):**[50] *Bettina B ist im Begriff, an einem Bankautomaten des Geldinstituts G Geld abzuheben. Sie hat dazu die EC-Karte in den Geldautomaten eingeführt und die PIN eingegeben.*

1. *Fallvariante: Unmittelbar nach der PIN-Eingabe wird sie von dem neben ihr auftauchenden Arthur A in ein Gespräch verwickelt. Dabei wird B von A so abgelenkt, dass es A gelingt, den Auszahlungsbetrag von 500 EUR einzugeben. Das anschließend ausgeworfene Geld entnimmt A dem Ausgabefach und flieht.*

2. *Fallvariante: Nach Eingabe der Geheimnummer stößt A die B plötzlich weg, wählt als Auszahlungsbetrag 500 Euro und entnimmt den ausgegebenen Betrag. B verlangt daraufhin die Herausgabe des Geldes, woraufhin A sagt, sie solle sich ruhig verhalten und keinen Ärger machen, er könne sie auch schlagen. A entfernte sich daraufhin ungehindert mit dem Geld.*

Hat sich A wegen Diebstahls strafbar gemacht? (Lösung unten Rn. 24 – 24 b) ◀

21 Gewahrsam ist die von einem Herrschaftswillen getragene tatsächliche Sachherrschaft. Der Gewahrsam weist somit eine objektiv-physische (Sachherrschaft) und subjektiv-psychische Komponente (Herrschaftswille) auf. Er setzt die tatsächlich-soziale Herr-

---

44 Rennicke, ZIS 2020, 343, 348; darüber hinaus zudem eine Entkriminalisierung fordernd Bündnis 90/Die Grünen, BT-Dr. 19/14358.
45 Vgl. den Gesetzesentwurf der Fraktion Die Linken; BT-Drs. 19/9345 S. 2.
46 Beck-Aktuell vom 11.11.2019.
47 https://www.lebensmittelwertschaetzen.de/strategie/nationales-dialogforum.
48 Pressemitteilung v. 10.1.2023; LK-*Vogel/Brodowski*, Vor §§ 242 ff. Rn. 47 ff.
49 NK-*Kindhäuser/Hoven*, § 242 Rn. 28; *Mitsch*, BT 2/1, § 1 Rn. 40.
50 Vgl. BGH NJW 2018, 245 (**2. Strafsenat**) m. Bspr. *Eisele*, JuS 2018, 300; *Jäger* JA 2018, 309; BGH NStZ 2019, 726 (**3. Strafsenat**) m. Bspr. *Jäger*, JA 2020, 66); BGHSt 66, 55 (**4. Strafsenat**) m. Bspr. *Bechtel*, JR 2022, 37; *Kudlich*, JA 2021, 519; *Pschorr*, jurisPR-StrafR 10/2021 Anm. 5; *Ruppert*, StV 2022, 17; *Zivanic*, NZWiSt 2022, 7.

schaft einer natürlichen Person über eine Sache dergestalt voraus, dass der Einwirkung auf die Sache keine Hindernisse entgegenstehen. In subjektiver Hinsicht muss ein Herrschaftswillen vorhanden sein, der darauf gerichtet ist, mit der Sache nach dem eigenen Willen zu verfahren.[51]

Den Maßstab für den Gewahrsam liefert die Verkehrsauffassung, d. h. die **soziale Zuordnung von Sachherrschaftsbeziehungen**,[52] wie sie sich nach den Umständen des konkreten Falls und der „natürlichen Auffassung des Lebens"[53] ergibt (faktisch-sozialer Gewahrsamsbegriff der h.M.[54]). Im Schrifttum wird teilweise stärker auf eine sozialnormative Betrachtungsweise abgestellt oder diese zum Bestandteil des Gewahrsamsbegriffs erklärt.[55] Der Streit spielt vor allem für die Abgrenzung von Diebstahl und Unterschlagung in Grenzfällen der Unterschlagung eine Rolle.[56] Doch auch faktische Betrachtungsweisen sind im Recht niemals frei von wertenden Komponenten, wie umgekehrt eine normative Betrachtung die tatsächlichen Machtverhältnisse einbeziehen muss. Im Regelfall sind die Unterschiede zwischen den Theorien nur terminologischer Natur und die Ergebnisse meistens gleichlautend.[57]

Gewahrsam darf nicht mit dem Eigentum, aber auch **nicht** mit dem „**Besitz**" i.S. des bürgerlichen Rechts verwechselt werden.[58] Zwar ist der Besitzer i.S.d. § 854 Abs. 1 BGB vielfach auch der Gewahrsamsinhaber. Doch haben der Erbe (§ 857 BGB) oder der mittelbare Besitzer (§ 868 BGB), obwohl formal Besitzer, nicht per se Sachherrschaft an dem Gegenstand, wie umgekehrt auch ein bloßer Besitzdiener (§ 855 BGB), obwohl nicht formal Besitzer, u.U. bestohlen werden kann.[59] Der Gewahrsamsbegriff umschließt nach h.M. die unberechtigte, etwa auf verbotener Eigenmacht gem. § 858 BGB beruhende Sachherrschaft;[60] mithin kann auch Diebesgut gestohlen werden.[61]

Zum Gewahrsam gehören zunächst die **der Körpersphäre zuzurechnenden Gegenstände** (z.B. Armbanduhr, Portemonnaie in der Hosentasche, Handy in der Handtasche).[62] Ein genereller (auf einen bestimmten räumlichen Bereich, z.B. die in der eigenen Wohnung oder im eigenen Geschäft befindlichen Gegenstände) und ein potenzieller (z.B. während des Schlafs bestehender) Herrschaftswille reichen ebenso aus wie ein natürlicher Herrschaftswille (z.B. bei Kindern). In generell beherrschten Räumen (z.B. Museen, Läden, Gaststätten) hat der Besucher (Kunde, Gast) den Gewahrsam an denjenigen Sachen inne, die seiner Körpersphäre zugerechnet werden (sog. **Gewahrsamsenklave**).[63] Der Einkaufswagen im Supermarkt gehört freilich nicht zu einer solchen Enklave, sondern ist der Gewahrsamssphäre des Supermarktbetreibers zuzuordnen; wer darin unter einem Prospekt mit Zueignungsabsicht Waren versteckt, hat noch keinen fremden Gewahrsam gebrochen. Die Sachherrschaft ist auch bei einer bloßen

---

51 BGHSt 16, 271, 273; Sch/Sch-*Bosch*, § 242 Rn. 23; S/S/W-*Kudlich*, § 242 Rn. 18.
52 BGHSt 16, 271, 273; *Küper/Zopfs*, Rn. 774.
53 OLG Karlsruhe NStZ-RR 2005, 141; Sch/Sch-*Bosch*, § 242 Rn. 23.
54 BGHSt 16, 271; A/W-*Heinrich*, § 13 Rn. 39; L-*Kühl/Heger*, § 242 Rn. 9.
55 So etwa SK-*Hoyer*, § 242 Rn. 20 ff.; MK-*Schmitz*, § 242 Rn. 46 ff.
56 LK-*Vogel/Brodowski*, § 242 Rn. 55.
57 Sch/Sch-*Bosch*, § 242 Rn. 24; dagegen die Bedeutung des Streits für Schlüssigkeit der Begründung in den Einzelfalllösungen betonend MK-*Schmitz*, § 242 Rn. 65.
58 *Rengier*, BT-1, § 2 Rn. 24, 35 ff.; *Wessels/Hillenkamp/Schuhr*, BT-2, Rn. 91.
59 NK-*Kindhäuser/Hoven*, § 242 Rn. 29 ff.
60 BGH NJW 1953, 1358; LK-*Vogel/Brodowski*, § 242 Rn. 59.
61 Zu den damit verbunden systematischen Verwerfungen und für eine Rechtsfolgenlösung NK-*Kindhäuser/Hoven*, § 242 Rn. 33.
62 MK-*Schmitz*, § 242 Rn. 55.
63 *Eisele*, BT-2, Rn. 42; MK-*Schmitz*, § 242 Rn. 55.

Gewahrsamslockerung gegeben, so etwa dann, wenn ein auf offener Straße geparktes Fahrzeug, ein auf dem Feld stehender Pflug oder eine frei herumlaufende Katze entwendet werden.[64] – **Verliert** der Eigentümer einen Gegenstand im öffentlichen Raum und kann er auf ihn, da er zudem den Ort verlassen hat, nicht mehr zugreifen, so **endet** im Regelfall sein Gewahrsam. Nimmt der Täter die Sache dann an sich, begeht er (nur) eine (Fund-)Unterschlagung (unten § 3 Rn. 28).[65] Der **Schwerverletzte** bleibt jedoch Gewahrsamsinhaber an den neben ihm liegenden Sachen, auch wenn er sie selbst nicht mehr schützen kann.[66]

24 ▶ **Lösung:** *Bei beiden Fallvarianten der Geldautomaten-Fälle ist zunächst klärungsbedürftig, ob das Geld dem A* **übereignet** *wurde; wäre dies der Fall, entfiele ein Diebstahl mangels tauglichen* **Tatobjekts.** *Unbeschadet der Frage, welche Person in welcher Phase des Geschehens als Gewahrsamsinhaber des Geldes anzusehen ist, richtet die Bank ihr* **Einigungsangebot** *hinsichtlich der zur Entnahme bereitgestellten Geldscheine nach § 929 BGB auf den* **Kontoinhaber** *(bzw. den berechtigten EC-Kartenbenutzer). Der Wille zur Eigentumsübertragung hängt dabei* **nicht** *davon ab, dass – wie im vorliegenden Fall – der Automat sowohl von A wie von B* **technisch ordnungsgemäß** *bedient wurde.* **Maßgeblich** *ist vielmehr, ob derjenige die Geldscheine an sich nimmt, der* **hierfür vertraglich autorisiert** *ist.*[67] *Dies ist bei A aber nicht der Fall, weshalb er nicht Eigentümer der 500 EUR geworden ist. Da es für die Fremdheit der Sache nur darauf ankommt, dass die Sache nicht oder nicht allein dem Täter gehört, kann es offenbleiben, ob das Eigentum auf die B übergegangen ist oder weiterhin bei G verblieben ist.* ◀

24a *Hinsichtlich der* **Tathandlung** *Wegnahme muss zunächst geprüft werden, ob A fremden Gewahrsam gebrochen hat. Hierbei könnte man in Anlehnung an den* **2. Strafsenat des BGH** *erwägen, dass B, während A das Geld ergriffen hat, darüber keine Sachherrschaft ausgeübt haben könnte, ein Bruch des Gewahrsams von B daher ausscheiden würde.*[68] *Ginge man somit nur von einem Gewahrsam der Bank aus, könnte man eine Wegnahme mit der Begründung ablehnen, dass im Falle einer technisch ordnungsgemäßen Bedienung die Ausgabe des Geldes mit ihrem Willen geschieht und damit ein tatbestandsausschließendes Einverständnis vorliegt. Überzeugender ist es jedoch, mit dem* **3. und 4. Strafsenat des BGH** *von einem (im Falle des geöffneten Ausgabefachs gelockerten)* **Gewahrsam der Bank** *an dem Geld anzunehmen.*[69] *Ein Einverständnis der Bank ist nur hinsichtlich derjenigen Personen in Betracht zu ziehen, die einen technisch korrekt veranlassten Auszahlungsvorgang durch die Eingabe der PIN initiiert haben; ein etwaiger „Irrtum" der Bank über die fehlende Autorisierung des Kartenbenutzers wäre dabei unerheblich. Insofern hat A den Gewahrsam der G gebrochen. Darüber hinaus kann in der kurzen Phase, in der das Geld griffbereit im Schlitz des Automaten liegt, in Anknüpfung an den 4. Strafsenat des BGH regelmäßig auch eine willentliche (Mit-)Sachherrschaft des – vor oder neben dem Automaten stehenden –* **Kunden** *und damit dessen* **Mitgewahrsam** *vorliegen, solange er nicht mit Gewalt oder Drohungen von deren Ausübung ausgeschlossen ist.*[70] *Somit bricht A hier den Gewahrsam der B und denjenigen der G, was freilich nur einen Diebstahl in einem Fall darstellt.* ◀

---

64 BGHSt 66, 55, 58; Sch/Sch-*Bosch*, § 242 Rn. 26.
65 BGH NStZ 2020, 483 m. Bspr. *Hecker*, JuS 2020, 1083; *Hoven*, NStZ 2021, 228; *Kudlich*, JA 2020, 865; *Rennicke*, ZJS 2020, 499.
66 BGH NStZ 2021, 42 m. Anm. *Kaspar*, JR 2022, 34.
67 BGH NJW 2018, 245; BGH NStZ 2019, 726.
68 BGH NJW 2018, 245.
69 BGH NStZ 2019, 726; BGHSt 66, 55.
70 BGHSt 66, 55, 59 Rn. 10.

§ 2 Der Diebstahl (§§ 242 ff. StGB)

*Die hier vertretene Lösung hat Konsequenzen für die **Bewertung** der – in der 2. Fallvariante hinzutretenden – **Gewaltkomponente** (siehe dazu die **Ausführungen unten** § 5 Rn. 11, 13). Eine Bestrafung wegen **Computerbetrugs**, § 263 a Abs. 1 Var. StGB (unbefugte Verwendung von Daten), kommt nicht in Betracht: Der berechtigte Karteninhaber hat den Automaten zunächst selbst durch das Eintippen der PIN bedient und die bloße Eingabe der Höhe des Ausgabebetrags durch den in den laufenden Abhebungsvorgang eingreifenden Täter weist keine Täuschungsäquivalenz auf.*[71] ◄

24b

bb) Bruch fremden Gewahrsams

▶ **Beispiel („Schwarztanken-Fall"):**[72] *A fuhr mit seinem Pkw zur Selbstbedienungstankstelle des Mineralölkonzerns K. An deren Zapfsäulen befanden sich Aufkleber mit dem Vermerk: „Die Ware verbleibt bis zur vollständigen Zahlung des Kaufpreises im Eigentum der K". Die Zapfsäulen wurden mit Videokameras überwacht; auf die Kontrolle wurde mit Tafeln hingewiesen. A las die Hinweise, während er Benzin im Wert von 90 Euro tankte, und verließ, wie er es von Anfang an geplant hatte, ohne zu bezahlen mit dem Pkw das Tankstellengelände. Tankstellenpächter T beobachtete den A zwar beim Aussteigen und Tanken, bemerkte die Tat wegen des Betriebs im Verkaufsraum aber erst, als das Rotlichtzeichen auf dem Display der Kasse erschien, mit dem die Sperrung der Zapfsäule bis zur Bezahlung angezeigt wurde.* ◄

25

Fremder Gewahrsam wird gebrochen, wenn die Sachherrschaft des bisherigen Gewahrsamsinhabers **gegen oder ohne dessen Willen** aufgehoben wird.[73] Das Einverständnis des Gewahrsamsinhabers schließt den Tatbestand aus. Der Gewahrsamswechsel ist ein **faktischer** Vorgang; daher beseitigt die Täuschung die Wirksamkeit des Einverständnisses nicht,[74] sofern der Einwilligende den allein maßgeblichen Akt des Sachherrschaftsverlusts zutreffend erfasst und die Wirksamkeit des Einverständnisses nicht vom Eintritt einer bestimmten Bedingung abhängt.

26

Mit dem Aufstellen von **Selbstbedienungskassen** bringt der Geschäftsinhaber zum Ausdruck, dass er im Kassenbereich **generell** mit der Übertragung des Gewahrsams an der Ware auf den Kunden **einverstanden** ist.[75] Sofern ein Kassenmitarbeiter sich im Bereich der Scanner-Kassen aufhält, soll er im Regelfall nur bei technischen Problemen helfen. Werden die Waren vom Kunden **nicht korrekt eingescannt** und bezahlt, in dem etwa ein Teil davon in der Jackentasche verborgen wird, **fehlt es** dagegen **an** einem wirksamen **Einverständnis**, weil der Realakt des Hinausgelangens aus dem Kassenbereich insofern mit der **Bedingung einer ordnungsgemäßen Kassenbedienung** verknüpft ist.[76] Das Gleiche gilt, wenn der Täter nicht den auf der Ware angebrachten, sondern einen **falschen Strichcode** beim Einscannen verwendet.[77]

26a

▶ **Lösung:** *Klärungsbedürftig ist im Schwarztanken-Fall zunächst, ob der Treibstoff im Zeitpunkt des Betankens für A noch fremd war. Nach einer Minderheitsansicht wird beim Tanken an einer Selbstbedienungszapfsäule der Besitz und das Eigentum an dem getankten Benzin*

27

---

71 *Brand*, NJW 2018, 246; MK-*Hefendehl/Noll*, § 263 a Rn. 93; *Krell* NStZ 2019, 729.
72 Zu solchen Fällen vgl. BGH NJW 2016, 1109 mit Bspr. *Hecker*, JuS 2016, 566; *Poisel/Ruppert*, JA 2019, 357; *Rengier*, BT-2, § 2 Rn. 35; *Schramm*, JuS 1998, 678, 680 in Anlehnung an BGH, NJW 1983, 2827.
73 MK-*Schmitz*, § 242 Rn. 81; *Küper/Zopfs*, Rn. 769; *Wessels/Hillenkamp/Schuhr*, BT-2, Rn. 120; beschränkt auf ein Handeln gegen den Willen des Gewahrsamsinhabers z. B. *Fischer*, § 242 Rn. 16.
74 Sch/Sch-*Bosch*, § 242 Rn. 36.
75 LG Kaiserslautern JuS 2021, 1197; LK-*Vogel/Brodowski*, § 242 Rn. 115; *Rengier*, BT-2, § 2 Rn. 77.
76 LG Kaiserslautern JuS 2021, 1197; and. *Jahn* JuS 2021, 1198: kein äußerlich ordnungsgemäßes Verhalten.
77 Zu diesen Fallkonstellationen vgl. unten § 8 Rn. 47 ff. (Playboyheft-Fall).

i.S.d. § 929 BGB verschafft, weshalb ein Diebstahl hier ausscheide. Die Vermischung nach §§ 947 BGB mit dem im Tank befindlichen Benzin wäre dagegen unschädlich, da K anteilsmäßig nach §§ 948 Abs. 1, 947 Abs. 1 BGB (Mit-)Eigentümer des Benzins bleibt und damit insofern dieses für A weiterhin fremd wäre. Nach h.M. geht das Eigentum auf A erst mit der Bezahlung an der Kasse über, weil auf den Zapfsäulen dieser Eigentumsvorbehalt ausdrücklich erklärt und konkludent vom jeweiligen Kunden akzeptiert wird; zudem entspricht dieses Verständnis der typischen Interessenlage zwischen Käufer und Verkäufer bei einem Selbstbedienungsvorgang „Ware gegen Bezahlung".

28 A hat aber das Benzin mit – mittels Täuschung erlangter – Zustimmung des Tankstelleninhabers in seinen Tank gefüllt und damit an sich gebracht, weshalb hier kein Gewahrsamsbruch vorliegt. Da der Gewahrsamswechsel ein faktischer Vorgang ist, beseitigt die Täuschung die Wirksamkeit des Einverständnisses nicht, da der Einwilligende den allein maßgeblichen Akt des Sachherrschaftsverlusts zutreffend erfasst. Die Annahme eines – durch die nachträgliche vollständige Bezahlung – bedingten Einverständnisses ist beim Selbstbedienungstanken jedenfalls nicht überzeugend, soweit sich der unredliche Kunde äußerlich verhält wie ein zahlungswilliger Käufer, weil die böse Absicht selbst bei genauester Beobachtung verborgen bleibt. In dem Dulden des Tankens liegt die für den Betrug des A erforderliche Vermögensverfügung des Tankstellenpächters. Falls das Betanken des Fahrzeugs vom Kassenpersonal überhaupt nicht bemerkt wird, geht der BGH regelmäßig vom Tatbestand des versuchten Betrugs aus.[78] ◄

29 Stellt ein Eigentümer, der wiederholt Opfer von Diebstählen geworden ist, zur Ergreifung des Täters eine sog. **Diebesfalle** auf, so begeht derjenige, der in diese Falle tappt, keinen vollendeten (sondern höchstens einen versuchten, untauglichen) Diebstahl, denn der Eigentümer ist hier wegen des Aufklärungszwecks gerade mit der Gewahrsamserlangung durch den Dieb einverstanden.[79]

30 Bei trickreichem Vorgehen des Täters stellt sich die Frage der **Abgrenzung** von **Trickdiebstahl** und **Betrug**, namentlich dann, wenn der Eigentümer täuschungsbedingt dem Täter den Gegenstand zur vermeintlich kurzzeitigen Benutzung in seinem Beisein aushändigt und damit seinen Gewahrsam nur lockert, nicht aber aufgibt. Hier liegt keine betrugsspezifische Vermögensverfügung, sondern vielmehr eine diebstahlstypische Wegnahme in dem Moment vor, in dem der Täter mit dem ihm überlassenen Gegenstand den Tatort verlässt, da es insoweit an einem wirksamen Einverständnis des im Unklaren gelassenen Eigentümers fehlt. Man denke nur an die sog. „Wash-Wash"-Fälle, in denen gutgläubig der Eigentümer echte Geldscheine zur chemischen Vervielfältigung oder zur Reinigung geschwärzter Geldscheine aushändigt, er aber in Wahrheit wertloses Papier zurückerhält und die vermeintlichen „Geldvermehrer" mit den echten Geldscheinen verschwinden.[80] Diebstahlsrelevanz besitzen ebenso Wechselgeldfallen, bei denen der gutmütige Geldwechsler nicht das vom Täter eingewechselte Geld erhält, sondern der Täter vielmehr mit seinem eigenen Geld und dem Wechselgeld des anderen weggeht, was dieser aufgrund des desorientierenden Verhaltens des Täters erst bei einem späteren Blick in den Geldbeutel bemerkt.[81]

---

[78] BGH NJW 2016, 1109.
[79] BGHSt 16, 271, 278; Sch/Sch-*Bosch*, § 242 Rn. 41; *Joecks/Jäger*, § 242 Rn. 63.
[80] KG NStZ-RR 2013, 138 m. Bspr. *Kudlich*, JA 2013, 552; Übungsfall bei *Burghardt/Bröckers*, JuS 2014, 238.
[81] Vgl. auch BayObLG NJW 1992, 2041 m. Bspr. *Jung*, JuS 1992, 970 und *Pasker*, JA 1993, 1930.

cc) Begründung neuen Gewahrsams

Neuer Gewahrsam ist begründet, sobald der Täter (oder ein Dritter) die Sachherrschaft derart erlangt hat, dass er sie ohne wesentliche Hindernisse ausüben und der bisherige Inhaber auf die Sache nicht mehr einwirken kann, ohne zuvor die Verfügungsgewalt des Täters (Dritten) beseitigen zu müssen.[82] Maßgeblich ist auch hier die Verkehrsanschauung.

Für die Vollendung der Wegnahme reicht bei **kleineren, handlichen Gegenständen** das **Ergreifen** und Festhalten des Gegenstandes (sog. Apprehensionstheorie) aus, z.B. bei Geldscheinen, einer Parfumflasche oder einer Zigarettenschachtel.[83] Die bloße Berührung genügt nicht (sog. Kontrektationstheorie), während das **Wegtragen** der Sache (sog. Ablationstheorie) nur bei **sperrigen Gegenständen** (z.B. bei einem ganzen Geldautomaten oder einem 300 kg schweren Tresor)[84] zur Gewahrsamsbegründung erforderlich ist. Die endgültige **Sicherung** des **Diebesguts** (sog. Illationstheorie) ist nicht erforderlich, sondern markiert vielmehr den Übergang zum **Beendigungsstadium** des Diebstahls. Praktisch wird meist eine die Möglichkeit der Ablation begründende Apprehension verlangt.[85]

Wird der Diebstahl vom Berechtigten oder von Dritten, die gegen den Diebstahl einschreiten würden, beobachtet, so stellt sich die Frage, ob in den Fällen, in denen **ohne die Beobachtung** die Tat vollendet wäre (z.B. bei Einstecken der Ware in die Jackentasche), auch bei einer Beobachtung prinzipiell von einer Vollendung ausgegangen werden sollte. Die h.M. nimmt im Regelfall einen vollendeten Diebstahl mit der Begründung an, dass **Diebstahl kein heimliches Delikt** sei und die natürliche Lebensauffassung bzw. die soziale Anschauung demjenigen, der eine Sache in seinen Taschen trage, den ausschließlichen Gewahrsam zuweise.[86] Die **Minderheitsmeinung** stellt jedoch zu Recht darauf ab, dass in vielen Fällen des beobachten Diebstahls dem Berechtigten es möglich ist, **auf** die entwendeten **Gegenstände** am Tatort **zuzugreifen**. Ihm stehen zudem die Möglichkeiten der **Selbsthilfe** (§ 859 Abs. 2 BGB) und des privaten Festnahmerechts (§ 127 StPO) zur Verfügung. Vielfach ist der etwa vom Hausdetektiv ertappte Dieb (notgedrungen) selbst dazu bereit, das Gut dem Eigentümer wieder **zurückzugeben**. Entscheidend muss daher eine **einzelfallbezogene Betrachtungsweise** sein, die sich nicht mit dem begründungslosen Satz „Diebstahl ist kein heimliches Delikt" begnügt, sondern bei der die Beobachtung als Faktor der Sachherrschaft einbezogen werden sollte und im Regelfall aufgrund faktischer wie wertender Gesichtspunkte gegen die Vollendung spricht.[87] Das Opfer würde dadurch auch nicht strafrechtlich schutzlos gestellt: Der beobachtete Täter begeht im Regelfall zumindest einen (nach § 242 Abs. 2 StGB) strafbaren versuchten Diebstahl;[88] insofern bestehen nach der hier vertretenen Ansicht auch keine „Strafbarkeitslücken". Die Größe und Lage des Gegenstands beim beobachtenden Diebstahl sind hingegen unbeachtlich.[89] Hat der

---

82 HK-*Duttge*, § 242 Rn. 27; *Küper/Zopfs*, Rn. 769.
83 BGH NStZ 2011, 158.
84 BGH NStZ 1981, 435.
85 Sch/Sch-*Bosch*, § 242 Rn. 40.
86 BGHSt 16, 271; *Fischer*, § 242 Rn. 18; *Kindhäuser/Böse*, BT-2, § 2 Rn. 53; *Wessels/Hillenkamp/Schuhr*, BT-2, Rn. 133.
87 Sch/Sch-*Bosch*, § 242 Rn. 40. Ein Fall, in dem zu Recht trotz polizeilicher Beobachtung des Diebstahls (freilich als Bestandteil eines Raubs) eine Vollendung bejaht wurde, wäre etwa BGH NJW 2015, 3178; Übungsfall dazu bei *Brand/Freitag*, JuS 2017, 235.
88 Analog für bloßen Versuch bei umfangreicher Diebesbeute BGH NStZ-RR 2013, 276 (6 Flaschen Whiskey).
89 So aber *Klesczewski*, BT, § 8 Rn. 94; MK-*Schmitz*, § 242 Rn. 68.

beobachtete Täter aber mit der Ware den Laden und damit den Herrschaftsbereich des Eigentümers verlassen, liegt ohnehin eine Vollendung vor.[90]

34 ▶ **Fortsetzung Lösung:** *Dass im „Speditionsfall" das Geschehen beobachtet wurde, hindert die Annahme einer vollendeten Wegnahme und damit eines vollendeten Diebstahls nicht, da Diebstahl keine Heimlichkeit voraussetzt. Ob bei Beobachtung des Diebstahls durch den Eigentümer oder durch andere, die zu seinen Gunsten einzuschreiten gewillt sind, die Begründung eigenen Gewahrsams möglich ist, hängt von den Einzelheiten ab. Wesentlich sind z.B. die mehr oder weniger große räumliche Nähe des Eigentümers oder seiner Beauftragten und die Schnelligkeit ihres Eingreifens sowie Umfang und Gewicht des Diebesgutes. Da A das Gelände mit der Ware verlassen hatte, bestand nunmehr kein Zugriff der Mitarbeiter auf die Ware.* ◀

dd) Mehrstufiger Gewahrsam

35 ▶ **Beispiel („Geldtransporter-Fall"):**[91] *Die bei der Sicherheitsfirma S als Geldtransportfahrer angestellten W und X führten den Auftrag aus, mit einem Geldtransporter in einem Umkreis von 100 km die Tageseinnahmen mehrerer großer Supermärkte und Schnellrestaurants abzuholen. X war der Fahrer, W der Beifahrer und Transportleiter. Beide besaßen einen Schlüssel zum Fahrzeug. Während des Transports auf der langen Route wurde nur im Notfall Funkoder Handykontakt mit S aufgenommen. W und X hatten aufgrund von Sicherheitsmechanismen nur gemeinsam Zugang zum hinteren Werttransportraum, in dem das Geld in sog. Safety-Bags verstaut war. Als X während der Fahrt auf die Toilette musste und sie bei der nächsten Raststätte anhielten, setzte W seinen vorher gefassten Entschluss um, mit dem Transporter loszufahren, um später das im Transporter befindliche Geld (rund 700.000 EUR) mithilfe Dritter an sich zu nehmen.* ◀

36 In bestimmten Konstellationen üben **mehrere Personen** eine (gewisse) **Sachherrschaft** über die Sache aus. Hierbei gilt die Maxime: Bei **gleichrangigem Mitgewahrsam** kann jeder den Gewahrsam der anderen brechen und damit einen Diebstahl begehen (z.B. bei einem Zimmer in einer Pension der Pensionswirt und der Gast).[92] Bei einem Über-Unterordnungsverhältnis und entsprechendem mehrstufigen Mitgewahrsam kann der Gewahrsam nur durch den **untergeordneten**, nicht aber durch den übergeordneten Mitgewahrsamsinhaber gebrochen werden.[93] Dieser übt bereits die Sachherrschaft an dem Gegenstand aus und kann also gar nichts wegnehmen. Er kann aber eine Unterschlagung, § 246 StGB, begehen.

37 Bei **Kassierer:innen** im Supermarkt oder an der Tankstelle ist umstritten, ob sie nur einen untergeordneten Gewahrsam ausüben. Der BGH tendiert zu Recht dazu, denjenigen Angestellten, der allein eine Kasse zu verwalten und über deren Inhalt abzurechnen hat, in aller Regel als Alleingewahrsamsinhaber am Kasseninhalt einzustufen, sodass beim Griff in die Kasse kein Diebstahl, sondern eine **Unterschlagung** in Betracht kommt.[94] Der Täter, der übergeordneten bzw. alleinigen Gewahrsam an der fremden Sache ausübt (z.B. der Filialleiter eines Discountsupermarkts, der Ware seines Arbeitgebers „mitgehen" lässt), kann sich wegen einer Unterschlagung (§ 246 Abs. 1 StGB, ggf. sogar einer Veruntreuung nach § 246 Abs. 2 StGB) strafbar machen; dies ist

---

90 BGH NStZ 2008, 624 m. Bspr. *Jahn*, JuS 2008, 1119; Sch/Sch-*Bosch*, § 242 Rn. 40.
91 OLG Köln VRS 107 (2004), 366; *Schramm*, JuS 1998, S. 678, 682.
92 *Wessels/Hillenkamp/Schuhr*, BT-2, Rn. 102; MK-*Schmitz*, § 242 Rn. 75.
93 NK-*Kindhäuser/Hoven*, § 246 Rn. 65; *L-Kühl/Heger*, § 242 Rn. 13.
94 Vgl. BGH NStZ-RR 2018, 308 m.Bspr. *Jäger*, JA 2018, 390.

§ 2 Der Diebstahl (§§ 242 ff. StGB)

für ihn insofern günstiger, als die Unterschlagung, keine Regelbeispiele und Qualifikationen wie der Diebstahl kennt.[95] Die Einordnung der Gewahrsamsverhältnisse kann zuweilen schwierig sein, wie beispielsweise bei den (Mit-)Fahrern von LKWs oder Geldtransportern,[96] wo es auf die wahrgenommenen Aufgaben beim Transport der Ware, die örtlichen Begebenheiten und die Zugriffsmöglichkeiten des Berechtigten auf die Ware ankommt.[97]

▶ **Lösung:** *Ob W im Geldtransporter-Fall einen Diebstahl begangen hat, hängt insbesondere davon ab, ob die Transportfirma in der Lage ist, die tatsächliche Sachherrschaft über die ihm anvertraute Ware auszuüben. Bei größeren Strecken oder Fernfahrten kann die Firma keinen Einfluss auf die Sache mehr ausüben, mag auch Funk- oder Handykontakt bestehen, W konnte zudem nur mit X an die Bags gelangen. Damit lag hier gleichrangiger Mitgewahrsam vor. Der Gewahrsam war während der Abwesenheit des X nur gelockert, aber nicht aufgehoben. W hat die Taschen somit gestohlen (§ 242 StGB) und nicht unterschlagen (§ 246 StGB).* ◀

3. Subjektiver Tatbestand

Der subjektive Tatbestand beim Diebstahl ist **komplex**. Er besteht aus dem Vorsatz bezüglich der objektiven Tatbestandsmerkmale sowie der Zueignungsabsicht.

a) Vorsatz

▶ **Beispiel („Wider Erwartung mehr Geld"-Fall):**[98] *A zog dem B seinen Geldbeutel heimlich aus der Hosentasche, um daraus 5 DM zu entwenden. Als A jedoch beim Öffnen der Geldbörse bemerkte, dass sie noch viel mehr Geld enthielt, entschloss er sich zur Wegnahme des gesamten Inhalts. Er nahm das Geld – etwa 700 DM in Scheinen – an sich und entfernte sich.* ◀

Der Täter muss den objektiven Tatbestand **vorsätzlich** verwirklichen. Der (zumindest bedingte) Vorsatz braucht sich dabei nicht von Anbeginn auf ein bestimmtes Diebstahlsobjekt zu richten. Es reicht vielmehr aus (auch hinsichtlich des für den Versuch maßgeblichen Tatentschlusses), wenn er allgemein etwas Brauchbares stehlen wollte und spätestens im Zeitpunkt der letzten Ausführungshandlung seinen Vorsatz auf einen bestimmten Gegenstand konkretisiert hat.[99] Nimmt der Täter durch eine als einheitlich zu bewertende Handlung mehrere Gegenstände eines oder mehrerer Eigentümer weg, ist dies tatbestandlich nur ein Diebstahl.

▶ **Lösung:**[100] *Der Diebstahlsvorsatz bleibt derselbe, auch wenn er sich hinsichtlich des Diebstahlsgegenstandes verengt, erweitert oder sonst ändert. A hat die Absicht, seinem Begleiter Geld wegzunehmen, auf einen größeren Geldbetrag ausgedehnt; sein Vorsatz hat sich im maßgeblichen Zeitpunkt der Wegnahmehandlung somit lediglich von 5 auf 700 DM erweitert.* ◀

Der **Vorsatz** bezüglich der **Fremdheit** der Sache bestimmt sich danach, ob eine zutreffende sog. **Parallelwertung in der Laiensphäre** vorliegt. Geht der Täter fälschlicherweise davon aus, dass ihm der Gegenstand gehört, er ein Recht auf den Gegenstand hat oder der Eigentümer bzw. Gewahrsamsinhaber mit der Wegnahme einverstanden ist,

---

95 Sehr anschaulich dazu BGH ebd. (Fn. 133).
96 Übungsfall dazu bei *Schramm*, JuS 2008, 682 Fall 7.
97 BGHSt 2, 317; BGH StV 2001, 13.
98 BGH NJW 1969, 1037.
99 BGHSt 22, 350; *Fischer*, § 242 Rn. 30; *Kindhäuser/Böse*, BT-2, § 2 Rn. 62.
100 BGH NJW 1969, 1037; dort allerdings als Problem einer Raubprüfung.

so liegt ein Tatbestandsirrtum i.S.d. § 16 Abs. 1 StGB vor,[101] der die Strafbarkeit der Gewahrsamsveränderung entfallen lässt, da der fahrlässige Diebstahl nicht unter Strafe gestellt ist. Dagegen ist es nur ein unbeachtlicher Motivirrtum, wenn das Diebesgut nicht den vom Täter erwünschten Zweck erfüllt (so etwa die zu Tötungszwecken gestohlene Waffe sich später als defekt herausstellt).[102] Verkennt der Täter, dass er Eigentümer ist (z.B. nicht weiß, dass er die weggenommene Sache geerbt hat) oder dass der Eigentümer mit der Wegnahme einverstanden ist (z.B. eine Diebesfalle gelegt hat), kommt ein versuchter Diebstahl in Betracht.[103]

b) Zueignungsabsicht

44 **Die Zueignungsabsicht ist der auf das Sich-Zueignen (Selbstzueignung) oder auf eine Drittzueignung (Fremdzueignung) gerichtete Wille des Täters.**[104] Sie besteht aus den vier Komponenten Enteignung, Aneignung, objektive Rechtswidrigkeit der erstrebten Zueignung und Vorsatz bezüglich Rechtswidrigkeit. Sie bezieht sich, anders als der Vorsatz, nicht auf die Umstände, die im objektiven Tatbestand umschrieben werden, sondern schießt über sie hinaus und meint die Ziele, die der Täter mit der Wegnahme verfolgen muss, damit das Geschehen überhaupt als Diebstahl im Sinne des Gesetzes begriffen werden kann.

45 Das besondere subjektive Merkmal der **Zueignungsabsicht** hat vor allem die **Funktion**, Wegnahmehandlungen, die allein der vorübergehenden **Nutzung mit Rückgabewillen**, der bloßen **Entziehung**, **Zerstörung** oder **Beschädigung** der Sache dienen, aus dem Tatbestand **auszuscheiden**.[105] Ebenso dient die Zueignungsabsicht dazu, einen Diebstahl zu verneinen, wenn jemand sich eigenmächtig (quasi als Gerichtsvollzieher in eigener Sache) einen Gegenstand „holt", der ihm zwar noch nicht „gehört", auf den er aber einen **zivil- oder öffentlich-rechtlich wirksamen, fälligen Anspruch** hat, den der Schuldner jedoch nicht zu erfüllen gedenkt. Die Zueignungsabsicht definiert – neben dem Gewahrsamsbruch – den unrechtstypischen Gehalt des Diebstahls und hat damit eine strafbarkeitslimitierende Aufgabe, wobei diese Strafbarkeitslimitierung nicht an objektive Umstände, sondern vielmehr an die Absichten des Täters im Zeitpunkt der Wegnahmehandlung anknüpft.

46 Dabei sind freilich der äußere Geschehensablauf und andere objektive Indizien wichtige Anzeichen dafür, welche Ziele der Täter im Zeitpunkt der Wegnahmehandlung erreichen wollte. Andererseits bedarf es für den Diebstahl keines Zueignungserfolgs, d. h. keiner geglückten Zueignung: Wird jemand bei einer mit Zueignungsabsicht vorgenommenen Wegnahme auf frischer Tat ertappt, ohne dass er – über die Begründung einer Sachherrschaft hinausgehend – bereits eine eigentümerähnliche Stellung über den Gegenstand erlangt hat, so reicht dies für einen vollendeten Diebstahl aus. Der Gewahrsamsbruch in Zueignungsabsicht (z.B. Wegnahme eines Apfels) stellt somit in gewisser Weise die selbstständig strafbare Vorbereitungstat für den späteren Zueignungsakt (z.B. das Verspeisen des Apfels) dar, dessen Unrechtsgehalt über die

---

101 Sch/Sch-*Bosch*, § 242 Rn. 45; M/R-*Schmidt*, § 242 Rn. 26. Bei irriger Annahme eines Einverständnisses für einen Irrtum über die Rechtswidrigkeit der erstrebten Zueignung *L-Kühl/Heger*, § 242 Rn. 19.
102 Ähnlicher Fall BGH NStZ 2004, 386: Fernbedienung zur Öffnung des PKWs funktioniert nicht.
103 M/R-*Schmidt*, § 242 Rn. 26.
104 S/S/W-*Kudlich*, § 242 Rn. 40; *Küper/Zopfs*, Rn. 826.
105 BGH NStZ 2019, 344 m. Bspr. *Kudlich*; *Rengier*, BT-1, § 2 Rn. 101; *Wessels/Hillenkamp/Schuhr*, BT-2, Rn. 154.

Zueignungsabsicht in § 242 StGB schon normativ erfasst wird; die nachfolgende Unterschlagung erlangt im Regelfall keine (selbstständige) Bedeutung.[106]

aa) Gegenstand der Zueignung

Sich- (oder Dritt-)Zueignen bedeutet die Anmaßung einer **eigentümerähnlichen Herrschaftsstellung** über die Sache („se ut dominum gerere") dergestalt, dass der Täter (oder ein Dritter) nach der vorherrschenden Kombinationstheorie entweder die Sache selbst (Substanztheorie)[107] oder den ihr innewohnenden Wert (lucrum ex re, Sachwerttheorie)[108] dem **Eigentümer auf Dauer** ganz oder teilweise **entzieht** und zugleich **seinem Vermögen** (oder dem eines Dritten) – zumindest zeitweise – zum Zwecke der Nutzung im eigenen Interesse **einverleibt**.[109]

▶ **Beispiel ("Unehrlicher Finder"-Fall):**[110] *A wusste, dass für das Wiederbringen eines entlaufenen Hundes eine Belohnung ausgesetzt worden war und zwei seiner Hausgenossen den Hund gefunden und in einen Stall eingesperrt hatten. A öffnete das Vorhängeschloss am Stall mit einem Nachschlüssel, brachte den Hund dem Eigentümer zurück und erhielt die Belohnung auf seine Angabe hin ausgezahlt, er habe den Hund gefunden und mitgenommen. A wollte zunächst die Verfügungsgewalt über den Hund und durch dieselbe die Belohnung erhalten.* ◀

Zwar wird eingewandt, dass durch die Einbeziehung der Sachwerttheorie der Wortlaut des § 242 StGB überdehnt und gegen das Bestimmtheitsgebot des Art. 103 Abs. 2 GG verstoßen werde[111] (Wegnahme einer „Sache"). Dem lässt sich dadurch begegnen, dass eine „Sache" durchaus begrifflich bestimmt in zwei Elemente – die Sach-Substanz und der spezifische Sach-Wert – aufgespalten werden kann.[112] Der mit der Kombinationstheorie verbundenen Gefahr, das Eigentumsdelikt § 242 StGB in ein Vermögensdelikt zu verwandeln, lässt sich mit einer engen Umgrenzung der Sachwertkomponente begegnen. Keinen Diebstahl stellt es – entgegen der reinen Sachwerttheorie – dar, wenn der Täter aus der Sache **erst** aufgrund eines **speziellen Umgangs** mit ihr einen wirtschaftlichen Wert (sog. **lucrum ex negotio cum re**)[113] ziehen kann: Der Diebstahl ist ein Eigentums-, kein Vermögens(verschiebungs)delikt.

Gibt der Täter, wie von Anfang an geplant, die Sache zurück, ohne dass sie an Wert verloren hat, fehlt es an der Zueignung(sabsicht), mag er durch den Gebrauch der Sache und den vorübergehenden Besitz an ihr auch einen wirtschaftlichen Vorteil (zum Nachteil des Vermögens des Eigentümers) erzielt haben.[114] Wer etwa eine fremde **EC-Karte** mit **Rückgabewillen** entwendet, um damit am Geldautomaten Geld abzuheben, begeht einen Computerbetrug zum Nachteil der Bank (als lucrum ex negatione cum re, § 263 a Abs. 1 Var. 3 StGB),[115] aber keinen Diebstahl zum Nachteil des EC-Karten-

---

106 Zu dieser Problematik im Rahmen des § 246 vgl. unten § 3 Rn. 26 ff.
107 Für eine reine Substanztheorie in Anlehnung an Feuerbach („animus rem sibi habendi") heutzutage etwa NK-*Kindhäuser/Hoven*, § 242 Rn. 75.
108 So bereits RGSt 40, 10; vgl. *Hillenkamp/Cornelius*, 22. Problem, S. 104.
109 BGHSt 24, 115; BGH NJW 1985, 812; Sch/Sch-*Bosch*, § 242 Rn. 49; L-*Kühl/Heger*, § 242 Rn. 22; M/R-*Schmidt*, § 242 Rn. 39.
110 RGSt 55, 59.
111 NK-*Kindhäuser/Hoven*, § 242 Rn. 77.
112 LK-*Vogel/Brodowski*, § 242 Rn. 136. Ein ähnliches Problem taucht auch bei § 303 StGB auf (§ 6 Rn. 20).
113 Die lucrum-Formel stammt von *Bockelmann*, ZStW 65 (1953), S. 575 ff.
114 MK-*Schmitz*, § 242 Rn. 143; LK-*Vogel/Brodowski*, § 242 Rn. 141.
115 Siehe dazu unten § 8 Rn. 29.

besitzers. Ebenso wenig fällt es unter § 242 StGB, wenn der Handyeigentümer eine Flatrate besitzt und der unbefugte Benutzer mit dem Handy einige Stunden telefoniert, um es in Anschluss daran wieder auf den Schreibtisch des Eigentümers zu legen; anders verhält es sich bei einem Prepaid-Handy, wenn das Handy ganz oder teilweise leer telefoniert und damit der Gebrauchswert aufgehoben bzw. gemindert wird.[116]

51 ▶ **Lösung:**[117] *A hat im „Unehrlicher Finder-Fall" den Hund nicht entwendet, um darüber wie ein Eigentümer verfügen zu wollen, etwa um ihn zu behalten oder zu verkaufen. Vielmehr wollte er sich nur als angeblich ehrlicher Finder den Finderlohn verschaffen, als er unter Anwendung falscher Schlüssel den Gewahrsam brach, den die Finder an dem Hund erlangt hatten. A hat daher mangels Zueignungsabsicht keinen Diebstahl zum Nachteil der beiden Finder, sondern höchstens einen Betrug zum Nachteil des Eigentümers begangen.* ◀

bb) Enteignungskomponente

52 ▶ **Beispiel („Handyfoto-Klau-Fall"):**[118] *B sorgte sich um das Privatleben seiner Schwester S. B befürchtete, dass S eine intime Beziehung mit dem G hat. B's Kumpel A entwendete daraufhin das Handy des G, um im Speicher des Geräts nach Beweisen für die Art der Beziehung zwischen dem G und der S zu suchen. Ob G das Gerät zurückerlangen würde, war ihm dabei gleichgültig. Während des Gerangels kopierte A über Bluetooth einige Bilddateien vom Handy des G auf sein eigenes Handy, um sie an Dritte zu verschicken.* ◀

53 Die **Enteignung** als opferbezogene (negative) Dimension der Wegnahme hat die Funktion, zur bloßen (vorübergehenden) **Gebrauchsanmaßung** abzugrenzen. Dieser sog. furtum usus ist, von Ausnahmefällen wie § 248 b StGB abgesehen, straflos. Der Täter muss es zumindest billigend in Kauf nehmen, dass die Sache oder der in ihr verkörperte Wert dem Berechtigten auf Dauer entzogen wird.[119] Hinsichtlich der anvisierten Enteignung **genügt** nach h.M. **bedingter Vorsatz.**[120] Eine Minderheitsmeinung verlangt unter Berufung auf den Wortlaut des § 242 StGB auch für die Enteignungskomponente eine Absicht. Sie bejaht aber, um dadurch entstehende etwaige Strafbarkeitslücken bei quasi enteignender Gebrauchsanmaßung zu schließen, eine Absicht dauernder Enteignung bereits dann, wenn der Täter eine konkrete Gefahr dafür begründet, dass der Eigentümer die Sache auf Dauer verliert.[121] Diese Ansicht führt letztlich wohl zu denselben Ergebnissen wie die h.M.[122]

54 Von Bedeutung ist die Enteignungskomponente etwa in den Fällen des sog. **„Joy Riding"**, in denen Personen – meist Jugendliche – für einige Stunden einen PKW wegnehmen, ohne ihn dauerhaft behalten zu wollen. Nach h.M. soll hierbei der **unbedingte Rückführungswille** maßgeblich sein, d. h. ob das Fahrzeug in eine Lage zurückgeführt werden soll, die es dem Berechtigten ohne besondere Mühe ermöglicht, seine ursprüngliche Verfügungsgewalt wiederzuerlangen.[123] Zueignungsabsicht sei zu bejahen,

---

116 *Schnabel*, NStZ 2005, S. 19; für furtum usus *Kretschmer*, Jura 2006, 225.
117 RGSt 55, 59.
118 BGH NStZ 2012, 627 m. Bspr. *Jäger* JA 2012, 709 und *Hecker*, JuS 2013, 468; zur Wegnahme eines Handys in der bloßen Absicht, darauf abgespeicherte Bilder zu löschen, vgl. BGH NStZ 2019, 344 m. Bspr. *Eisele* JuS 2019, 402; *Nestler*, Jura 2019, 682.
119 *L-Kühl/Heger*, § 242 Rn. 21; zum furtum usus von Einsatzstiefeln durch Bundeswehrsoldaten vgl. BayObLG JuS 2021, 561 m.Bspr. *Hecker*.
120 *L-Kühl/Heger*, § 242 Rn. 25.
121 *Dencker*, Fs. Rudolphi, 2004, S. 425, 430.
122 *MK-Schmitz*, § 242 Rn. 139.
123 BGH NJW 1987, 266.

wenn das Fahrzeug an einem Ort abgestellt wird, wo es **dem beliebigen Zugriff Dritter** ausgesetzt sei, wofür bestimmte Beweisanzeichen wie die Beschaffenheit des Ortes, die Auffindbarkeit des Fahrzeugs oder sein Zustand maßgeblich seien.[124] – Diese Anknüpfung an den Rückführungswillen leuchtet ein; problematisch ist dagegen ein Teil der Kriterien, mit denen ein solcher Wille gemeinhin festgestellt werden soll. So dürfte der Umstand, ob der PKW in einer Kleinstadt oder Großstadt abgestellt wird,[125] in dieser Allgemeinheit wenig Aussagekraft besitzen,[126] da es ruhige Wohngegenden in Großstädten und soziale Brennpunkte mit Entwendungs- oder Beschädigungsrisiko auch in Kleinstädten oder Dörfern geben kann. Das Risiko der Entwendung eines Fahrzeugs durch Dritte ist zudem eher ein allgemeines Lebensrisiko, mit dem jeder Autobesitzer leben muss und dem der „Joy Rider" zudem durch Schließen der Türverriegelung nach Verlassen des Fahrzeugs begegnen kann. Angesichts der Strafbarkeit des furtum usus eines PKWs nach § 248 b StGB besteht kein Grund, (vor allem **jugend-)typische Konstellationen bloß temporärer Gebrauchsanmaßung**, die qualitativ gleichsam einer eigenmächtigen Leihe entsprechen,[127] sachwidrig auf eine Stufe mit Diebstählen zu erheben und damit zugleich die Privilegierungswirkung des § 248 b StGB (geringere Freiheitsstrafe, absolutes Antragsdelikt) infrage zu stellen.[128]

In den anderen Sachverhalten temporären Gebrauchs wird ein Diebstahl nach den eben genannten Kriterien dann zu verneinen sein, wenn der Eigentümer die Sache ohne erhebliche Veränderung oder Wertminderung zurückerhalten soll.[129] Es ist daher ein Diebstahl, wenn ein in einem Buchladen **entwendetes Buch** nach der Lektüre wieder ins Regal des Ladens **zurückgestellt** werden soll, da ein gelesenes Buch im Regelfall nicht mehr als neu, sondern nur zu einem deutlich verringerten Preis antiquarisch verkauft werden kann und damit eine Wertminderung eingetreten ist.[130] – Dagegen ist die **Wegnahme von Akten** zum Lesen bei bestehendem Rückgabewillen als Gebrauchsanmaßung anzusehen.[131] – Wird ein **Datenträger** (USB-Stick, CD-ROM usw.) oder ein **informationstechnisches Gerät** (Smartphone, Notebook usw.) nicht deshalb entwendet, um es zu behalten oder weiterzuveräußern, sondern um lediglich die darauf gespeicherten Informationen auszulesen, fehlt es am Enteignungsvorsatz, wenn der Täter den Gegenstand wieder zurückgeben möchte.[132] Kommt es ihm darauf an, den Datenträger zu vernichten oder zu entziehen, ist der Enteignungsvorsatz nicht zweifelhaft; es mangelt jedoch an der Aneignungsabsicht.[133] Umstritten sind die Fälle, in denen der Täter bis zur Rückgabe oder Vernichtung des Datenträgers die darauf **gespeicherten Daten wirtschaftlich nutzen** möchte („**Informationsdiebstahl**"). Der BGH deutet zwar an, dass offenbar die unmittelbare wie mittelbare wirtschaftliche Werthaltigkeit von gespeicherten Informationen – hier könnte man etwa an gespeichertes Know-how oder an die PIN einer EC-Karte denken – eine Zueignung begründen kann.[134] Da die bloße Kenntnisnahme der Daten die **Werthaltigkeit** des Datenträgers für den Eigentümer im

---

124 Vgl. etwa BGH NJW 1968, 951.
125 Darauf abstellend etwa BGH VRS 12, 441; VRS 13, 41; VRS 14, 363; VRS 19, 441.
126 Sch/Sch-*Bosch*, § 242 Rn. 54.
127 Zu diesem Vergleichsmaßstab vgl. NK-*Kindhäuser/Hoven*, § 242 Rn. 92. Vgl. auch BGH NStZ-RR 1999, 103.
128 Sch/Sch-*Bosch*, § 242 Rn. 54; LK-*Vogel/Brodowski*, § 242 Rn. 160.
129 BGHSt 34, 309, 312.
130 OLG Celle, NJW 1967, 1921.
131 NK-*Kindhäuser/Hoven*, § 242 Rn. 99.
132 BayObLG NJW 1992, 1777 m. Anm. *Julius*, JR 1993, 253; BGH NStZ 2012, 627.
133 BGH StV 2020, 667 m.Bspr. *Jahn*, JuS 2020, 467.
134 So in einem obiter dictum BGH StV 2020, 667 in Anlehnung an MK-*Schmitz*, § 242 Rn. 147.

Regelfall jedoch **nicht verändert**, die Beeinträchtigung seiner ökonomischen Interessen zudem **erst mittelbar** aus der Verwertung der Daten folgen dürfte (sog. „lucrum ex negotio cum re"),[135] kommen im Zeitpunkt der Informationserlangung allenfalls Straftaten nach den § 202a, § 42 BDSG, § 23 GeschGehG oder § 106 UrhG in Betracht.[136]

56 ▶ **Lösung:**[137] *Im „Handyfoto-Klau-Fall" nahm A es zumindest billigend in Kauf, dass das Handy dem G dauerhaft entzogen wird. Das reicht für den Enteignungsvorsatz aus. Er wollte sich aber weder das Handy als solches (Substanz der Sache) noch den Sachwert des Geräts aneignen. Zwar mag der Gebrauch eines Handys auch als Fotospeicher zu den Nutzungsmöglichkeiten des Geräts gehören, weshalb manche der Ansicht sind, diese „funktionale Sachsubstanz" habe sich A temporär zugeeignet.*[138] *Dem ist jedoch entgegenzuhalten, dass A sich weder die Sachsubstanz im engeren Sinne noch den wirtschaftlichen Wert des Handys aneignen wollte; er hat nur Kopien erstellt (lucrum ex negotio cum re). Die Vervielfältigung der Dateien greift daher nicht in die Freiheitssphäre des G sub specie Eigentum ein und ist insoweit nur ein strafloser furtum usus,*[139] *kann aber u.U. ein Ausspähen von Daten (§ 202a StGB) und unter Urheberrechtsgesichtspunkten eine strafbare Urheberrechtsverletzung (§ 106 Abs. 1 UrhG) darstellen.* ◀

cc) Aneignungskomponente

57 ▶ **Beispiel („Marihuana aus Plastikdose"-Fall):**[140] *A und M drangen in die Wohnung des K ein. Sie hatten zuvor verabredet, aus dieser Wohnung Betäubungsmittel zu entwenden und diese später zu konsumieren. M fand eine Plastikdose, in der sich etwa 6 g Marihuana befanden. Er nahm die Plastikdose mit dem Marihuana mit, das A und M im Anschluss daran gemeinsam konsumierten.* ◀

58 Hinsichtlich der **Aneignung** muss **Absicht** (dolus directus 1. Grades) vorliegen: Dem Täter kommt es („positiv") gerade darauf an, dass die Sache oder deren Wert seinem Vermögen oder dem eines Dritten zumindest zeitweise einverleibt wird.[141] „Das wird häufig auf die lateinische Formel „se ut dominum gerere" (dt. „sich wie ein Eigentümer betragen, benehmen, aufführen") gebracht."[142] Anders als bei der **Enteignungskomponente**, der zwingend die **Dauerhaftigkeit** anhaftet, **kann** die beabsichtigte **Aneignung** lediglich **vorübergehend** sein:[143] Selbst Eigentum kann nur kurzzeitig bestehen (z.B. beim Eisverzehr).

59 Diese täterbezogene Komponente hat vor allem die Funktion, den Diebstahl von der **Sachbeschädigung** und bloßen **Sachentziehung** abzugrenzen. So fällt es nicht unter § 242 StGB, wenn der Täter eine Sache wegnimmt, um 1. dadurch den Eigentümer zu ärgern,[144] 2. um sie sogleich zu zerstören (z.B. eine Vase nach dem Ergreifen auf

---

135 Vgl. oben Rn. 48 f.; *Jahn*, JuS 2020, 468.
136 LK-*Vogel/Brodowski*, § 242 Rn 135, 167; vgl. auch BGH NJW 1992, 1776.
137 BGH NStZ 2012, 627.
138 Eine Aneignungsabsicht in diesem Fall daher bejahend *Jäger*, JA 2012, 709.
139 BGH NStZ 2012, 627 zustimmend *Hecker*, JuS 2013, 468.
140 BGH StraFo 2015, 216 m. Bspr. *Kudlich*, JA 2015, 471.
141 *L-Kühl/Heger*, § 242 Rn. 21.
142 LK-*Vogel/Brodowski*, § 242 Rn. 145. Diese Formel gibt aber zu Missverständnissen Anlass, da nicht jede Ausübung des Eigentümerrechts Aneignung ist (z.B. Zerstörung), auch der Gebrauch zum Eigentum gehört und nicht jeder Täter fremdes Eigentum infrage stellen möchte; so zu Recht MK-*Schmitz*, § 242 Rn. 126.
143 BGHSt 16, 160; MK-*Schmitz*, § 242 Rn. 155.
144 BGH NJW 1992, 2040.

den Boden wirft, wodurch sie in 1.000 Stücke zerfällt[145] oder ein Rauschgift nur wegnimmt, um es in einem Fluss zu entsorgen), 3. sie dem Zugriff des anderen zu entziehen oder 4. sie als Drohmittel oder als bloße Sicherheit zur Durchsetzung einer Forderung verwenden,[146] ohne sie darüber hinaus wie ein Eigentümer behalten, veräußern, verwerten oder verbrauchen zu wollen.[147] Auch fehlt die Zueignungsabsicht bei der Wegnahme eines Handys in der bloßen Absicht, dort abgespeicherte Bilder zu löschen.[148]

▶ **Lösung:**[149] *Im „Marihuana aus Plastikdose-Fall" haben A und B das Marihuana nicht deswegen weggenommen, um es zu vernichten, sondern um es zu konsumieren. Dies ist zwar zwangsläufig mit der Zerstörung des Betäubungsmittels verbunden, ändert aber nichts daran, dass sich A und B das Marihuana durch den Drogenkonsum ihrem Vermögen – im wahrsten Sinne des Wortes – „einverleibt" haben.* ◀

dd) Sich- und Drittzueignung

Adressat der intendierten Zueignung kann – seit der Erweiterung des subjektiven Tatbestands auf die Drittzueignungsabsicht durch das 6. StRG – neben dem Täter auch ein **Dritter** sein. In zahlreichen Fallkonstellationen, in denen die Sache dem Dritten zugutekommen soll, wird gleichwohl eine egoistische Zueignungsabsicht zu bejahen sein, so etwa dann, wenn der Täter sich dadurch wie ein Eigentümer geriert, dass er den Gegenstand einem Dritten schenken oder an ihn veräußern möchte.[150] Da damit zugleich der Dritte in eine (nur) eigentümerähnliche Position treten soll – ein gutgläubiger Erwerb scheitert an § 935 BGB – liegt hier notgedrungen sowohl eine Eigen- als auch Drittzueignungsabsicht vor. Diese Absichten schließen sich begrifflich nicht aus,[151] wobei ihr doppeltes Vorliegen freilich tatbestandlich oder strafzumessungsrechtlich das Unrecht der Diebstahlstat nicht erhöhen oder gar „verdoppeln" kann.

▶ **Beispiel („Vater-Sohn"-Fall):**[152] *Familienvater V hatte Schulden bei der B-Bank. V forderte seinen Sohn S auf, jemanden zu bestehlen und ihm das Geld zu geben, damit V seine Schulden tilgen konnte. S entwickelte einen Plan, entwendete einer alten Dame 500 Euro und händigte V später den Betrag aus.* ◀

Bei der **Drittzueignung** müssen nach der Vorstellung des Täters in der Person des Dritten die bereits genannten Voraussetzungen einer Zueignung (oben § 2 Rn. 45 ff.) vorliegen.[153] Wer eine Sache entwendet, damit der Dritte sie nur vorübergehend nutzt, sie sogleich zerstört oder dem Eigentümer nur entzieht, handelt ohne Zueignungsabsicht.[154]

Bezüglich der Aneignungskomponente der Drittzueignungsabsicht ist zu bedenken, dass zwar eine Zueignung an den Dritten denkbar ist, eine Aneignung einer Sache

---

145 Vgl. OLG Nürnberg NStZ-RR 2013, 78.
146 BGH NStZ-RR 1998, 235.
147 BGH NStZ 2011, 699.
148 BGH JuS 2019, 402 m. Bspr. *Eisele.*
149 BGH StraFo 2015, 216.
150 BGHSt 4, 235; *L-Kühl/Heger,* § 242 Rn. 26.
151 Sch/Sch-*Bosch,* § 242 Rn. 57; LK-*Vogel/Brodowski,* § 242 Rn. 184 (mit Subsidiarität der Drittzueignungsabsicht); für Exklusivität dagegen z.B. NK-*Kindhäuser/Hoven,* § 242 Rn. 105; S/S/W-*Kudlich,* § 242 Rn. 53.
152 *Schramm,* JuS 2008, 773, 775.
153 *L-Kühl/Heger,* § 242 Rn. 26 a.
154 NK-*Kindhäuser/Hoven,* § 242 Rn. 104.

aber sprachlich korrekt, m. a. W. begrifflich, nur als eine solche des Handelnden selbst verstanden werden kann. Daraus ist der Schluss zu ziehen, dass es für die Drittzueignungsabsicht erforderlich ist und genügt, wenn der Täter **dem Dritten** die Sache entweder **selbst verschaffen** oder dem Dritten die **Aneignung ermöglichen** möchte.[155] Typische Fälle der Drittzueignungsabsicht sind die folgenden drei Konstellationen,[156] in denen 1. der Täter im Wege mittelbarer Täterschaft einen gutgläubigen (vorsatzlosen) Dritten veranlasst, eine Sache selbst unmittelbar in Eigenbesitz zu nehmen, 2. der Täter als Mittäter mit dem Dritten zusammen fremden Gewahrsam bricht, um diesem die Zueignung der Sache zu ermöglichen, oder 3. der Täter die weggenommene Sache an sich nimmt, um an ihr für einen Dritten Besitz zu begründen.

65 ▶ **Lösung:**[157] *Im „Vater-Sohn-Fall" hat S dem V die Aneignung des Geldes dadurch ermöglicht, dass er das Geld zu dem Zweck entwendet hat, damit V eigenhändig seine Schulden begleichen kann. Nach der Gegenansicht*[158] *muss der Täter dagegen bei der Wegnahme die Absicht haben, die Aneignungshandlung selbst vorzunehmen. Danach wäre S nur dann Täter des Diebstahls, wenn er mit dem gestohlenen Gut selbst die Schulden seines Vaters begleichen würde. Dagegen spricht jedoch die Spiegelbildlichkeit des Unrechts bei der Drittaneignung zur Selbstaneignung: So wie der Täter bereits mit der intendierten egoistischen Zueignung die (Selbst-)Zueignungsabsicht erfüllt, erfüllt er die (Dritt-)Zueignungsabsicht mit der intendierten Zueignung durch den Dritten. Folgerichtig ist V nicht Täter des von einem absichtslos-dolosen Werkzeug S begangenen Diebstahls in mittelbarer Täterschaft, sondern bloß Anstifter zum Diebstahl des Täters S.*[159] ◀

66 Mit der Einfügung der Drittzueignungsabsicht wurde aber nicht nur die Figur der mittelbaren Täterschaft begrenzt. Zugleich wurde mit ihr das Risiko geschaffen, dass der Anwendungsbereich der Mittäterschaft in problematischer Weise **zulasten der Beihilfe** erheblich ausgedehnt wird.[160] Denn derjenige, der bei gemeinsamer Tatausführung den Gegenstand nur für einen Mitwirkenden wegnimmt – und vor dem 6. StRG wegen Nichterfassung der Drittzueignungsabsicht nur als Gehilfe bestraft werden konnte –, kommt nunmehr sogar als Mittäter in Betracht. Zu Recht wird daher im Schrifttum gefordert, bei einem entsprechenden Tatherrschaftsgefälle innerhalb gemeinsamer Tatbegehung nur eine Beihilfe des Wegnehmenden anzunehmen, sofern er trotz der Wegnahmehandlung eine letztlich **untergeordnete Rolle** spielt.[161]

ee) Objektive Rechtswidrigkeit der erstrebten Zueignung

67 Die Rechtswidrigkeit der erstrebten Zueignung stellt ein **normativ-objektives Tatbestandsmerkmal** dar, das (gleichwohl) **innerhalb des subjektiven Tatbestands** des § 242 StGB geprüft wird.[162] Es können aber auch die objektive Rechtswidrigkeit und der darauf gerichtete Vorsatz erst im Anschluss an den subjektiven Tatbestand in einem gesonderten Prüfungsschritt erörtert werden;[163] sachliche Unterschiede sind mit dem

---

155 *Wessels/Hillenkamp/Schuhr*, BT-2, Rn. 171; SK-*Hoyer*, § 242 Rn 92; NK-*Kindhäuser/Hoven*, § 242 Rn. 108.
156 NK-*Kindhäuser/Hoven*, § 242 Rn. 108.
157 *Schramm*, JuS 2008, 773, 776.
158 MK-*Schmitz*, § 242 Rn. 150.
159 V wäre zudem anschließend Täter einer subsidiären Unterschlagung; NK-*Kindhäuser/Hoven*, § 242 Rn. 111.
160 *Fischer*, § 242 Rn. 46 a, 58.
161 *Ingelfinger*, JuS 1998, 531, 534; S/S/W-*Kudlich*, § 242 Rn. 59; *Kudlich*, FS Schroeder, S. 271, 282.
162 Ebenso *Kindhäuser/Hoven/Böse*, BT-2, § 2 Rn. 75; *Wessels/Hillenkamp/Schuhr*, BT-2, Rn. 210.
163 So verfahren etwa *Eisele*, BT-2, Rn. 13 und *Rengier*, BT-1, § 2 Rn. 2.

divergierenden Prüfungsaufbau nicht verbunden. Die objektive Rechtswidrigkeit entfällt dann, wenn die **Zueignung** der **materiellen Eigentumsordnung** entspricht, d. h. rechtmäßig ist. Dies ist etwa der Fall, wenn der Täter (bzw. im Fall der Drittzueignung der Dritte)[164] **einen einredefreien und fälligen Anspruch** auf die weggenommene Sache hat[165] oder eine **Einwilligung** des Berechtigten vorliegt.[166] Die objektive Rechtswidrigkeit der erstrebten Zueignung entfällt außerdem in den Fällen, in denen ein **Rechtfertigungsgrund** die Zueignung erlaubt, so etwa dann, wenn die Voraussetzungen des rechtfertigenden Notstands (§ 34 StGB) oder der mutmaßlichen Einwilligung (vorstellbar etwa beim eigenmächtigen Geldwechseln[167]) vorliegen.[168] Die objektive Rechtswidrigkeit der erstrebten Zueignung darf indes nicht als ein – in den Tatbestand verschobenes – allgemeines Verbrechensmerkmal des Diebstahls missverstanden werden.

▶ **Beispiel („Freund als Gerichtsvollzieher"-Fall):** *A hatte dem WG-Mitbewohner B ein gebrauchtes Notebook für 200 Euro verkauft. B zahlte jedoch nicht. A klagte sein Leid seinem Freund F. Als F den B zufällig am Geldautomaten traf, an dem dieser sich gerade 300 Euro auszahlen ließ, nahm F dem verdutzten B zwei 100-Euro-Scheine mit den Worten weg, dass B das Geld dem A schulde, und F es diesem aushändigen werde.* ◀ 68

Umstritten ist die Bewertung der **eigenmächtigen Erfüllung** von **Gattungsschulden**, z.B. von **Geldschulden**. Gattungsschulden werden erst mit der Konkretisierung des Gegenstandes durch den Schuldner zum Gegenstand eines hinreichend bestimmten Anspruchs. Man mag das Konkretisierungsrecht des Schuldners noch als Ausfluss seines Eigentumsrechts i. w. S. ansehen, auch wenn man sich die Frage stellen kann, ob es wirklich die Funktion des § 242 StGB sein soll, Fehler bei der zivilrechtlichen Vertragsabwicklung zu sanktionieren,[169] ganz abgesehen davon, dass die Unterscheidung zwischen Gattungs- und Stückschuld seit der Schuldrechtsmodernisierung auch zivilrechtlich erheblich an Bedeutung verloren hat.[170] Bei der eigenmächtigen Erfüllung von Geldschulden ist zu berücksichtigen, dass die Geldschuld als sog. Geldsummenschuld nicht auf die Übereignung bestimmter Geldzeichen, sondern auf Zahlung einer bestimmten Geldsumme gerichtet ist. Zivilrechtlich ist freilich umstritten, ob eine Geldschuld, wie bislang von der Rechtsprechung angenommen,[171] wirklich eine Gattungsschuld ist.[172] Zumindest in den Fällen der eigenmächtigen Befriedigung von Gattungsschulden bzw. Geldschulden wird man von einer Rechtmäßigkeit der Zueignung ausgehen können, wenn der Berechtigte kein Interesse an einer Konkretisierung der 69

---

164 *L-Kühl/Heger*, § 242 Rn. 27; *NK-Kindhäuser/Hoven*, § 242 Rn. 113; dagegen auf das Handeln des Täters abstellend *MK-Schmitz*, § 242 Rn. 148.
165 BGHSt 17, 87; zur Diskussion vgl. *Hillenkamp/Cornelius*, 22. Problem, S. 122.
166 War der Berechtigte bereits mit der Änderung der Sachherrschaft einverstanden, fehlt es bereits an der Wegnahme (siehe oben Rn. 26 ff.).
167 *BeckOK-StGB-Wittig*, § 242 Rn. 41.
168 *NK-Kindhäuser/Hoven*, § 242 Rn. 119.
169 Daher für die Unbeachtlichkeit der Unterscheidung von Geld- und Stückschulden *NK-Kindhäuser/Hoven*, § 242 Rn. 118.
170 *MK-BGB-Emmerich*, 2. Aufl. 2012, § 243 Rn. 1.
171 So etwa BGH.
172 Gegen die Einstufung als Geldschuld mit beachtlichen Gründen die h.M. im zivilrechtlichen Schrifttum; vgl. etwa *MK-BGB-Grundmann*, § 245 Rn. 86.

Geldschuld hat.[173] Die Rechtsprechung bejaht hier zwar vielfach die Rechtswidrigkeit, gesteht dem Täter aber doch einen Tatbestandsirrtum zu.[174]

70 ▶ **Lösung:**[175] *Im „Freund als Gerichtsvollzieher-Fall" war nach der hier vertretenen Ansicht mangels Konkretisierungsinteresse des B die erstrebte Zueignung nicht rechtswidrig. Die Rechtsprechung hingegen würde erst den dementsprechenden Vorsatz verneinen.* ◀

ff) Vorsatz bzgl. der objektiven Rechtswidrigkeit

71 Sodann setzt der Diebstahl einen **Vorsatz** bezüglich der Rechtswidrigkeit der erstrebten Zueignung voraus. Bei Fehlvorstellungen handelt es sich um einen Irrtum über ein normatives Tatbestandsmerkmal, bei dem wie folgt zu differenzieren ist:[176] Unterläuft dem Täter ein Irrtum über die zivilrechtliche Bewertung der Zueignung dergestalt, dass er als Rechtsunkundiger fälschlich von einem Anspruch auf die weggenommene Sache ausgeht, so unterliegt er einem Irrtum über eine rechtliche Tatsache und damit einem Tatumstandsirrtum nach § 16 StGB.[177] Dies kann auch bei mittäterschaftlicher Tatbegehung der Fall sein, wenn die vom Darlehensgläubiger beauftragten, das Geld eintreibenden Mittäter glauben, man erfülle gemeinsam den berechtigten Rückzahlungsanspruch des Gläubigers.[178] Geht der Täter dagegen irrig vom Bestehen eines in Wahrheit nicht oder so nicht existierenden Rechtfertigungsgrundes aus, befindet er sich in einem Verbotsirrtum (§ 17 StGB).[179] Nimmt er fälschlicherweise die tatsächlichen Voraussetzungen eines anerkannten Rechtfertigungsgrundes an, liegt in der Sache ein Erlaubnistatbestandsirrtum[180] vor, der aber wegen der Verankerung der Rechtswidrigkeit im subjektiven Tatbestand zwanglos direkt als Tatbestandsirrtum i.S.d. § 16 StGB eingestuft werden kann.

4. Täterschaft und Teilnahme

a) Allgemeines

72 Die Abgrenzung zwischen Täterschaft und Teilnahme erfolgt nach den Grundsätzen der AT-Beteiligungslehren und bestimmt sich i.d.R. nach dem Maß der Beteiligung an der Wegnahme.[181] Eigen- oder Drittzueignungsabsicht ist ein tat- und unrechtsbezogenes subjektives Tatbestandsmerkmal. Sie ist für jeden Täter gesondert festzustellen. Ohne Zueignungsabsicht kann man nicht Allein- oder Mittäter eines Diebstahls sein. Die Zueignungsabsicht fällt als tatbezogenes Merkmal nicht unter § 28 StGB: Gehilfe oder Anstifter kann auch derjenige sein, der nicht in Zueignungsabsicht handelt.[182]

---

173 SK-*Hoyer*, § 242 Rn. 99; S/S/W-*Kudlich*, § 242 Rn. 51; MK-*Schmitz*, § 242 Rn. 164; Sch/Sch-*Bosch*, § 242 Rn. 59.
174 BGHSt 17, 88.
175 *Schramm*, JuS 2008, 773, 776.
176 Zur Diskussion vgl. *Hillenkamp/Cornelius*, 23. Problem, S. 129.
177 BGHSt 17, 87; NK-*Kindhäuser/Hoven*, § 242 Rn. 110.
178 Meist handelt es sich dabei um Zueignungsfragen im Zusammenhang des subjektiven Raubtatbestands, da der Gläubiger bzw. von ihm Beauftragte die Schulden gewaltsam eintreiben; vgl. BGH StV 2000, 78.
179 NK-*Kindhäuser/Hoven*, § 242 Rn. 110.
180 Näher dazu *Kaspar*, AT, § 7 Rn. 49 ff.
181 BGH NStZ-RR 2016, 6; *Bode*, JA 2018, 34, 36; M/R-*Schmidt*, § 242 Rn. 40.
182 BGHSt 22, 375, 380; *Fischer*, § 242 Rn. 58.

b) Beteiligung bei Drittzueignungsabsicht; „absichtslos-doloses Werkzeug"

Schwierig ist die **Abgrenzung** von (Mit-)Täterschaft und Teilnahme in denjenigen Fällen, in denen ein Beteiligter mit **Drittzueignungsabsicht** handelt. Unmöglich kann das Gesetz im Sinn haben, jeden Beteiligten mit Drittzueignungsabsicht zum Täter zu erklären; andernfalls liefe die vom Gesetz allgemein bei der Beteiligung gewollte und auch beim Diebstahl zu beachtende Abgrenzung von Täterschaft und Beihilfe bei § 242 StGB ins Leere. Allerdings führt kein Weg daran vorbei, dass mit der Einfügung der Drittzueignungsabsicht durch das 6. StRG der Anwendungsbereich der Mittäterschaft ausgedehnt und derjenige der Beihilfe eingeschränkt worden ist.[183] Daher erscheint es fraglich, ob bei gleichrangiger Herrschaft über das Geschehen der mit Drittzueignungsabsicht handelnde Mitwirkende wegen eines „normativen Tatherrschaftsgefälles" regelmäßig nur Gehilfe sein kann.[184] Ein mit fremdnütziger Intension Handelnder ist vielmehr (schon) dann (Mit-)Täter, wenn er nach den allgemeinen Kriterien der Täterschaft einen Täterstatus einnimmt, er also das Geschehen, d. h. die **Wegnahme**,[185] gemeinsam mit den anderen Tatbeteiligten auf der Grundlage eines gemeinsamen Tatentschlusses (mit-)**beherrscht**. Derjenige ist daher nur **Gehilfe** und nicht Mittäter eines Diebstahls, der dem Dritten den Zugriff auf die Sache nur erleichtern möchte[186] oder anderweitig einen **untergeordneten Tatbeitrag** leistet, so etwa den Tatplan nicht mitentwickelt hat und keinerlei Nutzen aus dem Diebesgut zieht.[187]

73

Wer im Auftrag eines Dritten eine Sache wegnimmt, handelt ebenfalls mit Drittzueignungsabsicht und ist damit unmittelbar Täter eines Diebstahls, nicht mehr nur – wie vor dem 6. StRG wegen des Fehlens der Drittzueignungsabsicht im Gesetz angenommen wurde – ein strafloses „absichtslos doloses Werkzeug."[188] Daher ist der **Dritte** folgerichtig nicht mittelbarer Täter, sondern **Anstifter**,[189] bei darüber hinaus gehender qualifizierter Mitwirkung (z.B. bei Planungsherrschaft) sogar als **Mittäter** strafbar. Die vor 1998 viel diskutierte Rechtsfigur des **absichtslos-dolosen Werkzeugs** in diesem Kontext spielt nur noch in den (wohl sehr seltenen) Fällen eine Rolle, in denen eine **Anstiftung** des Auftraggebers aus Akzessorietätsgründen **scheitert**, weil der Beauftragte den subjektiven Tatbestand nicht erfüllt (z.B. irrig von einem Anspruch des Auftraggebers auf die Sache ausgeht) und der Hintermann die Tatherrschaft über das Geschehen ausübt (z.B. den Beauftragten vorher diesen Anspruch vorgegaukelt hat).[190]

74

c) Schmierestehen

Steht jemand bei einem Diebstahl Wache, um die anderen Diebstahlsbeteiligten vor dem eintreffenden Eigentümer zu warnen oder sie gegen ihn zu verteidigen – im Volksmund auch „Schmiere stehen" genannt -, so ist umstritten, wann dies Mittäterschaft oder Beihilfe begründet. Nach der sog. **Tatherrschaftslehre** stellt sich das „Schmiere stehen" des Beteiligten – insbesondere bei einem Einbruchsdiebstahl – als **Mittäterschaft** dar, da die anderen Beteiligten ihn bräuchten, um ungestört arbeiten zu können, weshalb ihm eine **wichtige Funktion** bei der Tatausführung durch den gemeinsamen

75

---

183 *L-Kühl/Heger*, § 242 Rn. 26 a.
184 So *S/S/W-Kudlich*, § 242 Rn. 59.
185 *Fischer*, § 242 Rn. 58; NK-*Kindhäuser/Hoven*, § 242 Rn. 130.
186 *Wessels/Hillenkamp/Schuhr*, BT-2, Rn. 172.
187 Zur entsprechenden Problematik bei § 252 vgl. BGH NStZ 2015, 276 m. Bspr. *Jahn*, JuS 2015, 78.
188 BGHSt 41, 187 (zur Parallelproblematik bei § 246 StGB a.F.).
189 *L-Kühl/Heger*, § 242 Rn. 26 a.
190 *L-Kühl/Heger*, § 242 Rn. 26 a; *Wessels/Hillenkamp/Schuhr*, BT-2, Rn. 172.

Tatplan zugewiesen wurde.[191] Die **Rechtsprechung** ist hier **uneinheitlich**, auch wenn eine deutliche **Tendenz zur Beihilfe** feststellbar ist: So soll das bloße Schmierestehen vor einem Supermarkt nicht für Mittäterschaft genügen, wenn der andere Tatbeteiligte in das Gebäude einsteigt, die Alarmanlage zerstört und mit der Öffnung des Tresors beginnt.[192] Ebenso sei es nur Beihilfe, wenn jemand Schmiere stehe und ihm im Gegenzug eine Darlehensschuld von 1.000 EUR erlassen werde[193] oder wenn jemand dafür, dass er bei einem Einbruchsdiebstahl lediglich Wache hält, ohne darüber hinaus in das Geschehen eingebunden zu sein, eine Belohnung in Form kostenloser Lebensmittel erhält.[194] Nach einer anderen Entscheidung begründet Schmiere stehen dagegen Mittäterschaft, insbesondere wenn sie gegen ein festes Entgelt von 1.500 DM erfolgt.[195]

5. Versuch, Vollendung, Beendigung

76   Mit **Vollendung der Wegnahme** mit Zueignungsabsicht ist der **Diebstahl vollendet**[196] (zu den Kriterien bereits oben Rn. 31 ff.). Danach ist ein Rücktritt vom Versuch nicht möglich.[197] **Beendet** ist der Diebstahl, wenn der **neue Gewahrsam gefestigt** und gesichert ist.[198] Eine kriminalpolitisch durchaus sinnvolle Tätige Reue-Vorschrift wie etwa bei § 306e StGB enthält § 242 StGB bedauerlicherweise nicht.[199] Der Versuch ist ausdrücklich nach § 242 Abs. 2 StGB strafbar. Der Tatentschluss muss auf die Verwirklichung des objektiven Tatbestands gerichtet sein sowie die Zueignungsabsicht einschließen. Es reicht aus, wenn der Täter irgendetwas stehlen will, er also einen „allgemeinen Stehwillen" (*Hoyer*) besitzt.[200] Im Übrigen sei auf die Ausführungen zum subjektiven Tatbestand (oben Rn. 41 ff.) verwiesen.

77   Die Schwelle vom **straflosen Vorbereitungsstadium** zum **strafbaren Versuchsbeginn** überschreitet der Täter erst dann, wenn er gem. §§ 242, 22 StGB **zur Wegnahme unmittelbar ansetzt**. Dies ist zu bejahen, wenn die Handlung in ungestörtem Fortgang unmittelbar zur Tatbestandserfüllung führen soll oder in unmittelbarem räumlichen und zeitlichen Zusammenhang mit ihr steht.[201] Aus Tätersicht muss der fremde Gewahrsam bereits unmittelbar gefährdet sein[202] oder das Geschehen ohne wesentlichen Zwischenakt in die Wegnahmehandlung übergehen.[203] Beispiele hierfür bilden das Durchsuchen fremder Kleidung nach brauchbarem Diebesgut, das Eindringen in den Raum, in dem der Täter etwas stehlen will[204] oder das schalldämpfende Umhüllen eines aufzubrechenden Zigarettenautomaten.[205] Im Vorfeld des Versuchs und damit

---

191 Vgl. *Roxin*, AT-2, § 25 Rn. 212 sowie die Nachweise bei *Kühl* AT, § 20 Rn. 116.
192 BGH 2 StR 161/05 v. 28. 4. 2005 (bei juris).
193 BGH 2 StR 101/01 v. 28. 3. 2001 (bei juris).
194 BGH StV 2012, 669.
195 BGHSt 47, 214.
196 BGHSt 16, 270, 271; Sch/Sch-*Bosch*, § 242 Rn. 67; *Fischer*, § 242 Rn. 53.
197 S/S/W-*Kudlich*, § 242 Rn. 58.
198 *Mitsch, JA 2017, 407, 409*; *Rengier*, BT-1, § 2 Rn. 195a.
199 MK-*Schmitz*, § 242 Rn. 182 (nur im Rahmen des § 46 StGB zu berücksichtigen).
200 SK-*Hoyer*, § 242 Rn. 112.
201 BGHSt 28, 162, 163.
202 Sch/Sch-*Bosch*, § 242 Rn. 68.
203 S/S/W-*Kudlich*, § 242 Rn. 58.
204 BGH MDR 1976, 16; RGSt 70, 201; *Fischer*, § 242 Rn. 55; S/S/W-*Kudlich*, § 242 Rn. 58.
205 BGH NJW 2020, 2570 m.Bspr. *Eisele* JuS 2020, 798; *von Heintschell-Heinegg*, JA 2020, 550.

§ 2 Der Diebstahl (§§ 242 ff. StGB)

straflos sind dagegen das **Läuten** des Täters an der **Wohnungstür**,[206] das bloße Hingehen zu dem in der Nähe gelegenen Tatort[207] oder das Verschaffen von Tatmitteln.[208]

Das unmittelbare Ansetzen zu einem qualifizierenden Merkmal (z. B. § 244 Abs. 1 Nr. 2 StGB) oder Regelbeispiel (z. B. § 243 Abs. 1 S. 2 Nr. 1 StGB) begründet auch erst dann einen Versuch des Grundtatbestands (§ 242 StGB), wenn unmittelbar zur Wegnahme angesetzt wird.[209] Teilweise wird jedoch in der **uneinheitlichen Rspr.** beim **versuchten Einbruchsdiebstahl** bereits im **Ausheben** einer Türe oder eines Fensters,[210] dem Verhüllen eines Zigarettenautomaten zum Zweck des Aufbrechens[211] oder dem Einschlagen des Fensters eines Wintergartens[212] unter dem Gesichtspunkt der **unmittelbaren Gefährdung** fremden Eigentums ein unmittelbares Ansetzen zum §§ 242, 243 StGB bzw. § 244 StGB gesehen.[213] Dagegen spricht jedoch, dass in solchen Fällen, in denen der Täter die Sicherung erst noch überwinden oder nach deren Beseitigung das **Diebesgut erst noch zu suchen** und aufzufinden hat, **wesentliche Zwischenakte** bis zur Wegnahme als maßgeblicher Bezugsgröße für § 22 StGB **fehlen**.[214] Betrachtet man § 244 I Nr. 3 StGB als eine im Verhältnis zu § 242 StGB selbstständige Qualifikation oder als zweiaktiges Delikt, ist der Versuch bereits beim unmittelbaren Ansetzen zum Einbrechen zu bejahen.[215]

77a

6. Konkurrenzen

Tatbestandlich liegt nur **ein** Diebstahl vor, wenn der Täter **mehrere Sachen** stiehlt, und sich hierauf von Anfang an sein Tatentschluss richtete, oder sich sein Vorsatz während der Tatausführung entsprechend erweitert hat.[216] § 242 StGB tritt hinter **anderen Zueignungstatbeständen** regelmäßig **zurück**, so etwa hinter den leges speciales §§ 244, 249, 252 StGB.[217] Handlungen zur **Sicherung, Verwertung** oder **Vernichtung der Diebesbeute** sind in der Regel mit dem Diebstahl abgegolten und damit straflose **mitbestrafte Nachtaten**, sofern dadurch nicht weitere Rechtsgüter (z.B. durch eine anschließende Urkundenfälschung) verletzt werden;[218] die zur Sicherung eines Diebstahlserfolgs begangene Erpressung oder räuberische Erpressung verdrängt daher den Diebstahl.[219] Im Rahmen des § 246 StGB sind dem § 242 StGB nachfolgende Zueignungsakte durch den Täter bereits **nicht tatbestandsmäßig** (unten § 3 Rn. 25). **Diebstahl und Betrug durch dieselbe Handlung schließen sich** bereits auf der Tatbestandsebene **aus**; ein tateinheitlich begangener Diebstahl und Betrug bezüglich derselben Sache kann nur in sehr seltenen Ausnahmefällen vorliegen, so etwa dann, wenn mehrere Mitgewahrsamsinhaber existieren und der eine Mitgewahrsamsinhaber betro-

78

---

206 BGH NStZ 2018, 616 m. Bspr. *Jäger*, JA 2018, 874; AnwK-*Kretschmer*, § 242 Rn. 70.
207 BGH StV 1987, 528 (zu § 255 StGB).
208 BGH StV 1992, 62.
209 BGH NStZ 2017, 86 mit Bspr. *Eisele* JuS 2017, 175; *Kudlich*, JA 2017, 152; *Satzger*, Jura 2017, 1238.
210 BGH NStZ 2020, 353 m. krit. Anm. *Kudlich*.
211 BGHSt 65, 15 m.Bspr. *Fahl* JR 2020, 420; *von Heintschel-Heinegg* JA 2020, 550; *Piazena* HRRS 2020, 346; zu Recht kritisch *Rotsch* ZJS 2020, 481.
212 BGH NStZ 2021, 537 m. krit. Bspr. *Kaltenbach* jurisPR-StrafR 19/2021 Anm. 3; zust. *Fahl* NStZ-RR 2021, 341.
213 So auch LK-*Vogel/Brodowski*, § 243 Rn. 75-.
214 *Kudlich*, NStZ 2020, 353; *Li*, ZIS 2021, 430; *Rotsch*, ZJS 2020, 486.
215 *Fahl*, JR 2021, 122; *Hoven/Hahn*, NStZ 2021, 588; dagegen *Murmann*, NStZ 2022, 201.
216 MK-*Schmitz*, § 242 Rn. 167.
217 SK-*Hoyer*, § 242 Rn. 62.
218 Z. B. durch eine Urkundenfälschung; NK-*Kindhäuser/Hoven*, § 242 Rn. 133.
219 *Puppe*, JuS 2016, 961, 965.

gen, der andere aber bestohlen wird.[220] **Tateinheit** ist z.B. möglich mit § 303 StGB (z.B. beim Aufbrechen einer Sicherungsetikette). Die **Wahlfeststellung** zwischen § 242 StGB und § 259 StGB (unten § 12 Rn. 72) wird weitgehend anerkannt,[221] zwischen § 242 und § 255 dagegen nicht.[222]

Wiederholungsfragen

1. Wie lautet das Rechtsgut des § 242 StGB? (Rn. 5)
2. Kann man Daten stehlen? (Rn. 11)
3. Was versteht man unter einer „beweglichen Sache"? (Rn. 14)
4. Wann ist eine Sache „fremd"? (Rn. 16)
5. Wie definiert man die Wegnahme? (Rn. 19)
6. Wie differenziert man beim Gewahrsam mehrerer Personen? (Rn. 36)
7. Aus welchen Elementen besteht die Zueignungsabsicht bei § 242 StGB? (Rn. 44)
8. Welche Bedeutung besitzen die sog. Substanz- und Sachwerttheorie? (Rn. 47)
9. Welcher Unterschied besteht zwischen Diebstahl und Gebrauchsanmaßung? (Rn. 53)
10. Welche Anforderungen sind an die Drittzueignungsabsicht zu stellen? (Rn. 63).
11. Kann der Käufer einer bezahlten Sache diese stehlen? (Rn. 67)
12. Wann ist der Diebstahl versucht, vollendet, beendet? (Rn. 76 f.)

III. Der besonders schwere Fall des Diebstahls, § 243 StGB

1. Einführung

79 Die in den Strafvorschriften des StGB vielfach enthaltenen „besonders schwere Fälle" (z.B. §§ 263 Abs. 3, 266 Abs. 2 StGB), so auch diejenigen des Diebstahls in § 243 Abs. 1 StGB, sind zwar tatbestandsähnlich ausgestaltet, können aber in ihrem Kern verbrechenssystematisch nur als **Regeln** innerhalb der nach § 46 StGB vorzunehmenden **Strafzumessung** begriffen werden.[223] Darin liegt der Unterschied zu denjenigen BT-Vorschriften, die ebenfalls den Begriff „schwer" in ihrer Gesetzüberschrift tragen, aber als Tatbestand i.S. eines Qualifikationstatbestands ausgestaltet sind (so z.B. § 244 a StGB, der eine Qualifikation des § 244 StGB darstellt). Zahlreiche Tatbestände sind freilich Qualifikationstatbestände zu einem Grundtatbestand, ohne dass die Qualifikation bereits in der Gesetzesüberschrift mit dem Wort „schwer" zum Ausdruck gebracht wird (so z.B. bei § 244 StGB, der eine Qualifikation zu § 242 StGB ist).

a) Die maßgeblichen Kriterien

80 Die Grundlage für die Annahme eines besonders schweren Falls ist „das gesamte Tatbild einschließlich der Täterpersönlichkeit",[224] dessen materiale Kriterien der Gesetzgeber mithilfe von Regelbeispielen näher bestimmt. Dem Vorliegen eines Regelbeispiels kommt aber (nur) eine (widerlegbare) Indizwirkung für die Entscheidung zu, ob ein besonders schwerer Fall gegeben ist.[225] Anders als bei Qualifikationstatbeständen (z.B.

---

[220] Vgl. RGSt 70, 212; *Lenckner*, JZ 1966, 321; Sch/Sch-*Bosch*, § 242 Rn. 75.
[221] NK-*Kindhäuser/Hoven*, § 242 Rn. 136.
[222] BGH NJW 2018, 1557 m. Bspr. *Kudlich*, JA 2018, 549.
[223] So die h.M.; vgl. BVerfG NJW 2008, 3628; Sch/Sch-*Kinzig*, Vorbem. §§ 38 ff. Rn. 47.
[224] BVerfG NJW 2008, 3627.
[225] MK-*Schmitz*, § 242 Rn. 6.

§ 244 StGB) darf daher der:die Richter:in bei Regelungen wie etwa §§ 113 Abs. 2, 243, 263 Abs. 3 StGB trotz Vorliegens der Voraussetzungen eines Regelbeispiels von der Annahme eines besonders schweren Falls **absehen**. Dies setzt voraus, dass die Tat in ihrem **Unrechts-** und **Schuldgehalt** vom Normalfall des Regelbeispiels so weit **nach unten abweicht**, dass die Anwendung des erschwerten Strafrahmens unangemessen ist. Dies ist namentlich bei atypischem Tatbild oder strafmildernden Umständen in der Person des Täters anzunehmen, so etwa bei einem geringen Schaden, bei Schadenswiedergutmachung, bei verminderter Schuldfähigkeit oder bei der Einwirkung durch einen V-Mann.[226] Umgekehrt darf er einen besonders schweren Fall auch dann – quasi in Form einer **gesetzlich erlaubten Analogie** - bejahen, wenn zwar kein Regelbeispiel vorliegt, der konkret vorliegende Fall aber im Unrechts- und Schuldgehalt demjenigen eines Regelbeispiels **entspricht** (was z.B. vielfach für die Beseitigung einer Sicherungsetikette angenommen wird, siehe unten Rn. 99). Solche Ermessensspielräume werden der strafrechtlichen Judikative zwar bei der **Strafzumessung** (vgl. § 46 Abs. 2 S. 1 StGB), nicht aber auf der tatbestandlichen Unrechtsebene (beim „Ob" der Strafbarkeit) eingeräumt. Innerhalb des Tatbestands ist der:die Richter:in an die Entscheidung der Legislative gebunden, d. h. er darf nicht analog neue Qualifikationstatbestände schaffen, bestehende Qualifikationstatbestände über ihren Wortlaut hinaus ausdehnen oder trotz der Verwirklichung eines Qualifikationstatbestands diesen nicht anwenden.[227] Ihm droht andernfalls eine Bestrafung wegen Rechtsbeugung (§ 339 StGB) bzw. Strafvereitelung im Amt (§ 258 a StGB).

Das BVerfG hat die Verfassungskonformität der besonders schweren Fälle und der Regelbeispielsmethode wiederholt bejaht, dabei aber betont, dass die explizit benannten Regelbeispiele dem Bestimmtheitsgebot unterliegen und nicht über ihren Wortlaut hinaus ausgedehnt werden dürfen.[228] Das BVerfG hält es freilich weiterhin prinzipiell für verfassungskonform, eine nicht unter den Wortlaut des expliziten Regelbeispiels fallende Handlung als unbenannt besonders schweren Fall zu bewerten.[229]

81

b) Klausurentechnik

Zwar sollten Studierende an sich in Klausuren etwaige – da in der Praxis im Regelfall sehr komplexe und anhand der viel zu knappen Sachverhaltsangaben in einer Klausur nicht sinnvolle – Strafzumessungserwägungen nicht anstellen. Doch die besonders schweren Fälle müssen, sofern der Sachverhalt dafür einen Anlass gibt, in Klausuren trotz ihres Strafzumessungscharakters behandelt werden. Dabei wird aber meist keine Veranlassung bestehen, bei Vorliegen eines Regelbeispiels einen atypischen Diebstahlsfall anzunehmen; es kommt aber zuweilen vor, dass – bei Nichtvorliegen eines Regelbeispiels – ein atypischer Fall des § 243 StGB vorliegt bzw. zu diskutieren ist (so etwa hinsichtlich der Sicherungsetiketten).

82

*Es empfiehlt sich allgemein, die Prüfung des § 243 StGB in diejenige des § 242 StGB zu integrieren, § 243 StGB aber erst **nach** der Schuld unter der Überschrift „Strafzu-*

83

---

226 Vgl. Sch/Sch-*Kinzig*, Vorbem. §§ 38 ff. Rn 48.
227 Allerdings ermöglicht es der Gesetzgeber vielfach, die Sanktionsfolgen, die durch Vorliegen eines Qualifikationstatbestands ausgelöst werden, dadurch zu korrigieren, dass er einen „minder schweren Fall" implementiert, so etwa bei §§ 244 Abs. 3, 244 a Abs. 2, 250 Abs. 3 StGB.
228 Vgl. BVerfG NJW 1977, 1815 (zu § 94 Abs. 2); BVerfG NJW 2007, 1666 (zu § 142 Abs. 2 Nr. 2); BVerfG NJW 2008, 3627 (zu § 113 Abs. 2 Nr. 1 StGB a.F.).
229 Vgl. etwa BVerfGE 45, 363 (zu § 94 StGB); BVerfG NJW 2008, 3627 (zu § 113 StGB).

messung" *zu behandeln, um die verbrechenssystematische Stellung des § 243 StGB sogleich deutlich zu machen.*

c) Quasi-Vorsatz

84 Ein besonders schwerer Fall liegt nur vor, wenn dem Beteiligten die objektive Verwirklichung des Regelbeispiels auch subjektiv zurechenbar ist. Zwar kann hierbei streng genommen begrifflich nicht von einem Vorsatz gesprochen werden, da dieser sich in Anknüpfung an § 15 StGB nur auf einen Tatbestand und nicht auf einen Umstand der Strafzumessung beziehen kann. Die subjektiven Anforderungen sind bei Regelbeispielen aber dieselben wie bei Tatbestandsmerkmalen, weshalb die h.M. hier zu Recht §§ 15, 16 StGB analog oder direkt anwendet[230] und den Terminus des „**Quasi-Vorsatzes**"[231] verwendet, für den übrigens auch dolus eventualis genügt.[232]

d) Prüfungsschema in Klausuren

85 *Prüfungsschema §§ 242, 243 StGB*

A.–C. wie oben (Rn. 8).
D. Überschrift: Strafzumessung oder besonders schwerer Fall
  I. Objektive Voraussetzungen des Regelbeispiels
  II. Subjektive Voraussetzungen (Quasi-Vorsatz analog § 15 StGB)
  III. Ggf. Würdigung der Gesamtumstände
     1. Falls ausnahmsweise Anlass dafür: Atypischer Fall des Regelbeispiels, bei dem Indizwirkung entfällt?
     2. Falls I. und II. nicht gegeben: Besonders schwerer Fall, weil vergleichbar mit Regelbeispielen?
  IV. Kein Ausschluss nach § 243 Abs. 2 StGB

2. Einzelne Regelbeispiele

86 Von den in § 243 StGB genannten Regelbeispielen sind vor allem die Nrn. 1 bis 3 klausurrelevant, weshalb sich die nachfolgende Darstellung auf diese drei Regelbeispiele beschränkt.

a) Einbruchs- und Nachschlüsseldiebstahl (§ 243 Abs. 1 S. 2 Nr. 1 StGB)

87 Der erhöhte Unrechts- und Schuldgehalt der Nr. 1 besteht in einer spezifischen Begehungsweise (Einbrechen, Einsteigen usw.), die mit einer **Missachtung besonders geschützter Räumlichkeiten** zum Zwecke des Diebstahls einhergeht,[233] wodurch die durch den Gewahrsamsbruch bereits eingetretene Friedensstörung noch verstärkt wird.[234]

---

230 HK-*Duttge*, § 15 Rn. 6; Sch/Sch-*Sternberg-Lieben/Schuster*, § 15 Rn. 27.
231 Beck-OK-*Wittig*, § 243 Rn. 26.
232 NK-*Kindhäuser/Hoven*, § 243 Rn. 42; LK-*Vogel/Brodowski*, § 243 Rn. 71.
233 HK-*Duttge*, § 243 Rn. 4; *Hilgendorf/Kindhäuser/Hoven*, § 243 Rn. 7.
234 MK-*Schmitz*, § 243 Rn. 10.

§ 2 Der Diebstahl (§§ 242 ff. StGB)

aa) Tatobjekt

Die Regelbeispiele der Nr. 1 beziehen sich auf einen „Raum", worunter ein **Raumgebilde** verstanden wird, das **zum Betreten durch Menschen bestimmt ist**.[235] Der Raum muss zudem „umschlossen", d.h., **mit künstlichen Hindernissen gegen unbefugtes Betreten** versehen sein.[236] Zu solchen umschlossenen Räumen gehören ein Wohnwagen, bei einem LKW die Fahrgastzelle und der Transportraum und bei einem PKW die Fahrgastzelle, nicht aber der Koffer- oder Motorraum.[237] Umschlossene Räume sind bei Geländen im Freien etwa ein ummauerter oder umzäunter Fabrikhof, Lagerplatz oder Friedhof, nicht aber ein Garten ohne Hecke, Zaun oder sonstige Umgrenzung.

88

Als erste Ausprägung eines geschlossenen Raums nennt das Gesetz ein „**Gebäude**", also einen solchen **umschlossenen Räume**, der (zumindest zeitweise) mit dem **Grund und Boden fest verbunden** ist, den **Zutritt von Menschen** gestattet und der Unbefugte abhalten soll.[238] Fabrikgebäude zählen zu den Geschäfts-, Bürogebäude zu Dienstgebäuden. Wohngebäude fallen begrifflich an sich ebenfalls unter den Begriff des Gebäudes; der Gesetzgeber hat sich jedoch 1998 dazu entschieden, den Wohnungseinbruchsdiebstahl in den § 244 Abs. 2 StGB auf- und damit aus dem § 243 StGB herauszunehmen. Dies ist nicht nur mit einem im Vergleich zu § 243 StGB erhöhten Strafrahmen (Mindeststrafe 6 Monate) verbunden, sondern erlaubt dem:der Richter:in, anders als bei § 243 StGB, auch keine einzelfallbezogene Abweichung vom verschärften Strafrahmen, sofern er nicht einen minderschweren Fall nach § 244 Abs. 3 StGB annimmt, dessen Mindeststrafe jedoch derjenigen des § 243 StGB entspricht.

89

bb) Mögliche Tathandlungen

▶ **Beispiel („Gekipptes Fenster"-Fall):**[239] *A griff durch ein auf „Kipp" stehendes Fenster eines Wohnhauses und löste die am oberen Fensterrahmen angebrachte Verriegelungsschiene. Dadurch war es ihm möglich, das Fenster weiter nach hinten zu kippen und den Griff der danebenliegenden Terrassentür umzulegen. Durch die auf diese Weise geöffnete Tür verschaffte sich A Zutritt zu dem Wohnhaus und entwendete aus diesem Alkoholika.* ◀

90

Einbrechen bedeutet das **gewaltsame**, mit einer gewissen Kraftentfaltung verbundene **Öffnen** einer den Zutritt verwehrenden **Umschließung**.[240] Typisches Beispiel hierfür sind das Ausheben einer Türe. Das bloße Aufdrücken eines Lüftungsfensters oder einer nicht verschlossenen, schwergängigen Türe genügt hierfür nicht.[241] Der Täter muss dazu **nicht** mit seinem ganzen **Körper** in den Raum gelangt sein; es genügt, wenn er die Umschließung aufbricht, mit seiner Hand in den Raum eindringt und dort die Sachen herausholt,[242] z.B. die Scheibe des Juweliergeschäfts einschlägt und die in der Auslage liegenden Schmuckstücke an sich nimmt.

91

Einsteigen ist dagegen das **Eindringen** mit einem großen **Teil des Körpers** in den Raum auf einem **dafür nicht vorgesehenen Wege** unter Einsatz von Geschicklichkeit oder

92

---

235 BGHSt 1, 158, 164.
236 LK-*Vogel/Brodowski*, § 243 Rn. 14.
237 BGHSt 4, 16, 17.
238 BGHSt 1, 158, 163; Sch/Sch-*Bosch*, § 243 Rn. 7.
239 BGH NJW 2016, 1897.
240 LK-*Vogel/Brodowski*, § 243 Rn. 20.
241 SK-*Hoyer*, § 243 Rn. 16; MK-*Schmitz*, § 243 Rn. 20.
242 BGH NStZ 1985, 217; *Kindhäuser/Hilgendorf*, § 243 Rn. 13.

Kraft.[243] Anders als beim Einbrechen muss er zudem mit dem Körper im Raum einen festen Stützpunkt gefunden haben. Beispiele hierfür sind das Hineinkriechen durch ein enges Kellerfenster oder durch ein Loch im Zaun sowie das Betreten des Balkons mit einer Leiter. Kein Einsteigen ist etwa das bloße Hineingreifen durch das Fenster.

93 Der Täter dringt mit einem **falschen Schlüssel** ein, wenn es sich um einen körperlichen Gegenstand handelt, mit dem ein Schloss auf- und verschlossen wird, den der Berechtigte im Tatzeitpunkt nicht, nicht mehr oder noch nicht zum Öffnen bestimmt hat.[244] Ein gefundener oder entwendeter Schlüssel ist erst dann „falsch", wenn eine **Entwidmung** vorliegt, d. h. der zur Verfügung über den umschlossenen Raum Berechtigte diesen Vorgang bemerkt und dem Schlüssel die Bestimmung zur Öffnung des Raums (zumindest konkludent) entzogen hat.[245] Ist dagegen der Schlüssel bei den Wohnungsinhabern nur in Vergessenheit geraten, liegt kein Gebrauch eines falschen, sondern ein Missbrauch eines richtigen Schlüssels vor.[246] Ein **anderes nicht zur ordnungsgemäßen Öffnung bestimmtes Werkzeug** ist z.B. ein Dietrich oder Haken, nicht aber ein der gewaltsamen Öffnung dienendes Aufbruchswerkzeug.[247]

Unter Verborgenhalten versteht man z.B. das Einschließenlassen nach Ladenschluss.

94 ▶ **Lösung:**[248] Im „gekippten Fenster-Fall" ist fraglich, ob A eingestiegen ist. Zwar hat A nicht nur durch ein auf „Kipp" stehendes Fenster hindurchgegriffen, sondern darüber hinaus eine mechanische Manipulation vornehmen müssen, indem er eine Verriegelungsschiene aushängte. Insofern hat A durchaus eine erhöhte Geschicklichkeit und Hartnäckigkeit an den Tag gelegt sowie den erhöhten Rechtsfrieden des Verwahrungsorts gestört.[249] Die h.M. hält jedoch aber an der bereits vom RG vertretenen Ansicht fest, wonach das Einsteigen als das Eindringen durch eine zum ordnungsgemäßen Eintreten nicht bestimmte Öffnung unter Überwindung eines entgegenstehenden Hindernisses definiert wird. Für diese Ansicht streitet die Geschichte der Norm, der gesetzgeberische Wille, der allgemeine Sprachgebrauch sowie die Binnensystematik des § 243 Abs. 2 Nr. 1 StGB: Deren 3. Alt., das Eindringen, ist auf das Betreten durch eine hierfür bestimmte Öffnung gemünzt; dies ist aber erst dann ein besonders schwerer Fall, wenn hierfür ein falscher Schlüssel oder ein äquivalentes Werkzeug verwendet wird. Das bestimmungsgemäße Betreten eines Raums über eine Terrassentüre ist somit kein Einsteigen. ◀

b) Besonders gesichertes Gut (§ 243 Abs. 1 S. 2 Nr. 2 StGB)

95 Der erhöhte Unrechts- und Schuldgehalt besteht in der Wegnahme einer Sache, die in spezifischer Weise gerade **gegen Wegnahme** gesichert ist.[250] Der Täter entfaltet eine erhöhte Energie hinsichtlich der Gewahrsamsaufhebung und stiehlt Gegenstände, denen der Eigentümer durch die Sicherung eine besondere Bedeutung beimisst.[251]

---

243 BGHSt 10, 132; Sch/Sch-*Bosch*, § 243 Rn. 12.
244 *Kindhäuser/Hilgendorf*, § 242 Rn. 16.
245 RGSt 52, 84; BGHSt 21, 189.
246 BGHSt 65, 194 m. Bspr. *Hecker*, JuS 2021, 370; *Kudlich* JA 2021, 255; *Kulhanek*, NStZ 2021, 169.
247 MK-*Schmitz*, § 243 Rn. 30.
248 BGH NJW 2016, 1897; BGH NStZ 2022, 408 (vom Vermieter zurückbehaltener Schlüssel) m.Bspr. *Hecker*, JuS 2022, 275.
249 OLG Oldenburg NStZ 2016, 98.
250 HK-*Duttge*, § 243 Rn. 25.
251 MK-*Schmitz*, § 243 Rn. 32.

§ 2 Der Diebstahl (§§ 242 ff. StGB)

▶ **Beispiel ("Herrenanzug-Fall"):**[252] *A wollte in einem Kaufhaus einen Herrenanzug stehlen. Er entfernte aus dem Jackett des von ihm ausgesuchten Anzugs, der 495 DM kostete, zunächst mit Gewalt das Sicherungsetikett und zerbrach es. Hätte A mit dem unbeschädigten Sicherungsetikett das Kaufhaus verlassen, so hätte die am Ausgang angebrachte elektromagnetische Alarmanlage durch akustische und optische Zeichen Alarm ausgelöst. A zog zunächst das Anzugsjackett und dann darüber seinen Parka an, verstaute die zu dem Anzug gehörige Hose in einer hierfür mitgeführten Plastiktasche und ging in Richtung Treppe. Noch bevor er die Herrenabteilung verlassen hatte, wurde er von dem Verkäufer, der ihn bei der Tat beobachtet hatte, gestellt.* ◀

96

Unter Nr. 2 des besonders schweren Diebstahls fällt die Entwendung einer Sache, die sich in einem **verschlossenen Behältnis** befindet (1. Var.) oder durch eine spezielle Vorrichtung **gegen Wegnahme besonders gesichert** ist (2. Var.). Beispiele für Var. 1 sind Schaukästen, Container, der Kofferraum eines PKW oder Waren- und Geldautomaten. Bei Var. 2 sind Lenkrad- und Fahrradschlösser, Ketten, Verplombungen oder elektronische Wegfahrsperren relevant.[253] **Umstritten** ist dabei, ob der Dieb auch zum Zwecke der Wegnahme die Diebstahlsicherung überwunden haben muss. Nach h.M. genügt es, dass er die **Sache samt Schutzvorrichtung** (z.B. ein verschlossenes Sparschwein) als Ganzes stiehlt, mag er sie auch erst später aufbrechen. Es könne keinen Unterschied machen, ob der Täter die Sache am Tatort oder erst später aufbreche; auch setze der Wortlaut der Nr. 2 nicht zwingend voraus, dass die Wegnahmesicherung überwunden werde.[254] Eine Minderheitsmeinung betont hingegen, dass der erhöhte Unrechtsgehalt der Nr. 2 darauf beruhe, dass der Täter bereits bei der **Wegnahme** ein **Zugriffshindernis** beseitigt, was er hier aber gerade vielfach nicht tue.[255] Zumindest verneint die h. L. zu Recht das Regelbeispiel der Nr. 2, wenn es sich um **kleinere Behältnisse** handelt, die sich mühelos mitsamt ihrem Inhalt fortschaffen lassen (z. B. Geldkassetten, Sparschweine): In einem solchen Fall begründet man mit dem Gewahrsam an dem verschlossenen Behältnis zugleich einen solchen an dem Inhalt, d. h. die Wegnahmesicherung stellt im Grunde genommen kein Wegnahmehindernis dar.[256]

97

Unter einem verschlossenen **Behältnis** versteht man ein zur Aufnahme von **Sachen** dienendes **Raumgebilde**, das üblicherweise nicht von Menschen betreten wird und mit einer Schutzvorrichtung gegen Zugriff von außen versehen ist.[257] Dazu gehören etwa der Kofferraum eines Autos und der Laderaum eines LKW, sofern er allein der Aufnahme von Sachen dient,[258] aber auch ein zugeklebtes Postpaket.[259] Bei den besonderen Schutzvorrichtungen gegen Wegnahme sind vor allem Sicherungsetiketten bzw. Sicherungsspinnen ein Problemfall.

98

▶ **Lösung:** *Im "Herrenanzug-Fall" könnte A sich nach §§ 242, 243 Abs. 2 Nr. 2 StGB strafbar gemacht haben. Die Sicherungsetiketten dienen an sich nur der Wiedererlangung des Gewahrsams, nicht aber der vom Regelbeispiel vorausgesetzten Verhinderung der Wegnahme, da diese nach der vorherrschenden Apprehensionstheorie (oben Rn. 32) bereits mit dem Ergreifen und damit meist schon vor dem Passieren der alarmauslösenden Schranke am Ausgang des*

99

---

252 OLG Stuttgart NStZ 1985, 76.
253 S/S/W-*Kudlich*, § 243 Rn. 18, 19.
254 BGHSt 24, 248; S/S/W-*Kudlich*, § 243 Rn. 25.
255 L-*Kühl/Heger*, § 243 Rn. 31.
256 SK-*Hoyer*, § 243 Rn. 31; LK-*Vogel/Brodowski*, § 243 Rn. 33.
257 *Kindhäuser/Böse*, BT-2, § 3 Rn. 22 f.; *Küper/Zopfs*, Rn. 99.
258 BGHSt 4, 16; Sch/Sch-*Bosch*, § 243 Rn. 28.
259 OLG Hamm NJW 1978, 769.

Geschäfts vollendet ist.[260] *Die gleiche Funktion kann eine sog. Sicherungsspinne besitzen.*[261] *Die Rechtsprechung nimmt aber in solchen Fällen, in denen ein Sicherungsetikett abgebrochen oder der Alarmmechanismus mittels besonderer Umhüllungen erst gar nicht ausgelöst wird, einen vergleichbar schweren Fall des § 243 StGB an. Darin werde ebenso ein erhöhtes Maß an Rücksichtslosigkeit gegenüber fremdem Eigentum wie in denjenigen Fällen zum Ausdruck gebracht, in denen der Täter sich über eine vom Eigentümer zum Schutz des Gewahrsams geschaffene besondere Sicherung hinwegsetze.*[262] *Richtigerweise sind solche Maßnahmen, die höchstens psychologisch, nicht aber physisch dem Schutz vor einer Wegnahme dienen und letztlich (nur) die Sicherung der Beute verhindern können, bei der Strafzumessung (§ 46 StGB) im Grundtatbestand (§ 242 StGB) und nicht als unbenannter schwerer Fall zu berücksichtigen.*[263] ◄

c) Gewerbsmäßiger Diebstahl (§ 243 Abs. 1 S. 2 Nr. 3 StGB)

100 Die Strafschärfung will der Gefährlichkeit eines auf Wiederholung ausgerichteten Täters und der Motivation, dass Diebstahl sich lohne, spezial- und generalpräventiv entgegenwirken.[264]

101 ▶ **Beispiel („Dieselklau-Fall"):**[265] *Der A sowie weitere Personen entwendeten aus einem Tank auf dem Gelände der Spedition S 4.500 Liter Dieselkraftstoff. Hierzu führten sie den Schlauch einer Pumpe in das Entlüftungsrohr des Tanks ein und leiteten den Kraftstoff in Fässer sowie andere Behältnisse. A erhoffte sich in diesem Fall allerdings keinen Anteil an der Beute, sondern wollte dem L, der sich an diesem Abend in akuten Geldsorgen befunden hatte, lediglich dabei helfen, hinreichend Kraftstoff für sein Fahrzeug zu bekommen. Von der Tat wollte A in keiner Weise profitieren.* ◄

102 Gewerbsmäßig stiehlt derjenige, der sich durch die Begehung von Diebstählen eine fortlaufende Einnahmequelle von gewisser Dauer und gewissem Umfang verschaffen möchte.[266] Das ist theoretisch schon beim **ersten** Diebstahl denkbar, wird hier aber noch kaum nachweisbar sein, sondern erst dann, wenn aus dem Stehlen eine Art (Klein-)Gewerbe gemacht wird. Die Gewerbsmäßigkeit ist ein besonderes, beteiligtenbezogenes Regelbeispiel analog § 28 Abs. 2 StGB:[267] Handelt mithin nur der Täter gewerbsmäßig, nicht aber der Gehilfe oder Anstifter, macht sich der Gehilfe bzw. Anstifter nur wegen Beihilfe bzw. Anstiftung zum einfachen Diebstahl strafbar. Der nicht eigennützig handelnde Täter, der durch das Vermögens- oder Eigentumsdelikt keine Nutzungsvorteile erhält, sondern das erlangte Gut verschenkt, handelt nicht gewerbsmäßig[268].

103 ▶ **Lösung:**[269] *Im „Dieselklau-Fall" ist bezüglich der Gewerbsmäßigkeit zu beachten, dass diese stets eigennütziges Handeln voraussetzt und damit einen vom Täter erstrebten Zufluss von Vermögensvorteilen an sich selbst. Es genügt daher nicht, wenn A eine Einnahmequelle allein*

---

260 OLG Stuttgart NStZ 1985, 76; offengelassen von BGH NStZ 2014, 164.
261 BGH NStZ 2019, 212 m.Bspr. *Heghmanns*, ZJS 2019, 68; *Jäger*, JA 2019, 228; *Jahn*, JuS 2018, 1013.
262 OLG Stuttgart NStZ 1985, 76; OLG Düsseldorf NJW 1998, 1002.
263 MK-*Schmitz*, § 243 Rn. 62.
264 HK-*Duttge*, § 243 Rn. 33; NK-*Kindhäuser/Hoven*, § 243 Rn. 26.
265 BGH StV 2014, 481.
266 BGHSt 49, 177; HK-*Duttge*, § 243 Rn. 34.
267 BGH NStZ-RR 2015, 341; Sch/Sch-*Bosch*, § 243 Rn. 47.
268 BGH NStZ 2021, 235.
269 BGH StraFo 2014, 215.

für den L geschaffen hat. Zwar reicht ein lediglich mittelbarer Vorteil zur Begründung der Gewerbsmäßigkeit aus, sofern der Täter ohne Weiteres darauf zugreifen kann oder sich selbst geldwerte Vorteile aus der Tat über Dritte verspricht. Solche indirekten materiellen Vorteile hat A aber nicht angestrebt. ◂

3. Die Geringwertigkeitsgrenze (§ 243 Abs. 2 StGB)

▶ **Beispiel („Physiotherapiepraxis-Fall"):**[270] *A brach zunächst in eine Physiotherapiepraxis ein und entwendete lediglich ein Porzellan-Ei im Wert von 10 Euro. Wenige Stunden später beging er einen Einbruch in ein Sanitätshaus und entwendete dort einen 20 Euro-Schein.* ◂

104

Nach der privilegierenden Geringwertigkeitsklausel des § 243 Abs. 2 StGB ist in den Fällen des Absatzes 1 Satz 2 Nr. 1 bis 6 ein besonders schwerer Fall ausgeschlossen, wenn sich die Tat auf eine geringwertige Sache „bezieht". Die Gesetzesformulierung weist eine **objektive Seite** („geringwertige Sache") als Erfolgsunwert sowie eine **subjektive Komponente** („bezieht sich") als Handlungsunwert auf.[271] Die Geringwertigkeit wird vom BGH sehr niedrig bei 25 EUR angesetzt,[272] von einem Teil der Rechtsprechung und Literatur dagegen zu Recht erst bei einem (Geschäfts-)Verkehrswert von 50 EUR angenommen.[273] Lässt sich dieser Wert nicht bestimmen (z.B. bei religiösen Gegenständen, Liebesbriefen, Ausweisen usw.), ist das Diebesgut dann nicht geringwertig, wenn es in dem ihm eigenen Funktionsbereich (etwa in wissenschaftlicher Hinsicht) „unbezahlbar" ist.[274] Umstritten ist zunächst die Bewertung derjenigen Konstellationen, in denen der Täter sich **irrt**, d. h. fälschlich von einer höherwertigen Sache oder irrigerweise von einer geringwertigen Sache ausgeht. Geht der Täter irrig davon aus, eine hochwertige Sache entwendet zu haben, kann der Ausschluss nach § 243 Abs. 2 StGB mangels Geringwertigkeitsvorsatzes nicht zum Zuge kommen;[275] wegen des fehlenden Erfolgsunwerts kann aber die Indizwirkung des Regelbeispiels nach § 243 Abs. 1 StGB aufgehoben sein.[276] Hält der Täter das objektiv nicht geringwertige Diebesgut irrig für geringwertig, liegen die Voraussetzungen für eine Privilegierung nach § 243 Abs. 2 StGB ebenfalls nicht vor; es besteht aber auch hier die Möglichkeit, die Indizwirkung des verwirklichten Regelbeispiels infrage zu stellen.[277] Kontrovers diskutiert wird aber auch der Fall, in dem der Täter bei Versuchsbeginn einen hochwertigen Gegenstand stehlen möchte, es ihm aber nur gelingt, einen geringwertigen zu entwenden. Dann greift nach der zutreffenden h. M. bei einem solchen **Vorsatzwechsel** § 243 Abs. 2 StGB nicht ein, da zwar die objektive Komponente gegeben ist, sich die Tat ex-ante aber nicht auf einen geringwertigen Gegenstand „bezogen" hat.[278]

105

▶ **Lösung:**[279] Im „Physiotherapiepraxis-Fall" lag das Regelbeispiel des § 243 Abs. 1 S. 2 Nr. 1 StGB (Einbrechen) vor; der besonders schwere Fall könnte aber gleichwohl und zwingend

106

---

270 OLG Hamm JuS 2016, 564 m. Bspr. *Eisele*.
271 BGHSt 26, 104; S/S/W-*Kudlich* § 243 Rn. 46; nur auf den Wert abstellend *Braunsteffer*, NJW 1975, 1570; subjektivierend dagegen *Gribbohm*, NJW 1975, 1153.
272 BGHR StGB § 248 a Geringwertig 1; *Fischer*, § 248 a Rn. 3 a, der diesen Wert aber insoweit relativiert, als er zugleich eine kriminologische Orientierung verlangt.
273 Vgl. etwa OLG Hamm NJW 2003, 3145; HK-*Duttge*, § 248 a Rn. 3.
274 HK-*Duttge*, § 243 Rn. 55; Sch/Sch-*Bosch*, § 242 Rn. 51.
275 BGH NStZ 2012, 571.
276 Sch/Sch-*Bosch*, § 243 Rn. 53; L-*Kühl/Heger*, § 243 Rn. 5.
277 *Fischer*, § 243 Rn. 26.
278 BGH NStZ 1987, 71; *Wessels/Hillenkamp/Schuhr*, Rn. 255; and. *Kindhäuser/Böse*, BT-2, § 3 Rn. 50.
279 OLG Hamm JuS 2016, 564.

entfallen, wenn sich der Diebstahl gem. § 243 Abs. 2 StGB auf eine geringwertige Sache bezog. Da bei den tatmehrheitlich begangenen Diebstählen der kritische Grenzwert von 25 EUR jeweils nicht überschritten wurde und sich aus den Sachverhaltsschilderungen zudem keine Anhaltspunkte dafür finden, dass der Vorsatz auf höherwertige Gegenstände bezogen war, entfällt die Indizwirkung der Regelbeispiele. A hat sich nur wegen einfachen Diebstahls in zwei Fällen strafbar gemacht. ◀

4. Versuchskonstellationen bei § 243 StGB

107 Es gibt drei Versuchskonstellationen im Zusammenhang der Regelbeispiele des § 243 StGB, die geklärt werden müssen: 1. Grundtatbestand versucht, Regelbeispiel versucht; 2. Grundtatbestand vollendet, Regelbeispiel versucht; 3. Grundtatbestand versucht, Regelbeispiel gegeben. Bei allen drei Konstellationen ist Strafbarkeitsvoraussetzung, dass der Täter überhaupt zum Grunddelikt des Diebstahls (§ 242 StGB), d. h. zur Wegnahme, unmittelbar angesetzt hat.[280]

a) Versuchtes Regelbeispiel bei versuchtem Grunddelikt

108 ▶ **Beispiel („Kneipenfenster-Fall"):**[281] *A und M wollten nachts in eine verschlossene Gaststätte einbrechen, um Alkohol zu entwenden. Während A Schmiere stand, versuchte M, das Fensterglas zu lösen. Plötzlich erschien die Polizei und unterband die Fortführung der Tat.* ◀

109 In solchen Fällen nimmt der BGH einen Versuch in einem besonders schweren Fall an, obwohl das Regelbeispiel nicht voll verwirklicht ist.[282] Denn auch beim Versuchsdelikt bestünde die Möglichkeit der vollen Bestrafung nach § 23 Abs. 2 StGB; § 243 StGB sei zudem tatbestandsähnlich so ausgestaltet, wie es außerdem vom Gesetzgeber gewollt war, dass der versuchte Einbruchsdiebstahl nicht bloß ein versuchter einfacher Diebstahl sei. Die Literatur hingegen bejaht überwiegend und zu Recht lediglich einen versuchten (einfachen) Diebstahl.[283] Denn es macht einen Unterschied, ob ein Regelbeispiel nur versucht oder vollendet ist; der strengere Strafrahmen lässt sich kriminalpolitisch nur bei Erfüllen aller Merkmale legitimieren. Angesichts der gravierenden Sanktionsfolge hätte der Gesetzgeber zudem diese Versuchsstrafbarkeit bei nicht vollständig gegebenem Regelbeispiel explizit anordnen müssen, was aber nicht geschehen ist.[284]

b) Versuchtes Regelbeispiel bei vollendetem Grundtatbestand

110 Diese Konstellation müsste konsequenterweise genauso entschieden werden wie bei der eben genannten Fallgruppe: Daher könnte das Ergebnis entweder nur Diebstahl in besonders schwerem Fall (so in Fortführung der BGH-Grundsätze) oder nur einfacher Diebstahl (so eher das Schrifttum) lauten.[285]

---

280 Vgl. BGH NStZ 2017, 86 mit Bspr. *Eisele* JuS 2017, 175 und *Kudlich*, JA 2017, 152.
281 BGHSt 33, 370 nachgebildet.
282 BGHSt 33, 370; dem BGH folgend *Kindhäuser/Böse*, BT-2, § 3 Rn. 57; LK-*Vogel/Brodowski*, § 243 Rn. 73 (unbenannter schwerer Fall denkbar).
283 Sch/Sch-*Bosch*, § 243 Rn. 44; *Mitsch*, BT-2, 1.3.1.5.2 (S. 88) der Rspr. z.B. OLG Düsseldorf NJW 1983, 2712.
284 *Schramm*, JuS 2008, 773, 777.
285 MK-*Schmitz*, § 242 Rn. 87 m. umfass. Nachw. zu weiteren abweichenden Ansichten (z.B. versuchter oder vollendeter Diebstahl in einem versuchten besonders schweren Fall).

c) Vollendetes Regelbeispiel bei versuchtem Grunddelikt

▶ **Beispiel („Geöffnete Kassenschublade"-Fall):**[286] *A begab sich an die Rückseite eines Hauses in M, in dem sich ein Radio- und Fernsehgeschäft befand. Er hatte vor, aus dem Gebäude ihn interessierende Sachen zu entwenden. In Verfolgung dieses Planes brach er mit einem Hebelwerkzeug gewaltsam das Vorhängeschloss einer Holztür auf, die in einen Lagerschuppen führte, in dem sich nur wertlose Sachen befanden. A hatte keinen Zugang zu einem anderen Raum des Gebäudes. Nach nicht allzu langer Zeit erschien die Polizei. Daher führte A die Tat nicht weiter aus.* ◀

In diesen Fallkonstellationen ist man sich weitgehend einig, dass ein versuchter Diebstahl in einem besonders schweren Fall vorliegt.[287]

▶ **Lösung:**[288] *Im „geöffnete Kassenschublade-Fall" bejaht BGH zu Recht ein Einbrechen i.S.d. § 243 Abs. 1 S. 2 Nr. 1 StGB. A hatte, ehe die Polizei erschien, das Vorhängeschloss der Tür zum Anbau des Hauptgebäudes bereits aufgebrochen und dadurch den dahinterliegenden umschlossenen Raum zum Zwecke des Diebstahls gewaltsam so geöffnet, dass er ohne Weiteres in ihn hätten hineingelangen können. Das Hindernis, das ihm den Zugang in den Anbau verwehrte, war damit unter Anwendung von Gewalt beseitigt. Das genügt zur Vollendung des Einbruchs. Das Betreten des umschlossenen Raums ist dazu nicht erforderlich.* ◀

5. Konkurrenzen

Der Tatbestand des § 242 StGB und ein Regelbeispiel aus § 243 StGB bilden ein einheitliches Delikt und stehen nicht zueinander in Konkurrenz.[289] Sind mehrere Regelbeispiele gegeben, ist gleichwohl nur ein besonders schwerer Fall zu bejahen.[290] Im Übrigen gelten die allgemeinen Konkurrenzregeln. Fällt der Diebstahl in einem besonders schweren Fall zugleich unter §§ 244, 244a StGB, treten §§ 242, 243 StGB zurück.[291] Beim (Wohnung-)**Einbruchsdiebstahl**, §§ 242, 243 Abs. 1 S. 2 Nr. 1, 244 Abs. I Nr. 2, StGB, ist der **Hausfriedensbruch**, § 123 StGB, eine mitbestrafte Begleittat;,[292] während Tateinheit mit der **Sachbeschädigung** bestehen kann: Hatte man früher hier nur Tateinheit angenommen, wenn die Sachbeschädigung von einem eigenständigen Unrechtsgehalt geprägt war, vor allem wenn bei einem vollendeten Diebstahl der Sachschaden durch das Ein- oder Aufbrechen den Wert der Diebesbeute erheblich überstiegen hatte[293] wird von der h.M. inzwischen **Tateinheit** angenommen:[294] Ein (Wohnungs-)Einbruchsdiebstahl ist nicht zwangsläufig mit einer Sachbeschädigung verbunden (z.B. gewaltsames Aufdrücken eines Fensters), auch die geschützte Rechtsgüter und Rechtsgutsträger sind nicht zwangsläufig identisch (z.B. Sachschäden beim Eigentümer während des Einbruchs in eine vermietete Wohnung, in der Sachen der Mieter gestohlen werden), und zudem sollte in den Fällen, in denen der Täter sehr wertvolle Gegenstände stehle, § 303 StGB nicht hinter §§ 242, 243 StGB zurücktreten.

---

286 BGH NStZ 1985, 217.
287 BayObLG NStZ 1997, 442; Sch/Sch-*Bosch*, § 243 Rn. 44.
288 BGH NStZ 1985, 217.
289 *L-Kühl/Heger*, § 243 Rn. 24; M/R-*Schmidt*, § 243 Rn. 23.
290 SK-*Hoyer*, § 243 Rn. 58; Sch/Sch-*Bosch*, § 244 Rn. 59.
291 A/W-*Heinrich*, § 14 Rn. 66; *Kindhäuser/Hilgendorf*, § 244 Rn. 45.
292 RGSt 53, 279; BGHSt 22, 127; S/S/W-*Kudlich*, § 242 Rn. 51.
293 BGH NJW 2002, 150; LK-*Vogel/Brodowski*, § 243 Rn. 82; so auch die Voraufl.
294 BGHSt 63, 253 m. Bspr. *Mitsch*; *Jäger* JA 2019, 386; krit. dazu *Fahl* GA 2019, 721; LK-*Vogel/Brodowski*, § 243 Rn. 82.

Wiederholungsfragen

1. Auf welcher verbrechenssystematischen Ebene sind die Regelbeispiele anzusiedeln? Begründen Sie Ihre Entscheidung! (Rn. 79 f.)
2. Wie lauten die Definitionen für Einbrechen und Einsteigen? (Rn. 91 f.)
3. Fallen Sicherungsetiketten oder -spinnen unter die Schutzvorrichtung i.S.d. § 243 Abs. 1 S. 2 Nr. 2 StGB? (Rn. 96, 99).
4. Was versteht man unter „Gewerbsmäßigkeit" i.S.d. § 243 Abs. 1 S. 2 Nr. 3 StGB? (Rn. 102)
5. Kann § 243 StGB versucht werden? Wenn ja, in welchen Variationen? (Rn. 107)

IV. Die Qualifikationstatbestände des Diebstahls

Literaturempfehlungen zu §§ 244, 244a StGB: *Jooß*, Beisichführen eines Taschenmessers als Diebstahl mit Waffen?, Jura 2008, 777 ff.; *Kasiske*, Das Taschenmesser als „anderes gefährliches Werkzeug" im Sinne des § 244 Abs. 1 Nr. 1 lit. a 2. Alt. StGB, HRRS 2008, 378 ff.; *Krüger*, Neues vom „gefährlichen" Werkzeug in § 244 StGB, JA 2009, 190 ff.; *Lanzrath/Fieberg*, Waffen und (gefährliche) Werkzeuge im Strafrecht, Jura 2009, 348 ff.; *Rönnau*, Grundwissen – Strafrecht: Das „mitgeführte" gefährliche Werkzeug, JuS 2012, 117 ff.; *ders.*, Grundwissen Strafrecht – Bandendelikte, JuS 2013, 594 ff.; *Schramm*, Grundfälle zum Diebstahl, JuS 2008, S. 678 ff.; *Wengenroth*, (Virtuelle) Bande, JA 2015, 185 ff.; *Zopfs*, Examinatorium zu Qualifikationstatbeständen des Diebstahls (§§ 244, 244a StGB), Jura 2007, 510 ff.

115 Als echte Qualifikationstatbestände stellen sich die Bestimmungen des § 244 StGB und § 244a StGB dar. Sie sind selbstständige, abschließende und zwingend anzuwendende Tatbestände.[295]

1. Diebstahl mit Waffen; Bandendiebstahl; Wohnungseinbruchsdiebstahl (§ 244 StGB)

a) Allgemeines

116 Die Norm schützt neben dem Eigentum und dem Gewahrsam (über den Grundtatbestand § 242 StGB) weitere bestimmte Rechtsgüter, nämlich den Leib und das Leben des Opfers (Abs. 1 Nr. 1 a) sowie dessen Hausrecht und Intimsphäre (Abs. 1 Nr. 3). Außerdem soll die Verwendung von Tatmitteln mit Nötigungswirkung (Abs. 1 Nr. 1 b) verhindert und den Gefahren organisierter Kriminalität (Abs. 2) vorgebeugt werden. § 244 StGB trägt beim Diebstahl mit Waffen und beim Bandendiebstahl den Charakter eines (abstrakten) Gefährdungsdelikts,[296] während bei der Nr. 3 über das Eindringen, Einsteigen usw. das Hausrecht verletzt wird und damit zugleich ein (schädigender) Erfolg eintritt.

117 In Klausuren empfiehlt sich, **zuerst den Grundtatbestand,** § 242 StGB, zu prüfen, und sodann, bei entsprechenden Anhaltspunkten im Sachverhalt, auf den § 244 StGB einzugehen. Ist der Diebstahl nur versucht worden, kann auch § 244 StGB nur in Versuchsform (Abs. 2) vorliegen. § 244 ist praktisch durchaus bedeutsam.[297] Die **Zahl** der **Verdachtsfälle** des **Wohnungseinbruchs steigt** nach der Corona-„Flaute" wieder leicht (2022: 65.908 Fälle; 2021: 54.200 Fälle, 2018: 97.500 Fälle, 2015: 167.000

---

295 MK-*Schmitz*, § 244 Rn. 1; LK-*Vogel/Brodowski*, § 244 Rn. 2.
296 Pauschal HK-*Duttge*, § 244 Rn. 1.
297 LK-*Vogel/Brodowski*, § 244 Rn. 1.

Fälle).[298] **Abgeurteilt** wurden 2021 rund 3.535 Fälle des Diebstahls mit Waffen, 193 Fälle des Bandendiebstahls, 734 Fälle des Wohnungseinbruchsdiebstahls und 1.457 Fälle des Privatwohnungseinbruchsdiebstahls.[299]

Prüfungsschema § 244 StGB

A. Tatbestand
  I. Objektiver Tatbestand
    1. Objektiver Tatbestand des § 242 StGB
    2. Qualifikationsmerkmale des § 244 Abs. 1 StGB
      a) Abs. 1 Nr. 1 a: Beisichführen einer Waffe oder eines anderen gefährlichen Werkzeugs
      b) Abs. 1 Nr. 1 b: Beisichführen eines Werkzeugs oder Mittels, um Widerstand mit Nötigungsmitteln zu verhindern
      c) Abs. 1 Nr. 2: Bandenmäßige Begehung
      d) Abs. 1 Nr. 3: Wohnungseinbruchsdiebstahl
  II. Subjektiver Tatbestand
    1. Vorsatz bezüglich der Merkmale des § 242 StGB
    2. Vorsatz bezüglich Qualifikationsmerkmal
    3. Zueignungsabsicht
B. Rechtswidrigkeit
C. Schuld

b) Waffen, gefährliches Werkzeug (§ 244 Abs. 1 Nr. 1 a StGB)

Beim Strafschärfungsgrund nach Nr. 1 a) muss der Täter eine Waffe oder ein anderes gefährliches Werkzeug bei sich führen.

aa) Waffe

▶ **Beispiel („Ungeladene Gaspistole"-Fall):**[300] *A bestiehlt die B. Dabei trägt er eine nicht geladene Gaspistole, Kaliber 9 mm, bei sich, bei der das Gas nach vorne austritt. Ein mit sieben CS-Gaspatronen geladenes Magazin befindet sich in seiner Jackentasche, auf das er innerhalb von 3 Sekunden zugreifen könnte.* ◀

Waffen sind Gegenstände, die objektiv gefährlich sowie dazu bestimmt und geeignet sind, erhebliche Verletzungen herbeizuführen.[301] Typischerweise, aber nicht zwingend,[302] fallen darunter die Waffen im waffenrechtlichen Sinne des § 1 Abs. 2 Nr. 1, 2 a WaffG. Dies sind die dort genannten Angriffs- und Verteidigungsmittel, die mechanisch oder chemisch wirken, wie z.B. Hieb-, Stoß- und Schusswaffen. Das kann auch eine Gaspistole sein, da deren Gasaustritt nach vorne mit erheblichen Verletzungsrisiken verbunden ist. Nach der Rechtsprechung soll dazu sogar jede Schreckschusspistole gehören,[303] die unter § 1 WaffG fällt und bei körpernahem Einsatz Leib und Leben

---
298 PKS 2021, Flyer.
299 SVS 2021, S. 36.
300 Nach BGH NJW 2000, 1050.
301 BGHSt 45, 92, 93.
302 BGH NJW 2003, 1677.
303 BGHSt 48, 197, 201.

des Opfers gefährden kann. Doch überzeugt die Rechtsprechung in denjenigen Fällen nicht, in denen dem Opfer ohne ein Verletzungsrisiko aus entsprechender Distanz nur einen Schrecken eingejagt wird.[304]

122 Unter den Waffenbegriff fällt auch eine solche Waffe, deren Einsatz sich nicht zwingend bei sozialtypischer Verwendung gegen einen Menschen richten muss (z.B. Jagdgewehre, Sportwaffen).[305] Konnte sich die Gefährlichkeit aufgrund außerhalb der Waffe liegender Umstände nicht realisieren, ändert dies nichts an der Waffeneigenschaft, so etwa dann, wenn die Täter wider Erwarten bei ihrer Wegnahmehandlung nicht Nötigungsmittel gegen Menschen einsetzen müssen.[306] Andererseits fallen defekte[307] oder nicht geladene[308] Schusswaffen nicht darunter, da von ihnen selbst keinerlei Gefahr ausgeht.

123 ▶ **Lösung:**[309] *Im „ungeladene Gaspistole-Fall" ist die Pistole an sich ungeladen und als solche auf den ersten Blick ungefährlich. Allerdings kann A die Waffe in Sekundenschnelle mit Munition befüllen. Er konnte somit deren Einsatzbereitschaft herstellen und ihre objektive Gefährlichkeit ohne Weiteres herbeiführen. Während sich beim „Verwenden" einer Waffe i.S.d. § 250 Abs. 2 Nr. 1 StGB die Gefährlichkeit durch den Einsatz des Gegenstands ergeben muss, genügt es für das „Beisichführen" einer Waffe nach §§ 244 Abs. 1 Nr. 1a, 250 Abs. 1 Nr. 2a StGB, wenn mit der Pistole und dem Magazin beide Teile griffbereit zur Verfügung stehen, mittels derer der Täter innerhalb von Sekunden die objektive Gefährlichkeit der Pistole herbeiführen kann.* ◀

bb) Gefährliches Werkzeug

124 Der Begriff des gefährlichen Werkzeugs ist im Kontext des § 244 StGB sehr problembehaftet und in seiner Reichweite äußerst umstritten.[310] Nach der **BGH-Rechtsprechung**[311] ist die im Jahre 1998 erfolgte Erweiterung des § 244 Abs. 1 Nr. 1 StGB auf gefährliche Werkzeuge durch das 6. StRG als Gesetzesreform letztlich missglückt. Es soll, so der BGH, eine allgemeingültige Definition des gefährlichen Werkzeugs angesichts der Vielgestaltigkeit der Fälle nicht möglich sein. Entscheidend sei vielmehr die **abstrakt-objektive** Gefährlichkeit des Gegenstands; dieser müsse die **latente Gefahr** des **Einsatzes** als **Nötigungsmittel** in sich bergen.[312] Eine solche abstrakt-objektive Theorie führe zwar womöglich zu einer Einzelfallkasuistik; bis zu einer denkbaren Reform des § 244 StGB **obliege** die **Konkretisierung** dieses Tatbestandsmerkmals aber der **Rechtsprechung**.

125 Fälle, in denen die Rechtsprechung ein gefährliches Werkzeug bejaht hat:
- Butterfly-Messer als Einbruchswerkzeug (OLG Hamm StV 2001, 352)
- Taschenmesser (BGHSt 52, 257)

---

304 *Küper/Zopfs*, Rn. 765; früher auch BGHR StGB § 244 Abs. 1 Nr. 1 Schusswaffe 1.
305 *Sch/Sch-Bosch*, § 242 Rn. 3.
306 BGHSt 45, 92, 94.
307 *L-Kühl/Heger*, § 244 Rn. 3.
308 BGH NStZ-RR 2004, 169.
309 BGH NJW 2000, 1050.
310 Zur Diskussion vgl. *Hillenkamp/Cornelius*, 26. Problem, S. 150; vgl. auch *Joecks/Jäger*, § 244 Rn. 20: „Insgesamt ist die **Diskussion** weiterhin **unerfreulich**", der Ausweg in Alltagsfällen über den minder schweren Fall nach § 244 Abs. 3 sei nur eine Entschärfung, aber keine Lösung des Problems.
311 Grundlegend BGHSt 52, 257.
312 BGHSt 52, 257, 269.

- „Schweizer Offiziersmesser" mit einer herausklappbaren Klinge von 6 cm Länge und maximal 1,2 cm Breite (OLG Köln BeckRS 2012, 01232)
- Schraubendreher, wenn Einsatz droht (OLG Stuttgart NJW 2009, 2756).
- Pfefferspray (BGH NStZ-RR 2012, 308)
- Kampfhunde (BGH NStZ-RR 1999, 174)
- Elektroschocker (BGH NStZ-RR 2004, 169)
- Teleskopstab (BGH NStZ 2017, 26)
- Kuhfuß (= Nageleisen; BGH StV 2019, 105)

Auch in der **Literatur** werden z.T. **objektiv ausgerichtete Theorien** vertreten, die sich nur in Nuancen unterscheiden. Dabei wird von vielen Autoren teilweise darauf abgestellt, ob der Gegenstand **waffenähnlich** sei (sog. abstrakt-konkrete Theorie), d. h. er abstrakt zu erheblichen Verletzungen geeignet und aufgrund seiner Beschaffenheit und Tatumstände konkret **dazu bestimmt** sei, erhebliche Verletzungen herbeizuführen (z. B. Messer, Baseballschläger, Axt).[313] Andere stellen darauf ab, ob der Einsatz des Gegenstands zu Verletzungszwecken eine **Zweckentfremdung** darstellen würde,[314] ob es sich um einen Gegenstand handelt, auf welchen der Täter **erfahrungsgemäß zurückgreifen** wird, wenn er in Bedrängnis gerät,[315] oder ob nach Ansicht eines objektiven Beobachters der Gegenstand **nur als Angriffs- oder Verteidigungsmittel** eingeordnet werden kann.[316]

126

Zu Recht ist aber – so auch die wohl mehrheitlich im Schrifttum vertretene Ansicht – auf eine **konkret-subjektive** Betrachtungsweise abzustellen, wonach dasjenige Mittel gefährlich ist, das vom Täter dazu bestimmt worden ist, als gefährliches Werkzeug zu dienen. Der Täter muss es also aufgrund eines **inneren Verwendungsvorbehalts** im Bedarfsfall („**notfalls**", „**gegebenenfalls**", „**erforderlichenfalls**") so einzusetzen gedenken, dass der Tatbestand des § 224 Abs. 1 Nr. 2 StGB erfüllt wäre.[317] Für diese Theorie spricht, dass alle Versuche, den gefährlichen Gegenstand in seiner tatbestandsspezifischen Dimension objektiv oder abstrakt zu bestimmen, spekulativ und angesichts der Vielgestaltigkeit der Fallkonstellationen ohnehin **nicht möglich** sind und letztlich gescheitert sind. Die objektiven Theorien führen zudem zu bedenklichen Strafverschärfungen in denjenigen Konstellationen, in denen trotz objektiver Gefährlichkeit des Gegenstands mangels Verwendungsneigung des Täters keinerlei Gefahr für Dritte bestand (z. B. wenn ein harmloser Baseballspieler, der einen Baseballschläger in seiner Baseballtasche mit sich trägt, ein Sportgetränk entwendet). Denn nur bei demjenigen Täter, der den Gegenstand mit innerem Verwendungsvorbehalt bei sich hat, besteht das Risiko des Einsatzes. Zudem können Werkzeuge, die der Täter als Einbruchmittel mit sich führt, etwa ein langes Messer oder ein Seitenschneider[318] zum Abschneiden des Sicherungsetiketts oder eine Axt zum Aufbrechen einer Holztüre, unmöglich sogleich Fälle des § 244 StGB sein, da andernfalls typische Konstellationen des § 243 Abs. 1 S. 2 Nr. 1 StGB dem § 244 StGB zugeschlagen würden. Das gleiche gilt für berufsmäßige Träger gefährlicher Gegenstände (z. B. Diebstahl im Baumarkt durch Teppichbo-

127

---
313 So etwa S/S/W-*Kudlich*, § 244 Rn. 13; MK-*Schmitz*, § 244 Rn. 16; LK-*Vogel/Brodowski*, § 244 Rn. 18.
314 *Hörnle*, Jura 1998, 169.
315 A/W-*Heinrich*, § 14 Rn. 57 a.
316 Vgl. auch *Mitsch*, BT-2, S. 118.
317 So etwa *Klesczewski*, BT, § 8 Rn. 146; *Küper/Zopfs*, Rn. 792; *Rengier*, BT 1, § 4 Rn. 38 ff.; *Wessels/Hillenkamp/Schuhr*, Rn. 287.
318 Vgl. OLG Nürnberg StV 2020, 250.

denverleger, der ein Teppichmesser bei sich trägt). Auch leuchtet der Einwand nicht ein, dass besondere tätersubjektive Momente vom Gesetzgeber nur im Rahmen des § 244 Abs. 1 Nr. 1 b StGB anzuerkennen seien: Ein solch subjektives Korrektiv lässt sich verfassungsrechtlich damit begründen, dass auf diese Weise einem unbestimmten Qualifikationsmerkmal, das zur Anwendung eines in Relation zum Unrecht unverhältnismäßigen Strafrahmen führen kann, eine **tatbestandsimmanente Grenze** gesetzt wird. Der Gesetzgeber hat 1998 ohne jedes Problembewusstsein das gefährliche Werkzeug in den Tatbestand aufgenommen: Die von ihm vorgeschlagene Anlehnung an die Definition in § 224 StGB geht fehl, da in der Variante des bloßen Beisichführens noch kein Einsatz gegen den menschlichen Körper erfolgt. Es entstehen schließlich durch diese konkret-subjektive Interpretation keine Lücken im strafrechtlichen Schutz des Verletzten: Ab dem Moment, in dem der Täter sich beim Diebstahl zum Einsatz des Werkzeugs als Mittel der Drohung oder der Gewaltausübung entscheidet und es gefährlich für das Opfer wird, greifen **ohnehin** die Straftatbestände der **§§ 249 ff. StGB** ein.

cc) Tathandlung „Beisichführen"

128 Das Beisichführen setzt sich aus einer zeitlichen und räumlichen Komponente zusammen.[319] Es bedeutet, dass der Gegenstand ohne nennenswerten Zeitaufwand (zeitliche Komponente) dem Täter zur Verfügung steht (räumliche Komponente). Der Gegenstand muss sich so in seiner räumlichen Nähe befinden, dass er sich dessen jederzeit bedienen kann. Dies setzt nicht voraus, dass er ihn in der Hand hält oder am Körper trägt;[320] es reicht aus, wenn etwa die Waffe griffbereit im Handschuhfach, auf dem Rücksitz oder im Kofferraum des am Tatort geparkten PKW liegt. Stößt der Beteiligte auf ein gefährliches Werkzeug am Tatort, das er aber unangetastet lässt, führt er es nicht bei sich.[321] Für das Beisichführen kommt nur das Stadium zwischen Versuchsbeginn und Vollendung in Betracht, nicht dagegen das Vorbereitungsstadium und auch, entgegen der h. M., nicht die diffuse Beendigungsphase, da die Tatbestandsverwirklichung hier entweder noch gar nicht begonnen hat oder bereits abgeschlossen ist.[322]

128a Nach **h. M.** sollen auch **Berufswaffenträger** wie z. B. Polizeibeamte, Soldaten oder Mitarbeiter einer Überwachungsfirma, aber auch Berufswerkzeugträger (wie z. B. Handwerker) sich nach § 244 Abs. 1 Nr. 1 a StGB schuldig machen können, wenn sie während des Dienstes stehlen und dabei pflichtgemäß eine Waffe (bzw. ein gefährliches Werkzeug) bei sich tragen.[323] Der Wortlaut gebe für eine gegenteilige, einschränkende Auslegung keinen Anlass; außerdem seien Berufswaffenträger gefährlich, und auch eine etwaige Verpflichtung zum Waffentragen entlaste den Täter nicht.[324] Die h.M. **übergeneralisiert** jedoch, ebenso wie bei der Auslegung des gefährlichen Werkzeugs, den **generalpräventiven** Effekt des § 244 Abs. 1 Nr. 1 a StGB. „Obwohl sich der Diebstahl durch berufsmäßige Waffenträger mühelos unter § 244 Abs. 1 Nr. 1 StGB subsumieren lässt, sträubt sich das Gerechtigkeitsempfinden, dies in allen Fällen zu tun" (*Lenckner*).[325] Der subjektive Tatbestand ist dabei kein Ausweg, da die meisten Akteu-

---

319 BGHSt 31, 105; HK-*Duttge*, § 242 Rn. 17.
320 *Küper/Zopfs*, Rn. 117.
321 BGH JuS 2017, 369 m. Bspr. *Eisele*.
322 MK-*Schmitz*, § 244 Rn. 26.
323 BGHSt 30 44; OLG Hamm NStZ 2007 473, 474; OLG Köln NJW 1978 652, 653.
324 Vgl. LK-*Vogel/Brodowski*, § 244 Rn. 30.
325 *Lenckner*, JR 1982, 424.

re bei der Tat das Bewusstsein der Verfügbarkeit der Schusswaffe besitzen werden.[326] Geboten ist vielmehr eine **teleologische Reduktion** des objektiven Tatbestands dahingehend, für jeden **Einzelfall** zu prüfen, ob die **Vermutung** der abstrakten Gefährlichkeit **nicht widerlegt werden kann**, etwa anhand von Kriterien wie der Einsatzbereitschaft, des Risikos des Entdecktwerdens oder beim Haus- und Familiendiebstahl.[327] Es ist weder unter dem Aspekt der abstrakten Gefährlichkeit noch der Verhältnismäßigkeit von Strafe geboten, pauschal ohne vertiefte Analyse der objektiven und subjektiven Umstände des Geschehens jeden Soldaten, der etwa in der Bundeswehrkaserne heimlich eine Tafel Schokolade stiehlt, oder Polizisten, die nach einem Unfall beschädigte Waschmittelpackungen an sich nehmen,[328] mit der Sanktion des § 244 Abs. 1 StGB oder zumindest Abs. 3 StGB zu belegen, wenn die Anwendung der Schusswaffe absurd wäre.[329] Intuitiv könnte hinter der h.M. auch der sozialethische Vorwurf stehen, es gehöre sich gerade für einen Polizisten oder Soldaten nicht, etwas zu stehlen, weshalb eine Art spezifischen, strafschärfenden „Amtsträgerdiebstahls" wenigstens für diese Personengruppen im Gewande des § 244 Abs. 1 StGB zu gewährleisten sei. Einen solchen Tatbestand kennt aber das Gesetz nicht.

c) Sonstige Werkzeuge oder Mittel (§ 244 Abs. 1 Nr. 1 b StGB)

▶ **Beispiel ("Labellostift-Fall"):**[330] *A begab sich in der Absicht, einen Überfall zu verüben, in ein Geschäftslokal. Als ihr die dort tätige Verkäuferin den Rücken zuwandte, holte die A aus ihrer Handtasche einen Lippenpflegestift („Labello"), trat hinter die Verkäuferin und drückte ihr eine Ecke des Stiftes in den Rücken. Sie beabsichtigte, bei der Geschädigten die Vorstellung hervorzurufen, mit einer Waffe bedroht zu werden. Unter dem Eindruck des ihr von der A weiterhin in den Rücken gehaltenen Labellostifts, den die Geschädigte für die Spitze eines Messers, einer Schere oder eines ähnlich gefährlichen Gegenstandes hielt, händigte diese der A auf deren Forderung hin Bargeld in Höhe von zumindest 280 DM aus.* ◀

129

Unter die Nr. 1 b) fallen solche bei einem Diebstahl mitgeführten Gegenstände, die als solche für den Körper des anderen nicht gefährlich sind, aber durchaus dazu geeignet sind, bei entsprechendem Einsatz als Mittel zur Widerstandsverhinderung oder -überwindung eingesetzt zu werden. Gemeint sind damit vor allem solche Sachen wie ungeladene Pistolen oder Scheinwaffen (z.B. eine Spielzeugpistole), die beim Opfer den gleichen einschüchternden oder traumatisierenden Effekt wie eine echte Waffe hervorrufen können.

130

Dabei kommen zuweilen Tatmittel zum Einsatz, die auf den ersten Blick unter die Tatbestandsformulierung in Nr. 1 b) zu fallen scheinen, bei denen aber fragwürdig ist, ob ihr Beisichführen die Strafschärfung des § 244 StGB legitimieren kann. Dies spielt insbesondere im Rahmen des Raubs bei § 250 Abs. 1 Nr. 1 b StGB eine Rolle, der gleichlautend mit § 244 Abs. 2 Nr. 1 b StGB ist.

131

▶ **Lösung:** *Nach der „Labellostift"- Rechtsprechung fallen nicht unter §§ 244 Abs. 1 Nr. 1 b, 250 Abs. 1 Nr. 1 b StGB solche Gegenstände, die bereits nach ihrem äußeren Erscheinungsbild offensichtlich ungefährlich sind und ihre Nötigungswirkung nur aufgrund eines zusätzlichen*

132

---

326 Vgl. aber OLG Hamm NStZ 2007, 473.
327 *Lenckner*, JR 1982, 424; AnwK-*Kretschmer*, § 244 Rn. 19; nach LK-*Vogel/Brodowski*, § 244 Rn. 30, soll es sich hierbei nicht um verlässliche Maßstäbe handeln.
328 So aber OLG Naumburg, Urt. v. 19.5.2011 – 1 Ss 10/11 = BeckRS 2011, 21702.
329 *Maurach/Schroeder/Maiwald/Hoyer/Momsen*, BT-1, § 33 Rn. 125.
330 BGH NJW 1996, 2663.

Täuschungsverhaltens des Täters entfalten (sog. Eindruckstheorie). Dazu zählen neben einem dünnen Metallrohr, Holzstück oder eine in den Rücken gedrückte Banane vor allem auch ein Labello-Stift.[331] ◄

132a Wie diese sinnvolle Tatbestandseinschränkung begründet werden kann, ist freilich sehr umstritten. In der Sache dürfte es sich dabei um eine viktimodogmatische Einschränkung des Tatbestands handeln. In denjenigen Fällen, in denen von dem Gegenstand für das Opfer weder objektiv noch dem äußeren Anschein nach eine Gefahr besteht, sondern der Handlungsunwert des Täterverhaltens allein darin bestehen kann, das Opfer zu täuschen, liegen nur „Lug und Trug" vor. Das in § 244 Abs. 1 Nr. 1 b StGB genannte Mittel knüpft aber an den mit dem Gegenstand unmittelbar verbundenen, potenziellen „Nötigungseffekt" an. Bei offensichtlicher Ungefährlichkeit des Gegenstands wird das verständige Opfer skeptisch sein und sein Verhalten nicht von dem durchschaubaren „Betrugseffekt" bestimmen lassen. Das täuschende Vorgehen des Täters würde es dann nicht legitimieren, einen einfachen Diebstahl (mit Mindeststrafe Geldstrafe) zu einem Diebstahl mit Waffen (Mindeststrafe sechs Monate Freiheitsstrafe) hochzustufen. Im Übrigen mag dabei eine Rolle spielen, dass im Kontext des Raubs, der ebenfalls diese Qualifikationsvariante kennt (§ 250 Abs. 1 Nr. 1 b StGB; näher dazu unten § 4 Rn. 56), die Regelung auch die Funktion haben kann, im späteren Strafprozess demjenigen Täter, der im Tatzeitpunkt eine echte Waffe bei sich geführt hat, die Glaubwürdigkeit seiner listenreichen Einlassung, er habe doch nur mit einer Spielzeugpistole gedroht, genommen werden soll. Bei einem aber von vornherein objektiv ungefährlichen Gegenstand stellt sich diese strafprozessuale Problematik wohl nicht.

d) Bandendiebstahl (§ 244 Abs. 1 Nr. 2 StGB)

133 Ob in literarische Form gegossene historische Gestalten wie etwa der legendäre „Robin Hood", „Die Räuber" von Friedrich Schiller oder der „Schinderhannes" von Carl Zuckmayer: „Diebes- oder Räuberbanden begleiten die Menschheitsgeschichte, sind durchweg als Plage und Beeinträchtigung der öffentlichen Sicherheit und Ordnung empfunden worden und so ins kollektive Gedächtnis eingegangen" (*Vogel/Brodowski*). Die Mythen um Banden decken sich durchaus mit empirisch fundierten Erkenntnissen aus der Kriminologie zu Erscheinungsformen heutiger organisierter Kriminalität. Sie haben aber mit dem Rechtsbegriff der Bande im heutigen deutschen Strafrecht letztlich nur am Rande zu tun.[332]

134 Die Strafschärfung beim Bandendiebstahl wird von der h.M.[333] und dem Großen Senat des BGH mit der Organisations- und Ausführungsgefahr begründet, die von Banden ausgehe. Solche Zusammenschlüsse würden 1. eine organisatorische, kriminelle Dauergefahr schaffen, weil sie das einzelne Mitglied aufgrund der Gruppenbindung und Gruppendynamik zur weiteren Tatbegehung veranlasse.[334] Außerdem sei damit 2. eine erhöhte Aktions- oder Ausführungsgefahr verbunden, da von mehreren Personen eine größere Durchsetzungs- und Einschüchterungsmacht gegenüber den Verletzten ausgehe, von dem aufgrund Arbeitsteilung erleichterten Zugriff auf Eigentum und Gewahr-

---

331 Vgl. die Beispiele bei *L-Kühl/Heger*, § 244 Rn. 4.
332 LK-*Vogel/Brodowski*, § 244 Rn. 53.
333 *Maurach/Schroeder/Maiwald/Hoyer/Momsen*, BT-1, § 33 Rn. 131; NK-*Kindhäuser/Hoven*, § 244 Rn. 34; *Rengier*, BT-2, § 4 Rn. 90.
334 BGHSt 46, 321, 334.

sam einmal ganz abgesehen.³³⁵ Allerdings macht die Rechtsprechung seit geraumer Zeit erhebliche Abstriche bei der organisatorischen Verfestigung.³³⁶ Die Bande als mindestens dreiköpfige Gruppe bildet letztlich einen tatbestandlich verselbstständigten Beteiligungstypus sui generis, der als spezifischer Qualifikationstatbestand vereinzelt im Besonderen Teil in Erscheinung tritt. Er steht strukturell zwischen Mittäterschaft (§ 25 Abs. 2 StGB) und krimineller Vereinigung (§ 129 StGB).³³⁷

Eine Bande i.S.d. Nr. 2 ist der Zusammenschluss von mindestens drei Personen, die sich zur fortgesetzten Begehung von im Einzelnen noch ungewissen Taten des Raubes (§ 249 StGB) oder des Diebstahls (§ 242 StGB) verbunden haben.³³⁸ 135

Im Regelfall handeln die Beteiligten eines Bandenzusammenschlusses gewerbsmäßig i.S.d. § 243 Abs. 1 S 2 Nr. 3 StGB. Daher wird meist nicht lediglich § 244 StGB, sondern vielmehr § 244 a StGB anzuwenden sein. Für § 244 Abs. 1 Nr. 2 StGB verbleiben diejenigen seltenen Fälle, bei denen der Bandenzusammenschluss nicht auf das Schaffen einer Einnahmequelle gerichtet ist.³³⁹ 136

aa) Mindestzahl der Mitglieder; Gehilfe als Bandenmitglied

Umstritten ist zunächst, ab welcher Zahl von Personen eine solche Bande angenommen werden kann. Eine Minderheitsmeinung verlangt hierfür, wie die frühere Rechtsprechung, den Zusammenschluss von (lediglich) mindestens zwei Personen.³⁴⁰ Nach herrschender Ansicht, auch derjenigen des Großen Senats des BGH, ist eine Bande dagegen erst ab drei Personen gegeben.³⁴¹ Diese Erhöhung der Mindestzahl auf drei Menschen leuchtet ein, da so die Abgrenzung zur Mittäterschaft erleichtert, eine höhere Rechtssicherheit erzielt und auch der gegenüber einem bloßen „Täterduo" größeren Durchsetzungsmacht einer (mindestens Dreier-)Gruppe³⁴² gegenüber dem Opfer Rechnung getragen wird. 137

Der Begriff der Bandenmitgliedschaft setzt nicht voraus, dass alle Mitglieder mittäterschaftlich zusammenwirken. Mitglied kann auch nur der Gehilfe sein. Wenn also zwei Personen mittäterschaftlich zusammenwirken und ein Dritter arbeitet als Gehilfe mit, so stellt dies eine (Dreier-)Bande dar;³⁴³ der Gehilfe leistet dann Beihilfe zu einem Bandendiebstahl, §§ 244, 27 StGB.³⁴⁴ Wirkt jemand als Mittäter, Gehilfe oder Anstifter an einem Bandendiebstahl mit, ohne selbst Mitglied der Bande zu sein, so ist umstritten, ob er Mittäter oder Teilnehmer einer Tat nach § 244 StGB oder lediglich nach § 242 StGB, ggf. i. V. m. § 243 StGB, strafbar ist. Ein Teil der Literatur stuft die Bandenmitgliedschaft wegen der Ausführungsgefahr als tatbezogenes Merkmal ein, auf das § 28 StGB nicht anwendbar sei.³⁴⁵ Die h.M. wendet aber zu Recht § 28 Abs. 2 StGB an, d. h. es liegt nur eine Beteiligung an einem einfachen Diebstahl vor: Die Bande setzt 138

---

335 BGHSt 46, 321, 334.
336 HK-*Duttge*, § 244 Rn. 20.
337 HK-*Duttge*, § 244 Rn. 20.
338 BGHSt 46, 321; *Fischer*, § 244 Rn. 34; NK-*Kindhäuser/Hoven*, § 244 Rn. 35; Beck-OK-*Wittig*, § 244 Rn. 37.
339 L-Kühl/*Heger*, § 244 Rn. 6.
340 Sch/Sch-*Bosch*, § 244 Rn. 24; relativierend *Wessels/Hillenkamp/Schuhr*, BT-2, Rn. 300.
341 BGHSt 46, 321, 325; *Fischer*, § 244 Rn. 34; AnwK-*Kretschmer*, § 244 Rn. 29; LK-*Vogel/Brodowski*, § 244 Rn. 57.
342 SK-*Hoyer*, § 244 Rn. 31; S/S/W-*Kudlich*, § 244 Rn. 32.
343 BGHSt 47, 214.
344 BGHSt 47, 214, 216; *Fischer*, § 244 Rn. 39, 44.
345 Sch/Sch-*Bosch*, § 244 Rn. 28; *Kindhäuser/Hilgendorf*, § 244 Rn. 37, *Mitsch*, BT-2, 1.4.2.3.2.

intern die Kooperationsbereitschaft ihrer Mitglieder voraus, und auch der Wortlaut des § 244 Abs. 1 Nr. 2 StGB („als Mitglied einer Bande") legt es nahe, Externe nicht auf eine Stufe mit dem Bandenmitglied zu stellen.[346]

bb) Zweck des Zusammenschlusses; die „Bandenabrede"

139 ▶ **Beispiel („Kupferbande-Fall"):**[347] *A kam mit Z, E, K und G überein, in den darauffolgenden Wochen durch ein defektes Fenster in das zum Abriss bestimmte Schalthaus einer Firma einzudringen, um dort wiederholt Kupfer zu stehlen. Die fünf Personen entwendeten daraufhin von Ende November 2013 bis Anfang Januar 2014 aus demselben Gebäude wiederholt Gegenstände aus Kupfer.* ◀

140 Gegenstand der Vereinbarung, der sog. Bandenabrede, muss eine noch ungenaue Vielzahl von Straftaten, hier i.S.d. § 242 StGB, sein. Dabei genügt es nicht, wenn sich die Täter nur zu einer einzelnen Tat verbunden haben oder in der Folgezeit spontan oder aus neuem Entschluss wiederum derartige Taten begehen.[348] Erforderlich ist deshalb darüber hinaus, dass die Planung über diese kurze Zeit hinaus für eine gewisse Dauer aufrechterhalten wird.[349]

141 ▶ **Lösung:**[350] *An einer Bande könnte man im Kupferbande-Fall zweifeln, da sich die Abrede der Beteiligten auf den Diebstahl von Kupfer aus einem feststehenden und begrenzten Vorrat erstreckte und sich letztlich nur auf den kurzen Zeitraum von knapp über einen Monat bezog. Gleichwohl bejahte der BGH eine Bande: Es genüge für die Bandenabrede, dass sich die Bandenmitglieder für einen überschaubaren Zeitraum von nur wenigen Tagen zur fortgesetzten Begehung von Raub oder Diebstahl verbunden haben. Die Beschränkung auf eine bestimmte Begehungsart, gegen denselben Gewahrsamsinhaber oder nach Zeit, Ort und zu erbeutenden Gegenständen stehe der bandenmäßigen Begehung nicht entgegen. A und die vier Mittäter hätten sich vielmehr zu einer Vielzahl von tatmehrheitlich begangenen Straftaten verbunden.* ◀

cc) Organisationsstruktur

142 Ein Teil der Literatur verlangt, es müsse ein gefestigter Bandenwille vorhanden sein oder ein übergeordnetes Bandeninteresse verfolgt werden, alle also „an einem Strang ziehen."[351] Nach dem Großen Senat des BGH kommt es auf solche Indizien hingegen nicht mehr an. Sie sind zu unbestimmt und zu unterschiedlich interpretiert worden; es genügt das bloße Zusammenfinden zur Begehung von Straftaten.[352] Ebenso wenig bedarf es einer hierarchischen oder arbeitsteiligen Vorgehensweise, wenngleich diese ein Indiz für eine Bande sein kann.[353]

---

[346] BGHSt 46, 120; AnwK-*Kretschmer*, § 244 Rn. 40; *Küper/Zopfs*, Rn. 79; MK-*Schmitz*, § 244 Rn. 63.
[347] BGH NStZ 2015, 647.
[348] BGH NStZ 1996, 443.
[349] BGH NStZ 2006, 574; *Wessels/Hillenkamp/Schuhr*, BT-2, Rn. 299.
[350] BGH NStZ 2015, 647.
[351] BGHSt 42, 255, 260; *Wessels/Hillenkamp/Schuhr*, BT-2, Rn. 623.
[352] BGHSt 46, 321, 328.
[353] BGHSt 46, 321, 329; *Kindhäuser/Böse*, BT-2, § 4 Rn. 32.

dd) Mitwirkung eines anderen Bandenmitglieds

▶ **Beispiel ("Autoersatzteil-Bande"-Fall):**[354] *A schloss sich einer aus mindestens fünf Tätern bestehenden Diebesbande an. Zweck der Bande war es, den Kraftfahrzeugmarkt in Polen mit Ersatzteilen zu beliefern, die sie sich dadurch beschafften, dass sie in Deutschland in nächtlichen Diebstahlsserien Fahrzeuge bestimmter Marken entwendeten und diese in einem Waldversteck ausschlachteten. A fiel zunächst die Aufgabe zu, Waldstücke auszukundschaften, die sich zur Durchführung der Demontage der gestohlenen Fahrzeuge eigneten. A lotste zudem die Komplizen zu der von ihm ausgesuchten Stelle. Während A auf einem in der Nähe gelegenen Parkplatz wartete, entwendeten die anderen die PKW und verbrachten sie in das Waldstück, wo sie ausgeschlachtet wurden. Von dort aus fuhr sodann ein Täter mit einem Fahrzeug des A und der Diebesbeute Richtung Polen. Dem A oblag es weiter, der Bande mit deutschen Kennzeichen versehene Autos zur Verfügung zu stellen, um sie in die Lage zu versetzen, unauffälliger agieren zu können.* ◀

143

Das Gesetz verlangt in § 244 Abs. 1 Nr. 2 StGB für die Täterschaft beim Bandendiebstahl eine Tatbegehung „unter Mitwirkung eines anderen Bandenmitglieds". Von einem Bandendiebstahl kann daher nur die Rede sein, wenn von vorneherein eine Minimalvoraussetzung – die Beteiligung von zwei Bandenmitgliedern – gegeben ist. Höchst umstritten ist jedoch, ob dies schon ausreicht oder nicht noch weitere, einschränkende Voraussetzungen gegeben sein müssen. Nach der sehr weiten Auslegung des Großen Senats des BGH soll es genügen, wenn ein Bandenmitglied als Täter und ein anderes Bandenmitglied beim Diebstahl in irgendeiner Weise zusammenwirken; die Wegnahmehandlung selbst könne auch durch eine bandenfremde Person ausgeführt werden.[355] Ein Teil der Literatur fordert dagegen ein zeitliches und örtliches Zusammenwirken von zwei Bandenmitgliedern am Tatort.[356]

144

Gegen die restriktiven Interpretationsansätze spricht jedoch die Gesetzesformulierung, die ein „Zusammenwirken", aber keine „gemeinschaftliche Tatbegehung" i.S.d. § 25 Abs. 2 StGB verlangt. Die Strafschärfung des Bandendiebstahls liegt in der besonderen Gefährlichkeit der bandenmäßigen Tatbegehung begründet, die sich aus einem Zusammenspiel von Organisationsstruktur der Bande und des mit ihr zusammenhängenden Risikos der Tatausführung ergibt. Der im Hintergrund tätige Bandenchef kann durchaus maßgeblich das Geschehen mitgestalten; zudem ermöglichen ihm heutige Kommunikationsformen (Internet, Mobilfunk) die aktuelle und unmittelbare Beeinflussung der häufig vor Ort gerade von Kleinstkriminellen bzw. Nichtbandenmitgliedern vorgenommenen Diebstähle.[357]

145

▶ **Lösung:**[358] *A war im Autoersatzteile-Fall Mitglied der Bande und hat sich aufgrund seiner intensiven Einbindung in das Geschehen mittäterschaftlich am Diebstahl, §§ 242, 25 Abs. 2 StGB, beteiligt. Als Täter eines Bandendiebstahls kommt er jedoch nur in Betracht, wenn er i.S.d. § 244 Abs. 1 Nr. 2 StGB an dem Diebstahl als Bandenmitglied „mitgewirkt" hat. Zwar war A in keinem der Fälle selbst am Tatort direkt physisch präsent. Nach h.M. bedarf es für die Mitwirkung jedoch keiner unmittelbaren Beteiligung am Tatort. Es genügt jeder Mitwirkungsakt, sofern er als täterschaftlicher Tatbeitrag zu werten ist. Zudem muss der Diebstahl von*

146

---

354 BGHSt 46, 120.
355 BGHSt 46, 120; Sch/Sch-*Bosch*, § 244 Rn. 26; *Fischer*, § 244 Rn. 42; *Kindhäuser/Hilgendorf*, § 244 Rn. 33.
356 *Küper/Zopfs*, Rn. 80; *Wessels/Hillenkamp/Schuhr*, BT-2, Rn. 307; LK-*Vogel/Brodowski*, § 244 Rn. 71.
357 BGHSt 46, 321, 335; LK-*Vogel/Brodowski*, § 244 Rn. 70.
358 BGHSt 46, 120, 129.

mindestens zwei weiteren Bandenmitgliedern in zeitlichem und örtlichem Zusammenwirken begangen worden sein, was hier der Fall ist. ◄

e) **Wohnungseinbruchsdiebstahl (§ 244 Abs. 1 Nr. 3, Abs. 4 StGB)**

147 Durch das 6. StRG wurde Wohnungseinbruchsdiebstahl zu einer Qualifikation hochgestuft. Eine weitere Qualifikation wurde 2017 über den neuen Abs. 4, dem Einbruch in eine Privatwohnung, eingefügt.

aa) Tatobjekt Wohnung

148 Zunächst bedarf es hierbei einer Abgrenzung der Wohnung i.S. des § 244 Abs. 1 Nr. 3 StGB von denjenigen Räumlichkeiten, die weiterhin in den Schutzbereich des § 243 Abs. S. 2 Nr. 1 StGB fallen. **Eine Wohnung ist ein umschlossener und überdachter Raum, der einem Menschen zumindest vorübergehend als Unterkunft dient und dem Kernbereich des privaten Lebens zuzuordnen ist.**[359]

148a Der Tatbestand des § 244 Abs. 1 Nr. 3 StGB bezweckt neben dem Schutz des Eigentums denjenigen der **häuslichen Privat- und Intimsphäre**.[360] Zur Wohnung gehören daher etwa Wohn- und Schlafzimmer, Küche, Räume unter dem Dach oder im Keller, Zimmer in Studenten- oder Seniorenwohnheimen oder Ferienwohnungen. **Auch ein kurzfristiger** oder nur für eine gewisse Dauer (z. B. von Geflüchteten) bewohnter Wohncontainer, Wohnwagen, ein Hotelzimmer oder der Haftraum eines Strafgefangenen[361] können als Wohnung eingestuft werden, wie sich aus dem Umkehrschluss zu Abs. 4 ergibt.[362] Das gleiche gilt für ein von einem **Obdachlosen** bewohntes **Zelt**.[363] Wegen des Schutzzwecks des § 244 StGB, der hohen Strafdrohung und dem Fehlen eines minder schweren Falls verlangt die h.M. für einen Wohnungseinbruchsdiebstahl, dass das Gebäude den **Mittelpunkt privaten Lebens bildet**.[364] Daran fehlt es bei einer leer stehenden Wohnung,[365] Arbeits-, Geschäfts- oder Ladenräumen bzw. um Bereiche außerhalb des eigentlichen Wohnens, so etwa dem Flur und den Eingangsbereich eines Seniorenwohnheims,[366] einer Schrebergartenhütte oder einer durch einen Zwischenraum vom Wohngebäude getrennten Garage.[367] Bei diesen Objekten geht dem Opfer das Eindringen in das Gebäude nicht so nahe wie dasjenige in die Wohnung; es fehlt dann an dem erforderlichen „Einbruch in die personale Sphäre."[368] Das Dienen als Unterkunft setzt eine Schlafgelegenheit voraus.[369] Bricht der Täter in den **Keller** eines Einfamilienhauses ein, so ist der Kellerraum, sofern er eine unmittelbare Verbindung zum Wohnbereich aufweist, der Wohnung zuzuordnen.[370] Auch eine Immobilie, die nach dem **Tod seines Bewohners** unbewohnt ist, soll solange unter den Wohnungsbegriff fallen, wie sie nicht als Wohnstätte entwidmet ist, obwohl die Wohnung nicht

---

359 BGH NStZ 2008, 514; *Küper/Zopfs*, Rn. 821.
360 BGH NStZ 2008, 514; *Joecks/Jäger*, § 244 Rn. 42.
361 BGHSt 61, 285 (Wohnwagen) m.Bspr. *Hecker* JuS 2017, 470; BGH StV 2001, 624 (Hotelzimmer); L-*Kühl/ Heger*, § 244 Rn. 11.
362 *Eisele*, BT-2, Rn. 235; *Kindhäuser/Böse*, BT-2, § 4 Rn. 42.
363 And. wohl die h.M.; vgl. LK-*Vogel/Brodowski*, § 244 Rn. 76.
364 L-*Kühl/Heger*, § 244 Rn. 11.
365 AG Saalfeld StV 2005, 613.
366 BGH NStZ 2005, 631; HK-*Duttge*, § 244 Rn. 28.
367 BGH NStZ 2022, 42.
368 AG Saalfeld NStZ-RR 2004, 141.
369 LK-*Vogel/Brodowski*, § 244 Rn. 76; SK-*Hoyer*, § 244 Rn. 43.
370 BGH StV 2016, 639 mit Bspr. *Jäger*, JA 2016, 872.

mehr als Rückzugsraum dienen und ein psychischer Folgeschaden beim Toten nicht eintreten kann.[371]

bb) Tathandlung

Nach dem Wortlaut muss der Täter „in" eine Wohnung eingebrochen (bzw. eingestiegen, eingedrungen oder in ihr verborgen gewesen) sein. Er braucht jedoch nicht „aus" ihr gestohlen haben,[372] weshalb der Diebstahl aus einem angrenzenden Geschäftsraum erfolgen kann.[373] Vom Wohnbereich völlig getrennt untergebrachte, **ausschließlich geschäftlich** oder **betrieblich** genutzte Räumlichkeiten scheiden demnach aus. Bricht der Täter bei einem **gemischt** wirtschaftlich und privat **genutzten Gebäude** erst in den Wirtschaftsbereich ein (z. B. in ein Café oder eine Werkstätte)[374] und gelangt er sodann **ungehindert** in den **frei zugänglichen Wohnbereich**, in dem er etwas entwendet, liegt **kein** Wohnungseinbruchsdiebstahl vor,[375] im umgekehrten Fall aber sehr wohl.[376] Ist dagegen der **Wohnbereich in den Geschäftsbereich** so **integriert**, dass beide eine **in sich geschlossene Einheit** bilden (der Raum sowohl beruflich wie privat genutzt wird), ist der Einbruch in den Geschäftsbereich zugleich ein solcher in den Wohnungsbereich.[377]

149

cc) Qualifikationsobjekt Privatwohnung

Betrifft der Wohnungseinbruchsdiebstahl des Abs. 1 Nr. 3 eine **dauerhaft genutzte Privatwohnung**, wird daraus ein Verbrechen nach Abs. 4. Gesetzgeberisches Motiv war die Vorstellung, dass Wohnungseinbruchsdiebstähle einen **schwerwiegenden Eingriff in den persönlichen Lebensbereich** von Bürgern darstellen, die neben den finanziellen Auswirkungen **gravierende psychische Folgen** und eine **massive Schädigung** des **Sicherheitsgefühls** zur Folge haben können.[378] Die gesetzliche Neuregelung mag in ihrer Pönalisierungstendenz einem vorherrschenden kriminalpolitischen Zeitgeist entsprechen und den Strafverfolgungsbehörden sowie Verletzten zusätzliche Gestaltungsmöglichkeiten im Strafverfahren (§§ 100 g Abs. 1, 395 StPO) verschaffen.[379] Dennoch **überzeugt** die Neuregelung **nicht**:[380] Sie weist **keinen** substanziell **selbstständigen**, über Abs. 1 Nr. 3 hinausgehenden **Unrechtsgehalt** auf. Auch die Gesetzesbegründung kann keine anderen Motive aufführen als diejenigen bei der Schaffung des Abs. 1 Nr. 3 durch das 6. StRG. Darüber hinaus erweckt die Mindeststrafe von 1 Jahr Freiheitsentzug trotz der gegenteiligen Meinung in der Gesetzesbegründung durchaus **Bedenken** hinsichtlich der **Verhältnismäßigkeit** staatlichen Strafens. Der Gesetzgeber hat der Rechtsprechung zudem volles Misstrauen[381] bewusst den Zugriff auf einen minder schweren Fall verbaut, obwohl das Gesetz selbst beim vom Unrechtsgehalt vergleich-

150

---

371 Krit. daher *Epik*, NStZ 2020, 484; *Küper/Zopfs*, Rn. 823 a.
372 Prägnant BGH NStZ 2013, 120; LK-*Vogel/Brodowski*, § 244 Rn. 78.
373 *Küper/Zopfs*, Rn. 824.
374 BGH NStZ 2008, 514 m. Anm. *Jahn*, JuS 2008, 928; BGH JA 2021, 873 m.Bspr. *Jäger*.
375 BGH NStZ 2008, 514.
376 BGH NStZ 2001, 533.
377 BGH NStZ 2013, 120; BGH JA 2021, 873 m.Bspr. *Jäger*.
378 BT-Drs. 18/12359, S. 1.
379 BT-Drs. 18/12359, S. 8.
380 *Busch* ZRP 2017, 30; *Fischer*, § 244 Rn. 52 ff.; AnwK-*Kretschmer*, § 244 Rn. 50: „gute Gesetzgebung sieht anders aus"; M/R-*Schmidt*, § 244 Rn. 14 a.
381 Sch/Sch-*Bosch*, § 244 Rn. 31.

baren, wenn nicht sogar schwerer wiegenden Raub diese Strafmilderungsmöglichkeit (§ 249 Abs. 2 StGB) eröffnet.

151 Eine Wohnung i. S. d. Abs. 1 Nr. 3 wird im Regelfall zugleich eine „**Privatwohnung**" i. S. d. Abs. 4 sein (zum Wohnungsbegriff oben Rn. 149). Geschütztes Tatobjekt sollen sowohl private Wohnungen sowie Einfamilienhäuser als auch die dazu gehörenden, von ihnen nicht getrennten weiteren Wohnbereiche wie Nebenräume, Keller, Treppen, Wasch- und Trockenräume sowie Zweitwohnungen von Berufspendlern bilden.[382] Keine (Privat-)Wohnung bildet eine leer stehende Wohnung.[383] Mit Blick auf das „Private" der Wohnung kann auch der Einbruch in eine den Angestellten, Saisonarbeitern usw. gestellte **Geschäftswohnung** oder in eine von Urlaubern gemietete **Ferienwohnung** die genannten negativen Folgen auslösen.[384]

152 Schwer zu fassen ist das Merkmal der „**dauerhaften Nutzung**". Hierzu muss die Wohnung von ihrem Bewohner **regelmäßig** und **über einen längeren Zeitraum aufgesucht** und als **Wohnraum** auch **genutzt** werden.[385] Ein unbewohntes, nicht nur vorübergehend verlassenes Wohnhaus fällt daher nicht unter den Tatbestand.[386] Ebenso genügt eine nur vorübergehende, zeitlich limitierte Nutzung über wenige Tage oder Wochen nicht (so z. B. dann, wenn ein Wohnmobil nur zu einer Urlaubsfahrt eingesetzt wird).[387] Allerdings dürften auch Räumlichkeiten, die an sich typischerweise nur temporär bewohnt werden, im Ausnahmefall durchaus den Charakter einer konstant genutzten Wohnung aufweisen. So führen manche Menschen ihr Privatleben weitgehend im **Hotel** (so z. B. bekanntermaßen der Rocksänger Udo Lindenberg im Hamburger Hotel Atlantic). Auch können sich mittellose Personen, z. B. Obdachlose, keine Miet- oder Eigentumswohnung leisten, möchten aber im **Winter** auch nicht auf der Straße leben und ziehen deshalb für wenige Monate in einen billigen **Wohnwagen** auf dem Campingplatz oder in die **Hütte** einer Schrebergartensiedlung; manche leben auch **über Jahre** in Wohnmobilen oder umgebauten Vans.[388] Solche Räumlichkeiten werden dann insoweit dauerhaft als Privatwohnung genutzt.

f) Konkurrenzen

153 Werden **mehrere Qualifikationsmerkmale** bei einer Tat erfüllt, liegt nicht Tateinheit,[389] sondern nur **ein einheitlicher** qualifizierter Diebstahl vor.[390] Wird eine Tat nach Nr. 1 und/oder 3 zugleich unter den Voraussetzungen von Nr. 2 begangen, so ist dies ein Fall des spezielleren § 244 a StGB.[391] §§ 244 a, 249, 250, 252, 255 StGB sind **leges speciales** zu § 244 StGB. §§ 242, 243 StGB treten hinter § 244 StGB zurück, sofern nicht die Qualifikation nur versucht wird und deshalb aus Klarstellungsgründen Ideal-

---

382 BT-Drs. 18/12359, S. 7.
383 *Kindhäuser/Böse*, BT-2, § 4 Rn. 36.
384 *Fischer*, § 244 Rn. 56.
385 AnwK-*Kretschmer*, § 244 Rn. 50; BeckOK-*Wittig*, § 244 Rn. 25.
386 BGH NJW 2020, 2816 m.Bspr. *Kretschmer*.
387 *Küper/Zopfs*, Rn. 823.
388 Vgl. den Film *Nomadland* von Cloé Zhao.
389 So aber NK-*Kindhäuser*, § 244 Rn. 60.
390 S/S/W-*Kudlich*, § 244 Rn. 47; L-*Kühl/Heger*, § 244 Rn. 12.
391 NK-*Kindhäuser/Hoven*, § 244 Rn. 6.

konkurrenz besteht.[392] § 244 Abs. 1 Nr. 3 StGB tritt hinter lex specialis § 244 Abs. 4 StGB[393] sowie hinter § 252 StGB[394] zurück.

2. Schwerer Bandendiebstahl (§ 244a StGB)

§ 244a StGB stellt einen Qualifikationstatbestand zum Schutz vor **organisierter Diebstahlskriminalität** dar.[395] Durch den Verbrechenscharakter des § 244a StGB eröffnet sich u. a. der Anwendungsbereich des § 30 StGB im Bereich des Vorfelds der Tatbegehung.[396] § 244a StGB kombiniert den Bandendiebstahl (§ 244 Abs. 1 Nr. 2 StGB) mit dem besonders schweren Fall des Diebstahls (§ 243 Abs. 1 S. 2 StGB) bzw. dem Diebstahl mit Waffen und dem Wohnungseinbruchsdiebstahl.[397] Da im Regelfall die Beteiligten eines Bandenzusammenschlusses gewerbsmäßig i.S.d. § 243 Abs. 1 S. 2 Nr. 3 StGB handeln, wird bei einem Bandendiebstahl meist nicht lediglich § 244 Abs. 1 Nr. 2 StGB, sondern zwangsläufig auch § 244a Abs. 1 StGB einschlägig sein.[398] Für § 244 Abs. 1 Nr. 2 StGB bleiben die wohl eher seltenen Fälle übrig, in denen der Bandenzusammenschluss nicht auf die Schaffung einer Einnahmequelle ausgerichtet ist.[399]

a) Prüfungsschema in Klausuren

Prüfungsschema § 244a StGB

A. *Tatbestand*
  I. *Grundtatbestand § 242 StGB*
  II. *Qualifikationen*
   1. *Objektiver Tatbestand*
      a) *Vorliegen der Voraussetzungen des § 243 Abs. 1 S. 2 StGB oder eines Falls nach § 244 Abs. 1 Nr. 1 oder Nr. 3 StGB und*
      b) *Begehung als Mitglied einer Diebes- oder Raubbande unter Mitwirkung eines anderen Bandenmitglieds*
   2. *Subjektiver Tatbestand: Vorsatz*
B. *Rechtswidrigkeit*
C. *Schuld*

b) Tatbestandsstruktur

Hierzu müssen zunächst alle Voraussetzungen eines Bandendiebstahls (§ 244 Abs. 1 Nr. 2 StGB) vorliegen. Aus der Bandenmitgliedschaft als solcher kann nicht zwangsläufig auf eine Beteiligung an dem Bandendiebstahl geschlossen werden.[400] Sodann muss erschwerend entweder die Verwirklichung eines Regelbeispiels nach § 243 Abs. 1 S. 2

---

392 Dazu und zu weiteren Konkurrenzproblemen vgl. etwa S/S/W-*Kudlich*, § 244 Rn. 47 ff.
393 SK-*Hoyer*, § 244 Rn. 50.
394 BGH JA 2022, 695 m.Anm. *Kudlich*.
395 L-*Kühl/Heger*, § 244a Rn. 1; AnwK-*Kretschmer*, § 244a Rn. 1.
396 BGH NStZ-RR 2016, 367 (zu § 31 StGB); krit. dazu *Flemming/Reinbacher*, NStZ 2013, 36.
397 *Joecks/Jäger*, § 244a Rn. 2.
398 *Zopfs* GA 1995, 320, 334.
399 L-*Kühl/Heger*, § 244 Rn. 6.
400 BGH StV 2012, 669.

StGB (§ 244 a Var. 1 StGB)[401] oder eines Qualifikationsmerkmals nach § 244 Abs. 1 Nr. 1 oder Nr. 3 StGB (§ 244 a Var. 2 StGB) gegeben sein. Dabei haben (Var. 1) die Beispiele des § 243 Abs. 1 S. 2 StGB nicht lediglich den Charakter von (widerlegbaren) Regelbeispielen; vielmehr stellen sie gewöhnliche Tatbestandsmerkmale dar, die nicht zur Disposition des Richters stehen.[402] Nicht nur der Täter, sondern auch das mitwirkende Bandenmitglied muss das qualifizierende Merkmal erfüllen bzw. von ihm Kenntnis haben.[403] Aus dem Verweis in Var. 1 nur auf § 243 Abs. 1 S. 2 StGB, nicht aber auf dessen Abs. 1 S. 1 kann geschlossen werden, dass ein unbenannt schwerer Fall nicht als Voraussetzung für die Qualifikation nach § 244 a Var. 2 StGB ausreicht. Aus demselben Grund kommt die privilegierende Regelung des § 243 Abs. 2 StGB nicht zur Anwendung.[404] Es besteht dafür die Strafmilderungsmöglichkeit nach § 244 a Abs. 2 StGB.

c) Konkurrenzen

157 Für die einzelnen bandenmäßig begangenen Taten gelten die allgemeinen Regeln über Tateinheit und Tatmehrheit.[405] § 244 a StGB verdrängt als lex specialis die §§ 242, 243, 244 StGB,[406] während umgekehrt § 244 a StGB von §§ 250, 252, 255 StGB verdrängt wird.[407] Tateinheit ist aber bei nur versuchtem schweren Raub und vollendetem § 244 a StGB möglich.

Wiederholungsfragen

1. Wie sind die §§ 244, 244 a StGB verbrechenssystematisch zuzuordnen? (Rn. 115)
2. Was ist eine Waffe, was ein gefährliches Werkzeug bei § 244 Abs. 1 Nr. 1 StGB? (Rn. 121, 124)
3. Erfasst § 244 StGB das Beisichführen eines Taschenmessers? (Rn. 125)
4. Wie viele Personen setzt eine Bande mindestens voraus? (Rn. 137)
5. Wann geschieht der Diebstahl „unter Mitwirkung" eines anderen Bandenmitglieds? (Rn. 144)
6. Worin besteht der Unterschied zwischen einer Wohnung i.S.d. § 244 Abs. 1 Nr. 3 StGB und einer dauerhaft genutzten Privatwohnung i.S.d. § 244 Abs. 4 StGB? (Rn. 149 f.).

---

401 Z. B. BGH NStZ 2015, 647.
402 NK-*Kindhäuser/Hoven*, § 244 a Rn. 3; M/R-*Schmidt*, § 244 a Rn. 2.
403 AnwK-*Kretschmer*, § 244 a Rn. 2; S/S/W-*Kudlich*, § 244 a Rn. 4; M/R-*Schmidt*, § 244 a Rn. 2; dagegen *Fischer*, § 244 a Rn. 2 b; LK-*Vogel/Brodowski*, § 244 a Rn. 8.
404 Sch/Sch-/*Bosch*, § 244 a Rn. 2, 5/6.
405 MK-*Schmitz*, § 244 Rn. 11.
406 L-*Kühl/Heger*, § 244 a Rn. 6.
407 NK-*Kindhäuser/Hoven*, § 244 a Rn. 7.

§ 3 Die Unterschlagung (§ 246 StGB)

Literaturempfehlungen: *Bosch*, Subsidiarität der Unterschlagung und wiederholte Zueignung, Jura 2022, 921 ff.; *Ernst*, „Schwarztanken" an Selbstbedienungstankstellen – Plädoyer für eine Strafbarkeit wegen Unterschlagung, Jura 2013, 454 ff.; *Fahl*, Das schwierige Verhältnis von § 246 StGB zu § 242 StGB, Jura 2014, 382 ff.; *Jäger*, Unterschlagung nach dem 6. Strafrechtsreformgesetz – Ein Leitfaden für Studium und Praxis, JuS 2000, 1167 ff.; *Kudlich/Koch*, Die Unterschlagung (§ 246 StGB) in der Fallbearbeitung, JA 2017, 184; *Lange/Trost*, Strafbarkeit des „Schwarztankens" an der SB-Tankstelle, JuS 2003, 961 ff.; *Reichling*, § 241 a StGB und die Strafbarkeit aus Eigentumsdelikten, JuS 2009, 111 ff.

I. Einleitung

Die heutige Unterschlagung (§ 246 Abs. 1 StGB) und ihr Qualifikationstatbestand, die veruntreuende Unterschlagung (§ 246 Abs. 2 StGB), sind im Kern mit der Regelung im RStGB (von 1871) identisch. Die Vorgängerbestimmung des § 246 StGB, der Unterschlagungstatbestand des preußischen StGB (von 1851), war insoweit freilich klarer, als er einen Katalog von konkreten Tathandlungen enthielt, bei denen eine Unterschlagung zu bejahen war (Veräußern, Verpfänden, Verbrauchen, Beiseiteschaffen).[1] Er wurde 1871 durch den allgemeinen und dogmatisch bis heute sehr umstrittenen[2] Begriff der Zueignung ersetzt.[3] Die Strafnorm wurde zuletzt durch das 6. StRG im Jahre 1998 umgestaltet. War es bis dahin nach dem Wortlaut erforderlich, dass der Täter im Tatzeitpunkt **bereits im Besitz oder Gewahrsam** der unterschlagenen Sache war, enthält die **aktuelle** Bestimmung diese Einschränkung **nicht** mehr. Damit wird es zwar möglich, nunmehr eindeutig auch die bis dahin umstrittene Konstellation des Zusammenfallens von Gewahrsamserlangung und Zueignung (z.B. bei der Fundunterschlagung) als Unterschlagung zu bewerten. Aber mit der Reform hat die Norm ihr Gesicht verloren und ist **ohne Not unanschaulich** geworden.[4] Dem Wortlaut zum Trotz bildet der seit jeher klassische Fall der Unterschlagung – nämlich die Zueignung einer Sache durch denjenigen, der sie bereits in Gewahrsam hat – bis heute den (praktischen) Hauptanwendungsfall der Norm.[5] Durch das 6. StRG wurden zudem eine **Subsidiaritätsklausel** sowie die **Drittzueignung** eingefügt.[6]

Bei § 246 StGB handelt es sich um eine „theoretisch anspruchsvolle und problematische Strafvorschrift".[7] Die **praktische Bedeutung** der Unterschlagung fällt hinter derjenigen des Diebstahls zurück: Die PKS 2022 erfasst 95.000 Verdachtsfälle der Unterschlagung (2018: 110.000 Fälle); 4.996 Personen wurden 2021 (2014: 8.900) wegen Unterschlagung abgeurteilt.[8]

---

1 Etymologisch bedeutet „Unterschlagung" ursprünglich und seit jeher „etwas unter- oder beiseitestecken" (vgl. Deutsches Wörterbuch von *Jacob Grimm* und *Wilhelm Grimm*, 1854 ff., Bd. 24, Sp. 1780 A I 8.).
2 LK-*Vogel/Brodowski*, § 246 Rn. 2: Der Zueignungsbegriff sei ‚praktisch und rechtsstaatlich problematisch' sowie „farblos und wenig bestimmt".
3 *Küper/Zopfs*, Rn. 845.
4 So zu Recht krit. *Mitsch*, BT-2, S. 159 f.
5 LK-*Vogel/Brodowski*, § 244 Rn. 17. „Der Unterschlagende ist der Mühe, ‚wegnehmen' zu müssen, enthoben" (*Maurach/Schroeder/Maiwald/Hoyer/Momsen*, BT-1, § 34 Rn. 1).
6 MK-*Hohmann*, § 246 Rn. 4 ff.
7 LK-*Vogel/Brodowski*, § 246 Rn. 2.
8 SVS 2019 S. 70.

1. Verhältnis zum Diebstahl

3   Umstritten ist, ob sich mit der Gesetzesänderung die Funktion und systematische Stellung der Norm geändert hat. So wird vielfach, inzwischen auch von der Rechtsprechung,[9] postuliert, § 246 StGB sei seit dem 6. StRG der **Grundtatbestand** für alle Zueignungsdelikte: Er erfasse alle rechtswidrigen Zueignungen, weshalb § 246 StGB erst auf der Konkurrenzebene etwa hinter § 242 StGB zurücktrete.[10] Daher wird die Möglichkeit einer echten Wahlfeststellung zwischen § 242 StGB und § 246 StGB verneint: Kann nicht festgestellt werden, ob der Täter fremden Gewahrsam gebrochen hat (§ 242 StGB) oder Gewahrsam an der zugeeigneten Sache hatte (§ 246 StGB), sei statt einer wahlweisen Verurteilung wegen Diebstahls oder Unterschlagung vielmehr nur § 246 StGB einschlägig, denn er sei in jeder denkbaren Alternative jedenfalls (mit) verwirklicht. Die h.M. geht aber mit gutem Grund davon aus, dass § 246 StGB **nur eine Auffangfunktion** für diejenigen Fälle erfüllt, in denen andere Zueignungsdelikte nicht vorliegen.[11] Für diese Ansicht sprechen der Wille des Gesetzgebers, wie er in der Gesetzesbegründung zum Ausdruck kommt,[12] und die Subsidiaritätsklausel, wonach § 246 StGB als Auffangtatbestand hinter Tatbeständen mit höherer Strafdrohung zurücktritt.[13] Auch ein Vergleich mit der Struktur des Diebstahls legt dies nahe. Nicht jeder versuchte oder vollendete Diebstahl geht sogleich in eine (versuchte oder vollendete) Unterschlagung über. Wenn in solchen Konstellationen § 246 StGB zwar als Grundtatbestand in Betracht gezogen werden müsste, aber nicht verwirklicht ist, müsste doch auch die Grundlage für eine Bestrafung des lex specialis nach § 242 StGB entfallen. Letzteres würde aber dem Wortlaut und der Ratio des § 242 StGB widersprechen. Zudem ist die Eigentumsgefährdung durch eine Unterschlagung tiefer und nachhaltiger,[14] da der Täter einer Unterschlagung, anders als derjenige eines Diebstahls, dem gutgläubigen Empfänger nach § 932 BGB wirksam Eigentum verschaffen kann.[15]

4   Dies bedeutet zugleich, dass Studierende nach der hier vertretenen, herrschenden Ansicht bei einem Diebstahlsfall neben dem § 242 StGB zusätzlich den **§ 246 StGB nur dann prüfen** müssen, wenn es im Anschluss an die vollendete Wegnahme (z.B. eines Apfels) zur (versuchten oder vollendeten) Zueignung der zuvor gestohlenen Sache (z.B. Verspeisen des Apfels) kommt. Dann tritt aber das Folgeproblem auf, ob einer dem Diebstahl nachfolgenden Unterschlagung noch eine Bedeutung zukommt; dies ist im Ergebnis zu verneinen, die Begründung ist freilich sehr umstritten.[16]

2. Rechtsgut

5   Das Rechtsgut der Unterschlagung bildet das **Eigentum**,[17] das der Täter durch die Zueignung verletzt. Der Gewahrsam gehört nicht zum Schutzbereich der Norm, da der Täter der Unterschlagung im Regelfall den Gewahrsam in dem Zeitpunkt innehat, in

---

9 BGH BeckRS 2019, 18187 (insoweit in BGH NStZ-RR 2019, 310 nicht abgedruckt).
10 MK-*Hohmann*, § 246 Rn. 6; NK-*Kindhäuser/Hoven*, § 246 Rn. 1.
11 BGHSt 47, 243; *L-Kühl/Heger*, § 246 Rn. 1; *Wessels/Hillenkamp/Schuhr*, BT-2, Rn. 319.
12 BT-Drs. 13/8587 S. 43.
13 BT-Drs. 13/8587 S. 43; *Klesczewski*, BT, § 8 Rn. 47.
14 *Maurach/Schroeder/Maiwald*/Hoyer/Momsen, BT-1, § 34 Rn. 1.
15 *Maurach/Schroeder/Maiwald*/Hoyer/Momsen, BT-1, § 34 Rn. 1.
16 Mehr dazu unten Rn. 25 ff.
17 BGHSt 49, 194; *Fischer*, § 246 Rn. 2; *Kindhäuser/Böse*, BT-2, § 6 Rn. 1; *L-Kühl/Heger*, § 246 Rn. 1.; LK-*Vogel/Brodowski*, § 246 Rn. 5.

dem er sich die Sache zueignet.[18] Die **Veruntreuung**, § 246 **Abs. 2** StGB, knüpft die Strafschärfung zwar an das **besondere Vertrauensverhältnis** bezüglich des Umgangs mit der anvertrauten Sache an, schützt aber nicht zusätzlich die Treue, sondern nur das Eigentum. Verletzter und Strafantragsberechtigter i.S.d. §§ 247, 248 a StGB ist daher nur der Eigentümer.[19]

3. Prüfungsschema in Klausuren

Die Klausurrelevanz der Unterschlagung ist relativ hoch. Der Prüfungsaufbau bei § 246 StGB ist aber umstritten. Dies hängt damit zusammen, dass die Tathandlung – die Zueignung einer fremden beweglichen Sache – die Feststellung des Zueignungswillens voraussetzt, mithin eine starke subjektive Komponente im objektiven Tatbestand enthalten ist. Dieses Problem wird im Schrifttum vielfach zu Recht so gelöst, dass die Prüfung des § 246 StGB nicht wie sonst üblich nach der Reihenfolge 1. objektiver Tatbestand und dann erst 2. subjektiver Tatbestand aufgebaut, sondern vielmehr bei der Zueignungsprüfung mit einer subjektiven Komponente, dem Zueignungswillen begonnen wird.[20]

Prüfungsschema § 246 StGB

A. *Tatbestand*
   I. *Fremde bewegliche Sache*
   II. *Zueignung*
      1. *Zueignungswille: dauernde Enteignung, vorübergehende Aneignung*
      2. *Objektive Manifestation des Zueignungswillens*
      3. *Objektive Rechtswidrigkeit der erstrebten Zueignung*
   III. *ggf. Anvertrautsein nach Abs. 2*
   IV. *Vorsatz bzgl. I. – III.*
B. *Rechtswidrigkeit*
C. *Schuld*

Andere Autoren trennen strikt zwischen objektiven und subjektiven Tatbestand und erörtern im objektiven Tatbestand, ob sich das Verhalten des Täters bei objektiver Betrachtung als Manifestation eines Zueignungswillens darstellt, und erörtern dann später im subjektiven Tatbestand, ob der Täter auch tatsächlich einen solchen Zueignungswillen hatte.[21]

Ob man sich für das erste oder zweite Prüfungsschema entscheidet, ist für das Ergebnis der Unterschlagungsprüfung ohne Bedeutung. Man kann daher in Klausuren eine der beiden Prüfungsvarianten ohne nähere Begründung auswählen.

II. Die einfache Unterschlagung (§ 246 Abs. 1 StGB)

Den Grundtatbestand der Unterschlagung bildet die einfache Unterschlagung nach § 246 Abs. 1 StGB.

---

18 *Mitsch*, BT-2, S. 152.
19 *M/R-Schmidt*, § 246 Rn. 1.
20 So etwa *Rengier*, BT-1, § 5 Rn. 6; *Wessels/Hillenkamp/Schuhr*, BT-2, Rn. 346.
21 In diesem Sinne z.B. *Eisele*, BT-2, Rn. 246; *Kindhäuser/Böse*, BT-2, § 6 Rn. 50; *Klesczewski*, BT, § 8 Rn. 82.

1. Objektiver Tatbestand

a) Tatobjekt

10 Hinsichtlich des **Tatobjekts** der Unterschlagung, die fremde bewegliche Sache, gelten dieselben Grundsätze wie beim Diebstahl oder der Sachbeschädigung (oben § 2 Rn. 10, unten § 6 Rn. 9). In Bezug auf das sachenrechtsakzessorische Tatbestandsmerkmal „fremd" spielen insbesondere sich in Geschäften mit Selbstbedienung auftretende Fallkonstellationen eine große Rolle: Derjenige, der seinen Kunden die Selbstbedienung gestattet, behält sich regelmäßig das Eigentum an den Waren bis zu deren Bezahlung vor, weshalb sie bis zu diesem Zeitpunkt fremd und damit ein taugliches Tatobjekt der §§ 242, 246, 303 StGB sind.[22]

11 Insbesondere in den Fällen des **Schwarztankens** an der **Selbstbedienungssäule** ist dies bedeutsam: Jemand fährt nach dem Betanken seines PKWs weg, ohne zuvor das Benzin bezahlt zu haben.[23] Da der Tankstellenbetreiber beim Betanken durch den Kunden Miteigentümer des Benzins bleibt (§§ 947, 948 BGB), ist das Benzin für den Täter fremd. Die gänzliche Eigentumsübertragung an den Kunden (§ 929 BGB) findet erst an der Kasse statt (analog zum Kauf im Supermarkt). Ein Diebstahl scheitert daran, dass der Tankstellenbesitzer mit dem Betanken des Autos prinzipiell einverstanden ist, also mangels Gewahrsamsbruchs keine Wegnahme vorliegt (oben § 2 Rn. 26). Vielmehr „unterschlägt" der Schwarztanker durch das Wegfahren das Benzin. Überwiegend wird aber von der Rechtsprechung zuvor bereits ein **Betrug** angenommen, sofern der Tankende beim Befüllen des Tanks konkludent vorspiegle, er würde bezahlen.[24] Das Betanken würde der Tankstelleninhaber aber nicht zulassen, wenn er wüsste, dass der Kunde nicht zahlt; insofern treffe er eine Vermögensverfügung. Dann spielt die dem Betrug nachfolgende Äußerung des Herrschaftswillens in Gestalt der Unterschlagung tatbestandlich keine Rolle mehr.[25]

b) Tathandlung

12 Die Tathandlung bei der Unterschlagung besteht in der rechtswidrigen Zueignung der fremden Sachen. Hier besteht weitgehend eine begriffliche Deckungsgleichheit mit der Zueignungsabsicht bei § 242 StGB, allerdings mit dem signifikanten Unterschied, dass sich das Gesetz beim Diebstahl mit der bloßen Zueignungsabsicht begnügt, während der Unterschlagende die Zueignung tatsächlich vornehmen muss.

aa) Begriff der Zueignung

13 Der Begriff der Zueignung setzt sich aus zwei Bestandteilen zusammen: Zueignung bedeutet nach h.M. die **objektive Manifestation** des **Zueignungswillens**, die zudem von einer **Herrschaftsbeziehung** des Täters zum **Gegenstand** gekennzeichnet ist.[26]

---

22 *Klesczewski*, BT, § 8 Rn. 57.
23 Dazu z.B. *Rebler*, JA 2013, 179.
24 BGH NJW 2012, 1092.
25 *L-Kühl/Heger*, § 263 Rn. 69.
26 BGHSt 39, 309, 311; Sch/Sch-*Bosch*, § 246 Rn. 10; *L-Kühl/Heger*, § 246 Rn. 3; *Rengier*, BT-1, § 5 Rn. 23.

§ 3 Die Unterschlagung (§ 246 StGB)

(1) Objektive Manifestation der Zueignung

▶ **Beispiel ("Zurückhaltende Rechtsanwältin"-Fall):**[27] *Rechtsanwältin A händigte ihrem Arbeitnehmer J auch nach Beendigung des Beschäftigungsverhältnisses die Lohnsteuerkarten für die Jahre 2004 und 2005 nicht aus. Außerdem gab sie diverse Unterlagen, welche die Mandanten ihr zur Wahrnehmung von deren Interessen zur Verfügung gestellt hatten, diesen nicht wieder zurück. Anlass für das Zurückhalten der Lohnsteuerkarten bzw. der Unterlagen war jeweils eine Verärgerung über das Verhalten des Angestellten bzw. der Mandanten.* ◀

14

Der Täter muss Handlungen vornehmen, die ein objektiver Beobachter als Zueignung (Aneignung und Enteignung) begreift. Aus dem **äußeren Erscheinungsbild** der Handlung muss sich manifestieren, dass eine dauerhafte Enteignung und zumindest vorübergehende Aneignung der Sache oder des in ihr verkörperten Sachwerts vorliegt.[28] Während ein Teil der Rechtsprechung und Literatur hierfür jede Art der Manifestation genügen lässt und für die Vollendung allein an den **Willen des Täters** anknüpft (sog. **weite Manifestationstheorie**),[29] wird inzwischen überwiegend eine Handlung gefordert, die sich allein **aufgrund objektiver Umstände** eindeutig und verlässlich als Betätigung des Zueignungswillens zu verstehen gibt (sog. **enge Manifestationstheorie**).[30] Wenn beispielsweise jemand eine gefundene Sache einsteckt, soll dies nach der weiten Manifestationstheorie bereits eine Zueignung darstellen, wenn der Beobachter den Zueignungswillen des Täters kennt. Nach der engeren Theorie ist dagegen das Einstecken an sich noch ein indifferenter Vorgang, da denkbar ist, dass der Finder die Sache an sich nimmt, um sie beim Fundbüro oder Eigentümer abzugeben. Nach beiden Theorien anerkannte, **typische Beispiele der Unterschlagung** bilden etwa das Verzehren oder der Verbrauch der Sache, das Verbergen der Sache gegenüber dem Eigentümer oder das Ableugnen des Besitzes,[31] rechtsgeschäftliche Verfügungen wie etwa der (versuchte) Verkauf der Sache oder (die Verarbeitung (§ 950 BGB), Verbindung, Vermengung oder Vermischung (§§ 947, 948 BGB), sofern sich der Täter nicht mit seinem Miteigentum begnügen will.[32]

15

Die bloße **Nichtrückgabe** einer **entliehenen Sache** muss hingegen keine Zueignung sein; man denke an den Fall, dass ein ausgeliehenes Buch aus Vergesslichkeit oder Nachlässigkeit nicht zurückgegeben wird,[33] der Täter die Sache nur temporär gebrauchen oder zerstören möchte. Die unbefugte Verpfändung (§ 1204 BGB) einer fremden Sache, z.B. eines Sparbuchs, ist nicht als Unterschlagung strafbar, wenn der Täter das Pfand wieder auslösen und unverändert zurückgeben will; dann fehlt es am Enteignungsvorsatz.[34] Die gleichen Grundsätze gelten für einen Gegenstand, den der Täter **zur Sicherheit** einem Dritten nach §§ 929, 930 BGB **übereignet** hat[35] oder für eine zivilprozessuale Pfändung nach §§ 804 ff ZPO, wenn der Vollstreckungsschuldner eine fremde Sache dem Gerichtsvollzieher gibt.[36] Bei Vorliegen einer Garantenstellung ist

16

---

27 BGH NStZ-RR 2011, 276.
28 BGHSt 14, 38, 42; *Eisele*, BT-2, Rn. 254; *L-Kühl/Heger*, § 246 Rn. 4; *Rengier*, BT-2, § 5 Rn. 23.
29 Dazu und zur Diskussion vgl. A/W-*Heinrich*, § 15 Rn. 23.
30 SK-*Hoyer*, § 246 Rn. 12; *Küper/Zopfs*, Rn. 847.
31 BGH NZI 2019, 608; MK-*Hohmann*, § 246 Rn. 20 f.
32 SK-*Hoyer*, § 246 Rn. 15.
33 Vgl. LG Potsdam NStZ-RR 2008, 144: Nichtrückgabe geliehener Horror-Filme an Videothek.
34 LK-*Vogel/Brodowski*, § 246 Rn. 40.
35 Dagegen eine Unterschlagung bejahend die h. M.; so etwa Sch/Sch-*Bosch*, § 246 Rn. 5; NK-*Kindhäuser/Hoven*, § 246 Rn. 4.
36 SK-*Hoyer*, § 246 Rn. 14.

17 auch eine Zueignung durch Unterlassen möglich, so etwa dann, wenn der Schuldner die Pfändung z.B. der gemieteten Sache duldet.³⁷

17 Für die Zueignung ist es nicht erforderlich, dass mit ihr zugleich die rechtliche Position des Eigentümers beeinträchtigt wird. Wird etwa an Bösgläubige veräußert (§ 932 BGB) oder bleiben sogar die Besitzverhältnisse unverändert, kann dies für eine Zueignung genügen. Letzteres ist etwa dann der Fall, wenn die Rückgabe einer Mietsache geschuldet wird, der Täter aber den Besitz ableugnet.³⁸

18 ▶ **Lösung:**³⁹ *Allein dem Unterlassen der Rückgabe im „zurückhaltende Rechtsanwältin-Fall" lässt sich eine Zueignung im Sinne des § 246 Abs. 1 StGB nicht entnehmen. Dies ist insbesondere der Fall, wenn dies nur deshalb geschieht, um den Eigentümer bzw. Gewahrsamsinhaber zu ärgern. In diesem Fall will A weder den Eigentümer dauerhaft aus seiner Position verdrängen noch sich wenigstens temporär an seine Stelle setzen. Denkbar ist aber eine Strafbarkeit der A wegen Urkundenunterdrückung nach § 274 Abs. 1 Nr. 1 StGB.* ◀

19 Davon abweichend will ein **Teil der Literatur** in sog. Zueignungstheorien die Zueignung nicht nach dem äußeren Erscheinungsbild der Manifestation, sondern stärker nach inhaltlichen Kriterien bestimmen. Die Manifestationstheorie sei nicht mehr als eine Floskel.⁴⁰ Vielmehr soll die Zueignung dann erst vorliegen, wenn der enteignende Sachverlust (höchstwahrscheinlich) eintreten wird, mithin ein „Gefahrerfolg" eingetreten sei;⁴¹ andere wiederum wollen darauf abstellen, ob der Enteignungserfolg tatsächlich eingetreten ist.⁴² Darüber hinaus wird in sog. Aneignungstheorien auch der Eintritt eines Aneignungserfolgs verlangt.⁴³ Gegen diese Ansichten spricht jedoch, dass die Zueignung weder nur durch die Aneignung noch die Enteignung gekennzeichnet ist, sondern beide Komponenten gleichwertig sind.⁴⁴ Darüber hinaus kann eine Ent- und Aneignung bereits dann vorliegen, wenn es am endgültigen Sachverlust fehlt.⁴⁵ Abgesehen davon beschreibt der Begriff der Zueignung einen Vorgang, der nicht zwangsläufig erst mit Abschluss der Enteignung gegeben ist, sondern einen dynamischen Prozess hin zur Ent- und Aneignung meint;⁴⁶ dem wird das Verständnis von einem sich in Beziehung zur fremden Sache setzenden, objektiv manifestierten Zueignungswillen am ehesten gerecht.

(2) Herrschaftsbeziehung zum Gegenstand

20 ▶ **Beispiel ("Krimi-Verleih-Fall"):**⁴⁷ *A lieh dem B einen spannenden Krimi. B wiederum lieh das Buch an den C weiter, ohne diesem zu offenbaren, dass er das Buch nur ausgeliehen hatte. Als C sich ganz begeistert über das Buch äußerte, schenkte es B dem C mit den Worten, dass er das Buch nicht zurückhaben möchte und C es gerne behalten könne, womit C einverstanden war. Strafbarkeit des B?* ◀

---

37 LK-*Vogel/Brodowski*, § 246 Rn. 45.
38 BGH NJW 1987, 2242.
39 BGH NStZ-RR 2011, 276.
40 HK-*Duttge*, § 246 Rn. 10.
41 *Maurach/Schroeder/Maiwald/Hoyer/Momsen*, BT-1, § 34 Rn. 27; MK-*Hohmann*, § 246 Rn. 31.
42 SK-*Hoyer*, § 246 Rn. 20; LK-*Vogel/Brodowski*, § 246 Rn. 28.
43 Vgl. etwa die Darstellung dieser Theorien bei HK-*Duttge*, § 246 Rn. 13 und MK-*Hohmann*, § 246 Rn. 32.
44 *Eisele*, BT-2, Rn. 257.
45 *Wessels/Hillenkamp/Schuhr*, BT-2, Rn. 325.
46 Zur Bedeutung dieses Verständnisses für die wiederholte Zueignung vgl. unten § 3 Rn. 25.
47 In Anlehnung an *Krey/Hellmann/Heinrich*, BT-2, Rn. 245 (Fall 46).

§ 3 Die Unterschlagung (§ 246 StGB)

Nach ganz h.M. kann ferner von einer **Zueignung** nur gesprochen werden, wenn der Täter oder der begünstigte Dritte durch die Tathandlung eine **sachenrechtsähnliche Herrschaftsbeziehung** (etwa in Gestalt von unmittelbarem Gewahrsam) **über den Gegenstand** erlangt hat[48] und diese nach außen sichtbar wird.[49] Allein auf diese Weise kann sich der Zueignungswille objektiv manifestieren, und nur so kann systematisch und semantisch sinnvoll von einer Zueignung ausgegangen werden. Andernfalls droht der Unterschlagungstatbestand völlig **konturenlos** zu werden, da sonst bereits eine **schlicht-verbale Äußerung** für die Tatbestandsverwirklichung genügen würde.[50] Wer mithin nur Informationen verkauft (z.B. einem Dritten offenbart, wo ein gestohlenes Fahrrad griffbereit liegt) oder einen Gegenstand nur veräußert, ohne dem Dritten die Verfügungsmacht zu verschaffen, begeht keine Unterschlagung.[51]

▶ *Lösung: Durch die Schenkung an C wird im Krimi-Verleih-Fall nach außen hin deutlich, dass B sich als Eigentümer geriert, d. h. den A dauerhaft aus seiner Eigentümerposition verdrängen und den C an dessen Stelle setzen möchte. Im Zeitpunkt der Schenkung übt nicht der A, sondern vielmehr der C als Drittbegünstigter die Sachherrschaft über den Gegenstand aus. Damit hat B das Buch des A unterschlagen. Dafür wäre es nicht notwendig, dass – wie es hier der Fall ist – die Zueignung zivilrechtlich mit einem wirksamen Eigentumsübergang und damit einer echten Enteignung[52] verbunden ist: Hier liegen die Voraussetzungen des gutgläubigen Erwerbs, § 932 BGB vor. Denn bei einer Unterschlagung ist die Sache dem Eigentümer i. d. R. nicht i.S.d. § 935 BGB abhandengekommen.[53]* ◀

bb) Die wiederholte Zueignung

▶ **Beispiel („Adam und Eva-Fall")**: *Adam (A) stiehlt einen Apfel vom Baum des G. Kurze Zeit später isst er mit seiner Lebensgefährtin Eva (E) den Apfel auf dem Feld auf.* ◀

Hat der Täter einen Gegenstand durch eine Straftat erlangt (etwa durch einen Diebstahl, einen Raub oder einen Betrug), so stellt sich die Frage, ob er darüber hinaus eine Unterschlagung begeht, wenn er später diese rechtswidrig erlangte Sache verwertet, etwa verbraucht oder verkauft.[54] Bedeutung erlangt dieser Streit vor allem bei der Entscheidung, ob eine **Beteiligung Dritter an der nachfolgenden Unterschlagung** möglich ist. Nach der sog. **Konkurrenzlösung** eines Teils der Literatur[55] wird durch die Verwertungshandlung eine Unterschlagung begangen, wenn zweifelsfrei ein eigenständiger Zueignungsakt vorliege;[56] § 246 StGB tritt aber gegenüber der Vortat zurück (als mitbestrafte Nachtat). Für diese Ansicht wird vor allem das kriminalpolitische Motiv angeführt, dass im Anschluss an die Ausgangstat ein Bedürfnis für einen weiteren Schutz vor Eigentumsverletzungen gebe; es solle mithin eine Anstiftung oder Beihilfe zur Unterschlagung möglich sein.

---

48 Insofern erlebt das durch die Gesetzesreform von 1998 weggefallene Gewahrsamserfordernis seine „Wiederbelebung" in anderer Form (*Küper/Zopfs*, Rn. 857).
49 So i. E. auch Sch/Sch-*Bosch*, § 246 Rn. 10; *Eisele*, BT-2, Rn. 258; S/S/W-*Kudlich*, § 246 Rn. 19.
50 *Küper/Zopfs*, Rn. 857.
51 Beispiele bei *Rengier*, BT-1, § 5 Rn. 31 ff.
52 *Krey/Hellmann/Heinrich*, BT-2, Rn. 245.
53 MK-BGB-*Oechsler*, § 935 BGB Rn. 3.
54 Eingehend dazu *Eckstein*, JA 2001, 25; vgl. auch *Hillenkamp/Cornelius*, 25. Problem, S. 143; *Kretschmer*, JuS 2013, 24.
55 Sch/Sch-*Bosch*, § 246 Rn. 19; Beck OK-StGB-*Wittig*, § 246 Rn. 8.
56 HK-*Duttge*, § 246 Rn. 15.

25 Dagegen sieht die vorzugswürdige **Tatbestandslösung**[57] in der bloßen Ausnutzung einer vorher in strafbarer Weise hergestellten Sachherrschaft kein eigenständiges, zusätzliches Unrecht. Daher ist hier schon der Tatbestand des § 246 StGB nicht erfüllt. Für diese Ansicht sprechen vor allem folgende drei Gründe: Die Zueignung ist begrifflich ein dynamischer, einmaliger Vorgang zur Begründung von Sachherrschaft; ist diese erlangt, kann sie folgerichtig durch nachfolgende Akte nicht nochmals begründet werden.[58] Außerdem wäre die Erst-Tat faktisch unverjährbar, weil die Verwertungstat noch sehr viel später (oder immer wieder) begangen werden kann.[59] Sodann gelten für Mitwirkungsakte nach beendetem Diebstahl usw. die gesetzlichen Sonderregelungen in §§ 257, 259 StGB, derer es – bei Annahme einer wiederholten Zueignung – nicht bedürfte.[60] Hat der Täter dagegen seine Scheineigentümerposition aufgegeben, um sie später und zum Nachteil einer anderen Person wieder einzunehmen, so stellt dies eine Unterschlagung dar.[61]

26 ▶ **Lösung:** *A hat im „Adam und Eva-Fall" einen Diebstahl, § 242 StGB, z. N. d. G begangen. Der anschließende Verzehr der Sache stellt sich als Verwertung des Diebesguts und Enteignung des G dar, fällt aber dennoch nach h.M. nicht unter den Zueignungsbegriff und damit den Tatbestand der Unterschlagung. Die darin liegende Sachbeschädigung ist mitbestrafte Nachtat. E macht sich danach weder einer mittäterschaftlichen Unterschlagung noch, da der Diebstahl beendet war, einer sukzessiven Beihilfe zum Diebstahl schuldig. E verschafft sich aber die Verfügungsgewalt über einen Teil der Diebesbeute und begeht damit eine Hehlerei nach § 259 Abs. 1 Var. 2 StGB.* ◀

cc) Unterschlagungen ohne vorherigen Gewahrsam

27 Im Regelfall begeht § 246 StGB derjenige, der einen Gewahrsam an dem Gegenstand hat. Seit der Streichung des Gewahrsamserfordernisses in § 246 StGB durch das 6. StRG ist dies tatbestandlich aber nicht mehr zwingend vorausgesetzt: **Gewahrsamserlangung** und **Zueignung** können zeitlich **zusammenfallen**. Dies spielt etwa in folgenden zwei Konstellationen eine Rolle:

(1) Fundunterschlagung

28 Wer einen Gegenstand findet und einsteckt, muss damit noch keinen Zueignungswillen manifestieren. Denn es kann sich dabei um einen ehrlichen Finder handeln, der die Sache beim Fundbüro abgeben und so die Anzeige- und Verwahrungs- und ggf. Ablieferungspflicht der §§ 965 ff. BGB erfüllen möchte.[62] Eine Zueignung liegt aber dann vor, wenn festgestellt werden kann, dass der Finder sie von vorneherein behalten wollte[63] oder bei objektiver Indifferenz des Geschehens bei der Ansichnahme später den gefundenen Gegenstand wie ein Eigentümer verwendet, etwa das im Geldbeutel enthaltene Geld ausgibt.

---

57 BGHSt 14, 38; NK-*Kindhäuser/Hoven*, § 246 Rn. 37; *Küper/Zopfs*, Rn. 850.
58 BGHSt 14, 38, 42.
59 NK-*Kindhäuser/Hoven*, § 246 Rn. 38.
60 NK-*Kindhäuser/Hoven*, § 246 Rn. 38.
61 Zum sukzessiven zweifachen Verkauf eines Maseratis zum Nachteil von zwei Rechtsgutsträgern BGH NStZ 2022, 611 m. Bspr. *Eisele*, JuS 2022, 551; *Mitsch*, NStZ 2022, 612.
62 LK-*Vogel/Brodowski*, § 246 Rn. 21.
63 Vgl. auch BGH NStZ 2020, 483; BGH NStZ 2021, 228.

(2) Leichenfledderei

Beim „Bestehlen" eines Toten scheidet § 242 StGB mangels Gewahrsam aus, sofern nicht die Erben inzwischen die Sachherrschaft über die Güter des Verstorbenen ausüben. In solchen Fällen kommt aber § 246 StGB zum Zuge.[64]

dd) Probleme der Drittzueignung

Der Täter kann die Sache auch einem **Dritten zueignen**. Umstritten ist freilich, unter welchen Voraussetzungen von einer Drittzueignung ausgegangen werden kann. Dabei treten z.T. sehr komplexe Fallkonstellationen auf. Auf alle Fälle fehlt es an einer solchen Drittzueignung, wenn der Dritte den Gegenstand nur vorläufig gebrauchen oder zerstören soll.[65] Nach der Manifestationstheorie muss der Täter zweifelsfrei zum Ausdruck bringen, dass er den Gegenstand einem Dritten zueignet. Wie oben (Rn. 23) bereits gezeigt wurde, reicht hierfür die Ermöglichung der Aneignung durch den Dritten nicht aus, sondern muss die Tathandlung dem Dritten eine gewisse Herrschaftsmacht verschaffen. Hat also der Täter im Zeitpunkt der Zueignung keinen Besitz oder Gewahrsam an der Sache, ist eine Drittzueignung nicht möglich; die rein verbale Berühmung als Eigentümer genügt nicht.

Wirkt der Dritte an dem Geschehen nicht mit oder fehlt das Einverständnis des Dritten, kann sich gleichwohl der Zueignungswille des Täters manifestieren.[66] Solche aufgedrängten oder heimlichen **Bereicherungen Dritter** werden aber ohnehin vielfach bereits eine Selbstzueignung darstellen, so etwa dann, wenn der Täter ein ihm ausgeliehenes Buch wirksam an einen gutgläubigen Dritten verschenkt (§ 932 BGB) oder er dieses ohne das Wissen des Dritten eigenmächtig in dessen Bücherregal stellt.[67]

Eine Drittzueignung kann auch bei einer Sache vorkommen, die mit einem **Pfand- oder anderen Sicherungsrecht** (z.B. Sicherungsübereignung) belegt ist und die im Fremdbesitz des Sicherungsgebers verbleiben. Man denke etwa an den Fall, dass der Sicherungsgeber, der zur Absicherung eines ihm gewährten Kredits seinen PKW einem Dritten sicherungsübereignet hat, diesen weiterhin nutzen darf. Verkauft er den PKW gleichwohl an einen Dritten, so stellt dies eine Drittunterschlagung dar, sofern der Täter damit das Sicherungsrecht missachten und seinen Fremdbesitz auf Dauer durch den Eigenbesitz des Dritten ersetzen will.[68]

ee) Rechtswidrigkeit der Zueignung

Die erstrebte Zueignung muss zudem **objektiv rechtswidrig** sein. Dabei handelt es sich nach h.M. um ein negatives Tatbestandsmerkmal.[69] Die Rechtfertigungsfragen werden also in den Tatbestand vorverlagert, Dies ändert aber nichts daran, dass die allgemeine Dogmatik der Rechtfertigungsgründe anzuwenden ist.[70]

Hinsichtlich der Rechtswidrigkeit der Zueignung gelten dieselben Grundsätze wie beim Diebstahl (dazu oben § 2 Rn. 67). Die Zueignung ist demnach rechtswidrig,

---

64 BGHSt 47, 243; BGH BeckRS 2019, 18187.
65 S/S/W-*Kudlich*, § 246 Rn. 20.
66 *Wessels/Hillenkamp/Schuhr*, BT-2, Rn. 326.
67 Bsp. von LK-*Vogel/Brodowski*, § 246 Rn. 48.
68 BGH NStZ-RR 2006, 277, 278.
69 *Eisele*, BT-2, Rn. 253; A/W-*Heinrich*, BT, § 15 Rn. 20.
70 Daher für die Zuordnung auf der Rechtswidrigkeitsebene LK-*Vogel/Brodowski*, § 246 Rn. 55.

wenn sie nicht durch einen **fälligen** und **einredefreien Übereignungsanspruch** gedeckt ist.[71] Umgekehrt entfällt bereits der Tatbestand des § 246 StGB, wenn z.B. eine gesetzliche Aneignungs- oder Verwertungsbefugnis eingreift, der Eigentümer mit der Übereignung einverstanden ist (z.B. beim Verkauf unter Eigentumsvorbehalt mit Verwertungsbefugnis des Käufers),[72] oder ein Rechtfertigungsgrund[73] vorliegt (z.B. mutmaßliche Einwilligung).

2. Subjektiver Tatbestand

35 Der Täter muss **vorsätzlich** handeln. Er muss somit zunächst die Fremdheit der Sache in seinen Vorsatz aufgenommen haben. Hinsichtlich der Zueignungskomponente ist zu beachten, dass das Gesetz, anders als im Rahmen des § 242 StGB, **keine** absichtliche Zueignung verlangt. Daher genügt nach h.M. sowohl für die Ent- wie Aneignungskomponente ein dolus eventualis.[74] Der Vorsatz muss sich auch auf die Rechtswidrigkeit der Zueignung erstrecken. Kommt der Täter aufgrund einer Parallelwertung in der Laiensphäre zum irrigen Ergebnis, er habe einen Anspruch auf die Sache, entfällt gem. § 16 StGB der Vorsatz.

3. Versuch

36 Der **Versuch** ist nach Abs. 3 **strafbar**. Nach der Manifestationstheorie ist die Unterschlagung bereits mit der Manifestation des Zueignungswillens vollendet,[75] ohne dass es auf den Zueignungserfolg ankommt, weshalb für einen Versuch nur wenig Raum bleibt.[76] Dieser bleibt gleichwohl denkbar: Wenn jemand ein Päckchen öffnet, das er von einem Paketdienst zur Übergabe an einen Nachbarn erhalten hat, so liegt ein Versuch der Unterschlagung vor, wenn der Täter mit unbedingtem Zueignungsvorsatz überprüft, ob sich darin Gegenstände befinden, die er behalten möchte.[77] Im Übrigen erlangt der Versuch vor allem bei Irrtumskonstellationen als untauglicher Versuch Bedeutung.[78]

4. Täterschaft und Teilnahme

37 Ob der an dem Geschehen **mitwirkende Dritte**, der die Sache erhalten soll, bloßer Gehilfe einer Unterschlagung oder Mittäter ist, richtet sich nach den allgemeinen Grundsätzen. Da auch die Unterschlagung mit Drittzueignungsabsicht seit dem 6. StRG eine täterschaftliche Tatbegehung begründen kann, ist bei der Abgrenzung zur Beihilfe das Merkmal des eigenen Tatinteresses bedeutungslos geworden, weshalb hier nur noch **Tatherrschaftsgesichtspunkte** zum Tragen kommen können.[79]

---

71 HK-*Duttge*, § 246 Rn. 18; NK-*Kindhäuser/Hoven*, § 246 Rn. 26.
72 LG Potsdam BeckRS 2018, 29799.
73 Sch/Sch-*Bosch*, § 246 Rn. 22.
74 *Wessels/Hillenkamp/Schuhr*, BT-2, Rn. 332; MK-*Hohmann*, § 246 Rn. 48; a.A. für den Fall des Selbstzueignung NK-*Kindhäuser/Hoven*, § 246 Rn. 28.
75 Sch/Sch-*Bosch*, § 246 Rn. 26.
76 LK-*Vogel/Brodowski*, § 246 Rn. 68.
77 RGSt 65, 145; M/R-*Schmidt*, § 246 Rn. 12.
78 S/S/W-*Kudlich*, § 246 Rn. 29.
79 S/S/W-*Kudlich*, § 246 Rn. 30; LK-*Vogel/Brodowski*, § 246 Rn. 69.

5. Konkurrenzen, Subsidiaritätsklausel

Bei den Konkurrenzen kommt der in § 246 Abs. 1 StGB enthaltenen **Subsidiaritätsklausel** eine wichtige Rolle zu, deren Reichweite nicht einheitlich beurteilt wird. § 246 StGB tritt demnach – auch in der Qualifikation nach Abs. 2 sowie im Falle des Versuchs – hinter den mit der Unterschlagung begangenen Straftaten zurück, sofern die Tat anderweitig mit höherer Strafe bedroht ist.

▶ **Beispiel („Erst tot, dann bestohlen"-Fall):**[80] *A erstach den B und nahm anschließend dessen Mobiltelefon und dessen Geldbeutel an sich. Er entschloss sich erst zur Wegnahme, nachdem er B getötet hatte.* ◀

Einigkeit herrscht insoweit, als die Klausel **nur** die sog. **Gleichzeitigkeitsfälle**, also Straftaten meinen kann, die der Täter gleichzeitig mit der Unterschlagung begeht,[81] und **nicht** etwa die Fälle der **wiederholten Zueignung**. Die h.M. will darüber hinaus den § 246 StGB hinter **allen** tateinheitlich begangenen Straftaten, die mit höherer Strafe belegt sind, zurücktreten lassen.[82] Sie beruft sich hierfür auf den Gesetzeswortlaut. Die gegenteilige Minderheitsansicht weist zu Recht darauf hin, dass der gesetzgeberische Wille ein anderer war und zudem im Schuldspruch – wie auch sonst bei der Bewertung der Konkurrenzen so üblich – die Betroffenheit unterschiedlicher Rechtsgüter zum Ausdruck kommen muss; zudem wird auch der subsidiäre Straftatbestand im Rahmen der Strafzumessung des schwereren Delikts strafschärfend berücksichtigt. Mithin kann – entgegen der h. M. – eine solche Subsidiarität nur angenommen werden, wenn die **schwerere** Tat die **gleiche** oder ähnliche **Angriffsrichtung** aufweist.[83]

▶ **Lösung:** *Nach Ansicht des BGH liegt im „Erst tot, dann bestohlen-Fall" kein Totschlag in Tateinheit mit Unterschlagung, sondern nur Totschlag vor, da die formelle Subsidiaritätsklausel sich auf alle tateinheitlich begangenen Straftaten erstrecke. Folgt man dagegen der Minderheitsansicht, hat A einen Totschlag in Tateinheit mit Unterschlagung begangen.* ◀

Soweit die Subsidiaritätsklausel nicht eingreift, gelten die **allgemeinen Konkurrenzregeln**. Tateinheit ist demnach möglich bei der Unterschlagung mehrerer Sachen durch teilweise dieselbe Handlung. Die §§ 248b, 290 StGB treten als materiell subsidiär hinter § 246 StGB zurück, da in der Zueignung das Unrecht des furtum usus eingeschlossen ist.[84]

Wahlfeststellung kommt nach h. M. im Verhältnis zu Hehlerei, Betrug und Untreue in Betracht,[85] nicht jedoch zum Diebstahl (oben Rn. 3).

---

80 BGHSt 47, 243.
81 Die in BGHSt 14, 38, 46 vertretene Tatbestandslösung auch für Gleichzeitigkeitsfälle ist im Grunde genommen mit der durch das 6. StRG eingefügten Subsidiaritätsklausel nicht vereinbar, da andernfalls die Klausel leerliefe, was aber der gesetzgeberischen Konzeption widerspricht (*Küper/Zopfs*, Rn. 860).
82 BGHSt 47, 243, 244; BGH NStZ-RR 2017, 312; S/S/W-*Kudlich*, § 246 Rn. 31; *L-Kühl/Heger*, § 246 Rn. 14.
83 HK-*Duttge*, § 246 Rn. 23; *Eisele*, BT-2, Rn. 276; *Fischer*, § 246 Rn. 23 c.
84 MK-*Hohmann*, § 246 Rn. 62; a.A. wegen wechselseitiger Subsidiaritätsklauseln *L-Kühl/Heger*, § 246 Rn. 14.
85 BGH NStZ-RR 2014, 308; BGH NStZ-RR 2015, 39; BGH NStZ-RR 2015, 40, BGH NStZ-RR 2014, 307; HK-*Duttge*, § 246 Rn. 24; and. BGH NJW 2016, 432.

III. Die veruntreuende Unterschlagung (§ 246 Abs. 2 StGB)

44 Die Unterschlagung einer anvertrauten Sache, die sog. veruntreuende Unterschlagung (auch „Veruntreuung"[86] genannt), ist nach § 246 Abs. 2 StGB ein Qualifikationstatbestand.

1. Begriff des Anvertrautseins

45 ▶ **Beispiel („Möbel auf Raten"-Fall):**[87] *A erwarb bei der Möbelhändlerin V Möbel auf Ratenzahlungen unter Eigentumsvorbehalt bis zur vollen Zahlung des Kaufpreises. Nach der Trennung von seiner Ehefrau fasste A den Entschluss, die noch nicht voll bezahlten Möbel zu verkaufen, und setzte diesen Plan alsbald in die Tat um, indem er die Möbel an den Unbekannten U veräußerte.* ◀

46 Anvertraut ist eine solche Sache dem Täter, wenn ihm die **Sachherrschaft** vom **Eigentümer** in dem Vertrauen eingeräumt wird, dass diese Herrschaft **nur im Sinne des Anvertrauenden ausgeübt** wird, insbesondere der Besitzer sie zurückgeben, aufbewahren, einem anderen abliefern oder anderweitig zu bestimmten Zwecken des Anvertrauenden verwenden werde.[88] Die h.M. verlangt für die Veruntreuung keinen Gewahrsam oder wenigstens mittelbaren Besitz des Täters, sondern lässt ein Anvertrauen durch den Verletzten auch ohne eine damit verbundene Gewahrsamsübertragung zu.[89] Typische Fälle sind die Leihe, Miete, Leasing, Verwahrung oder der Kauf unter Eigentumsvorbehalt.[90] Wenn etwa ein Milchbauer geleaste Milchkühe schlachtet, begeht er eine veruntreuende Unterschlagung.[91] Veruntreuung (§ 246 Abs. 2 StGB) und Untreue (§ 266 StGB) sind nicht dasselbe: Das Anvertrauen darf nicht mit dem Treueverhältnis bei § 266 StGB verwechselt oder gleichgesetzt werden, sondern ist begrifflich wesentlich weiter und schon bei dem eben skizzierten Vertrauensverhältnis gegeben.[92]

47 ▶ **Lösung:**[93] *Im „Möbel auf Raten-Fall" erkannte A im Zeitpunkt des Verkaufs V's Eigentum an den Möbeln nicht mehr an, sondern bekundete einen weitergehenden Willen zur alleinigen und uneingeschränkten Herrschaft über die fremden Sachen. Die Eigentümerin V ausschließend, begründete A Eigenbesitz an den Möbeln und eignete sie sich so zu. Die Möbel sind anvertraute Sachen im Sinne des § 246 StGB, wenn deren Besitz oder Gewahrsam dem A in dem Vertrauen eingeräumt worden ist, er werde die Gewalt über sie nur im Sinne der V ausüben. Hierfür genügt es, dass A Besitz oder Gewahrsam kraft eines Rechtsgeschäfts mit der Verpflichtung erlangt hat, sie zurückzugeben oder zu einem bestimmten Zweck zu verwenden. Nach der Absprache der Parteien überließ V dem A die Möbel zur sofortigen Nutzung, behielt sich jedoch zur Sicherung ihrer Kaufpreisforderung bis zu deren vollständiger Erfüllung das Eigentum an den Sachen vor, um sie jederzeit zurücknehmen zu können, wenn der A die Zahlungspflicht nicht erfüllte. Diesen vereinbarten Vertragszweck vereitelte A durch den Verkauf der Möbel vor der Bezahlung des Kaufpreises, A hat danach eine veruntreuende Unterschlagung, § 246 Abs. 2 StGB, begangen.* ◀

---

86 HK-*Duttge*, § 246 Rn. 4.
87 BGHSt 16, 280.
88 BGHSt 16, 280; *Fischer*, § 246 Rn. 16; *Küper/Zopfs*, Rn. 43; *L-Kühl/Heger*, § 246 Rn. 13.
89 A/W-*Heinrich*, § 15 Rn. 35; *Küper/Zopfs*, Rn. 44.
90 BGHSt 9, 90; BGHSt 16, 280; S/S/W-*Kudlich*, § 246 Rn. 26.
91 AG Lüdenscheid BeckRS 2016, 08474.
92 NK-*Kindhäuser/Hoven*, § 246 Rn. 40.
93 BGHSt 20, 287.

2. Gesetzes-, sitten- und interessenwidrige Auftragsverhältnisse

Ein Anvertrauen soll nach h. M. auch vorliegen, wenn die Sache zu **gesetzes-** oder **sittenwidrigen Zwecken** übergeben wurde. Man denke etwa an den Fall, dass ein Drogenkonsument sein Geld einem Drogenhändler zum Erwerb von Drogen aushändigt, der Dealer aber den Auftrag nicht ausführt und das Geld für sich behält.[94] Doch besteht in solchen Fällen nach dem hier vertretenen Grundansatz (oben § 1 Rn. 26) kein Anlass für einen gesteigerten Schutz in der strafrechtlichen Sekundärordnung, wenn noch nicht einmal das Zivilrecht als Primärrechtsordnung solchen Abreden eine rechtliche Relevanz beimisst. Rechtsgeschäftliche Vereinbarungen, die gem. **§§ 134, 138 BGB nichtig** sind, **verdienen** auch **keinen strafrechtlichen Schutz**.[95] Der Grundtatbestand des § 246 StGB reicht hier völlig aus.[96] Zudem kommt in den §§ 73, 74 StGB die Wertung zum Ausdruck, dass es keinen Eigentumsschutz für solche Gegenstände geben soll, die zur Begehung einer Straftat benutzt wurden oder aus ihr hervorgegangen sind.[97] Betrügerisch erlangte Vertrauenspositionen sind freilich zivil- und damit auch strafrechtlich schutzwürdig, wie sich aus § 123 BGB ergibt.[98]

48

Läuft die vom Dritten mit dem Täter der Unterschlagung getroffene Vereinbarung **den Interessen des Eigentümers zuwider**, verneint selbst die h.M. ein Anvertrauen.[99] Dies erklärt sich aus der Funktion des § 246 StGB, das Eigentum und damit die Interessen des Eigentümers zu schützen.[100] Man denke an einen Spediteur, der die Sache von einem Dieb erhalten hat und entgegen der Vereinbarung mit ihm das Diebesgut nicht verwahrt, sondern abredewidrig an einen Dritten veräußert. Das Verwahren von Diebesgut dürfte kaum den Interessen des Eigentümers entsprechen, weshalb in diesem Fall der „Ganovenunterschlagung" nur ein Fall des § 246 Abs. 1 StGB, aber nicht auch noch ein solcher des § 246 Abs. 2 StGB vorliegt.

49

3. Vorsatz, Versuch, Teilnahme, Konkurrenzen

Es gelten die obigen Ausführungen zur einfachen Unterschlagung nach Abs. 1 auch für die Veruntreuung nach Abs. 2. Bei der Beteiligung ist zu beachten, dass das Anvertrauen ein besonderes persönliches Merkmal i.S.d. § 28 Abs. 2 StGB ist.[101] Fehlt es beim Gehilfen oder Anstifter, macht dieser sich nur wegen Teilnahme an einer einfachen Unterschlagung strafbar.

50

Begeht der Täter einer einfachen Unterschlagung tateinheitlich eine einfache Untreue, so tritt § 246 StGB nach allgemeinen Grundsätzen aufgrund materieller Subsidiarität hinter § 266 StGB zurück.[102] Die formelle Subsidiaritätsklausel kommt hier nicht zur Anwendung, da der Strafrahmen bei § 266 Abs. 1 StGB derselbe ist wie bei § 246 Abs. 2 StGB. Beim Zusammentreffen von § 246 Abs. 2 StGB und §§ 266 Abs. 1, 2 i. V. m. § 263 Abs. StGB (z.B. bandenmäßige Untreue) tritt dagegen die Veruntreuung auf-

51

---

94 BGH NJW 1954, 889; MK-*Hohmann*, § 246 Rn. 52; *Wessels/Hillenkamp/Schuhr*, BT-2, Rn. 335.
95 Sch/Sch-*Bosch*, § 246 Rn. 30; NK-*Kindhäuser/Hoven*, § 246 Rn. 41.
96 Sch/Sch-*Bosch*, § 246 Rn. 30.
97 *Mitsch*, BT-1, § 2 Rn. 65.
98 SK-*Hoyer*, § 246 Rn. 47; LK-*VogelBrodowski*, § 246 Rn. 64; a.A. Sch/Sch-*Bosch*, § 246 Rn. 30.
99 RGSt 40, 222; *Rengier*, BT-1, § 5 Rn. 62.
100 *Küper/Zopfs*, Rn. 46.
101 BGH StV 1995, 84; *Fischer*, § 246 Rn. 19; M/R-*Schmidt*, § 246 Rn. 10.
102 Sch/Sch-*Perron*, § 266 Rn. 55.

grund der Klausel in Abs. 1, die auch für die Veruntreuung gilt, hinter den besonders schweren Fall der Untreue zurück.[103]

Wiederholungsfragen

1. In welchem Verhältnis stehen Diebstahl und Unterschlagung? (Rn. 3)
2. Was bedeutet „Zueignung" bei § 246 StGB? (Rn. 13)
3. Ist die wiederholte Zueignung einer Sache möglich? (Rn. 24)
4. Wie bewertet man die sog. Fundunterschlagung? (Rn. 28)
5. Wie unterscheidet sich die Dritt- von der Selbstzueignung? (Rn. 30).
6. Was versteht man unter dem Anvertrautsein in § 246 Abs. 2 StGB? (Rn. 46)
7. Kann man Diebesgut einem anderen anvertrauen? (Rn. 49)
8. Wird § 246 StGB aufgrund seiner Subsidiaritätsklausel auch von einem tateinheitlich begangenen Nichtvermögensdelikt verdrängt? (Rn. 40)

---

[103] BGH NStZ 2012, 628.

§ 4 Der Raub (§§ 249 ff. StGB)

I. Einleitung

Der objektive Grundtatbestand des § 249 StGB ist **seit 1871 unverändert** und war bereits im preußischen StGB von 1851 enthalten.[1] Erst im 18. Jahrhundert entwickelte sich das heute vorherrschende Verständnis des Raubs als einer Straftat, die **gegenüber dem Diebstahl** erheblich **schwerer** zu sanktionieren sei. Im Mittelalter und in der frühen Neuzeit wurde dagegen der Raub, da er mit Transparenz, d. h. „offen und ehrlich" geschah, nur mit dem Schwert und damit weniger entehrend als mit dem beim „heimlichen" Diebstahl vorgesehenen Strang bestraft.[2] Durch das 6. StRG wurde 1998 die Zueignungsabsicht um die Drittzueignungsabsicht erweitert.[3]

Die Polizeiliche Kriminalstatistik weist, mit jüngst wieder steigender Tendenz, für 2022 rund 38.195 (2020: 30.125; 2015: 45.000) Fälle von Raubdelikten aus. 2021 wurden rund 4.800 Personen wegen Raubs, schweren Raubs und räuberischen Diebstahls abgeurteilt.[4] Typische Fälle des Raubs sind die Beraubung von Spielhallen, Tankstellen oder sonstigen Geschäften, während der klassische Bankraub eine räuberische Erpressung darstellt[5] und an Bedeutung verloren hat.

II. Der einfache Raub (§ 249 StGB)

Literaturempfehlung: *Bode*, Die Abgrenzung von Raub und räuberischer Erpressung in der juristischen Fallbearbeitung, JA 2017, 110; *Kudlich/Aksoy*, Eins, zwei oder drei? – Zum Verhältnis von Raub, räuberischem Diebstahl und räuberischer Erpressung in der Fallbearbeitung, JA 2014, 81 ff.; *Mitsch*, Räuberischer Menschenraub, JuS 2022, 609 ff.; *Swoboda*, Das „Unrechtsskelett" des Raubdelikts, Jura 2019, 28 ff.

Der **einfache Raub** nach § 249 StGB bildet den **Grundtatbestand** der Raubdelikte und wird mit einer Mindestfreiheitsstrafe von einem Jahr bedroht. An ihn knüpfen der **schwere Raub** (dazu unten III.) und der **Raub mit Todesfolge** an (§ 251 StGB, dazu unten IV.). § 249 StGB definiert über den Verweis in § 255 StGB zugleich den Strafrahmen für die räuberische Erpressung und räuberischen Diebstahl (dazu unten § 9 Rn. 48).

1. Struktur, Rechtsgut, Prüfungsschema in Klausuren

a) Rechtsgut

Die Norm enthält eine Diebstahls- und eine Nötigungskomponente. Geschützte **Rechtsgüter** sind daher das **Eigentum** und die **persönliche Freiheit**.[6] Man mag darüber streiten, ob der Raub primär ein Eigentumsdelikt ist[7] oder die Freiheit gleichrangig geschützt wird.[8] Der Gesetzgeber hat den Raub systematisch nach dem Diebstahl platziert, was für eine größere Gewichtung des Eigentums spricht.

---

1 LK-*Vogel/Burchard*, § 249 ff. Vor Rn. 1.
2 LK-*Vogel/Burchard*, Vor §§ 249 Rn. 14.
3 NK-*Kindhäuser/Hoven*, § 249 Rn. 1.
4 SVS 2021, S. 36.
5 A/W-*Heinrich*, § 17 Rn. 2.
6 *Eisele*, BT-2, Rn. 299; *Fischer*, § 249 Rn. 2; NK-*Kindhäuser/Hoven*, § 249 Rn. 1.
7 Sch/Sch-*Bosch*, § 249 Rn. 1; *Wessels/Hillenkamp/Schuhr*, BT-2, Rn. 359.
8 S/S/W-*Kudlich*, § 249 Rn. 1; vgl. – unter Berufung auf Hegels Rechtsphilosophie – auch *Klesczewski*, § 8 Rn. 178.

b) Struktur

5   Der Raub verbindet die Merkmale eines Diebstahls (§ 242 StGB) mit denen einer qualifizierten Nötigung (§ 240 StGB) zu einem **zweiaktigen Delikt eigenständiger Art**.[9] § 249 StGB ist somit keine Qualifikation zu §§ 240, 242 StGB. Die Regelungen der §§ 243 ff. StGB, namentlich der §§ 247, 248a StGB, sind auf § 249 StGB nicht anwendbar. Die Mindeststrafen von einem Jahr bei einfachem Raub und von drei Jahren bei schwerem Raub erscheinen im internationalen Vergleich teilweise relativ hoch.[10]

6   Ergeben sich in einer Klausur Anhaltspunkte für einen Raub, beginnt man die Prüfung mit § 249 StGB. Der Diebstahlstatbestand erlangt erst dann eigenständige Bedeutung, wenn kein Raub vorliegt, bzw. dieser nur versucht wurde.

7   § 249 StGB ist der Grundtatbestand, § 250 StGB dessen **Qualifikationstatbestand**, der in der Sache weitgehend – bis auf den „Wohnungsraub"[11] – die Diebstahlsqualifikationen des §§ 244, 244a StGB aufgreift. Wird durch den Raub nicht bloß fahrlässig (§ 18 StGB), sondern **wenigstens leichtfertig** der Tod des Angegriffenen herbeigeführt, greift die **Erfolgsqualifikation** des § 251 StGB ein. Ein räuberischer Diebstahl nach § 252 StGB und kein Raub nach § 249 StGB liegt vor, wenn die Gewalt erst nach der Vollendung des Diebstahls und mit Besitzerhaltungsabsicht ausgeübt wird; insofern gibt es keine Überschneidungen mit § 249 StGB. Die §§ 249 ff. StGB treten in Klausuren selten alleine auf; meistens muss auch noch an eine Prüfung des § 316a StGB, wenn sich der Raub im Straßenverkehr abspielt, sowie an die §§ 239a, 239b StGB gedacht werden.

c) Prüfungsschema in Klausuren

8   Die **Klausurrelevanz des Raubs** ist *vor allem in den Fortgeschrittenenübungen und Examensklausuren sehr groß*.

9   *Prüfungsschema § 249 Abs. 1 StGB*
    A. Tatbestand
        I. Objektiver Tatbestand
            1. Tatobjekt: Fremde bewegliche Sache
            2. Tathandlung: Wegnahme
            3. Tatmittel: Einsatz qualifizierter Nötigungsmittel, d. h. Gewalt gegen eine Person oder Drohungen mit gegenwärtiger Gefahr für Leib oder Leben
            4. Zusammenhang zwischen Nötigungsmittel und Wegnahme
                a) Finalzusammenhang (Einsatz des Tatmittels zum Zwecke der Wegnahme)
                b) Raubspezifische Einheit (räumlicher und zeitlicher Zusammenhang von Nötigungsmittel und Wegnahme)
        II. Subjektiver Tatbestand

---

9   BGH NJW 1968, 1292 (zur Frage der Wahlfeststellung); *Maurach/Schroeder/Maiwald/Hoyer/Momsen*, BT-1, § 35 Rn. 3.
10 Sehr lehrreich dazu LK-*Vogel/Burchard*, Vor §§ 249 ff. Rn. 40, 74 ff., 86 ff.
11 *Rengier*, BT-1, § 7 Rn. 5.

1. *Vorsatz*
2. *(Selbst- oder Dritt-)Zueignungsabsicht*

B. *Rechtswidrigkeit*
C. *Schuld*

2. Der objektive Tatbestand

Der Tatbestand setzt die Wegnahme einer fremden beweglichen Sache voraus. Diese Wegnahme muss durch den Einsatz eines qualifizierten Nötigungsmittels final bewirkt worden sein.

a) Tathandlung Wegnahme

▶ **Beispiel („Wegstossen am Geldautomaten"-Fall)**[12] *A versuchte, gemeinschaftlich mit B in Bankfilialen Geld von Kunden zu erbeuten, die dort an Automaten Geld abheben wollen. Zu diesem Zweck warteten A und B zunächst ab, bis ein Kunde seine Bankkarte in den Geldautomaten eingeführt und seine PIN eingegeben hatte. Sodann zerrten A und B das Opfer von dem Geldautomaten weg bzw. stießen es zur Seite, um den Geldbetrag einzugeben und das in dem Ausgabefach liegende Geld an sich zu nehmen. Dem B gelang es in diesen beiden Fällen, Geldbeträge zwischen 50 EUR und 500 EUR zu erbeuten. Haben sich A und B eines mittäterschaftlich begangenen Raubs, §§ 249, 25 Abs. 2 StGB, schuldig gemacht?* ◀

Bei der Wegnahme ergeben sich die gleichen Fragestellungen wie beim Diebstahl (vgl. daher oben § 2 Rn. 19 – 38). Misslingt die Wegnahme, kommt nur ein versuchter Raub in Betracht. Schwierig kann sich die Abgrenzung des Raubs von der räuberischen Erpressung darstellen; diese Problematik wird aber im Zusammenhang der räuberischen Erpressung behandelt (dazu unten § 9 Rn. 6 und 22 ff.).

▶ **Lösung:** *Die Behandlung dieser Fälle ist innerhalb der BGH-Rspr. umstritten (eingehend dazu oben § 2 Rn. 24). Nach der hier vertretenen Ansicht stellt das Verhalten der Täter eine Wegnahme dar, während die Gegenansicht wegen eines Einverständnisses der Bank in das Ansichnehmen des Geldes einen Gewahrsamsbruch ablehnt. Dies hat Konsequenzen für die Bewertung für hinzutretende Gewaltkomponenten wie im vorliegenden Fall: Wer einen (mittäterschaftlich begangenen)* **Diebstahl** *durch A und B* **verneint,** *kommt zu einer* **räuberischen Erpressung** *(so BGH NJW 2018, 245); wer dagegen § 242 StGB* **bejaht** *(so BGH NStZ 2019, 726 und BGHSt 66, 55), muss folgerichtig einen* **Raub,** *§ 249 StGB, annehmen, sofern die Gewalt der Wegnahme dient, bzw. einen* **räuberischen Diebstahl,** *§ 252 StGB, sofern die Gewalt der Beutesicherung dient.* ◀

b) Tatmittel

Der Täter muss sodann **qualifizierte Nötigungsmittel** einsetzen und dabei den Zweck verfolgen, die Wegnahme einer fremden beweglichen Sache in Zueignungsabsicht zu ermöglichen.

aa) Gewalt gegen eine Person

Gewalt ist eine gegenwärtige Übelszufügung, die auf einer gewissen Kraftentfaltung beruht, zu einer physischen Zwangswirkung führt und mit der ein erwarteter oder

---

12 BGH NStZ 2018, 245; BGH NStZ 2019, 726.

geleisteter Widerstand überwunden werden soll.[13] Der Gewaltbegriff erfasst, ebenfalls wie bei § 240 StGB, vis absoluta und vis compulsiva. Die Gewalt muss sich, im Unterschied zu § 240 StGB, beim Raub **gegen eine** (natürliche) **Person** richten. Der Gewaltbegriff hat einen **physischen Begriffskern**: Gewalt liegt nur vor, wenn sie sich körperlich auswirkt[14] (z.B. Verprügeln, Einsperren[15]). Gewalt gegenüber **Sachen** (z.B. das Zerstechen der Reifen des Autos, mittels dessen der Eigentümer den Dieb verfolgen könnte) oder Gewalt gegen **Tiere** (z.B. Quälen des Lieblingstiers des Eigentümers)[16] genügen ebenso wenig wie eine rein seelische Einwirkung (z.B. das Hervorrufen von Angst durch das Bedrohen mit einer Waffe), die aber dann als raubspezifisches Zwangsmittel vorliegt, wenn sie unter die Variante der qualifizierten Drohung fällt.[17]

(1) Weite Auslegung

16   Der Gewaltbegriff wird im Übrigen weit ausgelegt, freilich stets mit dem Erfordernis, dass ein physischer Bezug gegeben ist. Es fallen darunter auch das **Entreißen der Beute** beim „Handtaschenraub", wenn das Opfer nicht bloß Kraft anwendet, um die Tasche zu tragen oder zu halten, sondern es die Absichten des Täters erkennt und sie speziell zum Schutz vor Wegnahme besonders fest hält.[18] Auch das Spritzen von Deoflüssigkeit in die Augen wirkt sich physisch aus.[19] Wer die hilflose Lage eines **Schlafenden** oder **Betrunkenen** zu Diebstahlszwecken ausnutzt, wendet keine Gewalt an, es sei denn, er hat diesen Zustand zuvor herbeigeführt (z.B. durch Schläge oder KO-Tropfen) oder den Körper an einen Ort verfrachtet, an dem er den Diebstahl ungestört vornehmen kann.[20] Bloße **List, Geschicklichkeit** und **Schnelligkeit genügen** jedenfalls **nicht**.[21] An einer physischen Zwangswirkung soll es fehlen, wenn der Fahrer eines KFZ zum Abbremsen oder Stehenbleiben an einer Ampel genötigt[22] oder die Windschutzscheibe mit Öl übergossen wird.[23]

(2) Intensität des Nötigungsmittels

17   Die Gewalt gegen die Person muss **erheblich** genug sein, einen erwarteten oder geleisteten Widerstand des Opfers zu beugen.[24] Sie muss nicht zwangsläufig mit einer Leibes- oder Lebensgefahr für den Betroffenen verbunden sein.[25] Von einer eher unbedeutenden Beeinträchtigung der Körperintegrität wie einer leichteren Misshandlung (z.B. einer Ohrfeige) dürfte seltener eine willensbeugende Wirkung ausgehen.

(3) Gewalt gegen Dritte

18   Auch Gewalt gegen eine **dritte Person** (sog. „Dreiecksnötigung") kann genügen, sofern sie dem Gewahrsamsinhaber zur Hilfe verpflichtet (z.B. Wachmann) oder dazu bereit

---

13   *Sch/Sch-Eisele*, Vorbem. §§ 234 ff. Rn. 10 a; *Fischer*, § 240 Rn. 8; *Küper/Zopfs*, Rn. 287.
14   BVerfGE 92, 1; *Kindhäuser/Schramm*, BT-1, § 12 Rn. 21.
15   BGHSt 20, 194.
16   *Mitsch*, BT-2, S. 497.
17   *Rengier*, BT-1, § 7 Rn. 16.
18   BGH NJW 1955, 1404; *Fischer*, § 249 Rn. 4 b; MK-*Sander*, § 249 Rn. 16.
19   BGH NStZ 2003, 89.
20   Vgl. BGHSt 4, 210.
21   BGH StV 1990, 205; AnwK-*Habetha*, § 249 Rn. 5; *Rengier*, BT-1, § 7 Rn. 10.
22   BGH NStZ 2020, 219 m. Bspr. *El-Ghazi*; *Kudlich*, JA 2020, 150.
23   BGH NStZ 2019, 523 m. Anm. *Kassebaum*; and. S/S/W-*Kudlich*, § 249 Rn. 6.
24   BGH StV 1990, 262; MK-*Sander*, § 249 Rn. 15.
25   BGH NStZ 2003, 89; A/W-*Heinrich*, § 17 Rn. 7.

ist (z.B. ein Angehöriger).[26] Mit der Gewalt **gegen** den **schutzbereiten Dritten** wird das in seiner Person bestehende physische Hindernis für die Tat beseitigt.[27] Soll mit der Gewaltausübung (z. B. gegen ein Kind) aber nicht der Wille des Nötigungsopfers, sondern derjenige des Gewahrsamsinhabers (z. B. der Mutter, welche eine Wegnahme dulden soll) gebeugt werden, reicht dies nicht aus.[28]

(4) Gewalt durch Unterlassen

▶ **Beispiel („Jagdhütte-Fall"):**[29] *A drang in die Jagdhütte des B ein und übernachtete darin. Als B am nächsten Morgen die Hütte aufsuchte und die Tür öffnete, schlug A den B brutal nieder. Er fesselte B zudem die Hände, schob ihn in die Hütte und sperrte sie ab. Erst jetzt fasste A den Entschluss, sich die von B mitgeführten Taschen und B's Landrover anzueignen. Er ergriff dessen Taschen, brachte sie in den Landrover, verschloss die Hütte und fuhr davon. – Strafbarkeit des A wegen Diebstahls oder Raubs?* ◀

19

Umstritten ist, ob auch **Gewaltanwendung durch Unterlassen** denkbar ist, wenn der Garantenpflichtige gem. § 13 StGB (nur dann stellt sich überhaupt die Frage) nicht die von ihm geschuldete Handlung vornimmt. Auf die Klärung dieser Rechtsfrage kommt es namentlich in denjenigen Fällen an, in denen der Täter bei der **Schaffung** der Zwangslage **noch keinen** Raub vorhat (z.B. beim Fesseln oder Einsperren des Opfers); andernfalls liegt bereits ein Raub durch aktives Tun vor. Fasst er aufgrund eines **Motivwechsels** den Entschluss zur Wegnahme erst danach, etwa aufgrund einer „spontanen Eingebung", und **nutzt** er damit die von ihm geschaffene Lage für eine Wegnahme **aus**, ist eine Bestrafung wegen Raub durch aktives Tun zwar nicht möglich; denkbar bleibt ein Raub durch Unterlassen, wobei die Garantenstellung dann vielfach mit Ingerenz begründet werden kann.

20

Die **überwiegende Literaturansicht** hält es sowohl unter dem Aspekt des Wortlauts als auch unter der geforderten Äquivalenz der Modalitäten (§ 13 StGB) **nicht** für möglich, den passiven Täter dem aktiven Täter gleichzustellen. Zudem würde durch die Gegenansicht derjenige privilegiert, der so brutal vorgehe, dass er die Zwangssituation gar nicht aufheben kann (z.B. das Opfer bis zur Bewusstlosigkeit schlägt und dann spontan auch noch bestiehlt).[30]

21

Die Rechtsprechung und ein Teil der Literatur **bejahen** dagegen **zu Recht** die Möglichkeit eines **Raubs durch Unterlassen**.[31] Der Wortlaut und die Ratio der Norm stehen dem nicht entgegen, wie der Vergleich mit § 240 StGB zeigt, bei dem ebenfalls Gewalt durch ein Unterlassen in Garantenstellung ausgeübt werden kann.[32] Zudem kann der Nötigungseffekt bei Unterlassen äquivalent zu demjenigen eines aktiven Tuns sein, das Unterlassen finalisiert für eine Wegnahme eingesetzt sowie der objektive Zurechnungszusammenhang zwischen Mittel und Erfolg[33] vorliegen.

22

---

26 *Mitsch* JuS 2022, 609, 613.
27 LK-*Vogel/Burchard*, § 249 Rn. 22.
28 MK-*Sander*, § 249 Rn. 17; SK-*Sinn*, § 249 Rn. 15; i. E. ebenso BGHSt 42, 378 (zu § 178 StGB).
29 BGHSt 48, 366.
30 *Küper/Zopfs*, Rn. 292; *Otto* JZ 2004, 364.
31 LK-*Vogel/Burchard* § 249 Rn. 48 ff.; *T. Walter*, NStZ 2005, 240; i. E. auch BGHSt 48, 366.
32 *Kindhäuser/Schramm*, BT-1, § 12 Rn. 30.
33 And. LK-*Vogel/Burchard* § 249 Rn. 55.

23 ▶ **Lösung:**[34] Im „Jagdhütte-Fall" liegt die aus anderen Gründen erfolgte Gewaltanwendung durch positives Tun und ihre bewusste Ausnutzung zur Wegnahme durch den Täter, der das Opfer durch die Fesselung in seine Gewalt gebracht hatte, zeitlich und räumlich dicht beieinander. Es kann daher, wie der BGH richtig erkannt hat, in einem solchen Fall gleicher Unrechtsintensität von Tun und Unterlassen nicht maßgeblich sein, in welchem Moment sich der Täter zur Wegnahme entschlossen hat. A hat die qualifizierte Nötigungskomponente durch pflichtwidriges Unterlassen aus Ingerenz verwirklicht und damit einen Raub begangen. ◀

bb) Drohung mit gegenwärtiger Gefahr für Leib und Leben

24 Drohung ist das Inaussichtstellen eines Übels (= Nachteil, Werteinbuße), auf dessen Eintritt der Täter einen Einfluss hat oder zu haben vorgibt.[35] Gegenstand der Drohung muss eine unmittelbar bevorstehende **Tötung** oder eine **erhebliche Körperverletzung** sein.[36] Der Wortlaut ist etwas missverständlich, denn der Täter droht nicht bloß mit einer Gefahr, sondern vielmehr mit der Vornahme einer Handlung oder Unterlassung, die zugleich mit einer Todes- oder Leibesgefahr verbunden sein muss. Wie bei der Gewalt (oben Rn. 18) ist eine Drohung gegenüber Dritten denkbar, sofern der Täter damit eine Zwangswirkung auf das Opfer ausübt.[37] Dies ist etwa der Fall, wenn der Täter die Vergiftung von Lebensmitteln im Supermarkt zum Nachteil des Kunden in Aussicht stellt.[38]

25 Umstritten ist, nach welcher Perspektive sich die Drohung bestimmt. Teilweise wird **täterperspektivisch** darauf abgestellt, ob der Täter einen Angriff auf die Willensfreiheit intendiert hatte, der vom Opfer **nach der Tätervorstellung ernstgenommen** werden **sollte**.[39] Die h.M. stellt dagegen zu Recht auf den Drohungserfolg beim Opfer ab, hält somit die **Perspektive** des **Opfers** für maßgeblich und verlangt, dass dieses die Drohung **tatsächlich ernst nimmt**.[40] Denn bloße Intentionen des Täters schaffen noch keine Rechtsgutsverletzung beim Opfer, wie es im Übrigen auch unerheblich ist, ob der Täter das Übel tatsächlich realisieren kann. Nimmt das Opfer eine vom Täter vorgespiegelte (z.B. mittels einer täuschend echt aussehenden Scheinwaffe begangene), aber objektiv nicht realisierbare Drohung ernst, ist freilich nach beiden Ansichten eine (vollendete) Drohung gegeben. Erkennt das Opfer hingegen, dass es gar nicht in Gefahr ist, liegt nach der Theorie der Opferperspektive schon gar keine Drohung vor (und damit nur ein Versuch),[41] während die täterperspektivische Auffassung die Drohungskomponente bejahen würde.[42]

c) Finalzusammenhang zwischen Nötigungsmittel und Wegnahme

26 Die **Mittel-Zweck-Relation** zwischen Nötigung und Wegnahme bildet eine zentrale und höchst klausurrelevante Strafbarkeitsvoraussetzung beim Raub.[43] Sie wird zu

---

34 BGHSt 48, 366.
35 BGHSt 16, 386; *Kindhäuser/Schramm*, BT-1, § 12 Rn. 31; NK-*Toepel*, § 240 Rn. 94.
36 NK-*Kindhäuser/Hoven*, § 249 Rn. 6; MK-*Sander*, § 249 Rn. 21.
37 RGSt 17, 82 (zu § 240).
38 SK-*Sinn*, § 249 Rn. 22.
39 *Küper/Zopfs*, Rn. 168; *Wessels/Hillenkamp/Schuhr*, BT-2, Rn. 368.
40 L-*Kühl/Heger*, § 240 Rn. 12; NK-*Kindhäuser/Hoven*, Vorbem. § 249 Rn. 24. Zur uneinheitlichen Rspr. vgl. *Küper/Zopfs*, Rn. 167.
41 Mit der Konsequenz bloßer Versuchsstrafbarkeit; vgl. *Rengier*, BT-1, § 7 Rn. 18.
42 *Küper/Zopfs*, Rn. 169; *Wessels/Hillenkamp/Schuhr*, BT-2, Rn. 366.
43 Nach Ansicht von *Jäger*, BT, Rn. 414, soll es sich um das bedeutendste Klausurproblem beim Raub handeln.

Recht überwiegend im **objektiven** Tatbestand geprüft,[44] weil zwischen der Wegnahme und den Nötigungsmitteln ein enger Zusammenhang besteht; andere verorten die Fragestellung im **subjektiven** Tatbestand,[45] was weder in der Sache noch im Ergebnis einen Unterschied bedeutet.

▶ **Beispiel ("Gieriger Taxifahrer-Fall"):**[46] *Taxifahrer A fuhr den Fahrgast K nach Hause. Am Zielort weigerte sich K grundlos, den bei Fahrtantritt vereinbarten Fahrpreis von 40 DM zu bezahlen. K sprang aus dem Wagen und versuchte zu entkommen. A verfolgte ihn und wollte sich das Fahrgeld auf eigene Faust, notfalls mit Gewalt verschaffen. Er holte K ein, packte ihn, schlug und trat ihn mehrfach, bis dieser zu Boden ging. Dabei fiel K die Geldbörse aus der Tasche. A bemerkte, dass sich mehrere 100-, 50-, 20- und 10-DM-Scheine in ihr befanden, und fasste den Entschluss, sich den gesamten Börseninhalt von 870 DM anzueignen. Während der noch immer am Boden befindliche K versuchte, sich auf allen Vieren davonzuschleichen, steckte A, der dies bemerkt hatte, das gesamte Papiergeld in seine Gesäßtasche. – Strafbarkeit des A wegen Raubes?* ◀

Mit dem Nötigungsmittel muss der Täter das **Ziel** verfolgen, die Wegnahme durchzuführen. Nötigungsmittel und -erfolg müssen somit in einem Finalzusammenhang stehen. Wird die Gewalt erst **nach** der Vollendung des Diebstahls ausgeübt, kommt allenfalls ein räuberischer Diebstahl in Betracht.[47] Wird umgekehrt **vor** dem Diebstahl Gewalt ohne die Zweckbestimmung einer Wegnahme eingesetzt, stellt dies ebenfalls keinen Raub dar.[48] Dagegen ist der geforderte Zusammenhang gegeben, wenn die Nötigungshandlung fortwirkt oder der Täter (zumindest konkludent) mit erneuter Gewalt droht, wofür aber die bloße Angst des Opfers vor erneuten Misshandlungen nicht genügt.[49]

▶ **Lösung:**[50] *Im "gieriger Taxifahrer-Fall" liegen bezüglich der 40 DM die objektiven Voraussetzungen des § 249 StGB vor, jedoch fehlt es am Vorsatz hinsichtlich der objektiven Rechtswidrigkeit der erstrebten Zueignung bzw. an der objektiven Rechtswidrigkeit der angestrebten Zueignung überhaupt. Zwischen der Wegnahme der übrigen 830 DM und der zuvor erfolgten Nötigung besteht kein finaler Zusammenhang. Zudem wirkt die Gewaltausübung im Zeitpunkt der Wegnahme nicht mehr fort. Insofern liegt der Fall anders als die Raubkonstellation im vorangegangenen "Jagdhütte-Fall" (o.Rn. 19), in dem das Opfer gefesselt, eingesperrt und damit seiner Freiheit beraubt war, als es bestohlen wurde, und der Täter außerdem Garant aus Ingerenz gegenüber dem Opfer war. Im Taxifahrer-Fall kommt dagegen nur ein Diebstahl in Betracht.* ◀

Ob es neben der subjektiv-finalen Beziehung auch eines objektiven Kausalzusammenhangs zwischen Mittelanwendung und Wegnahmehandlung bedarf, ist höchst umstritten. Zwar wird in den meisten Fällen die Wegnahme nur deshalb gelungen sein, weil der Täter jene Mittel angewendet hat, womit der Final- wie Kausalzusammenhang im **Regelfall** zu **bejahen** ist. Problematisch sind aber die **Ausnahmefälle**, in denen die Wegnahme nicht auf dem Einsatz des Nötigungsmittels beruht, sondern auch ohne diese Vorgehensweise geglückt wäre. Die Fragestellung tritt etwa in dem **Beispiel** auf,

---

44 So etwa *Eisele*, BT-2, Rn. 324; *Wessels/Hillenkamp/Schuhr*, BT-2, Rn. 381.
45 *Jäger*, BT, Rn. 414; *Kindhäuser/Böse*, BT-2, § 13 Rn. 28.
46 BGH NStZ 1982, 380.
47 BGH NStZ 2020, 417.
48 BGHSt 41, 132; BGH NStZ 2015, 156 m. Bspr. *Hecker* JuS 2014, 656.
49 Vgl. BGH NStZ 2022, 42 m. Anm. *Kudlich* JA 2021, 959.
50 BGH NStZ 1982, 380.

in dem der Einbrecher nachts die Türe des Schlafzimmers abschließt, um bei seinem Beutezug nicht von den Eigentümern gestört zu werden, die aber tief schlafen und erst am nächsten Morgen aufwachen.[51] Nach der **subjektiv-finalen** Theorie der herrschenden Meinung spielt eine solche Kausalität keine Rolle, denn das Gesetz verlange nur, dass der Diebstahl „**mittels**" Gewalt bzw. unter Androhung von Gefahren und nicht „durch" eine Nötigung begangen werde; außerdem sei der Täter, der solche Mittel einsetze, per se besonders gefährlich.[52] Raub liege daher auch dann vor, wenn das Nötigungsmittel für den Einsatz nicht objektiv erforderlich sei.[53] Nach der **Kausalitätstheorie**[54] wäre dagegen zu klären, ob die Wegnahme **durch die Nötigung verursacht** wurde. Man müsste hierzu feststellen, ob der Genötigte auch tatsächlich Widerstand geleistet bzw. auch ohne die Drohung die Wegnahme zugelassen hätte. Ist dies zweifelhaft oder eindeutig zu verneinen, kommt nur eine Versuchsstrafbarkeit in Betracht. Für diese Ansicht spricht durchaus der Wortlaut („mittels") des Gesetzes: In anderen Tatbeständen deutet der Begriff „mittels" ebenfalls auf eine Kausalbeziehung hin (z.B. bei § 224 Abs. 1 Nr. 2 StGB[55] oder Nr. 5 StGB[56]). Zudem wird für die (qualifizierte) Nötigungskomponente im Rahmen des § 249 StGB schwerlich etwas anderes gelten können als bei § 240 StGB: Wenn schon für die einfache Nötigung eine Kausalitätsbeziehung zwischen Nötigungsmittel und -erfolg verlangt wird,[57] kann das Ergebnis für die qualifizierte Nötigung im Rahmen des Raubs erst recht nichts anders lauten.[58]

d) Raubspezifische Einheit

31 Die Rechtsprechung fordert neuerdings hervorgehoben eine „raubspezifische Einheit von qualifizierter Nötigung und Wegnahme",[59] d. h. einen objektiv zu bestimmenden **räumlich-zeitlichen** Zusammenhang von Wegnahme und Nötigungsmitteln. Daran kann es fehlen, wenn die zum Zweck der Wegnahme verübte Gewalt und die anschließende Wegnahmehandlung **auseinanderfallen**. Dies wäre beispielsweise der Fall, wenn das Opfer die Spuren der an ihm zu Raubzwecken verübten Gewaltanwendung an seinem Körper unter der Dusche abwäscht, während der Täter im Wohnzimmer die Goldkette wegnimmt.[60] In solchen Fällen ist dann der gewahrsamslockernde Effekt des Nötigungsmittels „verpufft".[61]

3. Der subjektive Tatbestand

a) Vorsatz, Zueignungsabsicht

32 Erforderlich ist der **Vorsatz** bezüglich aller objektiven Tatbestandsmerkmale (also Wegnahme, Anwendung von Nötigungsmitteln) sowie die **Zueignungsabsicht**. Alle Probleme, die bei der Zueignungsabsicht im Zusammenhang des Diebstahls auftreten können (oben § 2 Rn. 44), sind genauso ggf. beim Raub zu erörtern. So entfällt etwa die Ent-

---

51 Bsp. von A/W-*Heinrich*, § 17 Rn. 12.
52 BGH JuS 2018, 1246 m. Bspr. *Jahn*; MK-*Sander*, § 249 Rn. 26; *Rengier*, BT-1, § 7 Rn. 22.
53 BGH NStZ 1993, 79; BGHSt 61, 141.
54 A/W-*Heinrich*, § 17 Rn. 11; *Hörnle*, FS *Puppe* 2011, 1143 ff.; SK-*Sinn*, § 249 Rn. 29.
55 MK-*Hardtung*, § 224 Rn. 30.
56 Sch/Sch-*Sternberg-Lieben*, § 224 Rn. 12.
57 BGHSt 37, 350, 353; Sch/Sch-*Eisele*, § 240 Rn. 14.
58 I. E. auch A/W-*Heinrich*, § 17 Rn. 11.
59 BGHSt 61, 141; vgl. dazu *Jäger*, BT Rn. 409 („Fleischhammer-Fall").
60 BGHSt 61, 141 m. Bspr. *Bosch*, Jura 2016, 1082; *Eisele*, JuS 2016, 754; *Kudlich*, JA 2016, 632.
61 Lehrreich dazu *Mitsch* JuS 2022, 609, 612.

eignungskomponente der Zueignungsabsicht, wenn die Sache mit Gewalt nur deshalb weggenommen wird, um sie beiseitezuschaffen, dem anderen zu entziehen (z.B. seine Motorradkutte) oder zu verbergen, nicht aber um sie zu behalten.[62]

Ob eine **Vorsatzerweiterung** oder **-änderung** Bedeutung erlangt, bemisst sich nach den Grundsätzen des Tatbestandsirrtums, § 16 StGB. Dehnt der Täter seinen Vorsatz auf weitere Gegenstände aus, wird dies, wenn sein Wegnahmewille nicht auf einen ganz bestimmten Gegenstand bezogen, sondern genereller Natur war, regelmäßig eine unwesentliche Abweichung vom Kausalverlauf darstellen. Wenn A den B in der Erwartung überfällt, dass dieser nur einen kleineren Geldbetrag bei sich hat, in Wahrheit in dessen Portemonnaie aber 1.000 EUR findet, so stellt dies einen einheitlichen vollendeten Raub dar.[63] Richtet der Täter seinen Vorsatz vom ursprünglich anvisierten Gegenstand auf einen anderen, wird dies ebenfalls am vollendeten Raub nichts ändern:[64] Man denke an den Fall, dass A den B überfällt, um Geld zu erlangen, B aber nur sein Handy dabei hat und A daraufhin beschließt, wenigstens das Handy mitzunehmen.

b) Vorsatz bezüglich Rechtswidrigkeit der erstrebten Zueignung

Bezüglich dieses normativen Tatbestandsmerkmals gelten dieselben Grundsätze wie beim Diebstahl (oben § 2 Rn. 71). Treibt also beispielsweise jemand mit Gewalt einen tatsächlich bestehenden, **einredefreien fälligen Anspruch** für sich (oder einen Dritten) ein, entfällt die objektive Rechtswidrigkeit des Raubs; es bleibt dann nur eine Bestrafung wegen Nötigung übrig.[65] Erbringt etwa eine Prostituierte die vereinbarte sexuelle Leistung nicht (vgl. § 1 ProstG) und nimmt ihr der Freier das von ihm bereits gezahlte Entgelt gewaltsam ab, so kommt wegen seines Anspruchs nach § 812 Abs. 1 Satz 1 BGB ein Raub nicht in Betracht.[66]

Besteht ein solcher Anspruch nicht, geht der seine vermeintliche Forderung gewaltsam eintreibende Täter aber aufgrund seiner laienhaften juristischen Bewertung irrig davon aus, dass er einen einredefreien und fälligen Anspruch gegen den Eigentümer habe, so kann der Vorsatz entfallen.[67]

4. Versuch, Vollendung, Beendigung

Vollendet ist die Tat nicht bereits mit der Vollendung der Nötigungskomponente, sondern **erst** dann, wenn außerdem alle Voraussetzungen der **Diebstahlskomponente** verwirklicht sind.[68] **Beendet** ist die Tat regelmäßig mit der **Sicherung der Beute**. Die Tat kann aber schon vorher ihren Abschluss gefunden haben, so etwa dann, wenn der Täter die Beute in einem Busch versteckt hat.[69] **Vorbereitungen** zu einem Raub können wegen dessen Verbrechensnatur (§ 12 Abs. 1 StGB) als versuchte Beteiligung nach § 30 StGB strafbar sein.[70]

---

62 BGH NStZ 2011, 699 m. Bspr. *Hecker*, JuS 2013, 1141.
63 BGHSt 22, 350.
64 Vgl. RGSt 14, 312, 315 (zu § 242 StGB).
65 Vgl. etwa BGH NStZ-RR 2022, 47 m.Bspr. *Eisele* JuS 2022, 686.
66 BGH NStZ 2015, 699; MK-*Sander*, § 249 Rn. 38.
67 BGH JuS 2014, 366 m. Bspr. *Hecker* (zu §§ 253, 255).
68 L-*Kühl/Heger*, § 249 Rn. 6.
69 BGH NJW 1985, 814 m. Bspr. *Küper*, JuS 1986, 862 und *Laubenthal*, Jura 1985, 630.
70 SK-*Sinn*, § 249 Rn. 34; LK-*Vogel/Burchard*, § 249 Rn. 101.

36 Beim **Versuch** muss sich der Tatentschluss auf die drei Elemente des objektiven Tatbestands – die Wegnahme, den Einsatz von qualifizierten Nötigungsmitteln und den Finalzusammenhang – erstrecken. Die Abgrenzung von **bloßer Tatgeneigtheit** und **Tatentschluss** ist beim Raub mitunter **schwierig**. In den Fällen, in denen jemand bei einem Diebstahl ein Nötigungsmittel wie z.B. eine geladene Pistole bei sich führt, um sie notfalls einzusetzen, bejaht die h.M. den Tatentschluss, da der Einsatz des Mittels von Bedingungen abhängt, die der Täter nicht beeinflussen kann.[71] Auch das **unmittelbare Ansetzen** lässt sich nicht immer leicht bestimmen. Klingeln an der Haustüre mit Sturmmaske auf dem Kopf und gezückter Pistole in der Hand erfüllt § 22 StGB, wenn die Gewalt gegen die Person ausgeübt werden soll, von der die Türe geöffnet wird.[72] Wer aber am Sonntagabend zur Bankfiliale fährt, um die Bankmitarbeiter am Montagvormittag zu überfallen, hat den objektiven Versuchstatbestand noch nicht erfüllt.[73]

37 Mit dem **Ansetzen** zu der – mit Wegnahmeentschluss und Zueignungsabsicht erfolgenden – **Nötigung** wird auch das **Versuchsstadium** des Raubs erreicht.[74] Daher begeht derjenige einen versuchten Raub, der einen Menschen umzubringen versucht, um sich oder einem Dritten dessen Sachen zuzueignen. Umstritten ist, ob der **Raubversuch** schon dann zu bejahen ist, wenn der Täter zur **Wegnahme ansetzt**, noch nicht aber zur Gewaltanwendung oder Drohung.[75] Die h.M. **verneint** dies zu Recht. Raub ist ein delictum sui generis (Diebstahl mit Hilfe qualifizierter Nötigungsmittel), weshalb der Täter zu § 249 StGB erst dann ansetzen kann, wenn er zum **gesamten Tatbestand**, also auch zur Gewalt oder Drohung ansetzt, die dann unmittelbar in die Wegnahme einmünden muss.[76] Für diese Ansicht spricht zudem § 244 Abs. 1 Nr. 1 b StGB: Wäre jeder Diebstahl unter Beisichführen eines Werkzeugs, um dieses notfalls gegen Personen einzusetzen, schon ein Raubversuch, so könnte der Gesetzgeber die Regelung des § 244 Abs. 1 Nr. 1 b StGB streichen.

5. Täterschaft und Teilnahme

a) Täterschaft

38 Es gelten die Regeln der §§ 25 ff. StGB. Raub ist **kein** eigenhändiges Delikt. **Mittäterschaft**[77] und **mittelbare Täterschaft**[78] sind somit möglich. (Mit-)**Täter** kann **nur** sein, wer **Selbst-** oder **Drittzueignungsabsicht** hat. Schwierig ist die Abgrenzung von (Mit-)Täterschaft und Teilnahme in denjenigen Fällen, in denen Beteiligte mit Drittzueignungsabsicht handeln; insoweit gelten hier die gleichen Grundsätze wie beim Diebstahl (oben § 2 Rn. 73). Ein mit Drittzueignungsabsicht Handelnder ist danach erst dann (Mit-)Täter, wenn er nach den allgemeinen Kriterien der Täterschaft einen Täterstatus einnimmt, er also das Geschehen gemeinsam mit den anderen Tatbeteiligten auf der Grundlage eines gemeinsamen Tatentschlusses beherrscht.[79]

---

71 Dies bedeutet aber nicht, dass er damit auch schon zum Raub unmittelbar ansetzt.
72 BGHSt 26, 201.
73 BGH NStZ 2004, 38.
74 A/W-*Heinrich*, § 17 Rn. 13.
75 So RGSt 69, 327, 329; vgl. auch *Fischer*, § 249 Rn. 17.
76 NK-*Kindhäuser/Hoven*, § 249 Rn. 28; Sch/Sch-*Bosch*, § 249 Rn. 10.
77 MK-*Sander*, § 249 Rn. 39; LK-*Vogel/Burchard*, § 249 Rn. 97; Prüfungsschema bei *Peters/Bildner*, JuS 2020, 731, 735.
78 BGH NStZ 2013, 103 m Anm. *Jäger* JA 2013, 71.
79 BGH NStZ 2015, 276 m. Bspr. *Jahn*, JuS 2015, 78 (zu § 252 StGB).

b) Sukzessive Beteiligung, rückwirkende Zurechnung von Erschwerungsgründen

In der Beendigungsphase des Raubs treten immer wieder zwei Zurechnungsfragen auf, deren strafrechtliche Bewertung höchst umstritten ist: So herrscht keine Einigkeit darüber, ob auch nach der Vollendung des Raubs noch ein Beteiligter hinzutreten kann und dessen Mitwirkung als **sukzessive Mittäterschaft** bzw. Beihilfe eingestuft werden darf. Umstritten ist außerdem, ob einem zu dem Geschehen hinzutretenden Mittäter oder Gehilfen diejenigen **Erschwerungsgründe** (§§ 250, 251 StGB) zugerechnet werden können, die schon zuvor durch andere Beteiligte verwirklicht wurden.

▶ **Beispiel („Abtransport-Fall"):**[80] *A schlug mit einem Knüppel auf B ein, um ihn auszurauben. A nahm sodann die Beute an sich. Der zufällig vorbeikommende C half dem A beim Abtransport der Beute.* ◀

Nach der **ständigen Rechtsprechung** sind auch im **Beendigungsstadium** eine sukzessive Mittäterschaft und Beihilfe sowie eine Zurechnung vorher verwirklichter Qualifikationen und Regelbeispiele **prinzipiell möglich**. So erstrecke sich das Einverständnis des hinzutretenden Mittäters auf das bisherige Geschehen, wenn er wisse und billige, was bisher geschehen sei; dann habe dieses Einverständnis die Kraft, ihm auch das einheitliche Verbrechen zuzurechnen. Dies gelte auch für Erschwerungsgründe, die bei seinem Hinzutreten schon vollumfänglich vorlagen (z.B. der Einsatz einer Schusswaffe). Eine Ausnahme erkennt die Rechtsprechung nur bezüglich derjenigen Sachverhaltsmomente, in denen ein Geschehen insoweit rechtlich schon vollständig abgeschlossen ist.[81]

Nach **herrschender Lehre** kann man nur mittäterschaftlich bzw. wegen Beihilfe für einen Tatbeitrag haften, den man gemeinsam beherrscht (§ 25 Abs. 2 StGB)[82] bzw. zu dem man etwas beisteuert (§ 27 StGB) und vor der Tat gebilligt hat.[83] Ist aber die **Wegnahme vollendet, scheidet** sukzessive Mittäterschaft **aus**.[84] Das gilt auch dann, wenn die Anwendung des Zwangsmittels beendet ist und die hinzukommende Person bei der Wegnahme mitwirkt.[85] **Für die Literaturansicht streiten vier Argumente:** 1. Der Besondere Teil enthält spezielle Straftatbestände für (Mitwirkungs-)Akte im Beendigungsstadium (z.B. §§ 252, 257, 259 StGB), deren Strafrahmen übrigens auch eine ausreichende Berücksichtigung erschwerender Umstände ermöglichen. Diese gesetzgeberische Entscheidung wird infrage gestellt, wenn daneben auch noch eine sukzessive, rückwirkende Tatbeteiligung an der vorherigen Tat für möglich gehalten wird. 2. Ferner kennt die Rechtsordnung keine „chronologisch zurückgreifende Zurechnung".[86] 3. Zudem sprechen Rechtsgüterwägungen für dieses Ergebnis: Ist die Tat vollendet, ist der tatbestandliche Rechtsgutsangriff erfolgreich. Alle anschließenden Maßnahmen im Beendigungsstadium führen keinen neuen Schaden herbei, sondern dienen letztlich nur dem Abschluss des Geschehens. Diese Betrachtungsweise lässt sich 4. auch in ein verfassungsrechtliches Gewand kleiden: Die Tat beendende Handlungen beispielsweise innerhalb des § 249 StGB sind nicht als strafbare Handlungen „gesetzlich bestimmt" i.S.d. § 103 Abs. 2 GG – bestimmt sind nur die Versuchshandlungen bis zur Vollendung von Wegnahme und Nötigung. Daher würde diese Erweiterung der Tatbe-

---

80 BGH, NJW 1992, 2103.
81 BGH JZ 1981, 596 m. krit. Bspr. *Kühl*, JuS 1982, 189.
82 *L-Kühl/Heger*, § 25 Rn. 12.
83 Vgl. etwa *Kühl*, AT, § 20 Rn. 127; *Roxin*, AT-2, § 25 Rn. 221.
84 SK-*Sinn*, § 249 Rn. 38; LK-*Vogel/Burchard*, § 249 Rn. 98.
85 *Küper* JZ 1981, 570; *Kühl* JuS 1982, 189.
86 *Küper* JZ 1981, 570; LK-*Vogel/Burchard*, § 249 Rn. 98.

gehung mit dem Bestimmtheitsgrundsatz aus Art. 103 Abs. 2 GG kollidieren. Daher sprechen die besseren Gründe dafür, als „Straftat" i.S.d. § 25 StGB bzw. als „Tat" i.S.d. § 27 StGB, bezüglich derer Mittäterschaft und Beihilfe möglich sind, nur das tatbestandsmäßige Geschehen bis zur Vollendung zu begreifen.

42 ▶ **Lösung:** Nach Ansicht des BGH machte sich im „Abtransport-Fall" der C der Beihilfe zu einem von A begangenen schweren Raub schuldig. Er kann aber nicht wegen Beihilfe zu einer (beendeten) gefährlichen Körperverletzung bestraft werden. Nach der Literaturansicht hat C im Beispielsfall mit dem Raub als solchem nichts zu tun. Er kann (nur oder immerhin) wegen Begünstigung, § 257 StGB, bestraft werden. ◀

6. Konkurrenzen

43 § 249 StGB ist **lex specialis** gegenüber §§ 240, 242 StGB und geht auch dem § 243 StGB[87] sowie § 244 StGB[88] vor. Die §§ 247, 248 a StGB sind nicht anwendbar. Auch § 223 StGB tritt zurück, sofern die ausgeübte Gewalt sich im Rahmen dessen bewegt, was noch als typische Begleithandlung eines Raubes angesehen werden kann.[89] **Tateinheit** ist möglich mit §§ 239 a, 239 b, 316 a StGB.[90] Richtet sich die Nötigungshandlung gegen mehrere Personen, ist Tateinheit gegeben; nehmen Mittäter verschiedene Nötigungshandlungen vor, ist **Tatmehrheit** zu bejahen. Bei Raubmord kann Tateinheit mit Raub (i.d.R. mit Todesfolge, § 251 StGB) vorliegen.[91]

Wiederholungsfragen

1. Wie lauten die Rechtsgüter des § 249 StGB? (Rn. 4)
2. Aus welchen Elementen besteht der objektive Tatbestand des § 249 StGB? (Rn. 10 ff.)
3. Was versteht man unter Gewalt bei § 249 StGB? (Rn. 15)
4. Kann man Gewalt durch Unterlassen verüben? (Rn. 19)
5. Welcher Zusammenhang muss zwischen den Nötigungsmitteln und der Wegnahme bestehen? (Rn. 26)
6. Was versteht man unter raubspezifischer Einheit? (Rn. 31)
7. Sind auch im Beendigungsstadium eine sukzessive Mittäterschaft und Beihilfe sowie eine Zurechnung vorher verwirklichter Qualifikationen und Regelbeispiele möglich? (Rn. 39)

III. Der schwere Raub (§ 250 StGB)

Literaturempfehlungen zu § 250 StGB: *Bachmann/Goeck*, Zur Problematik der Verwirklichung qualifizierender Umstände nach Vollendung der §§ 249, 255 StGB, Jura 2012, 133 ff.; *Kiworr*, Die Verwirklichung von Qualifikationen in der Beendigungsphase von Raub und räuberischer Erpressung, JuS 2018, 424 ff.; *Kraatz*, Zur sukzessiven Verwirklichung eines Qualifikationstatbestandes, Jura 2009, 852 ff.; *Ransiek*, Waffen und Werkzeuge bei Diebstahl und Raub, JA 2018, 666 ff.; *Rönnau*, Grundwissen Strafrecht – Bandendelikte, JuS 2013, 594 ff.

---

[87] L-*Kühl/Heger*, § 249 Rn. 10.
[88] BGH NStZ-RR 2005, 202.
[89] BGH NStZ-RR 1999, 173.
[90] Sch/Sch-*Bosch*, § 249 Rn. 13.
[91] LK-*Vogel/Burchard*, § 249 Rn. 107.

§ 4 Der Raub (§§ 249 ff. StGB)

1. Allgemeines

44 § 250 StGB erfasst Fallkonstellationen, die mit einer **erhöhten Gefährlichkeit** einhergehen. Der **Qualifikationstatbestand** ist nicht nur in den Fällen des § 249 StGB, sondern auch in denjenigen der **§§ 252, 255** StGB einschlägig. Innerhalb des § 250 StGB ist sodann zu differenzieren zwischen dem „**einfachen schweren** Raub" nach § 250 **Abs. 1** StGB (Mindestfreiheitsstrafe 3 Jahre), dem „**besonders schweren** Raub" nach § 250 **Abs. 2** StGB (Mindestfreiheitsstrafe 5 Jahre)[92] und dem „minder schweren Raub" nach § 250 Abs. 3 StGB (Freiheitsstrafe 1 bis 10 Jahre).

45 § 250 StGB erlangt nicht nur in der **Rechtspraxis** eine gewisse Bedeutung (1.202 Aburteilungen im Jahr 2021)[93], sondern gehört auch im **Studium** zum **Standardrepertoire**.[94] Die Qualifikationsmerkmale sind teilweise **äußerst komplex**, so etwa § 250 Abs. 1 Nr. 1 b StGB und Abs. 2 Nr. 1 StGB.[95] Es empfiehlt sich im Regelfall eine gesonderte und **sukzessive Prüfung** von Grundtatbestand (§ 249 StGB / § 252 StGB / § 255 StGB) und Qualifikationstatbestand (§ 250 StGB), da andernfalls die rechtliche Bearbeitung **unübersichtlich** zu werden droht.

2. Prüfungsschema in Klausuren

46 *Viele Raubfälle werfen zugleich Fragen des § 250 StGB auf. Der „besonders schwere Raub" nach Abs. 2 ist übrigens in der Sache eine Qualifikation des „einfachen schweren Raubs" nach Abs. 1, weil Abs. 2 stets eine Qualifizierung von Tathandlungen des Abs. 1 enthält, so z.B. das Verwenden einer Waffe (Abs. 2 Nr. 1) im Vergleich zum bloßen Beisichführen (Abs. 1 Nr. 1 a).[96] Aus diesem Grund empfiehlt es sich in Klausuren, zunächst mit der Prüfung des § 250 Abs. 1 StGB zu beginnen und erst dann ggf. auf dessen Abs. 2 einzugehen.*

47 *Prüfungsschema § 250 StGB*

A. Tatbestand
  I. Objektiver Tatbestand
    1. Grundtatbestand § 249 StGB, § 252 StGB oder § 255 StGB
    2. Einfacher schwerer Raub, § 250 Abs. 1 StGB
       a) Abs. 1 Nr. 1 a, Beisichführen einer Waffe oder eines anderen gefährlichen Werkzeugs
       b) Abs. 1 Nr. 1 b, Beisichführen eines Werkzeugs oder Mittels, um den Widerstand einer anderen Person durch Gewalt oder Drohung mit Gewalt zu verhindern oder zu überwinden
       c) Abs. 1 Nr. 1 c, Gefahr einer schweren Gesundheitsschädigung für andere Person
       d) Abs. 1 Nr. 2, Begehung als Mitglied einer Diebes- oder Räuberbande unter Mitwirkung eines anderen Bandenmitglieds
    3. Besonders schwerer Raub, § 250 Abs. 2 StGB

---

92 So werden die Erschwerungsgründe des Abs. 2 in der Rspr. bezeichnet und im Urteil tenoriert; vgl. BGH NStZ-RR 2003, 328; LK-*Vogel/Burchard*, § 250 Rn. 42.
93 SVS 2021, S. 36.
94 *Joecks/Jäger*, § 250 Rn. 5.
95 Vgl. etwa LK-*Vogel/Burchard*, § 250 Rn. 42 ff.
96 Prägnant *Jäger*, BT, Rn. 294.

a) Abs. 2 Nr. 1: *Verwendung einer Waffe oder eines anderen gefährlichen Werkzeugs*

b) Abs. 2 Nr. 2: *Beisichführen einer Waffe bei einem Bandenraub i.S.d. Abs. 1 Nr. 2*

c) Abs. 2 Nr. 3 lit. a: *Schwere körperliche Misshandlung einer anderen Person bei der Tat*

d) Abs. 2 Nr. 3 lit. b: *Bringen in die Gefahr des Todes für andere Person durch die Tat*

II. Subjektiver Tatbestand: Subjektive Voraussetzungen des Grundtatbestands sowie Vorsatz bezüglich des jeweiligen Qualifikationsmerkmals

B. Rechtswidrigkeit

C. Schuld

3. Der einfache schwere Raub (§ 250 Abs. 1 StGB)

a) Gefährlicher schwerer Raub (§ 250 Abs. 1 Nr. 1 StGB)

48 Ziff. 1 des § 250 Abs. 1 StGB erfasst Handlungen, die mit einer abstrakten (Nr. 1 a) oder konkreten Gefahr für Leib und Leben anderer (Nr. 1 c) verbunden sind bzw. eine besondere Gefährdung der Willensfreiheit des Opfers (Nr. 1 b) mit sich bringen.

aa) Beisichführen Waffe/gefährliches Werkzeug (§ 250 Abs. 1 Nr. 1 a StGB)

49 Bei § 250 **Abs. 1 Nr. 1 a** StGB bestimmt sich die Tathandlung, das **Beisichführen**, nach den gleichen Kriterien wie bei § 244 Abs. 1 Nr. 1 a StGB (vgl. daher oben § 2 Rn. 128). Beisichführen bedeutet demnach, dass der Gegenstand ohne nennenswerten Zeitaufwand (zeitliche Komponente) dem Täter zur Verfügung steht (räumliche Komponente). Verwenden (vgl. unten Rn. 63) muss der Täter die Waffe nicht; wer sie jedoch verwendet, führt sie auch bei sich.

50 ▶ **Beispiel („Banküberfall mit Gaspistole"-Fall):**[97] *A wollte eine Bank überfallen und betrat mit einer geladenen, das Gas nach vorne verschießenden Gaspistole in der Hand die Schalterhalle einer Sparkasse. Die Bankangestellte A stand hinter dem schusssicher verglasten Kassenschalter. A richtete die Waffe auf sie und rief: „Geld her, oder ich warte auf einen Kunden." K hatte in diesem Moment weniger Angst um ihre eigene Person als vor einer von ihr befürchteten Geiselnahme eines Kunden und kam daher der Aufforderung des A nach.* ◀

51 Auch beim Begriff der **Waffe** gelten die zu § 244 StGB gemachten Ausführungen entsprechend (siehe oben § 2 Rn. 120). Waffen sind Gegenstände, die bei bestimmungsgemäßer Verwendung dazu geeignet sind, erhebliche Verletzungen herbeizuführen.

52 **Berufswaffenträger** wie Polizisten, Soldaten und andere Personen, die im Tatzeitpunkt aufgrund dienstlicher Verpflichtung eine Waffe tragen, sollen nach h.M. nicht aus dem Kreis der tauglichen Täter herauszunehmen sein.[98] Allerdings soll bei ihnen die Anwendung eines minder schweren Falls nach § 250 Abs. 3 StGB (auch verfassungsrechtlich) nicht zu beanstanden sein,[99] sofern keinerlei gefahrerhöhende Umstände hinzutreten. Die hier vertretene **Gegenansicht** fordert in diesen Fällen eine teleologische

---

[97] BGHSt 45, 92.
[98] BGHSt 30, 44; Sch/Sch-*Bosch*, § 244 Rn. 6; *Kudlich*, PdW BT-1, Nr. 54; SK-*Sinn*, § 250 Rn. 24.
[99] BVerfG NStZ 1995, 76 (zu § 250 II StGB a. F.).

Reduktion des Tatbestands, falls die abstrakte Gefährlichkeitsvermutung widerlegt werden kann (zur entspr. Problematik bei § 244 StGB siehe oben § 2 Rn. 128 a).

▶ **Lösung:** Im „Banküberfall mit Gaspistole-Fall" hat der BGH bestätigt, dass es für den Begriff der Waffe nicht darauf ankommt, ob die nach Beschaffenheit und Zustand des Tatmittels bei bestimmungsgemäßer Verwendung gegebene Gefährlichkeit aufgrund anderer Umstände der Tatsituation für den konkreten Einzelfall ausnahmsweise ausgeschlossen werden kann. A hat daher eine Waffe bei sich geführt (und zugleich verwendet, weshalb hier sogar § 250 Abs. 2 Nr. 1 StGB verwirklicht ist). ◀ 53

Hinsichtlich des gefährlichen Werkzeugs treten bei der Variante des Beisichführens dieselben Probleme auf wie beim Diebstahl mit Waffen, § 244 Abs. 1 Nr. 1 a StGB (zur entsprechenden Frage beim Verwenden siehe unten Rn. 63). Insoweit kann auf die obigen Darlegungen verwiesen werden (§ 2 Rn. 124 ff.). Die Rechtsprechung bestimmt die Gefährlichkeit des Gegenstands nicht generell, sondern in einer Einzelbetrachtung, lässt es aber genügen, wenn der Gegenstand abstrakt gefährlich ist und damit eine potenzielle Gefahr für Dritte geschaffen wird (oben § 2 Rn. 124). Nach der überwiegend in der Literatur vertretenen konkret-subjektiven Betrachtungsweise muss der Täter den Gegenstand zum Einsatz gewidmet haben, d. h. ihn bei sich führen, um ihn „notfalls" gegen Menschen einzusetzen (oben § 2 Rn. 127). 54

Das Beisichführen erfordert **Vorsatz** (§ 15 StGB). Nicht jeder, der eine Waffe oder ein gefährliches Werkzeug bei sich führt, wird im Tatzeitpunkt daran denken. Man stelle sich einen Handwerker wie z.B. einen Teppichverleger vor, der in der Mittagspause mit einem scharfen Teppichmesser in der Hosentasche eine Schokolade im Supermarkt stiehlt. In subjektiver Hinsicht erfordert es aber § 250 StGB, dass der Täter sich im Tatzeitpunkt dessen bewusst ist und es billigend in Kauf nimmt, eine Waffe oder ein gefährliches Werkzeug bei sich zu führen.[100] 55

bb) Beisichführen eines sonstigen Mittels/Werkzeugs (§ 250 Abs. 1 Nr. 1 b StGB)

Als Tatmittel erfasst **Abs. 1 Nr. 1 b** StGB, ebenso wie § 244 Abs. 1 Nr. 1 b StGB, alle Gegenstände, die zur gewaltsamen Überwindung eines erwarteten oder geleisteten Widerstands eingesetzt werden sollen. Darunter sollen nach h.M. insbesondere **Scheinwaffen** fallen, die an sich zwar objektiv ungefährlich sind, aber die gleiche einschüchternde Wirkung auf das Opfer ausüben können. Die subjektiv orientierte Fassung des Tatbestands sowie der ausdrückliche Wille des Gesetzgebers sprächen für diese Auslegung.[101] 56

(1) Systemwidrige Gesetzesänderung

Die **Einbeziehung** der **Scheinwaffen** in den § 250 StGB durch das 6. StRG war gleichwohl ein kriminalpolitischer und systematischer **Fehler**.[102] Der mit einer Scheinwaffe bluffende Täter ist insoweit harmlos. Aus Opfersicht kann es nur begrüßt werden, wenn der Täter keine echte Waffe bei sich führt. Auch will es nicht einleuchten, eine Scheinwaffe auf die gleiche Strafrahmenstufe wie eine echte Waffe oder das Herbei- 57

---

100 Sch/Sch-*Bosch*, § 250 Rn. 13.
101 Vgl. S/S/W-*Kudlich*, § 250 Rn. 9; L-*Kühl/Heger*, § 250 Rn. 2 und § 244 Rn. 4. Die Europäische Kommission für Menschenrechte (EGMR NJW 1985, 2076) hielt die Subsumtion von Scheinwaffen unter § 250 Abs. 1 Nr. 2 StGB a.F. für vereinbar mit Art. 7 EMRK.
102 AnwK-*Habetha*, § 250 Rn. 22; NK-*Kindhäuser/Hoven*, § 250 Rn. 5.

führen einer schweren Gesundheitsgefährdung zu heben. Systemwidrig ist zudem die Überlegung des Gesetzgebers, mit § 250 Abs. 1 Nr. 1 b StGB solle dem Täter, der eine echte Waffe bei sich geführt habe, der Einwand geschnitten werden, er habe nur mit einer nicht verwendungsbereiten Waffe gedroht. Denn der in dubio pro reo-Grundsatz muss auch hier gelten. Der Ausweg de lege lata aus diesem gesetzgeberischen Fehlgriff besteht darin, bei Scheinwaffen einen **minder schweren Fall** i.S.d. § 250 Abs. 3 StGB anzunehmen – eine sinnvolle Lösung,[103] die aber vom BGH wegen ihres „Widerspruchs zur Bewertung des Gesetzgebers" verworfen wird.[104]

(2) Nach äußerem Erscheinungsbild objektiv ungefährliche Gegenstände

58 ▶ **Beispiel („Plastikrohr-Fall"):**[105] *A überfiel mehrfach Sparkassenfilialen, um sich Geld für den Drogenerwerb zu beschaffen. Er legte jeweils einen Zettel vor, auf dem stand: „Überfall, bin bewaffnet". Dabei hielt er ein kurzes, gebogenes Plastikrohr von etwa 3 cm Durchmesser so unter seiner Jacke, dass diese ausbeulte und so der von ihm gewollte Eindruck entstand, es handle sich um eine Schusswaffe. Die Kassiererinnen nahmen die Drohung ernst und händigten ihm jeweils etwa 5.000 bis 7.000 DM aus.* ◀

59 Im Übrigen greifen die **Restriktionen**, die von § 244 StGB bekannt sind, gleichermaßen auch bei § 250 StGB (oben § 2 Rn. 129 ff). Wenn es sich also um eine **absolut untaugliche Scheinwaffe**[106] d. h. einen Gegenstand handelt, der 1. schon aufgrund der Eigenschaften des Gegenstands selbst ungefährlich ist und daher 2. seine nötigende Wirkung nicht aufgrund seines äußeren Erscheinungsbildes, sondern allein aufgrund einer Täuschung bzw. Äußerung des Täters entfaltet, ist § 250 StGB zu **verneinen**. Beispiele hierfür wären etwa ein **Labello-Stift** oder eine Banane, die mit den Worten „Geld her oder ich schieße" einem Opfer von hinten in den Rücken gedrückt wird. Die **Grenzziehung** kann aber sehr **schwierig** sein, und zuweilen muten die BGH-Urteile **fast willkürlich** an.[107] So sei etwa ein Schlüssel, mit dem der Eindruck eines Messers erweckt wird, dazu geeignet, als Schlag- oder Stoßwerkzeug ernsthaft Verletzungen zu verursachen.[108] Auch hat der BGH in einem Fall § 250 Abs. 1 Nr. 1 b StGB bejaht, in dem jemand mit einer Sporttasche und einem Handy gedroht hatte, das angeblich zur Zündung einer Bombe in der Tasche dient. In objektiver Hinsicht sei die Gefährlichkeit der Situation nicht einzuschätzen gewesen.[109] In Wahrheit sind aber eine Sporttasche und ein Handy objektiv ungefährlich, ihre angebliche Gefährlichkeit wird allein über die verbale Täuschungshandlung erzeugt.[110] Denn entscheidend muss unter viktimodogmatischen Gesichtspunkten sein, wie viel Skepsis und Selbstbesonnenheit dem Bedrohten zugemutet werden darf: Ist der Gegenstand als solcher objektiv völlig indifferent, wird der Täter mit ihm nur einen täuschungsbedingten Erfolg beim Opfer erzielen können; auch bei der Verwendung der Sporttasche steht der Täuschungsmoment im Vordergrund. – Gleichwohl wäre es überzeugender, wenn Scheinwaffen jeder Art aus dem § 250 Abs. 1 Nr. 1 StGB gestrichen und das raffinierte Vorgehen des

---

103 LK-*Vogel/Burchardt*, § 250 Rn. 25.
104 BGH NStZ 2023, 36.
105 BGHSt 38, 116.
106 Begriff von *Fischer*, § 250 Rn. 11 a.
107 „Nach einer überlieferten strafrechtlichen Sentenz kommt als Raubwerkzeug im Lichte der Rechtsprechung jeder Gegenstand in Betracht, der robuster ist als weichgekochter Spargel" (*Jahn* JuS 2018, 85).
108 BGH JuS 2018, 85 m. Bspr. *Jahn*.
109 BGH NStZ 2011, 278 m. Bspr. *Hecker*, JuS 2011, 757; vgl. auch den Trolley-Fall BGH NStZ 2016, 215; *Jäger* BT Rn. 423.
110 *Pfuhl*, ZJS 2011, 415.

Täters stattdessen (nur) strafschärfend im Rahmen der Strafzumessung nach § 249 Abs. 1 StGB berücksichtigt würde.

▶ **Lösung:**[111] *Im „Plastikrohr-Fall" löste erst die Erklärung des Täters, er sei bewaffnet, oder ein entsprechender erklärender Hinweis die Vorstellung des Opfers aus, dass der Gegenstand zur Gewaltanwendung verwendet werden und deshalb gefährlich sein kann. Das Röhrchen kann daher nicht als Waffe, Werkzeug oder Mittel im Sinne des § 250 Abs. 1 Nr. 2 StGB aufgefasst werden.* ◀

60

cc) Gefahr einer schweren Gesundheitsschädigung (§ 250 Abs. 1 Nr. 1 c StGB)

Bei der Qualifikation nach **Abs. 1 Nr. 1 c** muss der Täter eine andere Person vorsätzlich durch die Tat in die **Gefahr einer schweren Gesundheitsschädigung** gebracht haben. Es handelt sich um ein **konkretes Gefährdungsdelikt** und Vorsatzdelikt (keine Erfolgsqualifikation nach § 18 StGB).[112] Der Schädigungserfolg braucht nicht eingetreten zu sein. Das Gesetz spricht bewusst nicht von einer schweren Körperverletzung (i.S.d. § 226 StGB), sondern weitergehend von einer schweren Gesundheitsschädigung. Darunter können auch – nicht von § 226 StGB erfasste – langwierige und ernste Erkrankungen sowie Beeinträchtigungen der Arbeitskraft fallen.[113] Beruht diese Gefahr auf der besonderen Konstitution oder dem hohen Alter des Opfers, muss der Vorsatz besonders sorgfältig geprüft werden.[114]

61

b) Bandenraub (§ 250 Abs. 1 Nr. 2 StGB)

Für den Bandenraub nach **Abs. 1 Nr. 2** gelten die Grundsätze des Bandendiebstahls entsprechend (näher dazu oben § 2 Rn. 133 ff.).[115] Es müssen mindestens zwei Bandenmitglieder bei der Tatausführung mitwirken. Es reicht nach dem eindeutigen Gesetzeswortlaut aus, dass die Bande sich zur fortgesetzten Begehung von Diebstählen verbunden hatte.[116] Doch sprengt es den Wortlaut der Norm, wenn mit der h.M. auch die bandenmäßige räuberische Erpressung (§ 255 StGB)[117] oder der räuberische Bandenangriff auf Kraftfahrer (vgl. § 316a StGB) einbezogen würde.[118] Die Tat muss unter **Mitwirkung** eines Bandenmitglieds begangen werden (oben § 2 Rn. 144). Hierfür müssen am **Tatort** nicht zwingend zwei Bandenmitglieder oder nur ein Bandenmitglied anwesend sein. Es reicht aus, wenn ein Nichtbandenmitglied vor Ort die Sache wegnimmt, sofern bei der Tat insgesamt, und sei es nur im Hintergrund, mindestens zwei Bandenmitglieder mitwirken.[119] Das nicht tatortpräsente Bandenmitglied kann also ebenfalls Täter sein. Die Bandenmitgliedschaft ist entgegen der h.M. kein tatbezogenes,[120] sondern ein besonderes strafschärfendes Merkmal i.S.d. § 28 Abs. 2 StGB;[121] Nichtmitglieder beteiligen sich also nur an einem einfachen Raub.

62

---

111 BGHSt 38, 116.
112 LK-*Vogel/Burchardt*, § 250 Rn. 36.
113 M/R-*Maier*, § 250 Rn. 27.
114 BGH NStZ 2002, 542.
115 Zur bandenmäßigen Deliktsbegehung in der Klausurbearbeitung vgl. *Oglakcioglu*, Jura 2012, 770 ff. und zu den Bandendelikten allgemein *Rönnau*, JuS 2013, 594 ff.
116 BGH StV 2015, 560.
117 So aber BGH StV 2015, 560 unter Verweis auf § 255 StGB.
118 LK-*Vogel/Burchard*, § 250 Rn. 49.
119 BGH NJW 2001, 2266, 2269 f.; MK-*Sander*, § 250 Rn. 52.
120 So aber etwa Sch/Sch-*Bosch*, § 250 Rn. 26; NK-*Kindhäuser/Hoven*, § 250 Rn. 16.
121 MK-*Sander*, § 250 Rn. 71; LK-*Vogel/Burchard*, § 250 Rn. 41.

4. Der besonders schwere Raub, § 250 Abs. 2 StGB

a) Verwendung einer Waffe oder eines gefährlichen Werkzeugs (§ 250 Abs. 2 Nr. 1 StGB)

63 Ob der **Begriff** der **Waffe** und des **anderen gefährlichen Werkzeugs** bei § 250 Abs. 2 Nr. 1 StGB nach h. L. **anders ausgelegt** werden kann als bei § 250 Abs. 1 Nr. 1 a StGB, wird kontrovers diskutiert. Während die (wohl) h. L. eine identische Interpretation fordert und somit bei Abs. 2 Nr. 1 objektiv ungefährliche Gegenstände ausklammert,[122] nehmen die **Rspr.** und ein Teil der Lit. bei Abs. 2 Nr. 1 eine tatbestandserweiternde Gefährlichkeitsprüfung vor, wonach sich die Gefährlichkeit des Gegenstands nicht bloß aus sich selbst heraus, d. h. der generellen bzw. potenziellen **Gefährlichkeit**, sondern auch aus der Einsatzkomponente, d. h. der Art und Weise der **Verwendung** im Einzelfall ergeben kann.[123] So fällt etwa eine ungeladene Gaspistole, die der Täter als Schlagwerkzeug einsetzt, zwar nicht unter Abs. 1 Nr. 1 a Alt. 1, aber in Verbindung mit deren ‚Verwendung' unter denjenigen des gefährlichen Werkzeugs nach Abs. 2 Nr. 1 Alt. 2.[124] Beim **anderen gefährlichen Werkzeug** im Falle seiner Verwendung kann bei Abs. 2 Nr. 1, anders als bei Abs. 1 Nr. 1 a (vgl. oben § 2 Rn. 127), richtigerweise an die Kriterien des verwendungsbezogenen § 224 Abs. 1 Nr. 2 Alt. 2 StGB angeknüpft werden,[125] Damit erfüllt ein an sich harmloser Gegenstand, der nicht unter § 250 Abs. 1 Nr. 1 a StGB fällt, gleichwohl wegen seiner bestimmungswidrigen Verwendung den § 250 Abs. 2 Nr. 1 StGB (z.B. ein Staubsaugerrohr[126] oder eine Toilettenbürste).

64 Unter **Verwendung** nach **Abs. 2 Nr. 1** ist der **zweckgerichtete Einsatz** einer Waffe oder ein anderes gefährliches Werkzeug **als Raubmittel** zu verstehen.[127] Da die besondere Gefährlichkeit für das Opfer den Grund der Strafschärfung darstellt, ist stets der **Einsatz gegen eine Person** erforderlich. Die Verwendung gegen Sachen (z.B. einen Hund) reicht nicht aus. Es soll nach dem Willen des Gesetzgebers auch der Einsatz der Waffe als **Mittel der Drohung** genügen.[128] Dies dürfte aber zu weit gehen und auf eine Doppelverwertung eines bereits beim Grundtatbestand § 249 StGB zu berücksichtigenden Umstand hinauslaufen, was zumindest durch die Annahme eines minder schweren Falls (§ 250 Abs. 3 StGB) kompensiert werden sollte.[129] Das Drohmittel muss dabei **vom Opfer wahrgenommen** werden, sei es optisch oder taktil, da erst dann eine Zwangswirkung von dem Gegenstand ausgeht; andernfalls liegt ein versuchtes Verwenden vor.[130] Zudem stellt sich die Frage, ob die Verwendung im Vorbereitungs- oder Beendigungsstadium ausreicht (unten § 4 Rn. 68). **Objektiv ungefährliche Gegenstände** i.S.d. § 250 Abs. 1 Nr. 1 b StGB fallen **nicht** in den Anwendungsbereich des § 250 Abs. 2 Nr. 1 StGB, da in ihm nur auf den Wortlaut des § 250 Abs. 1 Nr. 1 a StGB Bezug genommen wird.

65 Die Rechtsprechung erreicht eine gewisse Einschränkung des zu weit geratenen Tatbestands des § 250 Abs. 2 Nr. 1 StGB dadurch, dass die Verwendung des Gegenstands **nach Vollendung** des Raubs von einer **Beutesicherungsabsicht** getragen sein muss.

---

122 Sch/Sch/*Bosch*, § 250 Rn. 28; S/S/W-*Kudlich*, § 250 Rn. 20 f.
123 MK-*Sander*, § 250 Rn. 68; SK-*Sinn*, § 250 Rn. 52.
124 Vgl. BGHSt 44, 103, 106; LK-*Vogel/Burchardt*, § 250 Rn. 59.
125 BGH StraFO 2015, 216 m.Bspr. *Kudlich* JA 2015, 471.
126 BGH 3 StR 400/12 bei juris; weitere Bspe. aus der Rspr. bei S/S/W-*Kudlich*, § 250 Rn. 21.
127 LK-*Vogel/Burchardt*, § 250 Rn. 34.
128 BGH NStZ 1999, 301.
129 LK-*Vogel/Burchardt*, § 250 Rn. 37.
130 BGH NStZ 2021, 229 m.Anm. *Rieck*; *Jäger* JA 2021, 77.

Wenn also der ertappte Räuber ein Pfefferspray nicht mit dem Ziel einsetzt, die Beute zu behalten, sondern um fliehen zu können, ist § 250 Abs. 2 Nr. 1 StGB nicht einschlägig.[131]

b) Bandenraub mit Waffen (§ 250 Abs. 2 Nr. 2 StGB)

Unter Abs. 2 Nr. 2 fällt nur derjenige mit technischen Waffen (zum Waffenbegriff oben § 2 Rn. 120, § 4 Rn. 49), nicht aber auch der Bandenraub mit gefährlichen Werkzeugen.

c) Schwere körperliche Misshandlung, Lebensgefahr (§ 250 Abs. 2 Nr. 3 StGB)

aa) Raub unter schwerer körperlicher Misshandlung (§ 250 Abs. 2 Nr. 3 a StGB)

Eine schwere körperliche Misshandlung[132] stellt eine besonders gravierende Form der Gewaltausübung dar. Dabei muss es sich entweder um eine Misshandlung handeln, die wegen erheblicher Schmerzen besonders schwer wiegt, oder es müssen erhebliche Gesundheitsschäden eingetreten sein.[133] Dies ist etwa der Fall, wenn es zu zahlreichen Schlägen und Tritten mehrerer Täter auch gegen den Kopf des Opfers kommt.[134] Einschränkend verlangt die Rechtsprechung, dass die Misshandlung von einer fortdauernden Zueignungs- bzw. Bereicherungsabsicht getragen wird.[135]

bb) Lebensgefährlicher Raub (§ 250 Abs. 2 Nr. 3 b StGB)

Der § 250 Abs. 2 Nr. 3 b StGB enthält kein erfolgsqualifiziertes Delikt i.S.d. § 18 StGB, sondern einen Qualifikationstatbestand, welcher die vorsätzliche Herbeiführung der Gefahr eines Todeseintritts voraussetzt.[136] Diese Gefahr muss aus dem Einsatz des qualifizierten Nötigungsmittels entstehen. Realisiert sich die Gefahr des Todeseintritts, ist § 251 StGB einschlägig.

5. Zeitpunkt der Verwirklichung des Qualifikationsmerkmals

Wie bereits oben (§ 4 Rn. 39) angedeutet, treten Schwierigkeiten auf, wenn Rauberschwerungsgründe erst im **Beendigungsstadium** verwirklicht werden. So ist beispielsweise umstritten, ob es für ein Beisichführen eines gefährlichen Werkzeugs genügt, wenn es dem Täter nur im Vorbereitungs- oder erst im Beendigungsstadium griffbereit zur Verfügung stand. Hier finden sich ganz ähnliche Argumentationsmuster wie bei den (rechtstatsächlich leicht anders gelagerten) Fragestellungen, ob es eine sukzessive Beteiligung auch noch im Beendigungsstadium bzw. die rückwirkende Zurechnung von Erschwerungsgründen geben kann (oben § 4 Rn. 39).

▶ **Beispiel ("Waffe auf dem Beifahrersitz"-Fall):** *A fuhr mit dem Auto zu einer Wohnung, in die er einbrach. Eine geladene Schusswaffe ließ er "für alle Fälle" auf dem Beifahrersitz liegen. Während des Einbruchsdiebstahls kam der Eigentümer E nach Hause. A schlug ihn mit der Faust nieder und nahm dann dessen Wertgegenstände an sich. Aber E nahm die Verfolgung*

---

131 BGHSt 52, 376 m. Bspr. *Knauer* NJ 2009, 34.
132 Der Begriff ist § 176 a Abs. 5 StGB entlehnt; vgl. BT-Drs. 13/8587 S. 32, 45.
133 BGH NStZ 1998, 461; MK-*Sander*, § 250 Rn. 66.
134 BGH NStZ-RR 2007, 175.
135 Vgl. die Nachweise bei NK-*Kindhäuser/Hoven*, § 251 Rn. 22.
136 BGH NStZ 2005, 156.

des A auf, als dieser das Gebäude verlassen wollte. A gelang es, das Auto zu erreichen und mit der Beute zu fliehen. Die Waffe kam nicht zum Einsatz. ◄

71 Nach h.M. (sog. **Beendigungsdoktrin**) genügt es, wenn der Täter zwar noch nach Vollendung, aber vor Beendigung der Tat dieses Qualifikationsmerkmal verwirklicht.[137] Erforderlich sei hierfür jedoch, dass das Beisichführen im unmittelbaren zeitlichen und räumlichen Zusammenhang mit der Wegnahme zur Beutesicherung erfolgt, etwa beim Verlassen des Tatorts, beim Wegfahren der Beute usw.[138] Begründet wird dies damit, dass beim Raub der Vollendungszeitpunkt häufig ungenau und mehr oder weniger zufällig sei. Außerdem seien auch Räuber gefährlich, die erst auf der Flucht Schusswaffen bei sich führen.

72 Nach der vorzugswürdigen Gegenansicht (sog. **Tatbestandsdoktrin**) verstößt es gegen Art. 103 Abs. 2 GG, den Tatbestand über die Vollendung hinaus bis zur Beendigung auszudehnen. Auch wird die Vorschrift des § 252 StGB unterlaufen, die nur unter engen Voraussetzungen einen räuberischen Diebstahl für möglich hält.[139]

73 ▶ **Lösung:** *Nach den Grundsätzen der herrschenden Ansicht hat A sich im ‚Waffe auf den Beifahrersitz-Fall' eines schweren Raubs nach § 250 Abs. 1 Nr. 1 a StGB schuldig gemacht, da er im Beendigungsstadium eine Waffe bei sich geführt hat, während nach der Literaturansicht nur ein einfacher Raub, § 249 StGB, vorliegt.* ◄

6. Konkurrenzen

74 § 249 StGB tritt hinter § 250 StGB zurück. Die mehrfache Verwirklichung von Erschwerungsgründen ist tatbestandlich zu einem einzigen Raub verklammert,[140] sofern nicht zugleich ein gegenüber § 250 Abs. 1 StGB vorrangiger besonders schwerer Raub nach § 250 Abs. 2 StGB vorliegt.[141] Ebenso verdrängt § 251 StGB den § 250 StGB.[142]

Wiederholungsfragen

1. Welche Straftatbestände können durch § 250 StGB qualifiziert werden? (Rn. 44)
2. Zu welcher Norm bestehen Parallelen bei § 250 Abs. 1 Nr. 1 StGB? (Rn. 49)
3. Fällt der Einsatz von Scheinwaffen unter § 250 Abs. 1 Nr. 1 StGB? (Rn. 56 ff.)
4. Worin besteht der Unterschied zwischen dem Bei-sich-Führen und dem Verwenden einer Waffe? (Rn. 49, 63)
5. Kann ein Qualifikationsmerkmal auch in der Beendigungsphase des Raubs verwirklicht werden? (Rn. 68)

IV. Der Raub mit Todesfolge (§ 251 StGB)

Literaturempfehlungen: *Hinderer/Kneba*, Der tatbestandstypische Zurechnungszusammenhang beim Raub mit Todesfolge, JuS 2010, 590 ff.; *Kudlich*, Die Teilnahme am erfolgsqualifizierten Delikt, JA 2000, 511 ff.; *ders.*, Das erfolgsqualifizierte Delikt in der Fallbearbeitung, JA 2009, 246 ff.

---

137 *Fischer*, § 250 Rn. 18, 26.
138 BGHSt 20, 194; BGH NStZ 1998, 354; BGH JA 2021, 258 m.Bspr. *Jäger*; Sch/Sch-*Bosch*, § 250 Rn. 10.
139 NK-*Kindhäuser/Hoven*, § 250 Rn. 21; LK-*Vogel/Burchard*, § 250 Rn. 13.
140 Die Kumulation gleichwertiger Qualifikationsgründe wird aber der Strafzumessung straferhöhend berücksichtigt; vgl. Sch/Sch-*Bosch*, § 250 Rn. 35.
141 BGH NJW 1994, 2034; *Rengier*, BT-1, § 8 Rn. 36.
142 BGHSt 21, 183; LK-*Vogel/Burchard*, § 251 Rn. 30.

§ 4 Der Raub (§§ 249 ff. StGB)

1. Einleitung

Der Grund für die **Strafschärfung** (lebenslange Freiheitsstrafe oder Freiheitsstrafe nicht unter zehn Jahren)[143] ist der besondere Unrechtsgehalt, der aus der **Realisierung** der **spezifischen Todesgefahr** erwächst, die der Täter gerade durch die von ihm praktizierte Form der Raubausführung hervorgerufen hat.[144]

a) Erfolgsqualifiziertes Delikt

§ 251 StGB ist ein sog. erfolgsqualifiziertes Delikt i.S.d. § 18 StGB, das sich aus einem Vorsatzteil, bezogen auf den Raub, und einem verschärften Fahrlässigkeitsteil in Gestalt der Leichtfertigkeit bezogen auf die Todesfolge zusammensetzt. Dies stellt besondere Anforderungen an die Fahrlässigkeit und führt zudem zu spezifischen Versuchs- und Rücktrittsfragen sowie Beteiligungsproblemen, die zum Stoff des Allgemeinen Teils des StGB gehören.[145]

2021 wurden lediglich 5 Fälle abgeurteilt, und für 2022 weist die Polizeiliche Kriminalstatistik keinen einzigen Fall aus.[146] Darüber hinaus dürfte die Rechtsfolge des § 251 StGB schwerlich dem Grundsatz schuldangemessenen Strafens entsprechen: Nur weil ein Raub mit einer besonders fahrlässigen Tötung zusammentrifft, kann nicht begründet werden, warum dafür dieselbe Sanktion wie bei Mord verhängt werden kann.[147]

b) Prüfungsschema in Klausuren

In Klausuren und Hausarbeiten empfiehlt es sich, hinsichtlich des in der Erfolgsqualifikation benannten Erfolgs zunächst das Vorsatzdelikt (hier § 212 StGB) zu prüfen, wenn man gedanklich vorab zu dem Ergebnis gelangt ist, dass eine Strafbarkeit wegen Totschlags nicht in Betracht kommt. Bei einem solchen Ergebnis erübrigt sich außerdem die § 211 StGB-Prüfung, so dass man auf § 249 StGB mit anschließendem § 251 StGB eingeht. Wurde aber ein Tötungsvorsatz bejaht, ist gleichwohl § 251 StGB zu prüfen, da § 251 StGB und §§ 211 ff. StGB in Tateinheit stehen. In diesem Fall ist es zwar nicht in der Sache zwingend, kann es zeit- und platzökonomisch aber ratsam sein, erst mit § 251 StGB zu beginnen. Andernfalls müsste man im Rahmen der §§ 211 ff. StGB-Prüfung Aspekte vorweg behandeln (z.B. Habgier, Raub-Ermöglichungsabsicht usw.), die man später ohnehin im Rahmen der §§ 249 ff. StGB darzustellen hätte.

Da Raubtäter häufig lebensgefährliche Tatmittel einsetzen, kann § 251 StGB in anspruchsvolleren Klausuren durchaus eine Rolle spielen.

Prüfungsschema § 251 StGB
A. Tatbestand
   I. Strafbares Grunddelikt (§ 249, § 252 oder § 255 StGB)

---

143 Dies gebietet eine einschränkende Auslegung, BGH NStZ 2021, 231, 232.
144 MK-*Sander*, § 251 Rn. 1, 7 ff.
145 Siehe daher *Kaspar*, AT, Rn. 918 ff.
146 Zu Recht daher LK-*Vogel/Burchardt* § 251 Rn. 2: „Züge symbolischen Strafrechts".
147 LK-*Vogel/Burchardt*, § 251 Rn. 1, vermuten daher, dass es um eine Verdachtsstrafe für Raubmord handeln könnte, ohne dass Tötungsvorsatz nachgewiesen werden muss.

1. Objektiver Tatbestand
2. Subjektiver Tatbestand
II. Schwere Folge (i.S.d. § 18 StGB)
1. Eintritt und Verursachung des qualifizierenden Erfolgs
2. Objektive Sorgfaltswidrigkeit (besteht i. d. R. in der Begehung des Grunddelikts) und objektive Zurechenbarkeit
3. Spezifischer Gefahrzusammenhang zwischen Grunddelikt und Todeserfolg
4. Mindestens Leichtfertigkeit bzgl. Erfolgseintritt und Gefahrzusammenhang (nach § 18 StGB auch bei vorsätzlicher Herbeiführung)
B. Rechtswidrigkeit
C. Schuld: Bei Leichtfertigkeit subjektive Erkennbarkeit des Gefahrzusammenhangs und subjektive Vorhersehbarkeit des Erfolgs
D. Ggf. Strafaufhebungsgrund: Rücktritt vom Versuch

2. Der Tatbestand des § 251 StGB

a) Grundtatbestand, Erfolgseintritt, Kausalität

81 Zunächst muss ein **Raub** (§ 249 StGB) begangen worden sein; es genügen über §§ 252, 255 StGB aber auch ein **räuberischer Diebstahl** oder eine **räuberische Erpressung**. Ist das Grunddelikt im Versuchsstadium stecken geblieben, kann auch nur ein versuchter § 251 StGB vorliegen.

82 Es muss sodann der Erfolg, die **Tötung** eines anderen Menschen, eingetreten sein. In den geschützten Personenkreis sind neben dem Verletzten oder Nothelfer auch **am Tatgeschehen Unbeteiligte** einbezogen, z.B. ein von einem Querschläger getroffener Passant.[148] **Umstritten** ist, ob dazu auch **Tatbeteiligte** gehören können (Mittäter, Gehilfen oder Anstifter), die während der Tat umkommen. Dies ist richtigerweise zu verneinen, da sich der Schutzzweck der Norm auf die Integrität des Raubopfers oder Dritter, nicht aber auf diejenige des Tatbeteiligten richtet, der sich eigenverantwortlich in die Gefahr begeben hat.[149] Hält der Gewaltanwender den Tatgenossen irrigerweise für einen Verfolger, ist – neben versuchtem Mord (error in persona)[150] – aber (immerhin) ein untauglicher Versuch des § 251 StGB anzunehmen.[151] Am erforderlichen Unmittelbarkeits- oder Gefahrzusammenhang fehlt es nicht, wenn sich der Raubtäter den Fluchtweg ohne Beute freischießt.[152]

b) Der spezifische Gefahrzusammenhang

83 ▶ **Beispiel („Gestürzter Rentner"-Fall):**[153] *Rentner R wurde von A und B ausgeraubt. Er versuchte, den mit der Beute fliehenden Räubern nachzueilen oder Hilfe herbeizuholen. Dabei kam er im Dunkeln zu Fall und zog sich Verletzungen zu, die schließlich zu seinem Tode führten.* ◀

---

148 BGHSt 38, 295.
149 NK-*Kindhäuser/Hoven*, § 251 Rn. 2; LK-*Vogel/Burchard*, § 251 Rn. 5.
150 BGHSt 11, 268; weitere error in persona-Konstellation im Rahmen einer Mittäterschaft bei BGH NStZ 2019, 511 m. Bspr. *Eisele*, JuS 2019, 496; *Heuser*, ZJS 2019, 529; *Jäger*, JA 2019, 467.
151 LK-*Vogel/Burchard*, § 251 Rn. 4.
152 BGH NJW 1999, 1039; a.A. *L-Kühl/Heger*, § 251 Rn. 1.
153 BGHSt 22, 362.

aa) Grundsatz

Im tödlichen Erfolg muss sich gerade die dem Grundtatbestand anhaftende eigentümliche, **spezifische Gefahr** verwirklicht haben. Nur dann ist der Tod „durch" den Raub usw. verursacht worden. Dieser spezifische Zurechnungszusammenhang, der von der Rechtsprechung auch „**Unmittelbarkeitszusammenhang**" genannt wird, ist gegeben, wenn der Todeserfolg auf der Raubhandlung, d. h. der Anwendung der raubspezifischen Nötigungsmittel in Gestalt der qualifizierten Drohung oder der Gewalt gegen eine Person beruht. Dies ist etwa der Fall, wenn das Opfer an den Schlägen, die ihm vom Räuber verabreicht wurden, stirbt oder die von der Drohung ausgehende Schockwirkung tödliche Folgen zeitigt.[154] – Der Risikozusammenhang wird auch nicht dadurch unterbrochen, dass die behandelnden Ärzte aufgrund einer **Patientenverfügung** einen **Behandlungsabbruch** beim im Sterben liegenden Raubopfers vornehmen, so im Fall einer schwerkranken alten Frau, die aufgrund des gewaltsamen Entreißens ihrer Handtasche aus dem Rollator ungebremst mit ihrem Kopf auf das Pflaster aufschlägt.[155] Denn sofern aufgrund der Verfügung einem tödlichen Krankheitsverlauf nicht um jeden Preis durch lebenserhaltende Maßnahmen Einhalt zu gebieten ist, lässt dieses **verfassungsrechtlich garantierte Selbstbestimmungsrecht** die Zurechnung des durch den Täter kausal und pflichtwidrig geschaffenen Todesrisikos nicht entfallen. – Dass das Opfer infolge der Gewaltausübung bereits tot ist, während der Diebstahl vom Täter vollzogen wird, hebt den Gefahrzusammenhang nicht auf.[156] Der Gefahrzusammenhang ist ebenso zu bejahen, wenn bei der Gewaltanwendung ein unbeteiligter Dritter, etwa durch einen fehlgehenden Schuss, getötet wird, oder wenn das Raubopfer beim Versuch, dem Angriff des Täters zu entkommen oder wenigstens auszuweichen, zu Tode kommt.[157] Setzt der Täter das tödlich wirkende Gewaltmittel aber erst dann ein, nachdem er zu dem Ergebnis gelangt ist, er könne keine Beute erlangen und sein Wegnahmeversuch sei daher fehlgeschlagen, so fehlt der tatbestandsspezifische Gefahrkonnex.[158]

▶ **Lösung:**[159] *A und B könnten sich im „Gestürzter Rentner-Fall" nach § 251 StGB strafbar gemacht haben. Hierzu müsste der Tod des Rentners auf dem Raub beruhen. Dieser Zusammenhang ist aber zu verneinen, wenn ein bloßer sog. Verfolgerfall vorliegt, d. h. das den Täter verfolgende Opfer – wie hier der R – sich bei der Verfolgung tödlich verletzt. Denn es gehört zwar zu den Folgen eines Raubes, dass das Opfer den Täter womöglich verfolgt; dabei handelt es sich aber nicht um ein raubspezifisches Phänomen, das mit den Besonderheiten bei der Tatbegehung zusammenhängt, sondern kann bei Straftaten anderer Art (Beleidigung, Körperverletzung, Diebstahl) genauso auftreten. Es wird in solchen Fällen aber eine Strafbarkeit wegen fahrlässiger Tötung nach § 222 StGB (in Tateinheit mit § 249 StGB) vorliegen.* ◀

Führt dagegen die **Wegnahme** zum Todeserfolg, etwa weil dem Opfer ein überlebenswichtiges Medikament oder in der kalten Winternacht der wärmende Schlafsack gestohlen wird, ist die Bewertung umstritten. Die h.M. will den Gefahrzusammenhang verneinen.[160] Nach dem Wortlaut wäre dieses Ergebnis aber nicht zwingend, setzt

---

154 OLG Nürnberg NStZ 1986, 556 (wo aber die Leichtfertigkeit verneint wurde); S/S/W-*Kudlich*, § 251 Rn. 5.
155 Rollator-Fall BGH NJW 2020, 3669 m.Anm. *Eisele* JuS 2021, 86; *Kudlich* JA 2021, 169; *Sowada* NStZ 2021, 231.
156 BGH NStZ 2010, 33.
157 MK-*Sander*, § 251 Rn. 9.
158 BGH NStZ 2019, 730 m. Anm. *Habetha*; *Eisele*, JuS 2019, 1219; *Jäger*, JA 2019, 950.
159 BGHSt 22, 362.
160 *Hinderer/Kneba*, JuS 2010, 590, 593; *Rönnau*, JuS 2020, 111; SK-*Sinn*, § 253 Rn. 13.

doch § 251 StGB nur voraus, dass der Tod durch den Raub verursacht wird, zu dem eben auch die Diebstahlskomponente zählt.[161] Gleichwohl verdient die h.M. den Vorzug, denn der Unrechtskern des Raubs wird durch die qualifizierte Nötigungskomponente maßgeblich definiert. Zudem würde auch der einfache Diebstahl schon zu diesem Erfolg führen; dort ist die Todesfolge aber keine Qualifikation.[162]

bb) Anwendung tödlicher Mittel in der Beendigungsphase

87 ▶ **Beispiel („RAF-Passanten"-Fall):**[163] *A war Mitglied der terroristischen Vereinigung „Rote-Armee-Fraktion" (RAF). Gemeinsam mit Gesinnungsgenossen verübte er einen Raubüberfall mit geladenen Schusswaffen auf die schweizerische Volksbank in Zürich, bei dem über 548.000 Schweizer Franken erbeutet wurden. Bei der anschließenden Flucht kam es zu einem Schusswechsel zwischen ihnen und dem sie verfolgenden Polizeibeamten P. Ein von A auf den Beamten gerichteter Schuss verfehlte diesen und traf die Passantin K tödlich.* ◀

88 In der Beendigungsphase stellt sich das gleiche Problem wie bei § 250 StGB: Der **BGH bejaht** im Beispielsfall die Möglichkeit eines § 251 StGB in der **Beendigung**sphase, da die beutesichernde Gewalt genauso gefährlich sei wie die Wegnahme ermöglichende Gewalt.[164] Auch sei es beim Raub nicht ungewöhnlich, dass der Räuber nach der Vollendung noch Gewalt gegen das Opfer oder schutzbereite Dritte anwende. Zudem erfasse § 252 StGB nicht alle Fälle der Gewaltausübung nach Vollendung, vor allem solche zur bloßen Fluchtsicherung oder wenn es dem Täter darum gehe, das Opfer zum Schweigen zu bringen und eine Entdeckung der Tat zu verhindern.[165] Im Beispielsfall oben müsse der RAF-Terrorist A daher wegen Raub mit Todesfolge verurteilt werden. Gegen diese Ansicht wendet die h.L.[166] zu Recht ein, dass die Wegnahme sichernde Gewalt abgeschlossen ist und die Gewalt in der Beendigungsphase **außerhalb des Tatbestands** liegt.[167] Auch würde andernfalls die Grenzziehung zwischen § 251 StGB und § 252 StGB verwischt. In diesem Fall wäre daher eine Verurteilung wegen schweren Raubes in Tateinheit mit räuberischem Diebstahl überzeugender gewesen.[168]

c) Leichtfertigkeit; Vorsatz

89 ▶ **Beispiel („Herzattacke-Fall"):**[169] *A zog im Juweliergeschäft des J eine nicht geladene Pistole und forderte J mit den Worten „es passiert Ihnen nichts; ich will alles, was wertvoll ist: Gold und Geld!" auf, Schmuck und Bargeld herauszugeben, insbesondere Schmuck aus dem Schaufenster herauszunehmen. Als J ein Schmucktablett zum Verkaufspult tragen wollte, erlitt er aufgrund der Aufregung eine Herzattacke, brach zusammen und verstarb. A verließ mit der Beute im Wert von 8.000 DM das Juweliergeschäft. Aus dem Obduktionsprotokoll ergab sich, dass J 56 Jahre alt war, an einer hochgradigen Verengung der Herzkranzgefäße litt und bereits einen Herzinfarkt überlebt hatte; in nächster Zeit sollte bei ihm eine Gefäßüberbrückung (Bypass-Operation) durchgeführt werden.* ◀

---

161 Daher § 251 bejahend etwa *L-Kühl/Heger*, § 251 Rn. 1; MK-*Sander*, § 251 Rn. 6.
162 NK-*Kindhäuser/Hoven*, § 251 Rn. 3; *Kudlich*, PdW BT-1, Fall 167.
163 BGHSt 38, 295.
164 BGHSt 38, 295; BGH NStZ 2016, 211; HK-*Duttge*, § 251 Rn. 8; vgl. auch *Steinberg*, JuS 2017, 1062.
165 BGH JuS 2017, 1030 m. Bspr. *Eisele*.
166 *Joecks/Jäger*, § 251 Rn. 5; MK-*Sander*, § 251 Rn. 11; *Wessels/Hillenkamp/Schuhr*, Rn. 405.
167 *Hruschka*, JZ 1083, 217.
168 HK-*Duttge*, § 251 Rn. 7; *L-Kühl/Heger*, § 251 Rn. 1.
169 OLG Nürnberg NStZ 1986, 556.

Der Täter handelt leichtfertig, wenn er aus besonderer Gleichgültigkeit oder grober Unachtsamkeit, außer Acht lässt, dass bei seinem Verhalten der Todeseintritt besonders naheliegt, sich geradezu aufdrängt.[170] Die Begehung der Raubtat als solche genügt mithin nicht. Vielmehr muss das Verhalten des Täters objektiv mit hohen Risiken für Leib und Leben des Opfers verbunden und in subjektiver Hinsicht von besonderem Leichtsinn, besonderer Unachtsamkeit oder Gleichgültigkeit getragen sein.[171] Dies ist zu bejahen, wenn der Täter besonders brutal vorgeht oder unbekümmert das schwerverletzte Opfer zurücklässt.[172] Auch unbewusst grob fahrlässiges Verhalten kann leichtfertig sein.

§ 251 StGB ist, wie sich schon aus der allgemeinen Regel des § 18 StGB ergibt,[173] aber seit dem 6. StRG von 1997 auch in der Norm selbst hervorgehoben wird („wenigstens"),[174] darüber hinaus anwendbar, wenn der Täter mit **bedingtem Tötungsvorsatz** handelt.

▶ **Lösung:**[175] *Das OLG Nürnberg bejahte im „Herzattacke-Fall" zwar mit guten Gründen eine Fahrlässigkeit, aber nicht Leichtfertigkeit: A habe J noch nicht einmal angefasst; die Herzerkrankung des J sei ihm unbekannt und auch nicht erkennbar gewesen.* ◀

3. Versuch und Rücktritt

Ein Versuch des Raubs mit Todesfolge ist möglich, wodurch zugleich die Möglichkeit eines strafbefreienden **Rücktritts vom Versuch** eröffnet wird.

a) Arten des Versuchs beim erfolgsqualifizierten Delikt

Innerhalb der §§ 251, 22 StGB sind **zwei Formen** des Versuchs – der erfolgsqualifizierte Versuch und der Versuch der Erfolgsqualifikation - zu unterscheiden. Der **erfolgsqualifizierte Versuch** zeichnet sich dadurch aus, dass beim Versuch der Wegnahme der Tötungserfolg eintritt. Dies wäre etwa der Fall, wenn A das Opfer brutal und mit tödlicher Wirkung zusammenschlägt, doch O nichts besitzt. Darin liegt ein versuchter Raub mit Todesfolge. Die **versuchte Erfolgsqualifizierung** besteht dagegen darin, dass der Täter beim Raub die Tötung des Opfers zumindest billigend in Kauf nimmt, der Tod jedoch nicht eintritt. Man denke etwa an den missglückten Schuss des Räubers mit einer Armbrust auf den Besitzer einer Motorjacht.[176] Dabei handelt es sich um einen Raub mit versuchter Todesfolge.[177]

b) Rücktritt vom Versuch

Beim **erfolgsqualifizierten Versuch** ist inzwischen die Möglichkeit eines Rücktritts vom Versuch sowohl von der Rechtsprechung als auch überwiegenden Literaturansicht anerkannt, sofern – wie hier[178] (§ 249 Abs. 2, 22, 23 Abs. 1 StGB) – der Versuch strafbar ist und das Risiko der schweren Folge bereits an die Tathandlung – hier die

---

170 HK-*Duttge*, § 251 Rn. 10; NK-*Kindhäuser/Hoven*, § 251 Rn. 7.
171 *Joecks/Jäger*, StGB, § 251 Rn. 86; MK-*Sander*, § 251 Rn. 12.
172 OLG Nürnberg NStZ 1986, 556.
173 BGHSt 39, 100.
174 MK-*Sander*, § 251 Rn. 12.
175 OLG Nürnberg NStZ 1986, 556.
176 BGH NStZ 2001, 534.
177 Mit versuchtem Totschlag besteht Tateinheit, § 52.
178 Vgl. etwa *Kudlich*, PdW BT-1, Fall 168.

qualifizierte Nötigung – anknüpft.[179] Dann besteht die Rücktrittshandlung darin, dass der gewalttätige Täter davon absieht, die Diebstahlskomponente zu vollenden. Man stelle sich den Fall vor, dass Räuber A, nachdem er ohne Tötungsvorsatz wuchtig auf O eingeschlagen hat, plötzlich Mitleid mit O hat, ihn doch nicht bestiehlt, O aber an den ihm zugefügten Verletzungen stirbt. A ist danach vom Diebstahl, vom Raub und auch vom versuchten Raub mit Todesfolge zurückgetreten. Bei den vollendeten Gewaltdelikten ist dagegen ein Rücktritt nicht möglich. A hat daher eine Körperverletzung mit Todesfolge (§ 227 StGB) begangen.

96 Bei der **versuchten Erfolgsqualifizierung** besteht die Rücktrittshandlung darin, dass der Täter davon absieht, die Tötungskomponente zu vollenden. Beim unbeendeten Versuch genügt ein schlichtes Nichtweiterhandeln, während beim beendeten Versuch eine aktive Vollendungsverhinderung erforderlich ist. Verletzt etwa A den O massiv mit bedingtem Tötungsvorsatz und raubt er ihn aus, tut ihm aber das Opfer leid und ruft er einen Rettungswagen, wodurch das Leben des O gerettet werden kann, kommt ein Rücktritt vom § 251 StGB sowie von den §§ 211 ff. StGB in Betracht. A wird dann nur wegen vollendeten § 249 StGB bzw. §§ 223 ff. StGB bestraft. Auch der Lebensmittelerpresser tritt wirksam zurück, wenn er in einer E-Mail auf die von ihm deponierten, kontaminierten Lebensmittel aufmerksam macht und so deren Auffinden verursacht, bevor jemand zu Schaden kommt.[180]

4. Täterschaft und Teilnahme

97 Auch bei nicht vorsätzlicher, leichtfertiger Herbeiführung der schweren Folge gilt die Tat gem. § 11 Abs. 2 StGB **insgesamt** als „**vorsätzlich** begangen", so dass trotz Fahrlässigkeitskomponente der Haupttat die Voraussetzungen einer akzessorischen strafrechtlichen Haftung wegen Anstiftung, § 26 StGB, und Beihilfe, § 27 StGB, gegeben sind. Allerdings muss bei **jedem Beteiligten** gesondert geprüft werden – auch beim Anstifter, Gehilfen und Mittäter –, ob ihm ein **Leichtfertigkeitsvorwurf** gemacht werden kann; erst dann können sie als Mittäter bzw. Teilnehmer des § 251 StGB bestraft werden.[181] Nur wenn ein Mittäter, Gehilfe oder ein Anstifter des Raubs etwa die Möglichkeit einer eskalierenden tödlichen Gewaltanwendung durch den Täter subjektiv in Betracht gezogen oder ihnen gleichgültig war, können sie sich einer Beteiligung am Raub mit Todesfolge schuldig machen; andernfalls liegt ein Exzess vor.[182] Bei vorsätzlicher Todesherbeiführung müssen die übrigen Beteiligten ebenfalls mit Vorsatz gehandelt haben.

5. Konkurrenzen

98 Der Raub mit vorsätzlich herbeigeführter Todesfolge steht mit dem Totschlag bzw. Mord in Tateinheit (Idealkonkurrenz, § 52 StGB), um deutlich zu machen, dass die Tötung die tatbestandsspezifische Folge eines Raubs war (sog. Konkurrenzlösung).[183] Dagegen sind der (schwere) Raub (§§ 249, 250 StGB), die fahrlässige Tötung (§ 222 StGB) und Körperverletzung mit Todesfolge (§ 227 StGB) gegenüber dem Raub mit Todesfolge subsidiär.

---

179 BGHSt 42, 158; *L-Kühl/Heger*, § 251 Rn. 3; SK-*Sinn*, § 251 Rn. 20.
180 BGH NJW 2019, 3659 m. Bspr. *Eisele*, JuS 2020, 275; *Jäger*, NStZ 2020, 221; *Kudlich*, JA 2020, 64.
181 BGH NStZ-RR 2000, 366; MK-*Sander*, § 251 Rn. 13.
182 BGH NStZ-RR 2020, 143 m.Anm. *Nestler* JK 2020, 876; *Putzke* ZJS 2020, 644.
183 BGHSt 39, 100; *Steinberg*, JuS 2017, 973.

§ 4 Der Raub (§§ 249 ff. StGB)

Wiederholungsfragen

1. Gegen welche Personen kann sich § 251 StGB richten? (Rn. 81)
2. Welcher spezifische Gefahrzusammenhang ist bei § 251 StGB erforderlich? (Rn. 82)
3. Was bedeutet Leichtfertigkeit bei § 251 StGB? (Rn. 88)
4. Kann man vom Versuch des Raubes mit Todesfolge zurücktreten? Welche beiden Fallkonstellationen sind hierbei von Bedeutung? (Rn. 92)

§ 5 Die raubähnlichen Sonderdelikte (§§ 252, 316 a StGB)

1 Die nachfolgend behandelten Straftatbestände des räuberischen Diebstahls und des räuberischen Angriffs auf Kraftfahrer werden als „raubähnliche Delikte" bezeichnet, da auch in ihnen die qualifizierte Nötigungskomponente vorausgesetzt werden, die vom Raub bekannt sind, sei es als Tatmittel (bei § 252 StGB), sei es als Bestandteil des subjektiven Tatbestands (bei § 316 a StGB).

I. Der räuberische Diebstahl (§ 252 StGB)

Literaturempfehlungen: *Dehne-Niemann*, Wissenswertes zum räuberischen Diebstahl (§ 252 StGB), Jura 2008, 742 ff.; *Kudlich/Aksoy* (wie zu § 7), JA 2014, 81 ff.; *Natus*, Probleme der Deliktsstruktur und der Anstiftung beim räuberischen Diebstahl (§ 252 StGB), Jura 2014, 772 ff.

1. Einleitung

a) Rechtsgut

2 **Rechtsgüter** des räuberischen Diebstahls sind – ebenso wie beim Raub – das **Eigentum** und die **freie Willensbetätigung** des Eigentümers.[1] § 252 StGB bildet keine Qualifikation zum Diebstahl oder zum Raub, sondern ein eigenständiges, raubähnliches **Sonderdelikt**.[2] Plastisch spricht man auch von einem „spiegelbildlich verkehrten Raub" (*Schünemann*),[3] da das Nötigungsmittel nicht zur Erlangung, sondern zum Erhalt des Diebesguts eingesetzt wird.

b) Deliktsnatur

3 Es handelt sich um ein **zweiaktiges** Delikt, das sich aus einem vollendeten Diebstahl und einem beendeten Nötigungsversuch, d.h. dem Einsatz eines Raubmittels in Besitzerhaltungsabsicht, zusammensetzt. Wendet der Täter zu einem Zeitpunkt, in dem der Diebstahl nicht bloß vollendet, sondern sogar schon beendet ist,[4] Nötigungsmittel an, kommt nur noch eine Bestrafung nach § 240 StGB, nicht aber nach § 252 StGB in Betracht. § 252 StGB ist ein sog. **erfolgskupiertes** Delikt, d. h. es kommt für die Vollendung nicht darauf an, ob der Täter seinen Besitz an der Sache erhalten kann:[5] Geht die Beute trotz Einsatz des qualifizierten Nötigungsmittels verloren, liegt also dennoch ein vollendeter räuberischer Diebstahl vor.

4 Rechtshistorisch wurzelt die Norm in der praktisch gleichlautenden Regelung des Preußischen StGB (1851).[6] Für 2022 nennt die Polizeiliche Kriminalstatistik 7.683 (2020: 6.072) Verdachtsfälle von räuberischem Diebstahl; abgeurteilt wurden 2021 insgesamt 1.534 Personen.[7]

5 In § 252 StGB wird der räuberische Diebstahl **dem Raub** gesetzlich **gleichgestellt**. Dies bedeutet nicht bloß eine Rechtsfolgenverweisung auf den Strafrahmen des § 249 StGB, sondern eröffnet zugleich die Anwendbarkeit der §§ 250, 251 StGB auf § 252 StGB, d.

---

1 *Mitsch*, BT-2, S. 547; *Rengier*, BT-1, § 10 Rn. 1; MK-*Sander*, § 252 Rn. 1.
2 BGHSt 3, 76; *Eisele*, BT-2, Rn. 397; *Fischer*, § 252 Rn. 1; S/S/W-*Kudlich*, § 251 Rn. 1; *Wessels/Hillenkamp/Schuhr*, BT-2, Rn. 412.
3 *Schünemann*, JA 1980, 383.
4 Zu den Kriterien, wann ein Diebstahl beendet ist, vgl. oben § 2 Rn. 76 ff.
5 M/R-*Maier*, § 252 Rn. 2.
6 LK-*Vogel/Burchard*, § 252 vor Rn. 1.
7 SVS 2021, S. 36.

h. es gibt auch einen schweren räuberischen Diebstahl (§§ 252, 250 StGB) und einen räuberischen Diebstahl mit Todesfolge (§§ 252, 251 StGB).

Diese Gleichstellung wird **dogmatisch** entweder damit **begründet**, dass der Dieb, der Gewalt zur Beutesicherung einsetzt, diese höchstwahrscheinlich schon bei der Wegnahme angewendet hätte (kriminalpsychologische Gleichstellungstheorie),[8] dass die Notrechte des betroffenen Diebstahlsopfers in der Beendigungsphase besonders geschützt werden sollten (Notrechtstheorie) oder dass der ertappte Dieb zu einem Selbstbegünstigungs- oder auch Eskalationsverhalten neige, dem strafrechtlich generalpräventiv entgegengesteuert werden müsse (Gefährlichkeitstheorie).[9] Keine dieser Theorien vermag jedoch gänzlich zu überzeugen. Ein (z.b. vom Ladendetektiv) ertappter und bedrängter Dieb ist im Regelfall kein potenzieller Räuber. Notrechte werden auch sonst nicht eigens durch Straftatbestände oder Qualifikationstatbestände geschützt. Der ertappte Dieb wird seine Reaktion vorher nicht nüchtern kalkulieren und somit von einer erhöhten Strafdrohung normativ gar nicht angesprochen werden.[10] Einleuchtender erscheint die Überlegung, dass sich die gesetzliche Parallelwertung in einer kumulativen Betrachtungsweise nur aus der mit Blick auf Tatausführung, Täterpsyche und Opferschutz fließenden Grenze zwischen Raub und räuberischem Diebstahl rechtfertigen lässt.[11] Gleichwohl kommt § 252 StGB im Vergleich zum § 249 StGB ein geringerer Unrechts- und Schuldgehalt zu.[12] Diese Reduktion hat sich im Gesetz zwar nicht niedergeschlagen, sollte aber Anlass dafür sein, die Norm restriktiv zu interpretieren und auf raubäquivalente Verhaltensweisen zu beschränken.

c) Prüfungsschema in Klausuren

In zeitlicher Hinsicht ist zu beachten, dass § 252 StGB sich auf den Zeitraum zwischen Vollendung und Beendigung der Vortat (meist § 242 StGB) erstreckt. In subjektiver Hinsicht ist ein besonderes Augenmerk auf die Besitzerhaltungsabsicht zu lenken.

Prüfungsschema § 252 StGB

A. Tatbestand
  I. Objektiver Tatbestand
    1. Vortat: Diebstahl oder Raub
    2. Tatsituation: Betroffensein auf frischer Tat
    3. Tathandlung: Einsatz qualifizierter Nötigungsmittel
  II. Subjektiver Tatbestand
    1. Vorsatz bezüglich des objektiven Tatbestands
    2. Beutesicherungsabsicht
C. Rechtswidrigkeit
D. Schuld
E. Mögliche Qualifikationen: Bestrafung „gleich einem Räuber", also §§ 250, 251 StGB anwendbar

---

8 BGHSt 26, 95; A/W-*Heinrich*, § 17 Rn. 18.
9 Zu den verschiedenen Theorien vgl. *Küper*, JZ 2001, 730.
10 LK-*Vogel/Burchard*, § 252 Rn. 5.
11 Sch/Sch-*Bosch*, § 252 Rn. 1; NK-*Kindhäuser/Hoven*, § 252 Rn. 5.
12 Vgl. etwa *Perron*, GA 1989, 166; *Seier*, JuS 1979, 337.

2. Objektiver Tatbestand

9 In objektiver Hinsicht setzt § 252 StGB voraus, dass der Täter bei einem Diebstahl (a) auf frischer Tat betroffen (b) Nötigungsmittel wie ein Räuber (c) einsetzt.

a) Taugliche Vortat

10 ▶ **Beispiel („Handy-Einsteck"-Fall):**[13] *A ließ sich von B dessen Handy zeigen und nahm ihm dieses ohne Zueignungsabsicht aus der Hand. Er verlangte für die Rückgabe 20 EUR. Als B die Zahlung ablehnte, fasste A den Entschluss, das Mobiltelefon zu behalten und für eigene Zwecke zu verwenden. Er steckte es in seine Tasche und entfernte sich. Als B ihm folgte und sein Handy zurückverlangte, schlug A ihm mit der Absicht, das Handy weiterhin zu behalten, mit der flachen Hand ins Gesicht und drohte ihm mit Schlägen für den Fall, dass er ihm weiter hinterherginge.* ◀

11 Taugliche **Vortat** kann **jeder** (tatbestandsmäßige und rechtswidrige, nicht aber notwendigerweise schuldhaft begangener) **Diebstahl** in all seinen Erscheinungsformen sein, also auch ein Diebstahl in einem besonders schweren Fall oder ein schwerer Diebstahl nach § 244 StGB. Ein **Raub** kommt ebenso **als Vortat** in Betracht, wobei der BGH in der Beendigungsphase die Raubqualifikationen unmittelbar im Rahmen der §§ 250, 251 StGB anwendet, obwohl nach h.L. dieser Abschnitt des Geschehens nicht mehr unter § 250 StGB, sondern unter § 252 StGB fällt (siehe oben § 4 Rn. 69). Ein **Betrug** oder eine **Unterschlagung** genügen hingegen nach dem eindeutigen Wortlaut **nicht**.[14] Der **Diebstahl muss** nach h.M. **vollendet sein**, da § 252 StGB vom Täter erlangten Gewahrsam voraussetzt.[15] Ist der Diebstahl beendet, scheidet § 252 StGB aus.

12 ▶ **Lösung:** *Im „Handy-Einsteck-Fall" hatte A, als er das Handy in der Hand hielt, den Gewahrsam ohne Zueignungsabsicht erlangt. In dem Moment, in dem er das Handy einsteckte, konnte er somit keinen Diebstahl, sondern nur noch eine Unterschlagung begehen. Eine räuberische Unterschlagung kennt das Gesetz aber nicht. A hat mithin nur eine Unterschlagung, Körperverletzung und eine Nötigung begangen.* ◀

13 War jemand nicht als Allein- oder Mittäter, sondern nur als Anstifter oder Gehilfe am Diebstahl beteiligt, soll er nach h.M. gleichwohl auch Täter eines räuberischen Diebstahls sein.[16] Richtigerweise kann aber Täter nur sein, wer (Mit-)Täter der notwendigen Vortat Diebstahl war, also beide Akte des § 252 StGB verwirklicht hat.[17] Dafür spricht die zweiaktige Struktur des § 252 StGB. Darüber hinaus setzt die Bestrafung wegen täterschaftlich begangenen Raubs die Täterposition des Handelnden auch bezüglich der Diebstahlskomponente des § 249 StGB voraus: Es leuchtet nicht ein, dass beim raubäquivalenten § 252 StGB angesichts des gleichen Strafrahmens wie bei § 249 StGB bezüglich der Beteiligung am Diebstahl geringere Anforderungen als bei § 249 StGB gelten sollen.[18]

---

13 BGH NStZ 2011, 36.
14 M. Bspr. *Hecker*, JuS 2011, 374.
15 BGH NStZ 2015, 276 m. Bspr. *Jahn* JuS 2015, 78; LK-*Vogel/Burchard* § 252 Rn. 18; für §§ 252, 22 StGB, wenn der Diebstahl nur versucht, neuer Gewahrsam aber begründet wurde, etwa NK-*Kindhäuser/Hoven* § 252 Rn. 7.
16 BGHSt 6, 248; MK-*Sander*, § 252 Rn. 17.
17 BGH NStZ 2015, 276 m. Bspr. *Jahn* JuS 2015, 78; LK-*Vogel/Burchard*, § 252 Rn. 20.
18 NK-*Kindhäuser/Hoven*, § 252 Rn. 24; S/S/W-*Kudlich*, § 252 Rn. 5.

b) Auf frischer Tat betroffen

▶ **Beispiel („Supermarkt-Verfolgungsfall"):**[19] *A steckte in einem Supermarkt Lebensmittel in seinen Rucksack und verließ das Geschäft, ohne die Waren zu bezahlen. Supermarktinhaberin S folgte ihm und erwischte ihn an einer 150 m entfernten Bushaltestelle. Als sie ihn mit den Worten aufforderte, die Waren zurückzugeben, „dann sei alles erledigt", wollte A die Flucht ergreifen. Passant P hielt ihn jedoch fest, woraufhin A dem P mit der Faust schmerzhaft ins Gesicht schlug, wodurch die Lippe aufplatzte.* ◀

„Auf frischer Tat betroffen" hat mit der „**Frische**" eine **zeitliche** und mit dem „**Betroffensein**" eine **örtliche und rezeptive** Komponente. Auf frischer Tat betroffen ist der Täter, wer bei Ausführung oder alsbald nach Vollendung der Wegnahme (zeitliche Komponente) am Tatort oder in dessen unmittelbarer Nähe (örtliche Komponente) von einem anderen bemerkt, d. h. sinnlich wahrgenommen wird (rezeptive Komponente).[20] Der Täter kann nach h.M. nur nach Vollendung der Wegnahme und vor Beendigung des Diebstahls (Vortat) auf frischer Tat betroffen sein.[21] Dabei wird der Täter zumeist am **Tatort** selbst oder **in dessen unmittelbarer Nähe** betroffen sein. Entscheidend ist jedoch, dass er durch eine etwaige Flucht noch keine solche Distanz zwischen sich und dem Verfolger schafft, dass die Gewahrsamssicherung eintritt und dadurch die Vortat beendet wurde. Es reicht dabei aus, wenn die Verfolgung des Täters sofort am Tatort aufgenommen wird, das Nötigungsmittel vom Täter aber erst im Lauf der Fluchtphase eingesetzt wird. So bejaht der BGH die Frische und das Betroffensein, wenn ein Raubüberfall von Polizeikräften observiert wurde, die Gewalt gegen die verfolgenden Polizisten aber erst eine halbe Stunde später und in 35 km Entfernung vom Tatort erfolgte.[22]

▶ **Lösung:** *Im „Supermarkt-Verfolgungsfall" war der Diebstahl zwar vollendet, mangels endgültiger Beutesicherung aber noch nicht beendet. A wurde von S und P in Tatortnähe und wenige Minuten nach der Tat wahrgenommen, somit auf frischer Tat betroffen. A verübte Gewalt mit Besitzerhaltungsabsicht.* ◀

Umstritten sind diejenigen Fälle, in denen der Täter mit Besitzerhaltungsabsicht Gewalt gegen **Dritte** verübt, die ihn **ahnungslos** (noch) nicht als Dieb, sondern nur als Individuum wahrgenommen haben,[23] oder in denen nach vollendeter Wegnahme das plötzlich hinzutretende Opfer hinterrücks niedergeschlagen wird, ohne dass das Opfer den Täter überhaupt gesehen hat.

▶ **Beispiel („Ahnungslose Passanten"-Fall):**[24] *Bei einem Einbruchsdiebstahl erbeuteten A und B Rohkaffee und Tabakwaren im Gesamtwert von etwa 7.000 DM. Als sie die Beute in ihr in Tatortnähe geparktes Fahrzeug verfrachten wollten, suchten der Schlosser T und der Schneider L ein in dieser Gegend kurz vorher abhandengekommenes Fahrrad. Als T und L sich in der Nähe des Kraftwagens befanden, glaubten A und B, sie seien als Diebe entdeckt worden und würden von T und L verfolgt, so dass A mehrfach in die Richtung der beiden Männer schoss. Die Kugeln schlugen nicht weit von T und L ein.* ◀

---

19 BGH NStZ 2015, 219.
20 MK-*Sander*, § 252 Rn. 8 ff.; *Wessels/Hillenkamp/Schuhr*, BT-2, Rn. 416.
21 BGHSt 16, 271; Sch/Sch-*Bosch*, § 252 Rn. 3; S/S/W-*Kudlich*, § 252 Rn. 7.
22 BGH NJW 2015, 3178 mit Bspr. *Eisele*, JuS 2015, 1043 und *Brüning*, ZJS 2016, 386.
23 Zur Diskussion vgl. *Hillenkamp/Cornelius*, 27. Problem, S. 160.
24 BGHSt 9, 255.

19 Die h.M. bejaht hier ein Betroffensein und damit einen vollendeten § 252 StGB,[25] da 1. der Begriff nur ein **räumlich-zeitliches Zusammentreffen voraussetze** und 2. es auch nicht einzusehen sei, warum die Gewaltanwendung gegen einen Nichtsahnenden vor der Wegnahme ein Raub, dagegen nach der Wegnahme kein räuberischer Diebstahl sein solle. Ein **Teil der Literatur**[26] hält dem zu Recht entgegen, dass das altertümlich anmutende Wort „betreffen" seit jeher im Kern „**Wahrnehmen**" und „**Bemerken**" bedeutet; insoweit ist das Analogieverbot, bei aller Eigenständigkeit strafrechtlicher Begriffsbildung, tangiert. Zudem droht das Merkmal des „Betroffensein" leerzulaufen und seine tatbestandseinschränkende Funktion zu verlieren, wenn man bedenkt, dass jede Gewaltausübung mit Besitzerhaltungsabsicht am Tatort mit einem Zusammentreffen mit dem Eigentümer oder mit einem Dritten einhergeht.[27]

20 ▶ **Lösung:** *Im „Ahnungslose Passanten-Fall" haben sich A und B nach der h.M. wegen eines vollendeten § 252 StGB strafbar gemacht. Nach der Literaturansicht sind A und B, da sie irrig von einem Betroffensein ausgingen, nur eines versuchten räuberischen Diebstahls schuldig.* ◀

c) Einsatz qualifizierter Nötigungsmittel

21 Sodann muss der Täter ein qualifiziertes Nötigungsmittel einsetzen. Der Einsatz muss aber nicht zum Erfolg geführt haben. Der Kreis der **tauglichen Nötigungsopfer** wird von der h.M. weit gezogen (subjektivierende Betrachtungsweise): Dies kann **jedermann** sein, sofern der Täter davon ausgeht, dass das Nötigungsopfer **verteidigungsbereit** ist.[28] Für diese Auslegung spricht der Umstand, dass das Gesetz auf eine Besitzerhaltungsabsicht des Täters abstellt, somit subjektiv ausgerichtet ist; zudem bedürfen auch diejenigen Nötigungsopfer besonderen strafrechtlichen Schutzes in der Beendigungsphase, die zwar objektiv nicht verteidigungsbereit sind, vom Täter aber (irrig) dafür gehalten und deshalb das Ziel seiner Gewalt oder Drohungen werden.[29] Der Nebentäter, der es ebenfalls auf die Beute abgesehen hat, oder ein Mittäter, der seinen Beuteanteil einfordert, sind daher nicht taugliche Opfer des § 252 StGB.[30]

3. Subjektiver Tatbestand

a) Vorsatz

22 In subjektiver Hinsicht bedarf es zunächst 1. der Verwirklichung des subjektiven Tatbestands des § 242 StGB (Vorsatz, Zueignungsabsicht) und 2. des Vorsatzes, a) hinsichtlich eines Diebstahls auf frischer Tat betroffen zu sein und b) Gewalt zu verüben oder Drohungen anzuwenden, um Widerstand gegen die Besitzerhaltung zu überwinden.

---

25 BGHSt 9, 255; BGHSt 26, 95; S/S/W-*Kudlich*, § 252 Rn. 11; L-*Kühl/Heger*, § 252 Rn. 4; *Wessels/Hillenkamp/Schuhr*, BT-2, Rn. 420.
26 LK-*Vogel/Burchard*, § 252 Rn. 39; *Mitsch*, BT 2/1, § 4 Rn. 31.
27 *Geppert*, Jura 1990, 554; MK-*Sander*, § 252 Rn. 11.
28 BGHSt 13, 64, 65; SK-*Sinn*, § 252 Rn. 13.
29 LK-*Vogel/Burchard*, § 252 Rn. 50; SK-*Sinn*, § 252 Rn. 13.
30 Sch/Sch-*Bosch*, § 252 Rn. 5/6; NK-*Kindhäuser/Hoven*, § 252 Rn. 17.

b) Besitzerhaltungsabsicht

▶ **Beispiel („Kaffeestube-Garderobe"-Fall):**[31] *A entwendete in einem Personalraum einer Kaffeestube aus nicht verschlossenen Garderobenschränken zwei Geldbörsen. Am Tatort wurde er von einer Angestellten überrascht, die ihn festhielt und um Hilfe schrie. Er stieß, um sich zu befreien, aber auch um im Besitz des Diebesguts zu bleiben, die Angestellte so energisch von sich, dass sie taumelte und auf einen Haufen Altpapier zu sitzen kam.* ◀

Außerdem muss der Täter in der Absicht handeln, **sich** im Besitze des gestohlenen Gutes zu erhalten. Diese Absicht ist i.S.d. dolus directus 1. Grades zu verstehen. Es ist der **Wille**, den **eigenen oder** den bei mittäterschaftlicher Tatbegehung (unten Rn. 29) über § 25 Abs. 2 StGB zurechenbaren **Beutebesitz** des anderen **zu erhalten** und **eine Entziehung** des an der Beute Erlangten zugunsten des Bestohlenen **zu verhindern**.[32] Will sich der Täter aber mittels der Gewalt oder Drohung primär der **Identifizierung**, **Festnahme** oder **Strafverfolgung** durch Flucht entziehen, **fehlt es** an der erforderlichen Absicht.[33] Nimmt er bei der Flucht die Beute mit, obwohl er sich von ihr trennen (sie z.B. zu Boden fallen lassen) könnte, spricht vieles für eine Besitzerhaltungsabsicht.[34] Die **Beutesicherung** als Zwischenziel oder als **gleichgewichtiges Motiv** (Motivbündel) neben der zu verhindernden Strafverfolgung **reicht**, wie im eingangs erwähnten Fall, freilich **aus**.[35] Erforderlich ist aber die subjektive Vorstellung des Täters von einem gegenwärtigen oder unmittelbar bevorstehenden Besitzentzug. Des Eintritts des Sicherungserfolges bedarf es nicht. Nicht ausreichend ist die Absicht, die Beute für einen Dritten zu sichern; der Gesetzgeber hat die **Drittbesitzerhaltungsabsicht nicht** in den Tatbestand aufgenommen, sondern die Besitzerhaltungsabsicht subjektiviert („sich" in Besitz des gestohlenen Gutes zu erhalten).[36]

▶ **Lösung:** *Der BGH bejahte im „Kaffeestube-Garderobe-Fall" eine Besitzerhaltungsabsicht, denn diese braucht nicht der einzige Beweggrund für die Gewaltanwendung zu sein. Es genüge, wenn sie, wie hier, eine unter mehreren Beweggründen ist. Denn A habe die Gewalt auch deshalb angewendet, weil er befürchtete, im Falle seiner Festnahme werde ihm die Diebesbeute ohne Weiteres wieder abgenommen werden, was er verhindern wollte.* ◀

4. Teilnahme

▶ **Beispiel („Notebook in Jutebeutel"-Fall):**[37] *Die A entwendete im Beisein ihres Bekannten B das Notebook des E, bei dem sie zu Besuch waren, und steckte es in einen Jutebeutel, den sie in ihrer Hand trug. Als E sogleich den Diebstahl bemerkte, wollte er der A sein Notebook wieder abnehmen. B schlug daraufhin mit einem Ast mehrfach gegen Körper und Kopf des E, um ihn daran zu hindern.* ◀

Als **Täter** eines räuberischen Diebstahls soll nach der Rspr. und einem Teil der Lit. derjenige in Betracht kommen, der (Mit-)**Täter** der Diebstahls-Vortat **oder** zwar nur **Teilnehmer** der Vortat war, aber im Tatzeitpunkt des § 252 StGB zumindest den Gewahrsam an der Sache ausübt. Dies folge aus dem Tatbestandsmerkmal der Besit-

---

31 BGHSt 13, 64.
32 L-Kühl/Heger, § 252 Rn. 5; MK-Sander, § 252 Rn. 15.
33 BGHSt 9, 162.
34 OLG Köln JuS 2005, 1053 m.Anm. Kudlich.
35 BGHSt 13, 64, 65.
36 Vgl. BT-Drs. 19/16541 zum Gesetzentwurf der AfD, BT-Drs. 19/14764, mit dem die Drittbesitzerhaltungsabsicht in § 252 StGB aufgenommen werden sollte.
37 BGH NStZ 2015, 276.

zerhaltungsabsicht, die auch derjenige aufweisen könne, der nur als Teilnehmer an der Vortat involviert war.[38] Nach der zutreffenden **herrschenden Ansicht scheiden** aber **Gehilfen** und **Anstifter** der Diebstahls-**Vortat** als Täter des § 252 StGB **aus**.[39] Dafür spricht neben dem Wortlaut – auf frischer Diebstahls-„Tat" betroffen sein kann letztlich nur ein „Täter" – vor allem die gebotene restriktive Interpretation des § 252 StGB: Wenn jemand nur Gehilfe eines Raubes wäre, weil er bei der Verwirklichung der Diebstahlskomponente des § 249 StGB (Wegnahme) nur eine untergeordnete Rolle spielte, so kann er folgerichtig nicht als Täter eines räuberischen Diebstahls eingestuft werden, sondern äquivalent nur als Teilnehmer. Beide Komponenten des zweiaktigen § 252 StGB müssen danach täterschaftlich verwirklicht werden, um die Gleichstellung mit § 249 StGB zu legitimieren.[40]

28 ▶ **Lösung:**[41] *Da B im „Notebook-Jutebeute-Fall" nicht Mittäter des Notebook-Diebstahls gewesen ist, sondern höchstens (psychische) Beihilfe dazu geleistet hat, fällt nach der Minderheitsansicht seine gewaltsame Hilfe zugunsten der A nicht unter § 252 StGB. Aber auch nach der h. M. läge hier kein § 252 StGB vor, da B weder Mittäter der Vortat war noch im Besitz des Notebooks, als er die Gewalt ausübte.* ◀

29 **Mittäterschaft** bei der **Vortat** kann übrigens auch zu einer **Mittäterschaft** bezüglich § 252 StGB führen, sofern deren Voraussetzungen (Arbeitsteilung, Mittatherrschaft, gemeinsamer Tatentschluss) vorliegen: Verteidigt danach etwa ein Mittäter der Vortat das Diebesgut, während der andere Mittäter im Besitz der Beute ist, so ist dies ein mittäterschaftlich begangener räuberischer Diebstahl; der **Besitz** des anderen ist über §§ 242, 25 Abs. 2 StGB **zurechenbar**.[42] Die Selbstzueignungsabsicht fehlt gleichwohl auch in diesen Fällen, sofern der Mittäter während des Diebstahls mit Drittzueignungsabsicht gehandelt und nicht sich selbst, sondern dem Dritten den Besitz sichern möchte.[43]

30 Verteidigt dagegen ein Gehilfe G der Vortat (§§ 242, 27 StGB) die Beute, während der Täter T (§§ 242, 25 Abs. 1 Alt. 1 StGB) der Vortat im Besitz der Beute ist, so kommt keine Mittäterschaft bzgl. § 252 StGB in Betracht, da die **Beihilfe** (§ 27 StGB) an der **Vortat,** anders als dies bei Mittäterschaft bei der Vortat (§ 25 Abs. 2 StGB) der Fall wäre, **keine Zurechnung des Besitzes** gegenüber dem G ermöglicht. Hier kann der G höchstens Tatwerkzeug (absichtslos-doloses Werkzeug) des Hintermanns sein.

5. Konkurrenzen

30a § 252 StGB verdrängt §§ 240, 242 StGB und auch § 244 StGB,[44] es sei denn, dass § 252 nicht vollendet ist und daher aus Klarstellungsgründen Tateinheit anzunehmen ist.[45] § 252 StGB tritt hinter dem Raub, § 249 StGB zurück, sofern nicht § 252 StGB stärker qualifiziert ist.[46] Tateinheit zwischen § 249 StGB und § 252 StGB liegt vor,

---

38 BGHSt 6, 248; BGH NStZ 2015, 276; MK-*Sander*, § 252 Rn. 17.
39 Sch/Sch-*Bosch*, § 252 Rn. 10; L-*Kühl/Heger*, § 252 Rn. 6; SK-*Sinn*, § 252 Rn. 22.
40 Vgl. *Küper/Zopfs*, Rn. 148.
41 BGH NStZ 2015, 276 m.Bspr. *Jahn*, JuS 2015, 78.
42 BGHSt 6, 248; *Küper/Zopfs*, Rn. 149.
43 *Fischer* § 252 Rn. 11 a.
44 BGH JA 2022, 695 m.Anm. *Kudlich*.
45 NK-*Kindhäuser/Hoven*, § 252 Rn. 28.
46 L-*Kühl/Heger*, § 252 Rn. 8.

wenn der Täter durch die Anwendung der Nötigungsmittel sowohl bereits erlangten Besitz verteidigen als auch weitere Sachen wegnehmen will.[47]

Wiederholungsfragen

1. Worin liegt der Unterschied zwischen Raub und räuberischem Diebstahl? (Rn. 3)
2. Welche Straftaten können Vortat des § 252 StGB sein? (Rn. 11)
3. Was bedeutet „Betroffensein"? (Rn. 15)
4. Was versteht man unter „Frische" der Tat? (Rn. 15)
5. Kann ein Vortatgehilfe Täter des § 252 StGB sein? (Rn. 27)

II. Der räuberische Angriff auf Kraftfahrer (§ 316 a StGB)

Literaturempfehlungen: *Bosch*, Der räuberische Angriff auf Kraftfahrer (§ 316 a StGB) – Anmerkungen zu einer ungeeigneten Norm, Jura 2013, 1234 ff.; *ders.*, Räuberischer Diebstahl (§ 252) als »zweite Hälfte« des Raubtatbestandes, Jura 2018, 354 ff.; *Kudlich*, Taxifahrer – geprellt und abgezogen, JA 2015, 32 ff.; *Mitsch*, Referendarexamensklausur – Strafrecht: Räuberischer Angriff auf Kraftfahrer, Notwehr, Versuch – Die Autofallen, JuS 2020, 149 ff.

Der Straftatbestand des § 316 a StGB stellt eine Mischung aus einem Eigentums- bzw. Vermögensdelikt und einem Straßenverkehrsdelikt dar. Die Norm ist **gesetzessystematisch** zwar bei den **Straßenverkehrsdelikten** verankert, wird aber in der Dogmatik üblicherweise im Kontext der §§ 249 ff. StGB behandelt[48] und damit in einer größeren Nähe zum Eigentums- und Vermögensstrafrecht als zum Verkehrsstrafrecht gesehen.

31

1. Einleitung

Die Rechtsgüter der Norm bilden die **Sicherheit des Straßenverkehrs**, die durch ein solches Verhalten beeinträchtigt wird,[49] der jeweilige **Eigentums- oder Vermögenswert**, auf den der Täter während des Angriffs auf den Kraftfahrer abzielt[50] sowie die **Individualgüter Leben, körperliche Unversehrtheit** und die **Willensentschließungsfreiheit**, denn auch eines dieser Rechtsgüter muss der Täter verletzen.[51] Bei einem Raub oder einer Erpressung, die im Umfeld eines Kfz spielen, ist deshalb (auch in Klausuren)[52] an § 316 a StGB zu denken.

32

Die Norm hat einen **speziellen geschichtlichen Hintergrund**.[53] In den **1930er Jahren** kam es in Berlin zu zahlreichen Überfällen durch die **Gebrüder Götze**. Sie überfielen zunächst Liebespaare und später, vor allem durch Autofallen in Gestalt von gespannten Drähten und umgelegten Bäumen, zahlreiche Autofahrer, darunter auch NS-Funktionäre. Das **nationalsozialistische Regime** schuf daraufhin **1938** unter dem Staatssekretär im damaligen Reichsjustizministerium *Roland Freisler* die Vorläuferbestimmung des heutigen § 316 a StGB. Die Norm **verstieß** gegen das **Rückwirkungsverbot**, wurde sie doch auf bis zu zwei Jahre vor Inkrafttreten zurückliegende Sachverhalte ausgedehnt, um beide Brüder hinrichten zu können. Durch dieses sog. **Autofallengesetz**

33

---

47 SK-*Sinn*, § 252 Rn. 29.
48 Vgl. nur *Wessels/Hillenkamp/Schuhr*, BT-2, § 9.
49 BGHSt 49, 8; *Fischer*, § 316 a Rn. 2; NK-*Zieschang*, § 316 a Rn. 11.
50 *Eisele*, BT-2, Rn. 425; *Rengier*, BT-1, § 12 Rn. 1.
51 *Mitsch*, BT-2, S. 642. Dagegen für reinen Eigentums- und Vermögensschutz SK-*Wolters*, § 316 a Rn. 2.
52 *Hecker*, JuS 2016, 850.
53 Lehrreich *Niedzwicki*, ZJS 2008, 371; LK-*Sowada*, § 316 a Entstehungsgeschichte.

(auch „Lex Götze" genannt) wurde derjenige **mit dem Tode bestraft**, der in räuberischer Absicht eine Autofalle stellt. Die Norm wurde 1947 als typisches nationalsozialistisches Unrecht zunächst abgeschafft. Als es aber in der Nachkriegszeit zu schweren Überfällen auf Autobahnen und auf Taxifahrer gekommen war, schuf der bundesdeutsche Gesetzgeber 1952 eine Nachfolgebestimmung. Sie wurde zuletzt durch das 6. StRG dergestalt geändert, dass § 316a Abs. 3 StGB eingefügt und Abs. 1 in der Form eingeschränkt wurde, dass das bloße „Unternehmen" eines Angriffs (i.S.d. § 11 Abs. 1 Nr. 6 StGB) seitdem nicht mehr ausreicht, sondern enger die „Verübung" eines Angriffs verlangt wird.[54]

34 Die **praktische Bedeutung** der Norm ist eher **gering,** wobei die Statistiken ein widersprüchliches Bild zeichnen: 2021 wurden 58 Personen (deutlicher Anstieg gegenüber den 18 Personen von 2018) wegen § 316a StGB abgeurteilt,[55] während die PKS im 1. Coronajahr für 2021 (nur) rund 111 (2015: 263), für 2022 aber 152 Fälle erfasst. – Besonders gravierend ist die weiterhin **hohe Strafdrohung** von mindestens 5 Jahren Freiheitsstrafe sowie der Umstand, dass die tateinheitlich verwirklichten Straftatbestände wie etwa der (versuchte) Raub oder die räuberische Erpressung wegen anderer Schutzzwecke **nicht** hinter § 316a StGB **zurücktreten** und damit eine **hohe Gesamtstrafe** verhängt werden muss. § 316a StGB **könnte ersatzlos gestrichen** werden; die unrechtserhöhende Vorgehensweise des Täters ließe sich zwanglos im Rahmen der Strafzumessung innerhalb der anderweitig verwirklichten Straftatbestände strafschärfend berücksichtigen.[56]

35 *Prüfungsschema § 316a Abs. 1 StGB*

In Klausuren sollte man den Straftatbestand der – im Rahmen des Absichtsmerkmals relevanten – Bezugstat (§§ 249, 252, 255 StGB) vor dem § 316a StGB prüfen, um die Ausführungen zum subjektiven Tatbestand zu entlasten.[57]

A. *Tatbestand*
  I. *Objektiver Tatbestand*
    1. *Tathandlung*
      a) *Verüben eines Angriffs*
      b) *auf Leib, Leben oder Entschlussfreiheit*
      c) *des Führers oder Mitfahrers eines KFZ*
    2. *Tatsituation: Ausnutzung der besonderen Verhältnisse des Straßenverkehrs*
  II. *Subjektiver Tatbestand*
    1. *Vorsatz bzgl. Tatobjekt und Tathandlung*
    2. *Absicht zur Begehung eines Raubs, eines räuberischen Diebstahls oder einer räuberischen Erpressung*
B. *Rechtswidrigkeit*
C. *Schuld*
D. *Strafschärfung: § 316a Abs. 3 StGB*

---

54 MK-*Sander*, § 316a Rn. 6.
55 SVS 2021, S. 36.
56 *Fischer*, § 316a Rn. 2: „§ 316a ist in jeder Hinsicht entbehrlicher Straftatbestand".
57 *Eisele*, JuS 2017, 793; *Hecker*, JuS 2018, 820.

Eine erheblich mildere Strafe ist für den minder schweren Fall in § 316 a Abs. 2 StGB vorgesehen. Abs. 3 des § 316 a StGB enthält dagegen ein erfolgsqualifiziertes Delikt: In diesem Fall des räuberischen Angriffs auf einen Kraftfahrer mit Todesfolge prüft man sinnvollerweise § 316 a Abs. 3 StGB gesondert im Anschluss an § 316 a Abs. 1 StGB. Die dabei zu beachtenden Prüfungsschritte gleichen – ebenso wie die Rechtsfolgen – denen des § 252 StGB.

2. Tatbestand

Der Tatbestand des § 316 a Abs. 1 StGB setzt in objektiver Hinsicht einen spezifischen Angriff voraus, der sich gegen den Führer oder den Mitfahrer richtet (a) und unter Ausnutzung der besonderen Verhältnisse des Straßenverkehrs geschieht (b). Hinzukommen muss (c) eine besondere Absicht.

a) Verüben eines Angriffs auf Leib, Leben oder Entschlussfreiheit

aa) Verüben eines Angriffs

Angriff ist jede feindselige Handlung, die entweder auf den Körper eines anderen mit der Gefahr einer nicht ganz unerheblichen Verletzung oder auf die Entschlussfreiheit im Sinne einer Willensbeugung gerichtet ist.[58] Das kann beispielsweise geschehen in Gestalt einer Körperverletzung (z.B. Schläge gegen den Kopf) oder einer Nötigung (z.B. Drohung mit Erschießung). Nicht die Qualität einer Nötigung erreichende Mittel wie bloße List und Täuschung genügen jedoch nicht (z.B. das Verbergen der räuberischen Absicht beim Bestellen des Taxis). Denn diese beeinträchtigen die Entschlussfreiheit als solche nicht, sondern führen nur zu einer inhaltlich falschen Willensbildung; auch wird dadurch nicht die verkehrsspezifische Risikolage verursacht.[59]

Dieser Angriff muss **verübt**, d. h. ausgeführt werden. Dies geschieht etwa durch das Aussprechen einer Drohung oder die Ausübung von Gewalt. Der Angriff muss nicht zum Erfolg geführt haben; das bloße Ansetzen zur Verübung reicht umgekehrt nicht aus. Umstritten ist, ob der Angriff mit einer Einwirkung auf das Opfer verbunden sein muss, also etwa die Drohung vom Opfer wahrgenommen worden sein muss.[60] Das damit von der h.M. verfolgte kriminalpolitische Ziel, großzügig Rücktrittsmöglichkeiten zu schaffen,[61] ist begrüßenswert. Allerdings verlangt der Wortlaut einen solchen Erfolg nicht,[62] und auch der vergleichbare Angriffsbegriff bei § 32 StGB lässt die Bedrohung der angegriffenen Rechtsgüter genügen und setzt nicht zwingend einen Verletzungserfolg voraus.[63] Wenn das Opfer den objektiven Nötigungscharakter wahrnimmt, ohne die feindliche Willensrichtung des Täters erkannt zu haben, ist ein Verüben zu bejahen (wie etwa bei der Inszenierung eines Auffahrunfalls, um das Opfer zu berauben).[64] Erforderlich ist zudem eine **gewisse Erfolgsnähe**, d. h. das Täterverhalten muss die Sphäre des Opfers erreicht haben,[65] was beim Aussprechen einer Drohung oder das

---

58 L-Kühl/Heger, § 316 a Rn. 2; M/R-Renzikowski, § 316 a Rn. 4.
59 BGHSt 49, 8, 13.
60 So z.B. BGHSt 49, 8, 12; Sch/Sch-Hecker, § 316 a Rn. 3.
61 LK-Sowada, § 316 a Rn. 14.
62 M/R-Renzikowski, § 316 a Rn. 11.
63 Sch/Sch-Perron, § 32 Rn. 3.
64 BGH NStZ 2023, 111.
65 Fischer, § 316 a Rn. 8; Sch/Sch-Hecker, § 316 a Rn. 3; NK-Zieschang, § 316 a Rn. 22.

Richten der Waffe gegen den Körper des Opfers der Fall ist.[66] Zudem sollte – wie bei § 32 StGB – auch innerhalb des § 316a StGB in einer objektivierenden Betrachtungsweise der Einsatz untauglicher Angriffsmittel oder die Konstellation des untauglichen Angriffsobjekts nur als Versuch des § 316a StGB eingestuft werden.[67]

bb) Angriffsobjekte

40 Der Angriff muss sich entweder gegen den Führer eines Kraftfahrzeugs oder den Mitfahrer richten.

(1) Führer eines KFZ

41 Der Begriff des **Führens eines Fahrzeugs** ist teleologisch nach der Schutzrichtung der Norm zu bestimmen, wonach Führer von Kraftfahrzeugen gerade wegen ihrer Teilnahme am Straßenverkehr leichter Opfer von räuberischen Angriffen werden können. Der Führer eines KFZs ist demnach derjenige, der das **Fahrzeug in Gang setzt** oder **in Bewegung hält**, aber auch derjenige, der mit dem **Betrieb** des Fahrzeugs oder mit der Bewältigung von **Verkehrsvorgängen beschäftigt** ist.[68] Hierzu gehört auch der **verkehrsbedingte Halt**, wie z.B. an einer roten Ampel, einem Bahnübergang oder in einem Stau. Es kommt dann nicht darauf an, ob der Motor während dieser verkehrsbedingten Anhaltephase angeschaltet ist,[69] oder das Opfer aus Gründen der Ökologie oder Sparsamkeit den Motor ausmacht bzw. der Motor sich aufgrund Energiespartechnik kurzzeitig von selbst ausschaltet.

▶ *Beispiel („Berliner Taxifahrer-Fall"):*[70] *A und B fuhren in Berlin mit einem Taxi zu dem vom A genannten Fahrziel. Als der Fahrer dort in der Hofeinfahrt anhielt, ohne den Motor des Fahrzeugs abzustellen, und den Fahrpreis kassieren wollte, drückte A dem Fahrer ein Messer in den Bauchbereich und veranlasste ihn, dem auf dem Rücksitz sitzenden B das Bargeld im Wert von insgesamt 100 Euro auszuhändigen.* ◀

42 Bei einem **nicht verkehrsbedingten Halt** entfällt die Führereigenschaft dagegen dann, wenn entweder der **Motor abgeschaltet** wurde oder das Opfer auch bei eingeschaltetem Motor **nicht** mit der Bewältigung von Verkehrsvorgängen befasst ist. Man stelle sich etwa den Überfall auf den Führer des Fahrzeugs auf dem Parkplatz einer Raststätte, einem Rastplatz, in einer Autowerkstätte, an einem Waldparkplatz oder in einer Tiefgarage vor. Wenn hier der Fahrer etwa gerade bei laufendem Motor die Motorhaube öffnet, um den Ölstand zu überprüfen, den Kofferraum öffnet, um sich ein Getränk zu entnehmen oder im Freien eine Zigarette raucht, so fehlt ihm in diesem Moment die Eigenschaft, ein Fahrzeug zu führen.[71] Dagegen ist derjenige **Führer** eines KFZ, der bei einem Halt am Straßenrand die **Handbremse nicht gezogen** und das Fahrzeug nur mit der Fußbremse fixiert hat.[72]

43 ▶ *Lösung: Im „Berliner Taxifahrer-Fall" hat der BGH die Führereigenschaft des Taxifahrers verneint, da es sich um einen nicht verkehrsbedingten Halt gehandelt habe und ein Taxifahrer*

---

66 BGH NJW 2001, 764 (Bedrohung); BGH NStZ 2004, 269 (Halten eines Messers an den Hals).
67 M/R-*Renzikowski*, § 316a Rn. 11; MK-*Sander*, § 316a Rn. 27; dagegen LK-*Sowada*, § 316a Rn. 13.
68 BGHSt 49, 8, 14.
69 LK-*Sowada*, § 316a Rn. 20.
70 BGHSt 50, 169 (leicht ergänzt).
71 Vgl. auch *Kudlich*, JA 2016, 707: Über die Anwendung des § 316a StGB entscheiden im Einzelfall wenige Augenblicke zwischen „Noch-Fahren" und „Bereits-Stehen."
72 BGH JuS 2017, 793 m. Bspr. *Eisele*.

§ 5 Die raubähnlichen Sonderdelikte (§§ 252, 316 a StGB)

beim Kassieren des Fahrpreises seine Aufmerksamkeit nicht in erster Linie auf das Führen des Fahrzeugs, sondern auf andere Tätigkeiten richtet.[73] ◄

(2) Mitfahrer

Auch der **Mitfahrer** (z. B. auf dem Beifahrersitz oder auf der Rückbank) kann taugliches Angriffsobjekt sein. Es ist nicht erforderlich, dass der Mitfahrer den Fahrvorgang des Kraftfahrzeugführers unterstützt.[74] Fahrer wie Mitfahrer können betroffen sein, wenn sich die Gewalt gegen das Fahrzeug richtet, z.b. Errichtung eines Hindernisses wie das Fällen von Bäumen wie durch die Gebrüder Götze (siehe oben § 5 Rn. 33). Kein Führer oder Mitfahrer ist, wer sich außerhalb des Fahrzeugs befindet, es noch nicht bestiegen oder es verlassen hat.[75] Geschützt sind aber über den Mitfahrerbegriff auch Personen, die sich von außen **am Fahrzeug festhalten** wie etwa „Autosurfer" oder Bedienstete der Müllabfuhr.[76]

44

(3) Kraftfahrzeug

▶ **Beispiel („Mofa-Fall"):**[77] *A und P entschlossen sich, den ihnen bekannten E zu überfallen und zu berauben. Sie versteckten sich in der Nähe der Gaststätte, in der E sich aufhielt, hinter einem Bus. Als sich E mit seinem Mofa näherte, sprangen beide hinter dem Bus hervor. P brachte E verabredungsgemäß zu Fall, indem er mit dem Fuß gegen das fahrende Mofa trat. Während P den verletzt am Boden liegenden E festhielt, forderte A die Herausgabe von Geld. Als E dies verweigerte, versetzte A ihm einen Faustschlag ins Gesicht, durchsuchte ihn und nahm ihm 7.000 DM sowie mehrere Heroinbriefchen weg. A und B haben gemeinschaftlich einen Raub begangen. Aber sind sie auch eines § 316 a StGB schuldig?* ◄

45

Der Angegriffene muss Führer oder Mitfahrer eines **Kraftfahrzeugs** sein. Kraftfahrzeuge sind alle durch Maschinenkraft angetriebenen, nicht an Gleise gebundenen Landfahrzeuge.[78] Der Begriff ist akzessorisch zur Definition des Kraftfahrzeugs in § 1 StVG bzw. § 248 b StGB.[79] Dazu gehören LKWs, PKWs, Busse, Traktoren, Motorräder, Mopeds und Mokicks. Fahrräder, Tretroller, Rollstühle ohne Motor oder Rollatoren sind dagegen keine Kraftfahrzeuge.

46

▶ **Lösung:** *Der BGH bejahte im „Mofa-Fall" die Fahrzeugeigenschaft von Mofas: Sie fallen unter § 1 StVG, wie auch Führer motorisierter Zweiräder dem BGH wegen des mangelnden Schutzes vor unmittelbaren körperlichen Angriffen genauso schützenswert, wenn nicht sogar eher noch schutzbedürftiger als Führer anderer Kraftfahrzeuge gelten.* ◄

47

Noch nicht höchstrichterlich geklärt ist die Frage, ob auch der Überfall auf den Fahrer oder Mitfahrer eines **E-Bikes** oder **Pedelecs** unter § 316 a StGB fällt.[80] Da das Gesetz, anders als bei § 248 b StGB, nicht ein Fahrrad als taugliches Tatobjekt aufgenommen hat, bedarf es der Abgrenzung. Entscheidend kann hier in einer teleologischen Betrachtungsweise nicht bereits sein, dass das Fortbewegungsmittel mit einem Motor betrie-

48

---

73 BGHSt 50 169, 173.
74 MK-*Sander*, § 316 a Rn. 24.
75 BGHSt 49, 8; L-*Kühl/Heger*, § 316 a Rn. 2.
76 NK-*Zieschang*, § 316 a Rn. 32.
77 BGHSt 39, 249.
78 BGHSt 39, 249.
79 BGHSt 39, 249; MK-*Sander*, § 316 a Rn. 16.
80 Beim E-Bike wird der Motor durch Drehen eines Drehgriffs zugeschaltet, beim Pedelec schaltet sich der Motor nur beim Treten der Pedale zu.

ben oder von ihm unterstützt wird, sondern ob vielmehr der Betrieb eines solchen E-Bikes ähnliche Leistungsanforderungen an den Fahrer wie etwa ein Mofa stellt. Der maßgebliche außerstrafrechtliche Anknüpfungspunkt ist die **straßenverkehrsrechtliche Rechtslage:** Wird das Fahrzeug primär mit Muskelkraft betrieben und ist die mit dem elektromotorischen Hilfsantrieb erzielbare Höchstgeschwindigkeit bei einem maximal 250 Watt starken Motor auf 25 Stundenkilometer begrenzt, entspricht das E-Bike nach § 1 Abs. 3 S. 1 StVG keinem Kraftfahrzeug[81], sondern wird es nach § 1 Abs. 3 S. 3 StVG als Fahrrad angesehen. Eines Führerscheins bedarf es für die Nutzung nicht. Dann kann es folgerichtig auch strafrechtlich nicht als Kraftfahrzeug eingestuft werden. Überschreitet der Motor des Pedelecs dagegen 25 km/h, so kommt es einem **Kleinkraftrad** gleich und ist damit ein Kraftfahrzeug. Die gleichen Kriterien sind für die Einordnung sog. „Segways",[82] „Partybikes" und „Bierbikes" zugrunde zu legen.

b) Ausnutzung der besonderen Verhältnisse des Straßenverkehrs

49   Der Angriff wird unter Ausnutzung der besonderen Verhältnisse des Straßenverkehrs begangen, wenn er in enger Beziehung zur Benutzung des Kfz als Verkehrsmittel steht und die typischen Gefahren des fließenden Verkehrs in den Tatplan einbezogen sind.[83] Insofern sind die beiden objektiven Tatbestandmerkmale des „Führens eines Kraftfahrzeugs" und der „Ausnutzung der Straßenverkehrsverhältnisse" sehr eng miteinander verwoben, aber nicht identisch (sog. Verschleifungsverbot). Die „**besonderen Verhältnisse des Straßenverkehrs**" sind **opferbezogen** auf die Besonderheiten der Tatsituation zugeschnitten, das „**Ausnutzen**" ist dagegen **täterbezogen**.[84] Nur der **öffentliche**, nicht aber der private Straßenverkehr ist geschützt.[85] Öffentlich ist auch der Straßenverkehr auf einem privaten Parkplatz etwa eines Supermarkts, sofern der Parkplatz – wie regelmäßig – allgemein zugänglich ist.

aa) Besondere Verhältnisse des Straßenverkehrs

50   Die Tat muss durch die verkehrsspezifischen Beschränkungen, denen der Kraftfahrzeugführer (oder der Mitfahrer) ausgesetzt wird, erleichtert werden. Gemeint sind damit vor allem die durch die Beanspruchung des Fahrers **beeinträchtigten** Flucht- und Gegenwehrmöglichkeiten des KFZ-Führers sowie des Mitfahrers während des fließenden Straßenverkehrs: Denn der KFZ-Führer muss das Fahrzeug bedienen und sich auf die Verkehrslage konzentrieren.[86] Bei einem Fahrzeug mit einer Automatik-Schaltung ist dies etwa der Fall, wenn die Schaltung auf „D" (Dauerbetrieb) steht und der Fahrer mit dem Fuß auf der Bremse bleibt, damit das Auto nicht weiterrollt.[87] Und der **Mitfahrer** kann sich dem Angriff theoretisch nur entziehen, wenn er die Türe aufreißt oder die Handbremse zieht, was aber mit erhöhten Risiken für den Straßenverkehr verbunden wäre. Aber auch der kürzere, verkehrsbedingte Halt ist angriffstauglich, so z.B. der Halt an der roten Ampel.[88]

---

[81] MK-*Sander*, § 316a Rn. 16.
[82] KFZ-Eigenschaft bejahend die h.M.; vgl. NK-*Zieschang*, § 316a Rn. 25.
[83] MK-*Sander*, § 316a Rn. 30.
[84] LK-*Sowada*, § 316a Rn. 25.
[85] NK-*Zieschang*, § 316a Rn. 34.
[86] MK-*Sander*, § 316a Rn. 31.
[87] BGH NStZ 2018, 469 m. Bspr. *Hecker*, JuS 2018, 820.
[88] Fall bei *Kudlich*, PdW BT-1, Nr. 183.

§ 5 Die raubähnlichen Sonderdelikte (§§ 252, 316 a StGB)

▶ **Beispiel („Taxiüberfall am Baggersee"-Fall):**[89] *A und B vereinbarten während der Fahrt mit einem Taxi, den Taxifahrer T zu überfallen. T fuhr A und B zum gewünschten Ziel, einen einsam gelegenen Baggersee. Als T dort den Motor ausschaltete und die Innenbeleuchtung anmachte, ergriff A die Arme von T und drückte sie nach unten, während B ihm den linken Arm um den Hals legte und mit großer Kraft den Kopf nach hinten zog, wodurch T in Todesangst geriet. A forderte von T die Herausgabe von Geld und entnahm aus der Mittelkonsole T's Geldbörse mit 200 Euro Inhalt und dessen Handy. A und B flohen mit ihrer Beute.* ◀   51

Wurde das Opfer durch die Täter in eine **Situation der Isolation (Vereinzelung)** gebracht – so wie hier durch die Fahrt an einen einsam gelegenen Baggersee -, hat die **frühere Rspr.** § 316 a StGB bejaht.[90] Von dieser Position ist der **BGH** in dieser Entscheidung unter Beifall des Schrifttums[91] **abgerückt**: Die Vereinzelung des Opfers aufgrund der Abgelegenheit des Überfallorts ist **kein** verkehrsspezifisches Problem, sondern tritt in vielen anderen Fallkonstellationen genauso auf, ohne dass sie dort als strafbegründender oder straferhöhender Faktor zu Buche schlägt. Allerdings spielt dieser Gesichtspunkt bei der eingeschränkten Verteidigungsfähigkeit des Führers und Mitfahrers mittelbar eine Rolle.   52

▶ **Lösung:** *Im „Taxiüberfall am Baggersee"-Fall haben A und B, nachdem T am Baggersee angehalten und den Motor ausgeschaltet hatte, nicht mehr verkehrsspezifische Risiken ausgenutzt. Vielmehr haben sie einen „normalen" Raub in Mittäterschaft begangen, bei dem die hinterhältige Vorgehensweise der Täter gegenüber einem Taxifahrer aber strafschärfend berücksichtigt werden kann.* ◀   53

bb) Ausnutzung

Das Ausnutzen ist zu bejahen, wenn der Führer eines Kraftfahrzeugs im Zeitpunkt des Angriffs noch in einer Weise mit der Beherrschung seines Kraftfahrzeugs oder mit der Bewältigung von Verkehrsvorgängen beschäftigt ist, dass er leichter zum Angriffsobjekt eines Überfalls werden kann.[92] Der Täter **instrumentalisiert** somit aus seiner Sicht die Verhältnisse des Straßenverkehrs, welche die Abwehr- und Schutzmöglichkeiten schwächen, für seine Raubzwecke.[93] Das Merkmal der Ausnutzung verlangt, dass der Täter **mit Ausnutzungsbewusstsein** handelt, d. h. das Verkehrsmittel bei der Begehung des Angriffs bewusst (zumindest mit dolus eventualis) einkalkuliert. Hierfür ist freilich nicht zwingend erforderlich, dass sich der Täter die verkehrsspezifischen Einschränkungen gezielt zunutze oder zur ursächlichen Bedingung seines Handelns machen will; es genügt vielmehr, wenn er ein dem Heimtückevorsatz vergleichbares Ausnutzungsbewusstsein besitzt.[94] Daran fehlt es, wenn der Täter im Tatzeitpunkt gar nicht an die Verkehrssituation denkt (sog. Handeln bei Gelegenheit), so z.B. dann, wenn der Täter einen Handtaschenraub im vollbesetzten Omnibus begeht.[95]   54

---

[89] BGHSt 49, 8.
[90] BGHSt 5, 280.
[91] BGHSt 49, 8, 16; *Sch/Sch-Hecker*, § 31 a Rn. 14; leicht zweifelnd *Kudlich*, PdW BT-1, Nr. 188: Anwendbarkeit des § 316 a StGB hänge dann „von gewissen Zufällen ab".
[92] BGHSt 49, 8; BGHSt 50, 169; NK-*Zieschang*, § 316 a Rn. 36.
[93] MK-*Sander*, § 316 a Rn. 26.
[94] BGH NStZ 2016, 607 mit Bspr. *Hecker*, JuS 2016, 850; *Jäger* Jura 2016, 1454; *Kudlich*, JA 2016, 607; BGH NStZ 2018, 469 m. Bspr. *Berghäuser*; *Hecker*, JuS 2018, 820.
[95] Sch/Sch-*Hecker*, § 316 a Rn. 15; LK-*Sowada*, § 316 a Rn. 33.

c) Subjektiver Tatbestand

55 Die innere Tatseite bei § 316a StGB setzt einen **zweifachen Vorsatz** und **zweifache Absichten** voraus: Bezüglich der objektiven Tatbestandsmerkmale genügt dolus eventualis (1. Vorsatz). Hinzukommen muss die Absicht, einen Raub, einen räuberischen Diebstahl oder eine räuberische Erpressung zu begehen (1. Absicht). Der Täter muss die Verwirklichung aller objektiven Umstände der von ihm geplanten, solchen Straftat in seinen Vorsatz aufgenommen haben (2. Vorsatz) sowie die entsprechenden besonderen subjektiven Merkmale (Zueignungsabsicht, Besitzerhaltungsabsicht oder Bereicherungsabsicht) aufweisen (2. Absicht).

56 ▶ **Beispiel („Einsames Bauerngehöft"-Fall):**[96] *A ließ sich vom Mietwagenunternehmer S in dessen Pkw in Richtung der Stadt R. fahren, um dort angeblich seine Ehefrau abzuholen. Spätestens während der Fahrt fasste A den Entschluss, S zu töten und mit dessen Kraftwagen zur belgischen oder holländischen Grenze zu fahren. Er veranlasste S, kurz vor R. an einer einsamen Stelle zu halten, und ihm in Richtung auf ein abgelegenes Bauerngehöft zu folgen, um dort angeblich mit ihm das Abendbrot einzunehmen. Als sie sich etwa 100 m vom Weg entfernt hatten, stieß er wiederholt mit einem Messer auf S ein und verletzte ihn schwer. Dann eignete sich A die Brieftasche des S mit dem Führerschein und den Personalpapieren sowie die Wagenschlüssel an, indem er sie ihm entweder wegnahm oder ihn zur Herausgabe zwang. Er ließ S, den er irrig für tot hielt, liegen und fuhr mit dem Wagen fort.* ◀

57 Das Gesetz verlangt nur, dass der **Angriff, nicht** aber auch **der Raub** usw. unter Ausnutzung der Verhältnisse des Straßenverkehrs begangen wird. Soll der intendierte Raub nicht im Fahrzeug, sondern **nach** dem Angriff und **außerhalb** des Fahrzeugs begangen werden, ist freilich zusätzlich zu verlangen, dass die Tat in einem engen räumlich-zeitlichen Bezug zum Straßenverkehr steht.[97]

58 ▶ **Lösung:** *Wird der Fahrer wie im „einsamen Bauerngehöft-Fall" erst 100 m vom Auto entfernt überfallen – das listenreiche Vorgehen des A während der Fahrt stellt keinen Angriff dar –, so weist der Raubüberfall entgegen der BGH- Entscheidung aus den 1950er Jahren nach der neueren Rechtsprechung keinen Straßenverkehrsbezug mehr auf.*[98] *Allerdings fehlt hier ohnehin bereits die Führereigenschaft des Opfers im Tatzeitpunkt.*[99] ◀

3. Täterschaft und Teilnahme; Versuch, Rücktritt

59 § 316a StGB ist **kein eigenhändiges** Delikt; Mittäterschaft, auch in Form der sukzessiven Mittäterschaft,[100] sowie mittelbare Täterschaft sind also möglich, setzen aber stets die oben skizzierte doppelte Absicht (Raubbegehungsabsicht, Zueignungs- bzw. Bereicherungsabsicht) voraus.

60 Die Tat ist vollendet, wenn der Angriff verübt ist.[101] Der Versuch des § 316a StGB ist strafbar. Er beginnt erst mit dem unmittelbaren Ansetzen zum Angriff (z.B. dem

---

[96] BGHSt 5, 280.
[97] M/R-*Renzikowski*, § 316a Rn. 17; MK-*Sander*, § 316a Rn. 45.
[98] MK-*Sander*, § 316a Rn. 45. Derselbe Strafsenat bezeichnete seine frühere Entscheidung später als „weitgehend" (BGHSt 22, 114).
[99] Daher einen engen räumlich-zeitlichen Bezug zum Straßenverkehr als nicht mehr erforderlich ansehen z.B. HK-*Duttge*, § 316a Rn. 15; LK-*Sowada*, § 316a Rn. 47.
[100] BGH NStZ 2016, 607 m. Bspr. *Bosch*, Jura 2016, 1454; *Hecker*, JuS 2016, 850; *Kudlich*, JA 2016, 607.
[101] Beck-OK-StGB-*Feilcke*, § 316a Rn. 25.

§ 5 Die raubähnlichen Sonderdelikte (§§ 252, 316 a StGB) § 5

Zücken der Waffe), nicht hingegen bereits mit dem Einsteigen ins Fahrzeug.[102] Bis zur Vollendung, d. h. Verübung des Angriffs, ist ein Rücktritt (§ 24 StGB) möglich. Eine analoge Anwendung der Regelungen zur Tätigen Reue wird damit abgelehnt, dass keine planwidrige Regelungslücke vorliege.[103]

4. Todesfolge als Erfolgsqualifikation (§ 316 a Abs. 3 StGB)

Das durch das 6. StRG eingeführte erfolgsqualifizierte Delikt setzt zunächst den **Tod eines anderen** voraus. Der Tod muss nicht beim Fahrer oder Mitfahrer eintreten; es kann auch ein **beliebiger Dritter** tödliche Folgen erleiden,[104] sofern sich verkehrsspezifische Risiken realisieren (z.b. aufgrund eines durch den Angriff ausgelösten Verkehrsunfalls). Sodann muss ein spezifischer **Risikozusammenhang** zwischen dem Angriff unter Ausnutzung der besonderen Verhältnisse des Straßenverkehrs gegeben sein. Daran **fehlt** es, wenn das Opfer nicht an den **Folgen** des Angriffs auf den Kraftfahrer, sondern an denjenigen **des Raubs** (oder der räuberischen Erpressung usw.) stirbt.[105] Zudem muss der Täter (wie bei § 251 StGB, vgl. oben § 4 Rn. 90) wenigstens **leichtfertig** handeln.

61

5. Konkurrenzen

Es ist Tateinheit mit vollendetem Raub, räuberischen Diebstahl oder räuberischer Erpressung möglich, sofern eine Teilidentität der Ausführungshandlungen vorliegt.[106] Denn nur dann kann klargestellt werden, dass der intendierte Raub tatsächlich begangen wurde.[107] Kommt es lediglich zum Versuch der §§ 249, 252 oder 255 StGB, so geht § 316 a StGB vor,[108] sofern die Tat nicht nach §§ 250, 251 StGB qualifiziert ist.[109] Im Übrigen ist Tateinheit z.B. mit §§ 223 ff., 239 a StGB möglich.

62

Wiederholungsfragen

1. Vor welchem historischen Hintergrund und mit welchem Gesetz wurde § 316 a StGB eingeführt? (Rn. 33)
2. Wie lauten die Rechtsgüter des § 316 a StGB? (Rn. 32)
3. Wer kann „Führer" eines Kraftfahrzeugs sein? (Rn. 41)
4. Was versteht man unter den „besonderen Verhältnissen des Straßenverkehrs"? (Rn. 49 f.)
5. Wann nutzt jemand diese besonderen Verhältnisse aus? (Rn. 54)
6. Was setzt § 316 a StGB in subjektiver Hinsicht voraus? (Rn. 55)

---

102 NK-*Zieschang*, § 316 a Rn. 50.
103 So die h.M.; vgl. etwa LK-*Sowada*, § 316 a Rn. 50; HK-*Duttge*, § 316 a Rn. 16.
104 NK-*Zieschang*, § 316 a Rn. 52; LK-*Sowada*, § 316 a Rn. 56.
105 *Eisele*, BT-2, Rn. 451; L-*Kühl/Heger* § 316 a Rn. 7.
106 NK-*Zieschang*, § 316 a Rn. 57.
107 BGHSt 14, 386.
108 BGH NJW 1974, 2098; M/R-*Renzikowski*, § 316 a Rn. 24.
109 L-*Kühl/Heger*, § 316 a Rn. 8; NK-*Zieschang*, § 316 a Rn. 57; and. bei §§ 251, 22 StGB LK-*Sowada*, § 316 a Rn. 50.

§ 6 Die Sachbeschädigung (§§ 303-305 a StGB)

Literaturempfehlungen: *Reschke*, „Reverse Graffiti" und die Frage nach der Strafbarkeit, Jura 2013, 87 ff.; *Ladiges*, Grundfälle zu den Sachbeschädigungsdelikten, JuS 2018, 657 ff. und 754 ff.; *Satzger*, Der Tatbestand der Sachbeschädigung (§ 303 StGB) nach der Reform durch das Graffiti-Bekämpfungsgesetz, Jura 2006, 428 ff.; *Schuhr*, Verändern des Erscheinungsbildes einer Sache als Straftat, JA 2009, 169 ff.; *Waszcynski*, Prüfungsrelevante Problemkreise der Sachbeschädigungsdogmatik, JA 2015, 259 ff.

I. Einleitung

1 Der Grundtatbestand der Sachbeschädigung, § 303 Abs. 1 StGB, ist seit über 160 Jahren unverändert:[1] Er findet sich im Reichsstrafgesetzbuch von 1871 (§ 303 Abs. 1 RStGB) und bereits im preußischen Strafgesetzbuch (1851). § 303 StGB wurde zur Bekämpfung massenhaft auftretender Graffiti-Wandmalereien im Jahre 2005[2] mittels des neu gefassten Abs. 2 auf bestimmte Veränderungen des äußeren Erscheinungsbildes erstreckt. Auch hängt die Strafverfolgung inzwischen nicht mehr zwingend von einem Strafantrag des Verletzten ab; bei besonderem Strafverfolgungsinteresse ist sie von Amts wegen möglich (§ 303 c StGB). Zu § 303 StGB haben sich zudem zahlreiche neue Tatbestände aus dem Bereich der Computerkriminalität, etwa zum Schutz von Daten (§ 303 a StGB), Computerhardware (§ 303 b StGB) oder wichtigen Arbeitsmitteln (§ 305 a StGB), gesellt.

1. Praktische Bedeutung

2 Rund 568.887 Fälle der Sachbeschädigung i.S.d. § 303 StGB wurden 2022 polizeilich registriert. (= 10,1% der Gesamtkriminalität). Damit rangiert die Sachbeschädigung hinter einfachem sowie schwerem Diebstahl (29,3 %) und Betrug (14,2 %) auf „**Platz 3**" der Straftaten. Die Fallzahlen nehmen zuletzt wieder leicht zu. Die Verurteilungsquote ist im Vergleich zu den polizeilich erfassten Fällen gering: Abgeurteilt wurden 2021 wegen Sachbeschädigung (§ 303 Abs. 1 StGB) rund 14.047 Personen, wegen unerlaubter Graffiti (§ 303 Abs. 2 StGB) 1183 Personen.[3] Die Sachbeschädigung ist im **Regelfall** ein **Bagatelldelikt**. Bemerkenswerterweise wird die Zerstörung oder Beschädigung einer Sache im Gesetz (mit höchstens zwei Jahren Freiheitsstrafe) und in der Strafrechtspraxis im Regelfall wesentlich milder als der Diebstahl (mit maximal fünf Jahren Freiheitsstrafe) bestraft. Das dürfte damit zusammenhängen, dass der Gesetzgeber die Zueignungsabsicht des Diebs erheblich verwerflicher einstuft als den Vorsatz der Sachbeschädigung,[4] obwohl Diebesgut dem Eigentümer womöglich zurückgebracht werden kann, während eine zerstörte Sache quasi irreparabel sein dürfte. Im Übrigen kann in den Fällen der Beschädigung (Var. 1 des § 303 Abs. 1 StGB) das Opfer, anders als beim Diebstahl, weiterhin die eigentümertypische Sach- und Gestaltungsherrschaft über die lediglich beschädigte Sache ausüben.

3 Verletzte einer Sachbeschädigung werden vielfach auf den hier gegebenen Privatklageweg (§ 374 Abs. 1 Nr. 6 StPO) verwiesen. Die ohne Zueignungsabsicht erfolgende Sachentziehung ist seit jeher ebenso straflos wie die einfache fahrlässige Sachbeschädi-

---

[1] Zur Geschichte der Norm vgl. LK-*Wolff*, § 303 Entstehungsgeschichte; MK-*Wieck-Noodt*, § 303 Rn. 5–6.
[2] 39. StÄG v. 1. 9. 2005, BGBl. I 2674.
[3] SVS 2021, S. 40.
[4] *Kindhäuser/Böse*, BT-2, § 20 Rn. 4; A/W-*Heinrich*, § 12 Rn. 1.

§ 6 Die Sachbeschädigung (§§ 303-305 a StGB)

gung, die nur im Rahmen der Brandstiftungsdelikte erfasst wird (§ 306 d Abs. 1 Var. 1 StGB).

2. Systematik

Den Grundtatbestand bezüglich eines körperlichen Gegenstands als Tatobjekt bildet die einfache Sachbeschädigung, § 303 Abs. 1 StGB, einschließlich signifikanter Änderungen des Erscheinungsbildes, § 303 Abs. 2 StGB. Über § 303 StGB ergänzt die Rechtsordnung die zivilrechtlichen Tatbestände zum Schutz des Eigentums (z.B. §§ 823 ff. BGB) mit einem strafrechtlichen Schutz, der freilich, anders als z. B. § 823 Abs. 1 BGB, vorsätzliches Handeln (§ 15 StGB) voraussetzt. Eine qualifizierte Sachbeschädigung enthalten § 305 StGB, § 305 a StGB und § 306 StGB. Die gemeinschädliche Sachbeschädigung nach § 304 StGB dient dagegen nicht dem individuellen Eigentumsschutz, sondern dem überindividuellen Interesse der Allgemeinheit an der Erhaltung bestimmter Sachwerte.

Da es kein Eigentum und damit keine Sachbeschädigung an nicht vergegenständlichen Gütern[5] wie etwa an Rechten, einer Datei oder einer Software als solcher gibt, bedarf es gesonderter Tatbestände, um entsprechende Manipulationen zu erfassen: So schützt § 303 a StGB das Interesse an der Unversehrtheit von Daten und § 303 b StGB das störungsfreie Funktionieren von Computer-Soft- und Hardware. Weitere Vorschriften zum Schutz der Sachsubstanz finden sich als Straftaten gegen die öffentliche Ordnung im Rahmen des Verwahrungsbruchs und des Verstrickungs- oder Siegelbruchs (§ 133 StGB bzw. § 136 StGB), innerhalb des Vermögensdelikts Versicherungsmissbrauch (§ 265 Abs. 1 StGB), im Rahmen der Urkundendelikte bei der Veränderung amtlicher Ausweise (§ 273 Abs. 1 StGB) und der Urkundenunterdrückung (§ 274 Abs. 1 StGB) sowie im Rahmen der gemeingefährlichen Tatbestände bei Beschädigungshandlungen im Zusammenhang etwa des Bahn- oder Straßenverkehrs (§§ 315, 315 b, 316 StGB) oder der Fernmeldeanlagen (§ 317 StGB).

II. Die einfache Sachbeschädigung (§ 303 StGB)

1. Rechtsgut

Das Rechtsgut der Vorschrift ist das **Eigentum**.[6] Der Eigentümer wird durch Abs. 1 des § 303 StGB davor geschützt, dass die **Substanz** oder die **Brauchbarkeit** des ihm gehörenden körperlichen Gegenstands aufgehoben oder beeinträchtigt wird. In **Abs. 2** des § 303 StGB wird darüber hinaus das Recht des Eigentümers oder eines sonst Gestaltungsberechtigten sichergestellt, selbst über die äußere **Ästhetik der Sache** zu bestimmen.[7]

2. Prüfungsschema in Klausuren

Die Klausurrelevanz der Sachbeschädigung ist groß. Meist bildet diese Bagatellstraftat jedoch nicht das zentrale, „große" Problem einer Klausur, sondern nur einen kleineren Teilbereich der zu prüfenden Tatbestände.

---

5 *Maurach/Schroeder/Maiwald/Hoyer/Momsen*, BT-1, § 32 Rn. 11.
6 Eindringlich *Mitsch*, BT-2, S. 205; *L-Kühl/Heger*, § 303 Rn. 1; NK-*Kargl*, § 303 Rn. 6, 9 („rechtlich anerkannte Wille, etwas Äußeres [hier: eine Sache] als das Seine zu haben" [*Kant*]).
7 *Kindhäuser/Böse*, BT-2, § 20 Rn. 3.

8 *Prüfungsschema § 303 StGB*
A. *Tatbestand*
   I. *Objektiver Tatbestand*
      1. *Tatobjekt: fremde Sache*
      2. *Tathandlung:*
         a) *Beschädigen, Abs. 1 Alt. 1 oder*
         b) *Zerstören, Abs. 1 Alt. 2 oder*
         c) *Veränderung des äußeren Erscheinungsbildes, Abs. 2*
   II. *Subjektiver Tatbestand: (Bedingter) Vorsatz*
B. *Rechtswidrigkeit*
C. *Schuld*
D. *Strafantrag, § 303 c StGB*

3. Objektiver Tatbestand

In objektiver Hinsicht verlangt der Tatbestand, dass der Täter eine fremde Sache (a) beschädigt, zerstört oder ihr äußeres Erscheinungsbild verändert (c).

a) Tatobjekt

9 Gegenstand der Tat sind fremde bewegliche Sachen.

aa) Sache

10 ▶ **Beispiel („Loipen-Fall"):**[8] A und R ritten im Winter gemeinsam auf Wald- und Wiesenfluren im Allgäu aus, wobei R an einem Seil einen Junghengst mitführte. Bei diesem Ausritt überquerten A und R mehrmals die Langlauf-Rundspur, die von Beschäftigten der Stadtgärtnerei Kempten mit einem motorisierten Spurgerät angelegt wurde. Auf einer Strecke von etwa 20 bis 30 m ritten sie innerhalb bzw. dicht neben der Langlaufspur, um so zu einem Durchgang in einem Weidezaun zu gelangen. Hierbei wurde die Langlaufspur durch eine Vielzahl tiefer Hufeindrücke beschädigt. ◀

11 Eine **Sache** ist ein **körperlicher Gegenstand** i.S.d. § 90 BGB ohne Rücksicht auf seinen Aggregatzustand.[9] Dazu gehören auch flüssige und gasförmige Gegenstände, Urkunden usw. Anders als beim Diebstahl kann Gegenstand der Sachbeschädigung nicht nur eine bewegliche, sondern **auch eine unbewegliche** Sache sein. Unerheblich ist dabei, ob die Sache von dauerhaftem Bestand oder nur von begrenzter Funktionsdauer ist (z.B. ein Schokoladeneis, das in der Sommerhitze mit Senf bestrichen wird).

12 Obwohl es denkbar wäre, dass ein Gesetzgeber eigene Straftatbestände zum Schutz des Lebens und der **körperlichen Integrität von Tieren** schafft, erfasst das deutsche Kernstrafrecht diese Geschöpfe nicht als eigenes Schutzobjekt, sondern bezieht sie (nur) in den Sachbegriff ein: Auch Tiere sind anerkanntermaßen Tatobjekte des § 303 StGB. Zwar ist nach § 90a BGB ein Tier keine Sache; diese Regelung bezieht sich aber nur auf die zivilrechtliche Rechtsstellung, nicht jedoch auf die strafrechtliche Kategorisierung. Nach der Gegenansicht soll § 90a BGB zwar auch im Rahmen des Sachbe-

---
[8] BayObLG NJW 1980, 132 m. krit. Bspr. *Schmid*, JR 1980, 430 (Sacheigenschaft bejahend).
[9] *L-Kühl/Heger*, § 303 Rn. 2, § 242 Rn. 2.

griffs im Strafrecht einschlägig sein; allerdings handele es sich bei der Subsumtion von Tieren unter § 303 StGB um eine nach § 90 a S. 3 BGB ausdrücklich vom Gesetzgeber erlaubte Analogie.[10] Die Tötung eines Tieres ist nach beiden Ansichten folgerichtig eine Zerstörung, dessen Verletzung eine Beschädigung. Einen darüber hinaus gehenden Tierschutz finden wir im **Nebenstrafrecht**: Bei der Verletzung von Tieren kann darüber hinaus der Tatbestand der **Tierquälerei**, § 17 TierschutzG, einschlägig sein.[11] Es wäre zu begrüßen, wenn die gewachsene Bedeutung und allgemeine Notwendigkeit des strafrechtlichen Tierschutzes, namentlich im Bereich der **Massentierhaltung**, durch eine **tatbestandliche Ausweitung** sowie **Verschiebung** des § 17 TierschutzG in das **StGB** zum Ausdruck käme. Ein entsprechendes Gesetzesvorhaben ist jedoch (vorerst) **gescheitert**.[12]

▶ **Lösung:**[13] *Im „Loipen-Fall" schließt sich der strafrechtliche Sachbegriff an denjenigen des bürgerlichen Rechts an. Nach § 90 BGB sind Sachen nur körperliche Gegenstände. Dazu gehört auch, dass der Gegenstand eine Begrenzung aufweist. Frei umherliegender Schnee ist genauso wenig wie Wasser oder Luft eine Sache, da die feste Begrenzung fehlt, die einzelne Stücke der Natur erst dafür geeignet macht, ein Gegenstand rechtlicher Beziehungen zu werden. Die Sacheigenschaft des Schnees wird noch nicht dadurch begründet, dass auf ihm eine Langlaufspur gezogen wird. Zwar wird der Schnee dadurch in gewisser Weise verformt, jedoch – anders als etwa ein Schneemann oder eine Schneeskulptur – nicht derart allseits abgegrenzt, dass die Loipe im Gegensatz zu dem sie umgebenden Schneefeld ein individuelles Dasein aufweist. A und R haben sich somit keiner gemeinschaftlich begangenen Sachbeschädigung, §§ 303, 25 Abs. 2 StGB, auch nicht in Gestalt des § 304 StGB, schuldig gemacht.* ◀   13

bb) Fremdheit

Fremd ist eine Sache, wenn sie im (Allein-, Mit- oder Gesamthands-) Eigentum eines   14
anderen steht, also nicht ausschließlich dem Täter gehört, zudem verkehrsfähig und nicht herrenlos ist.[14] Auch hier gelten die gleichen Grundsätze wie bei § 242 StGB (oben § 2 Rn. 15–18). Diese Fremdheit bestimmt sich somit nach den **sachenrechtlichen Vorschriften** des BGB. Wird jemandem eine unbestellte Ware geliefert und beschädigt der Empfänger die Sache, geht die h.M. in Anknüpfung an § 241 a BGB davon aus, dass dies keine Strafbarkeit des Empfängers auslöst. Umstritten ist dabei, ob bereits der Tatbestand (mangels angeblicher Fremdheit) oder, was angesichts der unveränderten sachenrechtlichen Position des Versenders näherliegt, erst die Rechtswidrigkeit (aufgrund einer Duldungspflicht) entfällt.[15]

Hatte die Sache im Tatzeitpunkt **keinerlei Vermögenswert** mehr, ist umstritten, ob   15
sie gleichwohl schutzwürdig ist, denn formal gehört auch eine solche Sache einem

---

10 Eingehend dazu *Küper*, JZ 1993, 435.
11 Näher dazu *Hoven/Hahn*, JuS 2020, 823. – Der (vielfach verharmlosend als „Zoophilie" bezeichnete) **sexuelle Missbrauch von Tieren** wird, nachdem die Strafbarkeit der Sodomie 1969 aufgehoben wurde, inzwischen seit 2013 (Ges. v. 4. 7. 2013, BGBl. I 2182) zu Recht wieder geahndet, freilich nicht als Straftat, sondern gem. §§ 18 Abs. 1 Nr. 4, 3 Abs. 1 Nr. 13 TierschutzG nur als **Ordnungswidrigkeit**.
12 Vgl. den Gesetzentwurf von Bündnis 90/Die Grünen, BT-Dr. 19/27752; abgelehnt vom Ausschuss für Ernährung und Landwirtschaft, BT-Dr. 19/29853; krit. auch *Kubiciel/Wachter*, KriPoZ 2021, 245.
13 BayObLG NJW 1980, 132 m. krit. Bspr. *Schmid*, JR 1980, 430, der die Sacheigenschaft bejaht.
14 *Sch/Sch-Hecker*, Rn. 12; *Fischer*, § 242 Rn. 5.
15 *Reichling*, JuS 2009, 111, 113; *Wessels/Hillenkamp/Schuhr*, BT-2, Rn. 19; für Tatbestandsausschluss AnwK-*Popp*, § 303 Rn. 6.

anderen.¹⁶ Richtigerweise sollte der strafrechtliche Schutz aber an den materiellen Kern des § 985 BGB anknüpfen und nicht bloß eine „leere Hülle", sondern ein anerkennungswürdiges Gebrauchs- oder Affektionsinteresse des Eigentümers im Tatzeitpunkt voraussetzen. Daran kann es fehlen, wenn ein todkranker, tollwütiger Hund von einem Dritten erschossen wird (BayObLG NJW 1993, 2760: „Funktionelle und soziale Sinnbedeutung der Sache"); die Gegenansicht kann diesem Aspekt aber auf der **Rechtswidrigkeitsebene** Rechnung tragen.¹⁷

b) Tathandlung

16 Das Gesetz nennt drei Formen möglicher Tathandlungen: das Beschädigen (Var. 1 des § 303 Abs. 1 StGB), das Zerstören (Var. 2 des § 303 Abs. 1 StGB) und das Verändern des Erscheinungsbildes der Sache (§ 303 Abs. 2 StGB).

aa) Beschädigen (Var. 1 des § 303 Abs. 1 StGB)

17 Beschädigen ist jede nicht nur unerhebliche körperliche **Einwirkung auf die Sache**, die entweder ihre **Unversehrtheit** oder ihre bestimmungsgemäße **Brauchbarkeit** mehr als nur unerheblich **beeinträchtigt**.¹⁸

(1) Substanz

18 Es reicht regelmäßig aus, wenn die Sache in ihrer **Substanz beeinträchtigt** wird (z.B. der Lack eines PKW zerkratzt, aus einem Buch eine Seite herausgerissen oder ein S-Bahn-Sitz zerschnitten wird). Dies ist auch dann zu bejahen, wenn erst die **Wiederherstellung** des alten Zustandes zwangsläufig zu einer **Substanzverletzung** führt, etwa bei der Reinigung einer Sache, deren Substanz in Mitleidenschaft gezogen werden muss.¹⁹ Denn damit tritt zutage, dass der vom Täter auf den Gegenstand aufgetragene Stoff nicht an der Oberfläche haften geblieben, sondern in das Innere des Gegenstands eingedrungen ist. Kleben **Klimaaktivisten** ihre Hände mit einem **Sekundenkleber** auf den Bodenbelag (z. B. eine geteerte Straße), so kann das Klebemittel mit Lösungsmittel (meist Seifenlauge) leicht entfernt werden; dann wird im Regelfall auf dem Boden keine Substanzbeeinträchtigung eingetreten sein. Anders verhält es sich jedoch, wenn die Hand wegen des verwendeten Klebemittels **nicht vom Boden gelöst** werden kann und daher die Straße um die Hand eingeschnitten oder geflext werden muss. Dann genügt es, wenn eine Substanzverletzung erst durch die Beseitigung eintritt, da dann davon ausgegangen werden kann, dass das Ankleben als solches bereits die Sachsubstanz angegriffen hat.

(2) Brauchbarkeit

19 Es genügt aber, wenn nur die **funktionale Tauglichkeit** der Sache durch eine Einwirkung auf sie **erheblich gemindert** wird.²⁰ Beispiele für solche Beeinträchtigungen der bestimmungsgemäßen technischen Brauchbarkeit sind das Luftablassen aus Auto- und

---

16 Daher für eine tatbestandliche Erfassung z.B. *L-Kühl/Heger*, § 303 Rn. 2.
17 S/S/W-*Saliger*, § 303 Rn. 2.
18 HK-*Weiler*, § 303 Rn. 5.
19 BGHSt 29, 132; *Fischer*, § 303 Rn. 9.
20 *Wessels/Hillenkamp/Schuhr*, BT-2, Rn. 33.

§ 6 Die Sachbeschädigung (§§ 303-305 a StGB)

Fahrradreifen,[21] das Zerlegen einer Armbanduhr oder das Überkleben eines Verkehrsschildes. In diesem Zustand sind diese Gegenstände praktisch unbrauchbar. Hier ist die Rekonstruktion des Gegenstandes zwar möglich; sie kann aber doch mit einem so großen Aufwand verbunden sein, dass dies dem Reparaturschaden bei der Beschädigung der Sachsubstanz entspricht. Auch die Aufhebung des Zusammenhangs einzelner Teile bei zusammengesetzten Sachen (z.B. Öffnen des Kronkorkens von zum Verkauf bestimmten Bierflaschen) oder das Hinzufügen störender Gegenstände können darunterfallen.[22]

▶ **Beispiel („Castortransport-Fall"):**[23] *Greenpeace (G) wandte sich gegen den staatlich genehmigten Transport abgebrannter Brennelemente aus deutschen Kernkraftwerken in die Wiederaufbereitungsanlage La Hague (Frankreich). Als ein neuer Bahntransport stattfinden sollte, wurde das im Eigentum der Kraftwerksbetreiberin K stehende Verbindungsgleis blockiert, um das Ausfahren auf unbestimmte Zeit zu verhindern. Hierzu brachten Mitarbeiter von G einen etwa 1,5 m langen kastenförmigen Stahlkörper an, dessen Klammerapparatur ohne einen Eingriff in die Substanz der Schiene bewirkte, dass ein Verschieben der Konstruktion oder ein Abheben von der Schiene nicht mehr möglich war. Während der Blockade steckten weitere Protestierer in wechselnder Besetzung einen Arm in zwei dafür vorgesehene Öffnungen auf jeder Seite des Stahlkastens. Die Beendigung der Blockade war nur so möglich, dass der Teil der Schiene, auf dem der Stahlkasten angebracht war, mit einer Schneidemaschine herausgetrennt und einschließlich der Schwellen ersetzt wurde (Kosten: 25.000 DM). – Strafbarkeit der G-Mitarbeiter nach § 303 StGB?* ◀ 20

Nach einer Minderheitsansicht soll bereits eine Beeinträchtigung der Funktion, die mit keinerlei körperlicher Einwirkung auf die Sache verbunden ist, eine Sachbeschädigung darstellen. Beispiele hierfür sind Gegenblitzvorrichtungen in Autos, die Radaraufzeichnungen unmöglich machen, oder das Unterbrechen der Stromzufuhr zu einem Computer. Da in beiden Fällen die Gerätschaften als solche in ihrer Substanz unverändert bleiben und nur die externen „Rahmenbedingungen" in ihrer Funktionsfähigkeit tangiert sind, nimmt die h.M. hier zu Recht keine Sachbeschädigung an,[24] mag die damit verbundene Funktionseinbuße für den Eigentümer auch im Einzelfall mit gravierenden Nachteilen (kein Radarfoto vom Raser, keine Nutzung des PCs) verbunden sein. 21

▶ **Lösung:** *Das Merkmal der Beschädigung, beim „Castortransport-Fall" in der Beteiligungsform mittäterschaftlicher Tatbegehung gem. §§ 303 Abs. 1 Var. 1, 25 Abs. 2 StGB, setzt keine Substanzverletzung voraus, vielmehr genügt die körperliche Einwirkung auf die Sache als solche, wenn dadurch die bestimmungsgemäße (technische) Brauchbarkeit nachhaltig gemindert wird. Durch das Hinzufügen der Klammerapparatur sind die Gleise zwar nicht in ihrer Substanz angegriffen worden, aber durch das Hinzufügen eines weiteren Gegenstands und damit durch körperliche Einwirkung für eine geraume Zeit nicht mehr nutzbar gewesen. Das Hindernis hat die Polizei zudem nur sehr schwer wieder beseitigen können. Eine bloße Sachentziehung hat nicht vorgelegen, da Eigentümer K die Sachherrschaft als solche weiterhin ausüben konnte.* ◀ 22

---

21 BGHSt 13, 207, 208.
22 AnwK-*Popp*, § 303 Rn. 14.
23 BGHSt 44, 34 m. Bspr. *Martin*, JuS 1998, 957 und *Krüßmann*, JA 1998, 626.
24 MK-*Wieck-Noodt*, § 303 Rn. 26 m.w.N.

(3) Aussehen

23 Lange Zeit war umstritten, unter welchen Voraussetzungen Manipulationen am **Aussehen** der Sache (z.B. Schmierereien, Graffiti, wildes Plakatieren) eine Sachbeschädigung darstellen.[25] Nach der Rechtsprechung reichte hierfür – im Unterschied zur sog. Zustandsveränderungstheorie[26] – eine Veränderung der äußeren Erscheinungsform **nicht** aus, und zwar auch dann nicht, wenn sie **belangreich** war; eine **Ausnahme** machte der BGH nur bei solchen Gegenständen, bei denen die Gebrauchsbestimmung **durch den ästhetischen Zweck mitbestimmt** wurde, z.B. bei Statuen oder Gemälden. Allerdings wurden zu Recht ästhetische Manipulationen für ausreichend angesehen, sofern sie zugleich mit Substanzverletzungen verbunden waren, und sei es nur bei der Wiederherstellung des alten Zustandes, etwa durch Reinigung des Gegenstandes.[27] Dementsprechend hing die Verurteilung von Graffiti-Sprayern oder wilden Plakatierern wegen Sachbeschädigung davon ab, ob sie eine Farbe verwendet hatten, die ohne Weiteres abwaschbar war bzw. einen Klebstoff einsetzen, der die Entfernung des Posters ohne Eingriffe in die Substanz des Untergrunds ermöglichte. Dies konnte vielfach nur anhand teurer Gutachten festgestellt werden. Der Gesetzgeber hat versucht, die Tatbestands- und Begutachtungsproblematik mit der Schaffung des neu formulierten Abs. 2 zu lösen.

(4) Intensität der Einwirkungen

24 Die Beeinträchtigung ist dann nicht unerheblich, wenn die **Wiederherstellung** des alten Zustandes **gar nicht möglich** oder nur mit einem **nicht nur geringfügigen Aufwand** an Zeit, Mühe oder Kosten verbunden ist. Beispiele hierfür sind das Beschmutzen eines Hemdes mit einem Farbbeutel oder Blut, ebenso die Verursachung von Krankheiten bei Tieren mittels verunreinigter Nahrung.[28] In der Sache handelt es sich bei dieser Einschränkung um eine Art **ungeschriebene tatbestandliche Bagatellklausel**. Beim Luftablassen wird von der h.M. die Erheblichkeit der Beschädigung daher zu Recht (nur) dann verneint, wenn das Wiederauffüllen der Reifen ohne größeren Aufwand und an Ort und Stelle möglich ist (etwa weil sich eine Tankstelle mit Aufpumpmöglichkeit in der Nähe des Tatorts befindet).[29] Auch soll das bloße Abmontieren der Vorderreifen eines Autos keine Sachbeschädigung an dem Fahrzeug sein.[30] Wird aber durch eine Schafherde ein großes Wiesengrundstück unbefugt abgemäht und im abgetretenen und verkoteten Zustand zurückgelassen, dauert es Wochen, wenn nicht gar Monate, bis die Wiese wieder den ursprünglichen Zustand erlangt; in solchen Fällen macht sich der Schafhirte wegen Sachbeschädigung (und wegen Diebstahls) strafbar.[31]

(5) Nachteiligkeit der Einwirkung

25 Der Eingriff muss die **Interessen des Eigentümers** in einer **nachteiligen** Weise tangieren.[32] Hat der Eigentümer ein erkennbares Interesse (z.B. aus Beweisgründen), den

---

25 Dazu *Fischer*, § 303 Rn. 8.
26 *L-Kühl/Heger*, § 303 Rn. 6; *Schroeder*, JZ 1978, 72.
27 Grundlegend BGHSt 29, 129 (Plakat an Stromverteilerkasten).
28 Weitere Beispiele bei AnwK-*Popp*, § 303 Rn. 13.
29 BGH NJW 1959, 1547; extensiver BayObLG NJW 1987, 3271.
30 BGH NJW 2017, 743 m. krit. Bspr. *Bosch*, Jura 2017, 360.
31 LG Karlsruhe NStZ 1993, 543.
32 A/W-*Heinrich*, § 12 Rn. 22; *Kindhäuser/Böse*, BT-2, § 20 Rn. 9; *Krey/Hellmann*, BT-2, Rn. 389.

§ 6 Die Sachbeschädigung (§§ 303-305 a StGB)

Status quo einer Sache zu erhalten, so ist umstritten, ob eine davon abweichende Veränderung der Sache durch einen anderen nachteilig ist. Hat also etwa der Eigentümer ein Interesse am Erhalt des „Fehlers" einer Sache, so soll auch dann eine Sachbeschädigung gegeben sein, wenn ein Dritter eigenmächtig den Wert der Sache erhöht (z.B. der Mieter einer Wohnung gegen den Willen des Eigentümers einen alten Dielenboden herausreißt und einen neuen Boden verlegen lässt).[33] Richtigerweise kann die objektive Verbesserung einer Sache in Gestalt der fachgerechten Reparatur schon dem Wortsinn nach nicht als „Beschädigung" angesehen werden;[34] hier besteht strafrechtlicher Bestandsschutz nur in den Grenzen des Abs. 2, im Übrigen ist der betroffene Eigentümer zumindest zivilrechtlich geschützt.

bb) Zerstören (Var. 2 des § 303 Abs. 1 StGB)

Die zweite Variante der Sachbeschädigung bildet das Zerstören der Sache. Zerstörung ist die Einwirkung auf die Substanz einer Sache in der Form, dass die **Sache vernichtet** oder ihre bestimmungsgemäße **Brauchbarkeit vollkommen aufgehoben** wird.[35] Hierfür reicht das teilweise Zerstören der Sache in Gestalt der Ausschaltung eines funktionell wesentlichen Teils aus: Wer den Motor und den Motorraum eines Autos mit einem schweren Ambos zertrümmert, ohne die Fahrgastzelle und den Kofferraum in Mitleidenschaft zu ziehen, hat den PKW praktisch zerstört und – anders als die Gegenansicht dies annimmt – nicht bloß beschädigt.[36]

26

Weder eine Zerstörung noch Beschädigung stellt die sog. **Sach- und Gebrauchsentziehung** dar. Man denke etwa an den Fall, dass ein Kanarienvogel aus einem Käfig freigelassen oder ein Fahrrad in einen Fluss geworfen wird. Durch solche Handlungen wird verhindert, dass der Eigentümer die Sachherrschaft ausüben kann, ohne dass an sich bereits unmittelbar nachteilig auf die Sache selbst eingewirkt wird. Umstritten ist jedoch, ob **Folgeschäden** der Sachentziehung (Verhungern des Vogels, Verrosten des Fahrrads) vom Tatbestand erfasst sind. Dies wird man dann bejahen müssen, wenn der Täter diese Folgen sehenden Auges zumindest **billigend in Kauf** genommen hat.[37]

27

cc) Veränderung des äußeren Erscheinungsbildes (§ 303 Abs. 2 StGB)

Tathandlung des **Abs. 2** ist das Hervorrufen eines vom bisherigen Zustand abweichenden Erscheinungsbildes durch Einwirkung auf die Sache.[38] Die Veränderung darf **nicht nur vorübergehend** und **nicht nur unerheblich** sein. Ist sie zugleich mit einer Substanzverletzung oder Brauchbarkeitsminderung verbunden, greift bereits Abs. 1 des § 303 StGB ein. Es genügt jedes Verhalten, das (mit-)ursächlich für den Veränderungserfolg ist (wie etwa das Bemalen einer Hauswand mit Graffiti, das Plakatieren einer Haustür mit einem Plakat). Auch eine gegen oder ohne den Willen des Eigentümers erfolgte **Verschönerung** der Sache (z.B. das eigenmächtige Waschen eines extrem verschmutzten Autos durch den Schwiegervater) ist tatbestandsmäßig erfasst, da auch sie die Freiheit des Eigentümers beim Umgang mit seiner Sache verletzt. Bagatellartige Veränderungen sollen explizit nicht unter den Tatbestand fallen, namentlich solche, die ohne größeren

28

---

33 Fall angelehnt an RGSt 33, 177; A/W-*Heinrich*, § 12 Rn. 22.
34 M/R-*Altenhain*, § 303 Rn. 8; AnwK-*Popp*, § 303 Rn. 10.
35 Sch/Sch-*Hecker*, § 303 Rn. 14.
36 Für Zerstören z.B. *Baumann*, GA 1971, 306, 308; für bloße Beschädigung MK-*Wieck-Noodt*, § 303 Rn. 37.
37 *Wessels/Hillenkamp/Schuhr*, BT-2, Rn. 42.
38 Sch/Sch-*Hecker*, § 303 Rn. 15.

Aufwand wieder beseitigt werden können (z.b. Aufhängen eines Spruchbandes) oder die so klein sind, dass sie nicht auffallen (z.b. kleine „tags" auf bereits beschmierten Wänden).³⁹ Ebenso tatbestandslos sind Veränderungen, die binnen kurzer Zeit selbst vergehen (z.b. wenn Regen auf ein komplett mit wasserlöslicher Farbe beschmiertes Auto fällt). Werden von **Klimaaktivisten** auf ein Gemälde Flüssigkeiten geschüttet (wie z. B. Tomaten- oder Kartoffelsuppe), so können diese Stoffe, wenn die Gemälde vor Verunreinigungen durch eine Glasscheibe effektiv geschützt sind, im Normalfall sehr leicht wieder beseitigt werden (z. B. mit einem Fensterspray und Lappen). In solchen Fällen ist Abs. 2 richtigerweise zu verneinen. Wird dabei aber zugleich der Bilderrahmen in Mitleidenschaft gezogen und dringt dabei die Flüssigkeit in die Substanz des Rahmens ein, liegt eine Sachbeschädigung nach Abs. 1 vor.

29 Die Tathandlung muss zudem **unbefugt** sein. Erst damit wird der Kern des tatbestandlichen Unrechts zutreffend umschrieben, da die bloße Veränderung eines äußeren Erscheinungsbildes als solche kein rechtlich missbilligtes Verhalten umschreibt, sondern überhaupt erst dann Strafrechtsrelevanz erlangen kann, wenn diese unbefugt geschieht.⁴⁰ Dementsprechend entfällt der **Tatbestand** bei einer **Zustimmung** des Berechtigten, vertraglichen Erlaubnis, gesetzlicher Befugnis oder behördlicher Genehmigung.⁴¹ **Rechtfertigungsgründe** wie etwa die **mutmaßliche Einwilligung** oder der rechtfertigende Notstand behalten dagegen auch bei § 303 Abs. 2 StGB ihren Charakter als (lediglich) rechtfertigende Erlaubnissätze.⁴²

4. Subjektiver Tatbestand

30 Der Vorsatz muss sich auf alle Umstände des objektiven Tatbestands – das Tatobjekt und die Tathandlung – erstrecken. Ein dolus eventualis genügt.⁴³ Die **Fremdheit** der Sache ist dabei ein **normatives** Tatbestandsmerkmal. Glaubt der Täter aufgrund seiner Parallelwertung in der Laiensphäre irrig, er zerstöre eine eigene oder herrenlose Sache, so liegt ein Tatbestandsirrtum nach § 16 Abs. 1 S. 1 StGB vor, der wegen der Straflosigkeit der fahrlässigen Sachbeschädigung strafrechtlich folgenlos bleibt.⁴⁴

31 Beim Beschädigen oder Zerstören nach Abs. 1 muss der Vorsatz die Substanz- oder Brauchbarkeitsbeeinträchtigung umfassen, nicht jedoch deren Rechtswidrigkeit. Die Erwähnung der Rechtswidrigkeit in der Norm ist nur der Hinweis auf die Prüfung der Rechtswidrigkeit im Allgemeinen. Geht also der Täter irrig von der Rechtmäßigkeit seines Handelns aus, so lässt dies den Vorsatz unberührt und kommt erst nach Irrtumskonstellation, auf der Rechtswidrigkeits- bzw. Schuldebene zum Tragen.

32 Auch bei der Tathandlung nach Abs. 2 reicht ein bedingter Vorsatz aus. Die in Abs. 2 geforderte Unbefugtheit des Handelns ist, sofern sie eine Berechtigung, namentlich das Einverständnis des Dispositionsbefugten betrifft, ein echtes Tatbestandsmerkmal.⁴⁵ Geht der Täter insoweit irrig von einer Befugnis aus, lässt dies somit schon den Tatbestand entfallen. Irrt der Täter aber über das tatsächliche Vorliegen eines Recht-

---

39 AG Tiergarten NJW 2013, 801; AnwK-*Popp*, § 303 Rn. 20.
40 *L-Kühl/Heger*, § 303 Rn. 9 a.
41 *Kindhäuser/Böse*, BT-2, § 20 Rn. 20.
42 AnwK-*Popp*, § 303 Rn. 22.
43 Zu den Schwierigkeiten der Vorsatzfeststellung beim „Car-Walking" vgl. LG Berlin NStZ-RR 1997, 362.
44 MK-*Wieck-Noodt*, § 303 Rn. 61.
45 *L-Kühl/Heger*, § 303 Rn. 9 a.

fertigungsgrundes (wie z.b. Notstand, mutmaßliche Einwilligung), handelt es sich um einen Erlaubnistatbestandsirrtum.

5. Rechtswidrigkeit

Die Rechtswidrigkeit kann etwa aufgrund eines **Notrechts** (§§ 904, 228 BGB), einer **Selbsthilfe** (§ 229 BGB), Geschäftsführung ohne Auftrag (§§ 677 ff. BGB), Einwilligung des Berechtigten (bei Tathandlungen nach Abs. 1; bei Abs. 2 schon keine Unbefugtheit) oder mutmaßlichen **Einwilligung,** entfallen. Für bestimmte Phänomene existieren landesrechtliche Regelungen und entsprechende Rechtfertigungsgründe, etwa zur Tötung wildernder Hunde und Katzen (vgl. §§ 25, 26 BJagdG). Ein gegen den Willen des Eigentümers angebrachtes Graffiti fällt zudem nicht unter den Kunstbegriff des Art. 5 GG, der insoweit damit auch keine rechtfertigende Wirkung entfalten kann.[46]

▶ **Beispiel („Klimaaktivisten: Keine Kohle für Kohle"):**[47] *Die Universität L wirbt mit einem Nachhaltigkeitsbild, obwohl sie Gelder bei der Landesbank N angelegt hat, die selbst nicht in nachhaltige Gas- und Kohleenergieunternehmen investiert. Im Juni hat S, der ein Student der Universität und Klimaschutz-Aktivist ist, auf die Fassade des universitären Zentralgebäudes diese Worte mit Wandfarbe auf die Fassade gesprüht: „L... di-vest: Kohle aus N-LB". Einen Monat später sprühte er wiederum auf die Fassade Wandfarbe aus drei Feuerlöschern. S wollte hiermit auf den womöglich unumkehrbaren Klimawandel aufmerksam machen und für sofortiges Handeln appellieren. Die Universität musste für die Beseitigung der Verunstaltungen im Juni 1.640 EUR und für diejenigen im Juli 11.377 EUR aufwenden. Strafbarkeit des S nach § 303 StGB?* ◀

Die Beschädigung von Wänden oder Gemälden durch **Klimaaktivisten** kann, je nach Fallkonstellation, unter § 303 Abs. 2 oder Abs. 1 StGB fallen (siehe dazu oben Rn. 18, 28). Hierbei ist zunächst eine **Rechtfertigung** wegen Notstands nach § 34 StGB in Betracht zu ziehen. Eine gegenwärtige Gefahr für das lokale wie globale Klima ist anzunehmen. Zudem reicht es für die Eignung eines Mittels aus, wenn dessen Einsatz nicht ganz unwahrscheinlich für die Abwendung der Gefahr ist; insofern ist zu prüfen, wie sich die Aktion konkret auswirken soll (etwa eher allgemeiner politischer Natur oder bezogen auf ein konkretes umweltschädliches Verhalten). Die sodann zu erörternde Erforderlichkeit ist jedoch abzulehnen, wenn unter gleich geeigneten Maßnahmen nicht das mildeste Mittel (z. B. Demonstrationen, Mitwirkung am politischen Entscheidungsprozess) gewählt wird und daher die Gefahr auch anders und besser als durch die Begehung von Straftaten abgewendet werden kann. Dann fehlt es an der Nicht-Anders-Abwendbarkeit der Gefahr für das Klima und damit an einer Notstandshandlung. – Ferner stellt auch der sog. **zivile Ungehorsam keinen** anerkannten Rechtfertigungsgrund dar. Jedoch sind die hehren klimapolitischen Ziele der Aktivisten auf der Rechtsfolgenseite **strafmildernd** zu berücksichtigen.

▶ **Lösung:** *Zwar wurde das äußere Erscheinungsbild des Universitätshauptgebäudes nicht nur unerheblich und nicht nur vorübergehend verändert, sodass § 303 Abs. 2 StGB erfüllt war. Da aber die Beseitigung der Aufschriften offensichtlich nur mit größerem Aufwand möglich und damit mit Substanzverletzungen verbunden war, kann auch von einer Beschädigung des Gebäudes nach § 303 Abs. 1 StGB ausgegangen werden. Eine Rechtfertigung nach § 34 StGB*

---

46 *L-Kühl/Heger*, § 303 Rn. 9.
47 Nach AG Lüneburg, Urt. v. 12. April 2022, 15 Ds 186/21 und OLG Celle NStZ 2023, 113 m. Bspr. *Bönte; Jahn* JuS 2023, 82.

kommt insofern in Betracht, als die mit der Klimakatastrophe verbundenen Gefahren gegenwärtig sind und dieser konkrete Protest gegen die Anlagepolitik der L-Universität kein völlig ungeeignetes Mittel zu dessen Änderung ist.[48] Jedoch stehen andere, ebenso geeignete und zudem legale Formen der effektiven Einflussnahme auf die L zur Verfügung (Gremienarbeit, Demonstrationen usw.), weshalb das Beschmieren der Fassade nicht erforderlich war. Denkbar wären eine Rechtfertigung oder Entschuldigung wegen sog. zivilen Ungehorsams. Allerdings sind bewusste Normverletzungen durch eine Minderheit, mit der auf den Willensbildungsprozess einer demokratisch legitimierten Mehrheit eingewirkt werden soll, mit einem Rechtsstaat nur schwerlich vereinbar,[49] ganz abgesehen davon, dass der Regelbruch von den Akteuren als solcher zielgerichtet herbeigeführt wird.[50] Das AG Lüneburg hat dem Anliegen des Aktivisten dadurch Rechnung getragen, dass A lediglich verwarnt wurde (§ 59 StGB) und die Verurteilung zu einer Gesamtgeldstrafe vorbehalten hatte. ◀

6. Strafbarkeit des Versuchs

37 Anders als der Körperverletzungstatbestand, bei dem erst 1998 eine Versuchsstrafbarkeit eingeführt wurde, stellte das (Reichs-)Strafgesetzbuch von Anfang an (seit 1871) die versuchte Sachbeschädigung unter Strafe.[51] Beispielsweise kommt ein (untauglicher) Versuch des § 303 StGB in Betracht, wenn der Täter irrig annimmt, eine fremde Sache zu beschädigen, die in Wahrheit aber ihm gehört.

7. Konkurrenzen

38 Insbesondere das Verhältnis der Sachbeschädigung zum Diebstahl ist von Bedeutung. So sind bestimmte Formen des schweren Diebstahls (§ 243 StGB), vor allem der Einbruchsdiebstahl (§ 243 Abs. 1 S. 2 Nr. 1 StGB), mit Sachbeschädigungen verbunden, die häufig einen erheblich größeren Schaden anrichten als der Diebstahl selbst. In Fällen des **Einbruchsdiebstahls** geht die Rechtsprechung für das Verhältnis zur Sachbeschädigung nunmehr generell und nicht mehr einzelfallbezogen von **Tateinheit** (§ 52 StGB) aus: Die Sachbeschädigung tritt demnach nicht hinter dem Diebstahl im Wege der Konsumtion zurück, da die geschützten Rechtsgüter und Rechtsgutträger in vielen Fällen nicht identisch sind und selbst die Tatvariante des Einbrechens keine Substanzverletzung i.S.d. § 303 Abs. 1 StGB erfordert.[52] Auf die Höhe des bei einem Einbruch entstandenen Sachschadens, welche früher als Argument für eine mögliche Konsumtion herangezogen wurde, kommt es nunmehr nicht an. Geht eine Tötung oder Verletzung eines Menschen mit einer Sachbeschädigung einher (etwa die bedingt vorsätzliche Beschädigung der Kleidung beim Erschießen eines Menschen), sollte diese nur kurz und nur dann behandelt werden, wenn im Sachverhalt die dabei aufgetretene Sachbeschädigung erwähnt oder hervorgehoben wird. Führt die unbefugte Veränderung des äußeren Erscheinungsbildes (Abs. 2) zugleich zu einer Beschädigung der Sache (Abs. 1 Var. 1), tritt Abs. 2 als mildere Begehungsform zurück.[53]

---

48 *Jahn*, JuS 2023, 83 f.; and. OLG Celle NStZ 2023, 113.
49 OLG Celle NStZ 2023, 113; *Perron*, in: *Schönke/Schröder*, § 34 Rn. 41.
50 BVerfGE 73, 250, 252; *Jahn*, JuS 2023, 84.
51 Diese „Regelung beruht auf dem Materialismus des Gesetzgebers von 1871, sondern darauf, dass im Wahlkreis ein Abgeordneten im Knochensammler Gift in das Futter von Tieren gemischt hatte" (*Maurach/Schroeder/Maiwald/Hoyer/Momsen*, BT-1, § 36 Rn. 24).
52 BGH NJW 2019, 1086, 1088; *Jäger*, JA 2019, 386.
53 Sch/Sch-*Hecker*, § 303 Rn. 25.

Wiederholungsfragen

1. Was versteht man unter „Beschädigen", was unter „Zerstören"? (Rn. 17, 26)
2. Welche Fallkonstellationen erfasst § 303 Abs. 2 StGB? (Rn. 28, 29)
3. Lässt die Einwilligung des Betroffenen den Tatbestand oder die Rechtswidrigkeit der Sachbeschädigung entfallen? (Rn. 33)
4. Tritt die Sachbeschädigung hinter den Einbruchsdiebstahl zurück? (Rn. 38)

III. Qualifikationstatbestände (§§ 304, 305, 305 a StGB)

Qualifikationen zu § 303 StGB bilden die gemeinschädliche Sachbeschädigung (§ 304 StGB), die Zerstörung von Bauwerken (§ 305 StGB) und die Zerstörung wichtiger Arbeitsmittel (§ 305 a StGB). 39

1. Gemeinschädliche Sachbeschädigung (§ 304 StGB)

Die Norm war bereits im RStGB von 1871 enthalten und hat seitdem nur wenige Änderungen erfahren.[54] Rechtsgut der Vorschrift ist nicht das Eigentum, sondern das Interesse der Allgemeinheit an der Unversehrtheit bestimmter öffentlichen Interessen dienender Gegenstände.[55] Die Vorschrift enthält drei Gruppen besonders schützenswerter Gegenstände, nämlich solche der Religionsausübung (Gegenstände der Verehrung einer im Staat bestehenden Religionsgesellschaft oder Sachen, die dem Gottesdienst gewidmet sind), der Totenruhe (Grabmäler) oder sachliche Gemeinschaftsgüter (öffentliche Denkmäler, Naturdenkmäler, Gegenstände der Kunst, der Wissenschaft, öffentliche Sammlungen wie bspw. Universitätsbibliotheken usw.). Tathandlung ist das Zerstören und Beschädigen (§ 304 Abs. 1 StGB), seit dem 49. StÄG aber auch die Veränderung des Erscheinungsbildes (§ 304 Abs. 2 StGB). 40

Tatbestandlich erforderlich ist dabei (sowohl für Abs. 1 als auch Abs. 2) zudem, dass stets der besondere öffentliche Zweck tangiert wird. Wird beispielsweise ein Stromkasten mit Farbe besprüht, wird dieser Gegenstand, der von öffentlichem Nutzen ist, nicht tatbestandsrelevant beeinträchtigt; anders liegt aber der Fall, wenn eine Statue mit roter Farbe übergossen wird, da deren unversehrte Ästhetik zum Charakteristikum solcher Denkmäler gehört. Wer aus **Protest gegen die Klimapolitik** Gemälde in Museen mit Tomatensuppe oder Kartoffelbrei bewirft, beschädigt die **Bilder** auch dann, wenn sie mit einer Glasscheibe geschützt sind, da aufgrund des veränderten äußeren Erscheinungsbildes zumindest § 304 Abs. 2 StGB verwirklicht ist, es sei denn, dass die Verunreinigungen leicht beseitigt werden können (siehe oben Rn. 28). Wenn darüber hinaus **der Rahmen** beschädigt wird, fallen Restaurierungskosten in Höhe von mehreren Tausend Euro an und ist § 304 Abs. 1 StGB gegeben. 41

▶ Beispiel („U-Bahn-Tags"-Fall):[56] *A und B besprühten gemeinsam im Morgengrauen des ersten Weihnachtsfeiertages einen Berliner U-Bahn-Waggon mit nicht löslicher Farbe aus Spraydosen. Sie trugen auf etwa 14 qm die Schriftzeichen „... Kouch", „ITYD" sowie „:Cool:ewj" auf. Es entstand ein Schaden von wenigstens 400 Euro.* ◀ 42

---

54 LK-*Wolff*, § 304 Vor Rn. 1.
55 *Fischer*, § 304 Rn. 2–3; Sch/Sch-*Hecker*, § 304 Rn. 1.
56 KG Berlin JuS 2009, 958 m. Bspr. *Jahn*.

43 ▶ **Lösung:** § 303 Abs. 2 StGB ist verwirklicht. Es könnte auch § 304 StGB einschlägig sein. Die Norm erfasst als über den § 303 StGB hinausgehenden Unrechtsgehalt die Beeinträchtigung des öffentlichen Nutzungsinteresses. Dies gilt auch für die Veränderung des Erscheinungsbildes. Eine solche kann sich daraus ergeben, dass der U-Bahn-Waggon infolge des Besprühens tatsächlich zumindest vorübergehend aufgrund von Reinigungsarbeiten nicht weiterhin zur Personenbeförderung eingesetzt werden konnte oder wenn neben den Wandflächen auch Fenster und Türen besprüht wurden, sodass der U-Bahn-Wagen zum Publikumstransport nicht mehr geeignet war. Ob darüber hinaus allein ein nicht ansprechendes Erscheinungsbild eine Beeinträchtigung des öffentlichen Nutzungsinteresses darstellt, ist umstritten.[57] Angesichts des Deliktscharakters von § 304 StGB sollte jedoch einem reinen Ästhetikschutz (der Nutzer öffentlicher Verkehrsmittel) eine Absage erteilt werden. ◀

2. Zerstörung von Bauwerken (§ 305 StGB)

44 Die Norm, die seit 1871 im StGB enthalten ist,[58] unterscheidet sich von der einfachen Sachbeschädigung (§ 303 StGB) in vierfacher Hinsicht: 1. durch das besondere Tatobjekt, den dort genannten Bauwerken, 2. durch die besondere Tathandlung, dem gänzlichen oder teilweise Zerstören (Beschädigen genügt also nicht), 3. in dem weitergehenden Strafrahmen (Freiheitsstrafe bis zu fünf Jahren oder Geldstrafe, nicht nur Freiheitsstrafe bis zu zwei Jahren) und 4. dem Wegfall des Strafantragserfordernisses.

3. Zerstörung wichtiger Arbeitsmittel (§ 305 a StGB)

45 Diese Vorschrift wurde 1986 zum Zwecke der Bekämpfung des (Links-)Terrorismus eingeführt und ist insofern zugleich Ausdruck dieses Zeitgeistes.[59] Die Höchststrafe ist gegenüber § 303 StGB deutlich erhöht; es ist kein Strafantrag erforderlich. Der Tatbestand erfasst in Abs. 1 Nr. 1 die Zerstörung eines fremden technischen Arbeitsmittels, das für die Errichtung einer Anlage oder eines Unternehmens i.S.d. § 316 b Abs. 1 Nr. 1, 2 StGB oder einer anderen in § 305 a StGB genannten Anlage von wesentlicher Bedeutung ist. Dies ist etwa bei Arbeitsgeräten, Kraftmaschinen oder Beförderungsmitteln der Fall.[60] Wird dagegen durch die Zerstörung der Betrieb einer solchen Anlage beeinträchtigt, fällt dies unter § 316 b Abs. 1 Nr. 2 StGB.

46 § 305 a Abs. 1 Nr. 3 StGB pönalisiert das (ganze oder teilweise) Zerstören eines Fahrzeugs der Polizei, Bundeswehr, Feuerwehr, des Katastrophenschutzes oder eines Rettungsdienstes. § 305 a StGB kann somit etwa in Klausuren eine Rolle spielen, wenn die Täter auf die sie verfolgenden Polizeibeamten schießen und dabei die Windschutzscheibe des Fahrzeugs so stark beschädigen, dass die Polizisten ihre Fahrt nicht mehr fortsetzen können.[61]

IV. Die Datenveränderung (§ 303 a StGB); Computersabotage (§ 303 b StGB)

Literaturempfehlungen: *Eisele*, Der Kernbereich des Computerstrafrechts, Jura 2012, 922 ff.; *Hecker*, Herstellung, Verkauf, Erwerb und Verwendung manipulierter Telefonkarten, JA 2004, 762 ff.; *Kudlich*, Macht kaputt, was euch kaputtmacht, JA 2017, 310 ff.; *Reschke*, „Reverse Graffiti" und die Frage nach der Strafbarkeit, Jura 2013, 87 ff.

---

57 Vgl. *Jahn*, JuS 2018, 395 ff.
58 LK-*Wolff*, § 305 Vor Rn. 1.
59 LK-*Wolff*, § 305 a Rn. 1.
60 Sch/Sch-*Hecker*, § 305 a Rn. 4.
61 Vgl. etwa die Examensklausur von *Kühl/Schramm*, JuS 2003, 681.

§ 6 Die Sachbeschädigung (§§ 303-305 a StGB)

Daten sind keine körperlichen Gegenstände. Wer Daten manipuliert, ohne den physischen Datenträger in Mitleidenschaft zu ziehen, kann keine Sachbeschädigung begehen. Daher bedarf es gesonderter Tatbestände wie der rechtswidrigen Datenveränderung (§ 303 a StGB), zu der § 303 b Abs. 1 Nr. 1 StGB eine Qualifikation darstellt, während § 303 b Abs. 1 Nr. 2 StGB einer qualifizierten Sachbeschädigung i.S.d. § 303 StGB gleicht und die Hardware von Betrieben, Behörden und Unternehmen besonders schützt.[62] Im Jahr 2021 wurden 66 Personen wegen §§ 303 a, 303 b StGB abgeurteilt,[63] polizeilich erfasst wurden 2022 rund 800 Verdachtsfälle.

47

1. Datenveränderung (§ 303 a StGB)

a) Zur Einführung

Die auch als „virtuelle Sachbeschädigung" bezeichnet Norm[64] wurde 1986 durch das 2. WiKG eingeführt. 2007 erfolgte aufgrund einer Rahmenbeschluss-Vorgabe der EU sowie der von Deutschland ratifizierten Cybercrime-Konvention des Europarats[65] eine Erweiterung des Tatbestands auf Vorbereitungshandlungen (Abs. 3 des § 303 a StGB) unter Verweis auf § 202 c StGB. Der Gesetzgeber hat bei dieser Reform bedauerlicherweise darauf verzichtet, in die Norm das tatbestandseinschränkende Merkmal des Eintritts eines (schweren) Schadens aufzunehmen, obwohl dies europarechtlich möglich gewesen wäre. Die Fallzahlen sind trotz der fortschreitenden Digitalisierung gering, zuletzt aber leicht gestiegen. 2019 wurden 3.183 Fälle polizeilich erfasst und 57 Personen 2018 wegen Datenveränderung abgeurteilt.[66]

48

Die Datenveränderung nach § 303 a StGB schützt das Interesse des Verfügungsberechtigten an der unversehrten Verwendbarkeit von Daten.[67] Insofern handelt es sich nicht um ein Eigentumsdelikt im klassischen Sinne. Zwar sind auch Daten insoweit körperliche Gegenstände, als sie eine (wenngleich minimale) physische Spur auf dem Speichermedium hinterlassen, d.h. mit der Datenveränderung letztlich zugleich die physikalische Zusammensetzung des Speichermediums verändert wird. Es steht aber die Integrität des Zeichenbestandes als solcher im Zentrum der Norm. Die Norm ist verfassungsrechtlich problematisch,[68] da nach ihr auch sozialadäquate Verhaltensweisen (etwa die Datenveränderung durch den Berechtigten) unter den Wortlaut des Tatbestands zu fallen scheinen. Sie bedarf daher einer restriktiven Interpretation, die namentlich darin bestehen wird, in die Norm als ungeschriebenes Tatbestandsmerkmal den Eingriff in eine fremde Datendispositionsbefugnis zu integrieren. Insoweit schränkt das Merkmal der Rechtswidrigkeit bereits den Tatbestand ein.[69]

49

b) Prüfungsschema in Klausuren

§ 303 a StGB spielt in Fortgeschrittenenübungen und in der Staatsprüfung nur eine untergeordnete Rolle. Es reicht somit aus, sich mit den nachfolgend skizzierten Grund-

50

---

62 HK-*Weiler*, § 303 a Rn. 1.
63 SVS 2021, S. 40.
64 *Ernst*, NJW 2007, 2661.
65 Zu den Vorgaben durch den Rahmenbeschluss über Angriffe auf Informationssysteme (EU ABl. 2005, L 69, 67) und die Cybercrime-Konvention des Europarates (CoER Rn. 185) vgl. *Eisele*, CoM 9/64.
66 PKS 2019, S. 20; SFS 2018, S. 40.
67 W/J/S-*Bär*, Kap. 15 Rn. 108; *Fischer*, § 303 a Rn. 2; *Hilgendorf/Valerius*, Rn. 587; L-*Kühl/Heger*, § 303 a Rn. 1.
68 Für Verfassungswidrigkeit des § 303 a StGB AnwK-*Popp*, § 303 a Rn. 3; für Verfassungskonformität LK-*Wolff*, § 303 a Rn. 2.
69 *Eisele*, CoM, § 9 Rn. 67; HK-*Weiler*, § 303 a Rn. 1.

strukturen der Norm zu beschäftigen. In computerstrafrechtlichen Lehrveranstaltungen des strafrechtlichen Schwerpunktbereichs wird dagegen Detailwissen verlangt.

51 *Prüfungsschema § 303 a StGB*
   A. Tatbestand
      I. Objektiver Tatbestand
         1. Tatobjekt: Daten i.S.d. § 202 a StGB, die nicht der (alleinigen) Verfügungsberechtigung des Täters unterliegen.
         2. Tathandlungen
            a) Löschen
            b) Unterdrücken
            c) Unbrauchbarmachen
            d) Verändern
      II Subjektiver Tatbestand: dolus eventualis genügt
   B. Rechtswidrigkeit
   C. Schuld
   D. Strafantrag, § 303 c StGB
   E. Strafbarkeit des Versuchs (§ 303 a Abs. 2 StGB) sowie bestimmter Vorbereitungshandlungen (§ 303 a Abs. 3 StGB i. V. m. § 202 a Abs. 2 StGB)

c) Objektiver Tatbestand

aa) Tatobjekt

52 Die Tat muss sich gegen Daten i.S.d. § 202 a Abs. 2 StGB richten. Darunter versteht man Informationen, die mittels Zeichen oder kontinuierlicher Funktionen dargestellt werden und die sich als Gegenstand oder Mittel in Bezug auf einen Datenverarbeitungsvorgang codieren lassen oder das Ergebnis eines Datenverarbeitungsvorgangs sind.[70] Dazu gehören etwa Computerprogramme oder Text-, Bild- und Videodateien. Diese Daten müssen elektronisch oder magnetisch gespeichert und darüber hinaus nicht unmittelbar mit den natürlichen Sinnesorganen (Augen, Ohren, Berührung) wahrnehmbar sein.[71]

53 Diese Datei muss außerdem der eigentümerähnlichen Verfügungsberechtigung eines anderen unterliegen.[72] Die Dispositionsbefugnis wird im Regelfall der Eigentümer des Datenträgers innehaben; falls Eigentum und Nutzungsrecht auseinanderfallen, kann die Verfügungsbefugnis kraft Vertrags auch anderen Personen zustehen,[73] etwa dem Leasingnehmer kraft Vertrags bei geleaster Computerhardware. Fallen Eigentum am Datenträger und Nutzungsrecht auseinander, so bestimmt sich die Verfügungsbefugnis nach dem – i. d. R. vertraglichen – Rechtsverhältnis der Beteiligten. Wer an einer ausgedruckten Datei eine optische Veränderung auf dem Papier vornimmt (z.B. auf dem Examenszeugnis vor der Examensnote 4 Punkte eine 1 hinzufügt), begeht keine Datenveränderung, sondern höchstens eine Urkundenfälschung (§ 267 StGB) und eine

---

[70] So die Definition von *Hilgendorf/Valerius*, Rn. 655.
[71] W/J/S-*Bär*, Kap. 15 Rn. 110.
[72] Näher dazu W/J/S-*Bär*, Kap. 15 Rn. 111; *Eisele*, CoM, § 9 Rn. 68.
[73] Sch/Sch-*Hecker*, § 303 a Rn. 3; vgl. auch *Wessels/Hillenkamp/Schuhr*, BT-2 Rn. 62 m.w.N., der auf die Urheberschaft der Datenveränderung abstellt.

Sachbeschädigung (§ 303 Abs. 2 StGB). Dagegen ist § 303 a StGB einschlägig, wenn man ohne Verfügungsberechtigung etwa mittels eines PCs eine fremde Datei aufruft und an ihr inhaltliche Änderungen vornimmt (z.b. sich in das Programm des Justizprüfungsamts „einhackt" [strafbar nach § 202 a StGB] und die Examensnote 4 Punkte in 14 Punkte ändert).

bb) Tathandlungen

Daten sind gelöscht, wenn sie vollständig und unwiederbringlich unkenntlich gemacht wurden.[74] Darunter fällt etwa die Zerstörung des Datenträgers oder eine unkenntlich machende Umformatierung, nicht aber das Verschieben der Daten in den sog. „Papierkorb" oder die Übersetzung einer Textdatei in eine rückübersetzbare Fremdsprache. Ein Löschen soll nach herrschender Meinung auch dann vorliegen, wenn es gesicherte Kopien der Datei gibt; denn es komme immer auf die konkrete Datei an. Besitzt der Verletzte von der gelöschten Datei aber eine Sicherungsdatei, auf die er ohne Weiteres zurückgreifen kann, sollte richtigerweise ein vollendetes Löschen verneint werden und allenfalls ein Versuch in Betracht gezogen werden.[75]

Daten werden unterdrückt, wenn sie dem Zugriff des Berechtigten zeitweise oder auf Dauer entzogen werden.[76] Darunter sollen (häufig auch als Internetdemonstrationen bezeichnete) sog. Denial-of-Service-Attacken fallen, bei denen in einer koordinierten Benutzeraktion (etwa aus Protest gegen eine Preiserhöhung) so viele Anfragen an ein Computersystem gestellt werden, dass es für geraume Zeit lahmgelegt wird.[77] Es kann aber auch eine Systemüberlastung durch massenhaften Eingang von Spam-E-Mails oder das Vorenthalten des Datenträgers darunter fallen.

Daten werden unbrauchbar gemacht,[78] wenn man sie nicht mehr verwenden kann (z.B. aufgrund einer manipulativ eingefügten Programmsperre). Eine Veränderung von Daten liegt vor, wenn sie inhaltlich verändert werden (z.B. eine leere Telefonkarte wiederaufgeladen oder der Inhalt auf dem Magnetstreifen einer EC-Karte geändert wird), aber auch dann, wenn sie trotz Inhaltsgleichheit in einen anderen Code transformiert werden. Eine Veränderung von Daten liegt auch vor, wenn jemand in die Registry-Datei eines fremden Computers eingreift, um deren Informationsgehalt so umzugestalten, dass mittels des fremden Computers Bitcoins für den Täter erzeugt werden.[79]

d) Subjektiver Tatbestand

Es genügt dolus eventualis. Geht der Täter irrig von einer Verfügungsberechtigung aus, handelt er ohne Vorsatz (§ 16 StGB) und damit mangels gesetzlicher Anordnung einer Fahrlässigkeitsstrafbarkeit straflos.

e) Rechtswidrigkeit

Da der objektive Tatbestand als ungeschriebenes Tatbestandsmerkmal eine Verletzung fremder Verfügungsberechtigung voraussetzt, entfällt folgerichtig bereits der Tatbe-

---

74 Sch/Sch-*Hecker*, § 303 a Rn. 5; S/S/W-*Hilgendorf*, § 303 a Rn. 8.
75 Anders die h.M.; vgl. etwa *Eisele*, CoM 9/72.
76 W/J/S-*Bär*, Kap. 15 Rn. 116; SK-*Hoyer*, § 303 a Rn. 9; *Rengier*, BT-1, § 26 Rn. 5.
77 *Eisele*, CoM 9/73.
78 LK-*Wolff*, § 303 a Rn. 26.
79 BGH NStZ 2018, 401.

stand, wenn der Datendispositionsbefugte der Handlung zustimmt. Wird eigenmächtig eine Virendatei in einem fremden Dateibestand gelöscht, wird eine Rechtfertigung etwa aufgrund mutmaßlicher Einwilligung in Betracht kommen.[80]

f) Konkurrenzen

59   Tateinheit mit § 303 StGB ist möglich, wenn nicht nur die Daten, sondern auch der physische Datenträger zerstört oder beschädigt wird.[81]

2. Computersabotage (§ 303 b StGB)

a) Rechtsgut, Struktur

60   Der Straftatbestand der Computersabotage zielt auf den Schutz des Betriebs und der Nutzung der Datenverarbeitung ab.[82] Die Norm wurde ebenfalls durch das 2. WiKG eingeführt, war zunächst auf die Wirtschaft und Verwaltung beschränkt und wurde in Gefolge europarechtlicher Bestimmungen 2007[83] auf Privatpersonen erstreckt.

61   Als Tatobjekt i.S.d. § 303 b StGB kommen nur Datenverarbeitungen in Betracht, die für einen anderen von wesentlicher Bedeutung sind (z.B. Rechenzentrum in Großunternehmen).[84] Tathandlungen des Grundtatbestandes sind nach § 303 b Abs. 1 StGB die Datenveränderung i.S.d. § 303 a StGB (Ziff. 1 des Abs. 1), die Eingabe oder Übermittlung von Daten (Ziff. 2 des Abs. 1) oder der Eingriff in die Hardware der Datenverarbeitungen; insoweit enthält Ziff. 3 des Abs. 1 ein echtes Sachbeschädigungsdelikt. Unter § 303 b Abs. 1 Nr. 2 fallen beispielsweise „Denial-of-Service-Attacken" (DoS-Attacken), bei denen die Dienste eines Servers durch eine Vielzahl von Anfragen derart belastet werden, dass dessen Aufnahme- und Verarbeitungskapazität nicht ausreicht und somit der Zugang für berechtigte Kontaktaufnahmen mit dem Server blockiert oder zumindest erschwert wird (oben Rn. 55).[85]

62   Darüber hinaus setzt § 303 b Abs. 1 StGB als Erfolg eine erhebliche Störung einer für andere wichtigen Datenverarbeitung voraus. Dies ist namentlich bei Unternehmen und Behörden dann der Fall, wenn den Rechenvorgängen eine wesentliche Bedeutung für die Funktionstüchtigkeit der Einrichtung zukommt. Dies muss bei einer bloßen Störung des Internetauftritts des Unternehmens nicht der Fall sein, wohl aber dann, wenn dieser von besonderer Bedeutung ist (etwa bei einem Online-Shop oder beim Online-Banking eines Kreditinstituts). Auf die Rechtmäßigkeit des manipulierten Datenverarbeitungsvorgangs soll es hingegen nicht ankommen. So erfüllt auch derjenige den Tatbestand des § 303 b Abs. 1 StGB, der ein konkurrierendes Internetportal attackiert, welches Raubkopien urheberrechtlich geschützter Werke frei zugänglich zur Verfügung stellt.[86] Qualifikationstatbestände enthält Abs. 2, eine Versuchsregelung der Abs. 3, eine Regelung zu besonders schweren Fällen in Regelbeispielsstruktur der Abs. 4 und einen Vorfeldtatbestand der Abs. 5.

---

80   Dazu und zu weiteren Rechtfertigungsgründen vgl. *Eisele*, CoM 9/78; für Tatbestandsausschluss bei mutmaßlicher Einwilligung W/J/S-*Bär*, Kap. 15 Rn. 120.
81   *Fischer*, § 303 a Rn. 18.
82   *Eisele*, BT-2, Rn. 509; A/W-*Heinrich*, § 12 Rn. 53.
83   Dazu oben Rn. 45.
84   J/W/S-*Bär*, Kap. 15 Rn. 126.
85   MK-*Wieck-Noodt*, § 303 b Rn. 12.
86   BGH NJW, 2017, 838; *Kudlich*, JA 2017, 310; *Wachter*, JA 2019, 827, 831.

Digitale Angriffe auf Computersysteme können auch vom Ausland aus (etwa aus Russland) verübt werden und erhebliche infrastrukturelle Schäden anrichten. Vor dem Hintergrund der zunehmenden Digitalisierung der Lebenswelten (sog. Internet der Dinge) betrifft dies auch die computergesteuerte Versorgung mit Ressourcen der kritischen Infrastruktur[87] wie etwa dem Internet (z. B. Hackerangriffe auf deutsche Internet-Router), Wasser, Strom, Gas oder medizinischen Dienstleistungen. Diese Tathandlungen werden von § 303 b Abs. 1 Nr. 2, 3 StGB erfasst und fallen darüber hinaus unter das Regelbeispiel des § 303 b Abs. 4 Nr. 3 StGB. Sofern in Deutschland der schädigende Erfolg eintritt oder gehandelt wird (z. B. Router der Telekom im Inland lahmgelegt werden), ergibt sich die Anwendbarkeit deutschen Strafrechts nach den Prinzipien des Strafanwendungsrechts aus §§ 3, 9 StGB.

63

b) Prüfungsschema in Klausuren

Prüfungsschema § 303 b StGB

64

A. Tatbestand
   I. Objektiver Tatbestand
      1. Tathandlung i.S.d. § 303 a Abs. 1 StGB
         a) Nr. 1 (Datenveränderung) oder
         b) Nr. 2 (Dateneingabe oder – übermittlung mit Schädigungsabsicht) oder
         c) Nr. 3 (Beschädigung von Computerhardware)
      2. Taterfolg: Erhebliche Störung einer Datenverarbeitung von wesentlicher Bedeutung
   II. Subjektiver Tatbestand: Vorsatz, bei Abs. 1 Nr. 2 Nachteilszufügungsabsicht
B. Rechtswidrigkeit
C. Schuld
D. Strafzumessung: Besonders schwere Fälle, § 303 b Abs. 4 StGB
E. Versuchsstrafbarkeit, § 303 b Abs. 3 StGB; Vorbereitungstatbestand, § 303 b Abs. 4 StGB
F. Strafantrag nach § 303 c StGB

Wiederholungsfragen

1. Welche Lücken des § 303 StGB schließen die §§ 303 a, 303 b StGB? (Rn. 47)
2. Was sind Daten i.S.d. §§ 303 a, 303 b StGB? (Rn. 52)
3. Welche Rolle spielt die Verfügungsbefugnis über die Daten? (Rn. 53)
4. Wie lautet das Rechtsgut des § 303 b StGB? (Rn. 60)

---

87 W/J/S-*Bär*, Kap. 15 Rn. 139.

Teil 3 Die Straftaten gegen das Vermögen als Ganzes

Im Zentrum der Straftaten gegen das Vermögen steht der **Betrug** (§ 263 StGB), der den vermögensschädigenden Verstoß gegen das Verbot der Lüge zum Gegenstand hat (dazu sogleich § 7 Rn. 2 ff.). Dem folgt die **Untreue** (§ 266 StGB), die in einem vermögensschädigenden Missbrauch einer Machtposition über fremdes Vermögen besteht (dazu § 10 Rn. 2). Um diese beiden Eckpfeiler des Vermögensstrafrechts sind weitere, spezielle betrugs- und untreueähnliche Straftatbestände angesiedelt, die vergleichbare Fallkonstellationen oder spezifische Vorbereitungsstadien[1] des Betrugs erfassen. Insbesondere der **Computerbetrug** (§ 263 a StGB), das **Erschleichen von Leistungen** (§ 265 a StGB) und der **Versicherungsmissbrauch** (§ 265 StGB) müssen hervorgehoben werden. Die (räuberische) Erpressung (§§ 253, 255 StGB) wurde vom Gesetzgeber zwar im Anschluss an die Tatbestände des Raubs platziert, bildet aber dennoch ein Vermögensschädigungsdelikt (unten § 9 Rn. 48).

§ 7 Der Betrug (§ 263 StGB)

Literaturempfehlungen: *Becker*, Konkludente Täuschung beim Betrug, JuS 2014, 307 ff.; *Becker/Rönnau*, Grundwissen – Strafrecht: Der Gefährdungsschaden beim Betrug (§ 263 StGB) und Untreue (§ 266 StGB); *dies.*, Grundwissen – Strafrecht: Der objektiv-individuelle Schadensbegriff beim Betrug (§ 263 StGB), JuS 2017, 975; *Begemeier/Wölfel*, Betrugsschaden trotz gutgläubigen Erwerbs?, JuS 2015, 307 ff.; *Braun*, Der ärztliche Abrechnungsbetrug, ZJS 2014, 35 ff.; *Ceffinato/Kalb*, Strafrechtlicher Minderjährigenschutz, JA 2014, 887 ff.; *Ernst*, „Schwarztanken" an Selbstbedienungstankstellen – Plädoyer für eine Strafbarkeit wegen Unterschlagung, Jura 2013, 454 ff.; *El-Ghazi*, Der diebische Betrüger?: „schadensgleiche" Vermögensgefährdung bei beabsichtigter späterer Entwendung des Kompensationsgegenstandes, HRRS 2015, 386 ff.; *Hoven/Hahn*, Strafrechtliche Fragen im Zusammenhang mit der Covid-19-Pandemie, JA 2020, 481; *Isfen*, Mehr Schein als Sein – die VW-Abgasaffäre aus strafrechtlicher Sicht, JA 2016, 1–6; *Kulhanek*, Kein Irrtum in der Examensklausur – aktuelle Probleme des § 263 StGB in der Fallbearbeitung, JA 2015, 828 ff.; *Lück*, Fortgeschrittenenklausur – Strafrecht: Betrug – Dieselgate, JuS 2018, 1148; *Oǧlakcıoglu*, Ein Tag im Supermarkt, JA 2012, 902 ff. und JA 2013, 107 ff.; *Oǧlakcıoǧlu/Mansouri*, Love-Scam (oder wie man früher gesagt hätte: „Heiratsschwindel") ... eine Straftat? NStZ 2023, 129; *Poisel/Ruppert*, Über Trick – und Täuschungsreichtum. Die Abgrenzung von Diebstahl und Betrug, Teil I, JA 2019, 353 ff., Teil II, JA 2019, 421 ff.; *Rebler*, „Selbstbedienen" beim Tanken und das Strafrecht, JA 2013, 179 ff.; *Rönnau/Becker*, Grundwissen – Strafrecht: Der Irrtum beim Betrug (§ 263 StGB), JuS 2014, 504 ff.; *Teixeira*, Der individuelle Schadenseinschlag beim Betrug, ZIS 2016, 307 ff.; *Waszcynski*, Klausurrelevante Problemfelder des Vermögensschadens bei § 263 StGB, JA 2020, 251; *Wittig*, Die Absicht der rechtswidrigen Bereicherung, JA 2013, 401 ff.; *Zeyher/Zivanic*, Modus Operandi „Falscher Polizeibeamter" – Diebstahl oder Betrug? ZJS 2022, 198.

I. Einleitung

1 Die tatbestandlichen Voraussetzungen des Betrugs sind seit 150 Jahren weitgehend unverändert. Schon das preußische StGB enthielt eine dem heutigen § 263 StGB vergleichbare Betrugsbestimmung (§ 241 PrStGB). Erst im 19. Jahrhundert entwickelte

---

1 *Mitsch*, BT-2, S. 257.

§ 7 Der Betrug (§ 263 StGB)

sich die Vorstellung, dass der Betrug kein Delikt gegen die Wahrheit darstellt und damit nicht unter die Kategorie des Fälschungsdelikts (falsum) fällt, sondern vielmehr ein Vermögensdelikt bildet und damit den Eintritt eines Vermögensschadens voraussetzt.[1] Die Wurzeln des heutigen § 263 StGB liegen im französischen Code Pénal von 1810 und in der Philosophie des Rationalismus sowie im wirtschaftlichen Liberalismus.[2]

1. Rechtsgut, praktische Bedeutung

Rechtsgut des Betrugs ist das **Vermögen**.[3] Nicht bereits die Beeinträchtigung der Dispositionsfreiheit[4] oder die Lüge, die Täuschung an und für sich, sondern nur diejenigen Beeinträchtigungen, die einen Vermögensschaden auslösen, sind strafbar. Der Schutz der Wahrheit oder die Aufrichtigkeit im Geschäftsverkehr bilden nicht das Rechtsgut der Norm,[5] da andernfalls § 263 StGB nicht zusätzlich den Eintritt eines Vermögensschadens verlangen dürfte. Auch bildet die Beeinträchtigung der Willensbildung durch die Täuschung kein eigenes Rechtsgut neben dem Vermögen.[6]

Der Vermögensschaden als solcher wiederum genügt aber auch nicht: Kein Betrug ohne Lüge! Anders formuliert: Der Täter schädigt zwar das Vermögen, aber die Art und Weise der Verletzung dieses Rechtsguts besteht in einer „verbotenen Lüge", d. h. einer irrtumserregenden Täuschung mit Bereicherungsabsicht. Insofern sind bei § 263 StGB der Schutz der Wahrheit und des Vermögens eng miteinander verwoben. Wieder anders formuliert: Der Betrug ist ein verhaltensgebundenes Erfolgsdelikt.[7] Ohne den Eintritt eines Vermögensschadens (als Erfolg) ist der Betrug nicht vollendet. Die Strafbarkeit ist zudem an ein bestimmtes Täterverhalten gebunden, nämlich den vom Gesetz geforderten Täuschungsakt gegenüber dem Geschädigten.

Die Strafverfolgungsstatistik weist für 2021 fast 85.250 Aburteilungen wegen Betrugs aus.[8] Die polizeiliche Kriminalstatistik hat für 2022 rund 801.000 Betrugsfälle aufgelistet. Der Betrug liegt mit 14,2 % auf **Platz 2 der häufigsten Straftaten** hinter dem Diebstahl und vor der Sachbeschädigung. § 263 StGB erfasst dabei unterschiedlichste Ausgestaltungen des Betrugs, vom Anlagebetrug bei Wertpapieren und Immobilien über Heiratsschwindel und irreführende Angaben hinsichtlich des Schadstoffausstoßes eines Dieselfahrzeugs[9] bis hin zur Zechprellerei und Internetbetrug. „Dem" Betrüger und „der" Betrügerin[10] gelingt es aufgrund ihrer vielfach hohen Intelligenz und ihres Talents zur Manipulation in besonderer Weise, die Bedürfnisstruktur des Opfers (Mitleid, Hilfsbereitschaft, Gewinnsucht) zu erkennen und für ihre Bereicherungszwecke auszunutzen.[11]

---

1 Zur Geschichte der Norm vgl. NK-*Kindhäuser/Hoven*, § 263 Rn. 1–8 und LK-*Tiedemann*, Vor § 263 Rn. 15.
2 LK-*Tiedemann*, Vor § 263 Rn. 12.
3 So die h.M.; vgl. BGHSt 16, 220; MK-*Hefendehl*, § 263 Rn. 1; L-*Kühl/Heger*, § 263 Rn. 2; *Maurach/Schroeder/Maiwald/Hoyer/Momsen*, BT-1, § 41 Rn. 19; *Wessels/Hillenkamp/Schuhr*, BT-2, Rn. 509.
4 So aber wohl NK-*Kindhäuser/Hoven*, § 263 Rn. 15; dagegen die h.M.; vgl. etwa BGH NStZ 1983, 313.
5 Vgl. aber *Pawlik*, Das unerlaubte Verhalten beim Betrug, 1999, S. 103: „Rechtlich garantierte Freiheit des Opfers"; dagegen z.B. A/W-*Heinrich*, § 20 Rn. 27; LK-*Tiedemann*, Vor § 263 Rn. 22.
6 *Mitsch*, BT-2, S. 255.
7 LK-*Tiedemann*, § 263 Rn. 3.
8 SVS 2021, S. 24.
9 Dazu unten Rn. 190-193.
10 Betrugstaten werden relativ häufig von Frauen begangen; vgl. MK-*Hefendehl*, § 263 Rn. 68.
11 Vgl. *Boeger*, Meister der Manipulation: Zur Psychopathologie von Betrügern, 2017, S. 33 ff.; LK-*Tiedemann*, Vor § 263 Rn. 10.

2. Deliktscharakter

5 Der Betrug ist in seinem Kern ein **Selbstschädigungsdelikt**.[12] Der Täter erreicht sein Ziel maßgeblich über das Tatmittel der Täuschung, den dadurch hervorgerufenen Irrtum und die Vermögensverfügung des Getäuschten. Es ist mithin der Getäuschte, der, als „Werkzeug" des Täuschenden, nach dessen Plänen die Vermögensminderung selbst bewirkt.[13] Dies wird durch das im Gesetz zwar nicht explizit erwähnte, ungeschriebene, aber von der Strafrechtsdogmatik entwickelte und von der Rechtsprechung anerkannte objektive Tatbestandsmerkmal der „Vermögensverfügung" zum Ausdruck gebracht. Darin unterscheidet sich der Betrug von Diebstahl und Raub, bei denen der Täter den Erfolg durch eine von ihm vollzogene Wegnahmehandlung erreicht. **Diebstahl** und Raub (als Fremdschädigungsdelikt) auf der einen Seite **und Betrug** (als Selbstschädigungsdelikt) auf der anderen Seite **schließen sich gegenseitig aus** (sog. **Exklusivitätsverhältnis**).[14]

6 Zudem ist der Betrug ein **Vermögensverschiebungsdelikt**:[15] Zwar muss es für die Vollendung nicht zu einer Bereicherung, d. h. Vermögensverlagerung in die Sphäre des Täters gekommen sein (was freilich beim Betrug praktisch meistens der Fall sein wird). Man bezeichnet § 263 StGB daher gerne als „kupiertes" (= abgeschnittenes, amputiertes) Erfolgsdelikt.[16] Dem Täter muss es im subjektiven Tatbestand aber zumindest darauf ankommen, sich unrechtmäßig zu bereichern.[17] Sodann ist erforderlich, dass der vom Täter intendierte Vermögensvorteil unmittelbar aus dem Vermögen des geschädigten Vermögensinhabers stammt; ist dies nicht der Fall, so fehlt es an dieser sog. Stoffgleichheit und damit auch an einer entsprechenden Selbstschädigung (dazu § 7 Rn. 169 ff.).

7 Darüber hinaus lässt sich der Betrug als **Kommunikations-** und **Beziehungsdelikt** charakterisieren.[18] Die Tathandlung besteht in der Täuschung über Tatsachen, d. h. einer Erklärung des Täters gegenüber dem Opfer, die auf dessen Vorstellungsbild einwirkt. Betrug ist gerade durch diesen Kommunikationsbezug gekennzeichnet: Es wird das Vertrauen in eine durch Kommunikation vorgenommene Informationsleistung über diese Realität geschützt.[19]

3. Weitere Betrugstatbestände

8 Der Kern des Betrugstatbestands – § 263 Abs. 1 und Abs. 2 StGB – ist seit 1871 unverändert. Die besonders schweren Fälle des Betrugs (§ 263 Abs. 3 StGB) wurden durch das 6. StRG in Regelbeispiele umgewandelt.[20] Im Laufe der Zeit sind weitere, sog. **betrugsähnliche** Tatbestände hinzugetreten (sog. „Kranzdelikte"),[21] mittels derer Straf-

---

12 MK-*Hefendehl*, § 263 Rn. 10; *Maurach/Schroeder/Maiwald/Hoyer/Momsen*, BT-1, § 41 Rn. 72.
13 L-*Kühl/Heger*, § 263 Rn. 22.
14 Lehrreich dazu *Poisel/Ruppert*, JA 2019, 353.
15 S/S/W-*Satzger*, § 263 Rn. 10.
16 *Mitsch*, BT-2, S. 260. Die strukturgleiche Erpressung wird ebenfalls als erfolgskupiertes Delikt bezeichnet (vgl. dazu § 9 Rn. 3).
17 Dabei handelt es sich um eine von dem Gesetzgeber vorgenommene Einschränkung der Strafbarkeit auf rechtswidrige Bereicherungen, um die Rechtsprechung des RG zu korrigieren, das den Vermögensschaden nicht rechtlich, sondern sehr weitgehend faktisch-wirtschaftlich bestimmt hatte; vgl. dazu NK-*Kindhäuser/Hoven*, § 263 Rn. 55.
18 LK-*Tiedemann*, § 263 Rn. 4; M/R-*Saliger*, § 263 Rn. 23.
19 MK-*Hefendehl*, § 263 Rn. 36.
20 S/S/W-*Satzger*, § 263 Rn. 1.
21 MK-*Hefendehl*, § 263 Rn. 57.

barkeitslücken bei § 263 StGB geschlossen wurden. Dazu gehören Computerbetrug (§ 263 a StGB), Subventionsbetrug (§ 264 StGB), Kapitalanlagebetrug (§ 264 a StGB), Versicherungsmissbrauch (§ 265 StGB), Erschleichen von Leistungen (§ 265 a StGB) und Kreditbetrug (§ 265 b StGB). **Klausurrelevanz im Pflichtfachstudium** besitzen dabei neben dem Betrug vorrangig **§ 263 a StGB, § 265 StGB und § 265 a StGB**, während die anderen betrugsähnlichen Straftatbestände in erster Linie in den Lehrveranstaltungen im Schwerpunktbereich „Wirtschaftsstrafrecht" behandelt werden.

4. Prüfungsschema in Klausuren

Die **Klausurrelevanz** *des Betrugs in Klausuren und Hausarbeiten ist* **sehr groß**. *Die Fülle der klausur- und examensrelevanten Probleme, die sich bei der Anwendung des § 263 StGB ergeben, stellt eine* **echte Herausforderung** *dar, die man keinesfalls unterschätzen sollte.*

Prüfungsschema § 263 StGB

A. *Tatbestand*
   I. *Objektiver Tatbestand*
      1. *Täuschung über Tatsachen*
      2. *Irrtum des Verfügenden*
      3. *Vermögensmindernde Verfügung*
      4. *Vermögensschaden*
      5. *Kausalzusammenhang zwischen den vier Merkmalen 1. – 4.*
   II. *Subjektiver Tatbestand*
      1. *Vorsatz*
      2. *Bereicherungsabsicht*
         a) Vermögensvorteil des Täters oder eines Dritten
         b) Zielgerichteter Wille bzgl. Bereicherung
         c) Objektive Rechtswidrigkeit der erstrebten Bereicherung und Vorsatz bezüglich dieser objektiven Rechtswidrigkeit
B. *Rechtswidrigkeit*
C. *Schuld*
D. *Strafzumessung: Besonders schwerer Fall (§ 263 Abs. 3 StGB)*
E. *Beachte: Privilegierung (§ 263 Abs. 4 StGB, §§ 247, 248 a StGB), Qualifikation (§ 263 Abs. 5 StGB), Versuchsstrafbarkeit (§ 263 Abs. 2 StGB)*

II. Objektiver Tatbestand

Der objektive Tatbestand des § 263 StGB besteht aus **vier Elementen**: Der Täter muss (1.) eine andere Person täuschen; diese Täuschung muss (2.) einen Irrtum hervorgerufen haben; der Irrtum muss (3.) zu einer Vermögensverfügung führen, und diese Vermögensverfügung muss (4.) einen Vermögensschaden auslösen. Zwischen diesen vier Merkmalen muss zudem ein **Kausalzusammenhang** bestehen.

1. Täuschung

12 Als Tathandlung nennt das Gesetz die **Vorspiegelung falscher** oder die **Entstellung oder Unterdrückung wahrer Tatsachen**. Diese Formulierung ist jedoch **sprachlich missglückt**, z.T. auch **missverständlich**. So gibt es begrifflich keine „wahren" oder „falsche" Tatsachen, sondern allenfalls wahrheitsgemäße oder falsche Aussagen (Erklärungen) über Tatsachen.[22] Zudem ist nicht jede Unterdrückung einer Information sogleich eine Täuschung, sondern erst dann, wenn es eine entsprechende Aufklärungspflicht (§ 13 StGB) gibt. Zwar sind die Gesetzesformulierungen fraglos anschaulich und beschreiben bei § 263 StGB anerkannte Tathandlungen: Mit der ‚Vorspiegelung' wird eine nicht existierende Tatsache als bestehend hingestellt, mit der ‚Entstellung' die unvollständige Darstellung eines Sachverhalts durch Hinzufügen oder Fortlassen einzelner Sachverhaltsmomente bezeichnet und durch die ‚Unterdrückung' das Vorenthalten von Kenntnissen umschrieben.[23] Auch wird durch das Gesetz hervorgehoben, dass sich die Täuschungshandlung nur auf Tatsachen beziehen kann. Gleichwohl geht die h.M. zu Recht davon aus, dass die Tathandlung mit dem Begriff der **Täuschung** und den drei Formen „**aktive**" und „**konkludente Täuschung**" sowie „**Täuschung durch Unterlassen**" über Tatsachen **präziser** umschrieben wird.[24] Darin liegt kein Verstoß gegen das Analogieverbot (Art. 103 Abs. 2 GG), solange der Begriff der Täuschung nicht weiterreicht als derjenige der dreifach gegliederten Wortfassung.[25]

a) Tatsache

13 Die Täuschungshandlung setzt zunächst eine **Täuschung** über eine **Tatsache** voraus.[26] Eine Tatsache ist ein (äußerer oder innerer) **Vorgang** oder **Zustand** der **Vergangenheit** oder **Gegenwart**, der dem **Beweis** zugänglich ist.[27] Der Tatsachenbegriff wird somit maßgeblich bestimmt durch einen Tatsachenkern, einer Zeitkomponente – er kann sich nur auf Vergangenes und Gegenwärtiges beziehen – und die Beweiszugänglichkeit, d. h. die objektive Nachprüfbarkeit im Prozess (z.B. mithilfe der Fachkompetenz eines Gutachters).[28] Der Begriff deckt sich weitgehend mit dem Tatsachenbegriff bei den Ehrdelikten.[29]

14 ▶ **Beispiel** („**Überschuldeter Kreditnehmer**"-**Fall**):[30] *A stellte bei der Volksbank V einen Antrag auf Gewährung eines Kontokorrent-Kredits. Über seine derzeitigen Einnahmen, seine Verschuldung und seine sonstigen Vermögensverhältnisse gab er in seinem Kreditantrag nichts an. A war aber nicht gewillt, den Kredit zurückzuzahlen, sondern hatte vor, es der Bank zu überlassen, Schritte zur Rückzahlung des Darlehens zu ergreifen. Ihm kam es, wie ihm bei Stellung des Kreditantrags bewusst war, nur darauf an, Geld für seinen Lebensunterhalt zu bekommen. Den geforderten Darlehensbetrag in Höhe von 1.000 DM erhielt er in bar. Hat A getäuscht?* ◀

---

22 NK-*Kindhäuser/Hoven*, § 263 Rn. 59.
23 Sch/Sch-*Perron*, § 263 Rn. 6.
24 *Krey/Hellmann/Heinrich*, § 11 Rn. 497; M/R-*Saliger*, § 263 Rn. 11; LK-*Tiedemann*, § 263 Rn. 21.
25 NK-*Kindhäuser/Hoven*, § 263 Rn. 57.
26 *Küper/Zopfs*, Rn. 492.
27 BGHSt 47, 1; L-*Kühl/Heger*, § 263 Rn. 4, 5; M/R-*Saliger*, § 263 Rn. 12.
28 MK-*Hefendehl*, § 263 Rn. 96; M/R-*Saliger*, § 263 Rn. 12.
29 *Küper/Zopfs*, Rn. 495.
30 BGHSt 15, 24.

§ 7 Der Betrug (§ 263 StGB) § 7

Zu den **äußeren** Tatsachen, die ohne Weiteres wahrnehmbar oder zumindest feststellbar sind, gehören bei Gegenständen etwa Beschaffenheit, Echtheit, Herkunft, Preis, Quantität, Unfallfreiheit, Wert oder wirtschaftliche Verhältnisse.[31] Bei Menschen und juristischen Personen fallen darunter z.b. Berechtigungen, Einkünfte, Qualifikationen, Vermögensstand oder wirtschaftliche Verhältnisse.[32] **Innere** Tatsachen sind psychische Begebenheiten wie Absichten, Pläne, Vorstellungen oder Wissen, wenn sie auf einen äußeren Zustand oder Vorgang bezogen sind. Auch solche inneren Tatsachen können bewiesen werden,[33] etwa durch ein Geständnis des Täters oder anhand äußerer Umstände. Bestellt etwa jemand in einer Kneipe ein Bier, ohne es bezahlen zu wollen und bezahlen zu können, täuscht er konkludent über seine Zahlungsfähigkeit (äußerer Umstand) sowie seine Zahlungswilligkeit (innerer Umstand).[34] 15

▶ *Lösung: Im „Überschuldeter Kreditnehmer"- Fall war nach Ansicht des BGH die Beweiswürdigung der Vorinstanz nicht zu bemängeln, wonach A von vornherein nicht willens gewesen sei, das Darlehen durch eigene Bemühungen zurückzuzahlen; er habe durch Annahme des Darlehensbetrages seine Rückzahlungsbereitschaft, also eine falsche Tatsache, vorgespiegelt.* ◀ 16

▶ *Beispiel („Hollywood-Lifting-Bad"-Fall):[35] A vertrieb Verjüngungs- und Abmagerungsmittel sowie Haarverdicker und Nichtraucherpillen und warb für sie in der Regenbogenpresse. So sollte das „Hollywood-Lifting-Bad", angeblich aus „taufrischem Frischzellenextrakt", im Blitztempo von nur zwölf Bädern mit 100 % Figurgarantie wieder schlank, straff und jung formen. Beim Einnehmen der „Schlank-Pille M-E-D 300" müsse man sogar reichlich essen, damit die ungeheure Fettabschmelzkraft mit genügend Nahrung ausgeglichen werde. Der Haarverdicker-Doppelhaar verdopple das Haar binnen zehn Minuten, auch Schuppen, Flechten, fettiges oder zu trockenes Haar würde mit 100%iger Garantie beseitigt. Die Medikamente waren aber, wie A wusste, in Wahrheit ebenso wirkungslos wie harmlos. Wurden die Käuferinnen und Käufer der Produkte getäuscht?* ◀ 17

Den Gegenbegriff zur Tatsache bildet das bloße **Werturteil** oder die reine **Meinungsäußerung**, die nicht auf ihre Wahrheit hin überprüft und bewiesen werden können, sondern nur subjektive, persönliche Wertungen zum Ausdruck bringen.[36] Übertriebene Anpreisungen und marktschreierische Reklame (wie z.B. „die leckerste Praline der Welt", „das schönste Urlaubsziel auf Erden", „Mercedes – Das Beste oder nichts") sind bloße Werturteile; solche Aussagen kann und darf niemand für bare Münze nehmen[37]. Auch Rechtsausführungen sind bloße Werturteile. Enthalten **Werturteile** jedoch einen **Tatsachenkern** oder sie werden mit Anspruch auf Maßgeblichkeit und Verbindlichkeit geäußert, stellen sie insoweit eine Tatsache dar.[38] 18

▶ *Lösung: Im „Hollywood-Lifting-Bad-Fall" wurde der Eindruck erweckt, dass die Wirksamkeit der Mittel wissenschaftlich überprüft sei oder zumindest ein fachmännischer Hintergrund* 19

---

31 MK-*Hefendehl*, § 263 Rn. 97 ff.; LK-*Tiedemann*, § 263 Rn. 11.
32 S/S/W-*Satzger*, § 263 Rn. 16.
33 M/R-*Saliger*, § 263 Rn. 15.
34 Zur Frage des Irrtums eines Rechtspflegers über die Zahlungswilligkeit und Zahlungsfähigkeit des Bieters bei einer Zwangsversteigerung BGH NJW 2016, 3383 mit Bspr. *Kudlich*, JA 2016, 869.
35 BGHSt 34, 99.
36 M/R-*Saliger*, § 263 Rn. 16.
37 NK-*Kindhäuser/Hoven*, § 263 Rn. 88: Ihnen „fehlt gewöhnlich die Ernsthaftigkeit, die erforderlich ist, um Vertrauen in ihre Wahrheit in Anspruch zu nehmen."
38 M/R-*Saliger*, § 263 Rn. 18.

vorliege. Außerdem wurde eine 100 %-Figur-Garantie gewährt. Daher hat A trotz der marktschreierischen Reklame in den Anzeigen kein Werturteil abgegeben, sondern über gutachterlich überprüfbare Behauptungen, mithin Tatsachen, getäuscht. ◄

20 Ereignisse oder Zustände der Zukunft, also **Prognosen** oder **Prophezeiungen**, sind **Werturteile**. Allerdings werden Prognosen (z.B. über den zu erwartenden künftigen Umsatz eines Unternehmens) zuweilen **Tatsachen** zugrunde gelegt, also Umstände der Vergangenheit oder Gegenwart (z. B. der vergangene Umsatz, Produktentwicklungen), über die dann insoweit auch getäuscht werden kann.[39] So täuscht etwa ein Vermittler von Warentermingeschäften über Tatsachen, wenn er sich fälschlich auf Erfolge in seiner bisherigen Geschäftstätigkeit beruft, die angeblichen Ursachen für diesen Erfolg erläutert und daraufhin die Behauptung aufstellt, die Gewinnchance für den Anleger sei bei ihm höher als das Verlustrisiko.[40]

b) Täuschung

21 Täuschung ist eine **bewusst wahrheitswidrige Tatsachenbehauptung** oder ein sonstiges Verhalten, das **objektiv dazu geeignet** und **subjektiv dazu bestimmt** ist, beim Adressaten eine **Fehlvorstellung über Tatsachen** hervorzurufen.[41]

aa) Allgemeines

22 Die Täuschungshandlung besteht letztlich aus vier Komponenten, nämlich 1. einer objektiven Irreführung, die 2. einen Bezug zu natürlichen Personen[42] aufweist (nur Menschen können getäuscht werden), die 3. mit einer Einwirkung auf das intellektuelle Vorstellungsbild verbunden ist und 4. durch eine Offenheit der Einwirkungsform gekennzeichnet ist, die verbal, aber auch nonverbaler Art sein kann. Während der durch die Täuschung hervorgerufene **Irrtum** ein **opferbezogener** Begriff ist, stellt der **Täuschungs**begriff die objektive, **täterbezogene** Komponente des Betrugsverhaltens dar.[43]

23 Eine Täuschung setzt nach umstrittener, gleichwohl richtiger Ansicht schon begrifflich den **Vorsatz der Irreführung** voraus. Ruft jemand eine Fehlvorstellung hervor, ohne dies bezweckt zu haben oder sich dessen bewusst zu sein, so mag er objektiv falsch informieren, doch er täuscht nicht und erfüllt damit bereits nicht den objektiven Tatbestand.[44] Die Gegenansicht verneint hier mangels Vorsatz erst den subjektiven Tatbestand.[45] Beide Ansichten kommen letztlich zum selben Ergebnis der Tatbestandslosigkeit: Bei fehlendem Täuschungswillen liegt kein Betrug vor. Dieser dogmatischen Kontroverse sollte man daher keine größere Bedeutung beimessen.[46]

24 Es wird zwischen der **aktiven** Täuschung in Gestalt expliziter oder **konkludenter** Täuschung und der Täuschung durch **Unterlassen** unterschieden. Während die Differenzierung zwischen ausdrücklicher und stillschweigender Täuschung letztlich für das Ergebnis irrelevant ist, ist der Unterschied zwischen Tun und Unterlassen höchst bedeutsam,

---

[39] M/R-*Saliger*, § 263 Rn. 21.
[40] BGH NStZ 2008, 96.
[41] So weitgehend etwa BGHSt 47, 1, 3, 5; *Küper/Zopfs*, Rn. 492; *Sch/Sch-Perron*, § 263 Rn. 11.
[42] *L-Kühl/Heger*, § 263 Rn. 6.
[43] M/R-*Saliger*, § 263 Rn. 23.
[44] BGHSt 47, 1, 5; BGHSt 18, 235; *L-Kühl/Heger*, § 263 Rn. 6; *Küper/Zopfs*, Rn. 493.
[45] NK-*Kindhäuser/Hoven*, § 263 Rn. 58; M/R-*Saliger*, § 263 Rn. 27.
[46] So mit Recht MK-*Hefendehl*, § 263 Rn. 134.

da eine Täuschung durch **Unterlassen** zwingend eine **Garantenstellung** des Täters (§ 13 StGB) voraussetzt.[47]

Das Merkmal der Täuschung und das des Irrtums dürfen **nicht** miteinander **vermengt** werden (sog. „Verschleifungsverbot").[48] Die Täuschung kann nicht aus einem Irrtum als solchen abgeleitet werden,[49] wie auch nicht jeder Irrtum auf einer Täuschung beruht. Wenn z. B. der sich irrende Kassierer einen zu niedrigen Preis eintippt, kann nicht bereits aus seinem Irrtum auf eine Täuschung durch den Käufer geschlossen werden.

bb) Ausdrückliche Täuschung

▶ **Beispiel ("Todesanzeigen-Fall"):**[50] *A gründete eine Firma zur Veröffentlichung von Todesanzeigen im Internet. Aus 240 abonnierten Tageszeitungen wählte er Todesanzeigen aus und sendete den dort an erster Stelle genannten Angehörigen der verstorbenen Person nur zwei bis drei Tage nach dem Erscheinen der Anzeige ein als Insertionsofferte bezeichnetes Schreiben jeweils mit einem teilweise vorausgefüllten Überweisungsträger. Die Schreiben wiesen eine Vielzahl von Merkmalen auf, die bei Rechnungen für bereits erbrachte Leistungen typisch sind. Insgesamt wurden über 125.000 Todesanzeigen betreffende Schreiben verschickt. Wie von A gewollt, hielten die meisten Empfänger die Schreiben für die Rechnung über die zuvor in der Zeitung erschienene Todesanzeige. Nur wenige erkannten, dass darin ein Angebot für eine erneute Veröffentlichung der bereits erschienenen Todesanzeige im Internet enthalten war. Eine Vielzahl der angeschriebenen Personen überwies den im Schreiben jeweils genannten Betrag (von 255 bis 594 DM). Von A's Firma wurde der Inhalt der entsprechenden Todesanzeigen aus den Zeitungen dann im Internet unter der Adresse ‚www.online-familienanzeigen.de' eingestellt.* ◀

Ausdrückliche Täuschung ist die **explizite** Erklärung der Unwahrheit über Tatsachen. Sie kann in Gestalt des geschriebenen oder gesprochenen Wortes („expressis verbis") oder in nonverbaler Weise (Zeichen, Gesten) geschehen.[51] **Unwahr** ist die Erklärung, wenn ihr **Inhalt nicht** mit der **Wirklichkeit** übereinstimmt, was anhand des objektiven Empfängerhorizonts im Rahmen der Verkehrsauffassung zu bestimmen ist.[52]

▶ **Lösung:** *Im „Todesanzeigen-Fall" ist die Erklärung einerseits expressis verbis objektiv wahr, denn bei präziser Lektüre des Kleingedruckten erschließt sich dem Leser, dass ein Angebot auf Veröffentlichung der Todesanzeige im Internet unterbreitet wurde. Andererseits müssen der Gesamtkontext und das Gesamtverhalten gewürdigt werden. Die zusätzliche Veröffentlichung von vorher in Tageszeitungen enthaltenen Todesanzeigen im Internet ist unüblich und regelmäßig nicht im Interesse der Angehörigen. Zudem tragen Angebote normalerweise nicht das Aussehen von Rechnungen. Das Insertionsschreiben war aber wie eine Rechnung für eine erschienene Todesanzeige, u. a. mit Angabe einer Zahlungsfrist, ausgestaltet; bei den Angehörigen der Verstorbenen erweckte nach ihrem Empfängerhorizont das Schreiben in der Sache auch den entsprechenden Anschein. Damit handelte es sich insgesamt doch um eine – allerdings konkludente – Täuschung.* ◀

---

47 MK-*Hefendehl*, § 263 Rn. 249; M/R-*Saliger*, § 263 Rn. 64.
48 Zu diesem verfassungsrechtlichen Gebot BVerfGE 126, 170, 210 (Landowsky-Beschluss).
49 BGHSt 47, 1, 6; S/S/W-*Satzger*, § 263 Rn. 38.
50 BGHSt 47, 1.
51 *Fischer*, § 263 Rn. 18; M/R-*Saliger*, § 263 Rn. 29.
52 LK-*Tiedemann*, § 263 Rn. 25.

cc) Konkludente Täuschung

29 ▶ **Beispiel („Ping-Anruf-Fall"):**[53] *In automatisiert durchgeführten, nach Herstellung der Verbindung sogleich wieder abgebrochenen Telefonanrufen (sog. Ping-Anrufe) wurde nicht die eigentliche Absendertelefonnummer, sondern eine teure Mehrwertdienstenummer in der Liste der ankommenden Anrufe hinterlassen. Die Angerufenen wurden dadurch zu einem Rückruf animiert, bei der sie nicht wussten, dass es sich dabei um eine kostenpflichtige Verbindung zum Preis von mindestens 98 Cent handelte.* ◀

30 Eine **konkludente** Täuschung liegt vor, wenn der Täter die Unwahrheit zwar nicht ausdrücklich zum Ausdruck bringt, sie aber nach der Verkehrsanschauung durch sein **Gesamtverhalten miterklärt.**[54] Hierbei favorisieren die Rechtsprechung und herrschende Lehre einen „**faktisch-normativen** Mischansatz" (*Saliger*): Einerseits werden mit dem Empfängerhorizont und den Erwartungen der Beteiligten faktische Gesichtspunkte und andererseits mit dem Geschäftstyp, der dafür maßgeblichen rechtlichen Normen und der Verkehrsanschauung normative Aspekte berücksichtigt. Die konkludente Täuschung hat **Vorrang** vor der Täuschung durch Unterlassen, die erst zu prüfen ist, wenn zuvor eine konkludente Täuschung verneint wurde.[55]

31 ▶ **Lösung:** *Im „Ping-Anruf-Fall" bejahte der BGH zu Recht aus normativen und faktischen Erwägungen eine konkludente Täuschung: Das Hinterlassen einer Mehrwertdienstenummer im Rufnummernspeicher ist telekommunikationsrechtlich unzulässig; dass ein Rückruf nicht mit erhöhten Kosten verbunden ist, wird somit schlüssig miterklärt. Ein Telefon stellt außerdem ein Kommunikationsmittel dar, weshalb der durchschnittliche Nutzer eines Mobiltelefons den Anruf zu Recht so verstehen darf, dass auch der Anrufer sein Telefon als Kommunikationsmittel und nicht als Einnahmequelle nutzen will.* ◀

32 Die **konkludente Täuschung** lässt sich anhand von Fallgruppen konkretisieren. Es existiert eine **reiche Kasuistik.**[56] So erklärt man beim **Abschluss des Vertrags** die **Erfüllungsbereitschaft** und die **Erfüllungsfähigkeit** sowie die Verfügungsbefugnis im Regelfall stillschweigend mit.[57] Dementsprechend täuscht der sog. **Zechpreller** beim Bestellen der Speisen und Getränke stillschweigend über seine Zahlungsfähigkeit bzw. -willigkeit oder der Dieb beim Verkauf der gestohlenen Ware an den nichtsahnenden Käufer über das Fehlen seiner Verfügungsbefugnis. Ebenso kann konkludent über die Geschäftsgrundlage oder den Geschäftstyp getäuscht werden.[58] Dies ist etwa der Fall, wenn **Roulettespieler** glauben, an einem Glücksspiel mit Zufallsergebnissen mitzuwirken, während der Bouleur durch Aufbringen verschiedener Substanzen im Spielkessel den Lauf der Kugel und deren Fall ständig verändert und so den Zufall ausschaltet.[59] Beim **Doping** im Sport kommt eine Täuschung des gedopten Spielers gegenüber dem Sportveranstalter, den Sponsoren und sonstigen Vertragspartnern in Betracht, etwa durch konkludentes Verhalten, wenn er nach der Einnahme von Dopingmitteln an weiteren Etappen einer Radtour teilnimmt.[60] Ob bestimmte **Eigenschaften** des

---

53 BGHSt 59, 195 m. Bspr. *Jäger* 2014, 630; *Jahn*, JuS 2014, 818; *Zöller*, ZJS 2014, 577. Aufarbeitung des Falls bei *Jäger*, BT, Rn. 468.
54 So prägnant M/R-*Saliger*, § 263 Rn. 32; i. E. ebenso etwa S/S/W-*Satzger*, § 263 Rn. 39; LK-*Tiedemann*, § 263 Rn. 28.
55 AK-*Gaede*, § 263 Rn. 26.
56 Vgl. etwa die Zusammenstellungen bei M/R-*Saliger*, § 263 Rn. 32 ff. und S/S/W-*Satzger*, § 263 Rn. 45 ff.
57 *Eisele*, BT-2, Rn. 531.
58 *Fischer*, § 263 Rn. 23.
59 BayObLG NJW 1993, 2820.
60 OLG Stuttgart JuS 2012, 181 mit krit. Bspr. *Jahn*; *L-Kühl/Heger*, § 263 Rn. 9.

Vertragsgegenstands, namentlich seine Mängelfreiheit, konkludent miterklärt werden, hängt vom Einzelfall ab. Die Prüfung einer gekauften Sache fällt prinzipiell in den Zuständigkeitsbereich des Käufers, doch gibt es gesetzliche Qualitätsanforderungen oder Verpflichtungen zur Lieferung mangelfreier Waren. Bei **Abgasmanipulationen** an Kraftfahrzeugen wird in der Regel eine konkludente Täuschung durch den Hersteller vorliegen (siehe unten Rn. 191). Bei Preis und Vergütung wird eigentlich nicht per se miterklärt, dass der geforderte Preis marktüblich oder angemessen ist. Eine (konkludente) Täuschung über den richtigen Preis ist aber zu bejahen, wenn an der Kasse eine Ware mit einem manipulierten EAN- bzw. GTIN-Strichcode vorgelegt und deshalb zu wenig gezahlt wird[61] oder eine taxmäßige oder übliche Vereinbarung als vereinbart gilt (z.B. bei Schlüsseldiensten).[62]

Das **Fordern einer Leistung** oder deren Entgegennahme stellt regelmäßig **keine** konkludente Erklärung darüber dar, dass die Leistung **geschuldet** sei. In seiner Fußballwettskandal-Entscheidung („Fall Hoyzer") ist der BGH[63] – unter dem Beifall eines Teils des Schrifttums[64] – zwar davon ausgegangen, dass derjenige, der sich an einer Sportwette beteilige, damit konkludent zum Ausdruck bringen würde, das Wettrisiko nicht zu seinen Gunsten beeinflusst zu haben. Dem wird aber zu Recht entgegengehalten, dass es sich hierbei um eine überaus normativ geprägte, wenngleich kriminalpolitisch nachvollziehbare Annahme handle, die von der Verkehrsanschauung kaum gedeckt sein dürfte.[65] Wer als nichtberechtigter Karteninhaber mit einer EC-Karte **kontaktlos** (sog. NFC, näher dazu unten § 8 Rn. 21, 38 f.) den Zahlungsvorgang auslöst, ohne die PIN einzugeben, täuscht nicht konkludent über seine Berechtigung, da der Händler unmittelbar eine einredefreie Forderung gegen die Bank erlangt.[66]

33

dd) Täuschung durch Unterlassen

Eine Täuschung durch Unterlassen liegt vor, wenn der garantenpflichtige Täter das Entstehen eines Irrtums beim Opfer **nicht verhindert** oder einen bereits existierenden Irrtum **nicht beseitigt** oder **verstärken** lässt.[67] Hierzu bedarf es zunächst einer **Garantenstellung** (§ 13 StGB), die den Täter zur Abwendung der Vermögensbeschädigung verpflichtet. Nach der klassischen Garantendogmatik kann sich eine solche Garantenstellung aus Gesetz, Vertrag oder Ingerenz ergeben. Zudem muss das Unterlassen einer aktiven Täuschung entsprechen (sog. Modalitätenäquivalenz) und die Aufklärung möglich und zumutbar sein.

34

---

61 OLG Karlsruhe JuS 2019, 819 (Gartenschlauch-Fall) m. Bspr. *Hecker*. Darin liegt zugleich eine Urkundenunterdrückung nach § 274 Abs. 1 Nr. 1 StGB; vgl. *Kindhäuser/Schramm*, BT-1, § 57 Rn. 13.
62 BGH NStZ-RR 2020, 213 m. Bspr. *Hecker*, JuS 2020, 895; *Klein*, ZJS 2021, 398.
63 BGHSt 51, 165.
64 Vgl. etwa *Bosch*, JA 2007, 391; *L-Kühl/Heger*, § 263 Rn. 9; *Radtke*, Jura 2007, 450. Kritisch wird aber von der h.L. die Annahme des BGH gesehen, es liege hier ein sog. Quotenschaden vor (BGHSt 51, 165 und dagegen z.B. *Saliger/Rönnau/Kirch-Heim*, NStZ 2007, 361). Von dieser Quoten-Betrachtungsweise hat sich der BGH aber inzwischen verabschiedet (NStZ 2014, 317). Er favorisiert stattdessen eine zwischen Eingehungs- und Erfüllungsbetrug differenzierende Betrachtungsweise (vgl. dazu etwa eingehend *Jäger*, BT, Rn. 467).
65 *Jahn/Maier*, JuS 2007, 217.
66 OLG Hamm NSZ 2020, 673 m. Bspr. *Kudlich*, JA 2020, 710; *Heghmanns*, ZJS 2020, 494.
67 Sch/Sch-*Perron*, § 263 Rn. 18; M/R-*Saliger*, § 263 Rn. 67; *Wessels/Hillenkamp/Schuhr*, BT-2, Rn. 530.

(1) Gesetz

35 ▶ **Beispiel ("BaföG-Fall"):**[68] *Student S erhielt BAföG. Wenige Monate nach der Antragsstellung teilte er dem Bafög-Amt nicht mit, dass er eine Erbschaft in Höhe von 20.000 EUR gemacht hatte, obwohl er wusste, dass er zu dieser Information verpflichtet gewesen wäre.* ◀

36 Garantenstellungen aus Gesetz bestehen etwa im **Zivilprozess** (§ 138 ZPO) oder bei der **Inanspruchnahme staatlicher Leistungen**. So ist ein Empfänger von **Sozialleistungen** (z.B. von Sozialhilfe, Kindergeld oder Arbeitslosengeld) nach § 60 Abs. 1 Nr. 2 SGB I dazu verpflichtet, **Änderungen** bezüglich der **Verhältnisse**, die für die staatliche Leistungserbringung relevant sind, den zuständigen Behörden mitzuteilen. Unterlässt er dies und führt dies zu überhöhten Sozialleistungen, so stellt dies einen Betrug durch Unterlassen dar. Die allgemeine Treuepflicht des Beamten aus dem beamtenrechtlichen Statusverhältnis begründet als solche noch keine Aufklärungspflicht.[69]

37 ▶ **Lösung:** *Im „BaföG-Fall" liegt ein Betrug durch Unterlassen vor. Nach § 58 Abs. 1 Nr. 1 BAföG-Gesetz i. V. m. § 60 Abs. 1 SGB I besteht eine (auch bußgeldbewehrte) Pflicht, Änderungen der Vermögensverhältnisse offenzulegen. Gegen diese gesetzliche Aufklärungspflicht, die zugleich eine Garantenstellung begründet, hat S verstoßen, einen Irrtum erregt und vorsätzlich einen Schaden mit Bereicherungsabsicht herbeigeführt.* ◀

(2) Vertrag; Übernahme von Garantenstellungen

38 ▶ **Beispiel („Rechtsanwaltshonorar"-Fall):**[70] *Rechtsanwalt A wurde für den Mandanten M in einer erbrechtlichen Auseinandersetzung in der Schweiz tätig und erhielt aufgrund seiner erfolgreichen Tätigkeit 30 % aus der Erbsumme als Vergütung (insgesamt 82.000 EUR). A verschwieg, dass ihm aufgrund des deutschen RVG (Rechtsanwaltsvergütungsgesetz) nur ein Bruchteil des Betrags zugestanden hätte. M hielt die Vergütung zwar für sehr hoch, war aber letztlich damit einverstanden, da die Vergütung aus der Erbschaft bezahlt werden konnte.* ◀

Gesetzliche Aufklärungspflichten können auch in **zivilrechtlichen Vertragsverhältnissen** begründet sein, so etwa in Geschäftsbesorgungsverhältnissen nach § 666 BGB. Vertragliche Verpflichtungen zum Schutz des Vermögens des Vertragspartners können sich ferner aus Treu und Glauben (§ 242 BGB) ergeben, freilich nur unter sehr engen Voraussetzungen,[71] oder bei Beratungsverhältnissen, in denen ein Vertragspartner dem anderen erkennbar erhöhtes Vertrauen entgegenbringt.[72] Der bloße Vertragsabschluss oder die Erfüllung von Verträgen begründen aber noch keine gesteigerte Handlungspflicht.[73] Garantenstellungen kraft Übernahme können daneben auch im **öffentlich-rechtlichen Bereich** bestehen, so etwa bei dem Leiter der Innenrevision einer öffentlich-rechtlichen Anstalt, der nichts gegen überhöhte Gebührenbescheide unternimmt.[74]

39 ▶ **Lösung:** *Im „Rechtsanwaltshonorar-Fall" bestätigte der BGH die Verurteilung wegen Betrugs durch Unterlassen: Aus § 4a Abs. 2 Nr. 1 RVG lässt sich eine Garantenpflicht des Rechtsanwalts ableiten, seinen Mandanten vor Abschluss einer Erfolgshonorarvereinbarung über die voraussichtliche gesetzliche Vergütung aufzuklären.* ◀

---

68 BayObLG NJW 2005, 309 (abgewandelt).
69 BGH NStZ 2022, 26 m. Anm. *Schilling*, S. 113; *Kraatz*, JR 2022, 288.
70 BGHSt 59, 318 mit Bspr. *Hecker*, JuS 2014, 1133 und *Kudlich*, JA 2015, 74.
71 Vgl. die Nachweise bei S/S/W-*Satzger*, § 263 Rn. 108 ff.
72 *Mitsch*, BT-2, S. 269; M/R-*Saliger*, § 263 Rn. 77.
73 BGH NStZ 2010, 502; *Wessels/Hillenkamp/Schuhr*, BT-2, Rn. 533.
74 BGHSt 54, 44.

(3) Ingerenz

Auch aus einem **pflichtwidrigen Vorverhalten** (sog. Ingerenz) oder sonstiger Gefahrbeherrschung kann sich eine Aufklärungspflicht ergeben.[75] Hierbei kommt vor allem die Fallgruppe in Betracht, dass jemand unvorsätzlich eine falsche Angabe gemacht hat, die er später bemerkt und hätte aufklären können und müssen (z.B. ein nachträglich bemerkter falscher Prospektinhalt im Geschäftsverkehr),[76] aber auch die Konstellation, dass jemand einen vorsätzlich herbeigeführten Irrtum erst später für betrügerische Zwecke ausnutzt.[77] Wer dagegen feststellt, dass auf seinem Konto aufgrund einer **Fehlbuchung der Bank** fälschlicherweise eine **Gutschrift** erfolgt ist, trägt nichts zur Gefahrenlage bei; hebt er den Geldbetrag ab, täuscht er daher nicht durch Unterlassen.[78]

40

(4) Modalitätenäquivalenz

Nach § 13 StGB muss das Unterlassen dem Tun **entsprechen**. Diese sog. **Modalitätenäquivalenz** ist vor allem bei solchen Tatbeständen von Bedeutung, die neben der Erfolgsherbeiführung eine besondere Vorgehensweise des Täters verlangen, die bei einem Unterlassen so nicht selbstverständlich angenommen werden kann.[79] Beim Betrug hingegen **verzichtet** die h.M. auf die Feststellung einer **besonderen Entsprechung** von Täuschung durch Tun und Täuschung durch Unterlassen.[80] Dies leuchtet auch ein: Die Verletzung der Offenbarungspflicht aus Gesetz, Vertrag oder Übernahme schafft das gleiche Risiko einer Irrtumserregung bzw. -aufrechterhaltung beim Opfer wie eine aktive Täuschung.[81] Bei einer Garantenstellung aus Ingerenz müssen freilich die auch sonst bei Ingerenz verlangten dogmatischen Voraussetzungen dieser Handlungspflicht gegeben sein, d. h. das tatbestandsspezifische Risiko einer Betrugsbegehung durch das Vorverhalten (Irreführung) begründet worden sein.[82]

41

2. Irrtum

Die Täuschungshandlung muss zur Erregung oder Unterhaltung eines **Irrtums** führen. Der Irrtum stellt das Bindeglied zwischen Täuschung und Vermögensverfügung dar. Täuschung und Irrtum müssen sich spiegelbildlich entsprechen.[83] Auch kann eine Vermögensverfügung, die nicht auf einer Täuschung, sondern auf anderen Ursachen beruht, nicht zu einer Bestrafung wegen vollendeten Betrugs führen.[84] Wenn A also nicht bemerkt, dass er B gar nicht täuscht, begeht A allenfalls einen versuchten Betrug, wenn er fälschlicherweise von einer Täuschung ausgeht.

42

---

75 S/S/W-*Satzger*, § 263 Rn. 97; M/R-*Saliger*, § 263 Rn. 82.
76 LK-*Tiedemann*, § 263 Rn. 68.
77 M/R-*Saliger*, § 263 Rn. 82.
78 BGHSt 46, 196; *Krey/Hellmann/Heinrich*, BT-2, § 11 Rn. 528 ff.
79 *Kaspar*, AT, Rn. 1007.
80 *Fischer*, § 263 Rn. 52; MK-*Hefendehl*, § 263 Rn. 329. Zu davon abweichenden Ansichten, die an der Modalitätenäquivalenz festhalten, dadurch aber die Grenzen zur konkludenten Täuschung verwischen (NK-*Kindhäuser/Hoven*, § 263 Rn. 167), vgl. LK-*Tiedemann*, § 263 Rn. 74 m.w.N.
81 NK-*Kindhäuser/Hoven*, § 263 Rn. 166.
82 L-*Kühl/Heger*, § 263 Rn. 15; S/S/W-*Satzger*, § 263 Rn. 65.
83 Sch/Sch-*Perron*, § 263 Rn. 35; M/R-*Saliger*, § 263 Rn. 87.
84 M/R-*Saliger*, § 263 Rn. 88.

a) Definition

43 **Irrtum ist die unrichtige Vorstellung eines Menschen über Tatsachen.**[85] Der Vorstellungsinhalt der Person stimmt nicht mit der Realität überein.

b) Irrtumsfähigkeit

44 Irren ist menschlich, „*errare humanum est*", sagt bereits das Sprichwort des Theologen Hieronymus aus dem 4. Jahrhundert n. Chr. Der Satz beansprucht auch bei § 263 StGB Geltung: Irrtumsfähig sind **nur natürliche Personen**, d. h. Menschen.[86] Die Manipulation von Maschinen, Computern usw. fällt unter andere Strafvorschriften, etwa § 263 a StGB oder § 265 a StGB. Wer dem Kassierer an der Kasse bewusst Falschmünzen überreicht, begeht einen Betrug, wer sie in einen Automaten einwirft, eine Leistungserschleichung. Bei einem Betrug zum Nachteil einer juristischen Person muss der sich irrende Mensch benannt werden.[87]

c) Tatsachen; Zurechnungszusammenhang

45 ▶ **Beispiel („Erbverzicht-Fall"):**[88] *A war Miterbin ihres verstorbenen Vaters F. Steuerberater S versuchte ihr vorzugaukeln, ihr Vater habe beträchtliche Schulden hinterlassen, was in Wahrheit jedoch nicht der Fall war. A durchschaute die Machenschaften des S, hielt es aber für unmöglich, das Gegenteil zu beweisen, und musste damit rechnen, von den angeblichen Darlehensgläubigern mit einem Rechtsstreit überzogen zu werden. Sie schlug daraufhin die Erbschaft aus, wodurch ihr ein Schaden von 150.000 DM entstand.* ◀

46 Der Irrtum muss sich – wie die Täuschungshandlung – auf **Tatsachen** beziehen. Man irrt sich beispielsweise, wenn man einen Vorgang als geschehen annimmt, der gar nicht oder nicht so stattgefunden hat. Wer eine Situation nur falsch bewertet oder eine falsche Prognose annimmt, irrt nur dann, wenn Wertung bzw. Prognose einen Tatsachenkern aufweisen.[89] Wer weiß, dass er eine unberechtigte Forderung erfüllt – und sei es aus dem Motiv der Lästigkeit, Gleichgültigkeit oder weil man einfach nur seine Ruhe haben will –, der irrt sich nicht.[90]

47 Zudem muss der Irrtum sich gerade auf solche Tatsachen beziehen, über die der Verfügende getäuscht wurde. Dieses Erfordernis wird häufig als „Zurechnungszusammenhang", als „Spiegelbildlichkeit" oder als **„Kongruenz"** von Täuschung und Irrtum bezeichnet.[91]

48 ▶ **Lösung:** *An der Kongruenz fehlt es im obigen „Erbverzichtsfall": A erklärte nicht aufgrund der Täuschung den Erbverzicht, sondern wegen der Befürchtung, in einem späteren gegen sie gerichteten Zivilprozess das Nichtbestehen der Darlehensforderung nicht beweisen zu können*

---

85 Sch/Sch-*Perron*, § 263 Rn. 33; MK-*Hefendehl*, § 263 Rn. 334; LK-*Tiedemann*, § 263 Rn. 77; vgl. auch BGH JA 2016, 869: „Irrtum ist jeder Widerspruch zwischen einer subjektiven Vorstellung (des Getäuschten) und der Wirklichkeit".
86 Zum Irrtum bei Personenmehrheiten vgl. BGH wistra 2019, 420 (Lieferung gefälschter Ware an Unternehmen) m. Bspr. *Nestler*, Jura 2019, 1122.
87 BGH NStZ 2003, 313; AnwK-*Gaede*, § 263 Rn. 55.
88 BGH wistra 2007, 183.
89 Sch/Sch-*Perron*, § 263 Rn. 34.
90 BGH NStZ-RR 2016, 13 (Forderungsmanagement); NStZ 2018, 215 (Beratungspauschale); a. A. OLG Frankfurt JuS 2019, 202 (Telefonsex-Hotline) m. krit. Bspr. *Jahn*.
91 LK-*Tiedemann*, § 263 Rn. 77; M/R-*Saliger*, § 263 Rn. 87 f.

und so zur Zahlung der vermeintlichen Kreditschuld verurteilt zu werden. Der BGH nahm daher zu Recht keinen vollendeten, sondern nur einen versuchten Betrug durch S an. ◀

d) Irrtum und Unkenntnis

▶ **Beispiel („AOK-Nichtanmeldungs"-Fall):**[92] *B unterließ es in einem Zeitraum von neun Jahren, die bei ihm beschäftigten Arbeitnehmer zur gesetzlichen Renten-, Kranken- und Arbeitslosenversicherung bei der zuständigen Allgemeinen Ortskrankenkasse (AOK) anzumelden, obwohl er wusste, dass er als Firmeninhaber dazu verpflichtet gewesen war. Dadurch wurden der AOK Beiträge in Höhe von insgesamt rd. 923.215 DM vorenthalten. Der AOK war die Firma noch nicht einmal bekannt.* ◀

49

Irren kann nur derjenige, der eine bestimmte **Vorstellung** von einer Tatsache gewonnen hat. Wer einen Umstand gar nicht kennt (sog. ignorantia facti), kann sich auch nicht irren.[93] Diese vordergründig einleuchtende Definition der h.M. steht freilich vor dem Problem, dass auch derjenige, der sich Gedanken über einen Umstand gemacht hat, in gewisser Weise einen Umstand nicht kennt, nämlich denjenigen, bei dessen Kenntnis er ein vollständig wahres Bild des Sachverhaltes gewinnen würde.[94] Daher soll nach einer Minderheitsansicht auch die bloße Unkenntnis maßgeblicher Tatsachen vom Irrtumsbegriff eingeschlossen sein (sog. „inklusive"[95] Theorie). Doch ist **Unkenntnis** bereits umgangssprachlich **kein Irrtum**. Zudem ist der Raum der Unkenntnis grenzenlos, der Bereich der Irrtümer dagegen begrenzt, weshalb nur eine solche Unkenntnis Irrtumsrelevanz besitzen sollte, die in eine Fehlvorstellung umformuliert werden kann.

50

▶ **Lösung:** *Im „AOK-Nichtanmeldungsfall" hatte der BGH Zweifel an einem Irrtum der zuständigen AOK-Sachbearbeiterin. Die bloße Nichterfüllung einer gesetzlichen Meldepflicht gegenüber einem Versicherungsträger bewirke keinen Irrtum, wenn zwischen den Beteiligten, wie hier zwischen B und der AOK, keinerlei konkreten Beziehungen bestanden hätten. Die Gegenansicht hingegen lässt die schlichte Unkenntnis des wahren Sachverhalts genügen, sofern den Täter eine betrugsspezifische Garantenpflicht zur Beseitigung dieses Irrtums treffe. Danach hätte A einen Irrtum hervorgerufen. Doch überzeugt dies nicht: Man mag zwar kriminalpolitisch motiviert mit guten Gründen der Ansicht sein, dass jedes garantenpflichtwidrige Unterlassen strafwürdig ist; aber der Betrug verlangt eine aufgrund einer falschen Vorstellung getroffene Vermögensentscheidung. Die AOK-Sachbearbeiterin hatte aber nicht über mögliche Ansprüche entschieden, da sie vom Betrieb des B gar nichts wusste.* ◀

51

e) Sonderwissen, sachgedankliches Mitbewusstsein

Kein Irrtum liegt dagegen vor, wenn der Verfügende ein **Sonderwissen** besitzt.[96] Würde also beispielsweise beim Kauf eines nahezu perfekt gefälschten Gemäldes zwar ein objektiver Beobachter, nicht aber der den Sachverhalt dank seiner feinsten Kunstexpertise durchschauende Kunsthändler einem Irrtum erliegen, so ist dies kein vollendeter, sondern nur ein versuchter Betrug. Zwar wäre hier eine Normativierung des Irrtumsbegriffs dergestalt denkbar, dass es allein darauf ankommt, ob der Täter für die Vermögensverfügung zuständig ist und damit auch das Opfer mit Sonderwissen

52

---
92 BGH wistra 1992, 141.
93 BGHSt 2, 325; *L-Kühl/Heger*, § 263 Rn. 19.
94 MK-*Hefendehl*, § 263 Rn. 336 f.
95 Terminologie von M/R-*Saliger*, § 263 Rn. 91.
96 LK-*Tiedemann*, § 263 Rn. 81.

umfassend zu schützen;[97] aber der Verfügende mit Sonderwissen befindet sich in einer anderen, viel besseren Lage als derjenige ohne Sonderwissen und ist demnach auch für sich selbst zuständig. Zudem ist der Irrtum ein psychisch-faktisch bestimmter Begriff, der an den konkreten Täuschungsadressaten anknüpft.[98] Hier kommt daher allenfalls ein versuchter Betrug in Betracht.

53 ▶ **Beispiel ("Tanken ohne Bezahlung"-Fall):**[99] *A betankte eines Nachts seinen Pkw an einer Tankstelle mit Dieselkraftstoff im Wert von 102,53 EUR. Anschließend fuhr er – wie von vornherein geplant – ohne bei der Kassiererin zu bezahlen davon. Zwei Tage später tankte sein Kumpel K das Fahrzeug an einer anderen Tankstelle auf, während A im Verkaufsraum versuchte, den Kassierer abzulenken. Als dieser misstrauisch wurde, verließ A den Verkaufsraum, rannte zu seinem Fahrzeug und fuhr sodann mit K, einem vorgefassten Tatplan folgend, davon, ohne den Kaufpreis zu entrichten.* ◀

54 Allerdings genügt für einen Irrtum ein sog. **sachgedankliches Mitbewusstsein**, das unreflektiert sein mag, nach der Lebenserfahrung das Verhalten des Opfers aber gleichwohl begleitet und dabei mitschwingt. Dieses ist vor allem bei alltäglichen, gleichförmigen, massenhaften oder routinemäßigen Geschäften gegeben.[100] So darf der Gast im Restaurant davon ausgehen, dass das bestellte Steak vom Rind und nicht vom Pferd stammt.[101] Ebenso geht das Kassenpersonal nach dem Einscannen der Ware regelmäßig davon aus, dass der angezeigte Preis korrekt und nicht wegen eines manipulierten Strichcodes zu niedrig ist.[102] Die Täuschung geschieht dabei meist in Form der konkludenten Täuschung.

55 ▶ **Lösung:** *In den "Tanken ohne Bezahlung"-Fällen geht der BGH regelmäßig davon aus, dass der normale Kunde durch das* **Betanken konkludent** *seine* **Zahlungswilligkeit** *und* **Zahlungsfähigkeit** *zum Ausdruck bringe. Durch diese Vortäuschung einer nicht vorhandenen Zahlungsbereitschaft erweckt er bei dem* **Tankstelleninhaber** *oder dessen Personal einen entsprechenden* **Irrtum**.[103] *Dahinter steht der Gedanke, dass "sich im Geschäftsleben mit Massenleistungen bestimmte Verhaltensmuster und -erwartungen herausgebildet haben, von deren Vorliegen man regelmäßig unreflektiert ausgeht" (Hefendehl).*[104] *A hat sich demnach beim ersten Betanken eines versuchten (falls das Tanken zunächst gar nicht bemerkt wurde) oder vollendeten Betrugs schuldig gemacht. Beim zweiten Fall ist ebenfalls § 263 StGB einschlägig, bezüglich des Mitwirkungsakts des K aber ebenfalls fraglich, ob der Tankstellenbedienstete den Tankvorgang des K bemerkt hat und deshalb von einem vollendeten oder versuchten Betrug ausgegangen werden kann.* ◀

f) Zweifel an Richtigkeit

56 Sehr umstritten ist sodann die Antwort auf die Frage, ob ein Irrtum auch vorliegt, wenn der Betroffene an der Wahrheit des vorgegebenen Sachverhalts zweifelt.[105]

---

97 So etwa *Pawlik*, Das unerlaubte Verhalten beim Betrug, 1999, S. 227 ff.
98 MK-*Hefendehl*, § 263 Rn. 370; M/R-*Saliger*, § 263 Rn. 90.
99 BGH NStZ 2009, 694.
100 BGH NStZ 2014, 215; Sch/Sch-*Perron*, § 263 Rn. 39.
101 Bsp. von Sch/Sch-*Perron*, § 263 Rn. 39.
102 OLG Karlsruhe JuS 2019, 819 m. Bspr. *Hecker*.
103 BGH NStZ 2009, 694.
104 MK-*Hefendehl*, § 263 Rn. 338; krit. dazu AnwK-*Gaede*, § 263 Rn. 56.
105 Zur Diskussion vgl. *Hillenkamp/Cornelius*, 29. Problem, S. 169.

▶ **Beispiel („Zweifelnder Kreditsachbearbeiter"-Fall):**[106] *A erhielt von der Sparkasse einen Kredit über 110.000 DM. Der Kredit war nur zur Hälfte durch die Bürgschaft einer lokalprominenten Person abgesichert. Der Kreditsachbearbeiter wurde im Laufe der Kreditverhandlungen skeptisch bezüglich des persönlichen Hintergrundes des A. Gleichwohl gewährte er den Kredit, weil er darauf vertraute, A werde seine Darlehensschuld später begleichen könne.* ◀

Nach den von einem Teil der Literatur vertretenen sog. **Wahrscheinlichkeitstheorien** muss die Wahrheit wahrscheinlicher sein als die Unwahrheit.[107] Deshalb sei in Fällen, in denen das Opfer von einer überwiegenden Wahrscheinlichkeit der Wahrheit der behaupteten Tatsache („wenn er die Möglichkeit der Unwahrheit für geringer hält") ausgegangen ist, ein Irrtum zu bejahen (sog. **Theorie der überwiegenden Wahrscheinlichkeit**). Problematisch an solchen Wahrscheinlichkeitstheorien ist bereits die Berechnung der empirisch verifizierten, konkreten Wahrscheinlichkeit im Einzelfall, ab der ein Irrtum anzunehmen sein soll. Konsequenterweise müsste sodann in denjenigen Fällen, in denen jemand trotz Zweifeln an der Richtigkeit verfügt, ein strafrechtlicher Betrugsschutz versagt werden, wenn er leistet, weil er das Gegenteil nicht oder nur schwer beweisen kann.

Demgegenüber vertritt eine andere Meinungsgruppe mit durchweg viktimologisch orientierten Erwägungen und in den einzelnen, differierenden Abgrenzungen die Auffassung, dass der Betrugstatbestand bei **zweifelnden Opfern** wegen deren verminderter Schutzbedürftigkeit nicht anwendbar sei (sog. **viktimodogmatische** Ansätze). Ein zweifelndes Opfer solle seinen Zweifeln nachgehen und könne sich selbst schützen. Teilweise wird dabei auf den Intensitätsgrad des Zweifels oder auf dessen Konkretisierung abgestellt.[108] Gegen diese Ansicht spricht aber bereits, dass eine solche Beschränkung im Wortlaut des § 263 StGB nicht angelegt ist. Außerdem spielt das Mitverschulden auch sonst bei der Verwirklichung des Tatbestands keine Rolle.[109]

Den Vorzug verdient daher die herrschende Meinung, wonach auch der Zweifelnde irrt, wenn das Opfer die **Wahrheit** der Tatsachenbehauptung für **möglich** hält und deshalb die Vermögensverfügung trifft, also **trotz seiner Zweifel,** und seien sie auch noch so erheblich, der **List des Täters** zum Opfer fällt (sog. **Möglichkeitstheorie**).[110] Denn es ist nicht einzusehen, warum ein gutmütiger, dummer oder bedenkenlos leichtgläubiger Mensch, der keinerlei Zweifel hegt, strafrechtlichen Schutz über § 263 StGB erfahren soll, nicht aber das skeptische oder skrupulöse Opfer. Der Maßstab der Möglichkeit bietet dabei noch den brauchbarsten, wenngleich strafbarkeitsausdehnenden Ansatz. Andere Kriterien zu definieren und der Entscheidung zugrunde zu legen, ist schwierig und im Strafprozess kaum praktikabel. Mithin ist etwa ein Prozessbetrug zu bejahen, wenn ein:e Richter:in einer Klage stattgibt, obwohl er/sie an der Richtigkeit der Klägerbehauptungen zweifelt, aber so entscheiden muss, weil ihm/ihr die Beweislastregeln der ZPO zu diesem rechtlich richtigen Ergebnis zwingen[111] oder weil der Beklagte säumig ist und deshalb ein Versäumnisurteil gegen ihn erlassen werden muss.

---

106 BGH wistra 1990, 305.
107 So etwa *Beulke,* JR 1978, 390; *Sonnen,* wistra 1982, 128.
108 Vgl. die Darstellung der verschiedenen Positionen bei M/R-*Saliger,* § 263 Rn. 94; zu der hier nicht näher skizzierten Einwilligungstheorie vgl. *Hillenkamp/Cornelius,* 29. Problem, S. 174.
109 BGH NJW 2003, 1198 m. Anm. *Idler,* JuS 2004, 1037.
110 BGH NJW 2003, 1198; S/S/W-*Saliger,* § 263 Rn. 93; LK-*Tiedemann,* § 263 Rn. 86; L-*Kühl/Heger,* § 263 Rn. 18 a.
111 S/S/W-*Saliger,* § 263 Rn. 93.

61 Problematisch ist freilich das Argument der h.M., die durch die Täuschenden ausgelöste Vermögensverfügung des zweifelnden Opfers sei Ausdruck dessen, dass das Opfer überlistet wurde.[112] Doch die beiden Tatbestandsmerkmale „Irrtum" und „Vermögensverfügung" dürfen nicht verschliffen werden; nur, weil das Opfer verfügt, muss dies nicht irrtumsbedingt sein. Überzeugender dürfte es vielmehr sein, in **Anlehnung an die subjektiv orientierten Risiko-Zurechnungskategorien** des **dolus eventualis** einen Irrtum erst dann anzunehmen, wenn der Verfügende redlicherweise darauf vertrauen durfte, dass die Behauptung des Täters der Wahrheit entspricht. Dagegen ist der strafrechtliche **Betrugsschutz** zu **versagen**, wenn der Verfügende das Risiko einer Falschbehauptung durch den Täter erkannt hat, aber sich letztlich mit einem etwaigen **Scheitern** seiner Investition **abgefunden** hat oder ihm der **Erfolg gleichgültig** war.[113]

62 ▶ **Lösung:** *Im „Kreditsachbearbeiter"-Fall nahm der BGH zu Recht einen Irrtum des Kreditsachbearbeiters an. Dass die Rückzahlung des Darlehens nicht vollumfänglich durch Sicherheiten, etwa einer 100 %-Bürgschaft, abgesichert war, ist bei Kreditvergaben nichts völlig Ungewöhnliches. Außerdem könne von der vorgenommenen Vermögensverfügung – der Kreditvergabe – auf einen Irrtum rückgeschlossen werden: Dadurch sei K der List des A zum Opfer gefallen. Abgesehen davon hat K wohl darauf vertraut, dass das Kreditgeschäft erfolgreich verlaufen wird, und sich nicht einfach leichtsinnig mit einem Fehlschlag dieses Rechtsgeschäfts abgefunden.* ◀

g) Erkennbarkeit des Irrtums – Europäisches Verbraucherleitbild

63 Es gehört zur **Tradition** der **deutschen Strafrechtspflege**, den Betrugstatbestand **verbraucherschützend** und **opferfreundlich** auszulegen. Zwar schützt Dummheit vor Strafe nicht – aber „der deutsche Betrugstatbestand schützt auch den Dummen."[114] Mag der Irrtum auch erkennbar oder vermeidbar gewesen sein, ändert dies doch traditionell nichts am sozial- und kriminalpolitisch motivierten Schutz solcher Personen über § 263 StGB. Allerdings könnte das Europarecht hier für eine Wende gesorgt haben.

64 ▶ **Beispiel („Abofallen"-Fall):**[115] *A betrieb verschiedene kostenpflichtige Internetseiten, darunter einen Routenplaner. Die Inanspruchnahme des Routenplaners setzte voraus, dass der Nutzer zuvor seinen Vor- und Zunamen nebst Anschrift und E-Mail-Adresse sowie sein Geburtsdatum eingab. Aufgrund der gezielt mit dieser Absicht vorgenommenen Gestaltung der Seite war für flüchtige Leser nur schwer erkennbar, dass es sich um ein kostenpflichtiges Angebot handelte. Die Betätigung der Schaltfläche ‚Route berechnen' führte nach einem am unteren Seitenrand am Ende eines mehrzeiligen Textes klein abgedruckten Hinweis zum Abschluss eines kostenpflichtigen Abonnements, das dem Nutzer zum Preis von 59,95 Euro eine dreimonatige Zugangsmöglichkeit zu dem Routenplaner gewährte. Dieser Fußnotentext konnte in Abhängigkeit von der Größe des Monitors und der verwendeten Bildschirmauflösung erst nach vorherigem Scrollen wahrgenommen werden.* ◀

65 Der **Richtlinie** der Europäischen Union über **unlautere Geschäftspraktiken** (RL 2005/29/EG; UGP-RL) liegt das Leitbild eines durchschnittlich verständigen und aufmerksamen Verbrauchers zugrunde. Aus ihr wird teilweise im Schrifttum der Schluss gezogen, § 263 StGB sei restriktiv zu interpretieren und der objektive Tatbe-

---
112 So etwa BGH wistra 1990, 305 unter Berufung auf *L-Kühl/Heger* ebd.
113 *Wessels/Hillenkamp/Schuhr*, BT-2, Rn. 540; ähnlich MK-*Hefendehl*, § 263 Rn. 369.
114 *Soyka*, wistra 2007, 127.
115 BGH NJW 2014, 2595 m. Bspr. *Hecker* JuS 2014, 1043.

stand zu verneinen, wenn sich ein verständiger Durchschnittsverbraucher nicht hätte täuschen lassen. Nach dieser Auffassung (europarechtsakzessorische Theorie) muss der Täuschungsbegriff zwingend europarechtskonform ausgelegt werden. Das Verständnis des § 263 als Schutzvorschrift auch für unaufmerksame und unverständige Verbraucher würde sonst mit der Warenverkehrsfreiheit des AEUV kollidieren. Dies könne zu einer generellen Korrektur des Betrugstatbestands führen.[116]

Der BGH hat eine Anwendung der Richtlinie bei § 263 StGB wegen ihrer tatbestandsfremden wettbewerbsrechtlichen Funktion abgelehnt,[117] während ein Teil der Literatur der Ansicht ist, dass die UGP-RL an den Maßstäben der nationalen Rechtsordnung zu messen sei[118] („konservative Lösung"[119]). Nicht das nationale Strafrecht sei im Lichte der Richtlinie, sondern umgekehrt die RL im Lichte des nationalen Strafrechts auszulegen. Dies führe hier dazu, den bisherigen nationalen Betrugsschutz aufrechtzuerhalten. Nach einer vermittelnden Ansicht (sektorale Theorie) sei dagegen nur in den Fällen der Publikumswerbung die traditionelle Betrugsdogmatik zu korrigieren; bei sonstigen Individualtäuschungen bleibe es beim Schutz der Leichtgläubigen.[120]

Letztlich sprechen die besseren Gründe für eine **europarechtskonforme Interpretation**: Die UPG-RL soll nach dem Willen der EU eine Vollharmonisierung herbeiführen, d. h. eine vollständige Angleichung des Rechts der unlauteren Geschäftspraktiken im Bereich des geschäftlichen Verkehrs zwischen Unternehmen und Verbrauchern herbeiführen.[121] Die nationale Rechtsprechung ist unionsrechtlich zur richtlinienkonformen Auslegung (Art. 4 Abs. 3 EUV, Art. 288 Abs. 3 AEUV) auch im Bereich des nationalen Strafrechts verpflichtet.[122] Dies bedeutet zugleich, dass ein Verhalten, das die Richtlinie außerstrafrechtlich erlaubt, strafrechtlich nicht verboten sein kann. Dies folgt schon aus dem hier vertretenen Grundverständnis der Strafrechtsordnung als Sekundärordnung (§ 1 Rn. Rn. 26): Wenn das Wirtschaftsrecht, d. h., das Lauterkeits- und Wettbewerbsrecht, als Primärordnung ein Verhalten erlaubt, kann nicht das Strafrecht als Sekundärrechtsordnung, das nur die gravierendsten Pflichtverstöße aus dem Primärrecht sanktioniert, ein pflichtgemäßes Verhalten für rechtswidrig und damit für strafbar erklären. Der genauere Blick auf die UPG-RL zeigt freilich, dass ganz offensichtlich eine europarechtskonforme Interpretation des deutschen Betrugstatbestands gar **nicht zu einem** schwerwiegenden **Bruch** mit der **Tradition** eines weiten Verbraucherschutzes **im deutschen Strafrecht** führen muss. Vielmehr spricht vieles dafür, dass auch nach dem Europarecht bestimmte Personengruppen besonderen rechtlichen Schutz genießen und sich Abweichungen von der bisherigen Betrugsdogmatik nur ausnahmsweise ergeben.[123] Denn wenn eine geschäftliche Handlung bestimmte Gruppen anspricht, ist bereits nach Art. 5 Abs. 2 lit. b) der Richtlinie einschränkend auf ein durchschnittliches Mitglied dieser Gruppe abzustellen. Besonders leichtgläubige Adressaten werden eigens als besonders schutzbedürftig in Art. 5 Abs. 3 der Richtlinie explizit hervorgehoben. Nicht gefolgt werden kann zudem der sektoralen Theorie: Wenn es sich sowohl im Verhältnis von Unternehmer zu Verbraucher als auch im

---

116 *Müller*, NZWiSt 2014, 393; S/S/W-*Satzger*, § 263 Rn. 116 ff.
117 BGH NJW 2014, 2595; BGH wistra 2014, 439.
118 So z.B. *Apel*, K&R 2014, 584.
119 Begriff von *Soyka*, wistra 2007, 131.
120 *Hecker*, Strafbare Produktwerbung, 2001, S. 31, 341.
121 *Diemer*, in: Erbs/Kohlhaas, U 43 b, Vorbem.
122 *Schramm*, IntStR, 4/43 ff.
123 MK-*Hefendehl*, § 263 Rn. 76; S/S/W-*Satzger*, § 263 Rn. 120.

Verhältnis von Verbraucher zu Verbraucher um das gleiche Grundproblem handelt – nämlich den Schutz des Naiven, Leichtgläubigen oder Sorglosen -, sollten diese Fälle auch gleichbehandelt werden. Es bleibt insgesamt zu hoffen, dass diese grundlegende Frage durch den EuGH geklärt wird.[124] In seiner Abofallenentscheidung hat der BGH den EuGH nicht angerufen, weil die Rechtslage klar und eindeutig sei;[125] dass dies aber gerade nicht der Fall ist, zeigt der eben skizzierte kontroverse Strafrechtsdiskurs.

68 ▶ **Lösung:** *Nach Ansicht des BGH in seiner „Abofallen-Entscheidung" lässt die UGP-RL das nationale Betrugsstrafrecht unberührt. Daher bestehe kein Gebot, die Betrugsstrafbarkeit im Wege richtlinienkonformer Auslegung auf Handlungen zu beschränken, die geeignet sind, einen durchschnittlich verständigen und aufmerksamen Verbraucher zu täuschen. Es bestehe zwar eine Verpflichtung zur richtlinienkonformen Interpretation; aber die EU habe bei ihrer Richtlinie häufig das Strafrecht gar nicht im Blick, wie auch eine EU-Richtlinie einer nationalen Strafnorm keinen völlig neuen Inhalt geben könne. Irreführende Geschäftspraktiken seien zudem auch nicht von der RL gedeckt. Außerdem sei es kriminalpolitisch geboten, Menschen zu schützen, die intellektuell oder situativ nicht zu einem normativ „durchschnittlichen" Maß an Selbstschutz in der Lage sind.* ◀

69 Der deutsche Gesetzgeber hat 2012 auf die Problematik der Abo-Fallen reagiert und – wiederum in Gefolge einer EU-Richtlinie – Gesetzesänderungen im Bürgerlichen Recht veranlasst. Seitdem ist gem. § 312j Abs. 2 BGB auf kostenpflichtige Inhalte im Internet mit einem **markierten Button** hinzuweisen. Geschieht dies nicht, kommt gem. § 312j Abs. 4 BGB auch kein wirksamer Vertrag zustande.[126] Die gesetzliche Pflicht zum auffälligen Hinweis auf die Kostenpflichtigkeit statuiert eine strafrechtliche Garantenpflicht. Bei einem Verstoß gegen dieses Gebot kann daher ein (versuchter) Betrug durch Unterlassen, §§ 263, (22), 13 StGB, in Betracht kommen.

3. Vermögensverfügung

70 Als „**ungeschriebenes Tatbestandsmerkmal**" (so bereits RGSt 47, 152) fungiert die Vermögensverfügung zum einen als tatbestandliches Bindeglied zwischen Irrtum und Vermögensschaden; zum anderen bringt sie den Selbstschädigungscharakter des Betrugs zum Ausdruck.[127] Damit dient es vor allem der **Abgrenzung** des Betrugs zum Fremdschädigungsdelikt Diebstahl. Das maßgebliche Verhalten kann nicht gleichzeitig unter beide Tatbestände fallen (sog. **Exklusivitätstheorie**). Diese Abgrenzung kann sowohl für den Täter wie für den Verletzten von großer praktischer Relevanz sein, so etwa hinsichtlich des Versicherungsschutzes, der Möglichkeit eines gutgläubigen Erwerbs, den Strafantragsmöglichkeiten oder den Qualifikationen und Regelbeispielen, die beim Diebstahl wesentlich zahlreicher als beim Betrug sind.[128]

a) Definition

71 Vermögensverfügung ist **jedes Verhalten** (Handeln, Dulden oder Unterlassen) des Getäuschten, das **unmittelbar vermögensmindernd** wirkt,[129] **freiwillig geschieht und** zwar

---

124 *Heger*, HRRS 2014, 467.
125 BGH NJW 2014, 2595, 2598.
126 *Alexander*, NJW 2012, 1985; *Wendehorst*, MK-BGB, 9. Aufl. 2022, § 312j Rn. 1 ff.
127 LK-*Tiedemann*, § 263 Rn. 96, 98.
128 MK-*Hefendehl*, § 263 Rn. 388 f.
129 BGHSt 50, 174; LK-*Tiedemann*, § 263 Rn. 96.

nicht stets,[130] aber im Regelfall von einem **Verfügungsbewusstsein** getragen ist.[131] Da mit einer Vermögensminderung nicht zwangsläufig ein Schaden verbunden sein muss, sondern normative Erwägungen (Vermögensbegriff, unten Rn. 97 ff.) oder ausgelöste Kompensationen für den Getäuschten das Geschehen (unten Rn. 124 ff.) insgesamt als nicht nachteilig erscheinen lassen können, darf dogmatisch der Vermögensschaden nicht in den Verfügungsbegriff einbezogen werden.[132]

b) Art der Verfügung

▶ **Beispiel („Im Kittchen ist ein Zimmer frei"-Fall):**[133] *Der obdach- und mittellose T zog durch die Lande. Um im Winter nicht frieren zu müssen, bezichtigte er sich bei der Polizei einiger in Wahrheit überhaupt nicht begangener Straftaten, um für einige Zeit in Untersuchungshaft Kost und Logis zu finden. Er wurde daraufhin in U-Haft gebracht. Drei Wochen später – es ist inzwischen wärmer geworden – legte er ein Geständnis ab. Er wird daraufhin erneut verhaftet. Wegen welcher Straftaten?* ◀

72

Zwar ist der **Verfügungsbegriff** innerhalb des § 263 StGB nicht mit demjenigen des § 185 BGB identisch.[134] Gleichwohl wird die betrugsspezifische Verfügung vielfach in einer **rechtswirksamen Verfügung** (§ 185 BGB) bestehen, d. h. der Übertragung, Aufhebung, Belastung oder inhaltlichen Veränderung eines Rechts, sofern sich diese vermögensmindernd auswirkt.[135] Dazu gehört beispielsweise die Auszahlung eines Kredits, die Besitzaufgabe durch Versendung von Waren oder bereits die Begründung einer Verbindlichkeit durch Abschluss eines Darlehensvertrags (sog. Eingehungsbetrug). Auch **öffentlich-rechtliche Akte** wie begünstigende Verwaltungsakte (Sozialhilfe, Bafög, Covid-Soforthilfen) oder Entscheidungen der Rechtsprechung (z.B. ein Leistungsurteil) sind Vermögensverfügungen. Die Vermögensverfügung muss **nicht rechtlich wirksam** sein; auch die Verursachung **rein wirtschaftlicher Einbußen** kann eine Vermögensverfügung darstellen, was wiederum mit der Definition des Vermögensbegriffs zusammenhängt (dazu unten Rn. 97 ff.).

73

Die Verfügung kann in einem **Tun** (z.B. Übertragung des Gewahrsams an einer Sache) oder in einem **Unterlassen** bestehen (z.B. bei dem Parkwächter einer Sammelgarage,[136] der es täuschungsbedingt zulässt, dass jemand unberechtigt mit einem dort geparkten PKW wegfährt). Das freiwillige **Dulden** einer Vermögensverfügung, z. B. das Einverständnis mit einem Gewahrsamswechsel, ist ein Unterfall des Unterlassens.[137]

74

▶ **Lösung:** *Im „Kittchen"-Fall hat T sich nicht nur des Vortäuschens einer Straftat, sondern auch eines Betrugs schuldig gemacht. Er hat durch seine unwahre Selbstbezichtigung in den jeweils zuständigen Amtsträgern einen Irrtum hervorgerufen und dadurch bewirkt, dass er vorläufig festgenommen und verhaftet wurde. Diese Maßnahmen sind Vermögensverfügungen i.S.d. § 263 StGB. Dazu ist nicht eine rechtsgeschäftliche Disposition erforderlich, sondern jedes Handeln, Dulden oder Unterlassen ausreichend, das unmittelbar eine Vermögensminde-*

75

---

130 BGHSt 14, 170; *L-Kühl/Heger*, § 263 Rn. 24.
131 *LK-Tiedemann*, § 263 Rn. 118.
132 *Küper/Zopfs*, Rn. 668.
133 BGHSt 14, 170.
134 *Mitsch*, BT-2, S. 294.
135 *M/R-Saliger*, § 263 Rn. 111.
136 BGHSt 18, 221.
137 *Sch/Sch-Perron*, § 263 Rn. 57; *M/R-Saliger*, § 263 Rn. 114.

rung im wirtschaftlichen Sinne herbeiführt. Eine solche liegt in den Kosten der Unterkunft und Verpflegung, wie sie T in der Untersuchungshaft zu gewähren war. ◄

c) Unmittelbarkeit der Vermögensverfügung

76 Die Vermögensminderung muss auf dem **Verhalten des Getäuschten** beruhen. Sie darf **nicht** von einer deliktischen Handlung des **Täters** oder eines **Dritten** abhängen.[138] Die Vermögensminderung muss das Verhalten als einen – im weitesten Sinne – Gebeakt des Getäuschten erscheinen lassen.

77 ▶ **Beispiel („Smartphone-Übergabe-Fall"):**[139] *Die J veranlasste – entsprechend eines zuvor mit dem S gefassten Entschlusses – den K dazu, ihr sein Smartphone für ein Telefonat zu überlassen. Er gab es ihr in der Annahme, das Mobiltelefon nach dem Telefonat zurückzuerhalten. Tatsächlich beabsichtigten J und K von vornherein, das Mobiltelefon zu behalten, um es später zu verkaufen. Nach dem Telefonat steckte die J das Mobiltelefon in ihre Tasche und entfernte sich mit dem S. Auf die mehrfachen Bitten des K, ihm das Mobiltelefon zurückzugeben, reagierten sie nicht; vielmehr gab der körperlich überlegene S dem K zu verstehen, dass er „jetzt besser" gehen solle. K gab sodann sein Herausgabeverlangen auf.* ◄

78 Der Unmittelbarkeitsgrundsatz erlangt vor allem bei der **Abgrenzung** von **Trickdiebstahl** und **Sachbetrug** Bedeutung.[140] Ein bloßer Trickdiebstahl liegt vor, wenn der Täter durch die Täuschung nur eine Gewahrsamslockerung herbeiführt, die er später zur eigenmächtigen Wegnahme der Sache ausnutzt. Der eigentliche schädigende Akt liegt im späteren Zugriff auf die Sache, ganz abgesehen davon, dass in solchen Fällen der Getäuschte mit dem vollständigen Gewahrsamsverlust nicht einverstanden ist und auch deshalb keine freiwillige Vermögensverfügung trifft.

79 ▶ **Lösung:** *Im „Smartphone-Übergabe-Fall" bejahte das* **Landgericht** *einen* **Betrug***: Mit dem durch Täuschung erlangten Besitz des Mobiltelefons hätten J und S einen Vermögensvorteil erlangt, nämlich neuen, tätereigenen Gewahrsam. Die durch Täuschung erzielte Herausgabe des Mobiltelefons stelle eine Vermögensverfügung in Form der Besitzübertragung dar. Der* **BGH** *hingegen verneinte einen Betrug und sah vielmehr* **den Diebstahlstatbestand** *als verwirklicht an. Hat sich der Täter eine Sache durch Täuschung verschafft, so ist für die Abgrenzung von Wegnahme (§ 242 StGB) und Vermögensverfügung auch die Willensrichtung des Getäuschten und nicht nur das äußere Erscheinungsbild des Tatgeschehens maßgebend. K habe nach der Übergabe des Smartphones die Sachherrschaft an dem Handy nicht aufgeben wollen und sei zudem aufgrund seiner durchaus fortdauernden Sachherrschaft noch Mitgewahrsamsinhaber gewesen. K habe den Gewahrsam gegen seinen Willen erst in dem Moment verloren, in dem J das Handy in ihre Hosentasche gesteckt habe. J und S hätten demnach mittäterschaftlich einen Diebstahl begangen, §§ 242 Abs. 1, 25 Abs. 2 StGB.* ◄

d) Bewusste Verfügung

80 ▶ **Beispiel („Schweigen nach Fund"-Fall'):**[141] *A's Haus war abgebrannt. Er bekam von seiner Brandschutzversicherung auch einen Ersatz in Geld für eine von ihm vermisste Uhr sowie für einen Trauring. Später fand A diese beiden Wertsachen wieder, ohne dies der Versicherung*

---

138 Rengier, BT-1, § 13 Rn. 74.
139 BGH NStZ 2016, 727 mit Bspr. *Kulhanek* ebd. und *Kudlich*, JA 2016, 953. Ähnlich gelagerte Problemstellung im Schließfach-Fall des BGH; vgl. BGH GA 1966, 212 (dazu *A/W-Heinrich*, § 20 Rn. 80).
140 *Jäger*, BT, Rn. 487 ff.; *Mitsch*, BT-2, S. 296.
141 RGSt 70, 225.

§ 7 Der Betrug (§ 263 StGB)

zu melden, obwohl er dazu nach dem Versicherungsvertragsrecht verpflichtet gewesen wäre. Bei ordnungsgemäßer Mitteilung hätte die Versicherung von A zu Recht die Rückzahlung der fraglichen Entschädigungssumme für die beiden Gegenstände verlangt. ◄

Der Verfügende muss sich des Umstands, dass er über sein Vermögen verfügt, regelmäßig **bewusst** sein. Dies spielt z.B. beim Sachbetrug und seiner Abgrenzung zum Diebstahl eine Rolle:[142] Wer in einem Selbstbedienungsladen eine Ware in seinem Einkaufswagen verbirgt und die Kasse ohne Bezahlung der versteckten Ware passiert, begeht regelmäßig – vollendeten oder versuchten – Diebstahl, nicht Betrug. Denn wenn die Kassiererin an der Kasse nicht erkennt, dass sich im Einkaufswagen noch weitere Waren befinden, scheidet schon gedanklich die Annahme einer bewussten Vermögensverfügung bezüglich dieser Waren, die der Kassierer nicht wahrgenommen hat, aus; die Annahme eines generellen Verfügungswillens der Kassiererin in Bezug auf den gesamten Inhalt des Einkaufswagens wäre bei einem solchen ‚unbewussten Gewahrsamstransfer'[143] eine bloße Fiktion.[144] Dagegen liegt aufgrund eines tatbestandsausschließenden Einverständnisses des Kassenpersonals kein Gewahrsamsbruch, sondern eine Vermögensverfügung vor, wenn es dem Käufer eine Ware aushändigt, in deren Verpackung er zusätzliche oder teurere Gegenstände versteckt[145] oder die von ihm mit einem falschen Strichcode versehen wurde.[146] Beim Schwarztanken an einer Selbstbedienungstankstelle ist dagegen von einem Verfügungsbewusstsein des Tankstellenpächters auszugehen (dazu § 7 Rn. 53 – 55).

81

Es gibt jedoch Fallkonstellationen, in denen auf ein solches **Verfügungsbewusstsein** nach h.M. **verzichtet** werden muss, weil eine anderweitige Strafbarkeit (etwa wegen Diebstahls) nicht gegeben ist und deshalb andernfalls die vermögensschädigende Handlung strafrechtlich nicht adäquat erfasst würde.[147] In der Tat sprechen die besseren Gründe dafür, in diesen Ausnahmekonstellationen – vor allem beim sog. **Forderungsbetrug** wie im obigen Beispielsfall – auf ein Verfügungsbewusstsein zu verzichten:[148] Bedenkt man, dass die primäre Funktion der Vermögensverfügung darin besteht, den Diebstahl vom Betrug abzugrenzen und den Selbstschädigungscharakter des Betrugs zu betonen, stellt sich hier die mit dem Begriff zu bewältigende Abgrenzungsproblematik in Ermangelung eines „Forderungsdiebstahls" gar nicht. Zudem kann der betrugstypische Selbstschädigungscharakter, wie er auch in der erschlichenen Unterschrift unter einen Vertrag oder der Nichtgeltendmachung einer Forderung zum Ausdruck kommt, nur schwerlich bestritten werden.

82

▶ **Lösung:** *Im „Schweigen nach Fund"-Fall hat das RG eine Vermögensverfügung des zuständigen Sachbearbeiters des Versicherungsunternehmens bejaht. Die Vermögensverfügung braucht keine bewusste zu sein; derjenige, der über seinen Anspruch in Unkenntnis gelassen wird, trifft eine ihn schädigende Vermögensverfügung, wenn er infolge der Irreleitung seine Forderung nicht geltend macht.* ◄

83

---

142 BGHSt 41, 198; A/W-*Heinrich*, § 20 Rn. 74.
143 A/W-*Heinrich*, § 20 Rn. 74.
144 BGHSt 41, 198; *Jäger*, BT, Rn. 290ff.
145 OLG Düsseldorf NJW 1988, 922; *Rengier*, BT-1, § 13 Rn. 96; *Wessels/Hillenkamp/Schuhr*, BT-2, Rn. 675; für Wegnahme dagegen *Eisele*, BT-2, Rn. 55, 564; Sch/Sch-*Bosch*, § 242 Rn. 36.
146 OLG Karlsruhe JuS 2019, 819 m. Bspr. *Hecker*.
147 BGH wistra 1984, 225.
148 A/W-*Heinrich*, § 20 Rn. 73; Krey/Hellmann/*Heinrich*, BT-2, § 11 Rn. 558 ff.; M/R-*Saliger*, § 263 Rn. 124; Sch/Sch-*Perron*, § 263 Rn. 60.

e) Freiwillige Verfügung

84 ▶ **Beispiel („Erzwungene Beschlagnahme"-Fall durch falschen Polizeibeamten):**[149] *Der 15-jährige Lehrling W, der von der Firmeninhaberin als Kassenbote verwendet wurde, hob von der Bank 17.000 DM ab. Beim Verlassen der Bank wurde er von einem unbekannten Zivilisten Z angehalten, der sich unter Vorzeigung eines Ausweises als Beamter der Kriminalpolizei ausgab. Z erklärte ihm, im Geschäft seien Unterschlagungen vorgekommen, der Chef wisse Bescheid und W müsse mit auf das Polizeipräsidium. Auch werde das Geld sichergestellt. Z nahm W mit zur Polizei, ließ sich dort auf dem Gang das Geld aushändigen und verschwand sodann heimlich über einen Nebenausgang.* ◀

85 Die Freiwilligkeit der Vermögensverfügung hat die Funktion, in denjenigen Fällen, in denen die Täuschung sich mit Zwang verbindet, den Betrug von der Erpressung und dem Trickdiebstahl abzugrenzen. Entscheidend ist hierbei nach h.M. die sog. **innere Willensrichtung**. Duldet der Getäuschte die Wegnahme einer Sache, soll es hierbei darauf ankommen, ob dies von seinem Einverständnis, also einer Restfreiwilligkeit getragen ist (dann Betrug), oder ob der Duldende sich dem Zwang des anderen nur beugt (dann Erpressung bzw. Diebstahl).[150] In der letztgenannten Fallkonstellation stellt sich die erzwungene Vermögensdisposition entgegen der obigen Ausgangsdefinition – obwohl dem äußeren Erscheinungsbild nach ein „Geben" – in einer wertenden Betrachtungsweise als ein Wegnahmeakt dar. In der betrügerischen Erlangung von Schweigegeld wegen einer angeblichen Erpressung kann dagegen eine freiwillige Vermögensverfügung erblickt werden.[151] Das gleiche gilt in denjenigen sog. „**Modus Operandi ‚Falscher Polizeibeamter'-Fällen**", in denen der getäuschten Person die Herausgabe des Geldes **nicht**, wie in den Beschlagnahmefällen (unten Rn. 86), **ausdrücklich befohlen**, sondern nur dringend **geraten** wird, etwa mit dem Hinweis, dass sie ins Visier einer Einbrecherbande geraten sei, die es auf ihr Vermögen abgesehen habe.[152]

86 ▶ **Lösung:** *Der BGH hat im „Beschlagnahme-Fall" zu Recht eine Vermögensverfügung des W mangels Freiwilligkeit des Geldverlusts verneint: W war von der Vorstellung geleitet, dass ein Widerstand gegen die Aufforderung des angeblichen Polizeibeamten nicht zulässig und zwecklos sei. Er habe daher keinen eigenen freien Willensentschluss gefasst und keine Verfügung getroffen. Obwohl W sich nicht passiv verhalten habe und an dem Verschaffungsakt maßgeblich beteiligt war, habe Z ihm das Geld weggenommen.* ◀

f) Der Dreiecksbetrug

87 ▶ **Beispiel („Zimmerwirtin-Fall"):**[153] *A bat die P, mit der sie flüchtig bekannt war, deren VW-Käfer für eine Fahrt benutzen zu dürfen. Doch P gestattete dies nicht. Daraufhin suchte A die E auf, bei der P zur Untermiete wohnte, und ließ sich die Schlüsse' zu P's Auto, einem VW Käfer, aushändigen. Dies erreichte sie dadurch, dass sie gegenüber E wahrheitswidrig angab, zum Empfang der Schlüssel ermächtigt zu sein. Nach Erhalt der Schlüssel fuhr A mit dem vor dem Hause abgestellten Käfer davon. Erst am Abend des darauffolgenden Tages brachte A den Käfer zurück.* ◀

---

149 BGHZ 5, 365; *Poisel/Ruppert*, JA 2019, 356.
150 BGHSt 18, 221; Sch/Sch-*Perron*, § 263 Rn. 63.
151 BGHSt 7, 197; M/R-*Saliger*, § 263 Rn. 128.
152 Zu diesen Fällen vgl. *Zeyher/Zivanic*, ZJS 2022, 198 ff.; BGH NStZ 2021, 37 m. Anm. *Abersfelder*, NZWiSt 2021, 246; BGH NStZ 2022, 95 m. Anm. *Habetha*.
153 OLG Stuttgart NJW 1965, 1930.

§ 7 Der Betrug (§ 263 StGB)

Zwar müssen Getäuschter und Verfügender die gleiche Person sein, der Verfügende und der Geschädigte brauchen aber nicht identisch zu sein. Kommt es in Täuschungsfällen zu einer Dreieckskonstellation – Täuschender T, Verfügender V, Geschädigter S –, so entsteht die dogmatisch klassische Problematik des sog. **Dreiecksbetrugs**. Bis heute ist umstritten, welches Verhältnis zwischen dem Verfügenden und dem Geschädigten bestehen muss,[154] mag auch bei den einzelnen Fallgruppen inzwischen weitgehend Einigkeit über das richtige Ergebnis bestehen. Der Betrug ist ein Selbstschädigungsdelikt; die Vermögensverfügung des Getäuschten muss sich daher in der Sache als eine solche des Geschädigten darstellen, ihm also zugerechnet werden können.[155] Andernfalls kommt nur ein Diebstahl in mittelbarer Täterschaft in Betracht.[156]

88

Allgemein anerkannt ist es, dass ein solcher Dreiecksbetrug zu bejahen ist, wenn der Verfügende **rechtlich** dazu **befugt** ist, über das Vermögen des Geschädigten i.S.d. § 185 BGB zu verfügen und er sich (täuschungsbedingt) subjektiv im Rahmen seiner Dispositionsbefugnis bewegt hat (sog. **Theorie der rechtlichen Befugnis**; „Ermächtigungstheorie").[157] Das ist etwa anzunehmen bei einem gesetzlichen Vertreter, einem Insolvenzverwalter, einem Testamentsvollstrecker oder einem Richter, der über einen Fall zu entscheiden hat. Die Befugnistheorie liefert auch einen überzeugenden Lösungsansatz für diejenigen Fallkonstellationen, in denen Gegenstand der Verfügung (wie etwa beim Prozessbetrug) die Forderung eines Dritten (sog. Dreiecksforderungsbetrug) ist. Jedoch ist auch beim Forderungsbetrug eine Verfügungsbefugnis zu verlangen, die im weitesten Sinne noch auf dem Willen des Geschädigten beruht, was zwar beim Prozessbetrug, beim täuschungsbedingt gutgläubigen Erwerb von Sachen (§ 932 BGB) oder von Forderungen (§ 416 BGB) aber nicht der Fall ist.[158]

89

Handelt es sich dagegen um einen **Dreiecks-Sachbetrug**, d. h. eine durch die Täuschung des Verfügenden bewirkte Herausgabe eines körperlichen Gegenstands,[159] ist das Meinungsspektrum breiter. Nach der **Befugnistheorie** muss der Verfügende eine rechtliche Befugnis zur Übergabe des Besitzes innehaben und darf diese nicht überschritten haben (objektive Befugnistheorie) bzw. sich subjektiv innerhalb des ihm zugebilligten Entscheidungsrahmens bewegt haben (objektiv-subjektive Befugnistheorie).[160] Maßgeblich ist danach, ob der Getäuschte sich bei der Besitzverschiebung im Rahmen der ihm kraft Bevollmächtigung erteilten oder ihm gesetzlich zustehenden Ermächtigung hält. Nach der Rechtsprechung des **BGH**, die auch als „**faktische Nähetheorie**" bezeichnet wird,[161] reicht es dagegen aus, dass der Getäuschte schon vor der Tat Gewahrsam an der Sache ausgeübt hat, er also tatsächlich der Sache am nächsten steht und die unmittelbar räumliche Einwirkungsmöglichkeit auf sie hat. Dies kann etwa bei dem Pförtner einer Sammelgarage der Fall sein, der die KFZ-Zweitschlüssel den Berechtigten auf Verlangen aushändigt.[162] Nach der im Schrifttum vorherrschenden, von *Lenckner* entwickelten sog. **Lagertheorie** muss der Verfügende „bildlich gesprochen im

90

---

154 Zur Diskussion vgl. z. B. *Hillenkamp/Cornelius*, 30. Problem, S. 169; *Poisel/Ruppert*, JA 2019, 421.
155 *Jäger*, BT, Rn. 493; *Maurach/Schroeder/Maiwald/Hoyer/Momsen*, BT-1, § 41 Rn. 80.
156 *Rengier*, BT-1, § 13 Rn. 101 ff.
157 *Joecks/Jäger*, § 263 Rn. 91 ff.; *L-Kühl/Heger*, § 263 Rn. 29; *S/S/W-Satzger*, § 263 Rn. 128.
158 *M/R-Saliger*, § 263 Rn. 144 m.w.N. zu weiteren Fallkonstellationen.
159 NK-*Kindhäuser/Hoven*, § 263 Rn. 210.
160 *Schünemann*, GA 1969, 46 (objektive Theorie); MK-*Hefendehl*, § 263 Rn. 462 ff.; *Mitsch*, BT-2/1, § 7 Rn. 74 (gemischt objektiv-subjektive Theorie).
161 *Hillenkamp/Cornelius*, 30. Problem, S. 177.
162 So der BGH in seiner wegweisenden Sammelgarage-Entscheidung BGHSt 18, 221.

Lager des Geschädigten" stehen,[163] d. h. eine **Obhuts- und Hüterbeziehung** zu den Gegenständen des Geschädigten innehaben. Dies wird teilweise auch als „normatives Näheverhältnis"[164] oder als „Theorie von der faktischen Befugnis"[165] bezeichnet. Die Rechtsprechung schwankt zwischen der „faktischen Nähetheorie"[166] und der „Lagertheorie",[167] der sie sich aber in letzter Zeit angenähert hat.

91 Gegen die Befugnistheorien spricht vor allem, dass sie den Tatbestand zu sehr einengen und danach in Fallkonstellationen, in denen der Verfügende nur eine Beschützer- oder Überwachungsgarantenstellung innehat, ohne in irgendeiner Art und Weise rechtlich zur Verfügung befugt zu sein, kein Betrug möglich sein soll. Doch kann hier der Verfügende normativ ohne Weiteres dem Bereich des Geschädigten zugerechnet werden und damit die Selbstschädigungsnatur des Betrugs gewahrt bleiben. Die faktische Nähetheorie ist insofern problematisch, als die rein tatsächliche Verfügungsmacht in solchen Konstellationen erst der Ausgangspunkt für die weitere, zentrale Fragestellung ist, ob dieser faktischen Nähe normative Selbstschädigungsrelevanz beizumessen ist. Allerdings nimmt diese Theorie mit den Kriterien der Mitgewahrsamsinhaberschaft oder der Besitzdienerschaft teilweise durchaus eine gewisse Normativierung vor. Den **Vorzug verdient** die sog. „**Lagertheorie**", die nicht nur eine prägnante Metapher geschaffen hat,[168] sondern – moderner formuliert – mit der Zurechnungseinheit von Verfügendem und Geschädigten, der Normativität des Näheverhältnisses, eine inhaltlich sinnvolle und praktikable Basis für die Abgrenzungsentscheidung entwickelt hat. Sie bedarf aber noch insoweit der Präzisierung, als ein rechtliches Obhutsverhältnis bestehen muss, das auf den Willen des Geschädigten zurückzuführen ist.[169]

92 ▶ **Lösung:** *Im „Zimmerwirtin-Fall" wäre nach der (objektiven) Befugnistheorie ein Dreiecksbetrug zu verneinen. Das OLG Stuttgart, das in seiner Entscheidung der Befugnistheorie gefolgt ist, hat daher hervorgehoben, dass E (objektiv) nicht befugt war, über den Autoschlüssel im Zimmer der P zu verfügen, noch irgendeine Entscheidung darüber zu treffen, ob A den Pkw der Zeugin P benutzen durfte. Nach der subjektiven Theorie mag sich E dazu berechtigt gesehen haben, die Fahrzeugschlüssel auszuhändigen. Nach der Theorie des faktischen Näheverhältnisses wäre ebenfalls ein Betrug zu verneinen, da ein Vermieter zwar mittelbaren Besitz, vor der Tat aber nicht einen wie immer gearteten Gewahrsam (also eine tatsächliche Sachherrschaft) an den Gegenständen ausübt. Ebenso besitzt eine Vermieterin keine Obhuts- und Hüterfunktionen gegenüber den Gegenständen in einer vermieteten Wohnung; die Vermieterin steht nicht im Lager der F. Daher kommt, von der subjektiven Befugnistheorie abgesehen, hier nach allen Theorien nur ein Diebstahl in mittelbarer Täterschaft in Betracht.* ◀

93 Fehlt es an dieser Nähebeziehung, wird in den meisten Fällen ein Diebstahl in mittelbarer Täterschaft in Betracht kommen. Dort, wo es kein Ausweichen auf einen anderen Tatbestand gibt, z.B. einem Dreiecksbetrug in Bezug auf Rechte, Forderungen, Erwerbsaussichten, bleibt es dann u.U. bei Straflosigkeit.

---

163 Der Begriff und die Theorie stammen von *Lenckner*, JZ 1966, 320.
164 *Hillenkamp/Cornelius*, 30. Problem, S. 178; M/R-*Saliger*, § 263 Rn. 135.
165 So *Rengier*, BT-1, § 13 Rn. 108.
166 BGHSt 18, 221 (Sammelgarage-Fall), aufbereitet bei *Kudlich*, PdW BT-1, Nr. 117; BGH wistra 2008, 147.
167 BGHSt 58, 119.
168 Krit. *Mitsch*, BT-2, S. 302: Die Lagertheorie verleite zu „gefühlsgeleiteter, intuitiver Entscheidungsfindung"; es mangle ihr an „hinreichend bestimmten objektiven Kriterien".
169 So zu Recht M/R-*Saliger*, § 263 Rn. 135.

4. Vermögensschaden
a) Zweistufige Prüfungsreihenfolge

Bei der Bestimmung des Vermögensschadens ist nach überwiegender Ansicht zunächst – auf der **ersten** Stufe – festzustellen, ob der Gegenstand, den der durch die Verfügung Betroffene ausgesondert hat, unter den Vermögensbegriff des § 263 StGB fällt und damit **überhaupt zum** von **§ 263 StGB geschützten Vermögen** gehört[170] (unten Rn. 97 ff.) Der Vermögensbegriff wird bei dieser Vorgehensweise im Rahmen der Prüfung der vorgelagerten Vermögensverfügung nur angedeutet bzw. offengelassen und erst beim Vermögensschaden behandelt.

94

Dieses Vermögen muss sodann – auf der **zweiten** Stufe – einen Schaden (unten Rn. 120 ff.). erleiden. Dies ist der Fall, wenn der **Gesamtwert des Vermögens** infolge der Vermögensverfügung **vermindert** ist. § 263 StGB will nicht bereits die Vertrags- und Dispositionsfreiheit, d. h. vor dem täuschungs- und irrtumsbedingten Verlust eines bestimmten Vermögensbestandteils schützen, sondern vielmehr vor der Verminderung des wirtschaftlichen Wertes des Gesamtvermögens.[171] Dies wird durch einen **Vergleich** des Vermögensstands **vor und nach** der Vermögensverfügung festgestellt (sog. Prinzip der Gesamtsaldierung). Das Opfer muss durch die Tat **insgesamt ärmer** geworden sein. Ein Schaden liegt demnach **nicht** vor, wenn die Vermögensminderung durch einen Vermögenszuwachs unmittelbar **vollständig ausgeglichen** wird. Die Wertbemessung erfolgt aufgrund eines objektiven Maßstabs unter Berücksichtigung der individuellen Verhältnisse des Geschädigten (sog. individuell-objektiver Schadensbegriff).[172] Eine konkrete Vermögensgefährdung kann bereits für die Vollendung genügen.

95

Teilweise wird im Schrifttum eine umgekehrte Prüfungsreihenfolge vorgenommen, d. h. die Frage der Vermögensrelevanz der Disposition bereits bei der Vermögensverfügung – entweder als erster[173] oder als letzter[174] Unterpunkt des Verfügungsbegriffs – und nicht erst beim Vermögensschaden beantwortet. Dafür spricht, dass der Begriff der „Vermögens"verfügung nur sinnvoll ist, wenn der Getäuschte auch über sein Vermögen verfügt, was nicht der Fall ist, wenn der Gegenstand nicht zum Vermögen gehört. Andererseits sind Vermögensverfügung und -schaden eng miteinander verflochten und betreffen beide die Schadensfeststellung, wie auch die identischen Probleme des Vermögensbegriffs bei §§ 253, 266 StGB auftreten, dort aber nur beim Vermögensschaden bzw. Nachteil lokalisiert werden können.[175]

96

b) Vermögensbegriff

Der **Begriff des** strafrechtlich geschützten **Vermögens** gehört zu den **umstrittensten** Fragen des Besonderen Teils.[176] Im Zentrum der Diskussion stehen der ökonomische und der juristisch-ökonomische Vermögensbegriff,[177] während der rein juristische Ver-

97

---

170 LK-*Tiedemann*, § 263 Rn. 126; MK-*Hefendehl*, § 263 Rn. 473.
171 SK-*Hoyer*, § 263 Rn. 193.
172 SK-*Hoyer*, § 263 Rn. 193.
173 So S/S/W-*Satzger*, § 263 Rn. 136.
174 So M/R-*Saliger*, § 263 Rn. 149.
175 Sinnvoll erscheint es daher, bei der Vermögensverfügung insoweit nur zu prüfen, ob durch die Disposition ein wirtschaftlicher Nachteil beliebiger Art entstanden ist (*Wessels/Hillenkamp/Schuhr*, BT-2, Rn. 545).
176 Vgl. etwa *Wessels/Hillenkamp/Schuhr*, BT-2, Rn. 557; *Mitsch*, BT, S. 304; *Rengier*, BT-1, Rn. 138 ff.
177 *Hillenkamp/Cornelius*, 31. Problem, S. 183.

mögensbegriff überholt ist.[178] Der Streit wird vor allem in vier Fallkonstellationen bedeutsam: Der **1.** Problembereich betrifft **Ansprüche**, die wegen **Gesetzes- oder Sittenwidrigkeit nichtig** sind. Gemeint sind damit Konstellationen, in denen durch Täuschung Erwerbsaussichten und andere Positionen begründet werden, die nicht unter dem Schutz der Rechtsordnung stehen. Man denke etwa an den Fall, dass ein Drogenlieferant um seine Bezahlung geprellt wird. Die **2.** Fallgruppe besteht in der **Nichterfüllung** von **gesetzes-** oder **sittenwidrigen Ansprüchen**. Dies ist etwa der Fall beim bezahlten „Killer", der den Auftraggeber des Mords darüber täuscht, dass er die Tat gar nicht durchführen wird. Der **3.** Problembereich besteht in der Frage nach dem Schutz **unrechtmäßig erlangter** Vermögenspositionen, so z.B. wenn einem Dieb das Diebesgut abgelistet wird. Die **4.** Fallgruppe betrifft die Vermögensrelevanz von **Erwerbs- und Gewinnaussichten**, so etwa dann, wenn täuschungsbedingt über eine künftige Erbschaft verfügt wird.

aa) Die zwei maßgeblichen Vermögensbegriffe

(1) Der rein ökonomische Vermögensbegriff

98 Der **rein ökonomische** Vermögensbegriff umfasst das Vermögen als die **Summe der geldwerten Güter** einer Person ohne Rücksicht darauf, ob diese zivil- oder öffentlich-rechtlich anerkannt sind: Es gibt kein strafrechtlich ungeschütztes Vermögen.[179] Dieser Vermögensbegriff wird mit kleineren Einschränkungen seit RGSt 44, 230 in ständiger Rechtsprechung bis heute vom BGH vertreten,[180] und zwar mit Billigung des BVerfG:[181] „Ein wegen seiner Herkunft, Entstehung oder Verwendung schlechthin schutzunwürdiges Vermögen kennt die Rechtsordnung im Bereich der Vermögensdelikte nicht" (BGHSt 48, 322). Daher falle z. B. selbst das für terroristische Zwecke eingesetzte Vermögen einer Terrororganisation unter den Vermögensbegriff.[182] Allerdings unterzieht die Rechtsprechung den ökonomischen Vermögensbegriff punktuell einer normativen Korrektur und vertritt in wenigen Einzelfällen durchaus einen juristisch-ökonomischen Vermögensbegriff.[183]

(2) Juristisch-ökonomischer Vermögensbegriff

99 Nach dem in der **Lehre vorrangig** vertretenen juristisch-ökonomischen Vermögensbegriff ist Vermögen **die Gesamtheit aller Güter** und sonstigen Positionen einer natürlichen oder juristischen Person, die einen **messbaren wirtschaftlichen Wert** haben und dem Vermögensinhaber unter dem **Schutz der Rechtsordnung** oder wenigstens ohne deren Missbilligung zustehen.[184] Dieser Vermögensbegriff kombiniert den wirtschaftlichen Vermögensbegriff mit dem **früher vorherrschenden**, heute jedoch nicht mehr vertretenen und überholten **juristischen Vermögensbegriff**, wonach zum Vermögen Vermögensrechte und – pflichten ohne Rücksicht auf den wirtschaftlichen Wert gezählt

---

178 *Rengier*, BT-1, § 13 Rn. 141; *Wessels/Hillenkamp/Schuhr*, BT-2, Rn. 559.
179 Dahinter steht nach BGHSt 2, 364 das „Streben nach natürlicher Betrachtung und nach lebensgemäßen, befriedigenden Ergebnissen."
180 Zum Stand in der Rspr. vgl. etwa *M/R-Saliger*, § 263 Rn. 153 f.
181 BVerfG NJW 2009, 2370 Rn. 24; BVerfG NJW 2010, 3209 Rn. 86.
182 BGH NStZ-RR 2018, 221; zust. *Yao Li*, NZWiSt 2019, 405; krit. *Jahn*, JuS 2018, 719.
183 AnwK-*Gaede*, § 263 Rn. 80 ff.; M/R-*Saliger*, § 263 Rn. 153.
184 So A/W-*Heinrich*, § 20 Rn. 91; *Küper/Zopfs*, Rn. 624; Sch/Sch-*Perron*, § 263 Rn. 82; LK-*Tiedemann*, § 263 Rn. 132.

wurden und der Schaden in einem de-facto-Rechtsverlust oder im Ausbleiben der rechtlich zustehenden Gegenleistung bestand.[185]

bb) Weitere Vermögensbegriffe

Neben diesen beiden „klassischen" Vermögensbegriffen wurden im Schrifttum weitere Vermögensbegriffe entwickelt, die in Übungs- und Examensklausuren im Regelfall nicht angesprochen zu werden brauchen, allerdings in anspruchsvolleren Hausarbeiten durchaus thematisiert werden können bzw. sollten, falls der zu bearbeitende Sachverhalt hierfür Anlass gibt.

100

Nach dem „**personalen** Vermögensbegriff" (*Otto*) dient das Vermögen der persönlichen Entfaltung des Menschen in materieller, gegenständlicher Hinsicht; maßgeblich ist demnach, was jemand mit seinem Vermögen wirtschaftlich bezweckt.[186] Andere Theorien stehen dem juristisch-ökonomischen Vermögensbegriff sehr nahe und decken sich mit ihm ganz oder doch in weiten Teilen: Der „**funktionale** Vermögensbegriff" (*Kindhäuser*) umschreibt, in Fortführung des juristischen Vermögensbegriffs, das Vermögen als Verfügungsmacht einer Person über die ihr rechtlich zugeordneten übertragbaren Güter,[187] womit auch Güter mit einem nur abstrakten Geldwert (z.B. Erinnerungsfotos) zum rechtlich geschützten Vermögen gehören.[188] Andere favorisieren das „Modell der zivilrechtlich konstituierten Herrschaft als Grundlage der Definition des normativ-ökonomischen Vermögensbegriffs" (*Hefendehl*),[189] das sich am Bilanzrecht orientiert,[190] oder beziehen in einer „reformulierten juristischen Vermögenslehre" (*Pawlik*) in das Vermögen diejenigen Vermögensgegenstände ein, die der betreffenden Person normativ zugeordnet seien.[191]

101

cc) Stellungnahme

Der ökonomische Vermögensbegriff, der allein auf die faktischen Verhältnisse abstellt, kann zu Wertungen in Widerspruch treten, die in der übrigen Rechtsordnung getroffen wurden. Insofern setzt dieser Vermögensbegriff die Einheit der Rechtsordnung aufs Spiel.[192] Jeden Gegenstand, mit dem auf dem Markt ein Gewinn erzielt werden kann (z.B. illegale Waffe, Mordauftrag), zugleich durch das Vermögensstrafrecht zu schützen, hieße, sich nicht dem Recht, sondern der faktischen Macht des Kommerzes und den „Gesetzen" des Marktes zu unterwerfen. Für den juristisch-ökonomischen Vermögensbegriff streitet daher die systematisch kongruente Bewertung eines Sachverhalts in der gesamten Rechtsordnung. Es würde zu unauflösbaren Wertungswidersprüchen kommen, wenn das als Sekundärrechtsordnung ausgestattete Strafrecht, das Pflichtverstöße aus der Primärrechtsordnung Zivil- und Öffentliches Recht sanktioniert, einen Gegenstand als Vermögensbestandteil anerkennt, dem die Primärrechtsordnung ihren

102

---

185 In **Klausuren** und **Hausarbeiten** braucht der **juristische Vermögensbegriff nicht** mehr erörtert zu werden; diese Lehre ist aber auch heute für das **Verständnis** der nachfolgend entwickelten, **heutigen Vermögenstheorien** von **Bedeutung**; vgl. etwa *Hillenkamp/Cornelius*, BT, 31. Problem, S. 184; *Krey/Hellmann/Heinrich*, BT-2, § 11 Rn. 606; *Küper/Zopfs*, BT Rn. 625.
186 Er wurde entwickelt von *Otto*, Struktur des strafrechtlichen Vermögensschutzes, 1970, S. 26 ff. und aufgegriffen bzw. fortentwickelt etwa von *Alwart*, JZ 1986, 546.
187 *Kindhäuser/Hilgendorf*, § 263 Rn 127.
188 *Kindhäuser/Böse*, BT-2, § 26 Rn. 17.
189 MK-*Hefendehl*, § 263 Rn. 516 ff.
190 Krit. dazu etwa M/R-*Saliger*, § 263 Rn. 158.
191 *Pawlik*, Das unerlaubte Verhalten beim Betrug, 1999, S. 262.
192 Sch/Sch-*Perron*, § 263 Rn. 80.

Schutz versagt. Aus diesem Grund treffen die verschiedenen juristisch-ökonomischen Vermögenslehren in ihrem Begriffskern zu. Allerdings müssen die Gründe, die etwa zur Nichtigkeit eines Anspruchs führen, präzise analysiert sowie mit dem Sinn und Zweck des Betrugstatbestands abgeglichen werden und in Einklang stehen.[193] So dürften staatlich nicht anerkannte Kryptowährungen wie z.B. Bitcoins wegen ihrer in der virtuellen Welt akzeptierten Geldersatzfunktion unter den Vermögensbegriff fallen.[194]

103 Der personale Vermögensbegriff liefert hingegen in denjenigen Konstellationen eine überzeugende Lösung, in denen der **individuellen Zwecksetzung des Geldeinsatzes** bei der Frage der Gesamtsaldierung eine besondere Bedeutung zukommen muss, namentlich in den Fällen der sog. Zweckverfehlung.[195] Er kann zudem plausibel machen, warum in besonderen Fallkonstellationen dem Getäuschten, obwohl er an sich ein wirtschaftliches Äquivalent erhalten wird, nach Gesamtsaldierungsgesichtspunkten ein Schaden entstanden ist.[196] Manche bezeichnen daher den vorherrschenden Vermögensbegriff der h. L. auch als „objektiv-wirtschaftlicher Vermögensbegriff mit individuellem bzw. juristischem ‚Schadenseinschlag'" (*Heinrich*).[197] Als alleinige Grundlage der Vermögensdefinition kann der personale Vermögensbegriff aber nicht herangezogen werden. Denn die Subjektivierung des Vermögensbegriffs birgt die Gefahr in sich, dass schon die Verletzung der Dispositionsfreiheit zum Schaden erklärt wird, obwohl objektiv wirtschaftlich gesehen eine Vermögensbeeinträchtigung zweifelhaft ist.[198] Auf die weiteren, oben kurz angerissenen Theorien wird bei den nachstehend behandelten, konkreten Streitfragen eingegangen.

c) Einzelne umstrittene Vermögenspositionen

104 Die nachfolgend genannten, wirtschaftlich relevanten Güter stellen sich im Licht des ökonomischen und juristisch-ökonomischen Vermögensbegriffs wie folgt dar:

aa) Nichtige Forderungen, z.B. wegen Gesetzes- oder Sittenwidrigkeit

105 Hier ergeben sich folgende zwei unterschiedliche Fallkonstellationen:

(1) Einsatz zu gesetzlich missbilligten Zwecken

106 ▶ **Beispiel („„Killer-Fall"):**[199] *Killer K erhielt von A den Auftrag, für 10.000 EUR jemanden umzubringen. A trat in Vorleistung und zahlte den Betrag vorab in voller Höhe. Von Anbeginn an hatte K jedoch nicht vor, die Leistung zu erbringen. Er behielt das Geld, ohne den tödlichen Auftrag auszuführen.* ◀

107 Der Täuschende soll eine **gesetzes-** oder **sittenwidrige** Leistung erbringen, **unterlässt** dies aber. Der Getäuschte dagegen erbringt seine Gegenleistung (etwa in Form einer Geldzahlung). Das Vermögen des Getäuschten soll somit zu gesetzes- und sittenwidrigen Zwecken eingesetzt werden, ohne dass dieser Zweck erreicht wird. Nach dem

---

[193] MK-*Hefendehl*, § 263 Rn. 628 f.
[194] *Grzywotz/Köhler/Rückert*, StV 2016, 753; zu den Schwierigkeiten der Wertbestimmung *Börner*, NStZ 2018, 48.
[195] Vgl. auch MK-*Hefendehl*, § 263 Rn. 628 ff.; *Idler*, JuS 2007, 904, 907 (personaler oder funktionaler Vermögensbegriff als Grundlage der Zweckverfehlung).
[196] M/R-*Saliger*, § 263 Rn. 158.
[197] A/W-*Heinrich*, § 20 Rn. 17 ff., 87 ff.
[198] SK-*Hoyer*, § 263 Rn. 112; M/R-*Saliger*, § 263 Rn. 158.
[199] KG NJW 2001, 86.

ökonomischen Vermögensbegriff wäre ein **Schaden** zu **bejahen**, denn das Opfer gibt sein gutes Geld weg.[200] Auch die überwiegende Zahl der Anhänger eines juristisch-ökonomischen Vermögensbegriffs vertritt die Ansicht, dass ein geldwertes Gut seine Eigenschaft als schutzwürdiger Vermögensgegenstand nicht dadurch verliere, dass es zur Verfolgung eines rechts- oder sittenwidrigen Zwecks, insbesondere zur Erfüllung eines verbotenen Zwecks eingesetzt werde.[201] Geld sei ein völlig kommerzialisiertes Gut, das ubiquitär zu Tauschzwecken eingesetzt werden könne. Zudem strebe derjenige Käufer, der über § 823 Abs. 2 BGB i. V. m. § 263 StGB sein Geld zurückverlange, nicht die Herbeiführung des gesetzes- oder sittenwidrigen Zustandes an, den aber die §§ 134, 138 BGB verhindern wollen. Insofern werde die zivilrechtliche Versagung eines Anspruchs auf Gegenleistung nicht durch den strafrechtlichen Schutz des Geldes infrage gestellt.

Den Vorzug verdient jedoch die von einzelnen Anhängern des juristisch-ökonomischen Vermögensbegriffs vertretene Ansicht, wonach hier **kein Schaden** vorliegt:[202] Denn weiß der Käufer, dass die Vereinbarung sitten- und gesetzeswidrig nach § 134 BGB ist, steht ihm, falls er sein Geld zurückverlangt, nach § 817 S. 2 BGB kein Bereicherungsanspruch zu. Auch würde es nicht einleuchten, wenn das Vertrauen von Rechtsbrechern in die Erfüllung ihrer illegalen Geschäfte durch das Strafrecht anerkannt und geschützt würde. Andernfalls wird – wie in der BGH-Rechtsprechung – selbst das Vermögen terroristischer Vereinigungen vom deutschen Strafrecht geschützt,[203] und dies, obwohl die Finanzierung terroristischer Straftaten weltweit geächtet wird. Es besteht kein strafrechtlich schützenswertes Interesse daran, dass die Gegenleistung erbracht wird bzw. der Getäuschte sein Geld zurückerhält. Abgesehen davon verstrickt sich die Rechtsprechung in Wertungswidersprüche, wenn sie im umgekehrten Fall dem vorleistenden Verkäufer, Beauftragten usw. keinen Betrugsschutz gewährt.

▶ *Lösung: Im „Killer-Fall" hat das KG auf der Grundlage eines ökonomischen Vermögensbegriffs einen Vermögensschaden bejaht: Der fehlende zivilrechtliche Schutz des A müsse durch einen strafrechtlichen Betrugsschutz kompensiert werden. Die Verfolgung verbotener Zwecke durch den Getäuschten dürfe kein Freibrief für den Schädiger sein, sich die Vermögenswerte, die der Getäuschte zu unerlaubten Zwecken riskiert, zu eigenem Nutzen zu verschaffen. Außerdem müssten auch Betrug und Erpressung unter Ganoven strafrechtlich verfolgt werden. Nach der Gegenansicht ist ein Vermögensschaden mangels rechtlich schutzwürdigen Vertrauens des A zu verneinen.* ◀

(2) Keine Gegenleistung vom Empfänger der sitten-/gesetzeswidrigen Leistung

Die zweite Fallkonstellation besteht darin, dass der Täuschende nicht leistet, obwohl die **Gegenseite** ihre gesetzes- oder sittenwidrige **Leistung erbringt**. Man denke etwa an die umgekehrte Killer-Fall-Konstellation (der Killer „leistet", nicht aber der Auftraggeber) oder an den Fall, dass ein Drogendealer wie versprochen Heroin oder ein Waffenhändler wie versprochen illegal Waffen liefert, der Käufer aber, wie von Anfang an geplant, nicht den vereinbarten Kaufpreis bezahlt.[204] Nach dem **wirtschaftlichen**

---

[200] RGSt 44, 230; BGHSt 8, 254; BGH NJW 2002, 2117; ebenso *Kudlich*, PdW BT-1, Nrn. 107, 109; *L-Kühl/Heger*, § 263 Rn. 35; *Rengier*, BT-1, § 13 Rn. 158.
[201] Etwa *Eisele*, BT-2, Rn. 609; *M/R-Saliger*, § 263 Rn. 178; LK-*Tiedemann*, § 263 Rn. 138.
[202] *Fischer*, § 263 Rn. 108; Sch/Sch-*Perron*, § 263 Rn. 150; *Wasczynsky*, JA 2020, 253.
[203] BGH StV 2019, 85 m. Bspr. *Jahn*, JuS 2018, 719.
[204] Zur Nichtbezahlung einer Kartenlegerin LG Ingolstadt JuS 2006, 945 m. Anm. *Jahn*.

Vermögensbegriff ist ein **Schaden** zu bejahen, denn **Mordhandlungen, Drogen** und **illegale Waffen** besitzen einen **ökonomischen Wert**, wenngleich nur auf dem Schwarzmarkt oder im Darknet. Der **BGH** betrachtet Drogen daher als Vermögen. So könne etwa das Nötigen zur Herausgabe von Betäubungsmitteln mittels Androhung von Gewalt den Straftatbestand der schweren räuberischen Erpressung erfüllen sowie der Versuch, einen Drogenbesitzer mittels einer Täuschung zur Herausgabe von Drogen zu veranlassen, als versuchter Betrug strafbar sein.[205]

111 Unter den Vertretern des juristisch-ökonomischen Vermögensbegriffs ist die **Bewertung umstritten**. Überwiegend wird wegen der Nichtigkeit des Zahlungsanspruchs – bei einem unerlaubten Drogengeschäft etwa aus § 29 BtMG i. V. m. § 134 BGB – ein Schaden zu Recht verneint.[206] Wenn die Rechtsordnung keine zivilrechtliche Pflicht zur Gegenleistung statuiert, kann es auch kein Betrug sein, wenn der andere sich rechtlich richtig verhält und etwas unterlässt, wozu ihn niemand juristisch zwingen kann (etwa Drogen zu bezahlen). Der vorleistende Getäuschte handelt dann eigenverantwortlich hochriskant. Allerdings hat auch die Rechtsprechung im Einzelfall normative Korrekturen vorgenommen und die Richtung des juristisch-ökonomischen Vermögensbegriffs eingeschlagen, vor allem bei Rechtsgeschäften, die vor Inkrafttreten des ProstitutionsG unwirksam waren, so etwa in den (früheren) Fällen des sog. Dirnenlohnbetrugs[207] und des Telefonsexgesprächs.[208] Das gleiche gelte für den Einsatz einer verbotenen Arbeitskraft:[209] So erkennt auch der BGH einen Arbeitseinsatz (z.B. in Gestalt eines Dienst- oder Werkvertrags), der außerhalb der Rechtsordnung erfolgt und daher wegen Nichtigkeit (§§ 134, 138 BGB) keine zivilrechtlichen Lohnforderungen auslöst, nicht als Vermögensposition an.[210] Zwar hatte der **2. Strafsenat** des BGH in einem Anfragebeschluss des Jahres 2016 zum Fall eines Vermögensschadens bei einer Erpressung die Frage aufgeworfen, ob der unerlaubte Besitz von Betäubungsmitteln auch künftig in der Rechtsprechung weiterhin zum Bestandteil des Vermögens gehören soll oder ob nicht vielmehr – nach den eben skizzierten Grundsätzen – ein Schaden aufgrund normativer Erwägungen zu verneinen sei.[211] Die übrigen vier BGH-Senate wollten dem aber nicht folgen,[212] wie auch der 2. Strafsenat in anderer Besetzung dem eigenen Anfragebeschluss nicht folgte (sog. Binnendifferenz), woraufhin von einer Vorlage an den Großen Senat abgesehen wurde und schließlich auch der 2. Strafsenat den überkommenen wirtschaftlichen Vermögensbegriff nicht preisgab.[213]

bb) Der (unrechtmäßige) Besitz

112 Der **rechtmäßige** mittelbare und unmittelbare **Besitz** gehört zum Vermögen, soweit ihm ein wirtschaftlicher Wert zukommt.[214] Wer also durch eine Täuschung vorübergehend einen Mietwagen benutzen kann[215] oder eine EC-Karte mit Kenntnis der Geheimzahl

---

205 BGH NStZ 2002, 33 m. Bspr. *Heger*, JA 2002, 454.
206 L-*Kühl/Heger*, § 263 Rn. 35 a; MK-*Hefendehl*, § 263 Rn. 628.
207 BGHSt 4, 373.
208 OLG Hamm NJW 1989, 2551.
209 *Kudlich*, PdW BT-1, Nr. 109.
210 BGH NStZ 2001, 534; NStZ-RR 2009, 106, 107; *Rengier*, BT-1, § 13 Rn. 168.
211 BGH NStZ 2016, 596 mit Bspr. *Bosch*, Jura 2016, 1338; *Jahn*, JuS 2016, 848 und *Jäger*, JA 2016, 790.
212 BGH NStZ-RR 2017, 112 (1. StS); BGH NStZ-RR 2017, 244 (3. StS); BGH JR 2018, 149 (4. und 5. StS).
213 BGH NStZ-RR 2017, 341 m. Bspr. *Müller-Metz*; MK-*Hefendehl*, § 263 Rn. 628 ff.
214 *Rengier*, BT-1, § 13 Rn. 161; S/S/W-*Satzger*, § 263 Rn. 101.
215 BGHSt 16, 280 (zum Vermögensschaden bei § 255).

erlangt,[216] mindert das Vermögen des anderen. Ob auch der unrechtmäßige Besitzer vor einer täuschungsbedingten Weggabe der Sache geschützt werden soll, ist sehr umstritten. Nach dem ökonomischen Vermögensbegriff ist jede Form des Besitzes vermögensrelevant, unabhängig davon, ob er rechtmäßig ist oder ob der Besitzer beim Erwerb bös- oder gutgläubig war. Innerhalb des juristisch-ökonomischen Vermögensbegriffs reichen die Ansichten von einer Verneinung der Vermögensqualität[217] über differenzierende Ansichten[218] bis hin zur Anerkennung jeder Besitzform als Vermögen. Für die Einbeziehung des Besitzes als Vermögensposition im Einklang mit der h.M. spricht vor allem, dass bestimmte Formen des Besitzes durchaus von der Zivilrechtsordnung geschützt werden: Auf die Regelungen in §§ 858, 859 BGB kann sich auch der fehlerhaft Besitzende berufen.[219] Daher ist der widerrechtliche Besitz eine zu respektierende vorläufige Position, es sei denn, dem unrechtmäßigen Besitzer soll die Sache zum Zwecke der Rückführung an den Eigentümer abgeschwindelt werden.[220]

cc) Subjektive Rechte und Anwartschaften

▶ **Beispiel ("Gewinnlos-Fall"):**[221] *A verkaufte in der Fußgängerzone insgesamt 10.000 Gewinnlose zu je 50 Pfennig für ein Glücksspiel. G druckte für A die Lose. A ließ sich von G das Hauptgewinnlos gesondert aushändigen. Um den Absatz der Lose während der Dauer der Ausspielung zu steigern und so seinen eigenen Gewinn zu erhöhen, mischte A erst gegen Ende des Verkaufs der 10.000 Lose das Hauptgewinnlos den restlichen Losen bei.* ◀

Alle **subjektiven Rechte** wie das Eigentum oder schuldrechtliche und dingliche Ansprüche sowie zu zivil- und öffentlich-rechtlichen Anwartschaften verdichtete Exspektanzen zählen zum Vermögen, soweit sie **nicht wirtschaftlich wertlos** sind.[222] Dies ist dann der Fall, wenn sie sich nicht in vagen Aussichten oder bloßen Hoffnungen erschöpfen, sondern der Vermögenszuwachs wahrscheinlich und rechtlich realisierbar ist.[223] Ein Betrugsschaden ist daher beispielsweise zu verneinen, wenn jemand sich durch ein falsches Abiturzeugnis den Zugang zu einem Numerus-Clausus-Studium erschleicht. Denn in der bloßen Eigenschaft als Arzt, Rechtsanwalt oder Studierender liegt typischerweise nur ein Potenzial, in Zukunft Erträge zu erzielen.[224] Wie die Vermögensrelevanz von Exspektanzen zu ermitteln ist, ist freilich im Einzelnen umstritten.[225]

▶ **Lösung:** *Im "Gewinnlos-Fall" hat der BGH zu Recht einen Vermögensschaden bejaht: Die Spieler erwerben mit einem Los bei korrekter Auslosung die rechtliche Verkörperung einer Hauptgewinnchance, die nur dem Zufall überlassen ist. In Wahrheit war dies während der längsten Zeit der Ausspielung infolge der Manipulationen des A nicht möglich. Das Los war daher weniger als seine 50 Pfennig wert.* ◀

---

216 BGH NStZ-RR 2004, 333 (zum Vermögensschaden bei § 255 StGB).
217 *Maurach/Schroeder/Maiwald/Hoyer/Momsen*, BT-1, § 41 Rn. 100.
218 Vgl. *Sch/Sch-Perron*, § 263 Rn. 94 (redlicher unrechtmäßiger Besitzer geschützt); SK-*Hoyer*, § 263 Rn. 125 (nur gegenüber unberechtigten Dritten).
219 MK-*Hefendehl*, § 263 Rn. 603; LK-*Tiedemann*, § 263 Rn. 141 unter Berufung auf *Lackner*.
220 *Wessels/Hillenkamp/Schuhr*, BT-2, Rn. 564.
221 In Anlehnung an BGH NJW 1956, 231.
222 *Fischer*, § 263 Rn. 92; AnwK-*Gaede*, § 263 Rn. 76; L-*Kühl/Heger*, § 263 Rn. 34.
223 MK-*Hefendehl*, § 263 Rn. 528 ff.; LK-*Tiedemann*, § 263 Rn. 135.
224 MK-*Hefendehl*, § 263 Rn. 554 ff.
225 Eingehend dazu MK-*Hefendehl*, § 263 Rn. 527 ff.

dd) Die Arbeitskraft

116 Die **Arbeitsleistung** eines Menschen, die üblicherweise gegen Entgelt erbracht wird, gehört ebenfalls zum Vermögen. Etwas anderes kann hier nur gelten, wenn die Arbeitsleistung zu gesetzes- oder sittenwidrigen Zwecken eingesetzt wird: Wer sich dazu bereit erklärt, an einem Einbruchsdiebstahl mitzuwirken, dann aber, wie von den anderen von Anfang an geplant, um seinen Anteil am Diebesgut geprellt wird, kann nicht betrogen sein.[226] Seitdem das deutsche Recht in § 1 ProstitutionsG[227] Prostituierten einen Anspruch auf Vergütung sexueller Dienstleistungen zubilligt, fallen die Arbeitsleistungen von Prostituierten (Geschlechtsverkehr, Telefonsex, Mitwirkung in der Pornoindustrie) in den Schutzbereich des § 263 StGB.[228] Wer sich als Kunde sexuelle Dienstleistungen einer vorleistenden Prostituierten erschleicht und dabei von vorneherein die Absicht hat, das Entgelt nicht zu entrichten, ist ein Betrüger.[229] Selbst wenn man das ProstitutionsG für politisch falsch und Prostitution für sittenwidrig halten sollte, muss diese gesetzgeberische Wertung im Rahmen des Betrugstatbestands normativ zugrunde gelegt werden, solange das ProstitutionsG nicht geändert oder aufgehoben wird.

ee) Staatliche Leistungen; strafrechtliche Sanktionen

117 ▶ **Beispiel („Kautions-Fall"):**[230] *Der wegen mehrerer Straftaten verurteilte A wurde gegen eine Kaution (§ 116 StPO) seines Verteidigers V in Höhe von 300.000 DM vorläufig freigelassen. Da A in Marokko lebte und die Haft nicht antrat, wurde diese Sicherheitsleistung vom Gericht für verfallen erklärt. V versuchte, mittels mehrerer gefälschter Dokumente vor Gericht die Freigabe der Kaution zu erreichen, was ihm aber nicht gelang.* ◀

118 Zum Vermögen gehören **Ansprüche** des **Staates**, die auf Zahlung einer Gebühr oder von Verfahrenskosten gerichtet sind. Dagegen besitzen strafrechtliche und bußgeldrechtliche **Sanktionen** wie z.B. Geldstrafen und Geldbußen nach nahezu allgemeiner Meinung **keinen** Vermögenswert:[231] Mögen sie auch eine wirtschaftlich wichtige Rolle in den Haushalten der Kommunen, Ländern und des Bundes spielen (etwa die Bußgeldeinnahmen wegen Geschwindigkeitsüberschreitungen), ändert dies doch nichts daran, dass im Zentrum der Geldstrafe die **präventive**, verhaltenssteuernde Wirkung bzw. der **repressive** Sanktionscharakter steht.[232]

119 ▶ **Lösung:** *Im „Kautions-Fall" verneinte der BGH zu Recht einen versuchten Betrug, da die Sicherheitsleistung eine strafprozessuale Maßnahme ist, die mit dem Rechtsinstitut der Untersuchungshaft verbunden und deren ausschließliches Ziel die Durchsetzung des staatlichen Strafanspruchs ist. Die durch Täuschung unternommene Abwendung der Verhängung oder Vollstreckung einer solchen Maßnahme sowie strafrechtlicher Sanktionen, welche eine Vermögenseinbuße zur Folge haben (Geldstrafe, Geldbuße, Einziehung, Verfall, Verwarnungsgeld), wird vom Tatbestand nicht erfasst.* ◀

---

226 Vgl. BGH NStZ-RR 2009, 106 (zu § 253).
227 *Ziethen*, NStZ 2003, 184.
228 *Fischer*, § 263 Rn. 107; M/R-*Saliger*, § 263 Rn. 170.
229 BGHSt 61, 149 mit Bspr. *van Galen*, NJW 2016, 2438; *Kudlich*, PdW BT-1, Nr. 108; *Mitsch*, BT-2, S. 310; *Rengier*, BT-1, Rn. 144; vgl. auch den Übungsfall von *Brand/Burkart*, JuS 2019, 139 (zu §§ 249ff. StGB).
230 BGHSt 38, 345.
231 *Kudlich*, PdW BT-1, Nr. 105; L-*Kühl/Heger*, § 263 Rn. 45; S/S/W-*Satzger*, § 263 Rn. 99.
232 BGHSt 38, 345; SK-*Hoyer*, § 263 Rn. 129.

d) Berechnung des Vermögensschadens

Wie bereits oben (Rn. 94) angedeutet, ermittelt man sodann den Schaden anhand eines Vergleichs der Vermögenslage vor und nach der Verfügung. Nach dem **Prinzip der Gesamtsaldierung** werden hierzu in einer umfassenden Gesamtbetrachtung des Vorgangs alle Vor- und Nachteile berücksichtigt, die unmittelbar durch die Vermögensverfügung entstanden sind.

▶ **Beispiel ("„Zellwollehose"-Fall):**[233] *A betrieb einen Textilhandel. Er kündigte in der Zeitung den Verkauf von rein wollenen Gabardinehosen zum Schnäppchenpreis von 26 DM an. Er verkaufte in seinem Laden eine solche Hose unter der mündlich wiederholten Zusicherung, sie sei aus reiner Wolle gefertigt. Tatsächlich bestand die Hose, wie er wusste, aus Zellwolle (Viskose). Der K, selbst Textilfachmann, erkannte das. Gleichwohl erwarb er die Hose zu dem für eine Zellwollhose marktüblichen Preis, weil es ihm darauf ankam, den A des unlauteren Wettbewerbs zu überführen. Hat A den K betrogen?* ◀

Die saldierungsfähigen Positionen lassen sich in drei Gruppen aufteilen. Bei der 1. Gruppe, der Saldierung von Leistung und Gegenleistung, ist der **objektive Markt- und Verkehrswert** der Gegenleistung maßgeblich:[234] Ist dieser niedriger als der Wert der vom täuschungsbedingt Verfügenden erbrachten Leistung, liegt ein Vermögensschaden vor.[235] Dabei sind die Umstände der konkreten Marktsituation zu beachten: Ausgangspunkt ist demnach der Marktwert, der üblicherweise bei Geschäften dieser Art zu dieser Zeit, an diesem Ort und auf dieser Umsatzstufe bezahlt wird. Auf die subjektive Einschätzung, ob der irrtumsbedingt Verfügende sich geschädigt fühlt, kommt es ebenso wenig an wie auf die Frage, wie hoch denn der Verfügende subjektiv den Wert der Gegenleistung einschätzt.[236] Wenn beispielsweise Felgen als Porsche-Originalfelgen verkauft werden, diese aber nur gewöhnliche Felgen sind, die den für sie verlangten Preis freilich wert sind, fehlt es an einem Schaden,[237] mag sich der Käufer auch noch so sehr „hereingelegt" und geschädigt fühlen. Wird die vermögensmindernde Wirkung der Verfügung durch einen unmittelbar mit ihr verbundenen Vermögenszuwachs vollständig kompensiert (wie auch im obigen „Zellwollehose-Fall" § 7 Rn. 121 u. 123), so entfällt der Schaden.[238]

▶ **Lösung:** *Da im „Zellwollehose-Fall" der K die Täuschung durchschaut und sich somit nicht irrt, kommt hier nur ein versuchter Betrug in Betracht. Der Schaden als Bezugspunkt des Tatentschlusses kann nicht damit begründet werden, dass der gekauften Sache eine vom Verkäufer betrügerisch zugesicherte Eigenschaft fehlt, und ebenso nicht damit, dass dem K ein Gewinn entgangen ist. Da die verkaufte Hose einen Marktwert besitzt, der dem Kaufpreis entspricht, liegt kein Schaden, sondern nur eine Verletzung der Dispositionsfreiheit des Käufers vor, die ausreichend über das Zivilrecht geschützt wird und keines flankierenden strafrechtlichen Schutzes bedarf. Der BGH verneinte daher zu Recht eine Strafbarkeit des A wegen versuchten Betrugs.* ◀

---

233 BGHSt 16, 220.
234 BGHSt 57, 97; LK-*Tiedemann*, § 263 Rn. 158; S/S/W-*Satzger*, § 263 Rn. 209.
235 BGHSt 60, 1.
236 BGH NJW 2016, 3543.
237 Vgl. den Felgenplagiate-Fall BGH NStZ 2012, 629 mit Bspr. *Jäger*, JA 2012, 952, *Jahn*, JuS 2013, 81 und die Aufbereitung des Falls bei *Kudlich*, PdW BT-1, Nr. 121 b.
238 BGH NJW 2016, 3543, 3544.

aa) Kompensation

124 ▶ **Beispiel („Kredit-Fall"):**[239] *Mitarbeiter M der Bank B gewährte ein Darlehen an den Kunden K, der anhand von Falschangaben seine Kreditwürdigkeit vortäuschte und nicht gewillt war, den Kredit zurückzuzahlen. Die Bank ließ den Kredit mittels Grundschulden an Grundstücken sichern. Die Grundstücke waren aber, wie nur K wusste, nur sehr schwer verkäuflich, so dass die Sicherungsrechte wirtschaftlich gesehen praktisch wertlos waren. Die Verwertung der Grundschulden in Form der Zwangsversteigerung erbrachte entweder sehr hohe Verluste oder verlief erfolglos.* ◀

125 Ein Schadensausgleich kann sodann – 2. Fallgruppe – durch eine **Rückgängigmachung des Vertrags** erfolgen, so etwa bei einem vertraglich vereinbarten Rücktrittsrecht, sofern der Getäuschte seine Leistung noch nicht erbracht hat.[240] Die dritte Fallgruppe bildet die „Kompensation über **Sicherungssysteme**" (*Hefendehl*),[241] seien sie vertraglicher oder gesetzlicher Natur. So können sich etwa Rechte aus dem Vertrag ergeben, die den Schaden entfallen lassen. So muss der Schaden verneint werden, wenn eine Leistung Zug-um-Zug erfolgen soll[242] oder der Getäuschte sonst auf Vorleistung des Täuschenden bestehen kann (z.B. der Verkäufer eines Grundstücks auf Zahlung des Kaufpreises) und dadurch gesichert ist.[243] Das gleiche gilt, wenn eine Kreditforderung mittels einer Hypothek, Grundschuld oder Bürgschaft vollwertig gesichert ist.[244] Aber auch das gesetzliche Unternehmerpfandrecht nach § 647 BGB kann genügen,[245] sofern es wirtschaftlich werthaltig und realisierbar ist.

126 **Nicht** kompensationsfähig sind aber gerade die **erst durch die Täuschung ausgelösten Ansprüche** (wie etwa Ansprüche auf Schadensersatz, § 826 BGB, oder aus ungerechtfertigter Bereicherung) und Rechte wie bzw. das Anfechtungsrecht aufgrund arglistiger Täuschung (§ 123 BGB).[246] Sie dienen nur der zivilrechtlichen ‚Reparatur' eines bereits entstandenen Schadens (sog. „reparatio damni"). Andernfalls käme – wegen fehlenden Schadenseintritts – in den meisten Fällen des Betrugs lediglich eine Versuchsstrafbarkeit in Betracht.

127 ▶ **Lösung:** *Im „Kredit-Fall" bejahte der BGH einen vollendeten Betrug (in Form eines Kreditbetrugs*[247]*). Angesichts der fehlenden Kreditwürdigkeit des Darlehensnehmers war der Rückzahlungsanspruch der Bank gegenüber den Darlehensnehmern wirtschaftlich nicht gleichwertig. Auch die Grundschulden stellten keine ausreichende Sicherung des Rückzahlungsanspruchs dar.* ◀

bb) Individueller (persönlicher) Schadenseinschlag

128 Trotz objektiv wirtschaftlicher Gleichwertigkeit von Leistung und Gegenleistung kann ein Schaden aufgrund des sog. **individuellen** (persönlichen) **Schadenseinschlags** vor-

---

239 BGH NStZ-RR 2005, 374.
240 *Wessels/Hillenkamp/Schuhr*, BT-2, Rn. 579; Bspe. aus der uneinheitlichen Rspr. bei MK-*Hefendehl*, § 263 Rn. 764 ff.
241 MK-*Hefendehl*, § 263 Rn. 787 ff.
242 BGH StV 1983 330; LK-*Tiedemann*, § 263 Rn. 276.
243 M/R-*Saliger*, § 263 Rn. 238.
244 LK-*Tiedemann*, § 263 Rn. 212.
245 L-*Kühl/Heger*, § 263 Rn. 36 a.
246 *Wessels/Hillenkamp/Schuhr*, BT-2, Rn. 578; *Mitsch*, BT-2, S. 324.
247 Näher dazu LK-*Tiedemann*, § 263 Rn. 212 ff.

§ 7 Der Betrug (§ 263 StGB)

liegen:[248] In diesen Ausnahmefällen sind, in Abkehr von einer generalisiert-objektiven Schadensbestimmung, die besonderen Vermögensverhältnisse des Opfers bei der Bestimmung des Schadens einzubeziehen. Der juristisch-ökonomische Vermögensbegriff nimmt hier in der Sache Komponenten des personalen Vermögensbegriffs (§ 7 Rn. 101) auf. Die Rechtsfigur des individuellen Schadenseinschlags wird im Schrifttum aber zunehmend grundsätzlich infrage gestellt, weil nach der Rspr. des BVerfG bei der Schadensbestimmung primär wirtschaftlich-bilanzielle Kriterien heranzuziehen seien und andernfalls § 263 StGB zu einer Straftat gegen die Dispositionsfreiheit würde.[249] Hierbei unterscheidet die h.M. seitdem „Melkmaschinenfall" des BGH (BGHSt 16, 316) folgende zwei Fallgruppen:

(1) Objektiv unnütze Leistung

Die angebotene Leistung ist aus objektiver Sicht für den Getäuschten **nicht** oder nicht gänzlich zu dem vertraglich vorausgesetzten Zweck **brauchbar**, und er kann sie auch nicht in anderer zumutbarer Weise verwenden, namentlich nicht ohne besondere Schwierigkeiten wieder veräußern.[250] Wegweisend war dabei der bereits angedeutete „**Melkmaschinen-Fall**": Dort wurde einer Bäuerin B vom Vertreter V eine Melkmaschine aufgeschwätzt, die angeblich ein Sonderangebot war, deren Preis aber in Wahrheit dem Listenpreis entsprach. Mit dieser Maschine konnte sie – entgegen der Zusicherung des Vertreters – nur drei Kühe melken, nicht aber alle zehn Kühe, die sie besaß. Nach der zutreffenden Ansicht des BGH war die Melkmaschine zwar ihr Geld wert, aber für die Bäuerin letztlich nicht ganz brauchbar, weil sie die Übrigen sieben Kühe weiterhin mit der Hand melken musste. Darin lag der Schaden, weshalb ein vollendeter Betrug des V z. N. d. B bejaht wurde.

129

(2) Wirtschaftliche Überforderung

▶ Beispiel („**Waschmaschinen-Fall**"):[251] *T war als reisender Provisionsvertreter für die B-GmbH tätig. In vielen Fällen veranlasste er Personen, die den Kauf von Waschmaschinen abgelehnt hatten, einen Vordruck zu unterschreiben, in dem sie angeblich nur den Besuch der Vertreter bescheinigten, ihrer Eintragung in die Kundenliste der B-GmbH oder der Probevorführung einer Waschmaschine zustimmten oder sonst irgendeine unverbindliche oder unwichtige formelle Erklärung abgaben, z.B. die angeblich erforderliche »Umschreibung« eines schon bestehenden Abzahlungskaufvertrages beantragten. In Wahrheit bestellten sie durch ihre Unterschrift eine Waschmaschine, Wäscheschleuder oder Waschkombination auf Abzahlung. So erschlich er u. a. die Unterschrift der K unter den Kaufvertrag bezüglich einer Waschmaschine. K hatte sechs Kinder und ihr Ehemann verdiente nur 200 DM monatlich; sie konnte nicht einmal Waschpulver kaufen. T reichte dieses Schriftstück zur Provisionserlangung bei der B-GmbH ein. Die B-GmbH verzichtete aber auf die Lieferung, als die Machenschaften des T aufgedeckt wurden.* ◀

130

---

248 Herrschende Meinung; vgl. etwa *Becker/Rönnau*, JuS 2017, 976 („objektiv-individueller Schadensbegriff"); *Kindhäuser*, BT-1, § 27 Rn. 64; *Rengier*, BT-1, § 13 Rn. 201; M/R-*Saliger*, § 263 Rn. 207 ff.
249 So etwa *Jäger* JA 2018, 950 (zu BGH NStZ-RR 2018, 283).
250 BGH NJW 2006, 1679 (Fondsanlagenbetrug); NStZ-RR 2018, 283 (Photovoltaikanlagen) m. Bspr. *Eisele*, JuS 2018, 1109 und krit. *Brüning*, ZJS 2019, 143; *Jäger*, JA 2018, 950 (schon objektiv Schaden); *Küper/Zopfs* Rn. 651; Sch/Sch-*Perron*, § 263 Rn. 121.
251 BGHSt 22, 88.

131 Die zweite Konstellation besteht darin, dass der Getäuschte (z.B. durch die erschlichene Unterschrift unter einen Vertrag) sich den Gegenstand persönlich schlechterdings **nicht leisten kann**, d. h., aufgrund der eingegangenen Verpflichtung entweder zu einer vermögenschädigenden Maßnahme genötigt wird (z. B. die Aufnahme eines hochverzinslichen Darlehens) oder er nicht mehr über die Mittel verfügt, die er für seine persönliche Wirtschafts- oder Lebensführung benötigt (finanzieller Engpass).[252]

132 ▶ **Lösung:** Im „Waschmaschinenfall" bejahte der BGH zu Recht einen vollendeten Eingehungsbetrug z. N. d. K: Zwar wäre die Waschmaschine ökonomisch gesehen ihr Geld wert gewesen, die getäuschte Person war aber so arm, dass ihr die Bezahlung der Maschine diejenigen Mittel entzogen hätte, die sie für das Bestreiten ihres Lebensunterhalts und den ihrer Familie benötigt hätte. ◀

cc) Vermögensgefährdung; bilanzielle Bewertungsmaßstäbe

133 ▶ **Beispiel („Mietwagen-Fall"):**[253] *Mit einem Führerschein, der ihm versehentlich nicht entzogen wurde, mietete sich M ein Auto bei dem Mietwagenhändler S. M zahlte den Mietzins und fuhr durch die Gegend. Am Abend gab er das Fahrzeug unbeschädigt zurück. Erst später stellte sich heraus, dass M gar keinen Führerschein hatte. S zeigte ihn wegen Betrugs an.* ◀

134 Sodann kann sich ein Schaden auf der Grundlage einer („schadensgleichen") **Vermögensgefährdung** ergeben.[254] Die Schadenskategorie kommt namentlich in denjenigen Fällen zur Geltung, in denen zwar ein (vielfach) schuldrechtlicher Vertrag zustande gekommen ist, es aber später nicht zur Erfüllung kommt. Dann muss geklärt werden, ob es bereits einen Schaden darstellt, wenn der Getäuschte mit einer Verbindlichkeit belastet wird, deren Erfüllung aufgrund der wirtschaftlichen Minderwertigkeit der Forderung nicht ausgeglichen wird. Dies ist etwa der Fall, wenn ein Darlehen vergeben wird, weil der Darlehensnehmer seine Bonität oder angebliche Sicherheiten vorgetäuscht hat, wenn Schadensersatzansprüche des Opfers verschleiert werden, eine sog. Kredit- bzw. Scheckkartenerschleichung vorliegt, bei Vorfeldtäuschungen oder wenn ein Fall des gutgläubigen Erwerbs (siehe dazu speziell § 7 Rn. 149) vorliegt. Hier bedarf es der Klärung, ab welchem Zeitpunkt des Geschehens ein vollendeter Betrug vorliegt (schon beim Vertragsabschluss?). Auch könnte der Betrugsvorsatz entfallen, wenn der Täter gar nicht den Vorsatz hatte, dass ein Stadium erreicht wird, in dem ein Vermögensabfluss tatsächlich stattfindet.[255]

135 ▶ **Lösung:** Im „Mietwagen-Fall" verurteilte das Landgericht den M wegen Betrugs. Denn es hätte das Risiko bestanden, dass aufgrund der möglicherweise unsicheren Fahrweise des S ein Unfall passiert wäre und der Mietwagenhändler deswegen hätte haften müssen, zivilrechtlich wegen Schadensersatzes, etwa wegen fahrlässiger Tötung, und außerdem u.U. einem Prozess wegen Feststellung des Versicherungsschutzes ausgesetzt gewesen wäre. Der BGH hob dagegen die Verurteilung auf, da die Gefahr von Vermögensschäden sehr abstrakt gewesen sei. Außerdem entfiele der Versicherungsschutz nicht, wenn ein nicht mehr wirksamer Führerschein vorgelegt würde. ◀

136 Eine Vermögensgefährdung ist zu bejahen, wenn eine **konkrete Gefährdung** von Vermögenswerten eingetreten ist, die aufgrund einer wirtschaftlichen Betrachtungsweise

---

[252] BGHSt 16, 321; M/R-*Saliger*, § 263 Rn. 207; *Wessels/Hillenkamp/Schuhr*, BT-2, Rn. 580.
[253] BGHSt 21, 112.
[254] BGHSt 48, 354; AnwK-*Gaede*, § 263 Rn. 122 ff.; SK-*Hoyer*, § 263 Rn. 228 ff.; M/R-*Saliger*, § 263 Rn. 222 ff.
[255] SK-*Hoyer*, § 263 Rn. 228.

bereits eine **Verschlechterung der gegenwärtigen Vermögenslage** bedeutet.[256] So stellt es einen Gefährdungsschaden dar, wenn jemand den Besitz einer Bankkarte und der zugehörigen Geheimzahl betrügerisch erlangt;[257] die spätere Geldabhebung ist dagegen (nur) eine Schadensvertiefung (s. unten § 9 Rn. 36). Zwar ist der Begriff der schadensgleichen Vermögensgefährdung missverständlich, weil die Vermögensgefährdung tatbestandlich einen echten Vermögensschaden darstellen muss, da erst dann dieses objektive Tatbestandsmerkmal verwirklicht ist.[258] Er bringt aber in seinem tradierten Verständnis plastisch zum Ausdruck, dass ein Vermögensschaden auch dann vorliegen kann, wenn noch kein Vermögensbestandteil aus dem Vermögen ausgeschieden wurde, sondern nur erheblichen Risiken ausgesetzt ist. Die h.M befürwortet zu Recht weiterhin diese traditionelle Schadenskategorie, dies auch deshalb, weil sie für begriffliche Klarheit sorgt und eine Ausdehnung der Betrugsstrafbarkeit verhindert.[259]

▶ **Beispiel („al-Qaida-Fall"):**[260] *A und B bemühten sich um den Abschluss von Lebensversicherungsverträgen, bei denen der A die versicherte Person und B der Begünstigte sein sollte. Nach kurzer Zeit wollten sie den Unfalltod des A in Ägypten vortäuschen, sodann durch B die Versicherungssummen von insgesamt 4.325.958 Euro geltend machen und einen Teil davon dem bewaffneten Kampf der Terrorgruppe Al-Qaida zukommen lassen. A und B wurden zu dieser Zeit bereits polizeilich überwacht, auch in Form der akustischen Wohnraumüberwachung („großer Lauschangriff", § 100 c StPO). Es kam in neun Fällen zum Abschluss eines Versicherungsvertrages. In 19 Fällen wurden die Anträge abgelehnt oder nach der Festnahme von A und B nicht mehr weiter bearbeitet. – Strafbarkeit von A und B wegen Betrugs?* ◀ 137

Auch das **BVerfG** hält am Begriff der Vermögensgefährdung fest und hat ihn verfassungsrechtlich – für § 266 StGB[261] wie § 263 StGB[262] – in der oben bereits genannten Definition präzisiert: Die Annahme der schadensgleichen Vermögensgefährdung sei verfassungsrechtlich nicht zu beanstanden, sofern die Gefahr eines Verlustes wirtschaftlich gesehen schon einen gegenwärtigen Nachteil darstelle. Hierzu ist erforderlich, dass die konkrete Gefahr eines künftigen Verlusts besteht.[263] Das BVerfG hat zudem für die Feststellung des Vermögensschadens auch in diesen Fällen verlangt, dass die **Vermögensgefährdung der Höhe nach bezifferbar** ist. In einer **bilanzrechtsorientierten Betrachtungsweise** könne der Schaden auf der Grundlage bilanzieller Bewertungsmaßstäbe unter **Hinzuziehung eines Gutachters**, im Zweifelsfall im Wege einer **Schätzung** bestimmt und in wirtschaftlich nachvollziehbarer Weise dargelegt werden.[264] Der bloße Abschluss eines Vertrags, der möglicherweise mit nachteiligen Vermögensentscheidungen des Getäuschten in der Zukunft verbunden ist, reicht dafür noch nicht aus.[265] 138

Von Studierenden kann in Klausuren eine solche gutachterähnliche, an Kategorien der Betriebswirtschaft orientierte Bestimmung des Schadens in Gestalt einer beziffer- 139

---

256 BVerfGE 126, 170 Rn. 137; BGHSt 54, 123; *Fischer*, § 263 Rn. 159; Sch/Sch-*Perron*, § 263 Rn. 143.
257 BGH NJW 2022, 1399; BGH NStZ-RR 2022, 14.
258 BGH NStZ 2008, 457; BGHSt 54, 69; *Rönnau/Becker*, JuS 2017, 499.
259 Vgl. etwa M/R-*Saliger*, § 263 Rn. 226.
260 BGHSt 54, 69; BVerfGE 130, 1.
261 BVerfGE 126, 170 (221).
262 BVerfG NJW 2012, 907, 916.
263 Damit greift das BVerfG eine Formel auf, die es der BGH-Rechtsprechung entnommen hat; vgl. BGHSt 48, 354, 357; BGHSt 51, 100, 113; BGHSt 52, 182.
264 Zu den Problemen einer solchen Schadensbestimmung *Rönnau/Becker*, JuS 2017, 499, 501.
265 Sch/Sch-*Perron*, § 263 Rn. 143.

ten Berechnung nicht verlangt werden. Vielmehr können in der Falllösung nur die Angaben zugrunde gelegt werden, die im Sachverhalt der Klausur zur wirtschaftlichen Werthaltigkeit des weggegebenen Gegenstands bzw. der erlangten Gegenforderung enthalten sind.

140 ▶ **Lösung:** *Im „al-Qaida-Fall" hatte der BGH in dem Abschluss der Lebensversicherungsverträge jeweils einen vollendeten Eingehungsbetrug gesehen.*[266] *Bereits mit dem Vertragsabschluss sei den Versicherern ein Schaden entstanden, weil A und B geplant hätten, alsbald den Versicherungsfall zu fingieren sowie die Versicherungssummen zu beanspruchen. Wo es nicht zum Abschluss eines Vertrags gekommen war, liege ein versuchter Betrug vor. Das BVerfG hob dagegen das Urteil des BGH wegen Verstoßes gegen Art. 103 Abs. 2 GG auf:*[267] *Der Vermögensschaden müsse der Höhe nach beziffert und in wirtschaftlich nachvollziehbarer Weise in den Urteilsgründen dargelegt werden. Das BGH-Urteil ermögliche keine Schätzung, wie hoch zum Zeitpunkt der (beabsichtigten) Vertragsabschlüsse die Wahrscheinlichkeit der erfolgreichen Tatausführung und späteren Auszahlung der Versicherungsleistungen war. Der BGH habe verfassungswidrig (abstrakte) Risiken genügen lassen, die jeder Vertragsschluss mit einem unredlichen Vertragspartner mit sich bringe. Auch sei unberücksichtigt geblieben, dass A und B intensiv überwacht wurden. In der Literatur wird ein versuchter Betrug auch deshalb abgelehnt, weil ein unmittelbares Ansetzen zur Tat fehle.*[268] ◀

dd) Eingehungs- und Erfüllungsbetrug

141 ▶ **Beispiel („Schmucklieferungs-Fall"):**[269] *B schloss im März 2002 mit dem Juwelier J unter Vortäuschung der Zahlungsfähigkeit und -willigkeit einen Werk- und Kaufvertrag über diverse Schmuckstücke zum Gesamtpreis von 23.000 Euro ab. Vereinbarungsgemäß sollte der Schmuck im April 2002 von B abgeholt und bezahlt werden. Der Juwelier nahm ein Darlehen in Höhe von 15.000 Euro auf, um seinerseits die Ware bei einem Händler bestellen zu können. B kam seiner Zusage, die Ware abzuholen und zu bezahlen, nicht nach. Vielmehr vertröstete er J mehrfach und erfand immer wieder neue Gründe, weshalb sich die Abholung und Bezahlung der Ware verzögere. Schließlich erwirkte J im Juni 2003 gegen B ein Versäumnisurteil, in dem dieser zur Zahlung „Zug um Zug gegen Übergabe der Schmuckstücke" verurteilt wurde.* ◀

142 Geht es um die Frage eines Betrugs im **Zusammenhang** mit dem Abschluss von **Verträgen**, bei denen sich Leistung und Gegenleistung gegenüberstehen, muss zunächst der zeitliche Anknüpfungspunkt für den Betrug, insbesondere für die Schadensfeststellung, bestimmt werden. Denn ein Vertrag durchläuft **verschiedene** rechtliche Ebenen und **Phasen** – von der Vertragsanbahnung über den Vertragsschluss, mit dem die Verpflichtung zur Leistung begründet wird, bis zur Vertragserfüllung mit dem Vollzug der Leistungen.[270] In diesem Zusammenhang hat sich die Unterscheidung zwischen Eingehungs- und Erfüllungsbetrug durchgesetzt.[271]

---

266 BGHSt 54, 69, 122; für **Lebensversicherungsverträge** auch weiterhin einen **Eingehungsbetrug** nicht prinzipiell ausschließend, zugleich aber auch auf den „Ausweg" des **§ 30 Abs. 1 StGB** verweisend BGH NStZ 2022, 409 m.Anm. *Hoven*; von *Heintschel-Heinegg*, JA 2022, 423; *Schladitz*, wistra 2022, 108.
267 BVerfG NJW 2012, 907, 916.
268 So etwa *Kudlich*, PdW BT-1, Nr. 121 a.
269 BGH NStZ-RR 2005, 180.
270 Sch/Sch-*Perron*, § 263 Rn. 125.
271 Seit RGSt 16, 1.

(1) Eingehungsbetrug

Beim Eingehungsbetrug wird der andere Vertragspartner bereits bei der Eingehung der Verbindlichkeit, also **im Zeitpunkt des Vertragsschlusses** getäuscht und der Wertvergleich der gegenseitigen Ansprüche muss auf der Seite des Getäuschten ein wirtschaftliches Minus ergeben.[272] Dies ist dann der Fall, wenn entweder das Versprochene gegenüber der Leistung des Getäuschten minderwertig ist oder der Versprechende leistungsunfähig oder leistungsunwillig ist.[273] Es ist somit der **Wert der beiderseitigen Vertragsverpflichtungen** miteinander zu vergleichen.[274] Fälle des Eingehungsbetrugs sind letztlich Unterfälle des Gefährdungsschadens,[275] da sie einer prognostischen Bewertung der gegenseitigen Ansprüche bedürfen.

Beispiele für den Eingehungsbetrug sind vor allem die Fälle fehlender Zahlungswilligkeit oder fehlender Zahlungsfähigkeit, etwa bei einem Betrug im Zusammenhang einer Darlehensvergabe: Jemand verschweigt bei der Vergabe eines Kredits, dass er den Kredit höchstwahrscheinlich nicht wird zurückzahlen können, weil seine finanziellen Belastungen in der nächsten maßgeblichen Zeit so hoch sein werden, dass er die Rückzahlungsverpflichtung nicht wird erfüllen können. Das gleiche gilt in den Fällen der Zechprellerei, wenn jemand Speisen und Getränke bestellt, ohne zahlungswillig oder zahlungsfähig zu sein.

Kann aber die getäuschte Person Einwendungen gegen ihre Inanspruchnahme erheben und so den Vollzug des Erfüllungsgeschäfts noch rechtzeitig abwenden, ist die Vermögensgefährdung noch nicht hinreichend konkret. Dies ist etwa dann der Fall, wenn der Getäuschte sich aufgrund eines (gesetzlichen oder vertraglichen) Rücktrittsrechts von der eingegangenen Verpflichtung lösen kann[276] oder der andere Teil vorleistungspflichtig ist. In solchen Fällen ist stets unter sorgfältiger Prüfung der zivilrechtlichen Rechtslage zu bedenken, ob nicht aufgrund vertraglicher oder gesetzlicher Sicherungssysteme ein Schaden nicht vollendet wurde (siehe dazu § 7 Rn. 125). In diesen Fällen des Eingehungsbetrugs spricht alles dafür, lediglich einen versuchten Betrug anzunehmen.[277] Eine entsprechende Tendenz zur bloßen Versuchsstrafbarkeit beim Eingehungsbetrug ist auch in der Rechtsprechung des BGH deutlich erkennbar.[278] Dies setzt freilich voraus, dass der Getäuschte im konkreten Fall diese rechtlichen Selbstschutzmechanismen kannte[279] und er keinem erheblichen Prozessrisiko ausgesetzt war.[280] Hat freilich der getäuschte Vertragspartner seine Leistung erbracht – der „historisch gemeinte Fall" des Eingehungsbetrugs[281] -, kommt eine Kompensation nur bei entsprechenden Sicherheiten (§ 7 Rn. 125) in Betracht.

▶ **Lösung:** *Im „Schmucklieferungs-Fall" schied nach Ansicht des BGH die Annahme eines vollendeten (Eingehungs-)Betrugs durch Abschluss des Vertrages schon deshalb aus, weil der Juwelier zur Lieferung des von B bestellten Schmucks nur Zug um Zug gegen Bezahlung*

---

272 *Fischer*, § 263 Rn. 176; NK-*Kindhäuser/Hoven*, § 263 Rn. 316 ff.; M/R-*Saliger*, § 263 Rn. 236; *Wessels/Hillenkamp/Schuhr*, BT-2, Rn. 570.
273 BGH NJW 2013, 1460; Sch/Sch-*Perron*, § 263 Rn. 128.
274 LK-*Tiedemann*, § 263 Rn. 160; S/S/W-*Satzger*, § 263 Rn. 248.
275 *Becker/Rönnau*, JuS 2017, 500.
276 So die h.M.; vgl. BGH GA 1962, 213; SK-*Hoyer*, § 263 Rn. 238.
277 LK-*Tiedemann*, § 263 Rn. 175.
278 BGH NStZ 1995, 232.
279 S/S/W-*Satzger*, § 263 Rn. 250.
280 BGHSt 23, 300; Sch/Sch-*Perron*, § 263 Rn. 131.
281 LK-*Tiedemann*, § 263 Rn. 173.

verpflichtet war. In solchen Fällen liegt in dem Vertragsschluss regelmäßig noch keine schadensgleiche Vermögensgefährdung. Aber auch ein lediglich versuchter Betrug käme nur in Betracht, wenn B davon ausging, er werde den bei dem Juwelier bestellten Schmuck auch ohne Bezahlung ausgehändigt erhalten, wofür es im Sachverhalt aber keinen genügenden Anhalt gebe. ◄

(2) Erfüllungsbetrug

147 Beim Erfüllungsbetrug verursacht erst die Erfüllung der aus dem Geschäft resultierenden Verpflichtungen einen Vermögensschaden.[282] Die Täuschung erfolgt **im Stadium der Vertragsabwicklung:** Die tatsächlich erbrachte Leistung bleibt hinter der geschuldeten Leistung zurück. Der Getäuschte erhält weniger, als sein Anspruch wert ist oder er zahlt mehr, als er an sich zahlen müsste. Es werden also nicht wie beim Eingehungsbetrug Leistung und Gegenleistung miteinander verglichen, sondern der Wert des Erfüllungsanspruchs mit demjenigen der tatsächlichen Erfüllung.[283] Täuscht hingegen der Vertragspartner bereits beim Vertragsschluss über die mindere Qualität seiner Leistung und erbringt er diese Leistung später, so stellt der Betrug im Erfüllungsstadium (sog. unechter Erfüllungsbetrug) mit der dann erfolgenden Veränderung im Bestand des Vermögens die Schadensvertiefung aus dem vorherigen („echten") Eingehungsbetrug dar.[284] Der Konstruktion eines Erfüllungsbetrugs bedarf es in diesen Fällen dann letztlich gar nicht.[285] Wenn der Hopfenanbauer H den Bierbrauer B bereits beim Vertragsabschluss darüber täuscht, dass er dem B entgegen der vertraglichen Zusage den weniger wertvollen Hopfen aus dem Hollertauer Anbaugebiet (170 DM pro Zentner) zum Preis des hochwertigen Spalter Hopfens (300 DM pro Zentner) verkauft und den Hollertauer Hopfen später dem B als angeblichen Spalter Hopfen liefert,[286] so begeht H einen – den echten Eingehungsbetrug vertiefenden – unechten Erfüllungsbetrug.

148 Seit der Schuldrechtsreform von 2002 bestehen sowohl beim Gattungs- wie Spezieskauf Ansprüche auf Verschaffung einer mängelfreien Sache (§§ 433 Abs. 1 S. 2, 434 BGB). Dies hat nach h.M. zur Konsequenz, dass sich die täuschungsbedingte Annahme der (minderwertigen) Leistung des Täters durch den Getäuschten selbst dann als Vermögensschaden darstellt, wenn der Wert der mängelbehafteten Sache dem Wert der Gegenleistung entspricht oder diesen sogar übersteigt.[287]

ee) Gutgläubiger Erwerb

149 ▶ **Beispiel ("Geliehen und verkauft"-Fall):**[288] *A mietete durch Vorspiegeln seiner tatsächlich nicht vorhandenen Absicht, das Kraftfahrzeug ordnungsgemäß zurückzugeben, bei einem gewerblichen Vermieter einen Pkw der Marke Daimler-Benz 350 S im Wert von 55.000 EUR. Er ließ sich von einem Dritten gut nachgemachte, unechte Zulassungsbescheinigungen auf gestohlenen Blankoformularen herstellen. Er verkaufte das Fahrzeug an den Käufer K für 39.100 EUR weiter. A und seine Ehefrau E suggerierten dem K, dass sie in guten finanziellen*

---

282 *Mitsch,* BT-2, S. 320.
283 *Rengier,* BT-2, Rn. 192.
284 *Rengier,* BT-2, Rn. 196ff.; *Wessels/Hillenkamp/Schuhr,* BT-2, Rn. 572; *S/S/W-Satzger,* § 263 Rn. 252.
285 *S/S/W-Satzger,* § 263 Rn. 246.
286 BGHSt 8, 46.
287 LK-*Tiedemann,* § 263 Rn. 202; NK-*Kindhäuser/Hoven,* § 263 Rn. 137; anschauliches Beispiel bei SK-*Hoyer,* § 263 Rn. 243.
288 BGH NStZ 2013, 37.

§ 7 Der Betrug (§ 263 StGB)

Verhältnissen leben und rechtmäßig im Eigenbesitz des Fahrzeugs seien. Der K, dem sie den Pkw überließen, zahlte den Kaufpreis. Wie hat sich E strafbar gemacht? ◂

In diesen Fallkonstellationen erwirbt der Getäuschte von einem anderen, der in Wahrheit nicht der Eigentümer des Gegenstands ist, nach den Gutglaubensvorschriften **rechtlich wirksam** einen Gegenstand (§ 932 Abs. 1 BGB bzw. § 366 HGB). Man denke etwa an den Fall, dass ein nicht abhandengekommener, durch Betrug oder Unterschlagung erlangter Gegenstand (vgl. § 935 S. 1 BGB) an einen redlichen Käufer veräußert wird.[289]

Das **Reichsgericht** war noch der Ansicht, dass der Gegenstand **sittlich bemakelt** sei, den Makel der Gutgläubigkeit trage, und dies – neben den Aufwendungen, die der Erwerber für die Verteidigung seines Erwerbs machen müsse – der Schaden sei.[290] Später zog die Rechtsprechung entscheidend den Gedanken des **besonderen Prozessrisikos** heran, dem derjenige ausgesetzt sei, der eine Sache nur gutgläubig erwerbe. Demnach lag ein Schaden nur dann vor, wenn mit Geltendmachung eines Herausgabeanspruchs zu rechnen war und dabei die konkrete Gefahr bestand, in der gerichtlichen Auseinandersetzung zu unterliegen oder aus wirtschaftlicher Rücksichtnahme die Sache herausgeben zu müssen.[291]

Richtigerweise ist ein Vermögensschaden bei gutgläubigem Erwerb aber im Regelfall **zu verneinen**.[292] Sofern der Eigentümer wirksam das Eigentum erlangt, erhält er die vertraglich geschuldete Gegenleistung. Nur in seltenen Ausnahmefällen kann eine schadensgleiche Vermögensgefährdung bejaht werden, etwa wenn die konkrete Gefahr besteht, dass der Erwerber trotz der günstigen Beweisregeln (§ 1006 BGB) den Prozess verliert[293] oder die Sache aufgrund geschäftlicher Rücksichtnahme herausgeben muss.[294] Dies deckt sich im Ergebnis mit der Leihwagenfall-Entscheidung des **5. Strafsenats** des BGH,[295] der im Gefolge des Landowsky-Beschlusses des BVerfG den bisherigen Begründungsansatz des Prozessrisikos für die Bejahung eines solchen Schadens verworfen hat. Vielmehr müssten in solchen Fällen eigenständige Feststellungen zum Vorliegen eines Vermögensschadens getroffen werden, um so dieses Tatbestandsmerkmal von den übrigen Tatbestandsmerkmalen des Betrugs sowie den versuchten vom vollendeten Betrug abgrenzen zu können.

▸ *Lösung: Im „Geliehen und verkauft-Fall" hob der BGH daher das Urteil des LG mit Blick auf die Verurteilung wegen Betrugs auf, da die Vorinstanz den Vermögensschaden bejaht habe, ohne dargelegt zu haben, ob wirklich ein solches Prozessrisiko bestanden habe und nach welchen wirtschaftlichen Parametern ein solcher Schaden hier beziffert werden könne. Dieses Ergebnis leuchtet ein: Wenn K rechtswirksam gutgläubig das Eigentum erworben hat, entfällt richtigerweise der Schaden. E kann sich jedoch wegen einer Hehlerei strafbar gemacht haben, da ihr Mann das Fahrzeug betrügerisch beim gewerblichen Vermieter erworben hatte.* ◂

---

289 Zum Diskussionsstand vgl. *Hillenkamp/Cornelius*, 32. Problem, S. 192.
290 RGSt 73, 61.
291 BGHSt 15, 83.
292 *Kudlich*, PdW BT-1, Nr. 132; *L-Kühl/Heger*, § 263 Rn. 43; *Sch/Sch-Perron*, § 263 Rn. 111. Auch hier handelt es sich um den Unterfall eines Gefährdungsschadens (*Becker/Rönnau*, JuS 2017, 502).
293 Dieses Prozessrisiko dürfte aber gering sein (MK-*Hefendehl*, § 263 Rn. 939 ff.).
294 BGH JR 1990, 517; LK-*Tiedemann*, § 263 Rn. 233; SK-*Hoyer*, § 263 Rn. 261.
295 BGH NStZ 2013, 37.

ff) Soziale Zweckverfehlung; Spenden- und Bettelbetrug; Subventions- und Sozialleistungsbetrug

154 ▶ **Beispiel ("Hilfe für Behinderte e. V."– Fall):**[296] *Ein neu gegründeter, gemeinnütziger Behindertenverein setzte professionelle Werber ein, die insgesamt 11.000 Spender und neue Vereinsmitglieder einwarben. Im ersten Jahr erhielten die Werber 80 % der Spenden als Provision und in den darauffolgenden Jahren etwa 20 % der Spendeneinnahmen als Provision. Im ersten Jahr wurden außerdem 20 % als Verwaltungskosten und im 2. Jahr 30 % der Spendeneinnahmen als Verwaltungskosten einbehalten. Der Vereinsvorsitzende wurde daraufhin bei der Polizei angezeigt: Er habe mittels der Werber einen Betrug in mittelbarer Täterschaft begangen, da er die professionelle Natur des Auftretens der Werber verschwiegen habe und zudem im 1. Jahr 0 % der Spendengelder effektiv in die Unterstützung behinderter Menschen einfloss.* ◀

155 Mit der sozialen Zweckverfehlung sind Fallkonstellationen gemeint, in denen jemand aus **sozialen**, z. B. gemeinnützigen **Gründen** vermögenswerte Positionen preisgibt und sich dabei dessen bewusst ist, dass er keine wirtschaftlich gleichwertige Vermögensposition erhält.[297] Eine **Minderheitsansicht** geht hier von einer **Straflosigkeit** aus, da ein Betrug nur vorliege, wenn dem Betroffenen der vermögensschädigende Charakter seiner Handlung verborgen bleibe. Das gegenteilige Ergebnis **widerspräche** etwa dem **fragmentarischen** Charakter des Strafrechts und dem Gedanken der eigenverantwortlichen **Selbstschädigung**.[298] Die h.M. bejaht dagegen zu Recht einen Schaden, wenn das Opfer einen angestrebten **sozialen** oder **wirtschaftlichen** Zweck verfolgt habe.[299] Die für einen Betrug stets erforderliche unbewusste Selbstschädigung liegt darin begründet, dass der Getäuschte nicht weiß, dass der von ihm verfolgte Zweck nicht erreicht wird. Die aus der **menschlichen Solidarität fließende** und **objektiv-sozial** wie **subjektiv-altruistisch** bezweckte finanzielle Wohltätigkeit verdient **keinen geringeren strafrechtlichen Schutz** als das **Vermögen im Geschäftsverkehr**. Auch ist es nicht einsichtig, „dass derjenige, der sein Opfer dazu bringt, sein Vermögen ohne Gegenleistung zu schmälern, keinen Betrug begehen soll, während derjenige, der immerhin eine – wenn auch mangelhafte – Leistung erbringt und damit nur einen vergleichsweise geringeren Vorteil erlangt, strafbar sein soll" (*Kindhäuser*).[300] Dies gilt gleichermaßen für die Bewilligung von Fördermitteln für wissenschaftliche Forschungen (z.B. Drittmittel einer Wissenschaftsstiftung für ein universitäres Projekt)[301] Wird dieser Zweck verfehlt, so wird nach h.M. das Vermögensopfer auch wirtschaftlich zu einer unvernünftigen Ausgabe, die einen täuschungsbedingten Schaden i. S. d. § 263 StGB begründet.[302]

156 Auch bei Sozialleistungen und Subventionen kommt die Zweckverfehlung zum Tragen. Das zeigt sich etwa bei der Bewilligung von **Corona-Soforthilfen** für Kleinstunternehmen und Soloselbständige, die wegen COVID-19 in wirtschaftliche Schwierigkeiten geraten sind. Die Beträge für diese Soforthilfe werden vom Bund bereitgestellt, ohne dass der Empfänger dafür eine Gegenleistung erbringen muss. Täuscht hier jemand vor, er habe Anspruch auf diese Zahlungen, kann dies den Vorfeldtatbestand des

---

296 BGH NJW 1995, 539.
297 *Jäger*, BT, Rn. 521.
298 Für Straflosigkeit des Spenden- und Bettelbetrugs etwa MK-*Hefendehl*, § 263 Rn. 848. Übungsfall bei *Gilles/Stiel*, JuS 2017, 748.
299 BGH NJW 1992, 2167; BGH NJW 1995, 539; *Becker/Rönnau*, JuS 2017, 977; Sch/Sch-*Perron*, § 263 Rn. 102.
300 NK-*Kindhäuser/Hoven*, § 263 Rn. 290; dagegen MK-*Hefendehl*, § 263 Rn. 1058.
301 Sch/Sch-*Perron*, § 263 Rn. 102.
302 S/S/W-*Satzger*, § 263 Rn. 235 ff.; LK-*Tiedemann*, § 263 Rn. 183.

Subventionsbetrugs (§ 264 Abs. 1 Nr. 1 StGB) und nach erfolgter Auszahlung einen Betrug (§ 263 Abs. 1 StGB) darstellen.[303] Auch beim *Kurzarbeitergeld*, mit dem der Staat Gehaltskürzungen der Arbeitnehmer z. B. bei erheblichem Arbeitsausfall kompensationslos ausgleicht (§§ 95 ff. SGB III), wurden coronabedingte Erleichterungen eingeführt (z.b. Betroffensein vom Arbeitsausfall bei bereits 10 % der Mitarbeiter).[304] Damit ist zugleich die Gefahr verbunden, dass Firmen Kurzarbeitergeld beantragen und dieses bewilligt bekommen, ohne dass die gesetzlichen Anforderungen erfüllt sind. Ob Kurzarbeitergeld unter den Subventionsbegriff des § 264 Abs. 8 StGB fällt, ist zwar sehr umstritten. Auf alle Fälle kann es aber zumindest betrügerisch i. S. d. § 263 StGB erlangt werden.[305]

Allerdings schützt § 263 StGB nicht die Dispositions- oder Vertragsfreiheit, so dass nicht jeder auf Täuschung beruhende Motivirrtum die Strafbarkeit zu begründen vermag. Erforderlich ist vielmehr die Verfehlung eines Zweckes, der dem Verfügenden in der konkreten Situation notwendig und sinnvoll erscheint. Der von ihm verfolgte soziale oder (indirekt) wirtschaftlich relevante Zweck unterliegt somit auch einem **überindividuellen „Vernünftigkeits"-Maßstab**.[306] Man denke etwa an den Fall, in dem jemand nur deshalb einem gemeinnützigen Verein Geld spendet, weil ihm vorgetäuscht wurde, auch sein Nachbar habe gespendet. Zwar hat das BayObLG (NJW 1952, 798) hier einen Betrug bejaht. Da aber Zweck der sozialen Leistung nicht berührt wird, sondern nur Affektionsinteressen des Spenders tangiert sind, liegt hier ein unbeachtlicher Motivirrtum und damit kein (auch kein versuchter) Betrug vor.[307]

157

Ähnliche Probleme treten in den Fällen des sog. **Love-Scammings** auf. Hier erhält der Täter mit Rücksicht auf die vorgetäuschte Absicht, eine Liebesbeziehung eingehen zu wollen, und teilweise unter Vorspiegelung einer falschen Identität im Internet (etwa in Dating-Plattformen) vom „betrogenen" Opfer z. B. ein Geschenk oder einen Kredit. Nach h.L. ist beim **Geschenk** im Regelfall keine Zweckverfehlung anzunehmen, solange damit keine sittliche Verpflichtung erfüllt wird oder keine wirtschaftlichen Ziele mit der einseitigen Zuwendung verfolgt werden; hier schädigt sich der Schenker vielmehr tatbestandsausschließend eigenverantwortlich.[308] Ähnlich verhält es sich bei **Heiratsschwindlern**, die eine Eheschließungsabsicht vortäuschen, ohne dass es zu einer Ehe kommt.[309] Bei **hohen Schadenssummen** kommt bei Schenkungen jedoch ein Vermögensnachteil aufgrund individuellen Schadenseinschlags (oben Rn 128, 130) in Betracht. Ein Schaden wird beim Erschleichen eines **Darlehens** begründet, wenn dessen Rückzahlung wahrheitswidrig versprochen wird (siehe oben Rn 144).[310] Erfolgt eine täuschungsbedingte, in Wahrheit rein wirtschaftlich motivierte **Eheschließung**, so wird zwischen Zugewinngemeinschaft (kein Betrug) und Gütergemeinschaft/Ehevertrag (Betrug) unterschieden.[311]

157a

---

303 Näher dazu *Rau*, in: *Schmidt*, COVID-19, § 19 Rn. 66 ff.; *Trompke/Wortmann*, COVuR 2020, 401; instruktiver Übungsfall zu einer gefälschten Soforthilfe-Homepage bei *Hoven/Hahn*, JA 2020, 486.
304 *Giese/Schomburg*, NStZ 2020, 327.
305 Vgl. dazu *Burgert*, StrafO 2020, 181 ff.; *Giese/Schomburg*, NStZ 2020, 329; *Rau*, in: *Schmidt*, COVID-19, § 19 Rn. 68.
306 Vgl. etwa *Maiwald*, NJW 1981, 2777; M/R-*Saliger*, § 263 Rn. 216.
307 NK-*Kindhäuser/Hoven*, § 263 Rn. 296; *Rengier*, BT-1, § 13 Rn. 176.
308 Vgl. auch LK-*Hefendehl* § 263 Rn. 627; *Oğlakcıoğlu/Mansouri*, NStZ 2023, 129 (134).
309 MK-*Hefendehl* § 263 Rn. 627; zu einem Betrug in solchen Fällen aber neigend BGHSt 3, 315 (216); HansOLG Hamburg NStZ 1989, 226.
310 *Oğlakcıoğlu/Mansouri*, NStZ 2023, 129 (133).
311 *Fischer*, § 263 Rn. 94; MK-*Hefendehl*, § 263 Rn. 625 ff.; NK-*Kindhäuser/Hoven*, § 263 Rn. 339; Sch/Sch-*Perron*, § 263 Rn. 161; M/R-*Saliger*, § 263 Rn. 181; LK-*Tiedemann*, 12. Aufl., § 263 Rn. 148.

158 ▶ **Lösung:** Im „Hilfe für Behinderte-Fall" lagen die Provisionszahlungen und Verwaltungskosten nach Ansicht des BGH noch im Rahmen des sozial Üblichen. Es habe auch keine entsprechende Aufklärungspflicht gegenüber den Spendern bestanden. Es liege daher bereits keine Täuschung vor. Im Übrigen seien die Mittel zweckgemäß eingesetzt worden. Es habe daher kein Betrug vorgelegen. ◀

gg) Amtserschleichung

159 ▶ **Beispiel („Stasi-Fall"):**[312] T war inoffizieller Mitarbeiter des Staatssicherheitsdienstes der DDR (Stasi). Nach der sog. Wende (Wiedervereinigung von 1990) bewirbt er sich bei der Polizei von Berlin. Im Personalfragebogen bei der Einstellung verschweigt er, für die Stasi tätig gewesen zu sein. Er macht seinen Job ganz hervorragend. Es sickert jedoch durch, dass er früher bei der Stasi war. Hat T sich eines Betrugs schuldig gemacht? ◀

160 Mit der Vermögensgefährdung wird auch der Schaden in den Fällen des sog. **Anstellungsbetrugs** begründet. Der Anstellungsbetrug gehört zur Fallgruppe des Eingehungsbetrugs. Bleibt der Wert des Anspruchs auf die Arbeitsleistung des Täuschenden hinter dem der vereinbarten Vergütung zurück, ist mit Abschluss des Arbeitsvertrags eine Vermögensgefährdung zu bejahen.[313] Dieser ist etwa dann zu bejahen, wenn der Täuschende nicht die erforderlichen fachlichen Qualifikationen aufweist.[314] Hierzu können auch formale Qualifikationen gehören, wie die Approbation zum Arzt[315] oder die Habilitation des Bewerbers bei der Besetzung einer Professur.

161 Besondere Bedeutung hat hierbei die Anstellung im öffentlichen Dienst erlangt, die sog. **Amtserschleichung.** Hier täuschen manchmal Bewerber über Umstände, die einer Einstellung zwingend entgegenstehen, weshalb die Behörde den Täuschenden nicht (als Angestellten oder Beamten) hätte einstellen dürfen, weil ihr Ermessensspielraum bei der Einstellung auf null reduziert war. Unter dieser engen Voraussetzung, dass wegen Ermessensreduzierung auf null keine Einstellung erfolgen darf, nimmt die Rechtsprechung des BGH und BVerfG einen Vermögensschaden an.[316] Ein Schaden wurde z.B. bejaht bei fehlender charakterlicher Eignung, beim Fehlen der laufbahnspezifisch vorgeschriebenen Vorbildung oder falschen Angaben zum Dienstalter[317]. Früher bejahte die Rechtsprechung in einer Art „sittlicher Makeltheorie"[318] einen Schaden bereits dann, wenn der Bewerber dem angestrebten Amt in körperlicher, psychischer und charakterlicher Hinsicht nicht gewachsen war.[319] Von dieser moralisierenden Betrachtungsweise hat sich die Rechtsprechung inzwischen verabschiedet. Gleichwohl problematisch ist die Annahme eines Vermögensschadens unter dem Gesichtspunkt der persönlichen Zuverlässigkeit, der im öffentlichen Dienst ebenfalls eine Einstellungsvoraussetzung ist: Nach h.M. soll die persönliche Zuverlässigkeit ein maßgeblicher objektiver Faktor für die Bemessung des wirtschaftlichen Wertes der versprochenen Leistung des Beamten sein. Hier kann z.B. das Verschweigen von zu offenbarenden Vorstrafen oder das Vortäuschen nicht zwingend erforderlicher akademischer Grade bzw. eines

---

312 BGHSt 45, 1.
313 BGHSt 45, 1; *Krey/Hellmann/Heinrich*, BT-2, § 11 Rn. 668; S/S/W-*Satzger*, § 263 Rn. 276.
314 BGHSt 1, 13.
315 *Fischer*, § 263 Rn. 152.
316 BGHSt 45, 1; bestätigt von BVerfG NStZ 1998, 506.
317 BGHSt 5, 358; BGHSt 45, 1, 6; S/S/W-*Satzger*, § 263 Rn. 278.
318 MK-*Hefendehl*, § 263 Rn. 839.
319 Vgl. etwa BGH GA 1956, 121 und die Nachweise bei MK-*Hefendehl*, § 263 Rn. 839.

besonderen ehrenwerten Vorlebens zu einem Vermögensschaden führen.[320] Da aber hier ein etwaiger Gefährdungsschaden sich nicht beziffern lässt, ist nach den obigen Grundsätzen der Schadensfeststellung aus verfassungsrechtlicher Sicht die Annahme eines Vermögensnachteils abzulehnen.[321]

▶ **Lösung:** *Im „Stasi-Fall" hat der BGH entschieden, dass ein Vermögensschaden i.S.d. § 263 StGB stets dann vorliege, wenn der Bewerber um eine Beamtenstellung bei seiner Einstellung über seine frühere Tätigkeit für das Ministerium für Staatssicherheit der DDR (MfS) täuscht, welche seine persönliche Eignung (i.s. persönlicher Zuverlässigkeit) für das angestrebte Amt ausschließt. Dann hätte die Einstellungsbehörde ihn nach Gesetz oder Verwaltungsvorschriften – aufgrund einer Ermessensreduzierung auf null – nicht einstellen dürfen. – Kritisch anzumerken ist zu der Entscheidung, dass würdigkeitsbezogenen Kriterien wirtschaftlich nicht messbar sind. Einleuchtender wäre die Schaffung eines Sondertatbestands der Amtserschleichung, dessen Einführung in Deutschland, anders als in Österreich, bislang gescheitert ist. Die Integrität des Beamtenapparats ist jedenfalls nicht Rechtsgut des § 263 StGB.[322]* ◀

5. Kausalzusammenhang zwischen den objektiven Tatbestandselementen

Es muss ein **durchlaufender Kausalzusammenhang** zwischen Täuschung, Irrtum, Vermögensverfügung und Vermögensschaden bestehen. Besondere Bedeutung erlangt hierbei die Kausalität der Täuschung für den **Irrtum**: Hätte der sich Irrende auch ohne die Täuschung die maßgebliche Vermögensverfügung vorgenommen, so entfällt der Ursachenzusammenhang. Letzteres ist etwa der Fall, wenn der Lieferant den Vertrag auch in Kenntnis der schlechten Vermögenslage des Täters geschlossen hätte.[323] Allerdings genügt für die Kausalität bereits die Mitursächlichkeit der Täuschung für die Vermögensverfügung.[324]

III. Subjektiver Tatbestand

1. Vorsatz bezüglich objektiver Tatbestandsmerkmale

Zunächst muss der Täter den **Vorsatz** bezüglich aller Umstände haben, die den objektiven Tatbestand verwirklichen. Nach der h.M. genügt hierfür prinzipiell ein dolus eventualis.[325] Im Schrifttum wird dagegen für einzelne Tatbestandsmerkmale bzw. Sachverhalte eine besondere Absicht verlangt, so etwa bezüglich der Kausalfaktoren, der Verfügung oder auch beim Prozessbetrug.[326] Die Rechtsprechung fordert eine Absicht nur (oder immerhin) beim Vortäuschen innerer Tatsachen (z.B. der Zahlungsbereitschaft)[327] oder beim Täuschen durch isoliert wahre Tatsachenbehauptungen.[328]

Probleme treten etwa beim **Schädigungsvorsatz** in den Fällen des **Eingehungsbetrugs** auf: Der Täter beabsichtigt, glaubt oder hofft, dass die von ihm erkannte schadensgleiche Vermögensgefährdung nicht in einen Schaden umschlägt, etwa weil sich bis dahin seine finanzielle Situation gebessert haben könnte. Dann genügt es gleichwohl

---

320 Vgl. auch den Übungsfall von *Eiden*, Jura 2013, 288 ff.
321 *Rengier*, BT-1, Rn. 292.
322 Vgl. M/R-*Saliger*, § 263 Rn. 255: „Schadensfiktionalisierung".
323 BGH NStZ 1993, 440; Sch/Sch-*Perron*, § 263 Rn. 77.
324 LK-*Tiedemann*, § 263 Rn. 93.
325 Sch/Sch-*Perron*, § 263 Rn. 165; S/S/W-*Satzger*, § 263 Rn. 303.
326 Vgl. SK-*Hoyer* § 263 Rn. 2734; MK-*Hefendehl* § 263 Rn. 1095 ff.; LK-*Tiedemann* § 263 Rn. 240.
327 RGSt 30, 333.
328 BGHSt 47, 1.

für den Vorsatz, wenn der Täter die Umstände kennt, aus denen sich die Gefahr der Nichtrückzahlbarkeit etwa eines Darlehens ergibt, mag er auch hoffen, dass letzten Endes alles gut geht.[329] Wer einem anderen eine sichere Kapitalanlage vorspiegelt, obwohl er tatsächlich mit der Möglichkeit eines Totalverlustes rechnet, kann eine täuschungsbedingte Gefährdung des eingesetzten Geldes des Getäuschten billigen.[330] Geht der Handelnde aber davon aus, die Forderung des Gläubigers z.B. mit einer Hypothek ausreichend gesichert zu haben, so fehlt es am Betrugsvorsatz.[331]

2. Bereicherungsabsicht

a) Absicht

166 Die Bereicherungsabsicht ist der **zielgerichtete Wille**, einen **Vermögensvorteil für sich oder einen Dritten zu erlangen**.[332] Es ist ein dolus directus 1. Grades erforderlich; dolus eventualis genügt nicht. Der Vermögensvorteil muss also nicht eingetreten sein, es genügt, wenn ein Schaden mit der überschießenden Innentendenz einer Bereicherung herbeigeführt wurde (erfolgskupiertes Delikt). Die angestrebte Bereicherung bildet auf der Täterseite die Kehrseite der Vermögensschädigung auf der Opferseite.[333] Dass der Täter mit seinem Verhalten noch andere Motive verfolgt oder die Bereicherung nur Mittel zu einem anderen Zweck ist (z.B. um dem Opfer Unannehmlichkeiten zu bereiten[334]), ist unschädlich.

167 ▶ **Beispiel („Nerviger Nachbar"-Fall):**[335] *Zwischen dem Studenten A und seinem 76 Jahre alten Wohnungsnachbarn N kam es zu Spannungen, denn N machte dem A bisweilen Vorhaltungen über sein Verhalten. A wollte daraufhin N zeigen, wie es ist, wenn man ständig belästigt wird. Dementsprechend rief er unter dem Namen des N 35 Unternehmen an und beauftragte diese jeweils mit der Lieferung von Waren bzw. der Erbringung von Dienstleistungen, wobei A die Absicht hatte, den N dadurch in dauerhafte Aufregung und Unruhe zu versetzen. Um dies zu erreichen, kam es A darauf an, dass die beauftragten Unternehmen die Wohnanschrift des N auch aufsuchten, um ihre vertraglichen Leistungen zu erbringen bzw. anzubieten.* ◀

168 Unter den Begriff der Bereicherung fallen **Vermögensvorteile jeglicher Art**, d.h. jede günstigere Gestaltung der Vermögenslage.[336] Diese bestehen regelmäßig im Erwerb einer Vermögensposition oder im Abwenden von Vermögensnachteilen, in der Vermehrung von Aktiva oder der Verminderung von Passiva, z.B. der Erlangung eines Kredits oder eines Vermögensgegenstands.[337] Rein immaterielle Vorteile genügen nicht.

169 ▶ **Lösung:** *Im „nerviger Nachbar-Fall" bejahte das LG Kiel eine Bereicherungsabsicht:*[338] *Zwar schien A weder für sich noch für N einen wirtschaftlichen Vorteil durch die Bestellungen zu*

---

329 Sch/Sch-*Perron*, § 263 Rn. 165.
330 BGH NStZ 2003, 264.
331 BGH NStZ-RR 2001, 328.
332 NK-*Kindhäuser/Hoven*, § 263 Rn. 353 („finaler Erfolgswille"); *Rengier*, BT-1, Rn. 301; *Wessels/Hillenkamp/Schuhr*, BT-2, Rn. 613.
333 Eingehend dazu *Wittig*, JA 2013, 401 ff.
334 MK-*Hefendehl*, § 263 Rn. 1154.
335 LG Kiel NStZ 2008, 219.
336 BGH NJW 1988, 2623 („Erhöhung des wirtschaftlichen Wertes des Vermögens"); *Küper/Zopfs*, Rn. 135; Sch/Sch-*Perron*, § 263 Rn. 167.
337 NK-*Kindhäuser/Hoven*, § 263 Rn. 357.
338 In einem ähnlichen Fall ebenso BayObLG JZ 1972, 25; MK-*Hefendehl*, § 263 Rn. 1154; dagegen Sch/Sch-*Perron*, § 263 Rn. 167; *Schröder*, JZ 1972, 26.

erlangen, sondern den N nur ärgern zu wollen. Allerdings habe A durch die Bestellungen quasi die Dispositionsbefugnis über die Waren und Dienstleistungen erhalten, was eine Form der Bereicherung darstelle. Zudem hätten die Unternehmen auch eine geldwerte Arbeitsleistung erbracht. ◂

b) Unmittelbarkeitsbeziehung, „Stoffgleichheit"

§ 263 StGB enthält ein Selbstschädigungs- und Vermögensverschiebungsdelikt, durch das etwaige Vermögensbestandteile des Geschädigten direkt in das Vermögen des Täters – und nicht über den „Umweg eines Dritten" oder als mittelbare Folge – überführt werden.[339] Der **angestrebte Vermögensvorteil** muss **unmittelbar zulasten des geschädigten Vermögens** gehen, „der Vorteil muss dem Täter direkt aus dem geschädigten Vermögen zufließen."[340] Der Vorteil muss die „Kehrseite" des Schadens sein und dem Schaden entsprechen. Dieser Unmittelbarkeitszusammenhang wird zuweilen auch als Stoffgleichheit bezeichnet. Problematisch ist diese Stoffgleichheit vor allem im Fall der Eigenbedarfskündigung und in Mehrpersonenverhältnissen.[341] Der Begriff der Stoffgleichheit kann jedoch zu Missverständnissen Anlass geben: Er bedeutet nicht völlige substantielle Identität oder Gleichmaß in der Höhe; es genügt, wenn der Verlust unmittelbar zulasten des verfügten Vermögens geht und auf derselben Verfügung beruht.[342]

Betrug ist ein Vermögensverschiebungsdelikt, bei dem allerdings im objektiven Tatbestand auf die Verschiebung in das Vermögen des Täters verzichtet wurde und sich der Gesetzgeber mit der Bereicherungsabsicht begnügt hat. Beruhen also angestrebter Vermögensvorteil und der eingetretene Schaden auf unterschiedlichen Verfügungen, liegt insoweit keine Bereicherungsabsicht vor.[343] Wer sich etwa durch eine bewusst unrichtige Unfallschilderung seinen Schadensfreiheitsrabatt bei der Kfz-Haftpflichtversicherung erhalten will, strebt einen Vorteil an, der dem Vermögensnachteil des Unfallgegners nicht entspricht.[344]

Hierbei ist jedoch zu beachten, dass nicht vorschnell bei fehlender Stoffgleichheit ein Betrug verneint werden darf, sondern trotzdem häufig eine Fallkonstellation gegeben ist, die zu einem Betrug durch den Täuschenden führt, allerdings dann nicht wegen Stoffgleichheit bezüglich einer Eigenbereicherung, sondern in Bezug auf eine Drittbereicherung.[345] Die Problematik wird in den Fallkonstellationen anschaulich und praktisch bedeutsam, in denen ein Provisionsvertreter Aufträge erschwindelt, um dadurch eine Provision vom vertretenen Unternehmen zu erlangen.

In der ersten Fallkonstellation des Provisionsvertreterbetrugs wird primär ein Vertragspartner des vertretenen Unternehmens geschädigt.

▸ **Beispiel ("Zigarettenautomaten"-Fall):**[346] *A verkaufte als Provisionsvertreter der Firma F Zigarettenautomaten. Der W und dem Invaliden B spiegelte er vor, es handele sich nicht um einen Kauf-, sondern nur um einen Automaten-Aufstellvertrag. Einem Gastwirt nannte*

---
339 BGH NStZ-RR 2002, 10; S/S/W-*Satzger*, § 263 Rn. 314.
340 BGH NStZ 2003, 264.
341 *Jäger*, BT, Rn. 533.
342 *Kudlich*, PdW BT-1, Nr. 135.
343 *Rengier*, BT-1, Rn. 310.
344 BayObLG NStZ 1994, 492.
345 Sch/Sch-*Perron*, § 263 Rn. 169.
346 BGHSt 21, 384.

er günstigere Zahlungsbedingungen für den Kaufpreis als in Wahrheit gegeben. Von dem Tankstelleninhaber K nahm er über den Kauf eines Automaten unter einem Vorwand zwei Vertragsurkunden auf, die er bei F einreichte. Den Arbeiter U täuschte er über die Ausstattung und den Wert des zu bestellenden Zigarettenautomaten. ◄

175 In solchen Fallkonstellationen muss freilich präzise zwischen den verschiedenen denkbaren Konstellationen des Betrugs unterschieden werden. Denn es kommt sowohl ein Betrug zum Nachteil des vertretenen Unternehmens als auch ein solcher zum Nachteil der Kunden in Betracht.

176 ▶ **Lösung:** Im „Zigarettenautomaten-Fall" scheitert ein eigennütziger Betrug zum Nachteil der Kunden an der fehlenden Selbstbereicherungsabsicht des A: Die Provision, die er erhalten will, fließt nicht aus dem Vermögen des Geschädigten, sondern aus dem Vermögen der Zigarettenautomatenfirma. Daher fehlt es an der Stoffgleichheit. – Allerdings bejahte der BGH einen fremdnützigen Betrug zum Nachteil der Kunden: Dem Vertreter ging es darum, dem Unternehmen Aufträge zu verschaffen, diese also zu bereichern, und dieser Drittvorteil floss unmittelbar aus der Verfügung der Getäuschten, nämlich dem Vertrag. Der Vorteil bestand darin, dass vielleicht der eine oder andere den Vertrag nicht anfechten würde oder den Sachverhalt nicht beweisen könnte. Dies war zwar eine geschwächte, da aufhebbare, aber dennoch für F wirtschaftlich vorteilhafte Rechtsposition. – Der BGH nahm aber auch einen Betrug zum Nachteil des Automatenherstellers an: So spricht für eine Täuschung, dass der Provisionsvertreter den Abschluss eines Kaufvertrags angibt, der als solcher wirksam zustande gekommen, aber anfechtbar ist (§ 123 BGB). Der Schaden besteht darin, eine Provision für eine Leistung gewährt zu haben, die kein vollwertiges wirtschaftliches Äquivalent für die vertretene Firma geschaffen hat. ◄

177 In der zweiten Fallkonstellation erleidet primär das vertretene Unternehmen einen Schaden.

178 ▶ **Beispiel („Erschlichene Provisionen"-Fall):**[347] Für eine Firma war der A gegen Provision tätig. Nachdem er ihr mehrere ordnungsmäßige Geschäftsabschlüsse verschafft hatte, übergab er dem Inhaber Z zwei erdachte Aufträge über 333 DM und 175 DM. – Z schickte die darin bezeichneten Waren an die angeblichen Käufer ab und schrieb dem A, der ihm mehrere hundert DM schuldete, die entsprechende Provision gut. Nach einiger Zeit kamen die Waren zurück. – Der BGH verneinte einen Betrug zum Nachteil des Z insoweit, als der Vermögensschaden in Gestalt des verlorenen Besitzes an den versendeten Waren und die erstrebte Bereicherung des A in Gestalt der Provision nicht auf derselben Verfügung beruhten. A hatte aber in Ermangelung der Aufträge keinen Anspruch auf die Provision; daher lag hier ein Betrug z. N. d. Z insoweit vor, als ihr Vermögen durch die Provisionsgutschrift geschmälert wurde. ◄

179 Hieraus erhellt sich, dass in den Provisionsvertreterfällen zwei Fälle des Betrugs vorliegen können:[348] Zunächst zum Nachteil des getäuschten Opfers, zu dessen Lasten über den Vertreter ein Vertrag zugunsten der Vertriebsfirma geschlossen wird, und sodann zum Nachteil der getäuschten Vertriebsfirma, die zur Zahlung der an sich nicht zu beanspruchenden Provision an ihren Vertreter veranlasst wird.

---

347 BGHSt 6, 115.
348 G/J/W-*Dannecker*, § 263 Rn. 121.

c) Objektive Rechtswidrigkeit der Bereicherung

Dieses Merkmal wird, obwohl es der Sache nach ein (objektives) Tatbestandsmerkmal darstellt, im subjektiven Tatbestand geprüft, da es in einem notwendigen Bezug zur zwingend vorher zu prüfenden Bereicherungsabsicht steht.[349] Hat der Täter einen **einredefreien, fälligen** zivil- oder öffentlich-rechtlichen **Anspruch** auf die Leistung, entfällt eine Betrugsstrafbarkeit. Auf der Grundlage eines juristisch-ökonomischen Vermögensbegriffs kann hier **bereits der Schaden** verneint werden, da der Nachteil, der durch die Vermögensverfügung eingetreten ist, durch einen Vorteil, nämlich dem Freiwerden von einer Verbindlichkeit, kompensiert wird.[350] Freilich kann man auf der Grundlage eines rein wirtschaftlichen Vermögensbegriffs zum Ergebnis gelangen, dass ein schwer durchsetzbarer Anspruch wirtschaftlich weniger wert ist, also doch keine Kompensation eingetreten ist, es aber dann an der objektiven Rechtswidrigkeit der erstrebten Bereicherung fehlt.[351]

Wer durch eine Täuschung einen zivil- oder öffentlich-rechtlich **begründeten Anspruch** durchsetzen[352] oder die Durchsetzung eines unbegründeten Anspruchs verhindern will,[353] erstrebt **keine** rechtswidrige Bereicherung.[354] Damit entfällt ein Betrug in den Fällen des sog. Selbsthilfebetrugs, wie er etwa in Gestalt von Beweismittelmanipulationen oder falschen Angaben im Zivilprozess auftritt.[355] Man denke an den Fall, dass jemand einem anderen ein Darlehen gewährt, ohne dass dies schriftlich fixiert wurde. Der Gläubiger hat keinerlei Beweise in der Hand. Der Kreditnehmer zahlt den Kredit nicht zurück. Daraufhin fingiert der Darlehensgeber einen schriftlichen Darlehensvertrag, fälscht die Unterschrift des Darlehensnehmers und reicht diesen bei Gericht als Beweismittel ein. Aufgrund dessen gewinnt er den Prozess. Ein solches Verhalten mag eine Urkundenfälschung darstellen, sofern diese nicht sogar wegen Beweisnotstands gem. § 34 StGB gerechtfertigt ist. Da der Gläubiger jedoch nur einen tatsächlich bestehenden, aber schwer durchsetzbaren und damit wirtschaftlich minderwertigen Anspruch durchzusetzen versucht, entfällt zwar nicht der Schaden des Kreditnehmers, aber die objektive Rechtswidrigkeit der Bereicherung.

d) Vorsatz bezüglich der objektiven Rechtswidrigkeit der erstrebten Bereicherung

Der Täter muss einen zumindest bedingten Vorsatz hinsichtlich der Rechtswidrigkeit der erstrebten Bereicherung besitzen. Wenn der Täter aufgrund einer fehlerhaften Parallelwertung in seiner Laiensphäre irrigerweise glaubt, einen fälligen Anspruch auf die Leistung zu haben, so entfällt der Vorsatz.[356] Ob der Irrtum auf einer falschen Einschätzung des Sachverhalts oder auf einer falschen rechtlichen Bewertung beruht, ist unerheblich.[357] In diesen Fällen liegt selbst dann kein Betrugsversuch vor, wenn der vermeintliche Anspruch mit Täuschungsmitteln durchgesetzt wird.

---

349 S/S/W-*Satzger*, § 263 Rn. 322.
350 *Eisele*, BT-2, Rn. 643; S/S/W-*Satzger*, § 263 Rn. 323; LK-*Tiedemann*, § 263 Rn. 265.
351 Vgl. auch MK-*Hefendehl*, § 263 Rn. 1169.
352 BGHSt 3, 160.
353 BGHSt 42, 268.
354 BGHSt 42, 268: „Wenn das verfolgte Ziel der Rechtsordnung entspricht, so wird es nicht dadurch, dass rechtswidrige Mittel zu seiner Verwirklichung angewandt werden, selbst rechtswidrig."
355 L-*Kühl/Heger*, § 263 Rn. 47.
356 BGH NStZ 2002, 433.
357 BGH NStZ 2003, 663.

183 Erkennt der Täter dagegen irrigerweise nicht, dass er einen Anspruch auf die Leistung hat, sind der Schädigungsvorsatz und die Absicht rechtswidriger Bereicherung zu bejahen. Dann soll mangels Schadens beim Getäuschten – die Vermögensminderung wird durch ein Freiwerden von der Verbindlichkeit kompensiert – nur ein (untauglicher) Versuch vorliegen;[358] richtigerweise ist hier sogar von einem straflosen Wahndelikt auszugehen.[359]

IV. Täterschaft und Teilnahme

1. Mittäterschaft und mittelbare Täterschaft

184 Beim Betrug können Konstellationen der Alleintäterschaft, Mittäterschaft und mittelbaren Täterschaft auftreten. Schwierig ist die Beurteilung der Beteiligungsstrukturen in den derzeit besonders kontrovers diskutierten und noch nicht abschließend beurteilten Fallkonstellationen des VW-Dieselskandals.

a) Mittäterschaft

185 Mittäterschaft ist nach h.M. sowohl im Ausführungs- als auch im Vorbereitungsstadium möglich. Da der Tatbestand auch die Drittbereicherung erfasst, kann die Rechtsprechung nicht auf der Basis ihrer subjektiven Tätertheorie auf den Grad der eigenen Interessenverwirklichung abstellen, sondern muss für die Bejahung einer (Mit-)Täterschaft (§ 25 Abs. 2 StGB) vielmehr ein gleichgeordnetes arbeitsteiliges Vorgehen auf Grundlage eines gemeinsamen Tatplans in den Vordergrund rücken.[360]

b) Mittelbare Täterschaft

186 Täterschaft in Form der mittelbaren Täterschaft (§ 25 Abs. 1 Var. 2 StGB) kann nicht nur dann gegeben sein, wenn der Täter sich eines anderen zur Tatbegehung bedient (z.B. einer gutgläubigen Person zur Täuschung),[361] sondern auch dann, wenn er organisatorische Strukturen schafft, in denen regelhafte Handlungsvorgänge ausgelöst und so durch andere, volldeliktisch handelnde Personen täterschaftlich Betrugsstraftaten begangen werden.[362] Dies hat der BGH in seinen Entscheidungen zu Fragen der Beteiligung am Totschlag in den Mauerschützenfällen angedeutet[363] und in späteren wirtschaftsstrafrechtlichen Fallkonstellationen aufgegriffen.

187 ▶ **Beispiel („Holzverarbeitungsfirma-Fall"):**[364] *Ein Unternehmen, in dem Holz verarbeitet wurde, war praktisch zahlungsunfähig. Dennoch wies A, der Alleingesellschafter des GmbH-Holzunternehmens, als faktischer Geschäftsführer den förmlichen Geschäftsführer und die Mitarbeiter der GmbH an, bei verschiedenen Zulieferern noch einige Bestellungen durchzuführen. Diese 35 Bestellungen in Höhe von 41.000 DM konnten jedoch nicht bezahlt werden. Alle Mitarbeiter des Unternehmens wussten, dass man diese Rechnungen niemals würde ausgleichen können. Dennoch wurden aufgrund des großen Drucks des Gesellschafters die Bestellungen getätigt.* ◀

---

358 BGHSt 42, 268, 272; S/S/W-*Satzger*, § 263 Rn. 329.
359 M/R-*Saliger*, § 263 Rn. 304.
360 MK-*Hefendehl* § 263 Rn. 1197.
361 BGH NStZ-RR 2004, 9 (mittelbare Täterschaft durch gutgläubiges Werkzeug).
362 Sog. Organisationsherrschaft; vgl. *Kaspar*, AT, § 6 Rn. 53.
363 BGHSt 40, 218, 236.
364 BGH NJW 1998, 767.

§ 7 Der Betrug (§ 263 StGB)

So kann **mittelbare Täterschaft** etwa durch die **Etablierung** und **Leitung** eines betrügerischen Geschäftsbetriebes entstehen. In dessen Rahmen lässt der Hintermann die Täuschung der Geschädigten jeweils von seinen Angestellten, denen er entsprechende, generelle Weisungen erteilt hat, regelhaft ausführen. Der praktische Vorzug dieser Lösung besteht darin, dass der Nachweis eines gemeinsamen Tatplanes oder der Leistung eines eigenen, quasi „eigenhändigen" objektiven Tatbeitrags im Zusammenhang einer bestimmten Tat nicht nötig ist; die Schaffung entsprechender organisatorischer Strukturen genügt.[365] Auch ein Einzelnachweis hinsichtlich der konkret begangenen Betrugshandlungen seitens der Mitarbeiter ist danach nicht erforderlich; der Vorsatz muss sich nur auf die vorsätzliche Schaffung einer Organisationsstruktur zur Begehung von Betrügereien der genannten Art ergeben.[366] Auch kann bei solchen gesteuerten Abläufen durchaus dem maßgeblichen Hintermann die Tatherrschaft über das Geschehen zukommen, der man durch die Annahme einer bloßen Anstiftung oder Beihilfe nicht gerecht würde. Kritisch anzumerken ist freilich, dass die an den Mauerschützen-Urteilen entwickelten Kriterien der Organisationsherrschaft nicht ohne Weiteres auf Wirtschaftsunternehmen übertragbar sind, da sie meist nicht straff hierarchisch, d. h. in Gestalt einer quasi-militärischen Befehlsstruktur organisiert sind. Deshalb erscheint bei Unternehmenskriminalität der Begriff der Steuerungsmacht adäquater als derjenige der Organisationsherrschaft. Ferner dürfte in Unternehmen meist die Geltung des Rechts nicht außer Kraft gesetzt sein.[367]

▶ *Lösung: Der BGH hat im „Holzverarbeitungsfall" einen Betrug in mittelbarer Täterschaft bejaht, denn der Gesellschafter habe einen überragenden Einfluss auf das Unternehmen, selbst über den formellen Geschäftsführer, ausgeübt und damit die Tatherrschaft über das maßgebliche Betrugsgeschehen besessen.* ◀

c) Exkurs: VW-Dieselskandal

▶ **Fall „Dieselgate":**[368] *Adrian (A) kauft bei dem VW-Händler Hugo (H) 2015 einen fabrikneuen VW-Golf mit Dieselmotor. Weder A noch H wissen, dass der Hersteller VW-AG dieses sowie eine Vielzahl weiterer Autos mit einer verbotenen Vorrichtung ausgestattet haben, welche automatisch den Schadstoffausstoß des PKW reduziert, sobald sich das Fahrzeug auf einem Prüfstand befindet. Im Normalbetrieb ist das von A erworbene Auto nicht in der Lage, die gesetzlichen Abgasgrenzwerte der Schadstoffnorm Euro 5 einzuhalten. Für die Entwicklung und Installation der Software waren im Wesentlichen die beiden VW-Ingenieure Xaver (X) und Yves (Y) zuständig, die auf Anweisung des für die Forschung und Entwicklung zuständigen Vorstandsmitglieds Volker (V) dazu angehalten wurden, eine (wenn auch illegale) Lösung zur Einhaltung der Grenzwerte zu finden. X und Y machten sich an die Arbeit und hofften, durch die Implementierung der Abschalteinrichtung hohe Verkaufszahlen und entsprechende Gewinne für die VW-AG generieren zu können. Der Wertverlust durch die Manipulation beträgt im Falle des Fahrzeuges von A 3.000 EUR. Als A von den Manipulationen erfährt, erstattet er empört bei der Staatsanwaltschaft Anzeige gegen H, X, Y und V wegen Betrugs.* ◀

---

365 Vgl. BGH NJW 1998, 768, 769.
366 Vgl. BGH NJW 1998, 768, 569.
367 Vgl. etwa *Kühl*, AT, § 20 Rn. 73 c; *Rotsch*, NStZ 1998, 491.
368 Es handelt sich um einen der typischen Fallkonstellation angelehnten, gleichwohl frei erfundenen Übungsfall.

191 Bei der praxis- und ausbildungsrelevanten Frage, ob der Verkauf von fabrikneuen VW-Dieselfahrzeugen, in denen neunmillionenfach eine illegale Abgassoftware eingebaut wurde, den Tatbestand des § 263 Abs. 1 StGB erfüllt, ergeben sich gleich mehrere Problemfelder. Zunächst ist zu klären, welche der handelnden Personen als tauglicher **Täter** oder **Teilnehmer** in Betracht kommt. Ausgangspunkt einer Täterschaft des Vorstandes könnte die Anwendung der Grundsätze über die **mittelbare Täterschaft** kraft Organisationsherrschaft[369] sein, sofern dieser einen Auftrag zur Entwicklung und Installation einer verbotenen Abschalteinrichtung erteilte. Gegen eine Heranziehung dieser oben bereits skizzierten Täterschaftsform spricht indes, dass es bei einer Weisung gegenüber hoch qualifizierten und von einer Beschäftigung bei einem konkreten Unternehmen unabhängigen Software- und Ingenieurpersonals nicht um eine Konstellation handelt, in der ein streng hierarchisches Befehlsverhältnis herrscht, welches aber gerade der Ausgangspunkt für die Haftung des mittelbaren Täters kraft Organisationsherrschaft sein soll.[370] Gleichfalls scheitert eine Mittäterschaft von V, X und Y an einem fehlenden gemeinsamen Tatplan. Auch eine Täterschaft von V und eine Beihilfe von X und Y erscheint angesichts des Tatbeitrages von X und Y als verfehlt. Übrig bleibt eine Strafbarkeit der ausführenden Ingenieure als Mit- oder Nebentäter und des Vorstandsmitglieds als Anstifter (§ 26 StGB) oder Gehilfe (§ 27 StGB).[371] Hierbei ist eine mittelbare Täterschaft von X und Y kraft überlegenen Wissens denkbar, sofern sie die Vertragshändler als vorsatzlos handelnde Werkzeuge benutzt haben sollten.

192 Tauglicher Gegenstand der **Täuschung** ist hier die durch das Inverkehrbringen und den Verkauf des Fahrzeuges erbrachte konkludente Erklärung, dass das Fahrzeug den gesetzlichen Vorgaben entspricht und insbesondere nicht über eine entgegen Art. 5 Abs. 2 VO (EG) 715/2007 verbotene Abschalteinrichtung verfügt.[372] Für die Annahme eines Irrtums reicht ein **sachgedankliches Mitbewusstsein**[373] über die Regelkonformität der Abgaswerte aus, sodass konkrete Vorstellungen des Käufers über die Höhe der Abgaswerte zum Zeitpunkt des Kaufes nicht erforderlich sind.[374] Die Vermögensverfügung des Käufers besteht bereits im Abschluss des Kaufvertrags (Eingehungsbetrug), zumindest aber später in der Zahlung des Kaufpreises. Es ist davon auszugehen, dass die PKW-Käufer den Kaufvertrag in Kenntnis der illegalen Abschalteinrichtung nicht abgeschlossen hätten,[375] erst recht nicht solche **umweltbewussten Käufer**, denen es auf die Einhaltung der gesetzlichen Grenzwerte ankommt. Sofern das Fahrzeug auch bei Kenntnis der Abschalteinrichtung **aufgrund anderer Faktoren** (**Image der Marke, sozialer Status, Motorleistung**) gekauft worden wäre, ist die **Kausalität** zwischen den beiden Tatbestandsmerkmalen **abzulehnen**.[376] Ein Schaden ergibt sich beim Eingehungsbetrug aus dem Vergleich von Zahlungsverpflichtung und dem Wert der geschuldeten Leistung. Der **Erfüllungsanspruch** des Käufers fällt wertmäßig hinter dem **geschuldeten Kaufpreis** zurück, da das Fahrzeug bereits bei Vertragsschluss einen Sach-

---

369 Vgl. oben § 7 Rn. 187.
370 MK-*Hefendehl*, § 263 Rn. 1200.
371 Vgl. auch die Presseinformation der StA Braunschweig v. 15.4.2019 zur Anklageerhebung gegen fünf Mitarbeiter der VW-AG (www.staatsanwaltschaft-braunschweig.niedersachsen.de), sowie die Pressemitteilung zur Eröffnungsentscheidung der Wirtschaftsstrafkammer v. 9.9.2020 (www.landgericht-braunschweig.de).
372 Vgl. BGH NJW 2020, 1962 Rn. 25 (zu § 826 BGB); MK-*Hefendehl*, § 263 Rn 169 ff.; *Isfen*, JA 2016, 1; zweifelnd *Brand*, wistra 2019, 169; wohl auch *Fischer*, § 263 Rn. 23 a.
373 MK-*Hefendehl*, § 263 Rn. 339; vgl. unten § 7 Rn. 52.
374 *Lück*, JuS 2018, 1148, 1150.
375 Vgl. auch BGH NJW 2020, 1962 Rn. 49 (zu § 826 BGB).
376 MK-*Hefendehl*, § 263 Rn. 392; *Isfen*, JA 2016, 1, 3.

mangel aufweist, der zu einer Betriebsbeschränkung oder -untersagung hätte führen können. Damit ist zugleich eine **wirtschaftlich messbare Vermögensgefährdung** – ein Schaden in Form einer nur eingeschränkten Gebrauchsfähigkeit und ständigen Verfügbarkeit des Fahrzeugs – gegeben.[377] Der Nachteil kann sich aber auch mittels Zweckverfehlungslehre[378] bei umweltbewussten Kunden ergeben, bei denen ein geringer Abgasausstoß das ausschlaggebende Kaufkriterium darstellt. Auch die **Bereicherungsabsicht** und hierfür erforderliche Stoffgleichheit ist beim Verkauf von Neuwagen zu bejahen. Dagegen soll es beim Verkauf von Gebrauchtwagen *nach* dem Publikwerden des Dieselskandals regelmäßig an der Stoffgleichheit zwischen der Vermögenseinbuße des Käufers und des Vermögensvorteils für VW fehlen.[379]

▶ **Lösung: „Dieselgate"** *Da H nichts von den Manipulationen wusste, konnte er sich nicht wegen Betrugs schuldig machen. X und Y haben aber die Käufer solcher Fahrzeuge dergestalt getäuscht, dass sie über die für Einbau zuständigen Mitarbeiter und auch nachfolgend die VW-Händler als vorsatzlos handelnde Werkzeuge in mittelbarer Täterschaft die Tatsachen verschwiegen haben. V hat sie zu diesem Verhalten angestiftet (§ 26 StGB). Der Käufer hatte zumindest sachgedankliches Mitbewusstsein, dass solche Fahrzeuge den Anforderungen einer Zulassung beim Kraftfahrzeugbundesamt genügen und keine über den Grenzwerten liegenden Abgase ausgestoßen werden. Insofern unterlag er einem Irrtum. Angesichts der Empörung des A über den versteckten Einbau ist auch von einer irrtumsbedingten Vermögensverfügung auszugehen. Der Schaden beläuft sich nach dem Prinzip der Gesamtsaldierung auf 3.000 Euro. Der subjektive Tatbestand des § 263 Abs. 1 StGB ist erfüllt, da X und Y durch die Installation der Einrichtung die Verkaufszahlen der Fahrzeuge erhöhen wollten. Auch die Stoffgleichheit zwischen dem Schaden und der angestrebten Drittbereicherung der jeweiligen VW-Händler wäre zu bejahen. Sofern darüber hinaus VW selbst und unmittelbar, d.h. stoffgleich, von den Verkäufen dieser fabrikneuen Fahrzeuge ökonomisch profitiert haben sollte, begründet dies eine weitere Drittbereicherungsabsicht von X und Y, und zwar zugunsten des Herstellers. Aufgrund der Vielzahl von Tatopfern ist weiterhin das Regelbeispiel des § 263 Abs. 3 Nr. 2 StGB einschlägig.* ◀

2. Beihilfe

Da ein Betrug auch bei Drittbereicherungsabsicht vorliegen kann, ist die Abgrenzung der Täterschaft zur Beihilfe schwierig. Bloße Beihilfe kommt dann in Betracht, wenn der Gehilfe nicht alle Merkmale des objektiven Tatbestands in eigener Person erfüllt (etwa dem Täter nur bei der Täuschung vorbereitend behilflich ist) oder er auch sonst eine **nur untergeordnete Rolle** erfüllt.[380] Liegt dagegen ein „enges Verhältnis" zu den Betrugstaten vor, ist er bereits Täter.[381] Letzteres wurde etwa verneint bei einem Busfahrer, der ohne Gegenleistung durch einen von ihm fingierten Unfall an einem Versicherungsbetrug des Haupttäters mitgewirkt hat.[382]

---

377 So BGH NJW 2020, 1962 Rn. 51 (im Kontext des Schadensbegriffs bei § 826 BGB).
378 Vgl. unten § 7 Rn. 103 ff.; MK-*Hefendehl*, § 263 Rn. 1004; krit. zur Übertragung des zivilrechtlichen subj. Schadensbegriffs in das Strafrecht *Saliger/Rüsse*, NStZ 2021, 513.
379 So BGH[Z] NJW 2020, 2798.
380 S/S/W-*Satzger*, § 263 Rn. 350; *Wessels/Hillenkamp/Schuhr*, BT-2, Rn. 620.
381 BGHSt 16, 12, 15.
382 BGH NStZ-RR 1997, 262.

V. Versuch, Vollendung, Beendigung

195 Der **Versuch** des Betrugs beginnt, auf der Grundlage des Wortlauts des § 22 StGB, (bereits) mit dem unmittelbaren Ansetzen zur Täuschung. Allerdings verbietet sich hier eine pauschale Betrachtungsweise. Der Aspekt der Rechtsgutsgefährdung oder des unmittelbaren räumlichen und zeitlichen Zusammenhangs mit der Tatbestandserfüllung sind in die Bewertung mit einzubeziehen, was eine stärkere Eingrenzung der Versuchsstrafbarkeit zur Folge hat;[383] die formale Anknüpfung am unmittelbaren Ansetzen zum ersten Tatbestandsmerkmal (die Täuschung) führt vielfach zu einer weiten Vorverlagerung der Strafbarkeit. Das unmittelbare Ansetzen muss sich daher auf die Tatbestandsverwirklichung im Ganzen beziehen.[384] So fehlt es am unmittelbaren Ansetzen z.B. dann, wenn eine mehraktige Täuschungshandlung vorliegt und zunächst Vertrauen erlangt werden soll, um später umso wirksamer eine Täuschung durchführen zu können.[385] Die betrugsrelevante Täuschung liegt dann erst in dem Versuch einer Hervorrufung desjenigen Irrtums, der den Getäuschten zu der schädigenden Vermögensverfügung bestimmt und damit für den Eintritt des Schadens ursächlich wird.[386] Man denke etwa an Täuschungen in Bewerbungsunterlagen, die zwar zu einer Einladung zu einem Bewerbungsgespräch führen, aber weit im Vorfeld einer späteren Stellenvergabe (Vermögensverfügung) liegen können.

196 Strafbar ist ebenfalls der **untaugliche Versuch** (z.B. ungeeignetes Täuschungsmittel, irrig angenommene Kausalität zwischen Täuschung und Irrtum, irrige Annahme der Rechtswidrigkeit des erstrebten Vermögensvorteils).[387]

197 Mit dem Eintritt des Vermögensschadens (bzw. mit dem Vorliegen der sog. „schadensgleichen Vermögensgefährdung") liegt **Vollendung** vor; ein Vermögensvorteil beim Täter muss nicht eingetreten sein.[388] Nach inzwischen h.M. tritt die **Beendigung** beim Betrug erst dann ein, wenn der Täter den angestrebten Vermögensvorteil erhalten hat und die Tat als Ganzes abgeschlossen ist,[389] während eine Minderheitsansicht enger (bereits) auf den Eintritt des endgültigen Schädigungserfolgs abstellt.[390] Nach der Beendigung ist auch nach der Rspr. keine Täterschaft oder Beihilfe mehr möglich.[391] (Erst) mit der Beendigung beginnt die **Verjährung** (§ 78 a StGB).[392]

VI. Der besonders schwere Fall (§ 263 Abs. 3 StGB); Strafantragserfordernis

198 Nach der gesetzlichen **Regelbeispiel**stechnik, wie sie bereits beim Diebstahl näher erörtert wurde (§ 2 Rn. 79 ff.), kann auch beim Vorliegen eines Regelbeispiels ein besonders schwerer Fall ausnahmsweise verneint werden, falls Unrecht oder Schuld atypisch erheblich vermindert sind.[393] Umgekehrt kann auch bei Fehlen eines Regelbeispiels ein

---

383 LK-*Tiedemann*, § 263 Rn. 277.
384 LK-*Tiedemann*, § 263 Rn. 276.
385 Vgl. etwa OLG Karlsruhe NJW 1982, 59 (Warten vor dem Gasthaus) m. Bspr. *Burkhardt*, JuS 1983, 426.
386 BGHSt 37 294, 296; LK-*Tiedemann*, § 263 Rn. 276.
387 *Maurach/Schroeder/Maiwald/Hoyer/Momsen*, BT-1, Rn. 153.
388 BGHSt 32, 236; AnwK-*Gaede*, § 263 Rn. 180.
389 BGHSt 46, 159; M/R-*Saliger*, § 263 Rn. 298. Zur allg. Bedeutung der Beendigung, etwa für den Eintritt der (fünfjährigen, § 78 Abs. 3 Nr. 4 StGB) Verjährung (§ 78 a StGB) oder der Möglichkeit der Teilnahme vgl. *Kühl*, AT, § 14 Rn. 17 ff.
390 L-*Kühl/Heger*, § 263 Rn. 63; differenzierend NK-*Kindhäuser/Hoven*, § 263 Rn. 381.
391 BGH JuS 2022, 780 m.Anm. *Hecker*.
392 BGH NStZ 2022, 166.
393 Etwa bei Annäherung des Betrugsschadens an die Geringfügigkeitsgrenze des § 243 Abs. 2 StGB; vgl. BGH NStZ-RR 2022, 183.

besonders schwerer Fall dann ausnahmsweise angenommen werden, wenn Unrechts- und Schuldgehalt erheblich gesteigert sind und ein dem Leitbild eines Regelbeispiels entsprechender Fall vorliegt. Übrigens bestimmt § 263 Abs. 4 StGB i. V. m. § 243 Abs. 2 StGB, dass beim betrügerischen Erlangen geringwertiger Sachen – der Grenzwert liegt derzeit bei etwa 50 EUR (vgl. § 2 Rn. 105) – kein besonders schwerer Fall in Betracht kommt, sondern nur ein einfacher Betrug nach § 263 Abs. 1 StGB bejaht werden darf.[394]

1. Gewerbs- oder bandenmäßig (§ 263 Abs. 3 S. 2 Nr. 1 StGB)

Gewerbsmäßig (1. Alt.) handelt, wer sich durch **wiederholte Tatbegehung** eine **nicht nur vorübergehende Einnahmequelle von einigem Umfang und einiger Dauer** verschaffen will.[395] Liegt diese Absicht vor, ist bereits die erste Tat als gewerbsmäßig begangen einzustufen, auch wenn es nicht zu weiteren Taten kommt.[396] Im Übrigen sei auf die Ausführungen zum gewerbsmäßigen Diebstahl entsprechend verwiesen (oben § 2 Rn. 100–103).

199

Eine Bande (2. Alt.) ist gegeben, wenn sich **mindestens drei Personen** mit dem **Willen zusammenschließen, im Einzelnen noch ungewisse Straftaten** nach § 267 StGB oder § 263 StGB zu begehen. Der Bandenbegriff beim Betrug ist identisch mit demjenigen beim Diebstahl (siehe § 2 Rn. 133 ff.), wobei § 263 StGB allerdings die bandenmäßige Begehung genügen lässt, ohne dass es auf die Mitwirkung eines Bandenmitglieds wie bei § 244 Abs. 1 Nr. 2 StGB ankommt.[397] Dass diese Taten tatsächlich begangen werden, ist nicht erforderlich, vielmehr genügt es, wenn im Zeitpunkt des Zusammenschlusses eine entsprechende gemeinsame Absicht besteht.

200

Treten die beiden Regelbeispiele gleichzeitig auf, handelt es sich um einen gewerbsmäßigen Bandenbetrug, der unter den Qualifikationstatbestand des § 263 Abs. 5 StGB fällt.

201

2. Großer Vermögensverlust (§ 263 Abs. 3 S. 2 Nr. 2 StGB)

Der Vermögensverlust großen Ausmaßes (Alt. 1) ist rein objektiv, also ohne Rücksicht auf die finanzielle Situation des Opfers, zu bestimmen. Der Mindestbetrag wird von der Rechtsprechung momentan bei 50.000 EUR angesetzt.[398] Eine bloße Vermögensgefährdung genügt hier nicht.[399]

202

Die Voraussetzungen des Regelbeispiels des § 263 Abs. 3 S. 2 Nr. 2 StGB sind aber beim Versuch des Betruges (z.B. bei einem geplanten großen Schaden) nicht erfüllt; es kann allenfalls im Hinblick auf die übrigen Umstände der Tat die Annahme eines unbenannten besonders schweren Falles in Betracht kommen.[400]

203

Wann eine große Zahl von Menschen in die Gefahr des Vermögensverlustes (Alt. 2) gebracht wird, ist höchstrichterlich noch nicht geklärt; die Werte schwanken zwischen

204

---

394 Zur Geringwertigkeit des Erlangten und unbenannter besonders schwerer Fall von Diebstahl und Betrug vgl. *Jesse*, JuS 2011, 313 ff.; aus der Rspr. vgl. OLG Hamm NJW 2003, 3145 (50 EUR-Grenzwert; zu § 248 a StGB).
395 BGH NJW 1998, 2913; *Rengier*, BT-1, § 3 Rn. 34.
396 BGHSt 49, 17.
397 M/R-*Saliger*, § 263 Rn. 318.
398 BGH NStZ 2016, 349, 351.
399 BGHSt 48, 340 m. Bspr. *Martin*, JuS 2004, 171.
400 BGH wistra 2007, 183.

mindestens 3, mindestens 10, mindestens 20 oder **mindestens 50** Betroffenen.[401] Bei in betrügerischer Absicht vorgenommener Kreditvermittlung im Internet kommt ein solcher besonders schwerer Fall regelmäßig in Betracht.[402]

3. Wirtschaftliche Not (§ 263 Abs. 3 S. 2 Nr. 3 StGB)

205 Nur natürliche, nicht aber juristische Personen können in die Gefahr einer wirtschaftlichen Not gebracht werden. Ein solches Risiko besteht dann, wenn eine gewisse Wahrscheinlichkeit besteht, dass eine Mangellage eintritt, in der die eigenen **Mittel für lebenswichtige Dinge**, z.B. das Bestreiten des Lebensunterhalts, fehlen.[403]

4. Amtsträger (§ 263 Abs. 3 S. 2 Nr. 4 StGB)

206 Dieses Regelbeispiel setzt den Missbrauch von Befugnissen (sog. Missbrauchsvariante) oder der Stellung als Amtsträger (§ 11 Abs. 2 StGB, sog. Stellungsvariante) voraus.[404]

5. Versicherungsbetrug (§ 263 Abs. 3 S. 2 Nr. 5 StGB)

207 Eine Sache von bedeutendem Wert (750 **EUR** sollen nach dem 4. Strafsenat bereits genügen[405]) muss in Brand gesetzt bzw. durch die Brandlegung zerstört oder beschädigt worden sein. Darüber hinaus muss ein objektiv nicht gegebener Versicherungsfall vorgetäuscht werden. Der Versicherungsbetrug wird unten im Anschluss an den Versicherungsmissbrauch behandelt (unten § 8 Rn. 64 ff.).

6. Strafantragserfordernisse

208 Beim Haus- und Familienbetrug (§ 263 Abs. 3 StGB i. V. m § 247 StGB) sowie beim Betrug bzgl. geringwertiger (unter 50 EUR) Sachen (§ 263 Abs. 3 StGB i. V. m. § 248 a StGB) ist ein Strafantrag erforderlich.

VII. Konkurrenzen

209 Wird im Anschluss an die Begehung eines anderen Vermögensdelikts (z.B. Diebstahl, Untreue) ein Betrug begangen, um die durch das erste Vermögensdelikt geschaffene Vermögenslage aufrechtzuerhalten (sog. Sicherungsbetrug),[406] steht die Tatbestandsmäßigkeit des **Sicherungsbetrugs** nicht in Frage, wenn alle Voraussetzungen des § 263 StGB erfüllt sind, namentlich die Täuschung (etwa über einen Herausgabe- oder Schadensersatzanspruch), der Irrtum, die Vermögensverfügung und der Schaden (durch Nichtherausgabe der betrügerisch erlangten Sache). In diesem Fall tritt § 263 StGB aber als **mitbestrafte Nachtat** hinter der Vortat zurück.[407] Dagegen liegt Tatmehrheit vor, wenn ein bestehender Schaden erweitert oder vertieft wird,[408] mithin insoweit ein gegenüber der Vortat „neuer" Schaden eintritt. – Tateinheit liegt dagegen vor, wenn betrügerische Internetangebot in einer einzigen Handlung erstellt und von mehreren

---

401 Beck-OK-StGB-*Beukelmann*, § 263 Rn. 107; *Krey/Hellmann/Heinrich*, § 11 Rn. 698.
402 OLG Jena NJW 2002, 2404.
403 L-*Kühl/Heger*, § 283 a Rn. 2.
404 *Fischer*, § 263 Rn. 221.
405 So bei § 315 StGB: BGH NStZ 2011, 215; für eine **Grenze** bei **1.300 EUR** dagegen OLG Jena, Urt. v. 17.09.2008, 1 Ss 167/08.
406 *Rengier*, BT-1, § 13 Rn. 341.
407 Sch/Sch-*Perron*, § 263 Rn. 184; *Wessels/Hillenkamp/Schuhr*, BT-2, Rn. 629.
408 BGHSt 6, 67.

Opfern in verschiedenen Akten jeweils individuell angenommen werden.[409] Ebenso ist Tateinheit mit § 153 StGB (z.b. im Rahmen eines Prozessbetrugs) oder mit § 267 StGB (Vorlage gefälschter Dokumente) möglich.[410] Dagegen ist Tateinheit zwischen Betrug und Diebstahl grundsätzlich nicht denkbar, da sich nach der sog. Exklusivitätstheorie Vermögensverfügung und Wegnahme ausschließen.

Wiederholungsfragen

1. Aus welchen Elementen besteht der objektive Tatbestand des § 263 StGB? (Rn. 11)
2. Kann man im Rahmen des § 263 StGB über Werturteile täuschen? (Rn. 18)
3. Was sind innere Tatsachen? (Rn. 15)
4. Welche Voraussetzungen müssen für eine Täuschung durch Unterlassen vorliegen? (Rn. 34)
5. Können Zweifel an der Richtigkeit der Behauptung den Irrtum des Verfügenden entfallen lassen? (Rn. 56 ff.)
6. Welche Funktion hat der Begriff der Vermögensverfügung? (Rn. 70)
7. Was versteht man unter einer Vermögensverfügung? (Rn. 71)
8. Wann kann auf das Bewusstsein einer Vermögensverfügung verzichtet werden? (Rn. 82)
9. Was ist ein Dreiecksbetrug und wie muss dabei das Verhältnis zwischen Verfügendem und Geschädigtem ausgestaltet sein? (Rn. 88 ff.)
10. Was ist ein Vermögensschaden? Wie wird er bestimmt? (Rn. 94 ff.)
11. Welche Vermögenstheorien kennen Sie? (Rn. 97 ff.)
12. Unter welchen Voraussetzungen wird die Erfüllung nichtiger Forderungen von § 263 StGB geschützt? (Rn. 105 ff.)
13. Welche Rolle spielen kompensatorische Elemente für die Schadensbestimmung? (Rn. 125 f.)
14. Was bedeutet individueller Schadenseinschlag? (Rn. 128)
15. Was versteht man unter einer Vermögensgefährdung? (Rn. 136)
16. Welche Anforderungen stellt das BVerfG an die Bestimmung des Schadens bei der Vermögensgefährdung? (Rn. 138)
17. Was sind „Eingehungsbetrug" und „Erfüllungsbetrug"? (Rn. 142 ff.)
18. Aus welchen Elementen setzt sich der subjektive Tatbestand des § 263 StGB zusammen? (Rn. 164 ff.)
19. Warum verlangt man im subjektiven Tatbestand die sog. Stoffgleichheit? (Rn. 170 f.)
20. Wie sind die Merkmale des § 263 Abs. 3 verbrechenssystematisch einzuordnen? (Rn. 198)

---

409 BGH NJW 2011, 1826; Sch/Sch-*Perron*, § 263 Rn. 180 a.
410 BGHSt 43, 317; BGHSt 5, 295.

§ 8 Die betrugsähnlichen Delikte (§§ 263 a, 265, 265 a StGB)

1 Die nachfolgend behandelten drei Straftatbestände werden gemeinhin als **betrugsähnliche Delikte** bezeichnet. Der **Computerbetrug** trägt die Affinität zu § 263 StGB bereits in seiner Überschrift, aber auch in den Tathandlungen und dem Erfolg in sich. Das **Erschleichen von Leistungen** schließt ebenfalls Lücken, die durch die anthropozentrische Ausrichtung des § 263 StGB (Täuschung eines Menschen) entstehen. Der Versicherungsmissbrauch ist dagegen nicht betrugsähnlich, sondern dem Betrug vorverlagert, d. h. ein Tatbestand im Vorbereitungsstadium eines geplanten späteren Betrugs. Die weiteren, im Kontext des § 263 StGB angesiedelten Straftatbestände des Subventionsbetrugs (§ 264 StGB), der aktuell insbesondere bei der betrügerischen Erlangung von Corona-Soforthilfen von Bedeutung ist,[1] des Kapitalanlagebetrugs (§ 264 a StGB) und Kreditbetrugs (§ 265 b StGB) gehören dagegen zum Prüfungsstoff im wirtschaftsstrafrechtlichen Teil einer strafrechtlichen Schwerpunktbereichsprüfung und werden daher in diesem Lehrbuch ausgeblendet.

I. Der Computerbetrug (§ 263 a StGB)

Literaturempfehlungen: *Christoph/Dorn-Haag*, Der „elektronische Taschendiebstahl" bei Kleinstbetragszahlungen, NStZ 2020, 697; *Eisele/Fad*, Strafrechtliche Verantwortlichkeit beim Missbrauch kartengestützter Zahlungssysteme, Jura 2002, 305 ff.; *Kempny*, Überblick zu den Geldkartendelikten, JuS 2007, 1084 ff.; *Kraatz*, Der Computerbetrug (§ 263 a StGB), Jura 2010, 36 ff.; *ders.*, Aktuelle examensrelevante Fälle des Computerbetrugs (§ 263 a StGB), Jura 2016, 875 ff.; *Lenk*, Girocard, Sparbuch, Bankomat – Fallkonstellationen in der strafrechtlichen Klausur, JuS 2020, 407.

1. Einleitung

2 Der Tatbestand wurde im Jahre **1986** durch das 2. WiKG eingeführt[2] § 263 a StGB sollte die Strafbarkeitslücke schließen, die sich infolge der zunehmenden Bedeutung der elektronischen Datenverarbeitung seit den 1970er Jahren ergab: Während der Betrug gem. § 263 StGB die Täuschung und irrtumsbedingte Verfügung eines Menschen voraussetzt, fehlt es an diesen menschlichen Entscheidungsträgern im elektronischen Datenverarbeitungssystem.[3] 2003 wurde die Norm aufgrund europäischer Vorgaben um die Absätze 3 und 4 erweitert.[4]

3 § 263 a StGB gehört systematisch gleichermaßen zum **Vermögens-** wie **Computerstrafrecht**. 2021 wurden polizeilich insgesamt – mit seit Jahren steigender Tendenz – über **136.865** Fälle des **Cybercrime** erfasst. Der Computerbetrug stellt mit mehr als 21.884 Fällen den überwiegenden Anteil der Computerkriminalität dar. Im Jahre 2021 wurden rund 3.400 Menschen wegen Computerbetrugs abgeurteilt.[5]

---

[1] Näher dazu *Rau*, in: Schmidt, COVID-19, § 19 Rn. 63 ff.; zum Betrug bei Corona vgl. o. § 7 Rn. 156.
[2] W/J/W-*Bär*, Kap. 15 Rn. 11.
[3] Vgl. BT-Drs. 10/5058, 30; LK-*Tiedemann/Valerius*, § 263 a Rn. 2.
[4] 35. StÄG v. 22. 12. 2003 BGBl. II 2003, 2839.
[5] SVS 2021, S. 38.

§ 8 Die betrugsähnlichen Delikte (§§ 263 a, 265, 265 a StGB)

a) Rechtsgut, Systematik

§ 263 a StGB schützt, wie § 263 StGB, das **Vermögen**.[6] Trotz des allgemeinen Interesses an der Funktionstauglichkeit der elektronischen Datenverarbeitung und des bargeldlosen Zahlungsverkehrs in Wirtschaft und Verwaltung werden diese überindividuellen Rechtsgüter von § 263 a StGB nicht erfasst und bilden insoweit nur einen „Schutzreflex"[7].

§ 263 a **Abs. 1** StGB bildet den **Grundtatbestand** und zählt die vier strafbaren Tathandlungsvarianten auf, welche dem Merkmal der Täuschung in § 263 Abs. 1 StGB nachempfunden sind.[8] Die Tatmodalitäten orientieren sich an den empirischen Erscheinungsformen und den Eigenarten vermögensschädigender Computermanipulationen und sollen so einer zu weiten Ausdehnung des Tatbestandes vorbeugen.[9]

§ 263 a Abs. 2 StGB verweist auf § 263 Abs. 2–7 StGB, so dass Versuch, besonders schwere Fälle, Strafanträge und Qualifikationen des Betruges auch im Rahmen des § 263 a StGB Anwendung finden.

§ 263 a Abs. 3 StGB stellt Vorbereitungshandlungen zu Taten nach Abs. 1 unter Strafe.[10] Der Abs. 4 des § 263 a StGB ermöglicht tätige Reue als Strafaufhebungsgrund bei Taten nach § 263 a Abs. 3 StGB.

b) Prüfungsschema in Klausuren

Die Klausurrelevanz des Computerbetrugs ist in der Übung für Fortgeschrittene eher hoch. Insbesondere die schillernde, vieldiskutierte Variante der unbefugten Verwendung von Daten (Abs. 1 Var. 3) wird gerne geprüft. In Examensklausuren werden Probleme des § 263 a StGB durchaus, aber eher selten behandelt.

Prüfungsschema § 263 a StGB

A. *Tatbestand*
   I. *Objektiver Tatbestand*
      1. *Tathandlungen*
         a) *Unrichtige Gestaltung des Programms (§ 263 a Abs. 1 Var. 1 StGB) oder*
         b) *Verwendung unrichtiger oder unvollständiger Daten (§ 263 a Abs. 1 Var. 2 StGB) oder*
         c) *Unbefugte Verwendung von Daten (§ 263 a Abs. 1 Var. 3 StGB) oder*
         d) *Sonstige unbefugte Einwirkung auf den Ablauf (§ 263 a Abs. 1 Var. 4 StGB)*
      2. *Zwischenerfolg: dadurch Beeinflussung des Ergebnisses eines Datenverarbeitungsvorgangs*
      3. *Taterfolg: Vermögensschaden*
   II. *Subjektiver Tatbestand*

---

6 BGHSt 40, 331, 334; *Fischer*, § 263 a Rn. 2; A/W-*Heinrich*, § 21 Rn. 31; SK-*Hoyer*, § 263 a Rn. 2; *Mitsch*, BT-2, S. 393.
7 L-*Kühl/Heger*, § 263 a Rn. 1; NK-*Kindhäuser/Hoven*, § 263 a Rn. 2; *Otto*, Jura 1989, 24, 33.
8 Vgl. NK-*Kindhäuser/Hoven*, § 263 a Rn. 3.
9 BT-Drs. 10/5058, 30.
10 Zu Hacker-Tools vgl. *Nestler*, Jura 2021, 629, 633.

1. Bedingter Vorsatz bezüglich der objektiven Tatbestandsmerkmale
2. Bereicherungsabsicht
    a) Absicht sich oder einem Dritten einen Vermögensvorteil zu verschaffen
    b) Stoffgleichheit zwischen Vermögensschaden und angestrebten Vermögensvorteil
    c) Objektive Rechtswidrigkeit der erstrebten Bereicherung
    d) (Bedingter) Vorsatz bezüglich der Rechtswidrigkeit der erstrebten Bereicherung
B. Rechtswidrigkeit
C. Schuld
D. Qualifikation, § 263a Abs. 2 StGB i. V. m. § 263 Abs. 5 StGB
E. Persönliche Strafaufhebungsgründe: Tätige Reue gem. § 26a Abs. 4 StGB
F. Strafantrag: § 263a Abs. 2 StGB
G. Strafzumessung, § 263a Abs. 2 StGB i. V. m. § 263 Abs. 3 StGB

2. Tathandlungen

10 § 263a Abs. 1 StGB benennt vier Varianten als mögliche Tathandlungen: die unrichtige Gestaltung des Programms – Programm-Manipulation (Var. 1 des § 263a Abs. 1 StGB), das Verwenden unrichtiger oder unvollständiger Daten – Inputmanipulation (Var. 2 des § 263a Abs. 1 StGB), das unbefugte Verwenden von Daten (Var. 3 des § 263a Abs. 1 StGB) sowie die sonstige unbefugte Einwirkung auf den Ablauf – Ablaufmanipulation (Var. 4 des § 263a Abs. 1 StGB).

a) Daten und Datenverarbeitungsvorgang

11 Die Tatbestandsvarianten setzen voraus, dass ein **Datenverarbeitungsvorgang** beeinflusst wird. **Daten** sind alle codierten Informationen unabhängig vom Verarbeitungsgrad.[11] Das sind beispielsweise Binärcodes sowie Schriften und Bilder, wenn sie mittels Scan in ein Programm mit Texterkennung eingefügt werden.[12] Der Datenbegriff ist somit **weiter als** derjenige in **§ 202a StGB**, nach dessen Legaldefinition in Abs. 2 nur nicht unmittelbar wahrnehmbar (d.h. verschlüsselte) gespeicherte oder übermittelte Daten erfasst sind. Ein Datenverarbeitungsvorgang ist ein elektronisch technischer Vorgang, bei dem Arbeitsergebnisse dadurch erzielt werden, dass Daten erfasst und mit Programmen verknüpft werden.[13] Gemeint sind in der Sache Vorgänge in Computersystemen (EDV-Systemen) und gerade nicht in rein mechanischen Systemen (z.B. Getränkeautomat),[14] sofern in ihnen nicht computergesteuerte Komponenten wie etwa Geldprüfsysteme enthalten sind.[15]

---

[11] W/J/S-Bär, Kap. 15 Rn. 15; Kindhäuser/Böse, § 28 Rn. 8; Rengier, BT-1, § 14 Rn. 4.
[12] MK-Mühlbauer, § 263a Rn. 14.
[13] BT-Drs. 10/318, S. 21; Rengier, BT-1, § 14 Rn. 4.
[14] MK-Mühlbauer, § 263a Rn. 14; SK-Hoyer, § 263a Rn. 11; Kraatz, Jura 2010, 36, 37.
[15] L-Kühl/Heger, § 263a Rn. 4.

b) Programm-Manipulation (Var. 1 des § 263 a Abs. 1 StGB)

aa) Programme

Programme sind aus Daten zusammengefügte fixierte **Anweisungen an Computer** und damit lediglich eine spezielle Art von Daten.[16] Var. 1 des § 263 a Abs. 1 StGB ist daher lex specialis gegenüber Var. 2 und wurde aufgrund ihrer Gefährlichkeit vom Gesetzgeber separat unter Strafe gestellt.

bb) Gestaltung

Gestalten meint das Neuschreiben, Verändern oder Löschen des Programms oder einzelner Programmteile.[17] Beispielhaft: Änderungen an den Bedingungen der Plausibilitätsprüfung; Einbau falscher oder Neuverknüpfung bestehender Funktionen, etwa indem künftige Überweisungsaufträge zugunsten des Kontos des Täters gebucht werden oder bei einem Glücksspielautomaten mittels Aufbuchkarten oder Aufbuchdongel die Gerätesoftware manipuliert wird.

cc) Unrichtigkeit der Programmgestaltung

Streitig ist, wann die Programmgestaltung **unrichtig** ist. Nach einer subjektiven Ansicht ist darauf abzustellen, ob das Programm dem Willen des oder der Verfügungsberechtigten (etwa der Systembetreiber) entspricht.[18] Demgegenüber stellt die h.M. darauf ab, dass ein normativer Richtigkeitsbegriff und damit eine **objektive Betrachtungsweise** zugrunde liegen.[19] Unrichtig ist ein Programm dann, wenn objektiv ein unzutreffendes Ergebnis entsteht, welches nicht dem Zweck oder der Aufgabenstellung des jeweiligen Datenverarbeitungsprozesses entspricht.[20] Für diese Ansicht spricht, dass nach dem gesetzgeberischen Willen § 263 a StGB parallel zu § 263 StGB ausgelegt werden soll.[21] Um dies zu gewähren, darf § 263 a StGB nicht den Verfügungsberechtigten schützen, sondern muss die missbräuchliche Verwendung von Datenverarbeitungsvorgängen unter Strafe stellen.[22]

c) Input- bzw. Eingabemanipulation (Var. 2 des § 263 a Abs. 1 StGB)

aa) Verwendung der Daten

Eine **Verwendung** von Daten liegt vor, wenn sie in einen beginnenden oder bereits laufenden Datenverarbeitungsprozess **unmittelbar eingegeben** werden.[23]

bb) Unrichtige bzw. unvollständige Daten

Unrichtig sind Daten, wenn die in ihnen codierten Informationen nicht der Wirklichkeit entsprechen.[24] Dies kann beispielsweise ein falsches Lebensalter sein. Die klau-

---

16 Vgl. BT-Drs. 10/5058, 30; W/J/S-*Bär*, Kap. 15 Rn. 16; *Wessels/Hillenkamp/Schuhr*, BT-2, Rn. 638.
17 BGH NStZ-RR 2016, 371 mit Bspr. *Hecker*, JuS 2017, 274; *Fischer*, § 263 a Rn. 6; *Hoyer*, § 263 a Rn. 22.
18 BT-Drs. 10/318, 20; NK-*Kindhäuser/Hoven*, § 263 a Rn. 14; Sch/Sch-*Perron*, § 263 a Rn. 5; *Kindhäuser/Böse*, BT-2, § 28 Rn. 12.
19 *L-Kühl/Heger*, § 263 a Rn. 7; *Rengier*, BT-1, § 14 Rn. 9; *Kraatz*, Jura 2010, 36, 39.
20 AnwK-*Gaede*, § 263 a Rn. 6; *Fischer*, § 263 a Rn. 6; *Wessels/Hillenkamp/Schuhr*, BT-2, Rn. 642.
21 Vgl. BT-Drs. 10/5058, 30.
22 *Otto*, BT, § 52 Rn. 34.
23 Beck OK-StGB-*Schmidt*, § 263 a Rn. 8, 14; *Fischer*, § 263 a Rn. 8.
24 W/J/S-*Bär*, Kap. 15 Rn. 18; MK-*Mühlbauer*, § 263 a Rn. 28; Sch/Sch-*Perron*, § 263 a Rn. 6.

surträchtige Fallgruppe des unbefugten Geldabhebens am Bankautomaten fällt nicht unter diese Tatmodalität, wenn der Unbefugte die Daten (PIN) des berechtigten Karteninhabers eingibt, da objektiv die richtigen Daten des Inhabers eingesetzt werden. Unrichtig sind aber Fantasie-IBANs, mittels derer Geld von nicht existierenden Schuldnerkonten eingezogen werden.[25] Daten sind **unvollständig**, wenn sie die Wirklichkeit unzureichend wiedergeben oder lückenhaft sind.[26] Dies ist etwa der Fall, wenn die Zeiten des Studiums oder der Arbeitslosigkeit nicht komplett angegeben werden, welche aber zur Bestimmung von Beitragssätzen und Leistungen einer Versicherung relevant sind. Bei der Beurteilung der Richtigkeit bzw. Vollständigkeit gilt somit ein objektiver Maßstab.[27]

17 ▶ **Beispiel („Mahnbescheid-Fall"):**[28] *A beantragte beim Amtsgericht im automatisierten Mahnverfahren einen Mahnbescheid über eine Hauptforderung in Höhe von 180.960 Euro gegen die B-GbR mbH. Als Anspruchsgrund gab A einen in Wahrheit nicht geschlossenen Dienstleistungsvertrag an. Der antragsgemäß erlassene Mahnbescheid wurde entsprechend den Angaben der A der U, der Mutter der A, zugestellt, die – obgleich sie als Mitgesellschafterin der B-GbR mbH dazu verpflichtet gewesen wäre – abredegemäß keinen Widerspruch einlegte und auch die weitere Mitgesellschafterin nicht von dem Mahnbescheid informierte. Nachdem A auf die gleiche Weise auch einen Vollstreckungsbescheid erwirkt hatte, beantragte sie auf dessen Grundlage einen Pfändungs- und Überweisungsbeschluss in Bezug auf Forderungen der B-GbR mbH gegen eine Bank. Nach dessen antragsgemäßen Erlass wurden 184.324,60 Euro gepfändet und auf ein Konto der A überwiesen.* ◀

18 Wenn der Antragsteller im **automatisierten Mahnverfahren** gem. § 689 Abs. 1 S. 2 ZPO bewusst unrichtige Angaben macht, ist die Strafbarkeit nach § 263 a Abs. 1 Var. 2 StGB vor allem unter Beachtung des Schutzbereichs umstritten. Teilweise wird unter Bezug auf eine betrugsnahe Betrachtung gegen die Strafbarkeit eingewandt, dass sich das Gericht bzw. der Rechtspfleger keine Gedanken um den Wahrheitsgehalt der Angaben des Antragstellers macht, die zur Schlüssigkeit des Anspruchs führen, da es an einer Schlüssigkeitsprüfung fehlt, § 692 Abs. 1 Nr. 2 ZPO. Es würde dann kein Irrtum bei einem Menschen erregt. Um hier die Strukturgleichheit und Wertgleichheit zu wahren, müsse daher konsequenterweise eine Strafbarkeit nach § 263 a Abs. 1 Var. 2 StGB entfallen.[29]

19 Dagegen spricht für die Strafbarkeit des Handelns die auch im Mahnverfahren geltende **Wahrheitspflicht** nach § 138 Abs. 1 ZPO.[30] Ein Rechtspfleger, der hier die maßgebliche Vergleichsfigur für den Computer bildet, müsste in einem nicht automatisierten Mahnverfahren im Rahmen des Erkenntnisverfahrens bei Erkennen der Nichtexistenz der geltend gemachten Forderung den Erlass eines Mahn- oder Vollstreckungsbescheids ablehnen.[31] Erlässt er den beantragten Bescheid, geschieht dies unter der Annahme, dass die Behauptungen des Antragstellers pflichtgemäß aufgestellt wurden und wahr sind. Bei Angabe unwahrer Tatsachen lägen dann „unrichtige" Daten vor.

---

25 BGH NStZ 2022, 681.
26 LK-*Tiedemann/Valerius*, § 263 a Rn. 34; MK-*Mühlbauer*, § 263 a Rn. 28.
27 *L-Kühl/Heger*, § 263 a Rn. 10; *Maurach/Schroeder/Maiwald/Hoyer/Momsen*, BT-1, § 41 Rn. 239.
28 BGHSt 59, 68.
29 M/R-*Altenhain*, § 263 a Rn. 22; *Rengier*, BT-1, § 14 Rn. 13; *Wessels/Hillenkamp/Schuhr*, BT-2, Rn. 644; *Kraatz*, Jura 2010, 36, 41.
30 BT-Drs. 10/318, 20 f.; LK-*Tiedemann/Valerius*, § 263 a Rn. 39, 68; *Kindhäuser/Böse*, BT-2, § 28 Rn. 18; *Möhrenschlager*, wistra 1986, 128, 132.
31 BGHSt 59, 68; BGH NStZ 2012, 322, 323.

Zudem wird ein umfassender Schutz des Vermögens garantiert, der nicht außerhalb des Schutzzwecks der Norm liegt und angesichts der vielen täglich erlassenen Mahnbescheide notwendig erscheint.[32] Allerdings ist für das Erreichen des **Versuchs**stadiums ein **Vollstreckungsbescheid** erforderlich.[33]

▶ **Lösung:**[34] Der BGH lehnt in automatisierten Mahnbescheids-Fällen einen Betrug nach § 263 StGB zu Recht ab, weil es an der erforderlichen Täuschung einer natürlichen Person fehlt. Dafür bejaht er regelmäßig einen Computerbetrug nach § 263 a StGB: Die Geltendmachung von fingierten Ansprüchen im automatisierten Mahnverfahren sei die Verwendung von unrichtigen Daten. Sie geschehe auch unbefugt, da ein realer Rechtspfleger als Vergleichsfigur von der Richtigkeit der Angaben ausgehe. ◀

d) Unbefugte Verwendung von (richtigen) Daten (Var. 3 des § 263 a Abs. 1 StGB)

▶ **Beispiel („Kostenlose Getränke dank NFC"):**[35] *A fand eine von Z verlorene ec-Karte. A tätigte in dem Wissen, dass ihm die Karte nicht gehörte und er zur Nutzung nicht berechtigt war, im Getränkemarkt des G einen Einkauf im Wert von 12 €, indem er die zuvor aufgefundene EC-Karte der Sparkasse auf das Kartenlesegerät zur Bezahlung auflegte. Da der Einkauf einen Warenwert unter 25 € aufwies, war die Eingabe der PIN nicht erforderlich, was dem A bekannt war und von diesem bewusst ausgenutzt wurde. Nachdem der A den Getränkemarkt zunächst verlassen hatte, kehrte er umgehend wieder zurück und tätigte wenige Minuten später um 13:00 Uhr auf die gleiche Art und Weise im Getränkemarkt einen weiteren Einkauf im Wert von 20 €. Wie hat sich A strafbar gemacht?* ◀

aa) Verwendung

Die größte Bedeutung kommt der Tatvariante des unbefugten Verwendens von Daten zu. Im Unterschied zu Var. 2 müssen die Daten „**richtig**" sein, ansonsten wäre schon Var. 2 anzuwenden. Aufgrund der Entstehungsgeschichte und Systematik der Norm ist die „Richtigkeit" der Daten somit **ungeschriebenes Tatbestandsmerkmal**.[36]

Auch Var. 3 setzt eine **Verwendung von Daten** voraus, welche nach h.M. den Grundsätzen der Var. 2 folgt. Damit ist ein Einführen der Daten in einen beginnenden oder bereits laufenden Datenverarbeitungsprozess nötig.[37] Nach einer weiten Ansicht genügt jedwede Nutzung von Daten.[38] Relevant wird diese Ansicht vor allem bei der Abgrenzung der Var. 3 zu Var. 4, da der Anwendungsbereich der Modalitäten dann unterschiedlich zu sehen ist. Wird der engen Ansicht gefolgt, die eine Eingabe der Daten in den Datenverarbeitungsprozess erfordert, vergrößert sich der Anwendungsbereich des Auffangtatbestandes der Var. 4.

---

32 Vgl. LK-*Tiedemann/Valerius*, § 263 a Rn. 39.
33 *Kindhäuser/Böse*, BT-2, § 28 Rn. 18; and. OLG Düsseldorf NStZ 1991, 586.
34 BGH NStZ 2012, 322; BGHSt 59, 68.
35 OLG Hamm, Beschluss v. 07.04.2020 – 4 RVs 12/20 = BeckRS 2020, 9059. – Lösung u. Rn. 38.
36 Vgl. Beck OK-StGB-*Schmidt*, § 263 a Rn. 19; LK-*Tiedemann*, § 263 a Rn. 40.
37 Sch/Sch-*Perron*, § 263 a Rn. 8; *Rengier*, BT-1, § 14 Rn. 14.
38 BGH NStZ 2022, 681; BayObLG NJW 1991, 438, 440; *Hilgendorf*, JuS 1997, 130, 131.

bb) Unbefugtheit

23 Das Tatbestandsmerkmal der Unbefugtheit ist wegen seiner Unbestimmtheit **sehr umstritten**.[39] Verfassungsrechtlich ist eine restriktive Auslegung geboten. Hierbei haben sich folgende drei Ansichten herausgebildet:

(1) Subjektive Theorie

24 Nach der **subjektiven** Ansicht ist eine Verwendung von Daten unbefugt, wenn sie dem „**vertraglich vereinbarten Dürfen**"[40] bzw. dem wirklichen oder mutmaßlichen Willen des Datenverfügungsberechtigten[41] widersprechen. Ein solcher Berechtigter ist etwa der Betreiber eines Automaten, die kontoführende Bank, der Kartenaussteller, der berechtigte Karteninhaber oder der Kontoinhaber.[42] Gegen diese weite Sichtweise spricht, dass **jeder Vertragsverstoß** zur Straftat emporgehoben würde, was dem **Ultima Ratio-Charakter** des Strafrechts widerspricht.[43]

(2) Computerspezifische Auslegung

25 Die **computerspezifische** Ansicht legt das Merkmal „unbefugt" grundsätzlich enger aus und fragt, ob der entgegenstehende Datenverarbeitungswille des Betreibers seinen Ausdruck in der Programmgestaltung findet.[44] Aus dem Anwendungsbereich der Norm **ausgeschieden** werden mit diesem Ansatz insbesondere die Fälle, in denen der Täter den elektronisch gesteuerten Automaten **formal ordnungsgemäß bedient**.[45] Denkbar wäre es zwar, dass das Computerprogramm selbst die Identität und damit die Befugnis des Verwenders ganz oder teilweise überprüft, etwa durch Irisscanner oder Fingerabdruckscanner; dann würde durch einen „kopierten" Fingerabdruck eine Eingabe unrichtiger Daten vorliegen, die Var. 2 erfüllen würde.[46] Damit hätte die Var. 3 aber keinen eigenen Anwendungsbereich mehr. Bei der PIN-Eingabe am Geldautomaten überprüft zudem der Automat nur die Eingabe der richtigen PIN, nicht aber, ob der PIN-Benutzer tatsächlich auch der berechtigte Karteninhaber ist. Somit würde eine Strafbarkeitslücke beim **Geldabheben durch den nichtberechtigten Karteninhaber** entstehen, obwohl gerade diese Handlung vom Gesetzgeber unter Strafe gestellt werden wollte.[47]

(3) Betrugsspezifische Betrachtung

26 Die betrugsspezifische Ansicht der **h.M.** orientiert sich bei der Auslegung an § 263 StGB. Sie verlangt ein **täuschungsähnliches** Verhalten des Täters, welches einen Menschen zu einer Vermögensverfügung veranlassen würde.[48] Dies lässt sich anhand dessen feststellen, ob das Verwenden der Daten gegenüber einer gedachten Person

---

39 Zum Diskussionsstand vgl. *Hillenkamp/Cornelius*, 36. Problem, S. 213.
40 *Maurach/Schroeder/Maiwald/Hoyer/Momsen*, BT-1, § 41 Rn. 240.
41 BGHSt 40, 331, 334; BayObLG NStZ 1994, 287, 288; S/S/W-*Hilgendorf*, § 263 a Rn. 14; *Kindhäuser/Böse*, BT-2, § 28 Rn. 23; *Popp*, JuS 2011, 385, 392.
42 Vgl. *Rengier*, BT-1, § 14 Rn. 16.
43 Vgl. auch SK-*Hoyer*, § 263 a Rn. 15; *Eisele*, BT-2, Rn. 677; *Wessels/Hillenkamp/Schuhr*, BT-2, Rn. 647.
44 OLG Celle NStZ 1989, 367, 367; *Achenbach*, JR 1995, 293, 295.
45 W/J/S-*Bär*, Kap. 15 Rn. 20.
46 Vgl. LK-*Tiedemann/Valerius*, § 263 a Rn. 45; NK-*Kindhäuser/Hoven*, § 263 a Rn. 24.
47 Vgl. BT-Drs. 10/5058, 30; *Fischer*, § 263 a Rn. 10 a; MK-*Mühlbauer*, § 263 a Rn. 22.
48 BGHSt 38, 120, 122; 47, 160, 161 f.; *Fischer*, § 263 a Rn. 11; LK-*Tiedemann/Valerius*, § 263 a Rn. 44; SK-*Hoyer*, § 263 a Rn. 19 f., 33; *Rengier*, BT-1, § 14 Rn. 19; *Kraatz*, Jura 2010, 36, 37, 41.

einer Vorspiegelung der Befugnis/Täuschung entsprechen würde. Für diese Auslegung streitet der **gesetzgeberische Wille**, dass § 263 a StGB im Bereich der EDV-Systeme (**Digitalisierung**) entstandene **Strafbarkeitslücken** schließen soll, wobei sich aufgrund der parallelen Ausgestaltung zum Betrug die normative Auslegung an § 263 StGB orientieren soll.[49]

Var. 3 ist nicht erfüllt, wenn bezogen auf den Täter richtige Daten nur im Verhältnis zu einem Dritten unbefugt verwendet würden, zum Beispiel das Verwenden einer Tankkarte zu privaten Zwecken.[50] Gleiches gilt, wenn es durch einen internen Verarbeitungsfehler beim Betreiber des Datenverarbeitungsvorgangs zu fehlerhaften Ergebnissen kommt, da dies dem bloßen *Ausnutzen eines* im Risikobereich des Leistungserbringers liegenden *Irrtums entspricht*.[51]

Innerhalb der Ansicht ist streitig, welche **Maßstabsfigur** für die Bestimmung des täuschungsähnlichen Verhaltens heranzuziehen ist. Gefordert wird von einer **Minderheitsansicht**, auf die Aufgaben und Prüfungspflichten der **natürlichen Vergleichsperson** abzustellen, die anstelle des Computers treten und Daten verarbeiten würde (sog. weite betrugsnahe Auslegung).[52] Damit wird der Vergleichsperson eine umfangreiche Prüfpflicht zugemutet, welche die technischen Spezifikationen und Einsatzgebiete außer Acht lässt. Richtigerweise wird dagegen von der **h. M.** darauf abgestellt, dass sich die **fiktive Person** mit **den Fragen** befassen müsse, die **auch** ein **Computer prüfen** würde (sog. enge betrugsnahe Auslegung, begründet von *Altenhain*).[53] Zwar sind moderne rechenstarke EDV-Systeme in der Lage, umfangreiche und umfassende Aufgaben und Prüfungen vorprogrammiert wahrzunehmen. Die Automaten werden aber im Massengeschäft eingesetzt, um die Arbeit und Aufgaben des täglichen Lebens, etwa das Abheben von Bargeld, zu erleichtern. Sie sollen damit in speziellen Bereichen zum Einsatz kommen und werden speziell nur für diesen Bereich mit Programmen ausgestattet. Dies muss sich auch in den Prüfpflichten niederschlagen. Als Prüfungsmaßstab der fiktiven Person kommt damit nur ein solcher in Betracht, den **auch der Computer** in der konkreten Situation hätte.

(4) Fallkonstellationen des Geldabhebens zur Verdeutlichung

In den Konstellationen des **Passwort-Phishings**, des Pharmings und Skimmings[54] liegt in der späteren **Abhebung von Geld** oder der **Bezahlung** (z. B. von Online-Bahntickets[55]) mit Hilfe der erlangten Zugangsdaten eine betrugsäquivalente **unbefugte Verwendung** von Daten vor.[56] In den Fällen des missbräuchlichen Geldabhebens an Bankautomaten sind die Konstellationen des Geldabhebens durch einen nichtberechtigten Karteninhaber mit einer rechtswidrig erlangten EC-Karte[57] (a), dem auftragswidrigen Geldabheben durch einen Beauftragten (b) und dem missbräuchlichen Geldabheben durch einen berechtigten Karteninhaber (c) zu unterscheiden.[58]

---

49 BT-Drs. 10/318, 19; 10/5058, 30.
50 Beck OK-StGB-*Schmidt*, § 263 a Rn. 24; *Fischer*, § 263 a Rn. 11 b.
51 Beck OK-StGB-*Schmidt*, § 263 a Rn. 24.
52 Vgl. LK-*Tiedemann/Valerius*, § 263 a Rn. 51; MK-*Mühlbauer*, § 263 a Rn. 40; *Rengier*, BT-1, § 14 Rn. 22.
53 BGHSt 47, 160, 163; M/R-*Altenhain*, § 263 a Rn. 12; *ders.*, JZ 1997, 752; *Fischer*, § 263 a Rn. 11; Sch/Sch-*Perron*, § 263 a Rn. 11; Beck OK-StGB-*Schmidt*, § 263 Rn. 23.
54 Eingehend zum Skimming *Kochheim*, Cybercrime und Strafrecht, 2. Aufl. 2018, Rn. 1176, 1202 ff.
55 OLG Düsseldorf NStZ 2021, 235.
56 Näher dazu W/J/S-*Bär*, Kap. 15 Rn. 32 ff.
57 Zum Begriff der EC-Karte siehe unten § 11 Rn. 8.
58 Zum nicht erlaubten Weiterverwenden von Tankkarten vgl. die 1. Aufl. Rn. 38 f.

(a) Geldabheben durch unberechtigten Karteninhaber durch rechtswidrig erlangte EC-Karte[59]

30 Beim **nichtberechtigten** Karteninhaber handelt es sich um einen Kartenbesitzer, der die EC-Karte **gestohlen, gefälscht, erpresst, geraubt, manipuliert** oder **kopiert** hat und mit dieser Karte unter Angabe der unerlaubt erlangten PIN des Opfers an einem Bankautomaten Geld abhebt (zur gleichen Problematik bei § 266 b StGB vgl. unten § 11 Rn. 29). Die computerspezifische Ansicht verneint eine Strafbarkeit, da der Automat nur die Übereinstimmung der PIN überprüft und nicht, ob der Eingebende auch berechtigter Kontoinhaber ist. Die subjektive und betrugsnahe Ansicht gelangt dagegen zu einer Strafbarkeit nach § 263 a Abs. 1 Var. 3 StGB. Das von der betrugsspezifischen Ansicht geforderte Täuschungsäquivalenz liegt darin, dass dem fiktiven Bankangestellten eine Berechtigung vorgespiegelt wird, etwa eine Vollmacht des Kontoinhabers zu besitzen, um Geld abzuheben.[60] Wurde die EC-Karte rechtswidrig, die PIN dagegen durch eine Täuschung erlangt und anschließend Geld vom Konto des Opfers abgehoben, stellt dies nach Ansicht des BGH keinen Computerbetrug, sondern allenfalls einen Betrug gem. § 263 StGB dar.[61] Unbefugt i.S.d. § 263 a StGB handelt, wer manipulierte oder kopierte Daten verwendet, aber nach einer Gesamtbetrachtung nicht derjenige, der die PIN vom Berechtigten mit dessen Willen erlangt hat, auch wenn die Überlassung auf einer Täuschung beruht.[62]

31 Aus den zivilrechtlichen Vorschriften ergibt sich, dass in diesen Fällen nicht der Kontoinhaber, sondern die **Bank** einen **Vermögensschaden** erleidet. Das Geld stammt aus dem Vermögen des Zahlungsdienstleisters des Zahlers (Bank), die wegen fehlender Autorisierung des Zahlungsvorgangs keinen Anspruch auf Erstattung seiner Aufwendungen gegenüber dem Zahler (Kontoinhaber) hat, § 675 u S. 2 BGB. Zu beachten ist aber § 675 v Abs. 1 S. 1 BGB, wonach die Bank gegen den Kontoinhaber Ersatz bis zu einem Betrag von 150 EUR verlangen kann, wenn der nicht autorisierte Zahlungsvorgang auf der Nutzung eines verloren gegangenen, gestohlenen oder sonst abhandengekommenen Zahlungsauthentifizierungsinstruments (EC-Karte) beruht. Solche Ersatzansprüche stellen aber keine Kompensation dar, die einen Vermögensschaden entfallen ließen.[63]

(b) Auftragswidriges/abredewidriges Verwenden einer Codekarte durch einen Beauftragten

32 Hebt der **Beauftragte** mittels der freiwillig überlassenen EC-Karte und PIN des Kontoinhabers einen **höheren Geldbetrag als** mit Auftraggeber **besprochen** ab und behält diesen für sich ein, liegt nach der subjektiven Ansicht eine Strafbarkeit wegen unbefugten Verwendens von Daten i.S.d. Var. 3 vor. Der zu viel abgehobene Betrag widerspricht dem Willen des Kontoinhabers. Zudem liegt in der Herausgabe der Karte samt PIN ein Verstoß gegen die allgemeinen Geschäftsbedingungen der Banken[64] vor, so dass nach der subjektiven Ansicht auch darin ein unbefugtes Verwenden von Daten zu erblicken

---

59 Vgl. hierzu BGHSt 38, 120; OLG Köln NJW 1992, 125, 126; zum Skimming siehe MK-*Mühlbauer*, § 263 a Rn. 57.
60 *Rengier*, BT-1, § 14 Rn. 28; *Kraatz*, Jura 2010, 36, 42.
61 BGH HRRS 2013 Nr. 279, Rn. 2; NStZ 2016, 149, 151.
62 BGH HRRS 2013 Nr. 279, Rn. 2; BGH NStZ 2016, 149 mit Anmerkung *Piel*; *Jäger*, JA 2016, 151; *Böse*, ZJS 2016, 663; *Fischer*, § 263 a Rn. 13.
63 *Rengier*, BT-1, § 14 Rn. 30.
64 Abgedruckt in LK-*Tiedemann/Valerius*, § 263 a Rn. 108 A.II.6.3.

ist. Nach der computerspezifischen Ansicht liegt keine Unbefugtheit vor, wenn die PIN am Automaten ordnungsgemäß eingegeben wurde und der Automat die Berechtigung des Abhebenden nicht prüft.

Innerhalb der **betrugsspezifischen Ansicht** ist umstritten, ob das Tun täuschungsähnlich ist. Dies wird **teilweise** mit der Begründung **bejaht**, dass im Aushändigen von Karte samt PIN **keine** umfassende Bankvollmacht gesehen werden kann, die den Inhalt aufweist, alle Befugnisse des berechtigten Karteninhabers auf den Nichtberechtigten übertragen zu wollen.[65] Vielmehr bilde der **konkrete Einzelauftrag** (z.B. Abheben von 500 EUR) auch die **Grenze im Außenverhältnis**, über die der fiktive Bankangestellte dann getäuscht würde.

Die zutreffende **Gegenansicht verneint** § 263 a Abs. 1 Var. 3 StGB und stellt darauf ab, dass eine Bankvollmacht im Überlassen der EC-Karte und PIN zu erblicken ist, welche die Befugnisse des berechtigten Karteninhabers auf den Nichtberechtigten überträgt.[66] Die Begrenzung der Vollmacht im Innenverhältnis ist **nicht nach außen** erkennbar, das Benutzen der Karte lässt nur Rückschlüsse darauf zu, dass die Karte als solche nicht grundsätzlich gegen den Willen des Kontoinhabers verwendet wird.[67] Das Überschreiten des rechtlichen Dürfens im Innenverhältnis zwischen Karteninhaber und Beauftragtem wiegt nicht so schwer, dass das Erfordernis der Betrugsähnlichkeit aus kriminalpolitischen Gründen entsprechend abgeschwächt werden müsste.[68] In Betracht kommt aber § 263 StGB, wenn die Karte durch Täuschung erlangt wurde und tatsächlich zum Geldabheben verwendet wurde. Erst bei Verwendung tritt ein Vermögensschaden ein, der die Tat materiell vollendet. Auch § 266 StGB in Form des Treubruchtatbestandes ist zu bedenken, sofern der Abhebende eine Vermögensbetreuungspflicht gegenüber dem Kartenbesitzer besitzt.

(c) Missbräuchliches Geldabheben durch einen berechtigten Karteninhaber

Umstritten ist auch die Frage, ob sich der berechtigte Karten- und Kontoinhaber nach § 263 a Abs. 1 Var. 3 StGB strafbar macht, wenn er einen Geldbetrag in der Absicht abhebt, **die eingeräumte Überziehungsmöglichkeit (Dispokredit)** nach § 504 BGB zu übersteigen und den Betrag nicht zurückzuzahlen. Die computerspezifische Ansicht kommt zu einer Straflosigkeit, da der Automat ordnungsgemäß bedient wird und er eine hinreichende Kontodeckung nicht überprüft. Nach der subjektiven Ansicht werden unbefugt Daten verwendet, indem das Kreditlimit ohne Kontodeckung gegen den Willen der Bank überstiegen wurde und dadurch gegen die vertraglich vereinbarten Bedingungen (AGB) verstoßen wird.

Innerhalb der betrugsnahen Ansicht wird teilweise eine Strafbarkeit angenommen.[69] Die Täuschungsäquivalenz wird darin gesehen, dass gegenüber einem fiktiven Bankangestellten schlüssig erklärt würde über eine ausreichende Kontodeckung zu verfügen bzw. einen gewährten Kredit zurückzuzahlen. Die Prüfpflicht des fiktiven Bankange-

---

65 *L-Kühl/Heger*, § 263 a Rn. 14; NK-*Kindhäuser/Hoven*, § 263 a Rn. 51; A/W-*Heinrich*, § 21 Rn. 40.
66 OLG Dresden StV 2005, 443, 443; OLG Jena wistra 2007, 236, 237; OLG Köln NJW 1992, 125, 126 f.; *Joecks/Jäger*, § 263 a Rn. 30; LK-*Tiedemann/Valerius*, § 263 a Rn. 50; Sch/Sch-*Perron*, § 263 a Rn. 12.
67 Vgl. Beck OK-StGB-*Schmidt*, § 263 a Rn. 27.
68 Sch/Sch-*Perron*, § 263 a Rn. 12.
69 *L-Kühl/Heger*, § 263 a Rn. 14; *Wessels/Hillenkamp/Schuhr*, BT-2, Rn. 649.

stellten erstrecke sich demnach auf eine Bonitätsprüfung des Kontoinhabers, vergleichbar mit den Pflichten eines realen Bankangestellten in einer solchen Situation.[70]

37 Der BGH und Teile der Literatur berücksichtigen dagegen zu Recht die Besonderheiten des computergestützten Massengeschäfts am Bankautomaten. Danach wird ein fiktiver Schalterangestellter angenommen, der sich mit den Fragen befasst, die auch der Computer prüft.[71] Der Computer überprüft aber **nicht die Bonität** des berechtigten Karteninhabers, sondern das Einhalten der Auszahlungserfordernisse: Einhalten des Verfügungsrahmens (z.B. 4.000 EUR pro Monat), die korrekte PIN-Eingabe und eine eventuelle Kontosperrung.[72] Zudem lässt sich eine über den Dispokredit hinausgehende, **geduldete Kontoüberziehung** nach § 505 BGB schwerlich mit dem strafrechtlichen Pönalisierungsgedanken vereinbaren.[73] Damit liegt **keine** unbefugte Verwendung von Daten vor, wenn der berechtigte Karteninhaber missbräuchlich Geld abhebt.

38 ▶ **Lösung:**[74] *A könnte im „kostenlose Getränke dank NFC"-Fall (o. Rn. 21) einen Betrug, § 263 StGB, begangen haben. A nutzt hier das Point of Sale-Verfahren („POS"), in Form der kontaktlosen Bezahlung mittels near field communication-Technologie („NFC") aus, bei dem die kartenausgebende Bank davon absehen kann, eine starke Kundenauthentifizierung in Form des Abfragens der PIN zu verlangen. Bei einem solch kontaktlosen Karteneinsatz*[75] *wird in der Autorisierungszentrale der kartenausgebenden Bank nur überprüft, ob die verwendete ec-Karte in keine Sperrdatei eingetragen, ob Verfügungsrahmen nicht überschritten und ob die Voraussetzungen für das Absehen von einer PIN-Abfrage im konkreten Fall vorliegen; ist dies der Fall, erlangt der Händler garantiert eine einredefreie Forderung gegen die Bank selbst bei missbräuchlicher Verwendung der Karte. Somit hat die Nutzung durch A nicht den (konkludenten) Erklärungsgehalt, dazu berechtigt zu sein.*

39 *Es könnte aber eine unbefugte Verwendung von Daten nach § 263a Abs. 1 Var. 3 StGB gegeben sein. Wird am Kartenterminal die PIN nicht abgefragt, wird die Berechtigung desjenigen, der den elektronischen Zahlungsvorgang durch Vorhalten der Karte vor das Lesegerät auslöst, gerade nicht überprüft; der Computer überprüft nur, ob die Karte in die Sperrdatei eingetragen ist, der Verfügungsrahmen nicht überschritten wird und ob die Voraussetzungen für das Absehen von der PIN-Abfrage nach Art. 11 der Technischen Regulierungsstandards und ggf. weiteren internen Bankregularien gegeben sind; ein fiktiver Bankangestellter würde ebenso nur dieses kontrollieren und damit keinem Irrtum bezüglich der Berechtigung unterliegen, womit es an der für die Unbefugtheit erforderlichen Betrugsähnlichkeit fehlt. Daher kommt es nur zu einer Strafbarkeit des A wegen Urkundenunterdrückung gemäß § 274 Abs. 1 Nr. 2 StGB und (dahinter subsidiär zurücktretender) Datenveränderung, § 303a StGB.* ◀

(5) Scannerkassen, Pfandautomaten, elektronischer Taschendiebstahl

40 Auch der fortschreitende Einsatz von **Scannerkassen** in Supermärkten usw. wirft Fragestellungen bei § 263a StGB auf. In aller Regel handelt es sich dabei um **Diebstahlskonstellationen,** wenn es aufgrund des Fehlverhaltens des Kunden zu einer nicht korrekten Abrechnung kommt. Hält jemand etwa beim Einscannen der Ware den **falschen**

---

70 MK-*Mühlbauer*, § 263a Rn. 55; *Rengier*, BT-1, § 14 Rn. 38.
71 BGHSt 47, 160, 163 f.; *Altenhain*, JZ 1997, 752, 758; *Kraatz*, Jura 2010, 36, 43.
72 Sch/Sch-*Perron*, § 263a Rn. 11; *Altenhain*, JZ 1997, 752, 752.
73 *Eisele*, BT-2, Rn. 685; kritisch NK-*Kindhäuser/Hoven*, § 263a Rn. 47: Vertragsverletzungen werden strafrechtlich u. a. von §§ 246 Abs. 2, 266 Abs. 1 Alt. 1, 290 StGB erfasst.
74 OLG Hamm NStZ 2020, 673 m. Anm. *Christoph/Dorn-Haag*; *Kudlich*, JA 2020, 710.
75 Zu den technischen Abläufen *Christoph/Dorn-Haag*, NStZ 2020, 697.

Strichcode vor das Lesegerät,[76] fehlt es im Regelfall sowohl an einem täuschungsäquivalenten Verhalten als auch an der Unmittelbarkeit der Vermögensdisposition durch den Automaten (näher dazu unten Rn. 41 ff.). Geht jemand an einer Scannerkasse vorbei, **ohne (alle) Waren einzuscannen**,[77] kommt mangels Täuschung gegenüber einem Menschen kein Betrug in Betracht. Auch ein Computerbetrug durch Unterlassen (§ 13 StGB) scheidet aus, da bereits eine Rechtspflicht zum vollständigen Scannen zweifelhaft ist,[78] zumindest aber die (vollständige) Erfassung der Waren **außerhalb des Prüfungshorizontes der Maschine** liegt. Vielmehr macht der Eigentümer in beiden Beispielsfällen das Einverständnis in den Gewahrsamswechsel von der Bedingung abhängig, dass die Scannerkasse ordnungsgemäß bedient wird. Daher ist richtigerweise in beiden Fällen **§ 242 StGB** zu bejahen.

Einen Computerbetrug kann es aber darstellen, wenn jemand die zu einer **pfandpflichtigen Einweggetränkeflasche** gehörenden GTIN (Global Trade Item Number) nebst Sicherheitssignet auf einer **pfandfreien** Flasche anbringt, in den **Pfandannahmeautomaten** einwirft und auf Knopfdruck einen Pfandbon erhält.[79] Hier täuscht der Nutzer über seine Berechtigung zur Anforderung eines Pfands, das er mit dem Einwurf der angeblich pfandpflichtigen Flasche zum Ausdruck bringt. Der Schaden tritt kausal und unmittelbar technisch bedingt schon durch den Scanvorgang bei demjenigen ein, der die pfandpflichtigen Flaschen, von denen die GTIN stammt, als erster in den Verkehr gebracht hat.[80] – Beim sog. **elektronischen Taschendiebstahl**, bei dem mittels eines mobilen POS-Terminals Geld an der Karte oder dem Smartphone des Karteninhabers abgebucht wird, findet eine Überprüfung der Berechtigung mangels Erfordernisses der PIN-Eingabe nicht statt; daher werden hier mangels Betrugsäquivalenz Daten nicht unbefugt verwendet.[81]

e) Ablauf- und Hardwaremanipulation (Var. 4 des § 263 a Abs. 1 StGB)

Die vierte Tatmodalität bildet einen Auffangtatbestand, was durch den Wortlaut „sonstige" hervorgehoben wird. Erfasst werden vor allem **mechanische Einwirkungen** auf Hardware und Einwirkungen auf den zeitlichen und maschinellen Ablauf der Datenverarbeitung.[82]

▸ *Beispiel („Geldspielautomaten-Leerspiel"-Fall):*[83] *A beschaffte sich illegal das Computerprogramm eines Geldspielautomaten und gab mittels Laptop Daten aus dem laufenden Spiel an diesem Automaten ein. Das so gewonnene Programm berechnete, wann sich das Drücken der Risikotaste lohnt, um Gewinn zu machen. A spielte solange, bis die Bargeldvorräte des Geldspielautomaten aufgebraucht waren.* ◂

Kein Fall des § 263 a Abs. 1 Var. 4 StGB liegt bei betrugsnaher Auslegung vor, wenn die technischen Unzulänglichkeiten eines Spielautomaten im Rahmen einer ordnungsgemäßen Bedienung ausgenutzt werden, obwohl sie dem Automatenhersteller und

---

76 OLG Hamm NStZ 2014, 275, 276 m.Bspr. *Jäger*, JA 2014, 155; *Jahn*, JuS 2014, 179.
77 LG Kaiserslautern JuS 2021, 1197 m.Bspr. *Jahn*.
78 And. *Jahn* ebd.
79 OLG Zweibrücken NStZ 2022, 550.
80 OLG Zweibrücken NStZ 2022, 550.
81 Vgl. *Christoph/Dorn-Haag*, NStZ 2020, 697, auch zu der hier in Betracht kommenden Strafbarkeit nach §§ 269, 274 StGB.
82 *Möhrenschlager*, wistra 1986, 128, 133.
83 BGHSt 40, 331; zum „Geisterjeton" siehe *Obermann*, NStZ 2015, 197.

Betreiber bekannt sind.[84] Innerhalb des § 263 StGB würde sich das gleiche Verhalten als strafloses Ausnutzen eines bereits bestehenden Irrtums darstellen. Entscheidend ist die Art der Kenntniserlangung: Erlangt der Täter das **Sonderwissen** um den Ablauf des Automaten rechtswidrig, dann greift § 263 a Abs. 1 Var. 4 StGB. Ein bloßes Wissen um den Defekt des Automaten steht einem rechtswidrig erlangten Sonderwissen nicht gleich.[85]

44 ▶ **Lösung:** *§ 263 a Abs. 1 Var. 4 StGB ist im „Geldautomaten-Leerspiel-Fall" erfüllt. Nach der betrugsähnlichen Ansicht erklärt A gegenüber dem fiktiven Betreiber, dass er über kein Sonderwissen hinsichtlich des Programms und der Gewinnchancenmanipulation durch die Risikotaste verfüge. Infolge der rechtswidrigen Erlangung und Nutzung des Programms kann A aber das Verlustrisiko minimieren und wirkt damit durch sein Sonderwissen unbefugt auf das Ergebnis eines Datenverarbeitungsvorgangs ein. Auch nach der subjektiven Ansicht wäre § 263 a StGB einschlägig, da das Betätigen der Risikotaste unter Ausnutzen des Sonderwissens gegen den Willen des Spielhalleninhabers verstößt. Eine Befugnis prüft der Spielautomat nicht, so dass nach der computerspezifischen Ansicht kein Computerbetrug vorliegt.* ◀

3. Zwischenerfolg

a) Überblick

45 Das Merkmal „Beeinflussung des Ergebnisses eines Datenverarbeitungsvorgangs" entspricht den Betrugsmerkmalen der „irrtumsbedingten **Vermögensverfügung**". Es stellt damit eine Verbindung zum Tatererfolg „Vermögensschaden" her.

46 Ein Datenverarbeitungsvorgang ist ein elektronisch technischer Vorgang, bei dem Arbeitsergebnisse dadurch erzielt werden, dass Daten erfasst und mit Programmen verknüpft werden.[86] Strafrechtlich relevante Datenverarbeitungsvorgänge sind **nur solche**, die das **Vermögen** betreffen. Dies kann das Beschleunigen oder Verzögern des Zeitpunktes einer Vermögensverschiebung sein.[87] Nicht erfasst sind Schäden am Computer durch manipulierte Softwareprogramme oder Folgekosten durch Reparatur und Instandsetzung des Computers, da der angestrebte Vorteil nicht unmittelbar daraus resultiert.[88] Zu denken ist aber an §§ 303 a, 303 b StGB (oben § 6 Rn. 45 ff., 57 ff.).

b) Beeinflussung des Ergebnisses eines Datenverarbeitungsvorgangs

47 Beeinflusst wird das Ergebnis des Datenverarbeitungsvorgangs, wenn es vom Resultat **abweicht,** das bei einem **ordnungsgemäßen Ablauf** des computergestützten Verarbeitungsvorgangs erzielt worden wäre.[89] Dabei ist erforderlich, dass die Tathandlung das Ergebnis wenigstens mitverursacht hat. Der Datenverarbeitungsvorgang kann beeinflusst werden, wenn er sich schon im Gange befindet und wird jedenfalls beeinflusst, wenn er durch die Tathandlung in Gang gesetzt wird.[90]

---

84 Vgl. KG wistra 2015, 244, 244 f.
85 Vgl. BGHSt 40, 331; KG wistra 2015, 244, 245; a.A. OLG Braunschweig NJW 2008, 1464.
86 Siehe oben Rn. 11.
87 *Kindhäuser/Böse*, BT-2, § 28 Rn. 30.
88 *Sch/Sch-Perron*, § 263 a Rn. 21; *Kindhäuser/Böse* BT-2, § 28 Rn. 30.
89 BT-Drs. 10/318, 19 f.; J/W/S-*Bär*, Kap. 15 Rn. 36; *Sch/Sch-Perron*, § 263 a Rn. 19.
90 BGHSt 38, 120, 121; LK-*Tiedemann/Valerius*, § 263 a Rn. 26, 69; *Sch/Sch-Perron*, § 263 a Rn. 18.

c) Unmittelbarkeit

▶ **Beispiel („Playboyheft-Fall"):**[91] *A sah im Supermarkt das Erotikmagazin „Playboy" für 5 EUR liegen. Er war gerade knapp bei Kasse, wollte aber auf das Magazin nicht verzichten. Daher nahm er sich das Heft und ging zu einer elektronischen Selbstbedienungskasse des Supermarktes. Mittels Barcodeleser musste der Kunde zur Bedienung der Selbstbedienungskasse den EAN-Code (schwarz-weißer Strich-Code) durch Vorhalten vor den Scanner einlesen lassen. A hielt in einem unbeobachteten Moment den abgerissenen Strichcode einer günstigen Tageszeitung, dem „Jenakurier" im Wert von 1,30 EUR vor den Scanner, den er in seinem Geldbeutel mitgeführt hatte. Auf dem Monitor wurde aufgrund des eingescannten Codes der Jenakurier angezeigt und A zur Zahlung aufgefordert. A bezahlte die 1,30 EUR mit seiner EC-Karte und verschwand mit dem „Playboy" unbehelligt aus dem Supermarkt. – Strafbarkeit des A?* ◀

48

Der **Vermögensschaden** muss **unmittelbare Folge** des **Datenverarbeitungsvorgangs** sein. Es dürfen keine weiteren Zwischenschritte oder Handlungen (des Täters, des Opfers oder Dritter) zur Vermögensverschiebung nötig sein, nachdem der Datenverarbeitungsprozess abgeschlossen ist.[92] Andernfalls handelt es sich um bloße Vorbereitungshandlungen, die zu dem gewollten Vermögensschaden führen sollen. Der Täter macht sich dann des Deliktes strafbar, welches zur Schädigung des Vermögens geführt hat. So genügt etwa das Lösen der elektronischen Wegfahrsperre eines Pkw nicht zur Annahme eines Computerbetruges.[93] Der Täter bereitet damit die Wegnahme und somit den Diebstahl des Fahrzeuges vor. Ebenso liegt der Fall, wenn der Täter mithilfe einer Krankenversicherungskarte eine ärztliche Behandlung erlangt, obwohl er kein Mitglied der Krankenkasse mehr ist. Das Einlesen der Daten der Krankenversicherungskarte in den Computer des Arztes, führt noch nicht zu einer vermögensrelevanten Disposition des Computers. Es bedarf neben dem Datenverarbeitungsvorgang noch einer Vermögensverfügung durch den Arzt selbst, indem er eine Sachleistung erbringt oder Leistungen verordnet.[94] Indem die ärztliche Behandlung jedoch durch eine Täuschung mithilfe der vermeintlich gültigen Krankenversicherungskarte erlangt wurde, kommt § 263 StGB in Betracht.

49

▶ **Lösung:**[95] *Im „Playboyheft-Fall" könnte A nach Var. 3 unbefugt Daten verwendet haben. Folgt man bei der Auslegung der Unbefugtheit der vorzugswürdigen betrugsspezifischen Ansicht, ist mit dem OLG Hamm eine Strafbarkeit abzulehnen. Das Lesegerät der Selbstbedienungskasse zeigt lediglich den in dem Strichcode festgelegten Kaufpreis an, ohne zu prüfen, ob auch tatsächlich die dem Strichcode zugewiesene Ware bezahlt und mitgenommen wird. Daher würde auch ein „fiktiver Kassierer" nur eine derart eingeschränkte Prüfung vornehmen und deshalb über den eingelesenen Preis der Tageszeitung nicht getäuscht, denn dieser ist so hoch wie angegeben. Eine Strafbarkeit des A nach § 263 a StGB scheitert zudem an der Unmittelbarkeit der Beeinflussung eines Datenverarbeitungsvorgangs, da die vermögensmindernde Beeinträchtigung des Vermögens erst im Einstecken der Zeitschrift durch A liegt und nicht unmittelbar im Einscannen des Strichcodes. A hat sich dagegen nach § 242 Abs. 1 StGB strafbar gemacht.* ◀

50

---

91 OLG Hamm NStZ 2014, 275, 276.
92 OLG Hamm NStZ 2014, 275, 276; *Fischer*, § 263 a Rn. 20; NK-*Kindhäuser/Hoven*, § 263 a Rn. 33.
93 NK-*Kindhäuser/Hoven*, § 263 a Rn. 33; *Kraatz*, Jura 2010, 36, 38.
94 OLG Hamm NJW 2006, 2341, 2341.
95 Vgl. mit ausführlicher gutachterlicher Lösung *Schramm/Markgraf*, JSE 2015, 160.

d) Kausalität

51 Das Wort „dadurch" bringt zum Ausdruck, dass der Datenverarbeitungsvorgang **kausal** durch die **Tathandlung** beeinflusst werden muss.

4. Taterfolg

52 § 263 a StGB ist ein Erfolgsdelikt, dessen Taterfolg sich im **Vermögensschaden** begründet. Hierbei gelten die Ausführungen zu § 263 StGB entsprechend (siehe oben § 7 Rn. 94 ff.). Der Vermögensschaden muss **kausal** durch die Beeinflussung des **Ergebnisses eines Datenverarbeitungsvorgangs** hervorgerufen worden sein („dadurch"). § 263 a StGB ist vollendet, wenn der Vermögensschaden zumindest teilweise eintritt. Der Computerbetrug ist materiell beendet, wenn der Täter den letzten Teil des angestrebten Vermögensvorteils erlangt.[96] Relevant werden die Unterscheidungen vor allem bei der Frage, ob eine Teilnahme nach Vollendung aber vor Beendigung der Haupttat möglich ist (sog. sukzessive Beihilfe[97]).

5. Subjektiver Tatbestand

53 Der subjektive Tatbestand setzt Vorsatz und Bereicherungsabsicht voraus. Der **Vorsatz** muss sich auf alle Umstände des objektiven Tatbestands – Tathandlung, Zwischenerfolg und Vermögensschaden – erstrecken. Hierbei genügt dolus eventualis. Eine Parallelwertung in der Laiensphäre erfordert das Tatbestandsmerkmal „unbefugt", so dass der Täter das eigene Verhalten als nicht erlaubt einschätzen muss.[98]

54 Zusätzlich muss der Täter in der **Absicht** (dolus directus 1. Grades) handeln, sich oder einen Dritten **rechtswidrig bereichern** zu wollen. Da § 263 a StGB ebenso wie § 263 StGB als erfolgskupiertes Delikt ausgestaltet ist, genügt das absichtliche Anstreben eines Vermögensvorteils durch den Täter, der stoffgleich zum Schaden des Opfers ist. Der Vermögensschaden des Opfers muss also beim Täter bzw. Dritten nicht zwangsläufig als äquivalente Vermögensmehrung eingetreten sein. Ebenso wird bei § 263 a StGB das zunächst objektiv zu bestimmende Tatbestandsmerkmal der Rechtswidrigkeit des angestrebten Vorteils im subjektiven Tatbestand geprüft. Auch auf dieses Tatbestandsmerkmal muss sich der Vorsatz des Täters beziehen, wobei dolus eventualis genügt.

6. Strafbarkeit des Versuchs

55 § 263 a Abs. 2 StGB verweist auf § 263 Abs. 2 StGB, so dass der versuchte Computerbetrug gem. § 263 a Abs. 1 StGB strafbedroht ist (§§ 23 Abs. 1, 12 Abs. 2 StGB). Wenn der Täter die Codekarte missbräuchlich verwenden will, aber die dazugehörige PIN nicht kennt, stellt das Ausprobieren verschiedener Zahlenkombinationen einem strafbaren Versuch dar. § 23 Abs. 3 StGB ist dabei nicht einschlägig, da die Eingaben zwar meistens aussichtslos, aber nicht völlig abwegig sind.[99]

---

[96] S/S/W-*Hilgendorf*, § 263 a Rn. 36; *Kindhäuser/Böse*, BT-2, § 28 Rn. 37.
[97] Zu dieser Beteiligungsform vgl. *Kaspar*, AT, Rn. 589.
[98] *Joecks/Jäger*, § 263 a Rn. 56.
[99] BayObLG wistra 1993, 304, 306; Beck OK-StGB-*Schmidt* § 263 a Rn. 46.

7. Konkurrenzen

Innerhalb des Deliktes kommt der **Var. 4** des § 263 a Abs. 1 StGB **Auffangcharakter** zu und ist deswegen subsidiär im Verhältnis zu den übrigen drei Tatvarianten. Die erste Variante ist ein Spezialfall (lex specialis) zu Variante zwei und geht ihr damit aufgrund von Spezialität vor.[100]

Im Verhältnis zu § 263 StGB ist tatbestandliche **Exklusivität** gegeben.[101] **Wahlfeststellung** zwischen beiden Delikten ist möglich, wenn ungewiss bleibt, ob ein Mensch getäuscht wird oder eine automatisierte Prüfung stattfindet.[102]

§ 242 StGB und § 263 a StGB stehen in einem Exklusivitätsverhältnis zueinander. Im Falle des Bankautomatenmissbrauchs durch den Nichtberechtigten liegt damit nur Computerbetrug vor und kein Diebstahl oder Unterschlagung hinsichtlich des verschafften abgehobenen Geldes.[103] **Tatmehrheit** ist aber möglich, wenn dem Karteninhaber die Codekarte dem **Eigentümer** gestohlen und anschließend ein Computerbetrug durch Abheben von Geld an einem Bankautomaten zulasten der **Bank** begangen wird, da hier unterschiedliche Rechtsgüter verletzt werden.[104]

Es liegt **natürliche Handlungseinheit** (§ 52 StGB) vor, wenn der Täter mit derselben EC-Karte in zeitlich unmittelbaren Zusammenhang an demselben Geldautomaten Abhebungen vornimmt, auch wenn dabei ein erfolgreiches Abheben mit einem fehlgeschlagenen Versuch zusammentrifft.[105] Eine, neuen Tatentschluss begründende, zeitliche Zäsur kann erst im Verwenden einer anderen EC-Karte mit Eingabe deren Geheimnummer oder im Wechsel zu einer anderen Bankfiliale gesehen werden.[106]

Wiederholungsfragen

1. Warum ist der Tatbestand des § 263 a StGB bei betrügerischen Verhalten in elektronischen Datenverarbeitungssystemen notwendig? (Rn. 2)
2. Was versteht man unter Daten und Programmen i.S.d. § 263 a StGB? (Rn. 11 f.)
3. Warum erfasst § 263 a Abs. 1 Var. 3 StGB nur das Verwenden von richtigen Daten? (Rn. 22)
4. Wie ist das Merkmal der Unbefugtheit i.S.d. § 263 a Abs. 1 Var. 3 StGB auszulegen? (Rn. 23 ff.)
5. Kann der berechtigte Inhaber einer EC-Karte einen Computerbetrug begehen? (Rn. 35 ff.)
6. Ist das Leerspielen eines Geldautomaten nach § 263 a Abs. 1 Var. 4 StGB strafbar, wenn die Person Sonderwissen um die Funktion des Spielautomaten erlangte? Spielt es dabei eine Rolle, wie diese Person das Sonderwissen erlangte? (Rn. 41 ff.)

---

100 A. A. *Fischer*, § 263 a Rn. 37; HK-*Duttge*, § 263 a Rn. 41: kein Vorrang dieser Tatvarianten zueinander.
101 MK-*Mühlbauer*, § 263 Rn. 125; vgl. auch BGH JA 2016, 151 m. Bspr. *Jäger*; and. noch die Voraufl.
102 BGH NJW 2008, 1394, 1395; L-*Kühl/Heger*, § 263 a Rn. 30.
103 BGHSt 38, 120, 122; Sch/Sch-*Perron*, § 263 a Rn. 23; *Kraatz*, Jura 2010, 36, 38.
104 BGH NJW 2001, 1508, 1508 f.; *Fischer*, § 263 Rn. 38; *Eisele*, BT-2, Rn. 694; *Kindhäuser/Böse*, BT-2, § 28 Rn. 55; aA LK-*Tiedemann/Valerius*, § 263 a Rn. 98; SK-*Hoyer*, § 263 a Rn. 64: § 242 StGB tritt als mitbestrafte Vortat zurück.
105 BGH wistra 2015, 269; NStZ-RR 2013, 13; NJW 2011, 467; NStZ 2011, 637; BGH HRRS 2008 Nr. 270 Rn. 4.
106 BGH wistra 2015, 269; NJW 2011, 467; NStZ 2001, 595.

II. Der Versicherungsmissbrauch (§ 265 StGB) und Versicherungsbetrug (§ 263 Abs. 3 S. 2 Nr. 5 StGB)

Literaturempfehlung: *Geppert*, Versicherungsmissbrauch (§ 265 StGB neue Fassung), Jura 1998, 382 ff.

1. Versicherungsmissbrauch

59 Die teleologische Reichweite des § 265 StGB beschränkt sich nicht auf das **individuelle Vermögen** der Sachversicherungen,[107] sondern auch auf die **soziale Leistungsfähigkeit** bestimmter Zweige des **Versicherungswesens**.[108] Eine lediglich für ein Individualvermögen bestehende abstrakte Gefahr könnte die Pönalisierung nicht erklären und zudem nicht hinreichend legitimieren; insoweit bedarf es dieser zwei Dimensionen. Es handelt sich somit nicht um ein reines **Vermögensdelikt**, sondern wegen des überindividuellen, institutionellen Schutzzwecks zugleich um eine **Wirtschaftsstraftat**.[109] Die Norm war bereits im RStGB von 1871 und im preußischen StGB von 1851 enthalten, dort aber beschränkt auf den Feuer- und Seeversicherungsbetrug. Erst durch das 6. StRG wurde der Tatbestand auf alle Formen der **Sachversicherung** erstreckt,[110] ohne freilich auch die Personenversicherungen einzubeziehen. Im Jahr 2021 wurden 74 Personen wegen Versicherungsmissbrauchs abgeurteilt.[111]

a) Prüfungsschema

60 *Der Versicherungsmissbrauch spielt in Klausuren nur eine untergeordnete Rolle. Strafbares Verhalten im Zusammenhang eines Versicherungsfalls geht meist mit einem Betrug(sversuch) einher, hinter den § 265 StGB aber zurücktritt.*

61 *Prüfungsschema § 265 StGB*

A. Tatbestand
  I. Objektiver Tatbestand
    1. Sache, die versichert ist
    2. Tathandlung: Beschädigung, Zerstörung, Beeinträchtigung der Brauchbarkeit, Beiseiteschaffen, Überlassung an Dritte
    3. Erfolg im Bereich des versicherten Risikos = Versicherungsfall
  II. Subjektiver Tatbestand
    1. Vorsatz
    2. Absicht, sich oder einem Dritten eine Versicherungsleistung zu verschaffen
B. Rechtswidrigkeit
C. Schuld
D. Konkurrenzen: Formelle Subsidiarität gegenüber § 263 StGB (§ 265 Abs. 1 StGB am Ende)

---

107 So etwa *Kindhäuser/Böse*, BT-2, § 32 Rn. 1; S/S/W-*Satzger*, § 265 Rn. 1.
108 H. M.; vgl. *Wessels/Hillenkamp/Schuhr*, BT-2, Rn. 693; Sch/Sch-*Perron*, § 265 Rn. 2; LK-*Tiedemann*, § 265 Rn. 4. Skeptisch *Fischer*, § 265 Rn. 2.
109 Zu diesem Unterschied vgl. oben Einleitung Rn. 21.
110 Zur Historie vgl. LK-*Tiedemann*, Vor § 265.
111 SVS 2021, S. 36.

b) Tatbestand

Gegenstand der Handlung können nur **Sachen** (§ 90 BGB) sein, die gegen die im Tatbestand genannten Gefahren versichert sind. Der Versicherungsvertrag muss **förmlich zustande** gekommen sein, woran Anfechtbarkeit oder Nichtigkeit wegen Überversicherung nichts ändert.[112] Als Tathandlungen nennt das Gesetz zunächst das **Beschädigen** oder **Zerstören**, worunter insbesondere auch das Inbrandsetzen fällt. Die Variante des **Beiseiteschaffens** erfasst das Verbergen und Verstecken, wofür nach h.M. das Verbringen aus dem räumlichen Herrschaftsbereich des Versicherungsnehmers erforderlich sein soll,[113] während eine Minderheitsansicht teleologisch auch das Verbergen in der Sphäre des Versicherten genügen lässt, wenn dies dem Versicherten die Vortäuschung des Versicherungsfalls zumindest erleichtert.[114]

In subjektiver Hinsicht muss der Täter in der **Absicht** handeln, sich oder einem Dritten eine Versicherungsleistung zu verschaffen. Bei dieser Verschaffungs-(=Bereicherungs)absicht ist unerheblich, ob der Versicherungsnehmer einen Anspruch auf die Versicherungsleistung hat oder die Versicherung nicht zur Leistung verpflichtet ist (etwa nach § 81 VVG), da § 265 StGB, anders als § 263 StGB, **keine rechtswidrige** Bereicherung voraussetzt.[115] Dies hat vor allem zur Konsequenz, dass auch Fälle erfasst sind, in denen ein Dritter die Tat begeht, der **nicht Repräsentant** des Versicherungsnehmers ist (dazu unten Rn. 72), so dass der Versicherte einen wirksamen Anspruch auf die Versicherungsleistung erhält.[116] Es muss allerdings Deckungsgleichheit zwischen dem von § 265 StGB erfassten Risiko und der angestrebten Versicherungsleistung bestehen.[117]

c) Konkurrenzen

Die **Subsidiaritätsklausel** in § 265 StGB erstreckt sich auf **alle Taten im prozessualen Sinne**, d. h. auf die Handlungen, die sich als eine geschichtliche Einheit, mithin einen einheitlichen Vorgang darstellen.[118] Soweit der Täter später einen (versuchten) Betrug begeht, ist etwa § 265 StGB subsidiär. Umstritten ist, ob angesichts der weiten Vorverlagerung der Strafbarkeit nicht Straflosigkeit aufgrund tätiger Reue (§ 306 e StGB analog) ermöglicht werden soll.[119] Dies wird überwiegend verneint, weil das Gesetz keine planwidrige Lücke enthalte.[120] Die Strafbefreiung wegen Rücktritts vom Betrugsversuch erfasst nach h.M. den selbstständigen § 265 StGB nicht;[121] dies überzeugt freilich nicht, da auch in den Fällen des § 30 StGB der Rücktritt vom Versuch der vollziehenden Tat auf die Strafbarkeit der Vorbereitungstat strafbefreiend durchschlägt.[122]

---

112 HK-*Duttge*, § 265 Rn. 6; *Sch/Sch-Perron*, § 265 Rn. 6.
113 LK-*Tiedemann*, § 265 Rn. 15.
114 *Sch/Sch-Perron*, § 265 Rn. 9.
115 MK-*Kasiske*, § 265 Rn. 24.
116 BGHSt 51, 236, 238; A/W-*Heinrich*, § 21 Rn. 131.
117 NK-*Hellmann*, § 265 Rn. 36.
118 Zum prozessualen Tatbegriff vgl. etwa *Heger*, StPO, Rn. 177.
119 Dies etwa bejahend A/W-*Heinrich*, § 21 Rn. 137; MK-*Kasiske*, § 265 Rn. 32; *Sch/Sch-Perron*, § 265 Rn. 15.
120 *Rengier*, BT-1, § 15 Rn. 9; *Wessels/Hillenkamp/Schuhr*, Rn. 697.
121 L-*Kühl/Heger*, § 265 Rn. 6.
122 A/W-*Heinrich*, § 21 Rn. 137.

2. Der Versicherungsbetrug (§ 263 Abs. 3 S. 2 Nr. 5 StGB)

65 Macht der Versicherungsnehmer, der einen Versicherungsmissbrauch (§ 265 StGB) begeht, später seinen Versicherungsanspruch gegenüber der Sachversicherung geltend, wird sein Verhalten unter dem Gesichtspunkt des Betrugs relevant. Es wird sich dann vielfach um einen sog. **Versicherungsbetrug** handeln, der seit dem 6. StRG nicht mehr einen eigenen Straftatbestand,[123] sondern ein unselbstständig strafschärfendes **Regelbeispiel**[124] in § 263 Abs. 3 S. 2 Nr. 5 StGB darstellt. Die Prüfung dieses zweiaktigen Delikts vollzieht sich in zwei Schritten:

a) Vortat

66 Zunächst muss der Täter eine der drei genannten Tathandlungen (**Brandstiftung; Versenken eines Schiffs; Strandenmachens eines Schiffs**) vorgenommen haben. An erster Stelle steht dabei die Anknüpfung an die typischen Handlungsformen bei der Brandstiftung (Brandsetzung, Brandlegung), so dass insoweit auf die maßgeblichen Definitionen in den §§ 306 ff. StGB verwiesen werden kann. Diese Tathandlung muss sich auf eine Sache von **bedeutendem Wert** beziehen. In Anlehnung an die gleichlautenden Anforderungen in §§ 305 a, 307 ff., 315 ff. StGB wird die Mindestgrenze für einen bedeutenden Wert zwischen 750 und 1.300 EUR angesetzt.[125]

b) Vortäuschen eines Versicherungsfalls

67 Die vom Gesetz in Nr. 5 des Abs. 3 S. 2 geforderte Vortäuschung eines Versicherungsfalls kann innerhalb des § 263 StGB nur vorliegen, wenn sich dieses als **betrugsrelevantes Verhalten** abbildet, d. h. die Vortäuschung entweder einen vollendeten oder versuchten Betrug darstellt.[126] Bereits bei der Tathandlung (Inbrandsetzen usw.) muss der Täter „zu diesem Zweck" gehandelt haben, d. h. die Betrugsabsicht muss bereits in diesem Zeitpunkt vorgelegen haben und darf nicht erst im Nachhinein hinzugetreten sein.[127]

68 ▶ **Beispiel ("Bauernhof"-Fall):** *Landwirt L zündete vorsätzlich seinen Bauernhof an, der beim Versicherungsunternehmen V gegen Brand versichert ist, um die Versicherungssumme zu kassieren. Gegenüber der Versicherung gab L an, ein technischer Defekt in der Heizungsanlage habe den Brand verursacht. Sachbearbeiter S der V schenkte ihm Glauben und zahlt ihm die Versicherungssumme in Höhe von 500.000 EUR aus.* ◀

69 Allgemein wird beim Einfordern einer Leistung angenommen, dass damit schlüssig erklärt wird, dass dieser Anspruch auch bestehe.[128] Nach § 81 VVG wird das Versicherungsunternehmen aber von seiner Leistungspflicht frei, wenn der Versicherungsnehmer den **Versicherungsfall vorsätzlich** oder **grob fahrlässig** herbeigeführt hat. Macht der Versicherungsnehmer dann seinen Schaden gegenüber seiner Versicherung geltend, stellt er eine wahrheitswidrige Behauptung auf, wenn er weiß, dass aufgrund des Sachverhalts ein Leistungsanspruch gegen die Versicherung tatsächlich nicht besteht.

---

123 Zur Gesetzeshistorie vgl. etwa A/W-*Heinrich*, § 21 Rn. 138.
124 LK-*Tiedemann*, § 263 Rn. 302.
125 Vgl. etwa NK-*Kindhäuser/Hoven*, § 263 Rn. 400 (über 700 EUR), *Fischer* § 263 Rn. 223 iVm § 315 Rn. 16 (über 750 €), MK-*Hefendehl* § 263 Rn. 1233 (über 1.000 €) und AnwK-*Gaede* § 263 Rn. 199 (ab 1.300 €).
126 LK-*Tiedemann*, § 263 Rn. 302.
127 MK-*Hefendehl*, § 263 Rn. 1234.
128 RGSt 26, 29; BGH NStZ 1994, 188; L-*Kühl/Heger*, § 263 Rn. 9; Sch/Sch-*Perron* § 263 Rn. 16 c.

▶ **Lösung:** *Im „Bauernhof"-Fall täuscht L seine Feuerversicherung über den Umstand, dass er selbst den Versicherungsfall herbeigeführt hat. Dies führt zu einem Irrtum beim zuständigen Sachbearbeiter und im Gefolge dessen zu der Vermögensverfügung des S (Dreiecksbetrug), die zugleich einen Schaden bei V auslöst. L handelt dabei vorsätzlich und mit Bereicherungsabsicht. Da zugleich die Voraussetzungen des § 263 Abs. 3 S. 2 Nr. 5 StGB gegeben sind (Brandsetzung einer Sache von bedeutendem Wert unter Vortäuschung eines Versicherungsfalls), liegt ein Betrug in einem besonders schweren Fall vor.* ◀

c) Repräsentantenhaftung

▶ **Beispiel („Geliebte Schwiegermutter"-Fall):**[129] *A setzte das Wohnhaus seiner Familie in Brand, das im Eigentum der von ihm adoptierten vier Kinder seiner Ehefrau E stand. Er handelte dabei in der Absicht, seiner Schwiegermutter S – der Voreigentümerin des Hauses, die sich bei dessen Übereignung den lebenslangen Nießbrauch daran vorbehalten hatte – Leistungen aus deren Wohngebäudeversicherung und seiner Ehefrau Leistungen aus der Hausratversicherung zu verschaffen, die sie für das in ihrem Alleineigentum stehende Inventar abgeschlossen hatte. Hierdurch wollte er die Neuerrichtung des Gebäudes finanzieren sowie Barmittel zur Neuanschaffung des Inventars erlangen. Beide Versicherungsnehmerinnen waren in das Vorhaben des A nicht eingeweiht. Die Gebäudeversicherung hat 289.000 EUR für den Wiederaufbau des bis auf die Grundmauern niedergebrannten Gebäudes geleistet.* ◀

Beim Versicherungsbetrug kann ein Institut des Versicherungsrechts, die richterrechtlich geschaffene sog. **Repräsentantenhaftung** ins Spiel kommen. Diese Haftung ist allerdings auch versicherungsrechtlich weiterhin umstritten.[130] Demnach tritt eine **Befreiung des Versicherungsunternehmens** von der **Leistungspflicht** nach § 81 VVG i. V. m. § 28 Abs. 2 VVG nicht bloß dann ein, wenn der **Versicherungsnehmer** selbst, sondern auch dann, wenn sein **Repräsentant** handelt.[131]

Repräsentant ist, wer in dem Geschäftsbereich, zu dem das versicherte Risiko gehört, aufgrund eines Vertretungs- oder ähnlichen Verhältnisses an die Stelle des Versicherungsnehmers getreten ist und aufgrund dessen befugt ist, selbstständig in einem gewissen nicht ganz unbedeutenden Umfang für den Versicherungsnehmer zu handeln.[132] Der Dritte muss entweder die **tatsächliche Risikoverwaltung** oder die **Vertragsverwaltung** innehaben.[133] Risikoverwaltung bedeutet, dass der Repräsentant in einem Geschäftsbereich von einiger Bedeutung, zu dem das versicherte Risiko gehört, selbstständig in einem gewissen, nicht ganz unbedeutenden Umfang für den Versicherungsnehmer handelt.[134] Grundvoraussetzung für die Stellung als Repräsentant ist dabei die **Überlassung der Obhut** über die versicherte Sache,[135] wobei die Obhut als solche, z.B. als Mieter oder Pächter, nicht ausreicht.[136] Zur Repräsentantenhaftung gehört aber auch die (reine) Vertragsverwaltung, in der der Handelnde (auch ohne Übergabe der Sache) aufgrund eines Vertretungsverhältnisses (förmlich) die **Rechte** und **Pflichten**

---
129 BGHSt 51, 236.
130 *Prölls/Martin/Armbrüster*, VVG, 31. A. 2018, § 28 Rn. 98; *MK-VVG-Wandt*, 3. A. 2021, § 28 Rn. 121.
131 *L-Kühl/Heger*, § 263 Rn. 9; *MK-Hefendehl*, § 263 Rn. 1232; *Prölls/Martin/Armbrüster*, VVG, § 81 Rn. 6.
132 BGHZ 122, 250.
133 Skeptisch zu dieser Differenzierung *MK-VVG-Wandt*, § 28 Rn. 123.
134 BGHZ 122, 250.
135 BGHZ 122, 250, 252; *LK-Tiedemann*, § 263 Rn. 302.
136 BGHZ 107, 230 ff.

des **Versicherungsnehmers** übernimmt.[137] Die bloße **Zugehörigkeit zur Familie** des Versicherungsnehmers, eine Ehe oder Lebensgemeinschaft **genügen** mithin **nicht**.[138]

74 Sind die Voraussetzungen der Repräsentantenhaftung gegeben, begeht der **Versicherungsnehmer** einen Betrug, wenn er **bösgläubig** die Versicherungssumme geltend macht, obwohl ein Repräsentant von ihm gehandelt hat. Weiß der Versicherungsnehmer dagegen nichts davon, dass ein Repräsentant in der genannten Weise gehandelt hat, sondern geht er **gutgläubig** beispielsweise tatsächlich von einem Unglück, technischen Defekt, ihm unbekannten Brandstifter usw. aus, fehlt es an einer Vortäuschung. Dann kann sich aber der dann mit Drittbereicherungsabsicht handelnde **Repräsentant** wegen **Betrugs in mittelbarer Täterschaft strafbar machen**.[139]

75 ▶ **Lösung:**[140] Im „geliebte Schwiegermutter-Fall" haben der BGH und die Vorinstanz den A zu Recht nicht als Repräsentanten seiner Schwiegermutter (bezüglich Feuerversicherung) und seiner Frau (bezüglich der Haftpflichtversicherung) gesehen. Die Versicherung wird in Ermangelung der Voraussetzungen des § 81 VVG nicht von ihrer Leistungspflicht befreit, der Versicherungsfall ist tatsächlich eingetreten und wird von A nicht vorgetäuscht. Auch eine Strafbarkeit wegen (zweifachen) Betrugs in mittelbarer Täterschaft (S und F als Werkzeuge des A) scheidet aus, da S und F versicherungsrechtlich einen Anspruch auf die Versicherungssumme haben. ◀

Wiederholungsfragen

1. Welchen Schutzzweck erfüllt § 265 StGB? (Rn. 59)
2. Wirkt der Rücktritt vom Versuch des § 263 StGB auf die Strafbarkeit nach § 265 StGB zurück? (Rn. 64)
3. In welchem Konkurrenzverhältnis stehen § 265 StGB und § 263 StGB? (Rn. 64)
4. Wo ist verbrechenssystematisch der Versicherungsbetrug lokalisiert? (Rn. 65)
5. Was versteht man unter der sog. Repräsentantenhaftung? (Rn. 72 f.)

III. Das Erschleichen von Leistungen (§ 265 a StGB)

Literaturempfehlungen: *Alwart*, Perpetuiertes Unrecht – Zur Kritik der massenhaften Verfolgung von Schwarzfahrern, ZIS 2016, 534 ff.; *Bock*, Erschleichen von Leistungen, JA 2017, 356 ff.; *Ellbogen*, Strafbarkeit des einfachen „Schwarzfahrens", JuS 2005, 20 f.; *Exner*, Strafbares „Schwarzfahren" als ein Lehrstück juristischer Methodik, JuS 2009, 990 ff.; *Preuß*, Praxis- und klausurrelevante Fragen des „Schwarzfahrens", ZJS 2013, 257 ff., 355 ff.

1. Einleitung

76 Der Tatbestand wurde 1935 in das RStGB eingeführt.[141] Anlass dafür war ein Urteil des Reichsgerichts zum Missbrauch automatischer Münzfernsprecher[142], in welchen § 263 StGB teilweise für nicht anwendbar erachtet wurde. § 265 a StGB schließt somit primär Lücken bei der Anwendung des § 263 StGB.[143]

---

137 BGHZ 122, 250, 252 ff.; Prölls/Martin/Armbrüster, VVG, § 28 Rn. 104.
138 Rengier, BT-1, § 15 Rn. 17.
139 L-Kühl/Heger, § 263 Rn. 9.
140 BGHSt 51, 236.
141 RGBl. I 1935, 839, 842.
142 RGSt 68, 65 ff.
143 LK-Tiedemann, § 265 a Rn. 2.

§ 8 Die betrugsähnlichen Delikte (§§ 263 a, 265, 265 a StGB) § 8

2022 wurden polizeilich über 89.000 Fälle (2015: 279.000) des § 265 a StGB erfasst, wobei in fast drei Viertel aller vollendeten Fälle der Schaden im Bagatellbereich (unter 15 EUR) liegt.[144] Insbesondere **Schwarzfahren** ist ein typisches **Armutsdelikt**. 2018 wurden mehr als 43.000 Menschen nach § 265 a StGB abgeurteilt (2014: 74.600).[145] Die relativ hohen, wenngleich zuletzt stark sinkenden Fallzahlen (9- bzw. 49-Euro-Ticket, Corona) gepaart mit den (isoliert betrachtet) überwiegenden Bagatellschäden rufen immer wieder (berechtigte) Kritik hervor, vor allem an der Strafbarkeit des – bei Wiederholungstätern mit Freiheitsstrafen ohne Bewährung[146] verbunden – sog. „Schwarzfahrens."[147] **Rechtspolitische Versuche**, das Schwarzfahren explizit für **straflos** zu erklären, sind allesamt bislang **gescheitert**. Immerhin möchte die Bundesregierung die – in diesem Bereich besonders häufig auftretende – **Ersatzfreiheitsstrafe** (§ 43 StGB) dahingehend abändern, dass zwei Tagessätze Geldstrafe einem Tag Ersatzfreiheitsstrafe entsprechen.[148]

77

a) Rechtsgut

Rechtsgut ist das **Vermögen des Leistungserbringers**.[149] Überindividuelle Belange (z.B. die Leistungsfähigkeit des öffentlichen Telekommunikations- und Beförderungswesens, energie- und umweltpolitische Ziele) schützt die Norm hingegen nicht.[150]

78

b) Systematik

Die Norm ist ein **Auffangtatbestand** zum **Betrug**, d. h. er schließt Lücken, die dadurch entstehen, dass § 263 StGB nicht alle Formen des „Ergaunerns" vermögensschädigender Leistungen erfasst, und zwar im Bereich der Leistungsautomaten, Telekommunikationsnetze, Transportmittel, Einrichtungen und Veranstaltungen. Dies rührt daher, dass nicht durch einen Menschen geleistet wird,[151] sondern vielmehr eine betrugsähnliche „technifizierte"[152] Täuschung vorliegt.

79

§ 265 a StGB ist in der Sache ein **Erfolgsdelikt**, dessen Erfolg im Erlangen einer entgeltlichen Leistung bzw. entgeltlichen Zutritts liegt und damit einen **Vermögensschaden** begründet.[153] Dem kann man in der Tatbestandsprüfung entweder so Rechnung tragen, dass man den Vermögensschaden als ungeschriebenes objektives Tatbestandsmerkmal erörtert, oder – wie hier vorgeschlagen (Rn. 105) – die Entgeltlichkeit der Leistung innerhalb der Tatobjekte als ungeschriebenes Merkmal integriert.

80

---

144 MK-*Hefendehl*, § 265 a Rn. 8.
145 SVS 2018, S. 72.
146 Vgl. etwa OLG Nürnberg OLGSt StGB § 47 Nr. 20: bei hartnäckigen Schwarzfahrern pro Einzeltat jeweils 1 Monat Freiheitsstrafe ohne Bewährung.
147 Vgl. LK-*Tiedemann*, § 265 a Rn. 6; MK-*Hefendehl*, § 265 a Rn. 11 ff.; *Alwart*, JR 2009, 478, 479.
148 Vgl. den Gesetzentwurf BT-Drs. 20/5913.
149 BGHSt 53, 122, 125; BayObLG NJW 1986, 1504; BayObLG StV 2021, 513; LK-*Tiedemann*, § 265 a Rn. 12; NK-*Hellmann*, § 265 a Rn. 3, 7; SK-*Hoyer*, § 265 a Rn. 1.
150 LK-*Tiedemann*, § 265 a Rn. 11; SK-*Hoyer*, § 265 a Rn. 1; a.A. OLG Hamburg NStZ 1991, 587, 588 mit krit. Anm. *Alwart*; OLG Stuttgart NJW 1990, 924, 925.
151 Vgl. HK-*Duttge*, § 265 a Rn. 1; NK-*Hellmann*, § 265 a Rn. 2; S/S/W-*Saliger*, § 265 a Rn. 1.
152 SK-*Hoyer*, § 265 a Rn. 7.
153 *Fischer*, § 265 a Rn. 27; *Kindhäuser/Böse*, BT-2, § 33 Rn. 2.

c) Prüfungsschema in Klausuren

81 *In Klausuren und Hausarbeiten steht § 265 a StGB eher selten im Mittelpunkt, kann aber durchaus eine gewichtige Nebenrolle spielen. Insbesondere die strafrechtliche Bewertung des Schwarzfahrens ist ein beliebtes Thema in der Übung für Fortgeschrittene.*

82 *Prüfungsschema § 265 a StGB*
  A. Tatbestand
   I. Objektiver Tatbestand
     1. Tathandlung: Erschleichen
     2. Tatobjekt
        a) Leistung eines Automaten, Abs. 1 Var. 1
        b) Leistungen eines Telekommunikationsnetz, Abs. 1 Var. 2
        c) Beförderung durch Verkehrsmittel, Abs. 1 Var. 3
        d) Zutritt zu einer Veranstaltung, Abs. 1 Var. 4
        e) Entgeltliche Leistung oder Beförderung bzw. entgeltlicher Zutritt
   II. Subjektiver Tatbestand
     1. Vorsatz
     2. Absicht, das Entgelt nicht zu entrichten
  B. Rechtswidrigkeit
  C. Schuld
  D. Strafantrag: §§ 247, 248 a StGB
  E. Konkurrenzen: Formelle Subsidiaritätsklausel am Ende des § 265 a Abs. 1 StGB

2. Tatbestand

a) Tathandlung: Erschleichen

83 Tathandlung ist das Erschleichen einer in Abs. 1 Var. 1–4 bezeichneten Leistungen bzw. des Zutritts. **Umstritten** ist, ob Erschleichen das unberechtigte Erlangen der Leistung bzw. des Zutritts durch unbefugtes und ordnungswidriges Verhalten **unter Umgehung von Sicherheitsvorkehrungen**, Kontroll- oder Zugangssperren voraussetzt[154] **oder** die **unbefugte Inanspruchnahme** allein genügt. Diese Streitfrage ist anhand der verschiedenen Tatobjekte zu konkretisieren.

aa) Leistung eines Automaten

84 Beim Automatenmissbrauch besteht das Erschleichen in der ordnungswidrigen oder missbräuchlichen Benutzung der technischen Vorrichtung mit der Folge, dass die Leistung unentgeltlich erbracht wird. Gemeint ist damit vor allem, dass die **Sicherungsmechanismen**, die gegen eine unentgeltliche Inanspruchnahme geschaffen sind, umgangen werden. Beispiele: Einwerfen von Falschgeld und Metallstücken; nicht dagegen: das gewaltsame Öffnen oder bloßes Ausnutzen eines technischen Automatendefekts.[155]

---

[154] *Fischer*, § 265 a Rn. 3; *SK-Hoyer*, § 265 a Rn. 8 f.
[155] *NK-Hellmann*, § 265 a Rn. 24; *Sch/Sch-Perron*, § 265 a Rn. 9; *Rengier*, BT-1, § 16 Rn. 3.

bb) Öffentlichen Zwecken dienendes Telekommunikationsnetz

Bei der Leistung eines **Telekommunikationsnetzes** wird nur das ordnungswidrige und unbefugte Umgehen technischer Schutzmechanismen erfasst. Strafbar ist demnach das Umgehen von Abrechnungseinrichtungen, das manipulative Schaffen eines Zugangs zum Kabelnetz oder der Empfang von Pay-TV-Programmen mittels gestohlener oder manipulierter Decoder-Geräten bzw. Smartcards.[156]

Wer nur unbefugt ein fremdes Telefon benutzt, ist dagegen nicht Täter nach § 265 a StGB, denn weder erschleicht er gegenüber dem Telefonunternehmen eine unentgeltliche Leistung, noch umgeht er irgendwelche technischen Sicherungsvorkehrungen. Das schwarze Telefonieren ist daher nicht erfasst. Es fällt auch nicht unter § 265 a StGB, wenn jemand ein Handy findet und die Karte abtelefoniert oder mit einem Vertragshandy telefoniert, ohne das Telefon bzw. den Sperrbildschirm per PIN-Code, Passwort, Zeichenmuster oder ähnlichem entsperren zu müssen. Gleiches gilt für das Schwarzsurfen mittels fremden – aber offen zugänglichen – WLANs.[157] Wenn also jemand bemerkt, dass er Internetzugang über ein nicht zugangsgesichertes WLAN hat und diesen Zugang tatsächlich nutzt, ohne ein Kennwort zur Einwahl eingeben zu müssen, wird kein Zugang erschlichen.

cc) Beförderung durch ein Verkehrsmittel

▶ **Beispiel („Stuttgarter Strassenbahnen"-Fall):**[158] *Die Stuttgarter Straßenbahnen sind frei zugänglich; nur gelegentlich wird während der Fahrt durch Kontrolleure überprüft, ob der Fahrgast einen Fahrschein gelöst hat. A benutzte insgesamt achtmal diese Straßenbahn, ohne zuvor einen Fahrschein gelöst zu haben.* ◀

Bei Var. 3, namentlich beim **Schwarzfahren** in Transportmitteln, die nicht gesichert sind oder in denen nicht regelmäßig kontrolliert wird, soll nach der Rechtsprechung und einer Minderheitsmeinung in der Literatur **jedes der Ordnung widersprechende Verhalten** genügen, durch das sich der Täter in den Genuss der Leistung bringt und bei welchem er sich mit dem **Anschein der Ordnungsmäßigkeit** umgibt.[159] Dazu gehört unbefangenes und unauffälliges Verhalten. Hierzu sei kein präsenter Anscheinsempfänger erforderlich.[160] Der BGH begründet dies mit dem **Wortlaut**, wonach der Begriff der Erschleichung lediglich die Herbeiführung eines Erfolgs auf unrechtmäßigem, unlauterem oder unmoralischem Wege erfasse. Zudem spreche die **Entstehungsgeschichte** der Norm dafür, gerade ein solch normales Schwarzfahren zu erfassen. Außerdem sei der Gesetzgeber in den 1990er Jahren in rechtspolitischen Diskussionen zur Strafwürdigkeit des Schwarzfahrens von der Strafbarkeit ausgegangen und habe Forderungen verworfen, dieses für straflos zu erklären.[161] Das **BVerfG** hält diese Auslegung des Tatbestandsmerkmals „Erschleichen" mit dem Bestimmtheitsgebot des Art. 103 Abs. 2 GG für vereinbar,[162] würde aber die gegenteilige Interpretation der h. L. (siehe sogleich) wahrscheinlich ebenfalls für verfassungskonform erklären.

---

156 Vgl. *Eisele*, BT-2, Rn. 714.
157 MK-*Hefendehl*, § 265 a Rn. 90, 155; *Höfinger*, ZUM 2011, 212, 215.
158 In Anlehnung an OLG Stuttgart NJW 1990, 924 mit krit. Anmerkung *Fischer*, NStZ 1991, 41.
159 BGHSt 53, 122; OLG Hamm BeckRS 2018, 41457; OLG Naumburg StraFO 2009, 343.
160 BGHSt 53, 122; *Jäger*, BT, Rn. 477; *Rengier*, BT-1, § 16 Rn. 6.
161 BGHSt 53, 122.
162 BVerfG NJW 1998, 1135.

89 Gleichwohl ist der **h.L.** und ihrer von *Alwart* begründeten „**Kritik der massenhaften Verfolgung von Schwarzfahrern**" **beizupflichten**:[163] Für das Erschleichen genügt die unbefugte Inanspruchnahme als solche nicht. Hinzukommen muss zusätzlich, dass Sicherungsmechanismen gegen die unbefugte Benutzung umgangen werden.[164] Denn die Norm wurde vom Gesetzgeber nicht so formuliert, dass es genügt, unbefugt eine Leistung in Anspruch zu nehmen; vielmehr verlangt das Gesetz explizit ein Erschleichen. Von einem solchen kann aber nur sinnvoll gesprochen werden, wenn tatsächlich erfolgte Kontrollmaßnahmen umgangen bzw. ein heimliches die wahren Absichten verbergendes Verhalten vorliegt.[165] Beim Schwarzfahren werden aber vielfach keine Kontrollmaßnahmen umgangen (z.B. eine Kontrollperson umgangen, unter einer Schranke durchgeschlichen oder eine ungültige Fahrkarte entwertet); es wird nur das Fehlen einer Kontrolle ausgenutzt, aber nicht ein ordnungsgemäßer Anschein erzeugt (wie dies z.B. beim Einschleichen, unbemerktem Betreten, sich verbergen oder dem Weglocken von Kontrollpersonen der Fall wäre). Auch mag man es kriminalpolitisch nicht für zwingend notwendig erachten, Schwarzfahren unter Strafe zu stellen; die Schaffung eines Ordnungswidrigkeiten-Tatbestands würde wohl genügen. Abgesehen davon ist die momentane Strafverfolgungspraxis in Schwarzfahrer-Fällen rechtsstaatlich, namentlich unter dem Blickwinkel des Art. 3 Abs. 1 GG, bedenklich: Im Regelfall wird erst nach mehrfacher Tatbegehung das Schwarzfahren von den Verkehrsbehörden an die Staatsanwaltschaften gemeldet. Dies führt im Ergebnis dazu, dass der Übergang von der Entrichtung eines erhöhten Beförderungsentgelts (z.B. nach § 12 Eisenbahn-Verkehrsordnung) zu einer Freiheits- oder Geldstrafe (nach § 265a StGB) praeter legem und faktisch davon abhängt, wie häufig man bereits beim Schwarzfahren ertappt wurde. § 265a StGB enthält aber nicht das Erfordernis der hartnäckigen oder wiederholten Tatbegehung.

90 ▶ *Lösung: Das OLG Stuttgart hat in seiner Straßenbahn-Entscheidung ein Erschleichen von Leistungen bejaht. Unter dem „Erschleichen" einer Beförderung sei jedes der Ordnung widersprechende Verhalten, durch das sich der Täter in den Genuss der Leistung bringt und bei welchem er sich mit dem Anschein der Ordnungsmäßigkeit umgibt, zu verstehen. Dieses Verhalten setze weder ein Einschleichen noch das Täuschen oder den Irrtum eines anderen voraus.– Nach der überwiegenden Ansicht im Schrifttum macht sich A nicht gem. § 265a StGB strafbar. Ohne tatsächlich erfolgte Kontrolle des A hat dieser keine Sicherungsvorkehrung seitens der Stuttgarter Straßenbahnen umgangen, sondern nur das Fehlen der Kontrollen ausgenutzt, ohne dabei den Anschein eines ordnungsgemäßen Nutzens zu erzeugen. Dadurch nahm A die Beförderungsleistung zwar unbefugt in Anspruch, aber dieses Verhalten genügt einem „Erschleichen" nicht.* ◀

91 ▶ *Beispiel („Ich fahre schwarz"-Fall):*[166] *A hatte in Köln den ICE Richtung Frankfurt bestiegen und sich einen Sitzplatz gesucht, ohne über eine Fahrkarte zu verfügen; zuvor hatte er einen Zettel mit der Aufschrift „Ich fahre schwarz" in seine umgeklappte Wollmütze gesteckt, ohne sich beim Einsteigen oder bei der Sitzplatzsuche einem Mitarbeiter der Deutschen Bahn*

---

163 Grundlegend dazu *Alwart*, JZ 1986, 563; *ders.*, NStZ 1991, 588; *ders*, ZIS 2016, 534, der hier gar von „perpetuiertem Unrecht" (ZIS aaO) spricht.
164 LK-*Tiedemann*, § 265a Rn. 36; *Fischer*, § 265a Rn. 5e; *L-Kühl/Heger*, § 265a Rn. 6.
165 MK-*Hefendehl*, § 265a Rn. 122 ff.; NK-*Hellmann*, § 265a Rn. 16, 35; Sch/Sch-*Perron*, § 265a Rn. 11; *Ellenbogen*, JuS 2005, 20, 21; *Alwart*, NStZ 1991, 588; *Kindhäuser/Böse*, BT-2, § 33 Rn. 15.
166 OLG Köln BeckRS 2015, 16686 m. Bspr. *Satzger*, Jura 2017, 362; ähnlicher Fall bei OLG Frankfurt FD-StrafR 2017, 386894.

§ 8 Die betrugsähnlichen Delikte (§§ 263 a, 265, 265 a StGB) § 8

zu präsentieren. Erst bei einer routinemäßigen Fahrscheinkontrolle wurde der Zugbegleiter auf A und den von diesem getragenen Zettel aufmerksam. ◄

Liegt ein Fall des **bekennenden Schwarzfahrens** vor, d. h. wird nach außen deutlich gemacht, dass die Beförderung unentgeltlich in Anspruch genommen werden soll, liegt nach allgemeiner Meinung kein Erschleichen vor (z.b. bei offenem Protest gegen Verkehrsbetriebe).[167] Allerdings ist das Erschleichen erst dann zu verneinen, wenn in offener und unmissverständlicher Weise nach außen zum Ausdruck gebracht wird, die Beförderungsbedingungen nicht erfüllen und den Fahrpreis nicht entrichten zu wollen. 92

▶ **Lösung:** *Im „Ich fahre schwarz"-Fall hat das OLG Köln § 265 a StGB bejaht, da A in den abfahrbereiten ICE einsteigt, sich anschließend einen Sitzplatz sucht und dem Zugbegleiter erst bei der routinemäßigen Kontrolle auffällt. Denn mit diesem Verhalten gibt er sich den Anschein, er erfülle die nach den Geschäftsbedingungen der Bahn erforderlichen Voraussetzungen für die Beförderung. Der an der Mütze angebrachte Zettel mit der Aufschrift „Ich fahre schwarz" erschüttere diesen Eindruck nicht. Hierzu wäre erforderlich, dass der Fahrgast offen und unmissverständlich zum Ausdruck bringt, den Fahrpreis nicht entrichten zu wollen. Dass andere Fahrgäste vor Fahrtantritt oder während der Fahrt die Aufschrift wahrnehmen, sei unerheblich.* ◄ 93

dd) Zutritt zu einer Veranstaltung oder einer Einrichtung

Bei der 4. Var. des § 265 a Abs. 1 StGB wird der Zutritt durch Umgehen von Kontrollmaßnahmen erschlichen, etwa durch Überklettern von Absperrzäunen oder Eintreten durch einen unbewachten Notausgang oder Lieferantenzugang. Keinen Zutritt erschleicht sich ein Kinobesucher, der sich im Saal auf einen teureren Platz setzt (z.B. Loge), nachdem er eine günstigere Platzkarte erworben hat (z.B. für Parkett) und im Saal keine weiteren Kontrollen stattfinden.[168] 94

b) Tatobjekte

aa) Automat (Var. 1 des § 265 a Abs. 1 StGB)

Automaten sind Geräte, die mit Entrichtung des Entgelts aufgrund eines mechanischen oder elektronischen Steuerungssystems unmittelbar selbstständig Funktionen erfüllen.[169] Für die rechtliche Wertung ist die Differenzierung zwischen Leistungs- und Warenautomaten bedeutsam. 95

Leistungsautomaten sind solche Automaten, die eine Art „**Dienstleistung**", also unkörperliche Leistungen, erbringen. Beispiele hierfür sind Münz- und Waschautomaten, Spielautomaten, Musikbox, Fernglas an einem Aussichtspunkt und Decoder für Pay-TV. Parkuhren sind keine Leistungsautomaten, da sie keine tatsächliche Leistung erbringen (etwa das Schaffen einer Parkmöglichkeit), sondern das Parken erlauben, indem sie das Parkverbot zeitweise aufheben.[170] 96

---

167 *Sch/Sch-Perron*, § 265 a Rn. 11; *Eisele*, BT-2, Rn. 716; *Rengier*, BT-1, § 16 Rn. 7.
168 *S/S/W-Saliger*, § 265 a Rn. 19; *Wessels/Hillenkamp/Schuhr*, BT-2, Rn. 719; a.A. *Sch/Sch-Perron*, § 265 a Rn. 11; *NK-Hellmann*, § 265 a Rn. 43.
169 *Kindhäuser/Böse*, BT-2, § 33 Rn. 3.
170 *Fischer*, § 265 a Rn. 14; Beck OK-StGB-*Valerius*, § 265 a Rn. 4.2; LK-*Tiedemann*, § 265 a Rn. 23.

97 **Warenautomaten** hingegen übergeben für das entrichtete Entgelt körperliche Gegenstände. Dazu zählen Fahrausweisautomaten, Getränke- oder Zigarettenautomaten, Briefmarkenautomaten und Lebensmittelautomaten.

98 Eine Minderheitsmeinung (Konkurrenzlösung) will auch Warenautomaten tatbestandlich erfassen, um Abgrenzungsprobleme bei den verschiedenen Automaten zu entgehen und § 265 a StGB ggf. aufgrund der formellen Subsidiarität auf Konkurrenzebene ausschließen.[171] Nach vorzugswürdiger (noch) h.M. (Tatbestandslösung) sind nur Leistungsautomaten erfasst, denn bei Warenautomaten greifen bereits §§ 242, 246 StGB bzgl. der bereitgestellten fremden beweglichen Sachen und schließen § 265 a StGB schon tatbestandlich aus.[172]

99 Wird also eine Manipulation an einem **Warenautomaten** vorgenommen, etwa mit einer falschen Münze der Mechanismus ausgelöst und so die Gelegenheit geschaffen, die Ware an sich zu nehmen, handelt es sich um einen **Diebstahl** gem. § 242 StGB, nicht um einen Fall des § 265 a StGB. Aber selbst wenn mit der Konkurrenzlösung angenommen würde, dass der Tatbestand alle Automaten erfasse, nämlich Leistungs- und Warenautomaten, kommt man hier im Ergebnis nur zu einem Diebstahl, denn der verwirklichte § 242 StGB hat wegen der Subsidiaritätsklausel am Ende des § 265 a Abs. 1 StGB stets Vorrang.

100 Wenn es sich um Mischformen beider Automaten handelt (z.B. ein Kaffeeautomat), muss geklärt werden, was im Mittelpunkt des Automatenvorgangs steht – eine Ware am Ende oder eine Form der Leistung – bzw., ob der eingesetzten Sache für die zu erbringende Leistung eine dienende Funktion zukommt.

101 Beispiele: Kaffeeautomat: Ware; Kopiergerät: Ware; Fahrscheinautomat: Ware; Fotoautomat: Ware; Kfz-Waschanlagen: Reinigung des Kfz, bei der Wasser und Reinigungsmittel verbraucht werden; im Vordergrund wird hier eine unkörperliche Leistung erbracht, zu der die eingesetzten Sachen bloß zweckmäßig dienen, also Leistung.[173]

bb) Telekommunikationsnetz (Var. 2 des § 265 a Abs. 1 StGB)

102 Das **Telekommunikationsnetz** umfasst neben dem Festnetz und mobilen Telefonnetz auch Datenübertragungsnetze wie (Breitband-)Kabelnetze zur Übertragung des Fernseh- und Radioprogramms sowie das Internet.[174] Das Netz muss **öffentlichen Zwecken** dienen, was der Fall ist, wenn es als Massenkommunikationsmedium der Nutzung durch die Allgemeinheit offensteht. Daher wird die Schädigung Privater (z.B. des Arbeitgebers) durch unbefugtes Nutzen von geschäftlichen oder privaten Kommunikationseinrichtungen nicht erfasst, da eine ordnungsgemäße Bedienung der Telefonanlage vorliegt, die nur den Mitarbeitern zugänglich ist.[175]

---

171 *Bock*, JA 2017, 357; MK-*Hefendehl*, § 265 a Rn. 42; SK-*Hoyer*, § 265 a Rn. 12 f.; A/W-*Heinrich*, § 21 Rn. 13 ff.; *Eisele*, BT-2, Rn. 709; *Rengier*, BT-1, § 16 Rn. 3; *Wessels/Hillenkamp/Schuhr*, BT-2, Rn. 718.
172 *Joecks/Jäger* § 265 a Rn. 6; *L-Kühl/Heger*, § 265 a Rn. 2; NK-*Hellmann*, § 265 a Rn. 19; Sch/Sch-*Perron*, § 265 a Rn. 4.
173 Vgl. auch *Fischer*, § 265 a Rn. 14; LK-*Tiedemann*, § 265 a Rn. 22; S/S/W-*Saliger*, § 265 a Rn. 9.
174 *Joecks/Jäger*, § 265 a Rn. 7; *L-Kühl/Heger* § 265 a Rn. 3. f.
175 BGH NStZ 2005, 213, OLG Karlsruhe NStZ 2004, 333, 334; *Fischer*, § 265 a Rn. 18; *Rengier*, BT-1, § 16 Rn. 5.

§ 8 Die betrugsähnlichen Delikte (§§ 263 a, 265, 265 a StGB)

cc) Verkehrsmittel (Var. 3 des § 265 a Abs. 1 StGB)

Das Beförderungserschleichen erfasst jedwede entgeltliche Transportleistung von Personen und Sachen im **öffentlichen** und **privaten Massenverkehr** (z.B. Bahn, Tram) und **Individualverkehr** (z.B. Rufbus, Taxi),[176] wobei bei letzterem wegen der Täuschung eines Menschen zumeist Betrug vorliegen wird und § 265 a StGB dann subsidiär ist.

dd) Veranstaltung oder Einrichtung (Var. 4 des § 265 a Abs. 1 StGB)

Veranstaltungen sind von Menschen organisierte oder erbrachte einmalige oder zeitlich begrenzte Aufführungen (z.B. sportlicher Wettkampf, Konzerte, Theater- und Kinovorstellungen, Vorträge, Feiern).[177] Einrichtungen sind auf Dauer und zu einem bestimmten Zweck angelegte Personen- oder Sachgesamtheiten (z.B. Park, Schwimmbad, Museum, Zoo, Schlösser).[178] § 265 a Abs. 1 Var. 4 StGB erfordert eine körperliche Anwesenheit.[179]

ee) Entgeltlichkeit

Das ungeschriebene Tatbestandsmerkmal „**Entgeltlichkeit**" der **Leistung** bzw. des **Zutritts** ist in den objektiven Tatbestand des § 265 a Abs. 1 StGB hineinzulesen.[180] Dies ergibt sich aus der Vermögensschutzfunktion der Norm und aus dem Umkehrschluss zum subjektiven Tatbestand, da der Täter in der Absicht handeln muss das „Entgelt nicht zu entrichten". Auf das Gleiche läuft es hinaus, wenn manche als ungeschriebenes Tatbestandsmerkmal anstelle der Entgeltlichkeit der Leistung den **Eintritt eines Vermögensschadens** verlangen.[181] Nicht geschützt ist demnach ein kostenloses Konzert, dessen Zutritt man sich „erschleicht". Wer das Entgelt entrichtet hat, aber etwa die gültige Karte der Veranstaltung oder die (jedenfalls nicht übertragbare) Monatskarte der öffentlichen Verkehrsmittel verloren oder zu Hause vergessen hat, handelt ebenso nicht tatbestandsmäßig.[182] Ist die Fahrt von einer **Zeitkarte** abgedeckt, fällt dies auch dann nicht unter § 265 a StGB, wenn während der Fahrt die Zeitkarte nicht mitgeführt oder auch kein zusätzlicher Fahrschein erworben wurde.[183] Die unbefugte Einwahl in ein unverschlüsseltes WLAN, um einen fremden Internetanschluss zu nutzen, erfolgt unentgeltlich, da die Verbindung zum fremden WLAN regelmäßig nicht entgeltlich angeboten wird und zulasten des WLAN-Betreibers geht.[184]

3. Subjektiver Tatbestand

Der subjektive Tatbestand setzt zumindest **bedingten Vorsatz** bzgl. der objektiven Tatbestandsmerkmale einschließlich der Entgeltlichkeit der Leistung voraus. Hinsichtlich der sodann erforderlichen **überschießenden Innentendenz**, d.h. der Absicht, das Entgelt nicht entrichten zu wollen, ist **dolus directus 1. Grades** erforderlich.

---

176 L-Kühl/Heger, § 265 a Rn. 4; NK-Hellmann, § 265 a Rn. 32; Kindhäuser/Böse, BT-2, § 33 Rn. 8.
177 Fischer, § 265 a Rn. 22; Joecks/Jäger, § 265 a Rn. 9; NK-Hellmann, § 265 a Rn. 40.
178 LPK-Kindhäuser/Hilgendorf, § 265 a Rn. 23; Eisele, BT-2 Rn. 718; Wessels/Hillenkamp/Schuhr, BT-2, Rn. 719.
179 Vgl. LK-Tiedemann, § 265 a Rn. 51; SK-Hoyer, § 265 a Rn. 35.
180 LK-Tiedemann, § 265 a Rn. 16; Sch/Sch-Perron, § 265 a Rn. 2; A/W-Heinrich, § 21 Rn. 10; Kindhäuser/Böse, BT-2, § 33 Rn. 2.
181 So in der Sache BayObLG StV 2021, 513.
182 Vgl. BayObLG NJW 1986, 1504; SK-Wolter, § 265 a Rn. 10; Eisele, BT-2, Rn. 707, 715; Rengier, BT-1, § 16 Rn. 2.
183 BayObLG StV 2021, 513.
184 MK-Hefendehl, § 265 a Rn. 90.

4. Strafbarkeit des Versuchs, Vollendung, Beendigung

107 Gem. § 265 a Abs. 2 StGB ist der **Versuch** des Vergehens **strafbar**. Die Tat ist vollendet, wenn zumindest teilweise ein Vermögensschaden eintritt. Der genaue Zeitpunkt ist für jede Variante im Einzelfall zu bestimmen und bereitet damit Abgrenzungsschwierigkeiten zum Versuch. Bei Var. 2 ist im Herstellen der Telekommunikationsverbindung ein vollendetes Erschleichen der Leistung zu sehen.[185] Bei Beförderungsleistungen tritt Vollendung mit Beginn der Beförderung ein.[186] Dabei muss nach der Verkehrsauffassung eine Beförderung vorliegen und damit eine entgeltpflichtige Leistung (nicht bei Fahrtabbruch oder Entdeckung des Täters nach wenigen Metern).[187] Vollendet ist das Erschleichen des Zutritts zu einer Einrichtung mit dem (körperlichen) Eintreten in den räumlichen Bereich.[188] Für Veranstaltungen ist der Zeitpunkt strittig, so dass teilweise auf den Beginn der Veranstaltung, etwa des Konzerts, abgestellt wird.[189] Richtigerweise ist aber unter Beachtung des Wortlauts, der auf den „Zutritt" abstellt, schon mit dem Betreten der räumlichen Sphäre der Veranstaltung Vollendung anzunehmen.[190] Mit Abschluss der Leistungserbringung bzw. Verlassen der Veranstaltung oder Einrichtung ist die Tat beendet.[191]

5. Konkurrenzen

108 § 265 a StGB enthält eine ausdrückliche, **formelle Subsidiaritätsklausel**. Trotz des insoweit offenen Wortlauts ergibt sich aus der systematischen Stellung und dem Sinn und Zweck des § 265 a StGB, dass sich die Subsidiaritätsklausel auf Delikte mit gleicher Schutzrichtung bezieht, mithin Eigentums- und Vermögensdelikte.[192] § 265 a StGB tritt damit hinter die §§ 242, 246, 263, 263 a StGB zurück. Dies gilt auch, wenn diese Taten bloß versucht werden, da die Strafmilderung fakultativ ist, vgl. § 23 Abs. 2 StGB („kann"). Tateinheit (§ 52 StGB) ist mit §§ 123, 146, 147, 267, 269 StGB möglich.[193]

Wiederholungsfragen

1. Was versteht man allgemein unter Automaten und speziell unter Leistungs- und Warenautomaten i.S.d. § 265 a Abs. 1 Var. 1 StGB? Spielt diese Unterscheidung in der Fallbearbeitung eine Rolle? (Rn. 95 ff.)
2. Wie werden die Begriffe Telekommunikationsnetze, Verkehrsmittel, Einrichtungen und Veranstaltung i.S.d. § 265 a StGB definiert? (Rn. 102 ff.)
3. Wann wird die Leistung eines Automaten oder eines Telekommunikationsnetzes bzw. der Zutritt zu einer Veranstaltung oder Einrichtung i.S.d. § 265 a StGB erschlichen? (Rn. 83 ff.)
4. Ist das sog. Schwarzfahren strafbares Erschleichen einer Beförderungsleistung i.S.d. § 265 a Abs. 1 Var. 3 StGB? (Rn. 88 f.)

---

185 *Fischer*, § 265 a Rn. 28; NK-*Hellmann*, § 265 a Rn. 10.
186 OLG Hamm NStZ-RR 2011, 206, 207; OLG Koblenz NStZ-RR 2011, 246, 247; LK-*Tiedemann*, § 265 a Rn. 51; NK-*Hellmann*, § 265 a Rn. 10; SK-*Hoyer*, § 265 a Rn. 35.
187 OLG Frankfurt a.M. NJW 2010, 3107, 3108; *Fischer*, § 265 a Rn. 28.
188 LK-*Tiedemann*, § 265 a Rn. 51; Sch/Sch-*Perron*, § 265 a Rn. 13; SK-*Hoyer*, § 265 a Rn. 35.
189 Sch/Sch-*Perron*, § 265 a Rn. 13; S/S/W-*Saliger*, § 265 a Rn. 21.
190 Vgl. LK-*Tiedemann*, § 265 a Rn. 51; *Fischer*, § 265 a Rn. 28; SK-*Hoyer*, § 265 a Rn. 35.
191 Beck OK-StGB-*Valerius*, § 265 a Rn. 24; *Fischer*, § 265 a Rn. 28; LK-*Tiedemann*, § 265 a Rn. 52.
192 NK-*Hellmann*, § 265 a Rn. 50; SK-*Hoyer*, § 265 a Rn. 38; *Kindhäuser/Böse*, BT-2, § 33 Rn. 21; a.A. L-*Kühl/Heger*, § 265 a Rn. 8: aufgrund des Wortlauts Subsidiarität gegenüber allen schwereren Tatbeständen.
193 LK-*Tiedemann*, § 265 a Rn. 56; A/W-*Heinrich*, § 21 Rn. 25; *Kindhäuser/Böse*, BT-2, § 33 Rn. 21.

5. Warum ist für die Begründung der Strafbarkeit nach § 265 a StGB das ungeschriebene Merkmal „Entgeltlichkeit" in den objektiven Tatbestand hineinzulesen? (Rn. 105)

§ 9 Die Erpressung (§ 253 StGB) und räuberische Erpressung (§§ 253, 255 StGB)

Literaturempfehlungen: *Brand*, Die Abgrenzung von Raub und räuberischer Erpressung am Beispiel der Forderungserpressung, JuS 2009, 899 ff.; *Knauer*, Versuchsprobleme bei der Dreieckserpressung, JuS 2014, 690 ff.; *Kudlich/Aksoy*, Eins, zwei oder drei? – Zum Verhältnis von Raub, räuberischem Diebstahl und räuberischer Erpressung in der Fallbearbeitung, JA 2014, 81 ff.; *Mitsch*, Räuberischer Menschenraub, JuS 2022, 609 ff.

I. Einleitung

1 Die Erpressung ist dogmengeschichtlich ein relativ „junges" Delikt, dessen Kontur erst langsam, vor allem im „kapitalistischen" 19. Jahrhundert, entstanden ist.[1] War die Erpressung im RStGB von 1871 noch als Nötigung in Bereicherungsabsicht formuliert, hat der nationalsozialistische Gesetzgeber 1943 die Norm um das Erfordernis eines Vermögensschadens und einer Bereicherungsabsicht ergänzt und damit in ihrer im Wesentlichen bis heute geltenden Fassung umgestaltet. 1953 wurde die Straftat zu einem Vergehen herabgestuft und die nationalsozialistische Klausel des „gesunden Volksempfindens" in Art. 253 Abs. 2 RStGB durch die Verwerflichkeitsklausel ersetzt.[2] Die Norm ist gesetzessystematisch schief platziert: Die Erpressung ist ein Vermögensdelikt mit Selbstschädigungscharakter und wäre daher besser im Kontext des § 263 StGB angesiedelt worden.[3] Die räuberische Erpressung in § 255 StGB teilt freilich mit dem Raub den Einsatz besonders qualifizierter Nötigungsmittel.

1. Rechtsgut, Struktur, Gesetzessystematik

2 Rechtsgüter der Norm sind das **Vermögen** sowie die **persönliche Freiheit**.[4] Beim Betrug sorgt der Täter durch die Täuschung für einen Willensmangel beim Verfügenden, bei der Erpressung dagegen durch den Einsatz eines Nötigungsmittels. Wie für den Betrug verlangt das Gesetz für die Erpressung den Eintritt eines Vermögensschadens sowie eine Bereicherungsabsicht.

3 Die Erpressung setzt den Eintritt eines Vermögensschadens,[5] nicht jedoch einer Bereicherung voraus; diese muss nur beabsichtigt sein. Somit handelt es sich bei § 253 StGB, ebenso wie beim Diebstahl und Betrug, um ein erfolgskupiertes Delikt.[6] Mit der Tatbestandsmäßigkeit ist noch nicht die Rechtswidrigkeit indiziert; letztere muss noch gesondert in Gestalt der Verwerflichkeit (Abs. 2) festgestellt werden.

4 Vor allem Schutzgelderpressungen durch organisierte Kriminalität, die ausbeuterische Erpressung und das sog. „Abziehen", d. h. die Geld- oder Sacherpressung auf dem Schulhof oder auf der Straße spielen praktisch eine wichtige Rolle.[7] Die **Zahl** der Erpressungsfälle **steigt**. Rd. 6.000 Fälle der Erpressung wurden 2022 polizeilich erfasst.

---

1 *Maurach/Schroeder/Maiwald/Hoyer/Momsen*, BT-1, § 42 Rn. 1.
2 MK-*Sander*, § 253 Rn. 5; LK-*Vogel/Burchard*, § 253 Vor Rn. 1.
3 *Maurach/Schroeder/Maiwald/Hoyer/Momsen*, BT-1, § 42 Rn. 4, 5.
4 L-*Kühl/Heger*, § 253 Rn. 1; *Rengier*, BT-1, § 11 Rn. 1; LK-*Vogel/Burchard*, § 253 Rn. 1; *Wessels/Hillenkamp/Schuhr*, BT-2, Rn. 747.
5 *Kindhäuser/Böse*, BT-2, § 17 Rn. 1: „Vermögensschädigendes Freiheitsdelikt".
6 S/S/W-*Kudlich*, § 253 Rn. 1. – „Kupiert" kommt von lat. „cupere" = begehren, wünschen, im Kontext des § 253: Die Tat ist bereits dann vollendet, wenn der Täter den Bereicherungserfolg begehrt, ohne dass es des Eintritts dieses Erfolgs bedarf.
7 Zur Kriminologie der Erpressung vgl. die Nachweise bei LK-*Vogel/Burchard*, Vor §§ 249 ff Rn. 8.

Wegen einfacher Erpressung wurden 2021 rd. 900 (2018: 800) Personen und wegen räuberischer Erpressung rd. 2.700 (2018: 1.525) Personen abgeurteilt.[8]

Grunddelikt ist die **einfache** Erpressung nach § 253 StGB. Der Versuch ist strafbar, § 253 Abs. 3 StGB.[9] Die Nötigungsmittel entsprechen denjenigen des § 240 StGB. § 253 Abs. 4 StGB enthält einen besonders schweren Fall der Erpressung in der Gesetzestechnik der Regelbeispielsmethode. Einen **Qualifikationstatbestand** bildet die **räuberische Erpressung,** § 255 StGB. Sie setzt – wie bereits das Adjektiv „räuberisch" zeigt – dieselben qualifizierten Nötigungsmittel wie § 249 StGB voraus. § 255 StGB verweist sodann nicht nur auf den Strafrahmen des § 249 StGB, sondern eröffnet auch die Möglichkeit einer **schweren räuberischen Erpressung,** §§ 255, 250 StGB, und einer **räuberischen Erpressung mit Todesfolge,** §§ 255, 251 StGB.

2. Tatbestandliches Verhältnis von Erpressung und Raub

Bis heute herrscht **kein Konsens** darüber, in welchem **Verhältnis** die Tatbestände des **Raubs** und der **(räuberischen) Erpressung** zueinanderstehen. Die Rechtsprechung verzichtet auf eine klare Abgrenzung von Raub und Erpressung und sieht den Raub nur als Spezialfall der Grundtatbestände der §§ 253, 255 StGB (sog. Spezialitätsthese). Der überwiegende Teil des Schrifttums erblickt dagegen in der Erpressung ein dem Betrug parallel konstruiertes Delikt,[10] das wie § 263 StGB eine Vermögensverfügung voraussetze (sog. Verfügungsthese). Dabei herrscht Uneinigkeit darüber, wie diese Vermögensverfügung ausgestaltet sein muss. Dieses zentrale Anwendungsproblem wird tatbestandlich innerhalb der Prüfung der Tathandlung unter der Überschrift „Handlung, Duldung oder Unterlassung" bzw. „Vermögensverfügung" behandelt (zu dem Meinungsstreit im Detail siehe unten Rn. 22 ff.).

3. Prüfungsschema in Klausuren

Die §§ 253, 255 StGB erlangen vor allem in der Übung für Fortgeschrittene sowie in der 1. Staatsprüfung große Klausurrelevanz.

Prüfungsschema § 253 StGB

A. Tatbestand
  I. Objektiver Tatbestand
    1. Nötigungsmittel: Gewalt oder Drohung mit empfindlichen Übel
    2. Nötigungserfolg: Handlung, Duldung oder Unterlassung
    3. Umstr., ob nötigungsbedingte Vermögensverfügung erforderlich (so die h. L.)
    4. Vermögensschaden
  II. Subjektiver Tatbestand
    1. Vorsatz
    2. Bereicherungsabsicht

---

[8] SVS 2020, S. 36.
[9] BGH JuS 2019, 77 m. Bspr. *Eisele* (zur Mittäterschaft durch Unterlassen beim Versuch).
[10] *Maurach/Schroeder/Maiwald/Hoyer/Momsen,* BT-1, § 42 Rn. 7.

  a) Vermögensvorteil des Täters oder Dritten
  b) Zielgerichteter Wille bzgl. Bereicherung
  c) Stoffgleichheit der Bereicherung
  d) Objektive Rechtswidrigkeit der erstrebten Bereicherung
 3. Vorsatz bezüglich dieser objektiven Rechtswidrigkeit
B. Rechtswidrigkeit
 I. Allgemeine Rechtfertigungsgründe
 II. Verwerflichkeitsklausel (§ 253 Abs. 2 StGB)
C. Schuld
D. Strafzumessung: Besonders schwere Fälle (§ 253 Abs. 4 StGB) mit Regelbeispielen (Gewerbsmäßigkeit; Bande)
E. Qualifikation § 255 StGB (auf Tatbestandsebene beim Nötigungsmittel zu prüfen): Gewalt gegen eine Person oder Drohung mit gegenwärtiger Gefahr für Leib oder Leben

II. Die einfache Erpressung (§ 253 StGB)

1. Objektiver Tatbestand

9 Objektiv setzt die Erpressung den Einsatz von **Nötigungsmitteln** (Gewalt, Drohung mit einem empfindlichen Übel) voraus, der zu einem **Nötigungserfolg** (Handlung, Duldung, Unterlassung) führt. Ob es darüber hinaus einer Vermögensverfügung bedarf, ist höchst umstritten. Dem Vermögen des Genötigten oder eines Dritten muss dadurch ein **Vermögenschaden** zugefügt werden. Dabei muss zwischen allen genannten Komponenten des objektiven Tatbestands ein **Kausalzusammenhang** bestehen.

a) Nötigungsmittel

10 Die bei § 253 StGB tatbestandlich vorausgesetzten Nötigungsmittel entsprechen denjenigen der Nötigung.

aa) Gewalt

11 **Gewalt** ist eine gegenwärtige Übelszufügung, die auf einer gewissen Kraftentfaltung beruht, auf den Körper des Opfers einen körperlichen Zwang ausübt und die dazu geeignet und bestimmt ist, einen erwarteten oder geleisteten Widerstand zu überwinden.[11] Darunter fällt zunächst die sog. **vis compulsiva**, d. h. die sich physisch auswirkende Gewalt, die den anderen zu einem bestimmten Verhalten veranlassen soll.[12] Dies ist etwa dann der Fall, wenn auf das Opfer eingeprügelt wird und es daraufhin den geforderten Geldbeutel herausgibt.

12 Handelt es sich dagegen um eine Gewaltausübung, die jeden Widerstand beim Opfer ausschließt und alternative Verhaltensmöglichkeiten ausschaltet (sog. **vis absoluta**[13]), so stellt dies Gewalt gegen eine Person dar, die als qualifiziertes Nötigungsmittel nur unter § 255 StGB fallen kann. Dies nimmt vor allem die sog. **Spezialitätstheorie** der Rspr. und eines Teils des Schrifttums an (unten Rn. 25). Auf der Grundlage der hier

---

11 *Kindhäuser/Schramm*, BT-1, § 13 Rn. 10; S/S/W-*Kudlich*, § 253 Rn. 4; MK-*Sander*, § 253 Rn. 4.
12 MK-*Sinn*, § 240 Rn. 29; SK-*Wolters*, § 240 Rn. 27.
13 *Kindhäuser/Schramm*, BT-1, § 12 Rn. 26; Sch/Sch-*Eisele*, Vorbem. §§ 234–241 a, Rn. 15.

vertretenen **Verfügungstheorie** (unten Rn. 29) kommt vis absoluta nicht als Nötigungsmittel bei §§ 253, 255 StGB in Betracht,[14] da durch absolute Gewalt abgenötigtes Verhalten keinen Rest von Freiwilligkeit und damit auch keinen selbstschädigenden Charakter tragen kann, sondern letztlich ein rein fremdschädigendes Verhalten durch die nötigende Person darstellt. Wer etwa einen anderen wegstößt,[15] fesselt oder bewusstlos schlägt, um ungestört seinen Geldbeutel an sich zu nehmen, kann daher allenfalls einen (fremdschädigenden) Raub, aber keine (selbstschädigende) (räuberische) Erpressung begehen.

*In einem solchen Fall müssen Anhänger:innen der Verfügungsthese bereits beim ersten objektiven Tatbestandsmerkmal – dem Nötigungsmittel – die Differenzen zwischen der Verfügungs- und der Spezialitätsthese darlegen und begründen, welche Ansicht die überzeugende ist. Im Falle der **vis compulsiva** bleibt die **Abgrenzungsproblematik** im Rahmen des Nötigungsmittels dagegen offen und wird **erst** im Zusammenhang mit der Frage einer **Vermögensverfügung** thematisiert.*

Dabei muss berücksichtigt werden, dass vis compulsiva, sofern sie sich gegen den Körper eines anderen richtet, unter die qualifizierte Gewaltform des § 255 StGB fällt. Damit bleibt letztlich im Rahmen des § 253 StGB als Gewalt nur die nicht die Schwelle des § 253 StGB erreichende Gewalt, vor allem **Gewalt gegen Sachen** übrig,[16] sofern diese mit einer physischen Zwangswirkung verbunden ist, d. h. motivatorisch auf das Opfer auswirkt. Man denke etwa an mittels Sachbeschädigungen begangene mafiöse Schutzgelderpressungen oder an die Fälle, dass einem **Mieter** Heizung, Strom und Wasser abgedreht bzw. die Fenster und Türen ausgehängt werden, um ihn zum Auszug zu zwingen.[17]

bb) Drohung mit einem empfindlichen Übel

▶ **Beispiel („Kaufhausdetektiv-Fall"):**[18] *Die 16-jährige B entwendete in einem Kaufhaus ein Umhängetuch im Wert von 40 EUR. Sie wurde von dem Kaufhausdetektiv K gestellt. Während K die Diebstahlsanzeige fertigte, bat B ihn dringend, von einer Anzeigeerstattung abzusehen. Ihre Eltern „schlügen sie tot", und sie habe den Verlust der Lehrstelle, die sie bei einem Bankinstitut in Aussicht habe, zu befürchten, wenn der Diebstahl bekannt würde. K erklärt zunächst, er müsste Anzeige erstatten, da er seine eigene Stellung gefährde, wenn er Ausnahmen mache. K meinte aber dann zu B, es gebe vielleicht doch einen Weg, ihr zu helfen; wenn sie ihm 100 EUR zahle, lasse er die Anzeige unter den Tisch fallen. B glaubte, dass K dies könne und auch tun werde, und händigte ihm später das Geld aus. K leitete daraufhin die Anzeige nicht weiter.* ◀

Als weiteres Nötigungsmittel nennt das Gesetz die Drohung mit einem empfindlichen Übel. Drohung ist das **in Aussicht Stellen eines künftigen Übels**, auf dessen **Eintritt** der Drohende einen **Einfluss** hat oder diesen Einfluss zumindest zu haben vorgibt.[19] Die bloße **Warnung** vor einem Ereignis, das der Äußernde nicht beeinflussen kann, genügt hierfür nicht. Unerheblich ist jedoch, ob der Täter das angedrohte Übel tatsächlich

---

14 *Fischer*, § 253 Rn. 5; *L-Kühl/Heger*, § 253 Rn. 2; *Wessels/Hillenkamp/Schuhr*, BT-2, Rn. 749.
15 *Eisele*, JuS 2018, 300, 301.
16 So die h. M.; *vgl. Maurach/Schroeder/Maiwald/Hoyer/Momsen*, BT-1, § 42 Rn. 27; *S/S/W-Kudlich*, § 253 Rn. 6.
17 RGSt 7, 269; OLG Hamm NJW 1983, 1505.
18 BGHSt 31, 195 (abgewandelt).
19 BGHSt 16, 386; *Kindhäuser/Schramm*, BT-1, § 12 Rn. 31; *S/S/W-Kudlich*, § 253 Rn. 7.

realisieren kann, sofern er zumindest nach außen hin den **Anschein** erweckt, als ob er das könne, und das Opfer dies ernst nimmt (näher dazu oben § 4 Rn. 25). Das angedrohte Übel muss ferner **empfindlich** sein. Wird Schweigegeld unter der Androhung mit öffentlicher Bloßstellung gefordert (sog. **Chantage**), so **kann** dies ein empfindliches Übel sein, muss es aber nicht.[20]

17 Auch die Drohung mit einem **Unterlassen** kann genügen. Diese Fallkonstellationen sind freilich kompliziert, verworren und erschließen sich nicht auf den ersten Blick. Es bedarf einer sehr präzisen Erfassung des Sachverhalts und einer (fast schon haarspalterisch anmutenden) differenzierenden Betrachtungsweise.

18 Als Nötigung stellen sich dabei zunächst diejenigen Fälle dar, in denen der Täter mit dem Unterlassen einer Handlung droht, die er **vorzunehmen verpflichtet** ist. So ist eine Drohung ohne Weiteres zu bejahen, wenn ein Polizist gegenüber einem von ihm Unschuldig Verfolgten ankündigt, er werde die polizeilichen Ermittlungsakten wieder aus der an die Staatsanwaltschaft gerichteten Post herausnehmen, wenn er ihm 1.000 EUR zahle. Ähnlich gelagert sind diejenigen Fälle, in denen jemand einen **Erpressungstrojaner** über das Internet auf den Computer des Geschädigten aufspielt und diesen nicht entsperrt, solange der Betroffene nicht eine Geldleistung erbringt.[21] Die Nichterbringung einer Leistung, die dem Opfer rechtlich kraft Garantenstellung (§ 13 StGB) oder sonst (z.B. vertraglich) zusteht, „ist als Freiheitsverlust anzusehen" (*Kindhäuser/Hoven*).[22]

19 Nach der h.M. muss das Unterlassen nicht pflichtwidrig sein, damit man die tatbestandlich vorausgesetzte Nötigung bejahen kann. Vielmehr genüge es in solchen Fällen an sich erlaubten Unterlassens, wenn dieses mit einem Übel verbunden ist. Denn es komme darauf an, dass die Verknüpfung von Mittel und Zweck insgesamt als verwerflich anzusehen ist (siehe dazu den Kaufhausdetektiv-Fall des BGHSt oben Rn. 15 und die Lösung des Falls unten Rn. 21).[23] Danach soll beispielsweise Richter R eine Erpressung begehen, wenn er dem Angeklagten A in Aussicht stellt, dass R die Staatsanwältin S, die zugleich R's Ehefrau ist, zur Einstellung des Strafverfahrens bewegen könne. R fordert als Gegenleistung die Zustimmung zu einer Auflage nach § 153a StPO.[24] Demnach ist es ohne Bedeutung, dass R zur Einwirkung auf S gar nicht verpflichtet, sein angedrohtes Unterlassen also gar nicht pflichtwidrig ist, denn R's Verquickung von Mittel und Zweck sei sozialethisch inakzeptabel.[25]

20 Richtigerweise ist aber nur das Unterlassen, das gegen eine Rechtspflicht verstößt (also vor allem gegen Garantenpflichten i.S.d. § 13 StGB), drohungsrelevant.[26] Führt nämlich – wie im Regelfall des erlaubten Unterlassens – die Vornahme der Handlung durch den Nötigenden zu einer Erweiterung des Handlungsspielraums beim genötigten Opfer, kann § 253 StGB nicht verwirklicht sein. Wie eingangs gezeigt (§ 1 Rn. 1), setzt nach dem hier zugrunde gelegten Verständnis jede Straftat einen Eingriff in eine Freiheitssphäre voraus. Es bedeutet aber keinen Verlust an Freiheit, sondern vielmehr

---

20 NK-*Kindhäuser/Hoven*, § 253 Rn. 42; LK-*Vogel/Burchard*, § 255 Rn. 14.
21 Vgl. den Sachverhalt BGH NJW 2021, 2301 m.Anm. *Eisele*, JZ 2021, 1067, in der diese Frage aber nicht angeschnitten wird.
22 NK-*Kindhäuser/Hoven*, § 253 Rn. 11.
23 BGHSt 31, 95; Sch/Sch-*Eisele*, § 240 Rn. 10; *Fischer*, § 240 Rn. 34.
24 In Anlehnung an die Fallabwandlung nach OLG Oldenburg NStZ 2008, 691 bei *Jäger*, BT, Rn. 538.
25 Folgerichtig auf der Grundlage der h. L. eine Erpressung verneinend *Kudlich*, JA 2008, 901.
26 SK-*Wolters*, § 240 Rn. 20; NK-*Kindhäuser/Hoven*, § 253 Rn. 14; *Maurach/Schroeder/Maiwald/Hoyer/Momsen*, BT-1, § 42 Rn. 28.

ihre Erweiterung, wenn der Täter dem Opfer zusätzliche Handlungsoptionen schafft. Es liegt mithin keine Drohung vor, wenn der Personalchef dem unterdurchschnittlichen Bewerber mitteilt, ohne ein Schmiergeld werde er dessen Bewerbung nicht befürworten.[27] Das gleiche ist der Fall, wenn ein Zeuge dem Angeklagten mitteilt, er werde die den A belastende Wahrheit sagen, es sei denn, A belohne ihn mit 1.000 EUR dafür, dass er zu seinen Gunsten falsch aussage.[28] Denn das Interesse des Genötigten (Bewerber, Angeklagter), vom Nötigenden etwas Unrechtes zu erhalten und sich damit letztlich auf dessen Seite – die des Unrechts – zu stellen, ist strafrechtlich nicht schützenswert. Einem solchen Druck muss man in besonnener Selbstbehauptung standhalten.[29] Manche verneinen in diesem Fall nicht bereits die Nötigungskomponente, sondern erst die Verwerflichkeit nach § 253 Abs. 2 StGB.[30] Andere wiederum bejahen auch bei der Ankündigung eines rechtmäßigen Unterlassens dann eine Drohung, wenn das rechtmäßige Unterlassen die Position des Betroffenen verschlechtert.[31]

▶ **Lösung:** *Im „Kaufhausdetektiv-Fall" war K dazu verpflichtet, die Anzeige weiterzuleiten und das Verfahren nicht zu unterbrechen. Insofern drohte er mit seiner Ankündigung, die Anzeige nicht unter den Tisch fallenzulassen, wenn B seinen Geldwunsch nicht erfülle, ein pflichtgemäßes Unterlassen (die rechtmäßige Nichtunterbindung des weiteren Verfahrens wegen Diebstahls) an. Nach dem BGH soll gleichwohl eine Drohung zu bejahen sein: Denn das pflichtgemäße Unterlassen des K stellt aus Sicht des Opfers einen empfindlichen Nachteil – die Diebstahlsanzeige – dar. Durch diese Drohung werde es in die gleiche Zwangslage versetzt wie durch eine Drohung mit einem aktiven Tun (z.B. verprügelt zu werden). Die Koppelung dieser Ankündigung und des angestrebten Zwecks erscheine zudem gleichermaßen als verwerflich. – Richtigerweise schränkt aber K durch die Schmiergeldforderung den Handlungsspielraum der B nicht ein, sondern erweitert ihn. K schafft durch sein Angebot der B Freiheiten, die sie zuvor nicht hatte.* ◀ 21

b) „Vermögensverfügung" bzw. „Handlung, Duldung oder Unterlassung"

Umstritten ist, ob die Erpressung als ungeschriebenes Tatbestandsmerkmal eine Vermögensverfügung voraussetzt.[32] 22

▶ **1. Beispiel („Auflauern"-Fall):** *A lauerte dem O in einer Seitengasse auf, richtete eine geladene Schusswaffe auf ihn und drohte ihm mit den Worten „Kohle raus oder ich erschieße dich!" Daraufhin zückte O seine Geldbörse und übergab A den Inhalt in Form von Geldscheinen im Wert von insgesamt 500 EUR. O ging davon aus, dass er erschossen würde, wenn er nicht nachgeben würde: sein Geld würde er auf alle Fälle – „dead or alive" – verlieren.* ◀ 23

▶ **2. Beispiel („Taxi-zurück"-Fall):** *A wird von der Polizei verfolgt. Er rennt zu einem Taxistand. A richtet seine geladene Schusswaffe auf Taxifahrer T und droht: Gib mir dein Taxi oder ich erschieße dich! Daraufhin springt T aus dem Wagen und händigt dem A den Fahrzeugschlüssel aus. T geht davon aus, dass er erschossen wird, wenn er dem A nicht nachgibt und dass er sein Taxi auf alle Fälle verlieren wird. A fährt das Auto eine Stunde später, wie* 24

---

27 Bsp. von MK-*Sander*, § 253 Rn. 12.
28 Bsp. von *Rengier*, BT-1, § 11 Rn. 10.
29 *Mitsch*, BT-2, S. 591; *Rengier*, BT-1, § 11 Rn. 10.
30 MK-*Sander*, § 253 Rn. 12.
31 LK-*Vogel/Burchard*, § 253 Rn. 16.
32 Zur Abgrenzung von Raub und räuberischer (Sach-)Erpressung vgl. etwa *Hillenkamp*, 33. Problem, S. 179; *Rönnau*, JuS 2012, 888 ff.

von Anfang an geplant, ganz in die Nähe des Taxistands zurück, wo es kurze Zeit danach auch sogleich von der Polizei gefunden wird. ◄

aa) Spezialitätsthese

25 Nach der **Rechtsprechung** und einem Teil der Literatur setzen die objektiven Tatbestände der §§ 253, 255 StGB **keine** Vermögensverfügung voraus.[33] Die Erpressung sei nicht mit dem Betrug, sondern vielmehr mit der **Nötigung wesensverwandt**, wie die Parallelität der Nötigungsmittel und der Verwerflichkeitsprüfung zeige. Alle Formen des Tuns, Unterlassens oder Duldens könnten daher unter §§ 253, 255 StGB fallen. Die §§ 253, 255 StGB würden mithin alle in Bereicherungsabsicht mit qualifizierten Nötigungsmitteln herbeigeführten Vermögensschädigungen erfassen. § 253 StGB erstreckt sich demnach auf „das gesamte Spektrum vermögensrelevanten menschlichen Verhaltens und die gesamte Breite vermögensmindernden Schadens" (*Herdegen*).[34] Dies hat folgende **Konsequenzen**: (1) Auch bei **vis absoluta** ist (räuberische) Erpressung denkbar. (2) Die Abgrenzung zwischen Raub und (räuberischer) Erpressung erfolgt dabei in ständiger Rechtsprechung[35] nicht nach der Willensrichtung des Opfers, sondern ausschließlich nach dem **äußeren Erscheinungsbild**: Das erkennbare Bild des „Nehmens" führe zu § 249 StGB, dasjenige des „Gebens" zu §§ 253, 255 StGB. Liege ein Nehmen vor, ohne dass zudem eine Zueignungsabsicht gegeben ist, könnten gleichwohl die §§ 253, 255 StGB verwirklicht sein (in Form der Duldungsvariante[36]), bilden diese doch den Grundtatbestand für jede Form nötigungsbedingter Vermögensverschiebungen. Träfe das Nehmen dagegen mit einer Zueignungsabsicht zusammen, stelle dies den Spezialfall einer räuberischen Erpressung in Gestalt eines Raubs dar. (3) In den Fällen der gewaltsamen Wegnahme von Sachen **zum Zweck des vorübergehenden Gebrauchs** (furtum usus) und bei einer **gewaltsamen Pfandkehr** bejaht die Rechtsprechung daher folgerichtig § 255 StGB, während die Verfügungstheorie hier nur zu einer Nötigung, § 240 StGB, kommt.

bb) Verfügungsthese

26 Dagegen sind nach der im Schrifttum vorherrschenden Verfügungstheorie Betrug und Erpressung **strukturgleich**, d. h. beide sind **Selbstschädigungsdelikte**. Daher setze auch §§ 253, 255 StGB eine **Vermögensverfügung** voraus. Die Abgrenzung zum Raub erfolgt dabei nach der **inneren Willensrichtung**.

27 Die Verfügungstheorie weist dabei **zwei Spielarten** auf: Nach der ersten Variante der Verfügungsthese[37] liegt § 249 StGB, nicht § 253 StGB vor, wenn es in der Zwangslage für den Genötigten egal ist, wie er sich verhält, die Sache also auch **ohne seinen Mitwirkungsakt dem Zugriff des Täters preisgegeben** ist. Besteht eine reelle Wahlmöglichkeit oder Verhaltensalternative, liegt eine Verfügung vor; diese fehlt dagegen, wenn das Vermögen ohnehin dem Zugriff des Opfers preisgegeben ist. Hält etwa der Täter dem Opfer eine geladene Pistole an den Kopf, ist nur dann eine Verfügung zu verneinen und eine Wegnahme zu bejahen, wenn der Täter die Mitwirkung des Bedrohten zur

---

33 BGHSt 41, 123, 125; *Jäger*, BT, Rn. 553; *Kindhäuser/Böse*, BT-2, § 17 Rn. 21; S/S/W-*Kudlich*, § 253 Rn. 11.
34 Zit. bei LK-*Vogel/Burchard*, § 253 Rn. 1.
35 BGH JuS 2019, 77 m. Bspr. *Eisele*; BGH JuS 2019, 77 m. Bspr. *Eisele*.
36 BGH NJW 2018, 245 m. Anm. *Brandt*; *Eisele*, JuS 2018, 300; *Jäger*, JA 2018, 309.
37 *Küper/Zopfs*, Rn. 694; L-*Kühl/Heger*, § 255 Rn. 2; *Maurach/Schroeder/Maiwald/Hoyer/Momsen*, BT-1, § 42 Rn. 44 ff.

Erreichung seiner Ziele nicht benötigt (bspw. der Täter nicht die nur dem Bedrohten bekannte Schlüsselkombination für einen Tresor benötigt, sondern das Geld für den Täter „griffbereit" in der offenen Kasse liegt).[38] Nach der **zweiten Variante**[39] muss entscheidend sein, ob das Opfer den Gewahrsam an der Sache **willentlich verliert**, d. h. mit seinem faktischen, wenngleich erzwungenen Einverständnis, oder ob unwillentlich, d. h. ohne faktisches Einverständnis. Für die Willentlichkeit sei das **äußere Erscheinungsbild** ein **Indiz**: Beim Geben liege ein Einverständnis nahe (also § 255 StGB), beim Nehmenlassen hingegen nicht, weshalb hier § 249 StGB in Betracht komme.

▶ *Lösung: Im 1. Beispiel „Auflauern-Fall" (oben Rn. 23) wäre nach der ersten Spielart der Verfügungstheorie Widerstand zwecklos, weshalb von einer Wegnahme und damit einem Raub auszugehen wäre. Nach der zweiten Spielart beugt sich O dem Druck und übergibt willentlich die Sache, also ist § 255 StGB verwirklicht. Nach der Rechtsprechung läge wegen des Gebens ebenfalls eine räuberische Erpressung vor. – Im 2. Beispiel „Taxi-zurück"-Fall (oben Rn. 24) hingegen käme die erste Spielart der Verfügungstheorie nur zu einer Strafbarkeit des A nach §§ 240, 248 b StGB: Trotz des Gebens fehlt es hier an einer Verfügung, da aus der Sicht des T dieser den Besitz an seinem Taxi so oder so verlieren wird. Damit wären die Weichen in Richtung eines Raubs gestellt, jedoch scheitert die Bestrafung aus § 249 StGB daran, dass A ohne Enteignungsvorsatz handelt und damit die Zueignungsabsicht fehlt. Die zweite Spielart der Verfügungstheorie würde wegen des Gebens wohl eine Erpressung annehmen. Die Spezialitätstheorie würde zwar den Raub aus zwei Gründen verneinen: Zum einen fehlt es an einem Nehmen und zum anderen an der Zueignungsabsicht. Aber nach ihr läge ein Fall des § 255 StGB vor.* ◀

28

cc) Diskussion

Den Vorzug verdient die Verfügungsthese in ihrer ersten Spielart:[40] (1) Zwar weist die Rechtsprechung zu Recht darauf hin, dass sich aus dem Gesetzeswortlaut der §§ 253, 255 StGB ein Verfügungserfordernis nicht ergebe. Doch auch **bei § 263 StGB** ist nirgends von einer Vermögensverfügung die Rede; gleichwohl nimmt selbst die Rechtsprechung dort ein solches **ungeschriebenes Tatbestandsmerkmal** an. (2) Nach Ansicht der Rechtsprechung soll es zudem nicht einleuchtend sein, warum ausgerechnet die massivste Form von Gewalt, die vis absoluta, aus dem Kreis der tauglichen Erpressungsmittel ausscheide. Dem ist erstens entgegenzuhalten, dass **vis absoluta** (z.B. Betäubung mit KO-Tropfen, Fesseln, Einsperren) **nicht zwangsläufig** das im Vergleich zur vis compulsiva **brutalere** oder **gefährlichere** Nötigungsmittel darstellen muss. So stellt beispielsweise das Verprügeltwerden mit einem Baseballschläger oder das Vorhalten einer Waffe, um die Offenbarung der EC-Karten-PIN vom Opfer zu erlangen, eine weitaus gravierendere Form der Gewalt dar als etwa das Fesseln oder die Betäubung mit KO-Tropfen. Die Verfügungsthese führt zudem bei vis absoluta keinesfalls zu einer Strafbarkeits"lücke", sondern höchstens zu einer **Strafmilderung** und dies auch nur vordergründig. Innerhalb des in solchen Fällen zumindest gegebenen § 240 StGB (und vielfach auch §§ 223, 224, 248 b StGB)[41] kann der Eintritt eines

29

---

38 Zu Recht weist *Jäger*, BT, Rn. 554 darauf hin, dass es einen „schweren Grundlagenfehler" bedeutet, wenn studentische Bearbeiter beim **Vorhalten einer Pistole** pauschal eine **Verfügung verneinen**, ohne genau zu analysieren, ob der Drohende nicht auf den Mitwirkungsakt des Bedrohten angewiesen war.
39 *Sch/Sch-Bosch*, § 253 Rn. 8; *MK-Sander*, § 253 Rn. 21; *Rengier*, BT-1, § 11 Rn. 37.
40 Ebenso *Eisele*, BT-2, Rn. 765, 769 ff.; *Küper/Zopfs*, Rn. 700; *L-Kühl/Heger*, § 255 Rn. 2.
41 *Eisele*, BT-2, Rn. 769.

Vermögensschadens sowie die Bereicherungsabsicht des Täters strafschärfend berücksichtigt werden, wie auch ein besonders schwerer Fall der Nötigung nach § 240 Abs. 4 S. 1 StGB in Betracht zu ziehen ist. (3) Zwar wird es von der Rechtsprechung kriminalpolitisch für nötig gehalten, alle mit qualifizierten Nötigungsmitteln herbeigeführten Vermögensschädigungen gleich schwer zu bestrafen. Aber dem ist entgegenzuhalten, dass damit von der **Rspr.** ein System **allgemeinen Vermögensschutzes** und damit Möglichkeiten der Strafschärfung geschaffen werden, die das **Gesetz** mit seinem **differenzierten System** und **Wertabstufungen**, etwa bei nötigungsbedingtem furtum usus, so nicht vorsieht.[42] (4) Für die Literaturansicht streitet zudem die **Gesetzessystematik**:[43] § 249 StGB ist nach der **Rechtsprechung überflüssig** und könnte ersatzlos gestrichen werden – ein Strafgesetz ohne einen Raubtatbestand ist jedoch nur sehr schwer vorstellbar. Auch ist es ungewöhnlich, dass das allgemeine Gesetz (§ 255 StGB) erst am Ende des Gesetzesabschnitts, das speziellere hingegen an der Spitze (§ 249 StGB) stehen und der Grundtatbestand noch dazu auf den Spezialtatbestand zurückverweisen soll („ist gleich einem Räuber zu bestrafen"). (5) Mit der Vermögensverfügung wird der Selbstschädigungscharakter der Erpressung adäquat in den objektiven Tatbestand eingebaut und widergespiegelt. Das Abstellen auf das **äußere Erscheinungsbild**, wie dies die Rechtsprechung favorisiert, ist **nichtssagend**; ihm fehlt ein **inhaltlicher Bezugspunkt**. Das letztgenannte Argument ist auch der zweiten Spielart der Verfügungsthese entgegenzuhalten: Ob der Täter sich den erwünschten Gegenstand nimmt oder geben lässt, wird vielfach eine Frage des Zufalls sein und ist zunächst ein rein objektiver Vorgang ohne tiefere Aussagekraft und ohne sachlichen Gehalt.[44] Ausschlaggebend muss vielmehr der handlungsbezogene Entscheidungsprozess im Inneren des Opfers sein, d. h. ob die Schädigung von seiner Entscheidung oder von derjenigen des Täters abhängt.

c) Klausurentechnik

30 *Kommen beide Theorien **zum selben Ergebnis** (also entweder Raub oder räuberische Erpressung), genügt eine kurze Darstellung des Theorienstreits. Der Streit braucht dann aber nicht entschieden zu werden. Kommen die Theorien zu **unterschiedlichen Ergebnissen**, bewegen diese sich aber immer noch im Rahmen der §§ 249–255 StGB, muss der Theorienstreit dargestellt und entschieden werden. Bei der Ausführlichkeit der Streitdarstellung ist freilich zu bedenken, dass § 249 StGB wie § 255 StGB den gleichen Strafrahmen vorsehen und beide Tatbestände zu den Qualifikationstatbeständen der §§ 250, 251 StGB führen. Ganz genau dargestellt werden muss der Streit und **mit ausführlicher Begründung** entschieden werden, wenn die eine Ansicht (vor allem die Rechtsprechung) **zur Bejahung des** § 255 StGB kommt, die andere Ansicht hingegen **nur zu** einer **Nötigung** gem. § 240 StGB, da dies ein **fundamental anderes Ergebnis** bedeutet (vor allem in den Fällen der Gebrauchsanmaßung mit Gewalt und der erzwungenen Pfandkehr).*

---

42 Näher dazu *Küper/Zopfs*, Rn. 699.
43 *Eisele*, BT-2, Rn. 770.
44 *Maurach/Schroeder/Maiwald/Hoyer/Momsen*, BT-1, § 42 Rn. 39.

d) Vermögensschaden; Dreieckserpressung; Unmittelbarkeitszusammenhang

aa) Allgemeines

Hinsichtlich des **Vermögensschadens** gelten dieselben Grundsätze wie beim Betrug. Daher kann auf die Ausführungen oben verwiesen werden, etwa zum Schadensbegriff, zur Zweckverfehlung, Kompensation, zum Sicherungsbetrug (hier: Sicherungserpressung) und zu Vermögensgefährdungen (oben § 7 Rn. 94 ff.).

bb) Dreieckserpressung

▶ **Beispiel („Lebensgefährtin-Fall"):**[45] *A stach dem R mit einem Messer in den Bauch. R sank daraufhin zu Boden. In dem Bewusstsein, dass der Messerstich nachhaltigen Eindruck auf T, die Lebensgefährtin des R, gemacht hatte, forderte A diese nunmehr auf, dem am Boden liegenden R die Uhr vom Handgelenk zu nehmen und dem A zu übergeben, was T auch tat.* ◀

Vergleichbar dem Dreiecksbetrug (oben § 7 Rn. 88 ff.) existiert auch die Fallkonstellation der **Dreieckserpressung:**[46] Der Verfügende (Verfügungstheorie) bzw. das handelnde, duldende oder unterlassende Opfer (Spezialitätstheorie) und der geschädigte Vermögensträger sind nicht identisch. Hierauf können die Grundsätze des Dreiecksbetrugs ohne Weiteres auf die Dreieckserpressung übertragen werden. Nach der hier vertretenen Ansicht (sog. **Verfügungstheorie**, oben § 7 Rn. 91) kommt eine Dreieckserpressung nur in Betracht, wenn zwischen dem Verfügenden und Geschädigten ein Näheverhältnis bestand, der Verfügende also „im Lager des Geschädigten" stand. Dies ist vor allem bei Überfällen auf Banken oder im sonstigen Geschäftsbereich häufig der Fall. Aber auch nach der **Spezialitätstheorie** ist hier ein „**Näheverhältnis**" erforderlich,[47] obwohl sie sonst und auch bei der Dreieckserpressung im Übrigen ein Verfügungserfordernis sowie die Parallelität des § 255 StGB zu § 263 StGB nicht anerkennt.[48] Insoweit ist § 253 Abs. 1 StGB sprachlich etwas irritierend formuliert, wenn dort auch ‚**ein anderer**' als Geschädigter genannt und somit die Möglichkeit der **Dreieckserpressung** sogar **in der Norm erwähnt** wird, das Gesetz jedoch keinerlei besonderes Verhältnis zwischen Genötigtem und Geschädigten zu verlangen scheint.[49] – Während als **Genötigter** nur ein **Mensch** (z.B. eine Bankmitarbeiterin) sein kann, kommt als ‚Anderer' auch eine **juristische Person** in Betracht (z.B. die Bank).[50]

▶ **Lösung:**[51] *T ist die Lebensgefährtin des S. Damit besteht zwischen ihr als Genötigter und dem Geschädigten R ein Näheverhältnis. Als Lebensgefährtin steht sie auf der Seite des Vermögensinhabers und nimmt eine Vermögensschutzfunktion in seinem Interesse wahr. Sofern das Verhalten des A als konkludente Drohung der T gegenüber eingestuft werden kann, länge somit eine (räuberische) Erpressung des A vor. Stünde T den Vermögensinteressen des Geschädigten dagegen gleichgültig gegenüber (z.B. weil sie sich von R vorher getrennt hatte), könnte A lediglich wegen Nötigung in Tateinheit mit Anstiftung zum Diebstahl oder Diebstahl in mittelbarer Täterschaft bestraft werden.* ◀

---

45 Angelehnt an BGHSt 41, 123.
46 Näher dazu *Knauer*, JuS 2014, 690.
47 Vgl. BGH NJW 1995, 2799; BGH NJW 2020, 286.
48 NK-*Kindhäuser/Hoven*, § 253 Rn. 21 ff.
49 Vgl. auch BGHSt 41, 123 Rn. 11.
50 LK-*Vogel/Burchard*, § 253 Rn. 24; and. NK-*Kindhäuser/Hoven*, § 253 Rn. 27.
51 BGHSt 41, 123, 125 f.

cc) Kausalität; Unmittelbarkeit des Vermögensschadens

35 Der Erfolg des Vermögensnachteils muss **kausal** und **objektiv zurechenbar** auf dem (Zwischen-)Erfolg der abnötigten Handlung, Duldung oder Unterlassung beruhen.[52] Dieser Zwischenerfolg muss wiederum auf der Anwendung der Nötigungsmittel zurückzuführen sein.[53] Daran fehlt es beispielsweise, wenn das Nötigungsopfer dem Täter den abgepressten Gegenstand ohnehin schenken wollte.[54]

36 ▶ **Beispiel („Pin-raus!"-Fall):**[55] *A setzt dem S die Spitze eines 25 cm langen, spitzen und scharfen Messers an den Hals. Der um sein Leben fürchtende S verharrte bewegungslos. A griff in die Innentasche der Jacke des Opfers und nahm dessen Brieftasche an sich. Er entwendete das gesamte Bargeld in Höhe von 25 EUR und die EC-Karte. Unter weiterer Bedrohung mit dem an den Hals gehaltenen Messer verlangte A die Bekanntgabe der Geheimzahl. S nannte die zutreffende Nummer. A schickte die C mit der EC-Karte und der Geheimzahl zum nächstgelegenen Geldautomaten, wo diese den gesamten verfügbaren Bargeldbetrag von 150 EUR abhob.* ◀

37 Umstritten ist sodann, ob eine Vermögensverfügung bereits dann vorliegt, wenn **dem Täter** durch das Verhalten des Opfers erst ein fremdschädigender Zugriff **ermöglicht** wird, etwa durch das abgenötigte Offenbaren von **PINs** bei einer EC-Karte, von **TANs** beim Onlinebanking oder der Zahlenkombination eines Tresors.[56] Eine gewichtige Meinungsgruppe im Schrifttum verneint dies, da bei § 253, 255 StGB keine anderen Anforderungen gelten dürften als beim Betrug.[57] Ein Teil der Literatur sowie der BGH bejahen dagegen bereits einen Schaden im Sinne einer **konkreten Vermögensgefährdung**.[58] Für diese h.M. spricht neben der ökonomischen Schlüsselfunktion der Zugriffsdaten, dass beim parallelen Schädigungstatbestand Betrug die Preisgabe vermögenswerter Geheimnisse (z.B. wirtschaftlich verwertbares Know-how) ebenfalls eine Vermögensgefährdung darstellen kann[59] und die späteren Transaktionen mittels Girokarten und Geheimzahlen nur eine Vertiefung des Schadens darstellen;[60] dann kann für §§ 253, 255 StGB nichts anderes gelten. Allerdings muss wie bei § 263 StGB auch bei §§ 253, 255 StGB die Vermögensgefährdung hinreichend konkret und auch bezifferbar sein (vgl. oben § 7 Rn. 138), was aber angesichts des feststellbaren Bankguthabens bzw. Dispokredits oder des Tresorinhalts keine nennenswerten Schwierigkeiten bereiten dürfte.

38 ▶ **Lösung:** *Im „Pin-raus-Fall" liegt hinsichtlich des Geldbeutels und dessen Inhalt ein schwerer Raub nach §§ 249, 250 Abs. 1, 2 StGB vor. Fraglich könnte sein, ob hinsichtlich der Geheimzahl eine schwere räuberische Erpressung gem. §§ 255, 250 StGB in Betracht kommt. Der A hat S durch den Messereinsatz mit gegenwärtiger Lebensgefahr genötigt, ihm die Geheimnummer bekanntzugeben. Dadurch hat er dem Vermögen des Genötigten einen Nachteil zugefügt. Zwar verkörpert die Kenntnis von der Geheimzahl für sich allein betrachtet keine Vermögensposition. Vorliegend stand dem A aber bereits die EC-Karte des S zur Verfügung, sodass*

---

52 BGHSt 32, 88; LK-*Vogel/Burchard*, § 253 Rn. 35.
53 Sch/Sch-*Bosch*, § 253 Rn. 7; LK-*Vogel/Burchard*, § 253 Rn. 35.
54 Bsp. von *Kindhäuser/Böse*, BT-2, § 17 Rn. 38.
55 BGH NStZ-RR 2004, 333.
56 LK-*Vogel/Burchard*, § 253 Rn. 29.
57 *Rengier*, BT-1, § 11 Rn. 49; *Wessels/Hillenkamp/Schuhr*, BT-2, Rn. 755.
58 BGH NStZ-RR 2004, 333; BGH NStZ 2011, 212; LK-*Vogel/Burchard*, § 253 Rn. 29.
59 Vgl. S/S/W-*Satzger*, § 263 Rn. 149.
60 BGH NJW 2022, 1399.

die zusätzlich erlangte Kenntnis von der Geheimzahl die jederzeitige Zugriffsmöglichkeit auf den Auszahlungsanspruch des Berechtigten gegen die die EC-Karte akzeptierenden Banken eröffnete. Diese Vermögensposition war unmittelbar gefährdet, weil eine sofortige Abhebung des gesamten Guthabens geplant war und eine rechtzeitige Sperrung ausscheidet. Die Gefährdung wurde durch die von der Mittäterin C vollzogene und somit dem A zuzurechnende Abhebung zum Schadenseintritt vertieft. ◄

2. Subjektiver Tatbestand

▶ **Beispiel („Handyfoto-Fall"):**[61] *A entriss dem G gewaltsam gegen dessen Widerstand ein Mobiltelefon, um im Speicher des Geräts nach Beweisen für die Art der Beziehung zwischen dem G und der Schwester seines Kumpels X zu suchen. Ob G das Gerät zurückerlangen würde, war ihm dabei gleichgültig. Später übertrug G darin gespeicherte Bilddateien auf sein eigenes Handy, um sie an Dritte zu verschicken.* ◄

Bei der Bereicherungsabsicht gelten die gleichen Grundsätze wie bei § 263 StGB. Bereicherungsabsicht ist etwa zu verneinen, wenn der Täter den Vermögenswert nicht seinem Vermögen einverleiben möchte, so etwa dem Opfer nur einen Denkzettel verpassen[62] oder die abgenötigte Sache sogleich nach Besitzerlangung nur gebrauchen, zerstören, nach der Tat unverzüglich der Polizei aushändigen bzw. lediglich als Druckmittel zur Durchsetzung einer Geldforderung einsetzen will.[63]

▶ **Lösung:** *Im „Handyfoto-Fall" scheitert eine Strafbarkeit wegen Raubes, § 249 StGB, an der fehlenden Zueignungsabsicht bzgl. des Handys.*[64] *Nach der Spezialitätstheorie (oben Rn. 25) sind dagegen zwar §§ 253, 255 StGB in Erwägung zu ziehen. A wollte aber das Gerät weder zum Telefonieren verwenden oder sonst wirtschaftlich verwerten noch beabsichtige er, es auf unbestimmte Zeit zum beliebigen Gebrauch im Besitz zu behalten. Vielmehr wollte er das Mobiltelefon lediglich zum Ausspähen von Daten benutzen. Eine Bereicherungsabsicht und eine Erpressung lagen damit nicht vor. Nach der Verfügungstheorie ist dagegen bei einem solchen Fremdschädigungsakt ohne Zueignungsabsicht von vornherein ein Rückgriff auf § 255 StGB nicht möglich. A konnte sich somit nach beiden Theorien höchstens wegen einer Nötigung gem. § 240 StGB strafbar machen.* ◄

▶ **Beispiel („Erzwungene Schuldentilgung-Fall"):**[65] *M überfiel den K, um von diesem die Herausgabe von Geld zu erzwingen. Das Geld sollte dazu dienen, eine von K noch nicht beglichene, im Wege der Erbfolge an den M übergegangene, titulierte Schmerzensgeldforderung von M's verstorbenem Vater gegen K zu tilgen.* ◄

Hat der Täter einen **Anspruch** auf den erpressten Vermögensgegenstand, fehlt es (zumindest) an der erforderlichen objektiven Rechtswidrigkeit der erstrebten Bereicherung.[66] Vielfach wird hier aber ohnehin bereits (im objektiven Tatbestand) der Vermögensschaden entfallen, weil der Schuldner durch die (wenngleich erzwungene) Erfüllung seiner Verbindlichkeit zugleich von seiner Leistungspflicht gem. § 362 BGB befreit wird.[67] Keinen Anspruch soll etwa der Käufer von Betäubungsmitteln gegen

---

61 BGH NStZ 2012, 627 m. Bspr. *Hecker*, JuS 2013, 468 und *Jäger*, JA 2012, 710.
62 OLG Jena NStZ 2006, 450.
63 BGH NStZ 2012, 627; BGH NStZ 2020, 542 m. Bspr. *Nestler*, JK 2020, 996.
64 Krit. dazu *Jäger*, JA 2012, 710.
65 BGH NStZ-RR 2004, 45.
66 NK-*Kindhäuser/Hoven*, § 253 Rn. 37.
67 *Eisele*, BT-2, Rn. 786; NK-*Kindhäuser/Hoven*, § 253 Rn. 37.

den Verkäufer auf Zahlung des vollständigen Wechselgeldes haben.[68] Geht der Täter **irrig** davon aus, er besitze einen **Anspruch** auf den abgenötigten Vermögenswert, kommt es für die Anwendung des § 16 StGB auf die Parallelwertung in der Laiensphäre an. Maßgeblich sind dabei nicht die Anschauungen der einschlägig kriminellen Kreise, sondern vielmehr, ob der Täter annimmt, dieser Anspruch werde auch von der Rechtsordnung anerkannt und er deshalb er seine Forderung mit gerichtlicher Hilfe in einem Zivilprozess durchsetzen könnte.[69]

44 ▶ **Lösung:**[70] Nach Ansicht des BGH fehlt es im „Schuldentilgungs-Fall" an dem für die Erpressung erforderlichen normativen Tatbestandsmerkmal der Rechtswidrigkeit der Bereicherung, da das mit der Handlung des M verfolgte Endziel der Rechtsordnung entspräche. Dieses werde nicht dadurch rechtswidrig, dass zu seiner Verwirklichung rechtswidrige Mittel angewendet werden. – Richtigerweise kann hier bereits der Vorsatz bezüglich des Vermögensschadens verneint werden: M ging (zu Recht) davon aus, dass er einen Anspruch auf die Zahlung des Geldbetrags hatte und damit in der Sache den K von einer Verbindlichkeit befreit, er ihn also gar nicht schädigt. Nach beiden Lösungsansätzen hat sich M danach insoweit nur einer versuchten Nötigung gemäß §§ 240, 22, 23 StGB schuldig gemacht. ◀

3. Rechtswidrigkeit

45 Die Grundsätze der nach § 253 **Abs. 2** StGB vorzunehmenden **Verwerflichkeitsprüfung** im Rahmen des § 240 StGB gelten gleichermaßen bei der Erpressung. Die **Verwerflichkeit** wird sich bei § 253 StGB im Regelfall bereits aus der Verwerflichkeit des angestrebten Ziels, einer rechtswidrigen Bereicherung, ergeben. Die Rechtsprechung verlangt hierbei eine Gesamtbetrachtung, die sich auch an der Position des Opfers orientiert. So hielt es der BGH nicht für verwerflich,[71] dass in der DDR ein Anwalt als Vermittler seine wirksame Hilfeleistung zur Erlangung einer Ausreisegenehmigung von der staatlich vorgegebenen üblichen Bedingung abhängig gemacht hatte, dass der Ausreisewillige sein Grundstück einer vom Staat begünstigten Person oder Institution veräußerte. Dies gelte sogar dann, wenn der Vermittler selbst das Grundstück erwerbe.

4. Konkurrenzen

46 Nötigung (§ 240 StGB) und Bedrohung (§ 241 StGB) treten hinter § 253 StGB zurück.[72] Wenn sich die der (räuberischen) Erpressung nachfolgende Nötigung zur Beutesicherung gegen einen bisher unbeteiligten Dritten richtet, liegt aber Tateinheit vor.[73] Wird eine Person mehrfach hintereinander bedroht und zahlt sie, liegen mehrere Erpressungen in Tatmehrheit vor.[74] Besteht die Personengewalt in einer Körperverletzung, ist Tateinheit zu bejahen.[75] Ebenso kann § 52 StGB beim Zusammentreffen mit §§ 239, 239 a, 239 b StGB gegeben sein.[76]

---

68 Dazu und zur kontroversen Bewertung der zivilrechtlichen Rechtslage bzw. Irrtumsfragen vgl. BGH NJW 2021, 1966 m. krit. Anm. *Brand*; *Bosch*, JK 2020, 996; *Disselkamp*, ZJS 2021, 679; *Fahl*, NStZ 2022, 106.
69 BGHSt 48, 322; BGH NJW 2021, 1966; *Kindhäuser/Böse*, BT-2, § 17 Rn. 50.
70 BGH NStZ-RR 2004, 45.
71 BGHSt 44, 68.
72 BGH NJW 2003, 3283.
73 BGH NStZ-RR 2002, 224; *L-Kühl/Heger*, § 253 Rn. 14.
74 BGHSt 40, 138.
75 BGH NStZ 2000, 25.
76 LK-*Vogel/Burchard*, § 253 Rn. 62 m.w.N.

Zuweilen trifft eine Drohung mit einer Täuschung zusammen, so dass sich dann die Frage des Konkurrenzverhältnisses der Erpressung zum Betrug stellt. Hier wird üblicherweise auf den Schwerpunkt des Geschehens abgestellt. Bei einer Drohung, die durch eine Täuschung lediglich verstärkt wird, tritt der Betrug hinter der Erpressung zurück. Man denke an den Fall, dass jemand, der in Wahrheit nur Trittbrettfahrer eines anderen Erpressungsfalls (z.B. Entführung eines Kindes; Produkterpressung) ist, weitere Übel androht, wenn ihm kein Geld gezahlt wird.[77] Die h.M. bejaht sogar Tateinheit zwischen Betrug und Erpressung, wenn die Vermögensverfügung sowohl auf der Täuschung als auch auf der Drohung beruht.[78] Man denke etwa an den Fall,[79] dass A den B droht, er werde dessen ehebrecherische Beziehung offenbaren, wenn er ihm nicht einen Kredit in Höhe von 100.000 EUR gewähre; er werde diesen Kredit dann innerhalb eines Jahres zurückzahlen, wobei A aber in Wahrheit auf keinen Fall vorhat, das „Darlehen" zurückzuzahlen.[80]

Wiederholungsfragen

1. Welche Rechtsgüter schützt § 253 StGB? (Rn. 2)
2. Gibt es Parallelen zwischen § 263 StGB und § 253 StGB? (Rn. 3)
3. Fällt unter die Drohung auch das Inaussichtstellen eines erlaubten Verhaltens? (Rn. 19 f.)
4. Wie und mit welcher Begründung grenzen die Rechtsprechung und ein Teil der Literatur die Erpressung vom Raub ab? (Rn. 25)
5. Wie sehen dagegen die Anhänger der Verfügungstheorie das Verhältnis von § 249 StGB und § 253 StGB und wie lauten die zentralen Argumente? (Rn. 26 f., 29 ff.)
6. Was ist eine sog. Dreieckserpressung und wie wird sie bewertet? (Rn. 33)
7. Welcher Zusammenhang muss zwischen Tathandlung und Taterfolg bestehen? (Rn. 35)
8. Wann entfällt die Bereicherungsabsicht bei § 253 StGB? (Rn. 40)

III. Die räuberische Erpressung (§ 255 StGB)

1. Einleitung

Die räuberische Erpressung stellt einen Qualifikationstatbestand der einfachen Erpressung dar. Die tatbestandliche Bezeichnung „räuberische Erpressung" ist in zweierlei Hinsicht zutreffend gewählt. Zum einen setzt § 255 StGB die gleichen qualifizierten Nötigungsmittel wie der Raub voraus (Gewalt gegen eine Person, Anwendung von Drohungen mit gegenwärtiger Gefahr für Leib oder Leben). Diese erhöhte Gefährlichkeit des Druckmittels[81] legitimiert die Strafschärfung gegenüber § 253 StGB. Zum anderen ordnet er zudem die gleiche Rechtsfolge wie der Raub an („ist gleich einem Räuber zu bestrafen"). In diesem Verweis auf § 249 StGB ist inzidenter zugleich ein solcher auf §§ 250, 251 StGB enthalten.

---

77 BGHSt 23, 294.
78 BGHSt 9, 245.
79 Bsp. von *Eisele*, BT-2, Rn. 791.
80 BGHSt 9, 245.
81 *Maurach/Schroeder/Maiwald/Hoyer/Momsen*, BT-1, § 42 Rn. 59.

49 Die Norm ist seit 1871 unverändert.[82] Die polizeiliche Kriminalstatistik weist die räuberische Erpressung nicht gesondert aus; Banken, Spielhallen und Geschäfte sind beliebte Ziele der Täter. Abgeurteilt wurden 2021 rund 2.680 Personen.[83]

50 *Der Tatbestand ist in Fortgeschrittenenübungen und der 1. Staatsprüfung von großer Relevanz.*

51 *Prüfungsschema § 255 StGB*
   A. Tatbestand
      I. Objektiver Tatbestand
         1. Nötigungsmittel: Gewalt gegen eine Person oder Drohung mit gegenwärtiger Gefahr für Leib oder Leben
         2. Nötigungserfolg: Handlung, Duldung oder Unterlassung
         3. Nötigungsbedingte Vermögensverfügung (umstritten)
         4. Vermögensschaden
      II. Subjektiver Tatbestand
         1. Vorsatz
         2. Bereicherungsabsicht
            a) Vermögensvorteil des Täters oder Dritten
            b) Zielgerichteter Wille bzgl. Bereicherung
            c) Objektive Rechtswidrigkeit der erstrebten Bereicherung
            d) Vorsatz bezüglich dieser objektiven Rechtswidrigkeit
   B. Rechtswidrigkeit
   C. Schuld
   D. Strafschärfungen
      I. Schwere räuberische Erpressung: Qualifikationen des §§ 253, 255 StGB i. V. m. § 250 StGB
      II. Räuberische Erpressung mit Todesfolge: Erfolgsqualifikation §§ 253, 255 StGB i. V. m. § 251 StGB

2. Objektiver Tatbestand

a) Nötigungsmittel

52 Das Nötigungsmittel **Gewalt** muss sich gegen eine Person richten; Gewalt gegen **Sachen** reicht nicht aus (näher dazu oben § 4 Rn. 15). Anders als bei der Drohung ist es nicht erforderlich, dass die Gewalt mit einer Gefahr für Leib oder Leben verbunden ist.[84] Bei der **Drohung** muss der in Aussicht gestellte Angriff auf die körperliche Unversehrtheit eine **gewisse Schwere** aufweisen.[85]

---

[82] LK-*Vogel/Burchard*, § 255 Vor Rn. 1 mit dem Hinweis, dass Reformbemühungen in den 1920er Jahren gescheitert sind, die bis heute sehr umstrittenen Fallkonstellationen der Besitz- oder Sacherpressung in den Raub einzubeziehen.
[83] SVS 2021, S. 36.
[84] BGHSt 18, 75.
[85] BGH NStZ-RR 2022, 183.

§ 9 Die Erpressung (§ 253 StGB) und räuberische Erpressung (§§ 253, 255 StGB)

aa) Handeln, Dulden, Unterlassen bzw. Verfügung

Bei § 255 StGB treten dieselben Fragen der Abgrenzung zu § 249 StGB wie bei § 253 StGB auf (eingehend dazu oben Rn. 22 ff.). Nach der Spezialitätstheorie kann insbesondere Gewalt auch in Form der vis absoluta vorliegen.[86] Folgt man dagegen, wie auch hier vertreten, der Verfügungsthese (oben Rn. 26 ff.), kann § 255 StGB bei vis absoluta nicht verwirklicht sein, sondern nur § 240 StGB.[87] Dadurch wird zwar der Tatbestand des § 255 StGB eingeschränkt; dies ist aber die logische Konsequenz des hier vertretenen gesetzessystematischen Verständnisses. Bei vis compulsiva werden die scharfen Nötigungsmittel des § 255 StGB im Regelfall dazu führen, dass keine Verfügung vorliegt, sondern § 249 StGB zur Anwendung gelangt, und auf der Grundlage der überwiegend vertretenen Spielart der Verfügungstheorie (und entgegen der Rechtsprechung) auch in denjenigen Fällen, in denen das Geschehen sich äußerlich als ein Geben darstellt.

bb) Dreiecksnötigung

▶ **Beispiel ("Panzerglas-Fall"):**[88] *A entschloss sich, die R-Bank zu überfallen. In Ausführung dieses Planes betrat er mit vorgehaltener Schreckschusspistole den Schalterraum der R-Bank. Da er wusste, dass die Bankschalter von dem Kundenraum durch schusssicheres Glas getrennt waren, richtete er die Pistole auf die vor dem Schalter stehende Kundin K und forderte die Herausgabe von Geld. Die hinter dem Schalter befindliche Vertreterin V des Geschäftsstellenleiters, die die Schreckschusspistole für eine scharfe Waffe hielt, sich aber wegen des Panzerglases nicht selbst bedroht fühlte, bangte um das Wohl der Kundin und gab dem A das Geld aus der Kasse heraus.* ◀

Zuweilen richtet sich die **Drohung** nicht gegen den Träger des geschädigten Vermögens oder den darüber Dispositionsbefugten, sondern gegen einen Dritten, so etwa gegen den Kunden eines Unternehmens (z.B. eines Juweliergeschäfts oder einer Bank). In solchen Fällen, die als Dreiecksnötigung[89] bezeichnet werden, ist umstritten, ob der Dritte eine nahestehende Person sein muss (etwa im Sinne des § 35 StGB).[90] Dies wäre jedoch eine zu enge Betrachtungsweise, da ein Geschäftsinhaber vielfach eine besondere rechtliche Verantwortung gegenüber seinen Kunden hat (nicht selten ist er sogar Garant i.S.d. § 13 StGB) oder diese zumindest so empfinden wird. Richtigerweise bejaht die h.M. deshalb eine Drohung bereits dann, wenn der Verfügende die Drohung gegenüber dem Dritten als eigenes Übel empfindet.[91]

▶ **Lösung:** *Der BGH betont in seiner „Panzerglas-Entscheidung", dass eine Erpressung nach feststehender Rechtsprechung auch dadurch begangen werden kann, dass das Übel einem Dritten angedroht wird. Voraussetzung sei lediglich, dass derjenige, auf dessen Willen eingewirkt wird, jenes dem anderen zugedachte Übel auch für sich selbst als Übel empfindet. V*

---

86 NK-*Kindhäuser/Hoven*, § 255 Rn. 2.
87 Sch/Sch-*Bosch*, § 255 Rn. 2.
88 BGH NStZ 1987, 222.
89 Die Dreiecks**nötigung**, bei der das Nötigungsopfer und der Verfügender nicht identisch sind, darf nicht verwechselt werden mit der Dreiecks**erpressung** (oben Rn. 33), bei der Genötigter und Geschädigter nicht identisch sind. Zuweilen können jedoch eine Dreiecksnötigung *und* eine Dreieckserpressung vorliegen, wie in dem obigen Panzerglas-Fall, in dem die Kundin K bedroht wird, die Bankangestellte V die Bedrohung der Kundin als eigenes empfindet und die R-Bank geschädigt wird.
90 *Mitsch*, BT-2, S. 586.
91 L-*Kühl/Heger*, § 249 Rn. 3; MK-*Sander*, § 249 Rn. 26.

als Angestellter der R-Bank konnte das Schicksal der Kundin, die sich in die Räume der Bank begeben hatte, nicht gleichgültig sein, zumal das Geld der Bank der eigentliche Anlass für die Bedrohung der Kundin war und die Bank unschwer die ihr drohende Gefahr abwenden konnte. ◀

b) Vermögensverfügung; Vermögensschaden

57 Hinsichtlich dieser Merkmale gelten dieselben Grundsätze wie bei der einfachen Erpressung (siehe daher oben Rn. 22 ff., 31).

3. Subjektiver Tatbestand

58 Auch in subjektiver Hinsicht ist der Tatbestand identisch mit demjenigen der einfachen Erpressung (oben Rn. 39 ff.).

4. Rechtswidrigkeit, Beteiligung

59 Da die eingesetzten Nötigungsmittel gravierend sind und denjenigen der Raubmittel entsprechen, ist bei § 255 StGB abweichend von § 253 StGB keine positive Feststellung der Verwerflichkeit erforderlich.[92] – Bei der Beteiligung im **Beendigungsstadium** stellen sich die gleichen Fragen wie bei § 249 StGB (vgl. daher oben § 4 Rn. 39 ff.). So hält der BGH bspw. auch bei § 255 StGB eine **sukzessive Mittäterschaft** nach Tatvollendung, sogar unter Einbeziehung der von den anderen vorher verwirklichten **Qualifikationsmerkmale,** für möglich.[93]

5. Abgrenzung zum erpresserischen Menschenraub (§ 239 a StGB)

60 Durch eine Reform des Straftatbestands des erpresserischen Menschenraubs im Jahr 1989 wurde die Sorge des Opfers um sein **eigenes** Wohl als strafbarkeitsbegründende Variante des § 239 a StGB eingeführt (zu den Motiven des Gesetzgebers siehe unten Rn. 75). So ist das Problem entstanden, wie die räuberische Erpressung sinnvoll von § 239 a StGB abgegrenzt werden kann. Insoweit bedarf es daher – obwohl § 239 a StGB primär ein Freiheits-, nicht aber ein Vermögensdelikt ist – im Folgenden einiger (klausurrelevanter) Erläuterungen zu dieser Norm.

a) Rechtsgut, Struktur, Prüfungsschema in Klausuren

61 Geläufiger als der Begriff des „erpresserischen Menschenraubs" ist derjenige des „**Kidnappings**", womit zugleich quasi einer der Normalfälle des § 239 a StGB umschrieben wird – die Entführung („napping") eines Kindes („kid"), um von den Eltern ein Lösegeld zu erpressen.[94] In jüngerer Zeit sind Fälle der Entführung von Erwachsenen, namentlich von Deutschen im Ausland etwa durch terroristische Vereinigungen, hinzugekommen.[95] Der § 239 a StGB berührt unterschiedliche Rechtspositionen, ist aber nach seinem Unrechtsschwerpunkt sowie seiner systematischen Stellung primär ein **Freiheitsdelikt.** Es schützt die persönliche Freiheit und körperliche Unversehrtheit der

---

[92] NK-*Kindhäuser/Hoven*, § 255 Rn. 1.
[93] BGH NJW 2022, 953 m. Bspr. *Bosch,* JK 2022, 780; *Kudlich,* NStZ 2022, 748.
[94] A/W-*Heinrich,* § 18 Rn. 29.
[95] Deutsches Strafrecht ist auf solche Konstellationen z.B. anwendbar, wenn das Opfer der Tat ein Deutscher ist (passives Personalitätsprinzip, § 7 Abs. 1 StGB) oder der Täter Deutscher ist (aktives Personalitätsprinzip, § 7 Abs. 2 Nr. 1 StGB). Näher dazu *Schramm,* IntStR, § 1 Rn. 61 ff., 67 ff.

Geisel und darüber hinaus die Freiheit des sich sorgenden Dritten.[96] Da die Tatmittel zudem auf eine Erpressung gerichtet sind (bei Alt. 1 des § 239a StGB) oder dazu ausgenutzt werden (bei Alt. 2 des § 239a StGB), wird letztlich auch das Vermögen des Erpressten im Vorfeld mitgeschützt.[97]

Der objektive Tatbestand der Geiselnahme nach § 239b StGB ist mit demjenigen des erpresserischen Menschenraubs nach § 239a StGB identisch. Unterschiede zeigen sich aber im subjektiven Tatbestand: Bei § 239b StGB ist die Absicht des Geiselnehmers auf **jedwede** Handlung, Duldung oder Unterlassung des Opfers gerichtet (etwa auf die Durchführung einer politischen Maßnahme wie z. B. die Entlassung von Gesinnungsgenossen aus dem Gefängnis), bei § 239a StGB dagegen **speziell** auf die Begehung einer **Erpressung**. § 239b StGB kann also von § 239a StGB verdrängt werden.[98]

§ 239a StGB enthält zwei verschiedene Alternativen: die 1. Alt. bildet den **Entführungs**tatbestand, der das Entführen oder Sich-Bemächtigen eines anderen zum Zwecke der Erpressung erfasst, und die 2. Alt. den als Auffangtatbestand[99] zu verstehenden **Ausnutzungs**tatbestand, der dann zum Zuge kommt, wenn ohne Erpressungsabsicht vorgenommene Entführungen oder Bemächtigungen später zu einer Erpressung ausgenutzt werden.

Prüfungsschema § 239a Abs. 1 StGB

A. *Tatbestand*
  I. *Objektiver Tatbestand*
    1. *Tatobjekt Mensch*
    2. *Tathandlung*
      a) *Entführungstatbestand, 1. Alt. des § 239a Abs. 1 StGB: Entführen oder Sich-Bemächtigen*
      b) *Ausnutzungstatbestand, 2. Alt. des § 239a Abs. 1 StGB*
  II. *Subjektiver Tatbestand*
    1. *Vorsatz bzgl. obj. Tatbestandsmerkmale*
    2. *Bei Entführungstatbestand zusätzlich: Absicht der Begehung einer Erpressung unter Ausnutzung der Sorge des Opfers oder eines Dritten um das Wohl des Entführungs- oder Bemächtigungsopfers*
B. *Rechtswidrigkeit*
C. *Schuld*
D. *Erfolgsqualifikation, Abs. 3: Leichtfertige Verursachung des Todes*
E. *Tätige Reue, Abs. 4*

b) Tathandlung

Bei den Tathandlungen ist zwischen der 1. Alt., die das **Entführen** und **Sich-Bemächtigen** erfasst, und der 2. Alt., die das **Ausnutzen** einer durch die Entführung bzw. dem Sich-Bemächtigen geschaffenen Zustandes, zu differenzieren.

---

[96] *Eisele*, BT-2, Rn. 813.
[97] *L-Kühl/Heger*, § 239a Rn. 1; MK-*Renzikowski*, § 239a Rn. 3; das Vermögen ins Zentrum rückend *Sch/Sch-Eisele*, § 239a Rn. 2.
[98] *Mitsch*, BT-2, S. 673.
[99] MK-*Renzikowski*, § 239a Rn. 8.

aa) Entführungstatbestand (1. Alt. des § 239 a Abs. 1 StGB)

66 Das Entführen (Var. 1 der 1. Alt.) ist die **Veränderung des Aufenthaltsorts des Opfers** mit der Wirkung, dass es der **Herrschaftsgewalt** des Täters **schutzlos ausgeliefert** ist.[100] In der Rechtsprechung findet sich häufig die Definition, dass kennzeichnend für die Entführung sei, dass das Opfer durch die Verbringung an einen anderen Ort in seinen Schutz- und Verteidigungsmöglichkeiten in einem Maße eingeschränkt werde, dass es dem ungehemmten Einfluss des Täters ausgesetzt sei.[101] Meistens werden dabei die Mittel der Gewalt, Drohung oder Täuschung eingesetzt.[102] **Sich-Bemächtigen** (Var. 2 der 1. Alt.) bedeutet die **Erlangung der physischen Herrschaft über das Opfer**.[103] Der Täter muss den Körper des Opfers in seine Macht gebracht haben. Eine Ortsveränderung braucht damit nicht verbunden sein. Dafür genügt nach h.M. das In-Schach-Halten mit einer Waffe. Auch die Bedrohung mittels einer Scheinwaffe reicht aus, sofern diese einer echten Waffe täuschend ähnlich sieht und somit den gleichen Bemächtigungseffekt auslöst wie die Bedrohung mit einer echten Waffe.[104]

67 Der objektive Entführungstatbestand ist bereits vollendet, wenn die Entführung oder Bemächtigung eingetreten ist (einaktiges Delikt).[105] Die intendierte **Erpressung** – nach der Rechtsprechung sogar unter Einschluss eines intendierten **Raubs** als lex specialis der Erpressung[106] – ist nur ein Merkmal des subjektiven Tatbestands und muss nicht eintreten (erfolgskupiertes Delikt). Zwischen der Entführung oder Bemächtigung des Opfers und der intendierten Erpressung muss ein funktionaler und zeitlicher Zusammenhang bestehen; daran fehlt es, wenn die geforderte Vermögensdisposition nicht während, sondern erst nach der Beendigung der Bemächtigungslage stattfinden soll.[107]

bb) Ausnutzungstatbestand (2. Alt. des § 239 a Abs. 1 StGB)

68 Bei der 2. Alt. des Abs. 1 nutzt der Täter (z.B. aufgrund spontaner Eingebung) eine durch Entführung oder Bemächtigung entstandene Zwangslage aus, die ohne einen Erpressungsvorsatz (etwa wegen sexueller Motive[108]) herbeigeführt wurde bzw. hinsichtlich derer ein Erpressungsvorsatz des Täters für den Zeitpunkt der Entführung oder Bemächtigung im Strafprozess nicht nachgewiesen werden kann. Der objektive Tatbestand setzt, anders als die 1. Alt., zudem eine vollendete oder zumindest versuchte Erpressung voraus (zweiaktiges Delikt).

c) Subjektiver Tatbestand; Drei-Personen- und Zwei-Personen-Verhältnisse

69 Beide Tatbestände setzen zunächst den Vorsatz hinsichtlich der jeweiligen objektiven Tatumstände voraus, wobei dolus eventualis genügt.

70 Beim Erpressungstatbestand (1. Alt. des § 239 a Abs. 1 StGB) muss der Täter somit vorsätzlich das Opfer entführt oder sich dessen bemächtigt haben. Darüber hinaus ist

---

[100] LK-*Schluckebier*, § 239 a Rn. 12; SK-*Wolters*, § 239 a Rn. 4.
[101] BGHSt 22, 178.
[102] A/W-*Heinrich*, § 18 Rn. 35.
[103] BGH NStZ 1996, 277; MK-*Renzikowski*, § 239 a Rn. 31.
[104] BGH NStZ 2006, 340; Sch/Sch-*Eisele*, § 239 a Rn. 7; and. MK-*Renzikowski*, § 239 a Rn. 34 (noch nicht einmal abstrakte Gefährdung des Opfers).
[105] MK-*Renzikowski*, § 239 a Rn. 84; LK-*Schluckebier*, § 239 a Rn. 17.
[106] BGH NStZ-RR 2022, 14.
[107] BGH NStZ 2005, 508; BGH NStZ 2022, 41.
[108] Sch/Sch-*Eisele*, § 239 a Rn. 20; Beispiele aus der Rspr.: BGH NStZ 2014, 316 m. Bspr. *Hecker*, JuS 2014, 368; BGH BeckRS 2015, 11497.

aber erforderlich, dass er mit der Absicht gehandelt hat, die Sorge des Opfers um sein Wohl oder eines Dritten um das Wohl des Opfers zu einer Erpressung auszunutzen. Hierbei muss eine Unterscheidung getroffen werden zwischen Fallkonstellationen in einem Drei-Personen-Verhältnis, in dem es zu zwei Verletzten – das Opfer der Freiheitsberaubung und das Opfer der Erpressung – und solchen in einem Zwei-Personen-Verhältnis, in dem das Opfer der Freiheitsberaubung und dasjenige der intendierten Erpressung dieselbe Person ist.[109] Erst 1989 ist das Zwei-Personen-Verhältnis in den Tatbestand aufgenommen worden, um Entführungskonstellationen tatbestandlich zu erfassen, in denen das entführte Opfer selbst zu etwas gezwungen werden soll. Dem Gesetzgeber schwebte dabei der RAF-Terrorismus der 1970er Jahre vor Augen, etwa der Fall der Entführung eines Politikers (Peter Lorenz), um ihm selbst ein bestimmtes Verhalten abzupressen.[110] Diese Gesetzesänderung, die als Missgriff des Gesetzgebers bezeichnet werden muss, hat zu erheblichen Auslegungs- und Abgrenzungsproblemen zu verwandten Straftatbeständen geführt, die der Gesetzgeber bislang nicht gelöst hat.[111] Die damit verbundenen **Fragen** sind aber inzwischen durch eine intensive **rechtswissenschaftliche Diskussion**[112] und die **Rechtsprechung**, namentlich durch den **Großen Senat des BGH**,[113] zum überwiegenden Teil **beantwortet** worden.

aa) Drei-Personen-Konstellationen

▶ **Beispiel („Feuerzeugpistolen-Fall"):**[114] *A erwarb in einem Zigarrengeschäft eine „Feuerzeugpistole", fuhr mit seinem Pkw nach B-B und fasste den Entschluss, die dortige Sparkasse zu überfallen. Bei deren Betreten rief er: „Überfall, schnell Geld her!" und richtete hierbei die „Pistole" zwischen den Kassierer B und die Bankkundin K, die sich ebenfalls im Schalterraum befand. A warf eine Tüte auf den Schaltertisch und befahl: „Schnell, Geld rein!". Daraufhin schob der Kassierer das im Kassenbereich befindliche Geld durch die „Durchreiche", das Frau K sodann in die Tüte packte. Währenddessen hielt A die Feuerzeugpistole etwa in der Mitte zwischen dem B und der K und schwenkte sie zwischen beiden hin und her. Er nahm sodann die Tüte mit dem Geld und flüchtete.* ◀   71

Im Drei-Personen-Verhältnis wirft diese überschießende Innentendenz im Regelfall keine besonderen Probleme auf. Im Feuerzeugpistolenfall liegen daher nicht nur die Voraussetzungen des §§ 255, 250 Abs. 1 Nr. 1 b StGB, sondern auch die des § 239 a Abs. 1 StGB vor. Wenn Frau K durch die scheinbar scharfe Schusswaffe des A unmittelbar bedroht war, so liegt der Tatbestand des § 239 a StGB objektiv und subjektiv nahe. Die für § 239 a StGB erforderliche stabile Bemächtigungslage ist bei einem „Dreipersonenverhältnis" – wie hier – regelmäßig gegeben.[115]   72

bb) Zwei-Personen-Konstellation

▶ **Beispiel („Sturmhauben-Fall"):**[116] *A und B läuten, mit Sturmhauben maskiert, morgens an der Tür des C. Als dieser öffnet, schlägt A ihm sofort mit der Faust ins Gesicht. A und B*   73

---

109 A/W-*Heinrich*, § 18 Rn. 37.
110 Vgl. die Nachweise bei BGHSt 40, 350, 357.
111 MK-*Renzikowski*, § 239 a Rn. 23.
112 Vgl. etwa MK-*Renzikowski*, § 239 a Rn. 23. 55 ff., 58.
113 BGHSt 40, 350.
114 BGH NStZ-RR 2002, 213.
115 BGH NStZ 2002, 31; *Jäger*, BT, Rn. 161.
116 BGH NStZ 2010, 516 m. Bspr. *Jahn*, JuS 2010, 174.

überwältigen C und fesseln ihn mit Klebeband an Armen und Beinen. Danach kniet sich A auf C und schreit ihn mit den Worten „Money! Money!" an. Daraufhin zeigt C ihnen seinen Tresor und verrät die Zahlenkombination. A und B räumen danach Uhren und Bargeld im Wert von 39.000 Euro aus dem Tresor. Nunmehr trifft G, die Lebensgefährtin des C, ein. Sie wird ebenfalls überwältigt und gefesselt. Von beiden verlangen A und B in der Folge noch mehr Geld und weitere Wertsachen. Außerdem übergießen sie C und G mit Alkohol und Reinigungsmittel, weshalb diese Angst haben, von A und B bei lebendigem Leibe verbrannt zu werden. Nachdem A und B jedoch keine nennenswerte weitere Beute erlangen können, suchen sie das Weite. ◄

74 Problematisch sind jedoch die Zwei-Personen-Konstellationen, in denen die Sorge des Opfers um sein Wohl zu einer Erpressung ausgenutzt wird. Man denke – neben dem obigen Sturmhauben-Fall – etwa an eine Konstellation, in der ein Täter dem Opfer eine geladene Pistole an die Schläfe drückt und ihn so dazu zwingt, ihm seinen Geldbeutel mit 500 EUR auszuhändigen. Wäre hier zugleich § 239a StGB einschlägig, würden viele Fälle der räuberischen Erpressung, in denen der Erpresser das Opfer physisch im Griff hat, zugleich (tateinheitlich) zu einem – höher zu bestrafenden – erpresserischen Menschenraub.

75 Da dieses Ergebnis vom Gesetzgeber bei der Reform 1989 nicht bedacht und ganz offensichtlich nicht gewollt war, der Gesetzgeber sich aber nicht zu einer gesetzlichen Korrektur entschieden hat, wurden verschiedene Lösungsansätze entwickelt, um dieser ungewollten Ausdehnung der Strafbarkeit zu begegnen. Teilweise werden Konkurrenzlösungen vorgeschlagen, wonach die §§ 253, 255 StGB als mildere Vorschriften vorrangig sind; teilweise hat die Rechtsprechung z.B. mit der Kategorie einer erforderlichen Außenwirkung des abgenötigten Verhaltens gearbeitet.

76 ▶ **Hinweis für die Klausurbearbeitung:** *Im Schrifttum sind darüber hinaus zahlreiche alternative Lösungsansätze entwickelt worden, deren Darstellung im Rahmen einer Hausarbeit oder Seminararbeit womöglich erwartet wird.[117] Für die Bearbeitung von Klausuren in der strafrechtlichen Zwischenprüfung und im Examen kann man sich mit dem Lösungsansatz „begnügen", den der Große Senat des BGH entwickelt hat (dazu sogleich unten Rn. 77). Als Korrektor von Examensklausuren ist man schon mehr als „froh", wenn § 239a StGB vom Bearbeiter überhaupt gesehen wird, dem Bearbeiter die Restriktionen der Auslegung in der Rechtsprechung im Zusammenhang der 2-Personen-Konstellationen bekannt sind und dann auch noch richtig angewendet werden. Diese „Bescheidenheit" der alleinigen Darstellung der BGH-Position sollte der studentische Bearbeiter vor allem dann an den Tag legen, wenn zuvor – wie dies erfahrungsgemäß bei entsprechendem Sachverhaltsbezug zu den §§ 249ff. StGB in den allermeisten Klausuren der Fall ist – eine Reihe von Fragestellungen innerhalb der vorrangigen Raub- oder Erpressungsprüfung zu behandeln waren. Der Tatbestand des § 239a StGB spielt dann in Klausuren nur eine sekundäre Rolle. Es ist mithin klausurtaktisch ein gewichtiger Fehler, in Raub- bzw. Erpressungskonstellationen eine subtile Prüfung der §§ 249–255 StGB zu vernachlässigen und stattdessen sein Hauptaugenmerk allein auf den § 239a StGB zu richten.* ◄

---

117 Vgl. etwa die Darstellung der wissenschaftlichen Diskussion bei M/R-*Eidam*, § 239a Rn. 10 ff.; Sch/Sch-*Eisele*, § 239a Rn. 13 c, MK-*Renzikowski*, § 239a Rn. 50 ff.; LK-*Schluckebier*, § 239a Rn. 27 ff.

§ 9 Die Erpressung (§ 253 StGB) und räuberische Erpressung (§§ 253, 255 StGB)

Der **Große Senat** des BGH[118] nimmt in solchen Fällen eine Lösung auf der Ebene des **subjektiven Tatbestands** vor. Die subjektiven Voraussetzungen des § 239a Abs. 1 Alt. 1 StGB werden nach der wegweisenden Entscheidung des Großen Senats wie folgt eingeschränkt:[119] Der Täter muss die Opfersituation, die sog. Bemächtigungslage, zu einer weiteren Erpressung ausnutzen. Zwischen der Bemächtigungslage und der weiteren angestrebten Nötigung/Erpressung müssen eine gewisse **Zäsur** und ein funktionaler Zusammenhang bestehen: Die **Bemächtigungslage** muss sich also **stabilisiert** und eine gewisse Eigenständigkeit erlangt haben. § 239a Abs. 1 StGB ist insofern ein **unvollkommen zweiaktiges Delikt**. Daran fehlt es, wenn die Gewaltanwendung usw. zugleich unmittelbar der beabsichtigten Erpressung dient. Im eben genannten Pistolen-Beispiel geht das in der Bedrohung mit der Waffe liegende Sich-Bemächtigen fließend in die abgenötigte Handlung über und soll nicht Anlass einer weiteren Nötigung sein. Bemächtigungslage und angestrebte Nötigungslage bilden praktisch eine Einheit. In solchen Fällen ist der subjektive Tatbestand nicht erfüllt: Denn der Täter handelt nicht, um die Situation zu einer (anschließenden) Erpressung auszunutzen. Vielmehr besteht Simultaneität zwischen Bemächtigung und Erpressung.

77

▶ *Lösung: Im „Sturmhauben-Fall" bejahte der BGH bereits den Entführungstatbestand, Alt. 1 des § 239a Abs. 1 StGB, d. h. ein Sich-Bemächtigen und das Ausnutzen einer stabilisierten Bemächtigungslage. Denn A und B überfielen den C, brachten ihn zu Boden und fesselten ihn dort. Dadurch haben sie C physisch beherrscht. C erklärte sich aus Angst um sein Wohl danach sofort bereit, A und B den Zugriff auf seine im Tresor befindlichen Wertgegenstände zu ermöglichen. A und B hätten damit bereits eine stabile Bemächtigungslage geschaffen, der die vom Tatbestand geforderte eigenständige Bedeutung zukommt und die sie auch erreichen wollten, die Tat also in der Absicht beginnen, die Sorge des N um sein Wohl zu einer Erpressung auszunutzen. Abgesehen davon wäre zumindest die Ausnutzungsvariante, Alt. 2 des § 239a StGB in Betracht zu ziehen: Sollte man eine Erpressungsabsicht beim Sich-Bemächtigen verneinen, hätten A und B die stabilisierte Bemächtigungslage des C und später auch diejenige der G zumindest zu einer Erpressung ausgenutzt.* ◀

78

d) Konkurrenzen

Alle während des erpresserischen Menschenraubs begangenen Straftaten können mit diesem in **Tateinheit** stehen. So ist insbesondere im Verhältnis zu §§ 253, 255 StGB aus Klarstellungsgründen **Tateinheit** anzunehmen,[120] und zwar sowohl in den Drei-Personen-[121] als auch in den Zwei-Personen-Konstellationen (sofern tatbestandsmäßig).[122] Freiheitsberaubung (§ 239 StGB) und Nötigung (§ 240 StGB) treten dagegen regelmäßig hinter § 239a StGB zurück.[123]

79

---

118   Der Große Senat des BGH ist nach § 132 GVG u. a. für Rechtsfragen von grundsätzlicher Bedeutung (§ 132 Abs. 4 GVG) sowie für die Einheitlichkeit der Rechtsprechung bei rechtlichen Divergenzen zwischen den Senaten des BGH (§ 132 Abs. 3 GVG) zuständig.
119   BGHSt 40, 350.
120   Sch/Sch-*Eisele*, § 239a Rn. 44.
121   BGHSt 16, 316.
122   BGH NStZ 2010, 213.
123   *L-Kühl/Heger*, § 239a Rn. 11.

Wiederholungsfragen

1. Welche tatbestandlichen Gemeinsamkeiten bestehen zwischen § 255 StGB und § 249 StGB bzw. § 253 StGB? (Rn. 48)
2. Was bedeutet der Verweis bei der Strafdrohung „(...) ist gleich einem Räuber zu bestrafen"? (Rn. 48)
3. In welchem Konkurrenzverhältnis steht nach der Rechtsprechung § 255 StGB zu § 249 StGB? (Rn. 25, 53)
4. Kann bei vis absoluta § 255 StGB erfüllt sein? (Rn. 53)
5. Fällt der gewaltsame furtum usus unter § 255 StGB? (Rn. 25).
6. Was bedeuten „Entführen" und „Sich-Bemächtigen" bei § 239 a StGB? (Rn. 66)
7. Welche Probleme treten bei den sog. „Zwei-Personen-Verhältnissen" auf und wie löst man sie? (Rn. 74)
8. Wie unterscheiden sich in subjektiver Hinsicht die beiden Alt. 1, 2 des § 239 a StGB? (Rn. 63, 70).

§ 10 Die Untreue (§ 266 StGB)

Literaturempfehlungen: *Becker/Rönnau,* Grundwissen – Strafrecht: Der Gefährdungsschaden bei Betrug (§ 263 StGB) und Untreue (§ 266 StGB), JuS, 2017, 499 ff.; *Bosch,* Die Bestimmung von Vermögensbetreuungspflichten, Jura 2021, 1439 ff.; *Eisele/Bechtel,* Schadensbegriff bei den Vermögensdelikten, JuS, 2018, 97 ff.; *Mitsch,* Die Untreue – keine Angst vor § 266 StGB, JuS 2011, 97 ff.; *Murmann,* Untreue (§ 266 StGB) und Risikogeschäfte, Jura 2010, 561; *Seier/Martin,* Die Untreue (§ 266 StGB), JuS 2001, 874 ff.; *Sommerer,* Untreue und Business Judgement Rule, ZJS 2022, 192.

Der Straftatbestand der Untreue (§ 266 StGB) setzt sich aus einem Missbrauchs- (§ 266 Abs. 1 Var. 1 StGB) und einem Treubruchstatbestand (§ 266 Abs. 1 Var. 2 StGB) zusammen. Der § 266 StGB zählt dabei insgesamt zu den **schwierigeren** Strafvorschriften des StGB. Die Untreue wirft eine ungewöhnlich große Zahl komplexer und höchst umstrittener rechtlicher Fragen auf. Und dennoch möchte man mit Mitsch den Studenten zurufen: „Die Untreue – Keine Angst vor § 266 StGB!"[1] Zwar gehört § 266 StGB primär zum Prüfungsstoff im wirtschaftsstrafrechtlichen Schwerpunktbereich, doch auch in den Klausuren der Fortgeschrittenenübungen sowie im Examen kann die Untreue eine Rolle spielen. Es ist daher wichtig, die **Grundstrukturen** der Norm und die **typischen Fallkonstellationen** zu kennen (II. – V.) Zuvor bedarf es einiger einleitender Ausführungen, um der Vorschrift erste Konturen geben zu können (I.).

I. Einleitung

1. Rechtsgut

Rechtsgut der Vorschrift ist das **Vermögen**.[2] Die vermögensbezogene „Treue", zu welcher der Täter (sog. Treunehmer) verpflichtet ist, und das ökonomische Vertrauen, das ihm vom Geschädigten (sog. Treugeber) entgegengebracht wurde, beschreiben wichtige Aspekte der Umstände, aufgrund derer eine Strafbarkeit wegen Untreue möglich ist.[3] Denn der vermögensbetreuungspflichtige Täter, der sog. Treunehmer, ist in die **Vermögenssphäre** des Treugebers funktional **integriert:** Er schädigt, anders als ein Betrüger oder Erpresser, das Vermögen des anderen nicht von außen (durch Täuschung oder Zwang), sondern vielmehr, kraft der ihm **vom Treugeber eingeräumten Machtposition**, von **innen** heraus.[4] Aber ohne einen durch treupflichtwidriges Verhalten ausgelösten Nachteil im Sinne eines Vermögensschadens gibt es niemals eine Untreue. § 266 StGB schützt außerdem **nicht** die Dispositionsfreiheit (Vertragsfreiheit) des Treugebers oder das Befriedigungsinteresse von Gläubigern.[5] Die Untreue zeigt gewisse Parallelen mit der veruntreuenden Unterschlagung, § 246 Abs. 2 StGB,[6] wo jedoch nicht das Vermögen, sondern das vom Eigentümer anvertraute Eigentum geschützt wird (siehe oben § 3 Rn. 46).

---

1 *Mitsch*, JuS 2011, 97.
2 BVerfG NJW 2010, 3209; BGHSt 43, 293; *Fischer*, § 266 Rn. 2; A/W-*Heinrich*, § 22 Rn. 1; *Krey/Hellmann/Heinrich*, BT-2, Rn. 902; LK-*Schünemann*, § 266 Rn. 23; S/S/W-*Saliger*, § 266 Rn. 1.
3 *Wessels/Hillenkamp/Schuhr*, BT-2, Rn. 791.
4 *Kindhäuser/Böse*, BT-2, § 35 Rn. 1.
5 A/W-*Heinrich*, § 22 Rn. 1.
6 A/W-*Heinrich*, § 22 Rn. 3.

2. Geschichte, Kriminalpolitik, praktische Bedeutung

3 Umgangssprachlich versteht man unter „Untreue" gewöhnlich das „Fremdgehen". Eine solche Assoziation war – bis in die Mitte des 19. Jahrhunderts – auch dem Strafrecht nicht völlig fremd, wenn man bedenkt, dass im bayerischen Strafgesetzbuch von 1813 die „eheliche Treulosigkeit" und der „Ehebruch" in dem Kapitel „Beeinträchtigung fremder Rechte durch Untreue" enthalten waren.[7] Seit Mitte des 19. Jahrhunderts[8] ist die Norm im deutschen Strafrecht jedoch ein **reines Vermögensdelikt**. Die Strafbarkeitsvoraussetzungen der Untreue sind seit der nationalsozialistischen Strafrechtsnovelle von 1933 unverändert. Anlass der Gesetzesreform durch die Nationalsozialisten war ein heftiger Streit, der um die Vorgängervorschrift im **RStGB von 1871** getobt hatte. Umstritten war insbesondere, ob unter die Untreue in der Variante der „Verfügung" durch Bevollmächtige[9] nur rechtlich wirksame Verfügungen über fremdes Vermögen fielen (so die vom Schrifttum, namentlich von Binding, bevorzugte **Missbrauchstheorie**), oder ob auch rein tatsächliche Beeinträchtigungen fremden Vermögens ohne rechtlichen Verfügungscharakter ebenfalls eine Untreue darstellen können (so die **Treubruchstheorie** der Rechtsprechung).[10] Der Konflikt wurde 1933 so behoben, dass von nun an beide Formen der Untreue im Gesetz explizit benannt und damit die Norm in zwei Tatbestände aufgegliedert worden ist – in die Missbrauchsuntreue (1. Alt. des § 266 Abs. 1 StGB), und die Treubruchsuntreue (2. Alt. des § 266 Abs. 1 StGB). Darüber hinaus wollte der Gesetzgeber mit der Neuregelung kriminalpolitisch „Schiebertum und Korruption" bekämpfen und alle strafwürdigen Fälle „lückenlos" erfassen.[11] Zudem empfand man die kasuistische Umschreibung der Tätergruppen als unbefriedigend, weshalb zum Täter allgemein der „Vermögensbetreuungspflichtige" erklärt wurde.

4 Die Untreue gehört zu den wenigen Strafvorschriften im StGB, die sich vornehmlich gegen die **„Großen und Mächtigen"** einer Gesellschaft und der Wirtschaft wenden. Man denke hier nur an die Strafverfahren wegen Untreue gegen führende Repräsentanten der Wirtschaft und des Staates.[12] Während jedermann, auch und gerade der sozial Unterprivilegierte, dazu imstande ist, einen Diebstahl, Raub oder räuberische Erpressung zu begehen, kommen als Täter der Untreue nur besondere, sog. vermögensbetreuungspflichtige Personen in Betracht, was im Regelfall mit einem **gehobenen ökonomischen Status** einhergeht. Insoweit stellt, in den plakativen Worten von *Saliger*, die Untreue „umgekehrtes Klassenstrafrecht"[13] dar. Die Norm findet daher besonders bei denjenigen Beifall, die einer liberalen Wirtschaftspolitik kritisch gegenüberstehen und eher für eine starke strafrechtliche Regulierung des Wirtschaftslebens und der strafrechtlichen Bändigung „der Akteure der zeitgenössischen Volkswirtschaft"[14] eintreten. Das ändert aber nichts daran, dass die Anwendung der Norm, nicht zuletzt

---

[7] Art. 401, 402 Bayr. StGB von 1813; abgedr. bei *Buschmann*, Textbuch, S. 477 ff., 526; zur Entstehungsgeschichte LK-*Schünemann*, § 266 vor Rn. 1 m. umfass. Nachw.
[8] So z.B. in § 246 Preußisches StGB von 1851, abgedr. bei *Buschmann*, Textbuch, S. 538 ff., 589.
[9] § 266 Nr. 2 RStGB von 1871 lautete: Wegen Untreue werden mit Gefängnis (...) bestraft (...) 2. Bevollmächtigte, welche über Forderungen oder andere Vermögensstücke des Auftraggebers absichtlich zum Nachtheile desselben verfügen.
[10] *Kindhäuser/Böse*, BT-2, § 35 Rn. 2; *Maurach/Schroeder/Maiwald/Hoyer/Momsen*, BT-1, § 45 Rn. 8.
[11] *Momsen/Grützner/Schramm*, § 266 Rn. 25.
[12] LG Bonn NJW 2001, 1736 (H. Kohl); BGHSt 50, 331 (J. Ackermann); BGHSt 51, 100 (M. Kanther); ZiP 2016, 675 (T. Middelhoff).
[13] S/S/W-*Saliger*, § 266 Rn. 3.
[14] LK-*Schünemann*, § 266 Rn. 3.

§ 10 Die Untreue (§ 266 StGB)   § 10

auch aufgrund ihrer rechtshistorisch ideologisch bedingten Tatbestandsweite, weiterhin mit erheblichen Unsicherheiten belastet ist. Wenngleich das **BVerfG** 2010 in seinem **Landowsky-Beschluss** festgestellt hat, dass der Untreuetatbestand in seiner geltenden Fassung mit dem Bestimmtheitsgebot des Art. 103 Abs. 2 GG „noch zu vereinbaren"[15] sei, bewegt sich § 266 StGB an der Grenze einer rechtsstaatlichen Anforderungen noch genügenden Tatbestandsfassung. Die Norm ist **praktisch relevant**, liegt bei der Strafverfolgungsstatistik aber weit hinter dem Betrug: 2021 wurden 1.035 Personen wegen Untreue abgeurteilt, 77.516 wegen Betrugs.[16] Polizeilich registriert wurden 2022 rund 4.870 Verdachtsfälle der Untreue.

3. Prüfungsschema in Klausuren

*Die Untreue spielt in den Klausuren in der Fortgeschrittenenübung und in der 1. Staatsprüfung eine eher **untergeordnete** Rolle: Die Norm gilt als **ausgesprochen schwierig**, weshalb sie Studierenden in Klausuren des Pflichtfachstudiums nur selten „zugemutet" wird. In Klausuren sollte man zunächst mit der Prüfung des **Missbrauchstatbestands beginnen**, da dieser präziser und enger als der Treubruchstatbestand gefasst ist. Nach h.M. gilt die Missbrauchsuntreue ohnehin als lex specialis zur Treubruchsuntreue, weshalb auf diese nur dann eingegangen werden muss, wenn das Verhalten nicht unter den Missbrauchstatbestand fällt.*[17]

5

Prüfungsschema § 266 StGB

6

A. Tatbestand
I. Objektiver Tatbestand
   1. Tathandlung
      a) Missbrauchsuntreue (§ 266 Abs. 1 Var. 1 StGB):
         (1) Verfügungs- bzw. Verpflichtungsbefugnis über fremdes Vermögen
         (2) Missbrauch dieser Befugnis
         (3) Vermögensbetreuungspflicht
      b) Treubruchsuntreue (§ 266 Abs. 1 Var. 2 StGB):
         (1) Vermögensbetreuungspflicht
         (2) Verletzung dieser Pflicht
   2. Taterfolg: Eintritt eines Vermögensschadens
   3. Kausal- und Pflichtwidrigkeitszusammenhang zw. Pflichtverletzung und Schaden
II. Subjektiver Tatbestand: Dolus eventualis genügt; Eigen- oder Drittbereicherungsabsicht wird nicht vorausgesetzt
B. Rechtswidrigkeit
C. Schuld

---

15 BVerfGE NJW 2010, 3209, 3213 Rn. 82.
16 SVS 2020 S. 38.
17 *Mitsch*, JuS 2011, 97, 98.

D. *Strafantragserfordernis in den Fällen des § 266 Abs. 2 StGB i. V. m. §§ 247, 248 StGB*

E. *Besonders schwere Fälle als Regelbeispiele (§§ 266 Abs. 2 StGB i. V. m. 263 Abs. 3, 243 Abs. 2 StGB)*

4. Innertatbestandliche Systematik

7 Sowohl die Missbrauchs- wie die Treubruchsuntreue setzen eine Vermögensbetreuungspflicht des Täters voraus. Dies ergibt sich zwanglos aus dem Wortlaut der Vorschrift, wonach der Täter bei beiden Varianten demjenigen einen Vermögensschaden zufügen muss, „dessen Vermögensinteressen er zu betreuen hat."

8 Unterschiedliche Auffassungen bestehen jedoch 1. bezüglich des systematischen Verhältnisses zwischen Missbrauchs- und Treubruchsuntreue sowie 2. hinsichtlich der Frage, ob die Vermögensbetreuungspflicht bei der 1. Alt. den gleichen Anforderungen genügen muss wie diejenige bei der 2. Alt.[18] Nach h.M. ist die Missbrauchsuntreue nur ein „ausgestanzter Unterfall" („ausgestanzter Spezialfall") der Treubruchsuntreue.[19] Die Vermögensbetreuungspflicht des Missbrauchstatbestands und des Treubruchstatbestands seien außerdem identisch. Während die Missbrauchsuntreue den Spezialfall der Treupflichtverletzung in Gestalt der rechtswirksamen, aber missbräuchlichen Ausübung einer Verpflichtungs- oder Verfügungsbefugnis erfasse, erstrecke sich die Treubruchsuntreue als „Grund"- oder „Auffangtatbestand" auf alle Formen vermögensschädigenden Verhaltens.

9 Nach der vorzugswürdigen **Minderheitsansicht** hingegen bezeichnen die beiden Untreuevarianten auch **unterschiedliches Unrecht** und bilden damit **zugleich zwei verschiedene Straftatbestände** mit unterschiedlichen Tathandlungen und Anforderungen an die Vermögensbetreuungspflicht.[20] Dem Täter einer Missbrauchsuntreue wurde mit der Vertretungs- und Verpflichtungsbefugnis schon ein solch gewichtiger Zugriff auf fremdes Vermögen eingeräumt, dass der Handlungsunwert der Missbrauchsuntreue demjenigen der Treubruchsuntreue entspricht; eine zusätzlich qualifizierte, darüber hinausgehend einschränkende Vermögensbetreuungspflicht erübrigt sich damit für die 1. Var. Es reicht vielmehr aus, wenn diese Vertretungs- und Verpflichtungsbefugnisse **im fremden Interesse** eingeräumt wurden.[21] Auch der Wortlaut spricht für dieses Ergebnis: Wenn das Gesetz sich bei der Treubruchsuntreue nicht mit dem Erfordernis einer Vermögens"betreuungs"pflicht begnügt, sondern darüber hinaus und zusätzlich eine Vermögens"wahrnehmungs"pflicht verlangt, so ergibt dies nur dann einen Sinn, wenn diese Vermögenswahrnehmungspflicht Verhaltensanforderungen umschreibt, die über diejenigen der Vermögensbetreuungspflicht hinausgehen.

5. Verfassungskonformität der Norm

10 Wegen der sehr weiten Fassung, namentlich des Treubruchstatbestands, wurden in der Vergangenheit immer wieder Stimmen laut, wonach der Untreuetatbestand, insbes. die

---

[18] Zum Diskussionsstand vgl. *Hillenkamp/Cornelius*, 34. Problem, S. 203.
[19] Sog. monistische Theorie; vgl. BGHSt 24, 386 („Scheckkartenurteil"); MK-*Dierlamm*, § 266 Rn. 21; *Wessels/Hillenkamp/Schuhr*, BT-2, Rn. 793; S/S/W-*Saliger*, § 266 Rn. 7; nach LK-*Schünemann*, § 266 Rn. 13, sogar eine „endgültig gefestigte höchstrichterliche Rechtsprechung."
[20] Sch/Sch-*Perron*, § 266 Rn. 2; *Momsen/Grützner/Schramm*, § 19 Rn. 13.
[21] *Bosch*, Jura 2021, 1442; Sch/Sch-*Perron*, § 266 Rn. 2; *Momsen/Grützner/Schramm*, § 19 Rn. 13.

§ 10 Die Untreue (§ 266 StGB)

Treubruchsvariante, zu unbestimmt und damit letztlich verfassungswidrig sei.[22] Bereits 1954 hat der bedeutende Dogmatiker der Untreue Hellmuth **Mayer** in einem klassisch gewordenen Rechtsaphorismus festgestellt: „Sofern nicht einer der klassischen alten Fälle der Untreue vorliegt, weiß **kein Gericht** und **keine Anklagebehörde**, ob § 266 StGB vorliegt oder nicht."[23]

Die Rechtsprechung und herrschende Lehre hält den sehr weitgefassten § 266 StGB jedoch für **noch verfassungskonform**, da man über eine entsprechend enge Auslegung der Rechtsbegriffe und anhand gefestigter Auslegungsgrundsätze, wie sie die Rechtsprechung entwickelt habe, doch zu einem halbwegs präzisierbaren Regelungsgehalt komme.[24] Das BVerfG hat in seinem sog. Landowsky-Beschluss (BVerfGE 126, 170) die Verfassungskonformität des § 266 StGB bestätigt: 1. Die Norm sei **„noch" verfassungsgemäß** und lasse sich verfassungsrechtlich hinreichend konkretisieren. 2. Auch der Täterkreis sei bestimmbar. 3. Die Treupflichtwidrigkeit lasse sich aufgrund **fallgruppenspezifischer Obersätze** bestimmen. 4. Die Pflichtverletzung müsse **„evident"**, i.S.v. **„gravierend"** sein. 5. Das Tatbestandsmerkmal des Vermögensschadens dürfe mit demjenigen der Pflichtverletzung nicht verschliffen, d.h. vereinigt werden: aus einer Pflichtwidrigkeit folge noch kein Schaden, und umgekehrt dürfe man vom Schaden nicht auf die Pflichtverletzung schließen (sog. **Verschleifungsverbot**). Auf die verfassungsrechtlichen Anforderungen bei der Interpretation der einzelnen Tatbestandsmerkmale wird im Folgenden eingegangen werden.

II. Objektiver Tatbestand

Zunächst müssen die Voraussetzungen der von Missbrauchs- oder Treubruchsvariante geforderten Tathandlung (Missbrauch oder Treubruch) sowie der erforderliche Täterstatus (Vermögensbetreuungspflicht) gegeben sein. Außerdem bedarf des Eintritts eines Vermögensschadens.

1. Missbrauchs- oder Treubruchsvariante (§ 266 Abs. 1 StGB)

a) Die Missbrauchsvariante (Var. 1 des § 266 Abs. 1 Var. 1 StGB)

Der Missbrauchstatbestand setzt den Missbrauch einer Verpflichtungs- oder Verfügungsbefugnis voraus. Darüber hinaus muss der Täter einen Vermögensschaden herbeigeführt und vorsätzlich gehandelt haben (dazu mehr unter 3.)

▶ **Beispiel („Apple statt Aldi-Fall"):** *A war Vorsitzender eines gemeinnützigen Kinder- und Jugendhilfevereins. Angesichts der nahezu leeren Vereinskasse hatte die Mitgliederversammlung beschlossen, dass die Anschaffung zwei neuer Computer und eines Schwarz-Weiß-Druckers für das Vereinsbüro nicht mehr als 2.500 EUR kosten dürfe. A solle die Geräte im Rahmen eines Sonderangebots „beim Aldi" kaufen. Gleichwohl erwarb Apple-Fan A im Namen des Vereins zwei teure Apple-Computer und Farblaser-Drucker für insgesamt 5.000 EUR beim Computerhändler C, der nichts von dem Beschluss der Mitgliederversammlung wusste. Die 2.500 EUR fehlten nun dem Verein für die Anschaffung dringend benötigter Spielsachen für Kinder.* ◀

---

22 Verfassungsrechtliche Bedenken z.B. bei MK-*Dierlamm*, § 266 Rn. 3.
23 Zit. bei MK-*Dierlamm*, § 266 Rn. 3.
24 *Fischer*, § 266 Rn. 5; S/S/W-*Saliger*, § 266 Rn. 8; LK-*Schünemann*, § 266 Rn. 24.

aa) Verfügungs- oder Verpflichtungsbefugnis

15 Der Täter muss die Befugnis besitzen, über fremdes Vermögen entweder eine **Verfügung** (= Änderung, Aufhebung, Belastung oder Übertragung eines Vermögensrechts) vorzunehmen oder eine **Verpflichtung** (= Begründung eines Schuldverhältnisses) auszulösen.[25] Diese Befugnis beruht auf Gesetz, behördlichem Auftrag oder Rechtsgeschäft. **Beispiele** hierfür sind etwa die Vertretungsmacht des Bevollmächtigten (§§ 164 ff. BGB), des Vereinsvorstands (§ 26 BGB), der Eltern (§ 1626 BGB), des Betreuers (§ 1902 BGB), des GmbH-Geschäftsführers (§ 35 GmbHG), des Prokuristen (§ 49 HGB), des Vorstands einer Aktiengesellschaft (§ 78 AktG), eines Insolvenzverwalters (§ 80 InsO) oder eines Bürgermeisters (nach den kommunalrechtlichen Bestimmungen des jeweiligen Bundeslandes, z.B. § 31 Abs. 1 der KommunalO Thüringen).

16 Die Verpflichtungs- oder Verfügungsbefugnis muss sich auf **fremdes** Vermögen erstrecken. Die Fremdheit bemisst sich nach materiellem Recht und nicht nach wirtschaftlichen Grundsätzen.[26] Ist etwa der alleinige Gesellschafter einer GmbH zugleich ihr Geschäftsführer, so ist für ihn das GmbH-Vermögen fremd, mag er zwar nicht de jure, aber doch de facto der Eigentümer der GmbH sein.[27]

17 ▶ **Lösung:** Im „Apple statt Aldi-Fall" ist A als Vorstand gem. § 26 Abs. 1 BGB das vertretungsberechtigte Organ des Vereins. Bei der Ausübung des Amtes ist er auch an die Satzungszwecke und die Vorgaben der Mitgliederversammlung (§ 32 Abs. 1 BGB) gebunden. Als er – im Außenverhältnis wirksam – für 5.000 EUR Computer und Drucker bei der C gekauft hat, hat er seine Vertretungsmacht intern pflichtwidrig gebraucht. Mögen die Computer auch ihr Geld wert sein, liegt doch ein Vermögensschaden in Gestalt einer Zweckverfehlung[28] vor: Ein gemeinnütziger Kinder-und Jugendhilfe-Verein muss seinen Aufwand für die Verwaltung auf ein vernünftiges Maß beschränken. Zudem kann hier von einem individuellen Schadenseinschlag ausgegangen werden, da der Verein nunmehr nicht mehr die finanziellen Mittel besitzt, um dringend benötigte Spielsachen für die Kinder zu erwerben. ◀

bb) Missbrauch der Befugnis

(1) Allgemeines

18 ▶ **Beispiel ("Abfall-Schmiergeld-Fall"):**[29] *Die AVG, eine als GmbH organisierte Abfallverwertungsgesellschaft der Stadt Köln, wollte eine neue Müllverbrennungsanlage errichten. E, der Geschäftsführer der AVG, erteilte den Auftrag im Namen der AVG in Höhe von 792 Mio. DM an das Bauunternehmen L & C. Hierfür erhielt E von dem Geschäftsführer M der L & C sukzessive eine vorab vereinbarte Schmiergeldzahlung in Höhe von insgesamt 7,5 Mio. DM. Dieser Betrag wurde von L&C so finanziert, dass von vornherein auf den regulären Werklohn von 784,5 Mio. DM der Schmiergeldbetrag in Höhe von 7,5 Mio. DM aufgeschlagen wurde, was E wusste.* ◀

19 Diese Befugnis muss zunächst **wirksam** ausgeübt worden sein, d.h. der Täter sich dabei innerhalb des Rahmens seines rechtlichen Könnens **im Außenverhältnis** bewegt haben. Denn es ist gerade die Aufgabe der Missbrauchsuntreue, vor den Gefahren ei-

---

25 A/W-*Heinrich*, § 22 Rn. 12.
26 LK-*Schünemann*, § 266 Rn. 45.
27 Sch/Sch-*Perron*, § 266 Rn. 6, 21 b.
28 Dazu § 10 Rn. 55 ff.
29 Nach BGHSt 50, 299 (gekürzt).

nes das rechtliche Dürfen im Innenverhältnis überschreitenden rechtlichen Könnens im Außenverhältnis zu schützen.[30] Liegt also im Außenverhältnis gar keine wirksame Verfügung oder Verpflichtung vor, ist der Missbrauchstatbestand nicht erfüllt.[31] Dies ist namentlich in solchen Konstellationen gegeben, in denen zivilrechtlich der Gebrauch der Vollmacht rechtsmissbräuchlich ist, so etwa bei einem **evidenten Missbrauch der Vollmacht** oder bei einem **kollusiven Zusammenwirken zwischen Treunehmer und Dritten**.[32] Ebenso wenig genügt die Wirksamkeit des Rechtsgeschäfts aufgrund von Gutglaubens- oder Schuldnerschutzvorschriften (z.B. §§ 407, 932 BGB).[33] Genauso fällt rein tatsächliches Verhalten nicht unter die 1. Alt. des § 266 StGB. In solchen Fällen kommt aber eine Treubruchsuntreue in Betracht. Dagegen reicht es für die 1. Alt. des § 266 StGB aus, wenn eine zunächst erteilte Vertretungsmacht, z.B. eine Bankvollmacht, im Innenverhältnis erloschen ist, im Außenverhältnis aber noch fortwirkt (§§ 164, 170 BGB). Denn die Bindungswirkung beruht letztlich auf der vom Treugeber abgeleiteten Rechtsmacht.[34]

▶ *Lösung:*[35] *Im „Abfall-Schmiergeld-Fall" besitzt E als GmbH-Geschäftsführer gem. § 35 Abs. 1 S. 1 GmbHG Vertretungsmacht. Die zwischen dem E und M getroffene Absprache, die gegen die Grundsätze eines ordentlichen und gewissenhaften Kaufmanns nach § 43 Abs. 1 GmbHG verstößt, ist intern pflichtwidrig; zudem ist die Absprache zur Schädigung der AVG durch Vereinbarung eines um den Schmiergeldanteil überhöhten Preises auch sittenwidrig gem. § 138 BGB. Dies wirkt sich im Außenverhältnis auf den Hauptvertrag zwischen AVG und L&C dergestalt aus, dass die Vereinbarung unwirksam ist. Außerdem hat E bei dem Abschluss des um den Schmiergeldanteil überhöhten Vertrages im kollusiven Zusammenwirken mit M evident seine Vertretungsmacht zum Nachteil der AVG missbraucht. Mangels wirksamer Ausübung der Vertretungsbefugnis liegt hier somit kein Fall der Missbrauchsalternative des § 266 StGB vor. E hat aber durch den treupflichtwidrigen Abschluss des dergestalt unerkannt nichtigen Vertrages mit einem kollusiv überhöhten Auftragspreis die Treubruchalternative des § 266 Abs. 1 Alt. 1 StGB erfüllt. Der Vermögensschaden der AVG besteht in dem um 7,5 Mio. DM überhöhten Werklohn. M hat zu solcher Tat Beihilfe geleistet.* ◀

Missbrauch ist jede im Verhältnis zum Geschäftsherrn bestimmungswidrige, d.h. die **Pflichten** aus dem **Innenverhältnis verletzende** Ausübung der Befugnis. Maßstab für die interne Pflichtenbindung sind die vertraglichen oder gesetzlichen Bindungen zwischen Treugeber und Treunehmer, z.B. das Auftragsverhältnis beim Bevollmächtigen (etwa eine Geschäftsbesorgung i.S.d. § 675 BGB beim Rechtsanwalt); die Vereinssatzung sowie die Beschlüsse der Mitgliederversammlung beim Vereinsvorstand; beim Betreuer die Vorgaben des BGB sowie der gerichtlichen Bestellung; beim GmbH-Geschäftsführer die Satzung, das GmbH-Recht, die Beschlüsse der Gesellschafter und der Anstellungsvertrag; beim Prokuristen der Anstellungsvertrag; beim Vorstand einer Aktiengesellschaft deren Satzung und sonstige Vorgaben, etwa aufgrund AktG (z. B. die Businnes Judgement Rule[36]) oder Vertrags; beim Bürgermeister das Kommunalrecht und die Beschlüsse der Gemeindeversammlung.

---

30 *Rengier*, BT-1, § 18 Rn. 6.
31 BGHSt 50, 299, 313; *Mitsch* BT-2,1 8/24; *Wessels/Hillenkamp/Schuhr*, BT-2, Rn. 797.
32 *Fischer*, § 266 Rn. 20; A/W-*Heinrich*, § 266 Rn. 21.
33 *Eisele*, BT-2, Rn. 874.
34 OLG Koblenz NStZ 2012,330; *Kindhäuser/Böse*, BT-2, § 35 Rn. 13; dagegen SK-*Hoyer*, § 266 Rn. 80.
35 BGHSt 50, 299 Rn. 63 f. Zur Strafbarkeit von E und M nach § 299 StGB vgl. BGH aaO. Rn. 10, 23.
36 BGH NStZ 2022, 683 m. Anm. *Becker*; *Hasselbach/Stepper*, NZG 2022, 1295; *Sommerer*, ZJS 2022, 192.

(2) Einverständnis

22 ▶ **Beispiel („Ferrari für Geschäftsführer-Fall"):** *G war ein überaus erfolgreicher Geschäftsführer eines mittelständischen Automobilzulieferers mit einem Jahresgewinn von 10 Mio. EUR. Ihm stand laut Geschäftsführervertrag alle zwei Jahre ein neues Dienstfahrzeug im Wert von 50.000 EUR zu. Aufgrund des großen Erfolgs des Unternehmens bat er den Alleingesellschafter der Z-GmbH, ihm als Dienstwagen einen Ferrari F12 im Wert von 250.000 EUR zur Verfügung zu stellen. A war zähneknirschend damit einverstanden, da er den G auf keinen Fall an die Konkurrenz verlieren möchte. G kaufte daraufhin für die Z-GmbH den Ferrari. Das Unternehmen musste für den Kauf des Ferraris zwar einen Kredit aufnehmen, geriet aber in keine existenzgefährdende Lage.* ◀

23 **Stimmt** der über das Rechtsgut **Dispositionsbefugte** der fraglichen Maßnahme vorher **zu**, handelt es sich um eine Einwilligung, die bereits die Pflichtwidrigkeit und damit die **Tatbestandsmäßigkeit** des Verhaltens **entfallen** lässt (tatbestandsausschließendes Einverständnis).[37] Die Wirksamkeitsvoraussetzungen des Einverständnisses richten sich ganz nach den Besonderheiten der konkreten Maßnahme. Erforderlich ist jedoch stets, dass auch der für die Entscheidung zuständige Rechtsgutträger seinen Konsens erteilt und die Zustimmung frei von Willensmängeln war. Stimmt etwa der 16-jährige M zu, dass sein ganzes ererbtes Vermögen durch einen Anlageberater für hochriskante, vermögensgefährdende Spekulationsgeschäfte eingesetzt wird, fehlt es mangels unbeschränkter Geschäftsfähigkeit des Treugebers an dessen wirksamer Einwilligung. Dispositionsbefugt über das Vermögen des M ist hier nur der gesetzliche Vertreter des Minderjährigen, d.h. die Eltern. Die Eltern werden sich aber, wenn sie einem solchen Spekulationsgeschäft zustimmen, selbst pflichtwidrig verhalten und daher ebenfalls kein wirksames Einverständnis erteilen.

24 Nicht im Pflichtfachbereich des Jurastudiums, sondern (nur) im **wirtschaftsstrafrechtlichen** Teil des **strafrechtlichen Schwerpunktbereichs** werden zuweilen schwierige Einwilligungsfragen in den Fällen der **Untreue zum Nachteil von Gesellschaften** behandelt. So lehnt es etwa der BGH ab, die Wirksamkeit einer Einwilligung anzuerkennen, mit der die Gesellschafter einer GmbH existenzgefährdenden Dispositionen des Geschäftsführers, z.B. der Gefährdung des Stammkapitals (§ 30 GmbHG) zustimmen.[38] Ein Teil der Literatur beschränkt dies auf den Verstoß gegen die Normen über die Kapitalerhaltung (§§ 30 ff. GmbHG) oder den Eintritt einer Überschuldung.[39] Andere wiederum erblicken darin zu Recht einen verkappten Gläubigerschutz, der sich allein nach dem dafür vorgesehenen Bestimmungen der §§ 283 ff. StGB bemessen könne.[40] Analoge Lösungsansätze bestehen bei der nicht minder umstrittenen Frage, inwieweit bei einer AG Aktionäre in andernfalls pflichtwidrige Dispositionen des Vorstands oder Aufsichtsrats einwilligen können.[41] Bei Personenhandelsgesellschaften ist zu beachten, dass diese Gesellschaften nach h.M. keine selbstständigen Vermögensträger sind und

---

[37] BGHSt 55, 278; Sch/Sch-*Perron*, § 266 Rn. 21 ff.
[38] BGHSt 35, 333; BGHSt 49, 147; Aufbereitung des Streitstands z.B. bei *Kudlich/Oğlakcıoğlu*, WiStR, Rn. 341 ff.
[39] Sog. eingeschränkte Gesellschaftertheorie; LK-*Schünemann*, § 266 Rn. 252 ff.; *Kindhäuser/Böse*, BT-2, § 35 Rn. 18 und NK-*Kindhäuser/Böse*, § 266 Rn. 71.
[40] Sog. strenge Gesellschaftertheorie; Sch/Sch-*Perron*, § 266 Rn. 21 b; S/S/W-*Saliger*, § 266 Rn. 107; *Momsen/Grützner/Schramm*, § 19 Rn. 87.
[41] Vgl. dazu etwa S/S/W-*Saliger*, § 266 Rn. 109; *Momsen/Grützner/Schramm*, § 19 Rn. 88; *Wittig*, WiStR, § 20 Rn. 88 f.

es deshalb immer auf die Zustimmung des jeweils geschädigten Gesellschafters ankommt.[42]

Nach ganz h.M. soll eine **nachträgliche Zustimmung** des Treugebers in ein pflichtwidriges Verhalten des Treunehmers **keine** tatbestandsausschließende oder rechtfertigende Wirkung entfalten, sondern nur bei der Strafzumessung oder im Rahmen der Entscheidung nach § 153a StPO zugunsten des Täters berücksichtigt werden.[43] Dem ist jedoch entgegenzuhalten, dass in denjenigen Fällen, in denen der Treugeber nach zivilrechtlichen Grundsätzen das Verhalten des Täters im Nachhinein genehmigt, dieses auch zivilrechtlich nicht mehr als pflichtwidrig angesehen wird. Was dem Zivilrecht als Primärrechtsordnung recht ist, sollte dem Strafrecht als Sekundärordnung (§ 1 Rn. 26) nur billig sein: Dann sprechen aber die besseren Gründe dafür, die nachträgliche Genehmigung des Täterverhaltens als **strafrechtlichen Strafaufhebungsgrund** anzuerkennen.[44]

▶ *Lösung: Im „Ferrari für Geschäftsführer-Fall" hätte G aufgrund der Vorgaben im Geschäftsführervertrag als vertretungsberechtigter Geschäftsführer der Z-GmbH eine Missbrauchsuntreue begangen, wenn er einen Dienstwagen über 50.000 EUR für die Firma gekauft hätte. Da A aber, als dispositionsbefugter Alleingesellschafter der Z-GmbH, der fraglichen Maßnahme zugestimmt hat, entfällt ein intern pflichtwidriges Verhalten des G. Zwar sind den Möglichkeiten eines Einverständnisses durch einen GmbH-Gesellschafter nach h.M. durchaus Grenzen gesetzt. So wird ein unwirksames Einverständnis und damit eine Untreue von der h.M. dann angenommen, wenn ein Gesellschafter einer GmbH entgegen § 30 GmbHG das Stammkapital angreift bzw. dieses – ohne unmittelbare Beeinträchtigung – konkret gefährdet oder wenn er die Existenz der Gesellschaft in Gefahr bringt, so dass sie ihre Verbindlichkeiten nicht mehr erfüllen kann.[45] Ein solcher Fall liegt hier aber nicht vor: Trotz der Kreditaufnahme für den Kauf des Ferrari F12 gerät das Unternehmen nicht in eine finanzielle Schieflage. Somit haben sich weder G noch A einer Untreue zum Nachteil der Z-GmbH schuldig gemacht.* ◀

cc) Vermögensbetreuungspflicht

Der Täter muss gegenüber dem fremden Vermögen vermögensbetreuungspflichtig sein. Nach h.M. stimmt die Vermögensbetreuungspflicht bei der Missbrauchsuntreue inhaltlich mit derjenigen bei der Treubruchsuntreue überein: Die Missbrauchsuntreue sei nur ein Spezialfall („ausgestanzter Unterfall") der Treubruchsuntreue.[46] Daher können hier die Ausführungen zum Kreis der Vermögensbetreuungspflichtigen aus dem Treubruch (siehe unten Rn. 30 ff.) auf die Missbrauchsuntreue übertragen werden. Nach einer Minderheitsansicht soll es dagegen bereits genügen, dass es sich bei der Verpflichtungs- oder Verfügungsbefugnis um eine solche handelt, die im fremden Interesse eingeräumt wurde.[47]

---

42 BGHSt 34, 222; *Wittig*, WiStR, § 20 Rn. 90.
43 MK-*Dierlamm*, § 266 Rn. 143; LK-*Schünemann*, § 266 Rn. 198.
44 *Momsen/Grützner/Schramm*, § 19 Rn. 77.
45 Eingehende Nachweise hierzu etwa bei Sch/Sch-*Perron*, § 266 Rn. 21a.
46 BGHSt 24, 386 – Scheckkartenurteil.
47 Siehe oben Rn. 9 sowie *Sch/Sch-Perron*, § 266 StGB Rn. 2.

b) Die Treubruchsvariante (Var. 2 des § 266 Abs. 1 StGB)

28 Der Treubruchstatbestand setzt einen vermögensbetreuungspflichtigen Täter voraus, der seine Treuepflichten verletzt (unten a, b) und dadurch vorsätzlich (4.) einen Vermögensschaden (3.) herbeiführt.

aa) Vermögensbetreuungspflicht

29 ▶ **Beispiel („Mietkautions-Fall"):**[48] *Studentin S mietete sich für 300 EUR Kaltmiete eine Wohnung in einem Wohnkomplex, das aus 30 Mietwohnungen bestand, die jeweils unterschiedlichen Wohnungseigentümern gehörten. Verwalter dieses Mietkomplexes war die T-GmbH, deren Aufgabe es auch war, die Mietkautionen entgegenzunehmen, zu verwalten und – bei Auszug der Mieter – abzurechnen. A, der alleinvertretungsberechtigte Geschäftsführer der T-GmbH, legte die Mietkautionen auf Sonderkonten mit einer besonderen Sparurkunde für das einzelne Mietkautionskonto unter Angabe des Namens des Mieters und einer besonderen Kontonummer an. Zur Überbrückung eigener finanzieller Engpässe und finanzieller Anspannungen in einer anderen ihm wirtschaftlich gehörenden GmbH veranlasste A u. a. die Überweisung des auf dem Mietkautionskonto der S vorhandenen Guthaben in Höhe von 600 EUR auf ein privates Girokonto und verwendete das Geld zur Begleichung privater Schulden.* ◀

(1) Allgemeines

30 Die Rechtsprechung und ein Teil des Schrifttums bestimmen die **Treupflicht** in einer **Gesamtbetrachtung** aufgrund **bestimmter Indizien**. Dem Betreffenden müssen Pflichten von **wirtschaftlicher Bedeutung** auferlegt sein; auch die **Dauer** seiner Tätigkeit oder das **Fehlen** von **Kontrollen**[49] könne eine Rolle spielen; die Tätigkeit dürfe nicht in alle Einzelheiten vorgegeben sein, sondern ihm einen **Entscheidungsspielraum** und eine gewisse Bewegungsfreiheit und **Selbstständigkeit** gerade bei der Betreuung fremder Interessen lassen; die Vermögensbetreuungspflicht müsse eine **Hauptpflicht** und dürfe keine Nebenpflicht sein.[50]

31 Der überwiegende Teil des Schrifttums fasst die Treupflicht begrifflich enger und im Sinne einer den äußeren Tatbestand stärker einschränkenden Auslegung und verlangt zu Recht eine **besonders qualifizierte Garantenstellung** des Täters über das fremde Vermögen: Es muss sich um ein Schuldverhältnis handeln, das den **Charakter einer Geschäftsbesorgung** i.S.d. **§ 675 BGB** trägt. Deren beiden konstitutiven Elemente, die **Fremdnützigkeit** und die **Selbstständigkeit** der wirtschaftlichen Interessenwahrnehmung, erlangen damit eine zentrale Bedeutung für die Bestimmung der Treupflicht, während die Dauer der Tätigkeit oder der Wert des betroffenen Vermögens unerheblich sind.[51]

32 **Vermögensbetreuungspflichtig** sind z.B. in der Regel[52] der Bürgermeister gegenüber der Gemeinde, der Betreuer gem. § 1896 BGB gegenüber dem Betreuten, der Geschäftsführer einer GmbH dieser gegenüber, der Vorsitzende eines Vereins diesem

---

48 Abgewandeltes Beispiel nach BGHSt 41, 244.
49 BGHSt 61, 305; BGH wistra 2020, 382 m. Bspr. *Bosch*, JK 2020, 874.
50 BGHSt 1, 186; BGHSt 3, 289; BGHSt 33, 244; *Kindhäuser/Böse*, BT-2, § 35 Rn. 28; *L-Kühl/Heger*, § 266 StGB Rn. 9.
51 *Sch/Sch-Perron*, § 266 StGB Rn. 23 a.
52 Vgl. etwa die Zusammenstellungen bei *Fischer*, StGB, § 266 Rn. 48; *L-Kühl/Heger*, § 266 Rn. 13; *Sch/Sch-Perron*, § 266 Rn. 25.

gegenüber, der Insolvenzverwalter gegenüber den Gläubigern, der Rechtsanwalt gegenüber dem Mandanten, der Treuhänder gegenüber dem Treugeber, Vermögensverwalter aller Art, der Vorstand und Aufsichtsrat einer Aktiengesellschaft dieser gegenüber[53] oder der Vertragsarzt gegenüber der Krankenkasse.[54] **Nicht** vermögensbetreuungspflichtig sind beispielsweise Arbeitnehmer, Buchhalter ohne Entscheidungskompetenz, Darlehensnehmer,[55] Käufer und Verkäufer, Sicherungsgeber und -nehmer[56] und Personen, zwischen denen nur allgemeine schuldrechtliche Austauschverhältnisse bestehen.[57]

▶ *Lösung: Ob im „Mietkautions-Fall" A den Treubruchstatbestand der Untreue verwirklicht hat, hängt davon ab, ob ihm eine Vermögensbetreuungspflicht gegenüber S bezüglich der Verwendung der empfangenen Mietkaution auferlegt ist. Nach Ansicht des BGH werde durch die gesetzliche Regelung des § 551 Abs. 3 BGB eine auf Gesetz beruhende Vermögensbetreuungspflicht im Sinne des § 266 StGB begründet.[58] § 551 Abs. 3 S. 1 BGB diene dem Sicherungsbedürfnis des Vermieters gegen wirtschaftliche Risiken der Vermietung. Aber auch der Mieter werde durch die gesetzliche Verpflichtung des Vermieters zur getrennten Anlage (§ 551 Abs. 3 S. 3 BGB) davor bewahrt, dass sein Anspruch auf Rückzahlung der Kaution im Falle einer Zahlungsunfähigkeit des Vermieters dem Zugriff von dessen Gläubigern ausgesetzt sei. Der Gesetzgeber habe die Pflicht des Vermieters, die Kaution in bestimmter Weise anzulegen, als Treuhandverhältnis qualifiziert und zu einem wesentlichen und nicht nur beiläufigen Gegenstand der gegenseitigen Rechtsbeziehungen zwischen Vermieter und Mieter erhoben. Gegen die Vermögensbetreuungspflicht des Vermieters (und des Mieters) sprechen jedoch die strengen Vorgaben des BGB in § 551 Abs. 3 BGB hinsichtlich der Art und Weise des Umgangs mit der Mietkaution, die praktisch keinen nennenswerten Entscheidungsspielraum beim Vermieter belassen.[59]* ◀

33

(2) Tatsächliches Treueverhältnis

Auch bei einem rechtlich nicht wirksamen Innenverhältnis kann eine Treupflicht des unwirksam Beauftragten vorliegen, wie sich bei der Treubruchsvariante aus der dort als 4. genannten Variante der Treupflicht, dem (gemeint ist tatsächlichen) „Treueverhältnis" ergibt. Gemeint sind damit primär Fälle, in denen ein Betreuungsverhältnis nicht wirksam begründet wurde (z.B. wegen Willens- oder Formmängeln) oder wieder erloschen ist.[60] Man denke etwa an den Fall, dass ein unerkannt Geschäftsunfähiger (§§ 104 Nr. 2, 105 BGB) seine Erbschaft einem Vermögensverwalter anvertraut, der dieses Vermögen aber zur Begleichung seiner privaten Schulden einsetzt.

34

Umstritten ist aber die Konstellation, in der das Treueverhältnis deshalb nichtig ist (z.B. nach §§ 134, 138 BGB), weil es gesetzes- oder sittenwidrigen Zwecken dienen soll.[61] Die Lösung wird wesentlich vom strafrechtlichen Schadensbegriff mitbestimmt.[62] Einigkeit besteht insoweit, als die bloße Untätigkeit als solche, d.h., die

35

---

53 Vgl. das Mannesmann-Urteil BGHSt 50, 331 m. Bspr. *Jahn* JuS 2006, 379.
54 BGH NJW 2016, 3253.
55 OLG Naumburg StraFO 2022, 36 m. Bspr. *Nestler*, JK 2022, 782.
56 Weitere Kasuistik bei *Sch/Sch-Perron*, § 266 StGB Rn. 25.
57 BGH wistra 2020, 402 m. Anm. Michaelis/Schulte-Rudzio, NZWiSt 2020, 402.
58 BGHSt 41, 224, 228; BGHSt 52, 182; Fischer, StGB, § 266 Rn. 48; LK-*Schünemann*, § 266 Rn. 147.
59 *Sch/Sch-Perron*, § 266 Rn. 26; *Satzger*, Jura 1998, 570.
60 A/W-*Heinrich*, § 22 Rn. 52; Sch/Sch-*Perron*, § 266 Rn. 30.
61 Zum Diskussionsstand vgl. *Hillenkamp/Cornelius*, 35. Problem, S. 208.
62 A/W-*Heinrich*, § 22 Rn. 55.

Nichtausführung des Auftrags, keine Untreue darstellt.[63] Kontrovers diskutiert werden aber diejenigen Fälle, in denen der Beauftragte weisungswidrig tätig wird. Wer beispielsweise vom Auftraggeber 1 Million EUR erhält, um damit Bestechungshandlungen (§§ 331 ff. StGB) vorzunehmen, mit dem Geld aber ins Ausland flieht, um sich dort ein schönes Leben zu machen, soll nach h.M. eine strafbare („Ganoven"-)Untreue begehen: Die Rechtsordnung im Bereich der Vermögensdelikte kenne kein allgemein wegen seiner Herkunft, Entstehung oder Verwendung schlechthin schutzunwürdiges Vermögen. Es sei zudem im Interesse der öffentlichen Ordnung, dass Ganoven nicht auf Selbstjustiz angewiesen seien und der Staat dafür Sorge, dass insoweit kein rechtsfreier Raum entstehe.[64] Dem steht jedoch die Akzessorietät des Strafrechts von den primärrechtlichen Wertungen des Zivilrechts (§ 1 Rn. 25 ff.) und das Prinzip der Einheit der Rechtsordnung gegenüber: Die Abmachung wird mit Blick auf die Interessen Dritter oder der Allgemeinheit rechtlich missbilligt, weil sie auf rechts- oder sittenwidrige Ziele gerichtet ist oder dem Treugeber kein rechtlich anzuerkennendes Interesse an den fraglichen Vermögenswerten zusteht.[65] Zudem wäre es widersinnig, wenn z.B. Bestechungsgelder als erlangte Beute oder als Tatmittel zwar für verfallen erklärt werden müssen oder eingezogen werden können (§§ 73, 74 StGB), andererseits aber strafbar erlangte Gewinne auch noch zugunsten ihres Inhabers strafrechtlich gesichert würden.[66]

bb) Verletzung der Vermögensbetreuungspflicht

36 ▶ **Beispiel („Versäumnisse eines Rechtsanwalts-Fall"):** *Rechtsanwalt R wurde von A beauftragt, eine Schadensersatzforderung in Höhe von 10.000 EUR sowie eine Darlehensforderung in Höhe von 20.000 EUR vor Gericht geltend zu machen. Die Darlehensforderung setzte R erfolgreich durch. Doch R versäumte es, den deliktischen Anspruch einzuklagen, so dass diese Forderung verjährte. Als A daraufhin von R zu Recht 50 % des von ihm geleisteten Kostenvorschusses zurückverlangte, weigerte sich R. Zudem stellte er dem A eine nicht vom Rechtsanwaltsvergütungsgesetz gedeckte, überhöhte Gebühr in Rechnung. Nachdem der unterlegene Beklagte die Darlehensforderung erfüllt hatte, indem er den geschuldeten Betrag von 20.000 EUR auf ein Treuhandkonto des R überwiesen hatte, griff R auf dieses Konto zu, um private Schulden zu begleichen.* ◀

(1) Allgemeines; spezifische Treuepflichtverletzung

37 Eine Treupflichtverletzung liegt vor, wenn der Täter gegen die ihm auferlegten vermögensbezogenen Verpflichtungen durch ein rechtsgeschäftliches oder tatsächliches Verhalten verstößt.[67] Dies ist vor allem dann der Fall, wenn er einen ihm erteilten **Auftrag nicht** oder **nicht ordnungsgemäß** erfüllt, z.B. ein Treupflichtiger sich Geld aus der Firmenkasse zueignet oder Firmengelder auf sein Privatkonto überweisen lässt.[68] Auch ein **Unterlassen** kann tatbestandsmäßig sein, so etwa die Nichtgeltendmachung von Forderungen durch das beauftragte Inkassobüro, das zur Verjährung führt,[69] oder die fehlende Offenbarung einer vorgefundenen „schwarzen Kasse" und die daraus

---

63 A/W-*Heinrich*, § 22 Rn. 55.
64 BGHSt 8, 258; BGH NStZ-RR 1999, 184; LK-*Schünemann*, § 266 Rn. 64.
65 SK-*Hoyer*, § 266 Rn. 37; *Joecks/Jäger*, § 266 Rn. 37; Sch/Sch-*Perron*, § 266 Rn. 30.
66 NK-*Kindhäuser/Hoven*, § 266 Rn. 42.
67 NK-*Kindhäuser/Hoven*, § 266 Rn. 64.
68 BGHSt 8, 254; BGHSt 13, 315.
69 BGH NJW 1983, 461.

resultierende Nichtzurückführung der dort vorhandenen Gelder in die Buchführung.[70] Im gesamten Bereich der **öffentlichen Verwaltung** ist das haushaltsrechtliche **Gebot** der **Wirtschaftlichkeit** und **Sparsamkeit** zu beachten.[71]

Zu beachten ist dabei aber, dass nicht jeder Pflichtverstoß eines Treupflichtigen sogleich eine Verletzung der tatbestandsspezifischen Vermögensbetreuungspflicht darstellt. Denn zum einen kann es nicht der Sinn des § 266 StGB sein, jede zivil- oder öffentlich-rechtliche Verpflichtung des Treunehmers, die ihm gegenüber dem Treugeber auferlegt wurde, mit einem flankierenden strafrechtlichen Schutz zu versehen; dies wäre verfassungsrechtlich unhaltbar. Zum anderen lässt der Tatbestand nicht eine beliebige Pflichtverletzung des Treunehmers genügen, sondern verlangt eine Verletzung der Pflicht, „fremde Vermögensinteressen wahrzunehmen" sowie nicht das Vermögen desjenigen zu schädigen, dessen Vermögensinteressen man „zu betreuen" hat. Nicht tatbestandsrelevant sind daher z.B. Verstöße gegen bloße Schuldnerpflichten (z.B. Herausgabepflichten). 38

▶ *Lösung: Im „Versäumnisse eines Rechtsanwalts-Fall" stellt das Versäumnis des R, die Schadensersatzforderung geltend zu machen, eine Treubruchsuntreue durch Unterlassen dar; denn diese Verpflichtung gehört zur Kernaufgabe eines Rechtsanwalts.[72] Die unterbliebene Rückzahlung des Kostenvorschusses ist eine bloße Verletzung einer allgemeinen Schuldnerpflicht, die in anderen Schuldverhältnissen ebenso vorkommt und damit kein untreuespezifischer Umstand ist.[73] Die überhöhte Gebührenrechnung stellt einen Betrug (§ 263 StGB) und eine Gebührenüberhebung (§ 352 StGB) dar, fällt aber nicht unter den Untreuetatbestand.[74] Der Zugriff auf die Mandantengelder wiederum ist eine Treubruchsuntreue; dieses Geld darf R auf keinen Fall antasten.[75]* ◀ 39

(2) Gravierende Pflichtverletzung

▶ **Beispiel („Karstadt-Fall"):**[76] *M war Vorstandsvorsitzender des großen Handelskonzerns Karstadt-AG. M ließ über den Konzern Rechnungen in Höhe von insgesamt 500.000 EUR für von ihm in Anspruch genommene Flüge, Hotelübernachtungen und Limousinen bezahlen, obwohl diese Reisekosten ausschließlich privat veranlasst waren. Ihm stand aus dem Vorstands- und Dienstverhältnis kein Anspruch auf Übernahme durch die Treugeberin zu. Obwohl für die Kostenübernahme Beschlüsse des zuständigen ständigen Ausschusses notwendig gewesen wären, informierte er diesen nicht, sondern veranlasste die Kostenübernahme eigenmächtig, indem er sie selbst oder über seine Sekretärin oder einem ihm unterstellten Mitarbeiter zur Zahlung freizeichnete.* ◀ 40

In der Rechtsprechung und im Schrifttum wird inzwischen überwiegend gefordert, dass für eine Treupflichtverletzung der Verstoß gegen die zivil- oder gesellschaftsrechtlichen Pflichten als solche nicht ausreiche, sondern der Verstoß zusätzlich „gravierend" sein müsse, damit sie als tatbestandsmäßige Treupflichtverletzung eingestuft 41

---

70 BGHSt BGH 51, 112 (schwarze Parteikasse); BGHSt 52, 333 (Siemens); BGH NStZ 2020, 544.
71 BGHSt 64, 264; BGH NJW 2021, 1473 m. Anm. *Brand*; Bosch, Jura 2021, 1449.
72 BGH NJW 1983, 461.
73 BGH NStZ 1986, 361.
74 OLG Karlsruhe NStZ 1991, 239.
75 BGH NStZ 2015, 277.
76 LG Essen, Urt. v. 14.11.2014 – 35 KLs 14/13. Das Urteil wurde vom BGH bestätigt (Beschluss v. 17. 2. 2016–1 StR 209/15; vgl. Pressemitteilung des BGH Nr. 46/2016).

werden könne.[77] Es handelt sich dabei um eine „strafrechtsautonome Bestimmung der Pflichtwidrigkeit im Wege einer Gesamtbewertung als abschließendem Prüfungsschritt" (Matt).[78] Auch das BVerfG hat ein solches tatbestandseinschränkendes Korrektiv befürwortet: Die Treupflichtverletzung müsse „klar und deutlich (evident)" sein. Ein Teil der BGH-Rechtsprechung lehnte eine solche ungeschriebene Restriktion des Tatbestands bislang jedoch ab oder begrenzt sie auf Fälle unternehmerischen Ermessensspielraums,[79] da sie zu Wertungsunsicherheiten zu führen drohe und zudem im Tatbestand nicht verankert sei. Im Schrifttum wird zudem darauf hingewiesen, dass eine solche Strafbarkeitsgrenze nur vom Gesetzgeber, nicht von der Rechtsprechung definiert werden könne.[80]

42 Gleichwohl wird man allgemein das Erfordernis einer gravierenden Pflichtverletzung für jede Form der Untreue verlangen können, sofern man dieses ungeschriebene Tatbestandsmerkmal so deutet, dass der Verstoß gegen die Bindungen im Innenverhältnis klar und evident sein muss.[81] Bestehen dagegen Unsicherheiten bei der rechtlichen Bewertung, so etwa weil die Antwort auf Rechtsfrage in der Rechtsprechung oder im rechtswissenschaftlichen Schrifttum sehr umstritten ist, kann nicht von einer Treupflichtverletzung ausgegangen werden. Geht es um unternehmerische Entscheidungen oder sonstige Dispositionen mit hohem Risikopotential (z.B. Spekulationsgeschäfte, Kreditvergaben, Investitionen in unsichere Zukunftstechnologien), so wird diese Evidenz entweder anhand eines Indizienkatalogs[82] oder danach bestimmt, ob die Entscheidung des Treunehmers unvertretbar bzw. willkürlich ist.[83] Soweit der Treunehmer dagegen keinen Handlungsspielraum hat, werden die außerstrafrechtlichen vermögensbezogenen Pflichten vielfach bereits so gewichtig sein, dass ihre Verletzung sogleich den tatbestandlich vorausgesetzten Schweregrad erreicht, sofern es sich nicht um bloße Verfahrens- oder Formvorschriften handelt.[84]

43 ▶ **Lösung:** *M hat im „Karstadt-Fall" durch die von ihm veranlasste Kostenübernahme bezüglich nicht dienstlich veranlasster Reisen eindeutig und klar gegen seine Bindungen aus dem Innenverhältnis gegenüber dem B-Konzern verstoßen. Die Abrechnung privater Flugreisen war eindeutig verboten. M hatte keinen Ermessensspielraum bei seiner Entscheidung, ob er das Unternehmen mit der Übernahme dieser Kosten belasten darf. Damit hat M seine Pflichten gravierend verletzt.[85] M wurde rechtskräftig zu einer Freiheitsstrafe von 3 Jahren verurteilt.* ◀

2. Vermögensschaden

a) Allgemeines

44 Beide Formen der Untreue setzen voraus, dass durch den Missbrauch bzw. Treubruch ein Vermögensschaden eingetreten ist. Die Pflichtwidrigkeit als solche begründet noch keinen Vermögensschaden. Es muss zusätzlich ein davon unterscheidender Vermö-

---

77 So BGHSt 47, 148 (Sparkassenkredit); BGHSt 47, 184 (Sponsoring); BGHSt 55, 266; BGH NStZ 2013, 715; vgl. auch BGH NStZ 2ß21, 738 („unvertretbarer und evidenter Leitungsfehler"); im Schrifttum etwa S/S/W-*Saliger*, § 266 Rn. 50.
78 M/R-*Matt*, § 266 Rn. 79.
79 BGHSt 50, 331, 345 (Mannesmann).
80 SK-*Hoyer*, § 266 Rn. 57.
81 S/S/W-*Saliger*, § 266 Rn. 50; *Momsen/Grützner/Schramm*, § 19 Rn. 55.
82 MK-*Dierlamm*, § 266 Rn. 176 ff.
83 M/R-*Matt* § 266 Rn. 80, 83; S/S/W-*Saliger*, § 266 Rn. 50.
84 S/S/W-*Saliger*, § 266 Rn. 51.
85 LG Essen, Urt. v. 14.11.2014 – 35 KLs 14/13.

gensnachteil eingetreten sein; die Tatbestandsmerkmale der Pflichtverletzung und des Nachteils haben eine eigenständige Bedeutung und dürfen nicht miteinander verschliffen werden.[86]

b) Besonderheiten bei der Gesamtsaldierung

Hinsichtlich des Begriffs des Vermögens kann zunächst ohne Weiteres auf die Ausführungen zu § 263 StGB verwiesen werden (siehe § 7 Rn. 97 ff.). Ebenso entspricht der Begriff des (Vermögens-)Schadens demjenigen bei Betrug und Erpressung (siehe § 7 Rn. 120 ff.).[87] Dies schließt freilich nicht aus, dass einige untreuespezifische Besonderheiten zu beachten sind.

Ob ein auf die Tathandlung zurückgehender Nachteil i.S. einer Vermögenseinbuße eingetreten ist, muss auch bei § 266 StGB nach dem Prinzip der Gesamtsaldierung festgestellt werden. Daher liegt kein Schaden vor, wenn der durch das treupflichtwidrige Verhalten eingetretene Verlust unmittelbar durch einen Vermögenszuwachs kompensiert wird.[88] Begleicht beispielsweise der Geschäftsführer entgegen den Vorgaben der Gesellschafter eine Provisionsverbindlichkeit in Höhe von 300.000 EUR oder hat er selbst einen Geldanspruch gegen das von ihm verwaltete Vermögen, fließt dieses Geld zwar ab; aber der Treugeber wird dadurch – schadenskompensierend – zugleich von einer Verpflichtung befreit.[89]

Der Schaden entfällt nicht dadurch, dass der Verletzte gegenüber dem Treunehmer Ersatzansprüche erlangt, wie etwa Schadensersatzansprüche (§§ 823 Abs. 2 BGB i. V. m. § 266 StGB) oder Bereicherungsansprüche (§ 812 BGB).[90] Eine spätere Schadenswiedergutmachung wird (nur) strafmildernd bei der Strafzumessung berücksichtigt.[91] Allerdings entfällt nach h.M. der Schaden, wenn objektiv eine Schadensersatzwilligkeit und -fähigkeit des schädigenden Täters bestand und er subjektiv sein Augenmerk darauf richtet, diese Mittel zum Ausgleich benutzen zu können.[92] Dies läuft in der Sache auf eine Art richterrechtliche Anerkennung der Möglichkeit hinaus, dass solvente Untreuetäter durch tätige Reue die Tatbestandsvollendung verhindern können, was kriminalpolitisch offenbar für sehr gut vertretbar gehalten und dogmatisch unterschiedlich begründet wird.[93] Sie soll aber keine Anwendung finden, wenn der Täter erst mithilfe eines Kredits den Schaden beheben könnte oder lediglich eine Ersatzbereitschaft Dritter (z.B. seiner Ehefrau) besteht.[94]

c) Vermögensgefährdung

Auch die Vermögensgefährdung kann nach ganz h.M. einen Nachteil darstellen.[95] Denn bei wirtschaftlicher Betrachtung ist bereits unter bestimmten Umständen die

---

86 BVerfGE 126, 170 (228).
87 MK-*Dierlamm* § 266 Rn. 205; SK-*Hoyer*, § 266 Rn. 93; LK-*Schünemann*, § 266 Rn. 163.
88 BGHSt 55, 218; SK-*Hoyer*, § 266 Rn. 97; Sch/Sch-*Perron*, § 266 Rn. 41.
89 BGH NStZ-RR 2006, 175; BGH NStZ-RR 2021, 246; *Eisele/Bechtel*, JuS 2018, 97 (98, 99).
90 NK-*Kindhäuser/Hoven*, § 266 Rn. 107.
91 LK-*Schünemann*, § 266 Rn. 169.
92 BGHSt 15, 342, 344; BGHSt 52, 323 Rn. 43; nicht verfassungsrechtlich bewertet in BVerfGE 126, 170 (216).
93 Vgl. etwa S/S/W-*Saliger*, § 266 Rn. 73 (quasi untauglicher Versuch); Sch/Sch-*Perron*, § 266 Rn. 42, 48 (mutmaßliche Einwilligung); andere Ansicht AnwK-*Esser*, § 266 Rn. 245.
94 Zur Diskussion vgl. etwa S/S/W-*Saliger*, § 266 Rn. 75.
95 BVerfGE 126, 170 (211); BGHSt 20, 304; NK-*Kindhäuser/Hoven*, § 266 Rn. 110; *Becker/Rönnau*, JuS 2017, 499 ff.; *Eisele/Bechtel*, JuS 2018, 97 (100, 101).

Gefahr eines zukünftigen Verlustes eine gegenwärtige Minderung des Vermögenswertes und damit ein vollendeter Schaden oder Nachteil im Sinne der §§ 263, 266 StGB. Die Annahme eines Vermögensschadens aufgrund einer Vermögensgefährdung ist bei § 266 StGB von besonderer „Dramatik". Die Untreue kennt, anders als der Betrug und die Erpressung, keine Versuchsstrafbarkeit und damit auch keine Strafmilderung nach § 23 Abs. 2 StGB oder eine Strafaufhebung nach § 24 StGB. Somit wird bei § 266 StGB mit der Bejahung einer Vermögensgefährdung zugleich über die Tatbestandsmäßigkeit des gefahrbegründenden Verhaltens und damit die Strafbarkeit wegen Untreue entschieden.[96]

49 Unter welchen Voraussetzungen freilich eine bloße Vermögensgefährdung als „schadensgleich" angesehen bzw. – begrifflich präziser gefasst – als Schädigung des Vermögens eingestuft werden kann, ist schwer zu bestimmen.[97] Einigkeit besteht darin, dass die abstrakte Gefahr des Vermögensverlusts nicht genügt, sondern die Gefahr konkret sein muss.[98] Die Konkretheit der Gefährdung bezeichnet vor allem eine zeitliche Komponente: Es muss nach den Umständen des Einzelfalls mit wirtschaftlichen Nachteilen ernstlich zu rechnen sein und der Vermögensverlust naheliegen.[99] Ein wichtiges Indiz für eine konkrete Vermögensgefährdung kann auch die Vermeidemacht des Geschädigten sein, d.h. ob er den maßgeblichen vermögensschädigenden Vorgang nicht mehr kontrollieren kann und die Möglichkeit des endgültigen Vermögensverlustes nur noch im Belieben des Täters steht.[100]

50 Bejaht wurde beispielsweise eine (konkrete) Vermögensgefährdung i.S. eines Vermögensschadens dann, wenn aufgrund einer mangelhaften Buchführung damit zu rechnen ist, dass man wegen einer Forderung doppelt in Anspruch genommen wird[101] oder wenn ungesicherte Kredite vergeben werden.[102] Setzt der Täter durch Schädigungen Dritter den Treugeber der Gefahr aus, erfolgreich auf Schadensersatz in Anspruch genommen zu werden, so ist ihm diese Gefährdung zurechenbar (z.B. Sanktionen nach dem Parteiengesetz aufgrund falscher Rechenschaftsberichte[103]), sofern sie konkret gegeben ist. Das Führen einer schwarzen Kasse, z.B. zur Finanzierung von Bestechungshandlungen, wird vom BGH inzwischen nicht mehr bloß als schadensgleiche Vermögensgefährdung, sondern insgesamt bereits als Vermögensschaden eingestuft. Dies hat regelmäßig zur Konsequenz, dass der Rückführungswille desjenigen, der Zugriff auf die schwarze Kasse hat, oder der für den Treugeber womöglich positive Effekt einer solchen schwarzen Kasse (z.B. bei der Erlangung von Aufträgen) nicht mehr schadensausschließend zu Buche schlagen können.[104]

51 Das Bundesverfassungsgericht hat im Landowsky-Beschluss[105] erhöhte Anforderungen an die Feststellung eines Schadens bei der Vermögensgefährdung aufgestellt, die inzwischen von der BGH-Rechtsprechung übernommen wurden.[106] Demnach müsse der Vermögensschaden auch bei schadensgleichen Vermögensgefährdungen (notfalls mit-

---

96 SK-*Hoyer*, § 266 Rn. 101.
97 MK-*Dierlamm*, § 266 Rn. 211 ff.; S/S/W-*Saliger*, § 266 Rn. 82 ff.
98 BGHSt 48, 354; S/S/W-*Saliger*, § 266 Rn. 89.
99 BVerfG NJW 2010, 3209; BGHSt 34, 394; BGHSt 48, 354.
100 BVerfG NJW 2009, 2370; LK-*Schünemann*, § 266 Rn. 181.
101 BGHSt 47, 8.
102 Vgl. die Nachweise bei NK-*Kindhäuser/Hoven*, § 266 Rn. 110.
103 BGHSt 51, 117; BGHSt 56, 203.
104 BGHSt 51, 100; BGHSt 52, 323.
105 BVerfGE 126, 170 (211); siehe dazu bereits oben Rn. 11.
106 Vgl. etwa BGH ZInsO 2013, 1350; OLG Celle NStZ-RR 2013, 176.

hilfe von Sachverständigen) der Höhe nach beziffert werden, und dessen Feststellung im Urteil nachvollziehbar dargelegt werden. Sind in der wirtschaftlichen Praxis geeignete Methoden zur Bewertung von Vermögenspositionen entwickelt worden, seien diese bei der Schadensfeststellung zugrunde zu legen. Daher müsse man sich bei der Schadensbestimmung an den Bewertungsvorschriften des Bilanzrechts (z. B. an § 253 HGB) orientieren.[107] Soweit komplexe wirtschaftliche Analysen vorzunehmen sind, sei regelmäßig die Hinzuziehung eines Sachverständigen erforderlich. In Zweifelsfällen sei ein Mindestschaden im Wege der Schätzung zu ermitteln. Im Zweifel müsse allerdings freigesprochen werden. – Dieser bilanzrechtliche Ansatz des BVerfG, der auch (und vor allem!) beim Betrug Einzug gehalten hat,[108] wird im Schrifttum z.T. kritisiert, da es in einer Handelsbilanz im Interesse des Gläubigerschutzes zu einer Überbetonung der Verlustrisiken kommen kann, ohne dass damit zwangsläufig ein konkreter wirtschaftlicher Nachteil nachgewiesen ist.[109] Es ist noch nicht hinreichend geklärt, ob die damit verbundene faktische Verschiebung der Zuständigkeit für die Feststellung eines Vermögensnachteils vom Richter auf den Gutachter sachgerecht ist und die im systematischen Kontext des Handelsrechts stehenden Bewertungsgrundsätze ohne Weiteres zur Grundlage strafrechtlicher Schadensbestimmung herangezogen werden können.

In der strafrechtlichen Klausurbearbeitung – selbst im Schwerpunktbereich – kann der studentische Bearbeiter solche eigenen bilanzrechtlichen Erwägungen naturgemäß nicht anstellen. Vielmehr muss der Klausurbearbeiter seine Bewertung des Schadens allein aufgrund der Angaben im Sachverhalt treffen.

d) Zweckverfehlung

Ebenso wie bei § 263 StGB (siehe § 7 Rn. 154 ff.) ist auch bei § 266 StGB die sog. Zweckverfehlungslehre anwendbar. Danach kommt eine Untreue in Betracht, wenn trotz rechnerischer Gleichwertigkeit von Leistung und Gegenleistung eine Leistung ihren sozialen Zweck verfehlt. Werden etwa vom Treugeber für karitative Zwecke vorgesehene Finanzmittel für eine Silvesterparty des Betriebsmanagements eingesetzt, so liegt ein Vermögensschaden vor.[110]

Besondere Bedeutung erlangt die Zweckverfehlung bei der Verwendung öffentlicher Gelder. Denn die Finanzmittel der öffentlichen Hand (Staat, Kommunen, Körperschaften des öffentlichen Rechts) können nicht für beliebige Zwecke eingesetzt werden, sondern sind „auf bestimmte, an den Bedürfnissen der Allgemeinheit orientierte Leistungszwecke normativ festgelegt."[111] Sie unterliegen daher einer ganz besonderen (meist haushaltsrechtlichen) Zweckbindung. Werden solche öffentlichen Gelder pflichtwidrig für andere Zwecke eingesetzt, so bedeutet dies für den (öffentlichen) Treugeber einen Schaden. Aber auch bei zweckkonformer Verwendung der Mittel kann sich eine Untreue daraus ergeben, dass gegen den materiellen Haushaltsgrundsatz der wirtschaftlichen und sparsamen Mittelverwaltung verstoßen wird.[112] Wird mehr Geld für öffentliche Zwecke ausgegeben als im Haushaltsplan vorgesehen, führt eine solche

---

107 BVerfGE 126, 170 (222) in Anlehnung an die von *Hefendehl* entwickelte Lehre.
108 Vgl. oben § 7 Rn. 138.
109 Zum Streitstand eingehend S/S/W-*Saliger*, § 266 Rn. 86 ff. mit umfass. Nachw.
110 Bsp. von Sch/Sch-*Perron*, § 266 Rn. 43.
111 Sch/Sch-*Perron*, § 266 Rn. 44.
112 Sch/Sch-*Perron*, § 266 Rn. 44; LK-*Schünemann*, § 266 Rn. 236.

Haushaltsüberziehung dann aber nicht zu einem Vermögensschaden, wenn diese im Einzelfall zweckkonform sachlich gerechtfertigt ist.[113]

e) Individueller Schadenseinschlag

55 ▶ **Beispiel („Stadtwerke-Fall"):**[114] *D war Geschäftsführer des fünf Kommunen gehörenden Versorgungsunternehmens „Stadtwerke P-GmbH", welches diese Kommunen mit Gas, Wasser und Fernwärme versorgte. Er kaufte im Namen der P-GmbH insgesamt Wein und alkoholische Getränke in Höhe von 160.000 EUR. Der Alkohol wurde später größtenteils verbraucht. Außerdem erwarb er namens der GmbH zur Ausschmückung der Diensträume 500 Kunstwerke für insgesamt 340.000 EUR. Die für die Repräsentationsaufwendungen verwendeten Mittel wären ansonsten an die Haushalte der an der Gesellschaft beteiligten Gemeinden abgeführt worden.* ◀

56 Sind die treupflichtwidrig erbrachte Leistung und die erlangte Gegenleistung gleichwertig, liegt prinzipiell kein Schaden vor. Wenn der Beauftragte für den Treugeber T statt eines Computers für 500 EUR weisungswidrig eine Kaffeemaschine für 500 EUR kauft, die ihren Preis wert ist, stellt dies für T keinen Vermögensnachteil dar. Zwar kann T nunmehr über die ausgegebenen 500 EUR nicht mehr disponieren, sondern muss für den Computerkauf andere 500 EUR einsetzen. Dies ändert aber nichts daran, dass T eine Kaffeemaschine erhalten und B nur die Dispositionsfreiheit des T verletzt hat.

57 Gleichwohl findet insoweit eine gewisse Individualisierung des Vermögens statt, als es nicht allein auf objektive rechnerische Gleichwertigkeit, sondern auch auf die wirtschaftlichen Zielsetzungen und Bedürfnisse des Betroffenen ankommt. Dies kommt vor allem in denjenigen Fällen in Betracht, in denen die Gegenleistung für den Treugeber ganz oder teilweise wertlos ist oder falsche Prioritäten bei der Mittelverwendung gesetzt werden.

58 ▶ **Lösung:**[115] *Im „Stadtwerke-Fall" ist bei der Bestimmung der Sorgfalt, die ein vermögensbetreuungspflichtiger Geschäftsführer bei seinen Dispositionen anzuwenden hat (§ 43 Abs. 1 GmbHG), zu berücksichtigen, dass die einer öffentlichen Daseinsvorsorge dienenden Stadtwerke sich nicht mit privatwirtschaftlichen Unternehmungen vergleichen lassen. Gegen seine Sorgfaltspflichten hat D bei seinen Dispositionen (Missbrauchsuntreue) verstoßen: Der Kauf von derartigen Mengen an Spirituosen, die größtenteils auch verbraucht worden sind, stellt einen Aufwand dar, der mit den Zwecken eines kommunalen Energieversorgers nicht vereinbar ist (Zweckverfehlung). Auch der Erwerb der 500 Kunstwerke war pflichtwidrig und schädigend: Mögen die Werke auch ihr Geld wert gewesen sein, brauchte doch die GmbH einen solchen Repräsentationsaufwand nicht zu betreiben, da sie anderen Zwecken als einen allein auf wirtschaftliches Gewinnstreben ausgerichteten Betrieb der privaten Wirtschaft dient (individueller Schadenseinschlag).* ◀

---

113 Zu den Kriterien vgl. etwa BGHSt 43, 293 (sog. Intendanten-Entscheidung).
114 Nach OLG Hamm NStZ 1986, 119.
115 OLG Hamm NStZ 1986, 119.

III. Subjektiver Tatbestand

1. Allgemeines

Der subjektive Tatbestand des § 266 StGB setzt Vorsatz voraus; dolus eventualis genügt. Das Gesetz verlangt, anders als etwa bei § 263 StGB, keine Bereicherungsabsicht. Wegen der Weite des objektiven Tatbestands betont die Rechtsprechung, dass bei der Feststellung des bedingten Vorsatzes besondere Sorgfalt angewendet werden müsse, insbesondere dann, wenn der Täter nicht eigennützig handelt.[116]

59

Irrt sich der Täter über den Missbrauch bzw. die Pflichtwidrigkeit seines Verhaltens, so ist sehr umstritten, ob dies (täterfreundlich) als (vorsatzausschließender) Tatbestandsirrtum, § 16 StGB, oder als (bei Vermeidbarkeit nicht schuldausschließender) Verbotsirrtum, § 17 StGB, einzuordnen ist. Besondere Brisanz erlangte diese Frage im Fall Mannesmann, in dem umstritten war, ob die gezahlten Anerkennungsprämien aktienrechtlich pflichtwidrig waren und dementsprechend die Akteure womöglich davon ausgingen, ihr Handeln sei doch rechtmäßig.[117] Ein Teil des Schrifttums betrachtet die Pflichtwidrigkeit als gesamttatbewertendes Merkmal, das nach § 17 StGB beurteilt werden müsse.[118] Die Rechtsprechung praktiziert eine einzelfallbezogene Betrachtungsweise und nimmt einmal einen Tatbestands-,[119] ein andermal einen Verbotsirrtum[120] an. In Anlehnung daran tendieren andere umso eher zu einem Tatbestandsirrtum, je komplizierter die Rechtslage ist.[121] Richtigerweise sind aber Missbrauch wie Pflichtwidrigkeit als normative Tatbestandsmerkmale anzusehen, auf die § 16 StGB anwendbar ist,[122] weshalb es hier auf eine entsprechende Parallelwertung in der Laiensphäre[123] ankommt.

60

2. Besonderheiten bei der Vermögensgefährdung

Hat der Täter bezüglich eines Gefährdungsschadens (oben D.) nur mit bedingtem Vorsatz bezüglich der Gefährdung gehandelt, so wird teilweise gefordert, dass für die Bejahung des dolus eventualis nicht nur die Kenntnis der konkreten Möglichkeit eines Schadenseintritts und die Inkaufnahme dieser konkreten Gefahr erforderlich seien. Vielmehr bedürfe es darüber hinaus auch einer Billigung der Gefahrrealisierung.[124] Richtigerweise sollte hier die Deckungsgleichheit von objektivem und subjektivem Tatbestand bewahrt bleiben und die gebotene restriktive Anwendung des § 266 StGB durch eine entsprechende enge Auslegung des objektiven Tatbestands erreicht werden.[125]

61

---

116 BGH NJW 1975, 1234; BGHSt 47, 295.
117 BGH NJW 2006, 522, 531.
118 NK-*Kindhäuser/Hoven* § 266 Rn. 122; LK-*Schünemann* § 266 Rn. 193.
119 BGHSt 51, 100, 119 (Kanther).
120 BGH NJW 2006, 522 (Mannesmann).
121 S/S/W-*Saliger*, § 266 Rn. 129.
122 Sch/Sch-*Perron*, § 266 Rn. 49; *Momsen/Grützner/Schramm*, § 19 Rn. 141.
123 Vgl. dazu auch *Kaspar*, AT, Rn. 610.
124 So BGHSt 51, 100, 121 (2. Strafsenat) und BGHSt 52, 182, 190 (5. Strafsenat); dagegen jedoch BGH NJW 2008, 2451 (1. Strafsenat).
125 Sch/Sch-*Perron*, § 266 Rn. 50; S/S/W-*Saliger*, § 266 Rn. 128, 104a; *Momsen/Grützner/Schramm*, § 19 Rn. 141; von einem „subjektiven Schleichweg" spricht SK-*Hoyer*, § 266 Rn. 120.

IV. Täterschaft und Teilnahme

62 Nur derjenige, der vermögensbetreuungspflichtig ist, kann Täter des Sonderdelikts Untreue sein. Die Pflichtenstellung des Täters ist ein besonderes, strafbegründendes Merkmal i.S.d. § 28 Abs. 1 StGB. Die Untreue ist zugleich ein Pflichtdelikt: Jede vermögensschädigende Treuepflichtverletzung begründet eine täterschaftliche Beteiligung. Auf Tatherrschaftsaspekte kommt es daher nicht an.[126]

63 Ins Geschehen involvierte Personen, die nicht vermögensbetreuungspflichtig sind, kommen nur als Teilnehmer in Betracht. Die Strafe des nicht treupflichtigen Teilnehmers ist zwingend nach §§ 28 Abs. 1, 49 Abs. 1 StGB zu mildern. Ist der Gehilfe zudem nur eine Randfigur des Geschehens, ist seine Strafe sogar doppelt nach § 28 Abs. 1 StGB und § 27 Abs. 1 StGB zu mildern.[127]

V. Besonders schwerer Fall der Untreue (§ 266 Abs. 2 StGB); Haus- und Familienuntreue; Bagatelluntreue

64 § 266 Abs. 2 StGB verweist nicht nur auf § 247 StGB (Haus- und Familienuntreue) und § 248a StGB (Antragserfordernis bei geringwertigen Sachen), sondern auch auf die Regelbeispiele des § 263 Abs. 3 StGB. Hier gelten sinngemäß die entsprechenden Ausführungen wie beim Betrug (§ 7 Rn. 197 ff.).

65 Besondere Bedeutung erlangt bei der Untreue vor allem die Herbeiführung eines Vermögensverlustes großen Ausmaßes (§ 263 Abs. 3 S. 2 Nr. 2 Alt. 1 StGB). Der Grenzwert soll nach h.M. bei 50.000 EUR liegen.[128] Eine Vermögensgefährdung als solche genügt nicht; vielmehr muss sich die Gefahr auch realisiert haben,[129] etwa im Fall eines zunächst nur riskanten Vertragsschlusses (z.B. Vergabe eines ungesicherten Kredits) in Gestalt der Erbringung der geschuldeten Leistung (z.B. Auszahlung der Darlehenssumme).

66 Umstritten ist der Verweis in § 263 Abs. 3 S. 2 Nr. 4 StGB auf die Amtsträgereigenschaft, da damit jeder vermögensbetreuungspflichtige Amtsträger sogleich unter den Strafrahmen des § 263 Abs. 3 StGB fällt. Die Rechtsprechung hält diese regelmäßige Strafschärfung bei Amtsuntreue für vertretbar,[130] während die Gegenansicht diesen Strafschärfungsgrund nur dann annehmen möchte, wenn sich Amtsträgereigenschaft und Treuepflicht nicht überschneiden.[131] Letzteres dürfte aber praktisch immer der Fall sein: Aus einer Amtsträgerstellung (z.B. als Polizist, Professor, Lehrer) als solcher kann unmöglich bereits eine Vermögensbetreuungspflicht folgen, denn § 266 StGB ist kein Amtsdelikt und nicht jeder Amtsträger ist für Vermögensentscheidungen zuständig. Vielmehr müssen erst die tatbestandlichen Voraussetzungen des Abs. 1 gegeben sein, d.h. die Amtsträgerposition mit entsprechenden vermögensbezogenen, treuhänderischen Machtpositionen verbunden sein, bevor man überhaupt zu einer Strafschärfung nach § 263 Abs. 3 StGB kommen kann.

---

126 BGHSt 13, 330; S/S/W-*Saliger*, § 266 Rn. 131; *Momsen/Grützner/Schramm*, § 19 Rn. 156.
127 BGHSt 41, 1.
128 BGH NJW 2013, 401; Sch/Sch-*Perron*, § 266 Rn. 53; für eine Wertgrenze von 100.000 EUR S/S/W-*Saliger*, § 266 Rn. 136.
129 BGHSt 48, 354; NK-*Kindhäuser/Hoven*, § 266 Rn. 128.
130 BGH NStZ 2000, 592; *Momsen/Grützner/Schramm*, § 19 Rn. 162.
131 So etwa LK-*Schünemann*, § 266 Rn. 176; *Fischer*, § 266 Rn. 190.

§ 10 Die Untreue (§ 266 StGB)

VI. Konkurrenzen

Klärungsbedürftig ist insbesondere das Verhältnis zum Betrug. So wurde Tateinheit mit Betrug angenommen, wenn die Untreue mit den Mitteln des Betrugs begangen wird.[132] Dagegen tritt die Untreue hinter dem Betrug als mitbestrafte Nachtat zurück, wenn sie nur der Schadensvertiefung dient,[133] und umgekehrt der Betrug hinter die Untreue, wenn die Untreuebeute durch eine Täuschung gesichert werden soll.[134] Die (veruntreuende) Unterschlagung tritt hinter § 266 StGB zurück, wenn sie sich auf dieselbe Sache bezieht und der Täter den Zueignungsvorsatz bereits bei der Untreuehandlung hatte.[135]

67

Wiederholungsfragen

1. Welche beiden Tatbestände enthält § 266 StGB? (Rn. 3)
2. Setzen beide Untreuevarianten eine Vermögensbetreuungspflicht des Täters voraus? (Rn. 7)
3. Wird die Vermögensbetreuungspflicht bei der Missbrauchsuntreue anders definiert als diejenige beim Treubruchstatbestand? (Rn. 8)
4. Wann liegt ein Missbrauch einer Vertretungs- oder Verpflichtungsbefugnis vor? (Rn. 19, 21)
5. Welche Verhaltensweisen können eine Treubruchsuntreue darstellen? (Rn. 37)
6. In welchen Fallkonstellationen verlangt die Rechtsprechung eine gravierende Pflichtverletzung? (Rn. 41)
7. Wie bestimmt man den Vermögensschaden bei der Untreue? (Rn. 46)
8. Können der Wille und die Fähigkeit zur Wiedergutmachung den Schaden entfallen lassen? (Rn. 47)
9. Wie wirkt sich die Zustimmung des Dispositionsbefugten auf die Strafbarkeit des Treunehmers aus? (Rn. 25 ff.)

---

132 BGHSt 8, 260; BGH NStZ 2008, 340.
133 BGHSt 6, 67; BGH NStZ 2001, 195.
134 BGH NStZ 1994, 586; BGH NStZ 2004, 570.
135 BGHSt 6, 316; BGHSt 8, 260; BGH wistra 1991, 214.

§ 11 Der Missbrauch von Scheck- und Kreditkarten (§ 266 b StGB)

Literaturempfehlungen: *Eisele/Fad*, Strafrechtliche Verantwortlichkeit beim Missbrauch kartengestützter Zahlungssysteme, Jura 2002, 305 ff.; *Fest/Simon*, Examensrelevante Grundlagen des Bankrechts im Besonderen Teil des StGB, JuS 2009, 798 ff.; *Kempny*, Überblick zu den Geldkartendelikten, JuS 2008, 1084 ff.; *Schramm/Glatz*, Gefährliches Plastik: Grundfragen des § 266 b StGB, Ad Legendum 2022, 158 ff.

I. Einführung

1 § 266 b StGB wurde durch das 2. WiKG im Jahr 1986 eingeführt, um bestimmte Strafbarkeitslücken zu schließen, die beim missbräuchlichen Gebrauch von Scheck- und Kreditkarten auftreten konnten. So scheiterte etwa eine Strafbarkeit wegen Untreue gemäß § 266 StGB gegenüber den kartenausstellenden Kreditkartenfirmen an der fehlenden Vermögensbetreuungspflicht des Karteninhabers.[1]

1. Kriminalpolitische Bedeutung

2 Trotzdem war und ist § 266 b StGB und die Strafbedürftigkeit des tatbestandsmäßig erfassten Verhaltens sogar schon im Gesetzgebungsverfahren selbst[2] umstritten: Der Tatbestand sei in strafrechtlicher Hinsicht systemwidrig, da er die Verletzung vertraglicher Pflichten strafrechtlich sanktioniere, obwohl sich die Kreditinstitute selbst durch entsprechende Ausgestaltung ihrer Rechtsbeziehungen zu Karteninhabern und Vertragsunternehmen sowie durch Prüfung der Kreditwürdigkeit ihrer Kunden schützen könnten.[3] Zudem haben die neuesten technischen Entwicklungen des vollkommen bargeldlosen Bezahlens vor allem im Online-Handel die Vorstellungen des historischen Gesetzgebers von einem „Drei-Parteien-System" längst überholt, was zu erheblichen Anwendungsschwierigkeiten des § 266 b StGB führe und an der kriminalpolitischen Notwendigkeit des Tatbestandes zweifeln lasse.[4] So wird teilweise eine Anpassung des Tatbestandes an neue technische Entwicklungen gefordert.[5] Die 1. Var. des § 266 b StGB, der **Scheckkartenmissbrauch**, ist veraltet und hat **praktisch keinen Anwendungsbereich** mehr (näher dazu unter Rn. 15).

3 Die **praktische Relevanz** des § 266 b StGB ist erstaunlicherweise trotz des tagtäglich millionenfachen Einsatzes von Kreditkarten **äußerst gering**. In der Polizeilichen Kriminalstatistik (PKS) des Jahres 2022 wurden lediglich 235 Fälle registriert. **Abgeurteilt** wurden 2021 **nur 17** Personen.[6] § 266 b StGB ist zwar formal ein Offizialdelikt, d.h. für die Strafverfolgung ist kein Strafantrag des Kreditkartenunternehmens erforderlich, **de facto** aber ein **Antragsdelikt**, da die Tat in aller Regel nur dem geschädigten Kartenaussteller bekannt wird. Staatsanwaltschaften werden von Kreditkartenfirmen so gut wie nie über Missbrauchsfälle informiert, und der nur bei geringwertigen Schadenshöhen erforderliche Strafantrag gem. §§ 266 b Abs. 2, 248 a StGB wird äußerst selten gestellt.

---

1 BGHSt 33, 244, 250.
2 MK-*Radtke*, § 266 b Rn. 3.
3 *Achenbach*, NJW 1986, 1835, 1838; MK-*Radtke*, § 266 b Rn. 3.
4 *Baier*, ZRP 2001, 454, (458).
5 MK-*Radtke*, § 266 b Rn. 3; LK-*Möhrenschlager*, § 266 b Rn. 3.
6 SVS 2021, S. 38.

2. Rechtsgut; Rechtsnatur

Mit Blick auf die Strafbarkeitslücke zwischen § 263 StGB und § 266 StGB soll § 266 b StGB das **Vermögen der kartenausstellenden Kreditkartenfirmen** schützen.[7] Diese Schutzrichtung liegt auf der Hand, da das Vermögen der Kreditkartenfirmen geschädigt wird, wenn sie nach Befriedigung der Ansprüche ihrer Vertragsunternehmen nicht beim Kreditkarteninhaber Ausgleich erlangen können. Umstritten ist, ob § 266 b StGB darüber hinaus auch die **Funktionsfähigkeit** des **bargeldlosen Zahlungsverkehrs** als **kollektives Rechtsgut** schützt. Dieser in der Gesetzesbegründung und einem Teil der Literatur[8] ausdrücklich genannten Schutzrichtung des § 266 b StGB werden vor allem Bedenken hinsichtlich der Bestimmtheit dieses Schutzgutes und dessen Folgen für den Charakter des § 266 b StGB – reines Erfolgsdelikt oder auch abstraktes Gefährdungsdelikt – entgegengehalten.[9] Diese Diskussion ist jedoch für die Auslegung und Anwendung des § 266 b StGB irrelevant, da die Funktionsfähigkeit des bargeldlosen Zahlungsverkehrs jedenfalls als Reflex des Vermögensschutzes der kartenausstellenden Kreditkartenfirmen mitgeschützt wird[10] und das umstrittene zweite Rechtsgut, anders als etwa bei § 264 a StGB, keine Konkurrenzprobleme zu anderen Tatbeständen hervorruft.

3. Prüfungsschema in Klausuren

Der Straftatbestand kann in den Fortgeschrittenenübungen durchaus Bedeutung erlangen, insbesondere im Kontext der Verwendung einer Scheck-, electronic cash- oder Tankkarte durch den berechtigten Karteninhaber. Man sollte daher den spezifischen Unrechtsgehalt und die Struktur der Norm kennen.

Prüfungsschema § 266 b StGB

A. Tatbestand
   I. Objektiver Tatbestand
      1. Berechtigter Inhaber einer Scheck- oder Kreditkarte
      2. Möglichkeit, den Aussteller zu einer Zahlung zu veranlassen
      3. Missbrauch dieser Möglichkeit
      4. Vermögensschaden
   II. Subjektiver Tatbestand: Vorsatz
B. Rechtswidrigkeit
C. Schuld

II. Tatbestand

1. Tatgegenstand

§ 266 b StGB setzt voraus, dass die durch Scheck- oder Kreditkarte eingeräumte Möglichkeit vom Täter missbraucht wurde. Tatgegenstand kann demnach nur eine Scheck-

---

[7] MK-*Radtke*, § 266 b Rn. 1; NK-*Kindhäuser/Hoven*, § 266 b Rn. 1.
[8] BGBl. 1986, 721; *L-Kühl/Heger*, § 266 b Rn. 1; A/W-*Heinrich*, § 23 Rn. 43; Sch/Sch-*Perron*, § 266 b Rn. 1; *Rengier*, BT-1, § 19 Rn. 1.
[9] MK-*Radtke*, § 266 b Rn. 1.
[10] *Mitsch*, BT-2, S. 479.

oder Kreditkarte sein. Deren richtige Einordnung erfordert ein Verständnis ihrer (zivilrechtlichen) Funktionsweisen.

a) Scheckkarten (Var. 1 des § 266 b Abs. 1 StGB)

8 Unter einer Scheckkarte verstand man ursprünglich die Eurocheque-Karte (deshalb ursprünglich EC-Karte) in Verbindung mit einem Euroscheck, deren Verfahrensweise aufgrund von Vereinbarungen der europäischen Kreditwirtschaft einheitlich gestaltet war.[11] Dieses Euroschecksystem wurde zum 31.12.2001 eingestellt.[12]

9 Damit sind die bei Schaffung des § 266 b StGB ins Auge gefassten Scheckkarten nicht mehr existent, Eurocheque-Karten werden auch nicht mehr ausgegeben.[13] Soweit das ec-Logo auf noch gebräuchlichen Karten zu finden ist, steht es nun für Electronic-Cash-Karte (deshalb heute EC-Karte oder auch Debit-Karte).[14] Damit wird eine zweite, ursprünglich nachrangige Funktion der EC-Karten beschrieben, nämlich die Möglichkeit, mit den Karten elektronische Zahlungen vorzunehmen oder an Geldautomaten Bargeldauszahlungen zu veranlassen. Umstritten ist, inwieweit die heute noch gebräuchlichen EC-Karten unter den Begriff der Scheckkarte subsumiert werden können. Entscheidend für eine Subsumtion unter § 266 b Abs. 1 Var. 1 StGB ist, inwieweit bei dem Einsatz der EC-Karten wie beim alten Eurocheque-System durch die Karte eine Garantie des Kartenausstellers gegenüber einem Dritten übernommen wird.[15]

aa) POS-System; elektronisches Lastschriftverfahren

10 Wird mittels einer EC-Karte, eines Kartenlesegeräts und der Eingabe des PIN-Codes eine Bezahlung getätigt, nutzt der Karteninhaber das sog. Point-of-Sale-System (POS-System) und setzt damit ein elektronisches Lastschriftverfahren in Gang. Ob diese Verwendung einer EC-Karte eine Subsumtion unter den Begriff der Scheckkarte zulässt, ist umstritten.

11 Grundsätzlich können zwei Arten elektronischer Lastschriftverfahren unterschieden werden: Bei einem Einzugsermächtigungsverfahren ermächtigt der Schuldner seinen Gläubiger, Zahlungen zulasten seines Kontos einzuziehen, bei einem Abbuchungsauftragsverfahren erteilt der Schuldner seinem Kreditinstitut den Auftrag, Lastschriften zulasten seines Kontos einzulösen.[16] Mit Auslesen-lassen der EC-Karte und Eingabe des zugeordneten PIN-Codes erteilt der Karteninhaber als Schuldner dem Kreditinstitut, welches die EC-Karte ausgegeben hat, einen Zahlungsauftrag (§ 675 f. Abs. 3 S. 2 BGB i. V. m. § 675 p BGB) an seinen Gläubiger.[17] Damit ähnelt die Bezahlung mittels EC-Karte und PIN-Code dem Abbuchungsverfahren, ergänzt um eine Autorisierung: So erfolgt bei der Zahlung durch den Kartenaussteller oder einer von ihm eingesetzten Clearingstelle eine Onlineautorisierung des Zahlungsvorgangs. Bei diesem werden in der Regel die Echtheit und Gültigkeit der Karte, das Fehlen einer Sperre, die Überprüfung des PIN-Codes und die Einhaltung des vereinbarten, zumeist monatlichen Verfü-

---

11 Vgl. dazu die Voraufl.
12 Vertiefend: *Baier*, ZRP 2001, 454.
13 *Wessels/Hillenkamp/Schuhr*, BT-2, Rn. 842.
14 *Fischer*, § 266 b Rn. 6.
15 Beck-OK-StGB-*Wittig*, § 266 b Rn. 8.
16 Vertiefend: *Werner*, BKR 2010, 9, 11.
17 MK-*Radtke*, § 266 b Rn. 10.

gungsrahmens überprüft.¹⁸ Ist die Autorisierung erfolgt, erklärt der Kartenaussteller, die Begleichung der Forderung des Gläubigers zu übernehmen.¹⁹

Darin wird teilweise die Übernahme einer Zahlungsgarantie durch den Kartenaussteller gesehen, wodurch eine Subsumtion unter den Scheckkartenbegriff des § 266 b Abs. 1 Var. 1 StGB möglich sein soll.²⁰ Diese Sichtweise ist jedoch problematisch. Die Garantie einer Zahlungsübernahme wird durch den Kartenaussteller erst nach erfolgreicher Autorisierung erteilt, also für den Einzelfall. Damit erwächst die Garantieübernahme nicht bereits aus der Übergabe der Karte an den Karteninhaber, sondern aus einer Einzelfallprüfung. Dieser Gebrauch von EC-Karten lässt sich kaum mit den früheren Eurocheque-Karten vergleichen, die eine generelle Zahlungsgarantie des Kartenausstellers auszeichnete.²¹ Auch fällt es schwer, eine zum bargeldlosen Zahlungsverkehr ohne den Einsatz von Schecks verwendete EC-Karte umgangssprachlich wie im juristischen Sprachgebrauch weiterhin sinnvoll als „Scheckkarte" zu bezeichnen. Eine Subsumtion unter den Begriff der Scheckkarte verbietet sich demnach in Befolgung des Analogieverbotes.²² Das muss auch für sog. Geldkarten gelten.²³ Das gleiche gilt, wenn die Maestro-Karte im Wege der Near Field Communication (**NFC**) beim kontaktlosen Bezahlen kleinerer Beträge im POS-System eingesetzt wird. Erst recht ist das Smartphone oder die Smartwatch keine Scheckkarte, wenn damit via NFC bezahlt wird.²⁴

bb) Bankomatenmissbrauch

Mit einer EC-Karte und der dazugehörigen persönlichen Identifikationsnummer (PIN-Code) kann an Bankautomaten des eigenen oder eines fremden Bankinstituts eine Bargeldauszahlung veranlasst werden. Weist das Konto, von dem die Auszahlung erfolgt, keine Deckung in der Auszahlungshöhe auf, liegt ein sog. Bankomatenmissbrauch vor.

Wird an einem „eigenen" Geldautomaten, also einem Automaten des kartenausstellenden Instituts, Geld abgehoben, kann die EC-Karte nicht als Scheckkarte angesehen werden. In diesen Fällen wird die EC-Karte ausschließlich als Schlüssel gebraucht und das kartenausstellende Bankinstitut garantiert gerade nicht gegenüber einem Dritten die Begleichung einer Schuld des Karteninhabers.²⁵

Wird Geld an einem „fremden" Geldautomaten, also einem Automaten, der nicht zu dem kartenausstellenden Institut gehört, abgehoben, muss die Subsumtion unter den Begriff der Scheckkarte differenzierter betrachtet werden.²⁶ Seit dem Jahr 2011 verpflichten sich die allermeisten Banken wechselseitig, allen Kunden den Zugang zu allen Geldautomaten zu eröffnen.²⁷ Um dieses Verfahren zu ermöglichen, verpflichtet sich das kartenausstellende Kreditinstitut gegenüber dem geldautomatenbetreibenden Kreditinstitut, die ausgezahlte Geldsumme zu erstatten und anschließend Ausgleich

---

18 LK-*Möhrenschlager*, § 266 b Rn. 11.
19 LK-*Möhrenschlager*, § 266 b Rn. 11.
20 So etwa NK-*Kindhäuser/Hoven*, § 266 b Rn. 17; *Feest/Simon*, JuS 2009, 798, 802.
21 So auch Sch/Sch-*Perron*, § 266 b Rn. 5 a; *L-Kühl/Heger*, § 266 b StGB Rn. 3.
22 MK-*Radtke*, § 266 b StGB Rn. 11.
23 Mit weiteren Nachweisen: Beck-OK-StGB-*Wittig*, § 266 b StGB Rn. 10.
24 *Schramm/Glatz*, Ad Legendum 2022, 160.
25 So auch *Fischer*, § 266 b Rn. 8; Sch-Sch-*Perron*, § 266 b Rn. 8; NK-*Kindhäuser/Hoven*, § 266 b Rn. 22.
26 Hingegen für eine Gleichbehandlung von eigenen und fremden Automaten: *Wessels/Hillenkamp/Schuhr*, BT-2, Rn. 843.
27 *Rengier*, BT-1, § 19 Rn. 26.

beim Karteninhaber zu suchen. Insofern übernimmt das kartenausstellende Kreditinstitut eine Einlösungsgarantie. Dieses Verfahren ähnelt dann so stark dem alten Eurocheque-System, dass eine Subsumtion unter den Scheckkartenbegriff möglich ist.[28] Problematisch daran ist, dass inzwischen durch ständigen Anschluss von Geldautomaten an das Internet, auch bei einer Bargeldabhebung an fremden Geldautomaten in fast allen Fällen dieselben Mechanismen wie beim POS-System greifen, also wiederum nur eine einzelfallbezogene Autorisierung erfolgt.[29] Dann kann aber auch beim Einsatz von EC-Karten an fremden Geldautomaten keine Subsumtion unter § 266 b Abs. 1 Var. 1 StGB erfolgen.[30] – Als **Fazit** kann man festhalten: Die Vorschrift des § 266 b StGB findet daher richtigerweise nur noch auf den Kreditkartenmissbrauch Anwendung. Der **Scheckkartenmissbrauch**, § 266 b I Var. 1 StGB, ist **praktisch gegenstandslos** geworden.[31]

b) Kreditkarten (Var. 2 des § 266 b Abs. 1 StGB)

16 Inwiefern Kreditkarten unter § 266 b Abs. 1 Var. 2 StGB subsumiert werden können, hängt davon ab, ob ihnen auf zivilrechtlicher Ebene ein Zwei-, Drei- oder Vier-Parteien-System zugrunde liegt.

aa) Kunden-(Kredit)karten im Zwei-Parteien-System

17 Keine Kreditkarten i.S.d. § 266 b Abs. 1 Var. 2 StGB sind Karten im sog. Zwei-Parteien-System (häufig sog. Kundenkarten). Im Zwei-Parteien-System wird dem Kunden durch den Kartenaussteller ein Kredit eingeräumt, der für alle seiner Filialen gilt, aber nicht für andere Geschäfte.[32] Damit wird durch die Verwendung der Karte eben nicht wie von § 266 b StGB gefordert eine Zahlung des Kartenausstellers veranlasst, sondern lediglich ein Kredit des Ausstellers in Form einer Stundung in Anspruch genommen.[33] Dieselben Überlegungen gelten auch für sog. Tankkarten.[34]

bb) Universalkreditkarten im Drei-Parteien-System

18 Bei einer Kreditkarte im sog. Drei-Parteien-System (sog. Universalkreditkarte) verpflichtet sich der Kartenaussteller (zumeist ein Bankinstitut) gegenüber einem Vertragsunternehmen (zumeist Anbieter von Waren oder Dienstleistungen), dessen durch die Lieferung von Waren oder dem Erbringen von Dienstleistungen entstandenen Forderungen auszugleichen, die gegenüber dem Kreditkarteninhaber (zumeist ein Verbraucher) bestehen. Anschließend gleicht der Kartenaussteller das dadurch entstandene Schuldsaldo durch den Zugriff auf ein Girokonto des Karteninhabers, meist erst am Ende eines Monats, aus. Mit dem Kartenaussteller, dem Karteninhaber und dem Vertragsunternehmen sind demnach drei Parteien durch wechselseitige Verträge verschiedenen Inhalts direkt miteinander verbunden:

19 Bei dem Vertrag zwischen dem Kartenaussteller und dem Karteninhaber (sog. Deckungsverhältnis) handelt es sich um einen Zahlungsdienstnahmevertrag gemäß § 675 f Abs. 2 BGB, mit inhaltlicher Ausgestaltung als Geschäftsbesorgungsvertrag mit werk-

---

28 BGHSt 47, 160, 164.
29 *Rengier*, BT-1, § 19 Rn. 26.
30 SK-*Hoyer*, § 266 b Rn. 17; LK-*Möhrenschlager*, § 266 b Rn. 17; L-*Kühl/Heger*, § 266 b Rn. 3.
31 *Mitsch*, BT-2, Rn. 478; MK-*Radtke*, § 266 b Rn. 12; *Schramm/Glatz*, Ad Legendum 2022, 161.
32 BGHSt 38, 281.
33 *Fischer*, § 266 b Rn. 10 a; MK-*Radtke*; § 266 b Rn. 25 ff.; zur Gegenansicht vgl. *Otto*, JZ 1992, 1138 (1140).
34 MK-*Radtke*, § 266 b Rn. 29.

vertraglicher Prägung gemäß §§ 675 Abs. 1, 631 BGB.[35] Der Kartenaussteller wird dazu verpflichtet, Forderungen aus dem Valutaverhältnis zu erfüllen. Dafür kann der Aussteller in der Höhe der beglichenen Forderung auf ein Konto des Karteninhabers zugreifen und dadurch Ausgleich für die Forderungserfüllung erlangen. Auf der Ebene des Deckungsverhältnisses findet dann auch der von § 266 b StGB vorausgesetzte Missbrauch statt.

Zwischen dem Kartenaussteller und dem Vertragsunternehmen (sog. Zuwendungsverhältnis) besteht auch ein Zahlungsdiensterahmenvertrag gemäß § 675 f Abs. 2 BGB.[36] Das Vertragsunternehmen verspricht, die Kreditkarte als Zahlungsmittel zu akzeptieren, der Kartenaussteller anfallende Forderungen gegen den Karteninhaber zu begleichen.

Karteninhaber und Vertragsunternehmen (Valutaverhältnis) schließen typischerweise einen Kauf-, Werk- oder Dienstleistungsvertrag, aus welchem dem Vertragsunternehmen ein Zahlungsanspruch gegen den Karteninhaber erwächst. Verwendet der Karteninhaber die Kreditkarte als Zahlungsmittel, leistet er erfüllungshalber.[37]

Der Gesetzgeber hatte bei Schaffung des § 266 b StGB eben diese Konstellation vor Auge,[38] weshalb Universalkreditkarten im Drei-Parteien-System von § 266 b Abs. 1 Var. 2 StGB erfasst sind. Beispiele für Kreditkarten im Drei-Parteien-System sind etwa die American-Express-Karte und die Diners-Club-Karte.[39]

cc) Universalkreditkarten im Vier-und Mehr-Parteien-System

Kreditkarten im Drei-Parteien-System werden von Universalkreditkarten im Vier-Parteien-System (z. B. Visa und Mastercard) zunehmend verdrängt. Bei Kreditkarten im Vier-Parteien-System verändern sich die rechtlichen Konstruktionen dadurch, dass zwischen Kartenaussteller und Vertragsunternehmen ein Acquirer (auch Händlerbank oder Acquiring-Unternehmen) tritt:

Der Acquirer schließt, anstelle des Kartenausstellers im Drei-Parteien-System, das Zuwendungsverhältnis mit dem Vertragsunternehmen ab. In der Folge wird mit dem Einsatz der Kreditkarte durch den Karteninhaber nicht der Kartenaussteller, sondern das Acquiring-Unternehmen zur Zahlung an das Vertragsunternehmen verpflichtet.[40] Der Kartenausgeber erstattet dem Acquirer die durch die Zahlung an das Vertragsunternehmen anfallenden Kosten (sog. Interchange-Verhältnis).[41] Aus dem wie im Drei-Parteien-System weiterhin bestehenden Deckungsverhältnis kann der Kartenaussteller anschließend durch Zugriff auf ein Konto des Karteninhabers Befriedigung für die dadurch bei ihm anfallenden Kosten erlangen.[42]

Auch Karten im Vier-Parteien-System sind als Kreditkarten i.S.d. § 266 b Abs. 1 Var. 2 StGB einzustufen, da auch sie dem Kreditkarteninhaber die Möglichkeit eröffnen, durch Benutzung der Karte einen anderen zur Zahlung zu verpflichten. Probleme

---

35 BGHZ 152, 75, 78; MK-*Radtke*, § 266 b Rn. 17–19.
36 MK-*Radtke*, § 266 b Rn. 17–19.
37 MK-*Radtke*, § 266 b Rn. 19.
38 BT-Drs. 10/5058, S. 32.
39 Deren Marktanteil liegt in Deutschland bei etwa 10 %; vgl. *Rengier*, BT-1, § 19 Rn. 9.
40 *Rengier*, FS Heinz, S. 808 (815).
41 MK-*Radtke*, § 266 b Rn. 23.
42 Dazu detailliert: MK-*Radtke*, § 266 b Rn. 23.

können bei Kreditkarten im Vier-Parteien-System aber bei der Tathandlung des § 266 b StGB, dem Missbrauch dieser Möglichkeit, auftreten.

2. Täterkreis

26 ▶ **Beispiel („Falscher Personalausweis-Fall"):**[43] *Die A verschaffte sich einen gefälschten Personalausweis und eröffnete unter Täuschung über ihre Identität bei einem Kreditinstitut jeweils ein Konto. Damit beabsichtigte sie, die Konten insbesondere unter Verwendung der erlangten Kreditkarten und EC-Karten zu überziehen, ohne die Salden auszugleichen, um sich oder ihrem Freund einen Vermögensvorteil zu verschaffen. In der Folgezeit hob sie zumeist unter Einsatz der Karten an Geldautomaten Geld ab und verwendete eine der EC-Karten in Geschäften zur Bezahlung im Lastschriftverfahren, wodurch ein Schaden von insgesamt etwa 23.000 EUR entstand.* ◀

27 § 266 b StGB ist ein Sonderdelikt, welches nur von dem berechtigten Karteninhaber einer Scheck- oder Kreditkarte begangen werden kann. Diese Einschränkung des Täterkreises ergibt sich aus dem Wortlaut des Tatbestandes, der verlangt, dass der Täter die „ihm durch die Überlassung einer Scheckkarte oder einer Kreditkarte eingeräumte Möglichkeit ... missbraucht".

28 Täter kann also nur sein, wer die durch Überlassung eingeräumte Möglichkeit missbraucht. Die Überlassung ist die tatsächliche, willentliche Übergabe der Karte zur Nutzung in dem vom Konto- oder Kartenvertrag jeweils umfassten Karten- oder Kreditverfahren durch den Kartenaussteller.[44] Dabei begründet allein die Überlassung der Karte die Berechtigung des Karteninhabers, es ist nicht erforderlich, dass eine rechtlich wirksam eingeräumte Verpflichtungsbefugnis vorliegt.[45]

29 Berechtigter Karteninhaber ist demnach derjenige, dem die Kreditkarte durch den Kartenaussteller überlassen worden ist. Überlässt der Kartenaussteller auch anderen Personen Zusatz- oder Partnerkarten, sind auch deren Inhaber berechtigt, dasselbe gilt für Kontobevollmächtigte.[46] Berechtigter Karteninhaber ist auch, wem die Karte vom Kartenaussteller unter Täuschung seiner Identität, also etwa unter falschen Personalien und falscher Adressangabe, überlassen wurde.[47]

30 ▶ **Lösung:** *Im „Falscher Personalausweis-Fall" hat der BGH entschieden, dass als berechtigter Karteninhaber auch derjenige anzusehen ist, der die Überlassung der Karte wenngleich durch eine Täuschung über seine Identität, aber doch vom Kartenaussteller erlangt hat. Somit ist A als berechtigte Karteninhaberin anzusehen. Der Missbrauch einer EC-Karte oder einer Kreditkarte durch einen berechtigten Karteninhaber ist nicht nach § 263 a StGB strafbar, sondern nur nach § 266 b StGB. Durch Geldabhebungen am institutsfremden Geldautomaten hat sie nach h.M. eine EC-Karte unter Ausnutzung der spezifischen Garantiemöglichkeiten verwendet und dadurch die Bankinstitute geschädigt; nach der hier vertretenen Ansicht fehlt es dagegen an dem Einsatz einer „Scheckkarte" (eingehend dazu oben Rn. 8 ff.).* ◀

31 Ob ein Dritter, dem die Karte vom berechtigten Karteninhaber, aber nicht vom Kartenaussteller überlassen wurde, selbst berechtigter Karteninhaber ist, hängt von den Bestimmungen des Deckungsverhältnisses ab. Die Berechtigung erwächst grundsätzlich

---

43 BGHSt 47, 160.
44 S/S/W-*Hilgendorf*, § 266 b Rn. 14.
45 *Fischer*, § 266 b Rn. 14.
46 MK-*Radtke*, § 266 b Rn. 4.
47 BGHSt 47, 162.

aus der Überlassung durch den Kartenaussteller. Räumt der Aussteller auch dem durch ihn berechtigten Karteninhaber die Befugnis ein, durch Weitergabe der Karte an Dritte auch diese zur Benutzung der Karte im Sinne des Deckungsverhältnisses zu legitimieren, wird auch der Dritte, dem die Karte durch den berechtigten Karteninhaber überlassen wird, selbst berechtigter Karteninhaber.[48] Fehlt diese Legitimierung, kann der Dritte auch kein berechtigter Karteninhaber werden. Der berechtigte Karteninhaber macht sich durch eine vertragswidrige Überlassung der Karte an einen Dritten, der diese dann missbräuchlich nutzt, nicht nach § 266 b StGB strafbar, da es an der dafür notwendigen Kausalität zwischen der missbräuchlichen Weitergabe der Karte und dem eingetretenen Vermögensschaden beim Kartenaussteller fehlt.

Unberechtigter Karteninhaber ist, wer die Karte anderweitig als durch Überlassung in seine Gewalt bekommt und anschließend benutzt. Dies ist dann der Fall, wenn er durch Fund oder etwa gar durch Diebstahl, Hehlerei, Erpressung oder sonst auf unlautere Weise in den Besitz der Karte gelangt ist.[49] Eine Strafbarkeit nach § 266 b StGB ist dann ausgeschlossen, andere Strafbarkeiten etwa nach den §§ 259, 263, 263 a, 267 StGB stehen aber weiterhin im Raum.

3. Tathandlung

▶ **Beispiel („Der Dritte zahlt die Lederjacke - logisch"):**[50] *Kreditkarteninhaber A bezahlt unter Nutzung der vom Kreditinstitut B ausgestellten American Express-Kreditkarte im Jenaer Bekleidungshaus „Logik" L eine Lederjacke im Wert von 500 EUR, obwohl sein Ausgleichskonto für die Kreditkarte bei der B bereits vertragswidrig überzogen ist. Die Forderung von L auf Bezahlung der Lederjacke wird durch B beglichen, B kann die dadurch entstandenen Verluste jedoch nicht durch Zugriff auf das hoffnungslos überzogene Konto des A ausgleichen. Strafbarkeit des A nach § 266 b StGB?* ◀

Ebenso wie bei § 266 StGB liegt ein Missbrauch i.S.d. § 266 b StGB in dem Ausnutzen des rechtlichen Könnens nach außen unter Überschreitung des rechtlichen Dürfens im Innenverhältnis. Ob ein Missbrauch vorliegt, ist demnach von den Bestimmungen des Deckungsverhältnisses abhängig.

a) Missbrauch im Drei-Parteien-System

Bei einer Kreditkarte im Drei-Parteien-System ist ein Missbrauch typischerweise dann gegeben, wenn der Karteninhaber die Karte verwendet, obwohl seine Einkommens- und Vermögensverhältnisse einen Ausgleich durch den Kartenersteller im Zeitpunkt der Abrechnung nicht erwarten lassen.[51] Im Deckungsverhältnis wird die Vereinbarung enthalten sein, dass eine Nutzung der Kreditkarte nur erfolgen soll, wenn das zum Ausgleich vorgesehene Konto eine hinreichende Deckung aufweist. Für die Verpflichtung des Kartenausstellers zur Zahlung an das Vertragsunternehmen ist diese Bestimmung des Deckungsvertrages jedoch ohne Belang. Die Berechtigung zur Verpflichtung des Kartenausstellers zur Zahlung erwächst alleine aus der Überlassung der Karte. Verpflichtet der Karteninhaber den Kartenaussteller zur Zahlung, obwohl er zum Ausgleich des dadurch entstehenden Schuldsaldos nicht in der Lage ist, über-

---

48 NK-*Kindhäuser/Hoven*, § 266 b Rn. 14; LK-*Möhrenschlager*, § 266 b Rn. 4.
49 LK-*Möhrenschlager*, § 266 b Rn. 6.
50 Bsp. von *Schramm/Glatz*, Ad Legendum 2022, 162.
51 BGHSt 47, 160, 170.

schreitet er mit seinem rechtlichen Können sein rechtliches Dürfen und missbraucht so die Möglichkeit, den Kartenaussteller zur Zahlung zu verpflichten.

b) Missbrauch im Vier-Parteien- und Mehr-Parteien-System

36 Anders als bei einer Kreditkarte im Drei-Parteien-System fallen bei Vier- oder Mehr-Parteien-Systemen der am Deckungsverhältnis beteiligte Kartenaussteller und der unmittelbar zur Zahlung veranlasste Acquirer auseinander.

37 Zwischen Acquirer und Karteninhaber besteht keine vertragliche Beziehung, so dass der Karteninhaber im Verhältnis zum Acquirer mangels vertraglichen Absprachen gar kein rechtliches Dürfen überschreiten und dadurch seine Außenmacht auch nicht missbrauchen kann. Mit dieser Begründung sehen einige Stimmen keine Möglichkeit, einen Missbrauch in einem Vier- oder Mehr-Parteien-System zu verwirklichen und lehnen eine Strafbarkeit nach § 266 b StGB für Kreditkarten in Vier- oder Mehrparteien-Systemen ab.[52]

38 Bei Schaffung des § 266 b StGB hat der Gesetzgeber zwar Kreditkarten in Drei-Parteien-Systemen vor Augen gehabt, sich damit aber nicht gegen Kreditkarten in Vier- oder Mehr-Parteien-Systemen entschieden. Der berechtigte Kreditkarteninhaber hat auch bei diesen Systemen die Möglichkeit, durch Verwendung der Kreditkarte den Kartenaussteller zu einer Zahlung, und zwar an den Acquirer, zu veranlassen. Überschreitet der Karteninhaber die im Deckungsverhältnis festgelegten Regularien des Kreditkartengebrauchs und verpflichtet er erst den Acquirer, als Resultat des Interchange-Verhältnisses, aber auch den Kartenaussteller zu einer Zahlung, ohne dass dieser final durch Zugriff auf ein Konto des Karteninhabers das entstandene Schuldsaldo ausgleichen kann, liegt ein Missbrauch i.S.d. § 266 b StGB gegenüber dem Kartenaussteller vor.[53]

39 ▶ **Lösung:** *Im „Der Dritte zahlt die Rechnung"-Fall liegt eine typische Kreditkarte im Drei-Parteien-System vor. Das kartenausstellende Bankinstitut B verpflichtet sich durch den Einsatz der Kreditkarte gegenüber dem Jenaer Vertragsunternehmen L die Forderung des L gegenüber Karteninhaber A auszugleichen. A überschreitet seine durch das Deckungsverhältnis eingeräumten Befugnisse gegenüber B. A hält sich nicht daran, die Kreditkarte nur für Zahlungen zu nutzen, die er auch durch ein Guthaben auf seinen Konten ausgleichen kann, sondern verpflichtet unter Verstoß gegen seine vertraglichen Bindungen gegenüber B diese zum Begleichen einer Zahlung von 500 EUR an L, die A in dieser Höhe nicht ausgleichen kann.* ◀

4. Taterfolg Vermögensschaden

40 ▶ **Beispiel („Die glühende Kreditkarte"):**[54] *Robert R kauft seiner Geliebten in verschiedenen Geschäften mit seiner Kreditkarte so viel Schmuck, Kleidung und Parfums, dass die Kreditkarte fast schon zu „glühen" beginnt. Er weiß genau, dass sein Girokonto am Monatsende, im späteren Abrechnungszeitpunkt, „hoffnungslos" überzogen und auch sein Dispositionskredit in Höhe von 20.000 EUR vollkommen ausgeschöpftsein wird, mithin der Ausgleich der von ihm bezahlten Rechnungen in Höhe von 30.000 EUR über das Girokonto nicht möglich sein wird. Er hat aber auf einem Tagesgeldkonto einer anderen Bank noch so viele liquide Mittel, dass er*

---

52 *Fischer*, § 266 b Rn. 11 a.
53 So auch *Rengier*, BT-1, § 19 Rn. 16.
54 Bsp. von *Schramm/Glatz*, Ad Legendum 2022, 164.

den Fehlbetrag ausgleichen kann und dies auch tun möchte, sobald die Kreditkartenfirma ihm eine Mahnung schickt. Liegt hier ein Schaden vor? ◄

Für den Vermögensschaden gelten die gleichen Grundsätze wie bei den §§ 263, 266 StGB. Namentlich erkennt es die Rechtsprechung hier an, dass die Ausgleichsfähigkeit und -wille des Täters den Schaden genauso entfallen lassen kann wie bei der Untreue (oben § 10 Rn. 47 ff.). Außerdem soll der Schaden entfallen, wenn der Verletzte sich bei einem Dritten schadlos halten kann, so z.B. wenn der Dienstherr einer vom Polizeibeamten missbräuchlich verwendeten Tankflottenkarte zwangsläufig für den Schaden aufkommt.[55]

▶ **Lösung:** *Im „glühende Kreditkarte"-Fall hat R die Kreditkarte missbräuchlich verwendet. Der Eintritt eines Schadens ist jedoch nach h.M. zu verneinen, da ihm zum Schadensausgleich tatsächlich liquide Mittel aus seinem Tagesgeldkonto zur Verfügung stehen, mittels derer er einen Ausgleich ohne Weiteres vornehmen kann und will.* ◄

5. Subjektiver Tatbestand

Für die innere Tatseite genügt dolus eventualis, insbesondere auch hinsichtlich des Missbrauchs und Vermögensschadens. Geht der Täter im Tatzeitpunkt davon aus, sein Konto sei gedeckt oder würde im Zeitpunkt der maßgeblichen Abrechnung eine Deckung aufweisen, so entfällt der Missbrauchsvorsatz.[56] Bloße vage Hoffnungen (wie z.B. auf einen Lottogewinn) lassen den Vorsatz nicht entfallen.[57]

III. Täterschaft und Teilnahme

Täter kann nur der berechtigte Karteninhaber sein. § 266 b StGB ist ein Sonderdelikt, auf welches § 28 Abs. 2 StGB Anwendung findet.[58]

IV. Strafantragserfordernis und Konkurrenzen

§ 266 b Abs. 2 StGB verweist bei Geringwertigkeit auf das Strafantragserfordernis des § 248 a StGB.

Soweit sich § 263 StGB, § 263 a StGB, § 266 StGB und § 266 b StGB nicht tatbestandlich ausschließen, verdrängt § 266 b StGB diese Vorschriften als abschließendes, spezielleres, milderes Gesetz im Wege der Gesetzeskonkurrenz.[59] Wird die Überlassung der Karte durch Täuschung erreicht, so steht ein dadurch verwirklichter Betrug laut Rechtsprechung[60] in Tateinheit, § 52 StGB, nach überzeugenderer Auffassung der Literatur[61] aber in Tatmehrheit, § 53 StGB, zu dem späteren Kreditkartenmissbrauch.

---

55 LG Dresden NStZ 2006, 333.
56 *L-Kühl/Heger*, § 266 b Rn. 7.
57 LK-*Möhrenschlager*, § 266 b Rn. 49.
58 *L-Kühl/Heger*, § 266 b Rn. 2; *Weber* NStZ 1986, 481, 484.
59 Beck-OK-StGB-*Wittig*, § 266 b Rn. 27.
60 BGHSt 47, 160 (169).
61 NK-*Kindhäuser/Hoven*, § 266 b Rn. 30; *L-Kühl/Heger*, § 266 b Rn. 9.

Wiederholungsfragen

1. Unter welchen Voraussetzungen sind EC-Karten Scheckkarten i.S.d. § 266 b StGB? (Rn. 9 ff.)
2. Weshalb liegen in einem Zwei-Parteien-System keine Kreditkarten i.S.d. § 266 b StGB vor? (Rn. 17)
3. Worin bestehen die Unterschiede zwischen Kreditkarten im Drei-, Vier- und Mehrparteiensystem? (Rn. 23 f.)
4. Was versteht man unter einem berechtigten Karteninhaber und warum kann nur er Täter i.S.d. § 266 b StGB sein? (Rn. 27 f.)
5. Wann liegt ein Missbrauch i.S.d. § 266 b StGB vor? (Rn. 34 ff.)

§ 12 Die Anschlussdelikte (§§ 257, 259, 261 StGB)

I. Einleitung

Zu den Anschlusstaten nach der Begehung eines Eigentums- oder Vermögensdelikts gehören die Begünstigung, Strafvereitelung, Hehlerei und Geldwäsche. Sie sind allgemein als Anschlussdelikte im 21. Abschnitt des BT zusammengefasst, schützen aber kein gemeinsames Rechtsgut, sondern sind ganz unterschiedlich ausgerichtet.[1] Ihre systematische Einordnung im 21. Abschnitt ist ohnehin zweifelhaft, da letztlich nur die Hehlerei zwischen den Straftaten gegen das Eigentum und das Vermögen richtig positioniert ist:[2] Während die Hehlerei (§ 259 StGB) ein reines Eigentums- bzw. Vermögensdelikt darstellt, ist die Begünstigung (§ 257 StGB) auch auf den Schutz von Interessen der Allgemeinheit gerichtet. Bei der Strafvereitelung (§ 258 StGB) und der Geldwäsche (§ 261 StGB), stehen die Rechtspflege im Vordergrund. Wegen seines überindividuellen Schutzzwecks wird § 258 StGB nachstehend ausgeblendet, § 261 StGB wird dagegen, wie auch in diesem Lehrbuch (unten Rn. 73 ff.), üblicherweise im Kontext der Eigentums- und Vermögensdelikte behandelt.

Die §§ 257 ff. StGB pönalisieren vier typische Formen der Unterstützung des Täters nach der Tat, deren Unrechtsgehalt sich auch dadurch erhellt, dass man insbesondere die vom Handelnden verfolgten, missbilligten Ziele ins Blickfeld nimmt:

(1) Ziel, dem Täter die Vorteile der Tat gegen Entziehung zugunsten des Verletzten zu sichern = § 257 StGB
(2) Ziel, die Bestrafung des Täters oder die Vollstreckung der gegen ihn verhängten Strafe zu vereiteln = § 258 StGB
(3) Ziel, dem Täter den Absatz seiner durch ein Vermögensdelikt erlangten Beute zu ermöglichen oder die Beute selbst von ihm zu erwerben = § 259 StGB
(4) Ziel, unrechtmäßig erlangte Geldvorteile des Täters zu verschleiern = § 261 StGB.

II. Die Begünstigung (§ 257 StGB)

Literaturempfehlungen: *Bosch*, Grundfragen der Begünstigung – Plädoyer für eine vermögensorientierte Restriktion des Tatbestandes, Jura 2012, 270 ff.; *Dehne-Niemann*, Probleme der Begünstigung, ZJS 2009, 142 ff., 248 ff.; *Geppert*, Zum Begriff der „Hilfeleistung" im Rahmen von Beihilfe (§ 27 StGB) und sachlicher Begünstigung (§ 257 StGB), Jura 2007, 589 ff.; *Jahn/Reichart*, Die Anschlussdelikte – Begünstigung, JuS 2009, 309; *Schumann*, Aussagedelikte und Anschlussdelikte, JuS 2010, 529 ff.

1. Einleitung

Über viele Jahrhunderte wurden sowohl die auf Sicherung der Tatvorteile bezogene, sog. „sachliche" Unterstützung des Täters nach der Tat als auch die ebenfalls nach der Tat stattfindende strafvereitelnde, sog. „persönliche" Unterstützung als eine Form der Beihilfe (sog. auxilium post delictum) nach der Tat verstanden, im Allgemeinen Teil des Strafrechts verankert (z.B. PrStGB) und als Begünstigung bezeichnet.[3] Der dogmatisch gegen Ende des 19. Jahrhunderts entwickelten **Differenzierung** von **sachlicher** und **persönlicher** Hilfestellung ist erst 1975 durch zwei explizit unterschiedlich

---
1 S/S/W-*Jahn*, § 257 Rn. 1.
2 *Maurach/Schroeder/Maiwald/Hoyer/Momsen*, BT-1, § 39 Rn. 1.
3 LK-*Walter*, § 257 Rn. 1.

bezeichnete Straftatbestände – der Begünstigung (§ 257 StGB) und der Strafvereitelung (§ 258 StGB) – Rechnung getragen worden.[4] Die Gesetzesbezeichnung „Begünstigung" ist gleichwohl seit jeher sprachlich unglücklich: Im alltäglichen Sprachgebrauch wird der Begriff zur Charakterisierung jeder Form von (zumeist ethisch fragwürdiger) Unterstützung gewählt, einerlei, ob diese Unterstützung im Vorfeld, während oder nach dem Verhalten eines anderen erfolgt.[5] Im strafrechtlichen Sinne ist der Begriff dagegen wesentlich enger und meint nur die Unterstützung nach der Tat mit Vorteilssicherungsabsicht.

a) Unrechtscharakter

4 Die Struktur der Norm ist kompliziert und eigentümlich fragmentarisch: Ihr Unrechtsgehalt erschließt sich nur unvollkommen aus dem objektiven Tatbestand, der eine **bloße Hilfestellung** zugunsten des Vortäters genügen lässt. Erst durch die Einbeziehung der im subjektiven Tatbestand verlangten **Vorteilssicherungsabsicht** (als über den objektiven Tatbestand hinausschießenden Innentendenz) gewinnt der Tatbestand seine Kontur: Der Unrechtskern der Begünstigung besteht darin, dass der Täter die vom Vortäter erlangten Vorteile vor dem Zugriff des von der Vortat Verletzten, der Polizei oder anderer staatlicher Organe schützt. Dieser Schutz muss aber nicht eingetreten sein; es genügt vielmehr für die Vollendung dieses konkreten Gefährdungsdelikts, dass diese Vorteilssicherung bei der Hilfeleistung lediglich intendiert ist. Damit stellt sich die Begünstigung als eine Straftat gegen die Rechtspflege dar, die aber beim Strafrahmen und dem Antragserfordernis der früheren Teilnahmetheorie angenähert ist.[6] § 257 StGB ist damit **Gefährdungs- und Absichtsdelikt** zugleich.[7]

b) Rechtsgut

5 Das Rechtsgut erfasst richtigerweise kumulativ sowohl die **Interessen der Allgemeinheit**[8] als auch die **Individualinteressen des Betroffenen:**[9] Die Begünstigung schützt das generalpräventive Interesse, dass die Rechtspflege bei der Wiederherstellung des gesetzmäßigen Zustandes nicht gehemmt wird sowie den Anspruch des durch die Vortat Verletzten auf Wiederherstellung (Restitution) des früheren Zustandes (z.B. der Wiedererlangung des durch einen Betrug verlorenen Geldes). Der Tatbestand erfasst also die sog. „Restitutionsvereitelung." Ihr Wesen ist die „Hemmung der Rechtspflege".[10] Da sich der Vorteilsbegriff bei § 257 StGB nicht notwendigerweise auf Vermögensvorteile erstreckt[11] und die Vortat nicht gegen das Vermögen gerichtet sein muss, gehört § 257 StGB strenggenommen nicht zu den Vermögensdelikten.

---

4 *Maurach/Schroeder/Maiwald/Hoyer/Momsen*, § 39 Rn. 3.
5 Vgl. etwa Deutsches Wörterbuch von *Jacob* und *Wilhelm Grimm*, 1859, Bd. 1, Sp. 1315: „Begünstigung, favor, bevorzugung, gunst: die begünstigung eines liebhabers; die begünstigung des handels; er floh unter begünstigung der nacht."
6 LK-*Walter*, § 257 Rn. 2.
7 NK-*Altenhain*, § 257 Rn. 2.
8 Für eine rein überindividuelle Rechtsgutsbestimmung BGHSt 36, 277; NK-*Altenhain*, § 257 Rn. 6. – Beachte aber auch NK-*Altenhain*, § 257 Rn. 6: es sei nicht möglich, § 257 StGB eine konsistente Schutzzweckbestimmung zu unterlegen.
9 Für eine dualistische Betrachtungsweise auch *L-Kühl/Heger*, § 257 Rn. 1; *Sch/Sch-Hecker*, § 257 Rn. 1; *Rengier*, BT-1, § 20 Rn. 2.
10 BGH NStZ 1994, 187; BGH NJW 2012, 1463 (1463) m. Bspr. *Jahn*, JuS 2012, 566.
11 MK-*Cramer*, § 257 Rn. 10 m.w.N.

c) Praktische Bedeutung

Die praktische Bedeutung der Begünstigung ist nicht sehr groß. Die PKS von 2022 weist für die Begünstigung ganze 76 Verdachtsfälle aus, 2021 wurden wegen Begünstigung und Hehlerei insgesamt 4.845 Personen abgeurteilt.[12] Täter einer Begünstigung sind meist altruistisch handelnde Personen aus dem sozialen Nahbereich des Vortäters.[13]

d) Prüfungsschema in Klausuren

Die Begünstigung kommt in Klausuren der Fortgeschrittenenübung und der 1. Staatsprüfung eher selten vor. Dennoch sollte man die Tatbestandsstruktur kennen, insbesondere im subjektiven Tatbestand die unrechtszentrale erforderliche überschießende Innentendenz keinesfalls aus dem Auge verlieren.

Prüfungsschema § 257 StGB
A. *Tatbestand*
   I. *Objektiver Tatbestand*
      1. *Rechtswidrige Vortat eines anderen*
      2. *Tatobjekt: Durch die Vortat erlangter, noch vorhandener Vorteil*
      3. *Tathandlung: Hilfeleistung bei Vorteilssicherung*
   II. *Subjektiver Tatbestand*
      1. *Vorsatz bzgl. objektiver Tatbestandsmerkmale*
      2. *Vorteilssicherungsabsicht zugunsten des Vortäters*
B. *Rechtswidrigkeit*
C. *Schuld*
D. *Strafausschließungsgrund (§ 257 Abs. 3 StGB); Strafantrag (§ 257 Abs. 4 StGB)*

2. Objektiver Tatbestand

a) Rechtswidrige Vortat eines anderen

Die Vortat muss rechtswidrig sein; schuldhaft braucht sie nicht zu sein.[14] Anders als bei der Hehlerei kommen hier nicht bloß ein Vermögensdelikt, sondern **irgendeine** vorsätzliche oder fahrlässige **Straftat** (z. B. Steuerhinterziehung) in Betracht.[15] Nur die Begünstigung eines Dritten ist strafbar. Die Selbstbegünstigung des Vortäters ist nach dem eindeutigen Wortlaut des Abs. 1 der Norm („einem anderen") tatbestands- und damit straflos.

Mit Blick auf die drei Phasen einer Deliktsverwirklichung – Versuch/Vollendung/Beendigung – gilt für Hilfeleistungen folgendes: Bis zur Vollendung der Vortat ist nur eine Beihilfe möglich. Zwischen Vollendung und Beendigung soll nach der h.M. noch eine (sukzessive) Beihilfe an der Vortat in Betracht kommen, wobei die Abgrenzung nach der inneren Willensrichtung erfolgt: bei Sicherungsabsicht § 257 StGB, bei Förderungsabsicht § 27 StGB i. V. m. der Haupttat. Die h.L. sieht aber in diesem Stadium zu

---
12 SVS 2021, S. 34.
13 LK-*Walter*, Vor § 257 Rn. 5.
14 Vgl. LK-*Walter*, § 257 Rn. 17 m.w.N. auch zur Relevanz anderer strafbarkeitsausschließender Faktoren.
15 BGHSt 46, 107; S/S/W-*Jahn*, § 257 Rn. 5.

Recht nur eine Begünstigung als möglich an.[16] Ist die Tat dagegen beendet, kommt nach allen Ansichten nur eine Begünstigung in Betracht.[17] Wenn A das von seinem Bruder B betrügerisch erlangte Geld vom Konto eines Dritten abhebt, damit B nicht anhand von Überwachungskameras identifiziert werden kann, leistet A Hilfe bei einem Betrug; dieser ist jedoch, da der Vermögensvorteil bei B bereits endgültig eingetreten ist, beendet, weshalb (nur) eine Begünstigung vorliegt.[18]

b) Hilfeleistung

11 ▶ **Beispiel („Zigarettenkiste-Fall"):**[19] *S, der Sohn der A, versteckte von ihm gestohlene Tabakwaren bei sich zu Hause. S händigt seiner Mutter zwei Zigarrenkisten mit der Bitte aus, diese seinem Schwager zu schenken, was A in Kenntnis der Herkunft auch tut.* ◀

12 **Hilfeleistung** ist jede Handlung, die objektiv dazu geeignet und subjektiv dazu bestimmt ist, dem Täter die Vorteile der Tat zu sichern.[20] Es ist nach dem Wortlaut (Hilfeleistung, nicht Sicherung) und der Ratio der Norm nicht erforderlich, dass die Hilfeleistung die Lage des Vortäters tatsächlich verbessert.[21] Typische Fälle der Begünstigung sind die Aufbewahrung der Tatbeute, die Mithilfe bei ihrem Verkauf[22] oder die Verhinderung ihrer Entdeckung durch Falschangaben.[23] Einen Sicherungserfolg verlangt das Gesetz nicht (Gefährdungsdelikt). Sogar eine Mitwirkung beim Absetzen oder Verschenken soll genügen.[24] Eine Begehung durch Unterlassen ist bei entsprechender Garantenstellung (§ 13 StGB) möglich.[25]

13 ▶ **Lösung:** *Im „Zigarettenkiste-Fall" handelte es sich in dem Moment, in dem A die Kisten in Empfang nahm, um Vorteile, die S unmittelbar aus der Diebstahlsvortat erlangt hatte. Zwar diente die Unterstützung durch die Mutter nicht dazu, dem Sohn den Besitz der Sache zu sichern, sondern vielmehr ihn als Schenkenden bei der wirtschaftlichen Verwertung zu unterstützen. Diese „indirekte Vorteilssicherung"*[26] *in Gestalt der von S angemaßten Eigentümerstellung und der daraus resultierenden Fähigkeit des S, das Diebesgut seinem Schwager zu schenken, reichen für eine Begünstigung durch die A zugunsten des S aus.* ◀

c) Durch die Tat erlangte Vorteile

14 Aus der strafbaren Vortat muss dem Vortäter ein **rechtswidriger Vorteil** tatsächlich erwachsen sein. Ein **Vorteil** ist jede Verbesserung der wirtschaftlichen, rechtlichen oder tatsächlichen Situation, die dem Vortäter nach der Rechtsordnung nicht zusteht.[27] Darunter sind Vorteile jeglicher Art (z.B. Sachwerte wie Gold, Schmuck, Geldscheine usw.), einschließlich nicht vermögensrechtlicher Natur, zu verstehen. Substanzidentität wie bei der Hehlerei ist nicht erforderlich, denn anders als § 259 StGB knüpft die

---

16 Vgl. *Kaspar*, AT, § 6 Rn. 100; *Kühl*, AT § 20 Rn. 233 ff.; *Rengier*, BT-1, § 20 Rn. 18.
17 BGH NStZ 2014, 516 (517).
18 BGH NStZ 2014, 516 (517).
19 Nach BGHSt 4, 122.
20 L-*Kühl/Heger*, § 257 Rn. 3; Sch/Sch-*Hecker*, § 257 Rn. 11; *Rengier*, BT-1, § 20 Rn. 10.
21 Zum Diskussionsstand vgl. *Hillenkamp/Cornelius*, BT, 37. Problem, S. 222 ff.
22 Dies kann zugleich unter die Hehlereivariante der Absatzhilfe fallen (dazu unten Rn. 62).
23 S/S/W-*Jahn*, § 257 Rn. 15.
24 Vgl. BGHSt 4, 122.
25 BayObLG NStZ 2022, 486.
26 *Küper/Zopfs*, BT, Rn. 347.
27 RGSt 54, 132; NK-*Altenhain*, § 257 Rn. 16.

§ 12 Die Anschlussdelikte (§§ 257, 259, 261 StGB)

Begünstigung an dem weiten Begriff des „Vorteils" und nicht an den engeren Begriff der Sache an.

Die Vorteile müssen **unmittelbar** aus der rechtswidrigen Vortat erwachsen und im Zeitpunkt der Hilfeleistung beim Vortäter **noch vorhanden** sein.[28] Bei ökonomischen Vorteilen müssen diese wirtschaftlich noch im Vermögen des Vortäters nachvollziehbar existent sein und einem Zugriff zugunsten der Geschädigten offenstehen.[29] Dies ist zu bejahen, wenn z.B. Nahestehende die Deliktsbeute während einer Haft des Vortäters aufbewahren; dies ist zu verneinen, wenn z.b. eine zwischengelagerte Beute bereits von der Polizei für den Beraubten sichergestellt worden ist.[30]

▶ *Beispiel („Geschenk an Ehefrau"-Fall):*[31] *A hatte als Angestellter der Firma F 450.000 DM veruntreut und über ein zu diesem Zwecke angelegtes Bankkonto laufen lassen. Er hob 30.000 DM von diesem Konto ab und schenkte davon 29.000 DM der B mit dem Bemerken, sie möge das Geld für einen ihr gehörigen Neubau verwenden. Die B glaubte der Erklärung ihres Mannes, er habe das Geld auf der Spielbank gewonnen. Sie zahlte den Betrag auf ihr eigenes Konto ein und überwies später 6.000 DM zur Begleichung einer Bauhandwerkerrechnung. Unterdessen wurde der Mann der Veruntreuung überführt. Daraufhin hob B von ihrem Konto 23.000 DM wieder ab. Obwohl sie Vertretern der geschädigten Firma erklärte, die 23.000 DM am nächsten Tag der Firma zu überbringen, übergab sie das Geld ihrem Mann in der Absicht, dass dieser das Geld für sich verwenden oder in Sicherheit bringen sollte. Dieser will es zum größten Teil auf der Spielbank verloren haben. Das Tatgericht verurteilt B wegen Begünstigung – zu Recht?* ◀

Vorteile, die an die Stelle des durch die Vortat Erlangten getreten sind, fallen unter den Tatbestand, sofern auch die Veränderung die Aussicht auf Wiederherstellung des rechtmäßigen Zustands erschwert.[32] Eine Begünstigung kann also auch an **wirtschaftlich äquivalenten Gegenständen** begangen werden, so etwa dann, wenn der von A gestohlene 100 EUR-Schein in 100 Ein-Dollar-Scheine umgetauscht wird und B diese Geldscheine für A verwahrt. Der Erlös vom Verkauf des Erlangten genügt jedoch nicht: Kauft A von gestohlenem Geld Bücher und verwahrt B diese für ihn auf, ist dies tatbestandslos.[33]

Nach der Rechtsprechung soll auch der einem Beteiligten vorabgezahlte **Tatlohn** ein Vorteil sein. So hatte der BGH über einen Fall zu befinden, in dem ein an einem Betrug mitwirkender Dritter vorab vom Täter einen Lohn erhielt, den dann ein Rechtsanwalt sicher in der Schweiz anlegte. Hier bejahte der BGH eine Begünstigung durch den Rechtsanwalt, da auch dies die Möglichkeit des durch die Vortat Geschädigten auf Schadenswiedergutmachung mindere.[34] Dies leuchtet jedoch nicht ein: Wenn der Tatlohn nicht aus der Tatbeute stammt, fehlt der erforderliche Unmittelbarkeitszusammenhang und hat der Verletzte zudem keinen Anspruch auf gerade dieses Geld, sondern nur allgemein auf Schadensersatz nach §§ 823, 826 BGB.[35]

---

28 BGHSt 36, 277 (281); S/S/W-*Jahn*, § 257 Rn. 20.
29 BGH NStZ-RR 2013, 245 (245).
30 Vgl. LK-*Walter*, § 257 Rn. 26 mit entspr. Nachw. aus der Rspr.
31 BGHSt 24, 166.
32 Vgl. einerseits BGHSt 36, 277; andererseits BGH NStZ 1994, 187 (188).
33 BGH wistra 2008, 305; *Küper/Zopfs*, BT, Rn. 346.
34 BGHSt 57, 56; *Fischer*, § 257 Rn. 6.
35 *Cramer*, NStZ 2012, 445 (446); *Jahn*, JuS 2012, 566 (567).

19 ▶ **Lösung:** *Im „Geschenk an Ehefrau-Fall" wusste B, als ihr gutgläubig die 29.000 DM von A geschenkt wurden, nicht, dass diese aus einer Veruntreuung (§ 246 Abs. 2 StGB) stammten. Insofern schied hier sowohl eine Hehlerei (Sich-Verschaffen gem. § 259 Abs. 1 Var. 2 StGB) als auch eine Begünstigung aus. Als B die 23.000 DM dem A zurückgab, war das ihr geschenkte Geld zuvor bereits ausschließlich in ihre wirtschaftliche Verfügungsmacht übergegangen (§ 935 Abs. 2 BGB). § 257 StGB setzt jetzt jedoch voraus, dass im Zeitpunkt der Förderungshandlung der Vorteil noch beim Vortäter vorhanden ist. Insoweit ist in den Tatbestand ein ungeschriebenes Tatbestandsmerkmal hineinzulesen, wonach die Hilfeleistung sich auf die „beim Vortäter noch vorhandene Vorteile" erstrecken muss. Daher stellten die 23.000 DM, die sie dem A gab, nicht mehr unmittelbar dessen Vorteile dar. Der BGH hob die Verurteilung auf und sprach die B frei.* ◀

3. Subjektiver Tatbestand

20 Neben dem **Vorsatz** bezüglich der objektiven Tatbestandsmerkmale muss noch eine **Vorteilssicherungsabsicht**[36] hinzukommen (dolus directus 1. Grades). Wissentlichkeit (dolus directus 2. Grades) wird im Tatbestand, anders als bei § 258 StGB, nicht erwähnt und reicht daher nicht aus. Dem Täter muss es darauf ankommen, die Abwehrmöglichkeiten gegenüber dem **Zugriff** des **Berechtigten** auf die Vorteile zu verbessern, d. h. die **Entziehung des Vorteils** und damit die Wiederherstellung des gesetzmäßigen Zustands **zu verhindern**.[37] Die Vorteilssicherung muss der Täter als (End- oder Zwischen)Ziel unmittelbar anstreben. Hierfür reicht es aber aus, dass der Begünstigte die Entziehung des Vorteils zumindest erschweren möchte.[38] Auch in den Fällen der indirekten Vorteilssicherung genügt es nicht, dass eine Förderung des Absatzes bezweckt wird, wenn dies nicht zugleich auf eine Sicherung gegen Entziehung ausgerichtet ist. Eine solche Vorteilssicherungsabsicht kann etwa anhand der Äußerungen des Begünstigers oder aufgrund der äußeren Umstände (z.B. Hilfeleistung bei Verfolgungsjagd durch Polizei) angenommen werden. Allein aufgrund des Umstands, dass jemand zielgerichtet im Beendigungsstadium die Beute sichert, kann noch nicht automatisch auf eine Vorteilssicherungsabsicht i.S.d. § 257 StGB geschlossen werden.

4. Beteiligungsregelung

21 Der Vortäter scheidet als Täter einer Begünstigung aus; die **Selbstbegünstigung** fällt bereits nicht unter den objektiven Tatbestand (oben Rn. 9). Die anderen an der Vortat beteiligten Personen handeln zwar tatbestandsmäßig, bleiben aber hinsichtlich der Begünstigung ebenfalls straflos, § 257 Abs. 3 S. 1 StGB. Es handelt sich um einen **persönlichen Strafaufhebungsgrund**, der auf dem Gedanken der mitbestraften Nachtat beruht[39] und einen konkurrenzrechtlichen Regelungskern besitzt.[40] Die nach Abs. 3 S. 1 straflose Begünstigung bleibt folglich eine rechtswidrige Tat, weshalb an ihr eine Teilnahme möglich ist. Tatbeteiligte dürfen aber niemanden zur Begünstigung anstiften, § 257 Abs. 3 S. 2 StGB.

---

36 Siehe dazu BGH NStZ-RR 2020, 175.
37 BGHSt 46, 107 (118); SK-*Hoyer*, § 257 Rn. 32; vgl. auch OLG Frankfurt 3 U 72/20 v. 29.10.2020 Rn. 89 ff. (bei juris).
38 BGHSt 4, 107; BGH NStZ 1992, 540 (541).
39 LK-*Walter*, § 257 Rn. 79.
40 NK-*Altenhain*, § 257 Rn. 41, der jedoch für formelle Subsidiarität plädiert.

Umstritten ist die analoge Anwendbarkeit des § 258 Abs. 5, 6 StGB auf § 257 StGB. In solchen Fällen ein **Angehörigenprivileg** anzunehmen,[41] erscheint zumindest in denjenigen Fällen diskutabel, in denen eine Strafvereitelungshandlung nicht ohne eine gleichzeitige sachliche Begünstigung erreicht werden kann.[42]

5. Konkurrenzen

Zwischen Begünstigung und Hehlerei ist aufgrund der letztlich unterschiedlichen Rechtsgüter Tateinheit denkbar, so etwa dann, wenn der Hehler **zweifach-intensional** nicht nur mit Bereicherungsabsicht, sondern auch mit Vorteilssicherungsabsicht handelt.[43] Wer – wie die Rechtsprechung – im Beendigungsstadium eine (sog. sukzessive) Beihilfe zur Haupttat noch für möglich hält, löst das Problem der Abgrenzung von Begünstigung und Beihilfe bereits mithilfe der subjektiven Tatbestandsebene (siehe oben Rn. 10) und kommt so letztlich gar nicht zur Konkurrenzprüfung, während die h.L. hier der Beihilfe Vorrang gibt.[44] Im Übrigen ist Tateinheit u. a. mit §§ 258, 258 a, 259, 263 StGB möglich.[45] Die Wahlfeststellung zwischen Begünstigung und Diebstahl sowie zwischen Begünstigung und Strafvereitelung ist nach h. M. zulässig.[46]

Wiederholungsfragen

1. Wie lauten die Rechtsgüter des § 257 StGB? (Rn. 5)
2. Was versteht man bei § 257 StGB unter „Hilfeleistung"? (Rn. 12)
3. Was sind die „Vorteile der Tat"? (Rn. 14)
4. Wie unterscheidet man die Beihilfe zur Vortat von der Begünstigung? (Rn. 10)
5. Welche Absicht setzt § 257 StGB subjektiv voraus? (Rn. 20)

III. Die Hehlerei (§ 259 StGB)

Literaturempfehlungen: Berghäuser, Sach- und Datenhehlerei – eine vergleichende Gegenüberstellung der §§ 202 d, 259 StGB, JA 2017, 244 ff.; *Bosch*, Strafgrund und kriminalpolitische Funktion des Hehlereitatbestands, Jura 2019, 826 ff.; *Jahn*, Strafrecht BT: Hehlerei: Fortführung der geänderten Rechtsprechung zur Auslegung des Merkmals „Absetzen" für die Absatzhilfe – mit Konsequenzen für den Versuchsbeginn, JuS 2017, 1128 ff.; *Jahn/Palm*, Die Anschlussdelikte – Hehlerei (§§ 259–260 a StGB), JuS 2009, 501 ff.; *Kranz*, Bezahlung von Geldstrafen durch das Unternehmen – § 258 StGB oder § 266 StGB?, ZJS 2008, 471 ff.; *Kudlich*, Neuere Probleme bei der Hehlerei, JA 2002, 672 ff.; *Sorge*, Die neue Rechtsprechung zur Frage der Notwendigkeit eines Absatzerfolges im Rahmen des § 259 StGB – Ende eines langjährigen Streits? ZJS 2016, 3 5 ff.; *Wagner*, Zum Merkmal des „Sichverschaffens" bei der Hehlerei, ZJS 2010, 17 ff.; *Wiedmer*, Prüfungsrelevante Probleme der Hehlerei, JuS 2021, 207 ff.

1. Einleitung

„Der **Hehler ist schlimmer** als der Stehler", lautet ein altes Sprichwort.[47] Diese Aussage findet zwar im Strafrahmen des § 259 StGB insoweit keinen Niederschlag, als er

---

41 Zu dessen Ratio vgl. *Schramm*, Ehe und Familie im Strafrecht, 2012, S. 301.
42 *L-Kühl/Heger*, § 258 Rn. 17; offengelassen von BGH NStZ 2000, 259.
43 BGH NStZ-RR 1998, 275 (276); MK-*Cramer*, § 257 Rn. 29; LK-*Walter* § 257 Rn. 106.
44 *Bosch*, Jura 2012, 270 (272).
45 *L-Kühl/Heger*, § 257 Rn. 11.
46 S/S/W-*Jahn*, § 257 Rn. 30.
47 A/W-*Heinrich*, § 25 Rn. 9.

mit demjenigen des einfachen Diebstahls (§ 242 StGB) identisch ist (Freiheitsstrafe bis zu 5 Jahren oder Geldstrafe). Aber das Zitat bringt den kriminologischen Befund auf den Punkt, dass zahlreiche Diebstähle nur deshalb geschehen, weil der Dieb später einen Abnehmer findet, der die Herkunft des Gegenstands kennt und mit dem Vortäter kooperiert. Mehr noch: „Den Hehler wird schon deshalb oft schwerere Schuld als den Vortäter treffen, weil er der Veranlasser und Ermöglichender der Vortat ist."[48]

a) Geschichte

25 Bis in die Mitte des 19. Jahrhunderts waren Hehlerei, Begünstigung und Strafvereitelung (siehe bereits oben Rn. 3) nur eine Erscheinungsform der Tatbeteiligung (auxilium post delictum = Hilfe nach der Tat) und damit Figuren des Allgemeinen Teils.[49] Durch das PrStGB von 1851 und das spätere RStGB von 1871 wurde dann die Hehlerei, maßgeblich beeinflusst durch die Rechtsphilosophie von *Hegel* und den Strafrechtsdogmatiker *Karl Binding*, als delictum sui generis gedeutet, bei dem das Handeln zum eigenen Vorteil im Vordergrund stand.[50] Die Bereicherungsabsicht wurde erst 1975 in das Gesetz aufgenommen.

b) Rechtsgut, praktische Bedeutung, Systematik

26 Geschütztes Rechtsgut ist nach herrschender Lehre das **Vermögen** bzw. das **Eigentum der durch die Vortat geschädigten Person:**[51] Die Vorschrift will verhindern, dass die durch die Vortat geschaffene rechtswidrige Vermögenslage im einverständlichen Zusammenwirken mit dem Vortäter aufrechterhalten bzw. noch verschlechtert wird (sog. Perpetuierungstheorie).[52] Davon abweichend wollen der BGH und ein Teil der Literatur auch das allgemeine Sicherheitsinteresse einbeziehen, da mit einer Hehlerei zugleich das Risiko weiterer rechtswidriger Angriffe auf das Vermögen geschaffen werde, dem aber durch § 259 StGB generalpräventiv entgegengesteuert werde.[53] Für die h.L. streiten jedoch nicht nur der historische Wille des Gesetzgebers und die systematische Einbindung des § 259 StGB, sondern auch die zwingend vorausgesetzte Bereicherungsabsicht.[54] Generalpräventive Effekte bilden mithin kriminalpolitisch bedeutsame Schutzreflexe, besitzen bei § 259 StGB aber keine eigene Rechtsgutsqualität.[55]

27 Die **praktische** Bedeutung der Hehlerei ist durchaus gegeben. So wurden 2022 etwa 1.323 Fälle der Hehlerei an KFZ und 9.395 Fälle sonstiger Hehlerei **polizeilich** erfasst. **Abgeurteilt** wurden wegen einfacher Hehlerei 2021 rund 1.848 Personen und wegen Hehlerei nach § 260, 260 a StGB insges. 326 Personen.[56]

28 Gesetzessystematischer Grundtatbestand ist die einfache Hehlerei (§ 259 StGB). Qualifikationstatbestände dazu bilden die gewerbsmäßige Hehlerei (§ 260 Abs. 1 Nr. 1

---

48 BGHSt 7, 134.
49 *Maurach/Schroeder/Maiwald/Hoyer/Momsen*, § 39 Rn. 3.
50 LK-*Walter*, § 259 Rn. 1 m.w.N.
51 BGHSt 7, 134; BGHSt 42, 196 (199); *Fischer*, § 259 Rn. 2; S/S/W-*Jahn*, § 259 Rn. 1; L-*Kühl/Heger*, § 259 Rn. 1.
52 *Wessels/Hillenkamp/Schuhr*, BT-2, Rn. 872; *Klesczewski*, BT, § 10 Rn. 52; LK-*Walter*, § 259 Rn. 2; MK-*Maier*, § 259 Rn. 2.
53 BGHSt 42, 196; SK-*Hoyer*, § 259 Rn. 1; MK-*Maier*, § 259 Rn. 1 ff.; *Rengier*, BT-1, § 22 Rn. 3; Sch/Sch-*Hecker*, § 259 Rn. 1, 3; *Wessels/Hillenkamp/Schuhr*, BT-2, Rn. 824.
54 LK-*Walter*, § 259 Rn. 7.
55 S/S/W-*Jahn*, § 259 Rn. 2; NK-*Altenhain*, § 259 Rn. 3.
56 SVS 2021, S. 36.

§ 12 Die Anschlussdelikte (§§ 257, 259, 261 StGB)

StGB), die bandenmäßige Hehlerei (§ 260 Abs. 1 Nr. 2 StGB) und ihre Kombination in der gewerbsmäßigen Bandenhehlerei (§ 260 a StGB).

c) Prüfungsschema in Klausuren

Die Hehlerei spielt vorrangig in Übungen für Fortgeschrittene sowie im Examen eine bedeutende Rolle.[57]

Prüfungsschema § 259 StGB
A. Tatbestand
  I. Objektiver Tatbestand
    1. Tatobjekt: Sache
    2. Tatbestandsmäßige, rechtswidrige Vortat gegen Vermögen
    3. Vortat eines anderen
    4. Tathandlungen
      a) Erwerbshehlerei
        (1) Ankaufen
        (2) Sich-Verschaffen oder Dritt-Verschaffung
      b) Absatzhehlerei
        (1) Absetzen
        (2) Absatzhilfe
  II. Subjektiver Tatbestand
    1. Vorsatz
    2. Eigen- oder Drittbereicherungsabsicht
B. Rechtswidrigkeit
C. Schuld
D. Privilegierungen (§§ 247, 248 a StGB)
E. Qualifikationen: Gewerbsmäßig, Bande (§ 260 StGB); gewerbsmäßige Bandenhehlerei (§ 260 a StGB)

2. Objektiver Tatbestand

a) Tatobjekt

Tatobjekt der Hehlerei ist eine **Sache**, die ein anderer gestohlen oder sonst durch eine gegen fremdes Vermögen gerichtete rechtswidrige Vortat erlangt hat.

aa) Sache

▶ **Beispiel („Verkaufserlös-Fall"):**[58] *A stahl aus einer Wohnung eine Goldkette und verkaufte sie für 100 EUR an den gutgläubigen G. Die Hälfte des Verkaufserlöses schenkte A seinem Bruder B, der die Vorgeschichte und Herkunft des Geldes kannte.* ◀

Gegenstand einer Hehlerei kann nur eine Sache (Sachbegriff des § 303 StGB), also ein körperlicher (beweglicher oder unbeweglicher) Gegenstand i.S.d. § 90 BGB sein.

---

57 Grundfälle bei *Jahn/Palm*, JuS 2009, 501.
58 Nach KG Berlin, Urteil vom 29. September 2006 – (3) 1 Ss 349/05 (93/05) –, juris.

Andere, unkörperliche Formen von Vermögenswerten (z.B. Forderungen wie etwa Buchgeld in Form von Bankguthaben) können freilich unter § 257 StGB fallen.[59] Der Erwerb einer deliktisch erlangten Forderung ist mangels Sachqualität keine Hehlerei. Daten i.S.d. 202 a Abs. 2 StGB sind keine solchen Gegenstände; die Datenhehlerei, wie sie etwa beim Kopieren von Schwarzgeldkonten in der Schweiz im Wege sog. „Steuer-CDs" eine Rolle spielte,[60] ist insoweit erst durch die Datenhehlerei (§ 202 d StGB) erfasst.[61]

34 Die Sache bei § 259 StGB braucht **nicht fremd** zu sein.[62] Unerheblich sind daher Eigentumsverhältnisse, weshalb sogar eine Hehlerei an eigenen Sachen des Vortäters denkbar ist: So wird auch wegen Hehlerei bestraft, der die Sache von jemandem abkauft, der das Eigentum an der Sache betrügerisch (§ 263 StGB), aber zivilrechtlich wirksam (wenngleich anfechtbar) erworben hat.[63] **Ersatzgegenstände**, die an die Stelle des ursprünglichen Tatobjekts getreten sind, können aber nicht Gegenstand einer Hehlerei sein (Straflosigkeit der sog. Ersatzhehlerei),[64] wie ein Umkehrschluss aus dem weitergefassten § 257 StGB („Gegenstand", nicht „Sache") ergibt.[65] Wechselgeld fällt teleologisch nicht unter § 259 StGB.[66]

35 ▶ **Lösung:**[67] *Im „Verkaufserlös-Fall" scheint B auf dem ersten Blick keine Hehlerei zu begehen, da die 50 EUR nur den Ersatz für die gestohlene Goldkette darstellen. Da A aber gegenüber dem G einen Betrug (§ 263 StGB) begangen hat – G kann gem. § 935 Abs. 1 S. 1 BGB das Eigentum an der gestohlenen Goldkette nicht erwerben -, stammt das Geld insoweit doch aus einer rechtswidrigen Vortat, weshalb hier keine straflose Ersatzhehlerei (bzgl. des Diebesguts) vorliegt, sondern B sich einer Hehlerei (bzgl. des Betrugserlöses) schuldig gemacht hat.* ◀

bb) Taugliche Vortat

36 Die **Vortat** muss entweder ein Diebstahl (§ 242 StGB) oder eine rechtswidrige, gegen fremdes Vermögen gerichtete Tat sein. Dazu gehören neben den Eigentums- und Vermögensdelikten auch andere Delikte (z.B. §§ 267, 240 StGB), sofern durch sie im konkreten Fall ebenso Vermögensinteressen verletzt werden.[68] Eine Hehlerei kann auch Vortat der nächsten Hehlerei sein (sog. Kettenhehlerei).

37 Es muss durch die Vortat zudem eine **rechtswidrige Besitzlage** entstehen.[69] Wenn A sein eigenes Auto zivilrechtlich wirksam an den Dritten D verkauft (§ 929 BGB), um es, wie D weiß, anschließend als gestohlen zu melden und so einen Versicherungsbetrug zu begehen, schafft A mit dem Auto kein taugliches Objekt einer Hehlerei.[70]

---

[59] MK-*Maier*, § 259 Rn. 15.
[60] *Ignor/Jahn*, JuS 2011, 385 (390).
[61] Zum § 202 d StGB (BGBl. I 2218 v. 10. 12. 2015) vgl. *Roßnagel*, NJW 2016, 533 (537).
[62] *Küper/Zopfs*, BT, Rn. 447.
[63] Fallbeispiel bei A/W-*Heinrich*, § 28 Rn. 4.
[64] BGH NJW 1969, 1260; BGH NStZ-RR 2019, 379 (379); *Eisele*, BT-2, Rn. 1145; *Fischer*, § 259 Rn. 7.
[65] *Jahn/Palm*, JuS 2009, 502.
[66] S/S/W-*Jahn*, § 259 Rn. 15.
[67] KG NStZ-RR 2007, 216.
[68] *Lackner/Kühl/Heger*, § 259 Rn. 5.
[69] BGHSt 15, 53; LK-*Walter*, § 259 Rn. 12.
[70] *Eisele*, BT-2, Rn. 1138.

cc) Durch die Vortat erlangt

▶ **Beispiel („SUV-Fall"):**[71] *N übergab den von ihm geleasten SUV, einen BMW X5, unberechtigt an A weiter. Dieser wollte den Wagen verkaufen und von seinem Erlösanteil einen überwiegenden Teil seines Lebensunterhalts finanzieren.* ◀

Dieses Tatbestandsmerkmal verlangt, dass der Vortäter durch die Vortat die **tatsächliche Sachherrschaft** über den Gegenstand erlangt hat, bevor er sie in die Hand des Hehlers gibt („Sukzessivitätserfordernis",[72] zeitliche Zäsur). Ist die deliktische Sacherlangung noch nicht abgeschlossen, kommt nach h.M. eine Bestrafung des „Hehlers" nur wegen Beteiligung an der Vortat (z.b. wegen Unterschlagung) in Betracht.[73] Einerseits will ein Teil der Literatur es genügen lassen, wenn die Vortat durch die Verfügung zugunsten des Hehlers begangen wird;[74] mit dem Wortlaut des § 259 StGB ist diese (kriminalpolitisch gut vertretbare) Auslegung jedoch nicht zu vereinbaren. Andererseits schränkt es den Tatbestand zu sehr ein, wenn man mit einer Minderheitsansicht sogar eine beendete Vortat verlangen würde, da das tatbestandsspezifische Risiko der Restitutionsvereitelung bereits nach der Vollendung (u.U. bereits im Versuchsstadium)[75] und nicht erst nach der Beendigung eintreten kann.

▶ **Lösung:**[76] *N begeht im „SUV-Fall" durch die Übergabe des Fahrzeugs an den A eine veruntreuende Unterschlagung. A könnte nur wegen Hehlerei (in Form des Sichverschaffens) bestraft werden, wenn N den Gegenstand zuvor durch eine rechtswidrige Tat erlangt hätte. Da aber nichts dafürspricht, dass er den Leasingvertrag betrügerisch abgeschlossen hat, fällt die „Vortat" (Unterschlagung) mit der Hehlereihandlung zusammen. Entgegen eines Teils der Literatur*[77] *kann in der schuldrechtlichen Vereinbarung des Vortäters mit dem (späteren) Hehler noch keine Vollendung der Unterschlagung erblickt werden. Nach dem eindeutigen Wortlaut des § 259 StGB muss die Vortat aber der Hehlerei zeitlich vorangehen. A hat demnach keine Hehlerei begangen, sondern sich wegen Beihilfe zur Unterschlagung schuldig gemacht.*[78] ◀

dd) Vortat eines anderen

▶ **Beispiel („Staatsgemäldesammlung-Fall"):**[79] *R war als Elektriker in der bayerischen Staatsgemäldesammlung beschäftigt. A bestimmte den R dazu, dort Bilder zu stehlen; A sagte ihm hierbei zu, dass er für den Verkauf sorgen und den Erlös mit R teilen werde. Etwa zwei Wochen später gelang es R, zwei Bilder zu entwenden. A übernahm den Verkauf, konnte aber trotz seiner Bemühungen die Bilder nicht veräußern.* ◀

Die Vortat muss „**ein anderer**" als der Hehler begangen haben. Eine Hehlerei ist zunächst **nicht** an Objekten aus Vortaten möglich, bei denen der Hehler selbst als **Alleintäter, Mittäter oder mittelbarer Täter** beteiligt war.[80] Die vom Vortäter begangene Anstiftung des Hehlers ist mitbestrafte Nachtat. Umstritten ist, ob der **Gehilfe** oder

---

71 BGH NStZ 2012, 700.
72 NK-*Altenhain*, § 259 Rn. 15.
73 BGHSt 13, 403; BGH NStZ 2012, 510; *Klesczewski*, BT, § 10 Rn. 57; zur Diskussion vgl. auch *Hillenkamp/Cornelius*, 38. Problem, BT, S. 226 ff.
74 L-*Kühl/Heger*, § 259 Rn. 6.
75 *Fischer*, § 259 Rn. 8.
76 BGH NStZ 2012, 700.
77 So etwa NK-*Altenhain*, § 259 Rn. 16; *Sch/Sch-Hecker*, § 259 Rn. 14.
78 BGH NStZ 2012, 700; vgl. auch BGH NStZ-RR 2011, 245 (246) m. Bspr. *Hecker*, JuS 2011, 1040.
79 BGHSt 22, 206.
80 SK-*Hoyer*, § 259 Rn. 7.

Anstifter der **Vortat** sich später noch als Täter oder Teilnehmer an einer Hehlerei beteiligen kann.[81] Nach einer **Minderheitsansicht** soll dies nicht möglich sein:[82] Ebenso wie beim Vortäter komme durch den Handlungsbeitrag des „Vorgehilfen" oder „Voranstifters" kein neues Unrecht hinzu.[83] Zudem erstrecke sich der Begriff der „Begehung" der Tat nicht zwingend auf Täterschaft, wie z.B. der Vergleich mit §§ 3, 9 Abs. 2 StGB zeigt, wo der Begriff der Tatbegehung auch den Teilnehmer meint. Es bestünde auch keine kriminalpolitische Notwendigkeit, Hehlereihandlungen des Teilnehmers an der Vortat präventiv unter Strafe zu stellen, da dieser die Normgeltung durch seine Mitwirkung an der Vortat bereits infrage gestellt habe.[84] Nach der **h.M.** ist dagegen eine Hehlerei durch den **Teilnehmer der Vortat möglich**.[85] Zu Recht wird hierfür darauf verwiesen, dass der Teilnehmer der Vortat die rechtswidrige Vermögenslage nicht herbeiführt, sondern diesen Vorgang nur unterstützt. Die spätere Verschiebung der Deliktsbeute vom Täter auf den Teilnehmer stellt daher **neues Unrecht** dar, das durch die Bestrafung wegen der Vortat nicht abgegolten ist. Zudem hat etwa der Gehilfe beim Diebstahl die Sache nicht „gestohlen", wie es aber § 259 Abs. 1 Var. 1 StGB verlangt, sondern (nur) der Dieb (als Täter). Außerdem fehlt bei § 259 StGB eine dem § 257 Abs. 3 S. 1 StGB entsprechende, den Teilnehmer der Vortat privilegierende Regelung.

43 ▶ **Lösung:**[86] Im „Staatsgemälde-Fall" ist fraglich, ob A die Bilder durch die Vortat eines anderen, die Diebstähle des R (§ 242 StGB,) erlangt hat. A war daran als Anstifter (§§ 242, 26 StGB) beteiligt. Die Minderheitsmeinung verneint den Tatbestand des § 259 StGB schon dann, wenn derjenige, der sich die Sache verschafft, an der Vortat nur als Teilnehmer beteiligt war. Nach h.M. wäre A nur dann als Täter einer Hehlerei ausgeschlossen, wenn er am Gemäldediebstahl als (Mit-)Täter beteiligt war. Davon ist eine Ausnahme auch dann nicht möglich, wenn der Teilnehmer es bereits bei der Teilnahmehandlung auf die Beute abgesehen oder den Vortäter angestiftet bzw. unterstützt hat, um sich die Gelegenheit zu einem hehlerischen Erwerb zu verschaffen.[87] ◀

b) Die Tathandlungen

44 Die erste und zweite Variante des § 259 Abs. 1 StGB erfassen die sog. **Erwerbshehlerei**, also solche Handlungsweisen, die der **Hehler** primär **im eigenen** wirtschaftlichen **Interesse** (bzw. dem Interesse eines Dritten) vornimmt.[88] Die dritte und vierte Variante des § 259 Abs. 1 StGB haben die **Absatzhehlerei** zum Gegenstand, also solche Vorgehensweisen, die dem wirtschaftlichen **Interesse** des **Vortäters** dienen. Der Hehler nimmt bei Var. 1, 2 die Rolle des Erwerbers, bei Var. 3, 4 die Rolle des Veräußerers ein.[89] Im Zeitpunkt der Tathandlung muss die rechtswidrige Vermögenslage noch fortbestehen.[90]

---

81 St. Rspr. seit BGHSt 7, 134; S/S/W-*Jahn*, § 259 Rn. 51; MK-*Maier*, § 259 Rn. 61; *Mitsch*, BT-2, S. 779.
82 SK-*Hoyer*, § 259 Rn. 8 f.; ebenso noch die Vorauflage.
83 *Seelmann*, JuS 1988, 39.
84 SK-*Hoyer*, § 259 Rn. 9; differenzierend (nur bei Anstiftung) LK-*Walter*, § 259 Rn. 93.
85 BGHSt 7, 134; BGH NStZ 2022, 780 m. Anm. *Hecker*, JuS 2022, 780; NK-*Altenhain*, § 259 Rn. 6; Schönke/Schröder-*Hecker*, § 259 Rn. 51.
86 Vgl. BGHSt 22, 206, wo es jedoch primär um konkurrenzrechtliche Fragestellungen ging.
87 BGHSt 7, 134; NK-*Altenhain*, § 259 Rn. 6; S/S/W-*Jahn*, § 259 Rn. 51.
88 *Kudlich*, JA 2002, 672 ff.
89 SK-*Hoyer*, § 259 Rn. 36 f.
90 L-*Kühl/Heger*, § 259 Rn. 7.

aa) Kooperationszusammenhang

▶ **Beispiel („Handy-Verkauf-Fall"):** *A stahl das Handy des B. Er veräußerte es an die nichts ahnende C weiter, die den A für den Eigentümer hielt. Schließlich kaufte D der C im Einvernehmen mit dem A das Mobiltelefon ab. D wusste, dass dieses Gerät zuvor von A dem B gestohlen wurde.* ◀

Von einer nach der Perpetuierungstheorie erforderlichen Verstetigung der rechtswidrigen Lage durch Hehlerei kann nach nahezu einhelliger Meinung nur ausgegangen werden, wenn Vortäter und Hehler einvernehmlich zusammenwirken, der Hehler also seinen Besitz vom Vortäter ableitet.[91] Dieser **Kooperationszusammenhang** wird häufig auch als „abgeleiteter" oder „derivativer" Erwerb bezeichnet. Alle vier Varianten der Hehlerei setzen (als ungeschriebenes Tatbestandsmerkmal) also voraus, dass der Hehler mit dem Vortäter einverständlich zusammenwirkt, und sei es nur konkludent.[92] Eine eigenmächtige Verschaffung der Herrschaft (wie z.B. Wegnahme der Sache) oder ein sonst mit **Willensmängeln** behaftetes **Einverständnis** des **Vortäters** (etwa aufgrund Nötigung oder Erpressung) genügen nicht;[93] auch ein Betrug gegenüber dem Vortäter reicht – entgegen der Rspr.[94] – nicht aus.[95]

Da auch eine Hehlerei Vortat der Hehlerei sein kann (oben Rn. 36), stellt sich die Frage, ob der erforderliche Kooperationszusammenhang von Vortäter und Hehler auch dann gegeben ist, wenn zwischen der Vortat und dem abschließenden Erwerb der Sache durch einen bösgläubigen Dritten eine **Mittelsperson gutgläubig** das Eigentum vom deliktisch handelnden Vortäter erwirbt. Die h.M. stellt hier darauf ab, ob die gutgläubige Person unanfechtbares Eigentum erlangt hat,[96] während eine Minderheitsansicht bei jedem Erwerb von einer gutgläubigen Mittelsperson die Hehlerei ausschließen möchte.[97] Die vorherrschende Ansicht überzeugt mit Blick darauf, dass § 259 StGB ein abstraktes Gefährdungsdelikt zum Schutz des Vermögens ist; ein solches Risiko kann erst dann verneint werden, wenn der durch die Vortat Geschädigte an die ihm vom Vortäter entzogene Sache im Klagewege nicht mehr gelangen kann.

▶ **Lösung:** *Da A im „Handy-Verkauf-Fall" einen Diebstahl zum Nachteil des B begangen hat, konnte C das Eigentum an dem Handy gem. § 935 Abs. 1 S. 1 BGB trotz ihrer Fehlvorstellung nicht gutgläubig erwerben. D perpetuiert somit dadurch, dass er C das Handy abkauft, die rechtswidrige Vermögenslage. Der Kooperationszusammenhang wird durch C nicht aufgehoben. D begeht damit eine Hehlerei.* ◀

bb) Ankaufen (Var. 1 des § 259 Abs. 1 StGB)

Als erste Variante der Erwerbshehlerei nennt das Gesetz das **Ankaufen**. Darunter ist die Begründung tatsächlicher eigener oder fremder Verfügungsgewalt im Einvernehmnis mit dem Vortäter zu verstehen.[98] Das Ankaufen bildet nach dem Wortlaut des Gesetzes einen Unterfall des Verschaffens, weshalb es alle Voraussetzungen des Ver-

---

91 BGHSt 7, 134; MK-*Maier*, § 259 Rn. 68; *Sch/Sch-Hecker*, § 259 Rn. 37.
92 *Jahn/Palm*, JuS 2009, 501 (503).
93 BGHSt 42, 196; NK-*Altenhain*, § 259 Rn. 26; MK-*Maier*, § 259 Rn. 70 ff.
94 Siehe zum Erlangen des Einverständnisses durch Täuschung BGHSt 63, 274 = BGH NJW 2019, 1540 (1541) m. Bspr. *Jäger*, JA 2019, 548 ff.
95 *Kindhäuser/Hilgendorf*, § 259 Rn. 18; *Wessels/Hillenkamp/Schuhr*, BT-2, Rn. 903.
96 BGHSt 15, 53 (57); *Eisele*, BT-2, Rn. 1152; a.A. *Rengier*, BT-1, § 22 Rn. 38 f.
97 A/W-*Heinrich*, § 28 Rn. 5 a.
98 *Krey/Hellmann/Heinrich*, BT-2, § 19 Rn. 990.

schaffens erfüllen muss.⁹⁹ Der Abschluss des (nichtigen) Kaufvertrags genügt nicht, da damit noch keine Verschaffung der Verfügungsgewalt verbunden ist.¹⁰⁰

cc) Sich- oder einem Dritten-Verschaffen (Var. 2 des § 259 Abs. 1 StGB)

50 ▶ **Beispiel („Kokereiarbeiter-Fall"):**¹⁰¹ *Kokereiarbeiter F traf auf dem Heimweg auf der Straße, vor einer Bäckerei, auf fünf Männer, sog. Eckensteher. Zu ihnen gehörten B, G und H. Diese Leute standen nach Art der in dieser Gegend nichtstuend herumlungernden Personen im Halbkreis zusammen und unterhielten sich. F kannte von ihnen nur B, dem er früher schon begegnet war. B sprach F an und bat ihn um Geld, damit sie sich „etwas zu trinken" holen könnten. F ging darauf ein, holte seinen Geldbeutel heraus und gab B 1 DM. Dabei nahm B wahr, dass sich in der Geldbörse ein größerer Geldbetrag befand. Als F die Börse sodann in seine Manteltasche steckte, erhielt er von B einen heftigen Schlag ins Gesicht und verlor die Besinnung. B nahm Fs Börse mit Inhalt an sich. Anschließend hielt er sich zusammen mit G und H in einer Gastwirtschaft auf. Dort aßen und tranken sie gemeinsam, auf Kosten des B, der dabei das ganze Geld des überfallenen F ausgab.* ◀

(1) Sich-Verschaffen

51 Das **Sich-Verschaffen** ist die bewusste und gewollte Übernahme der **tatsächlichen Verfügungsgewalt** über die Sache durch den Täter **zu eigenen Zwecken** im Wege des **abgeleiteten Erwerbs** und des **einverständlichen Zusammenwirkens** mit dem **Vortäter** oder dem sonstigen Vorbesitzer.¹⁰²

52 Das Sich-Verschaffen besteht somit aus zwei Komponenten:¹⁰³ Der Hehler muss erstens die Verfügungsgewalt erlangen, was meist, aber nicht zwingend unmittelbare Sachherrschaft bedeutet. Die Verschaffung mittelbaren Besitzes (§ 868 BGB), der Erwerb eines Pfandscheins,¹⁰⁴ die Aushändigung des Schließfachschlüssels oder die direkte Lieferung von gestohlenen Waren an Kunden des Hehlers genügen auch.¹⁰⁵ Außerdem muss der Hehler zweitens eine endgültige selbstständige wirtschaftliche Verfügungsbefugnis über den Gegenstand erlangen, sich diesen somit zueignen. Will der Täter sich den wirtschaftlichen Wert der Sache nicht einverleiben, fehlt es an einem Sich-Verschaffen. Letzteres ist der Fall, wenn er die Sache nur ausleiht, mietet, verwahrt, nur vorübergehend benutzt, repariert oder sie entsorgen möchte.¹⁰⁶ Die Annahme gestohlenen Bargelds als Darlehen ist dagegen tatbestandsmäßig.¹⁰⁷ Der bloße Mitverzehr von gestohlenen Genuss- und Nahrungsmitteln durch einen Dritten fällt nach h.M. ebenfalls nicht unter den Tatbestand, da dieser keine vom Vortäter unabhängige Verfügungs- oder Mitverfügungsgewalt erlangt, mithin mit der Sache nicht nach freiem Belieben wie ein Eigentümer verfahren kann.¹⁰⁸

---

99 *MK-Maier*, § 259 Rn. 100.
100 RGSt 73, 104; *Wessels/Hillenkamp/Schuhr*, BT-2, Rn. 905.
101 Nach BGHSt 9, 137. Die Wortwahl ist dem Urteil entnommen.
102 BGHSt 63, 274 Rn. 9; *S/S/W-Jahn*, § 259 Rn. 19; *MK-Maier*, § 259 Rn. 76.
103 *NK-Altenhain*, § 259 Rn. 31; dagegen von drei Komponenten spricht *S/S/W-Jahn*, § 259 Rn. 20 ff. (Verfügungsgewalt, tatsächliche Sachherrschaft, Zueignung).
104 Zum Diskussionsstand vgl. *Hillenkamp/Cornelius*, BT, 39. Problem, S. 231 ff.
105 *MK-Maier*, § 259 Rn. 81 ff.
106 *NK-Altenhain*, § 259 Rn. 32 m.w.N.
107 BGH NJW 1958, 1244 (1244).
108 BGHSt 9, 137; BGH NStZ 1992, 36 (36); *Fischer*, § 259 Rn. 12; *A/W-Heinrich*, § 28 Rn. 10 a; *SK-Hoyer*, § 259 Rn. 28; *MK-Maier*, § 259 Rn. 91; zur Gegenansicht vgl. etwa *NK-Altenhain*, § 259 Rn. 22; *Sch/Sch-Hecker*, § 259 Rn. 22.

§ 12 Die Anschlussdelikte (§§ 257, 259, 261 StGB) § 12

▶ **Lösung:**[109] Im „Kokereiarbeiter-Fall" hat B einen Raub (§ 249 StGB) begangen. Der Verbrauch des Geldes fällt nicht unter den Tatbestand des § 246 StGB und, da er Täter der Vortat war, auch nicht unter § 259 StGB. G und H waren am Raub nicht beteiligt. Fraglich ist dabei zunächst, ob ihr Mitgenuss der Beute ein Sichverschaffen darstellt. Denn mit dem gestohlenen Bargeld beglich B die Zeche der anderen. Nach einer Minderheitsansicht soll hier nichts Anderes gelten wie bei § 242 StGB oder § 246 StGB, wo der (beabsichtigte) Verbrauch der Sache Zueignungsrelevanz besitzt. Die h.M. ist aber zu Recht anderer Ansicht und hält die Benutzung, den Verzehr oder den Verbrauch einer gestohlenen Sache nicht für ein Sich-Verschaffen: Dafür spricht nicht nur der Wille des Gesetzgebers zu § 259 StGB a. F., sondern auch der Umstand, dass H und G keinerlei Verfügungsgewalt über das gestohlene Geld erhielten. Eine weitere denkbare Variante der Hehlerei, das Absetzen oder die Absatzhilfe, scheidet hier ebenfalls aus, da G und H den Absatz nicht gefördert haben. Zwar haben sie es ermöglicht, das erbeutete Geld auszugeben; dies genügt aber nicht[110], sofern sie nicht durch konkrete Hilfeleistungen (z.B. Informationen, Ratschläge) das Absetzen qualitativ nennenswert gefördert haben.[111] ◀

53

(2) Drittverschaffung

Der Täter **verschafft die Sache einem Dritten,** wenn er im eigenen Interesse die Deliktsbeute, ohne selbst Besitz zu erlangen, direkt einem Dritten zukommen lässt.[112] Erfasst ist aber auch die Konstellation des sog. Gewerbegehilfen, der fremdnützig für seinen Geschäftsherrn Deliktsbeute erwirbt.[113]

54

dd) Absetzen (Var. 3 des § 259 Abs. 1 StGB)

(1) Abgrenzung der Varianten; Begriff des Absetzens

▶ **Beispiel („Der Hut des Bettlers-Fall"):**[114] A stahl 50 EUR aus dem Portemonnaie des K. Als Freund C erhielt von A das Geld mit dem Auftrag, die 50 EUR einem „armen Schlucker" zu schenken. C warf daraufhin den Geldschein in den Hut des Bettlers B. ◀

55

Absetzen wie Absatzhilfe bezeichnen Unterstützungshandlungen beim Bemühen des Vortäters, die gestohlene Sache weiterzuschieben. Sie bedeuten die wirtschaftliche Verwertung der Sache durch ihre rechtsgeschäftliche Weitergabe an gut- oder bösgläubige Dritte gegen Entgelt.[115] Der Unterschied des Absetzens (Var. 3) zur Absatzhilfe (Var. 4) besteht darin, dass beim Absetzen der Täter eine gewisse Selbstständigkeit und einen Entscheidungsspielraum bei seiner Entscheidung besitzt, wie er den Gegenstand verwertet, während die Absatzhilfe das unselbstständige, an Weisungen gebundene Unterstützen des Vortäters darstellt.[116] Diese Unterstützung erfolgt im wirtschaftlichen Interesse des Vortäters und mit seinem Einverständnis in Form einer entgeltlichen rechtsgeschäftlichen Weitergabe an einen gut- oder bösgläubigen Dritten.[117] Dazu zäh-

56

---

109 BGH NJW 1958, 1244.
110 A. A. für den Kauf von Kleidung für die Freundin: BGHSt 10,1.
111 Vgl. BGH NJW 1956, 998; LK-*Walter*, § 259 Rn. 63.
112 BGH NStZ-RR 2012, 247; BGH NStZ-RR 2019, 379.
113 BGHSt 2, 262; *Sch/Sch-Hecker*, § 259 Rn. 24.
114 Frei nach BGH wistra 1985, 66.
115 BGHSt 27, 45; LK-*Walter*, § 259 Rn. 51.
116 *Eisele*, BT-2, Rn. 1157; MK-*Maier*, § 259 Rn. 102.
117 So die h.M.; vgl. etwa *Wessels/Hillenkamp/Schuhr*, BT-2, Rn 908; S/S/W-*Jahn*, § 259 Rn. 26; L-Kühl/*Heger*, § 259 Rn 14; zur Gegenansicht vgl. sogleich die Nachweise in der Lösung zum Beispielsfall.

len typischerweise der Verkauf einer Sache auf Rechnung des Eigentümers durch den selbstständigen Verkaufskommissionär, sodann der Tausch und die Verpfändung.[118]

57 ▶ **Lösung:** *C könnte sich im „Hut des Bettlers-Fall" durch die Schenkung einer Hehlerei in Gestalt des Absetzens des von A gestohlenen Geldes schuldig gemacht haben. Dies setzt jedoch voraus, dass der Hehler die Sache für den Vortäter wirtschaftlich verwertet. Zwar erspart sich A durch das Geschenk womöglich eigene Ausgaben für eine Geldspende an den B, und durch das Schenken wird teleologisch die rechtswidrige Besitzlage bezüglich des Geldscheins weiter vertieft und verstetigt.[119] Gleichwohl meint der Begriff des Absetzens seit jeher nicht jede Form der Verfügung über den Gegenstand – andernfalls müsste die Norm anders lauten (etwa: „an Dritte weitergibt") – sondern nur eine solche, die für den Vortäter von ökonomischen Nutzen ist, also für ihn mit einem geldwerten Vorteil verbunden ist.[120] Dies ist der Fall, wenn das Geschenk zur Abgeltung von Diensten oder in Erwartung einer Gegenleistung überlassen wird, das Verschenken also wenigstens zum Teil entgeltlichen Charakter hat.[121] An dem geldwerten Vorteil fehlt es jedoch bei einem Geschenk, das ganz uneigennützig erfolgt und nicht auf einer moralischen Verpflichtung beruht, der man ansonsten nur durch den Einsatz des eigenen Vermögens nachkommen kann (z.B. Geburtstagsgeschenke für Ehefrau, Kinder, enge Freunde usw.). Somit hat C kein gestohlenes Geld „abgesetzt". Die Frage von Mitsch, ob derjenige eine Absatzhilfe beging, der Robin Hood beim Verteilen der den Reichen geraubten Güter an die Armen unterstützte,[122] ist somit mit „Nein" zu beantworten.* ◀

(2) Absatzerfolg

58 ▶ **Beispiel („„Gestohlene Gemälde-Fall"):[123]** *B erwarb von U bösgläubig 13 gestohlene Gemälde. B beauftragte später den A, Käufer für diese Bilder zu suchen. A hielt es für möglich, dass es sich bei B entgegen dessen Behauptung nicht um den Eigentümer der Bilder, sondern einen Hehler handelte. Dies war ihm aber vor allem wegen der versprochenen Provision in Höhe von 10 % des Verkaufserlöses gleichgültig. Im Rahmen seiner Bemühungen fertigte A Fotografien von den Werken und sprach verschiedene ihm bekannte Personen an, von denen er hoffte, dass sie ihm beim Verkauf dienlich sein könnten. Die Bemühungen des A hatten aber keinen Erfolg.* ◀

59 Lange Zeit war umstritten, ob das Absetzen und die Absatzhilfe, wie von der herrschenden Lehre gefordert, einen **Absatzerfolg** voraussetzen.[124] Die frühere Rechtsprechung verneinte dies; der Eintritt eines Absatzerfolgs war nicht erforderlich, es genügten vielmehr Absatzbemühungen, sofern sie dazu geeignet waren, den Erfolg herbeizuführen und den rechtswidrigen Vermögenszustand aufrechtzuerhalten.[125] Drei Gesichtspunkte waren für den BGH maßgeblich: Der Gesetzgeber wollte durch die Reform des § 259 StGB im Jahre 1975 nichts an der Strafbarkeit bloßer Absatzbemühungen ändern. Auch sei es kriminalpolitisch nötig, schon Absatzbemühungen strafrechtlich zu bekämpfen. Da außerdem die tatbestandlich gleichrangige Absatzhilfe den

---

118 Bspe. von MK-*Maier*, § 259 Rn. 104 m.w.N.
119 Für Absetzen daher NK-*Altenhain*, § 259 Rn. 50; A/W-*Heinrich*, § 28 Rn. 16; *Kindhäuser/Böse*, BT-2, § 48 Rn. 23.
120 So auch die h.M.; vgl. etwa BGH NJW 1976, 1950; BGH wistra 1985, 66; *Eisele*, BT-2, Rn. 1160: Sch/Sch-*Hecker*, § 259 Rn. 28; LK-*Walter*, § 259 Rn. 53.
121 MK-*Maier*, § 259 Rn. 104.
122 *Mitsch*, BT-2, S. 807.
123 BGH NStZ 2013, 583 m. Bspr. *Trüg*; *Jäger*, JA 2013, 951; *Jahn*, JuS 2013, 1044.
124 Zum Diskussionsstand vgl. *Hillenkamp/Cornelius*, BT, 40. Problem, S. 235 ff.
125 BGHSt 43, 110.

Förderungsakt als solchen pönalisiere, könne für das täterschaftliche Absetzen nichts anderes gelten.[126]

Inzwischen haben alle Strafsenate des BGH, ausgelöst durch einen Anfragebeschluss des 3. Strafsenats,[127] sich von diesem weiten Begriff des Absetzens abgewendet und verlangen nunmehr, im Einklang mit der h.L., für ein Absetzen den **Eintritt eines Absatzerfolges**.[128] Es muss dem Täter danach gelungen sein, die Verfügungsgewalt über die Sache auf einen Dritten zu übertragen.[129] Vier Gründe sprechen für die Richtigkeit dieses Rechtsprechungswandels: Ein Absatzerfolg entspricht der gesetzlichen Systematik, da beiden anderen Tatbestandsalternativen des § 259 StGB, das Sich- oder Dritt-Verschaffen, sämtlich einen Erfolg im Sinne eines Übergangs der Verfügungsgewalt voraussetzen. Zudem wird erst hierdurch jene Aufrechterhaltung der rechtswidrigen Vermögenslage bewirkt, die das Wesen der Hehlerei bildet. Sodann hat die bisherige Rechtsprechung den Versuchstatbestand nach § 259 Abs. 3 StGB im Falle des Absetzens leerlaufen lassen, da danach praktisch immer sofort die Vollendung eintrat. Zudem ist zu fragen, ob es sprachlich möglich ist, ein Absetzen anzunehmen, wenn nichts abgesetzt wurde; im Wirtschaftsleben bedeutet Absatz der tatsächliche Verkauf, und wenn sich ein gesuchter Verbrecher ins Ausland abgesetzt hat, ist er dort auch angekommen.

▶ **Lösung:**[130] *Nach der früheren Rechtsprechung hätten sich im „gestohlenen Gemälde-Fall" die Verkaufsbemühungen des A als ein Absetzen dargestellt und A demnach eine Hehlerei begangen. Nach der neueren Rechtsprechung begründen die gescheiterten Anstrengungen des A nur eine Strafbarkeit wegen versuchter Hehlerei.* ◀

ee) Absatzhilfe (4. Var. des § 259 Abs. 1 StGB)

Absatzhilfe ist jede Hilfeleistung bei den Bemühungen des Vortäters um Absatz, die ebenfalls im Interesse des Vortäters und mit seinem Einverständnis erfolgt. Der Absatzgehilfe steht quasi „im Lager" des Vortäters[131] und fördert den Eintritt des Absatzerfolgs aufseiten des Vortäters.[132] Der Gesetzgeber hat die Absatzhilfe als eigenständige, täterschaftliche Tatbestandsalternative ausgestaltet, weil die Absatzbemühungen des Vortäters nicht unter § 259 StGB fallen und es daher an einer akzessorischen Haupttat mangelt, an der sich der Absatzhelfer beteiligen könnte. Typische Fälle der Absatzhilfe sind die Vermittlung von Kaufinteressenten, das Bereitstellen von Lagerräumen oder die Lieferung des Diebesguts.[133]

Die Rechtsprechung ging auch hier, konsequent an die sehr weite Auslegung des Absetzens anknüpfend, früher davon aus, dass der Vortäter noch keinen Absatzerfolg erzielt oder versucht haben muss; für die (vollendete!) Absatzhilfe sollte es vielmehr genügen, wenn der Gehilfe irgendeine vorbereitende, auf Förderung der Absatzmöglichkeiten gerichtete Tätigkeit entfaltet hat. Von diesem Verständnis der Absatzhilfe hat sich der

---

126 BGHSt 26, 358; BGH NStZ-RR 2019, 180.
127 BGH NStZ 2013, 584.
128 Siehe die Nachweise in BGHSt 59, 40.
129 NK-*Altenhain*, § 259 Rn. 48.
130 BGHSt 59, 40.
131 BGH wistra 2008, 386; BGH NStZ 2022, 219 (219).
132 S/S/W-*Jahn*, § 259 Rn. 36.
133 Vgl. die Beispiele bei LK-*Walter*, § 259 Rn. 62; BGH NJW 2012, 1746 (zur Steuerhehlerei gem. § 374 AO).

BGH nunmehr verabschiedet:[134] Neben den bereits oben aufgeführten Erwägungen, die für das Erfordernis eines Absatzerfolgs sprechen (oben Rn. 60), wäre es darüber hinaus im Rahmen der Absatzhilfe ein systematischer Bruch, für das Absetzen einen Absatzerfolg zu verlangen, nicht jedoch für die Absatzhilfe. Er ist zudem kein Grund dafür ersichtlich, die zwingende Strafmilderung des § 23 Abs. 2 StGB dem Absatzhelfer zu verwehren.

3. Subjektiver Tatbestand

64 In subjektiver Hinsicht bedarf es zunächst des Vorsatzes bezüglich der objektiven Tatbestandsmerkmale, wobei hier **dolus eventualis** genügt. So muss etwa der Täter aufgrund einer Parallelwertung in der Laiensphäre erkannt haben, dass der Gegenstand aus einer rechtswidrigen Straftat herrührt, wobei er freilich die Tat im Einzelnen nicht zu kennen braucht.[135] Er muss auch davon ausgehen, dass der rechtswidrige Besitzzustand im Zeitpunkt der Tathandlung noch besteht.

65 Zudem muss der mit **Eigen- oder Drittbereicherungsabsicht** handeln. Hierbei gelten zunächst die gleichen Grundsätze wie beim Betrug oder der Erpressung; allerdings muss, anders als bei §§ 263, 253 StGB, die erstrebte Bereicherung nicht rechtswidrig sein.[136] Es entfällt die Hehlerei also nicht, wenn der Täter in Form einer Hehlerei einen fälligen Anspruch gegen den Verletzten durchsetzt.

66 Umstritten ist, ob eine Hehlerei auch dann vorliegt, wenn der Hehler die **Tat zugunsten des Vortäters** vornimmt. Bedeutsam wird der Streit in der Fallkonstellation des Absetzens oder der Absatzhilfe, die ausschließlich fremdnützig erfolgt.[137] Ein Teil der Literatur bejaht dies, sofern dem Vortäter ein wirtschaftliches Plus gegenüber dem Gewinn aus der Vortat zufließt. Denn andernfalls würde die Tatbestandsalternative der Absatzhilfe leerlaufen. Zudem trete auch teleologisch eine Perpetuierung der rechtswidrigen Vermögenslage ein, wenn der Vortäter bereichert werde. Außerdem würde § 257 StGB dann nicht einschlägig sein, wenn der Täter keine Sicherungsziele verfolge, sondern den Vortäter nur bereichern wolle.[138] Die h.M. hingegen verneint zu Recht eine Hehlerei bei einer intendierten Bereicherung zugunsten des Vortäters.[139] Sie stellt darauf ab, dass der Gesetzgeber mit der Drittbereicherungsabsicht nur die Strafbarkeit des Gewerbegehilfen vor Augen hatte, der seinen Geschäftsherrn begünstigen wollte. Auch der Wortlaut legt nahe, dass der bei Absatzhehlerei verwendete Begriff des „Dritten" sich nicht ohne Grund von dem des „anderen" bei der Erwerbshehlerei unterscheidet, was sich dementsprechend auch bei der Bereicherungsabsicht widerspiegelt. Auch ermöglicht die h.M. eine klare Abgrenzung von § 257 StGB (bei Handeln zugunsten des Vortäters) und § 259 StGB (bei egoistischen oder drittbereicherndem Handeln).

---

134 BGHSt 59, 40.
135 LK-*Walter*, § 259 Rn. 72.
136 Sehr umstr.; wie hier NK-*Altenhain*, § 259 Rn. 69; SK-*Hoyer*, § 259 Rn. 44.
137 LK-*Walter*, § 259 Rn. 81.
138 A/W-*Heinrich*, § 28 Rn. 27; *Sch/Sch-Hecker*, § 259 Rn. 44; LK-*Walter*, § 259 Rn. 82.
139 BGH NStZ 1995, 595; NK-*Altenhain*, § 259 Rn. 70; S/S/W-*Jahn*, § 259 Rn. 43; L-Kühl/*Heger*, § 259 Rn. 17.

4. Versuch und Vollendung

▶ **Beispiel („Containerhafen-Fall"):**[140] *A und B verschifften im Hamburger Containerhafen regelmäßig hochwertige, gestohlene Fahrzeuge nach Ghana, um sie dort persönlich verkaufen zu können. G, ein Freund des A, arbeitete als Küchenhilfe für einen niedrigen Lohn. G wirkte an vier von A organisierten Verschiffungsfällen gegen eine Belohnung von jeweils 50 EUR in der Absicht mit, um sich hierdurch eine fortlaufende Einnahmequelle zu verschaffen. A bestellte zwei Container und fuhr jeweils ein gestohlenes Fahrzeug in einen Container. G übernahm anschließend Aktivitäten für deren Verschiffung; insbesondere sorgte er als Bote für die Bezahlung der Verschiffungskosten. Die Fahrzeuge waren jeweils kurz nach der Verladung von der Polizei sichergestellt worden, ohne dass G hiervon Kenntnis erlangte. Strafbarkeit des G?* ◀

Der Versuch der Hehlerei ist strafbar.[141] Hinsichtlich des unmittelbaren Ansetzens schlagen beim Versuch des Absetzens und der Absatzhilfe die Meinungsstreitigkeiten bezüglich der Reichweite dieser Tatbestandsmerkmale durch. Die ganz h.M. fordert nunmehr für das vollendete Absetzen einen Absatzerfolg (oben Rn. 60); folgerichtig muss auch beim Versuch ein unmittelbares Ansetzen zum Absatzerfolg vorliegen[142], d.h. der Täter zur Übertragung der Verfügungsgewalt auf den Erwerber unmittelbar ansetzen.[143] Das bloße Verwahren genügte schon nach der früheren Rechtsprechung nicht.[144]

▶ **Lösung:** *In Konstellationen wie dem „Containerhafen-Fall" setzte nach der früheren Rechtsprechung das Absetzen in § 259 StGB zwar keinen Absatzerfolg voraus, der in diesem Fall vom BGH aber gleichwohl angenommen wurde, da die Zugriffsmöglichkeiten der deutschen Eigentümer auf ihr jeweiliges Eigentum schon durch die Verladung in die Container faktisch ganz erheblich zugunsten der Empfänger der Fahrzeuge in Ghana eingeschränkt waren.[145] Dies erscheint aber fraglich: Denn der Vortäter hat noch nicht einmal zur Übertragung der Verfügungsgewalt auf den Erwerber angesetzt.*

In Betracht käme aber womöglich eine versuchte Hehlerei. Hierfür soll es nach einem Teil der Literatur bereits genügen, wenn die Handlung des Absatzhelfers dem Vorbesitzer eine Unterstützung bringt.[146] Die Handlungen des G im Hamburger Containerhafen würden hierfür ausreichen. Die h.L. wendet sich aber gegen eine solchen im Vergleich zum Absetzen vorverlagerten Versuchsbeginn bei der Absatzhilfe und verlangt vielmehr, dass der Vortäter mit dem Absatz der Ware begonnen und zur Übertragung der Verfügungsgewalt auf den Erwerber angesetzt hat.[147] Für diese Ansicht spricht die Kongruenz mit der objektiven Bestimmung des Absetzens (Eintritt eines Absatzerfolgs). Hierfür dürfte es aber – wie im vorliegenden Fall – nicht ausreichen, dass der Fahrer des Containerschiffs womöglich bereits die Sachherrschaft über die Fahrzeuge erhielt; denn der Verkauf sollte in Ghana erfolgen.[148] Insofern liegen hier die Annahme einer straflosen Vorbereitungshandlung zur Hehlerei bzw. bei entsprechender Vorteilssicherungsabsicht eine Begünstigung gem. § 257 StGB näher. ◀

---

140 Nach BGH NStZ 2008, 570.
141 Siehe zum Versuchsbeginn der Hehlerei auch BGH NStZ 2019, 80.
142 Hierzu ausführlich *Eisele*, JuS 2019, 915 ff.; *Jahn*, JUS 2017, 1128 ff.
143 *Wessels/Hillenkamp/Schuhr*, BT-2, Rn. 926.
144 BGHSt 2, 135.
145 BGH NStZ 2008, 570 (570).
146 LK-*Walter*, § 259 Rn. 89.
147 MK-*Maier*, § 259 Rn. 171; S/S/W-*Jahn*, § 259 Rn. 48; *Sorge*, ZJS 2016, 33 (42).
148 Vgl. MK-*Maier*, § 259 Rn. 172 (Transport der Deliktsbeute zum Absatzort noch Vorbereitung der Absatzhilfe).

5. Konkurrenzen und Wahlfeststellung
a) Konkurrenzen

71 Hält man mit der h.M. eine Hehlerei auch bei Teilnahme an der Vortat für möglich (siehe dazu oben Rn. 42), liegt regelmäßig Tatmehrheit vor,[149] während nach der hier vertretenen Ansicht die Beteiligung an der Vortat und die Hehlerei sich bereits tatbestandlich untereinander ausschließen.[150] Wird die Vortatsbeute deliktisch erworben, etwa in Form eines gegenüber dem Vortäter verübten Diebstahls, Raubs, Betrugs, Nötigung oder einer (räuberischen) Erpressung, ist Tateinheit oder Tatmehrheit ausgeschlossen, da Hehlerei mangels kooperativer Vorgehensweise schon tatbestandlich nicht vorliegt.[151] Hat der Täter eine Sache im Wege der Hehlerei erlangt, ist – nach der Tatbestandslösung bei § 246 StGB (oben § 3 Rn. 27) – die Vornahme weiterer Hehlereihandlungen (Absetzen/Absatzhilfe) nicht tatbestandsmäßig.[152] Tatbestandlich liegt nur eine Hehlerei vor, wenn mehrere Sachen, die u.U. sogar aus verschiedenen Vortaten stammen, in einem Akt erworben oder abgesetzt werden.[153] Im Übrigen soll Tateinheit u. a. mit §§ 257, 258, 261 StGB[154] möglich sein.[155]

b) Wahlfeststellung

72 Steht nicht fest, ob der Beteiligte an der Vortat oder der Hehlerei beteiligt war, ist aber das Gericht der Überzeugung, dass er an einer der beiden Taten mitgewirkt hat, kommt eine Verurteilung nach den Grundsätzen der sog. **ungleichartigen Wahlfeststellung** in Betracht. Dies setzt rechtsethische und psychologische Gleichwertigkeit der Tatvorwürfe voraus und wird in der BGH-Rechtsprechung – vom zweiten Strafsenat abgesehen[156] – vom 1., 3., 4. und 5. Strafsenat anerkannt,[157] so z.B. im Verhältnis Diebstahl-Hehlerei[158] und Betrug-Hehlerei. In diesem Fall verurteilt das Gericht z.B. wegen „§ 242 StGB oder § 259 StGB."[159] Der 2. Strafsenat hatte seinen Anfragebeschluss dem Großen Senat zunächst vorgelegt,[160] die Vorlage dann aus verfahrensrechtlichen Gründen zurückgenommen und später mit neuer Begründung erneut vorgelegt.[161] Der Große Senat hat daraufhin entschieden, dass die ungleichartige Wahlfeststellung nach den hergebrachten Grundsätzen zulässig ist, da es sich um eine prozessuale Entscheidungsregel handelt.[162] Auch das BVerfG hat die ungleichartige Wahlfeststellung anerkannt.[163]

---

149 BGH NStZ 2002, 200 (201); *A/W-Heinrich*, § 28 Rn. 38.
150 SK-*Hoyer*, § 259 Rn. 51.
151 Vgl. *Sch/Sch-Hecker*, § 259 Rn. 55, 37.
152 S/S/W-*Jahn*, § 259 Rn. 53.
153 NK-*Altenhain*, § 259 Rn. 80.
154 Ausführliche Erwägungen zum Konkurrenzverhältnis von gewerbsmäßiger Hehlerei und Geldwäsche enthält BGH NJW 2019, 1311 (1315).
155 L-Kühl/*Heger*, § 259 Rn. 20.
156 BGH NStZ 2014, 392 m. Bspr. *Jahn*, JuS 2014, 753; *von Heintschel-Heinegg*, JA 2014, 710.
157 BGH NStZ-RR 2014, 308 (1. StS); BGH NStZ-RR 2015, 39 (3. StS); NStZ-RR 2015, 40 (4. StS); NStZ-RR 2014, 307 (5. StS).
158 Zur Wahlfeststellung zwischen gewerbsmäßigem Diebstahl und gewerbsmäßiger Hehlerei siehe BGH NStZ 2018, 41 und BGH NJW 2019, 2837. Siehe auch *Kudlich*, JA 2017, 870.
159 *Kaspar*, AT, § 11 Rn. 25 ff.; *Kühl*, AT, § 21 Rn. 68 d.
160 BGH StV 2016, 212.
161 BGH NStZ 2014, 392.
162 BGH NStZ 2018, 41.
163 BVerfG NJW 2019, 2837.

§ 12 Die Anschlussdelikte (§§ 257, 259, 261 StGB) § 12

Wiederholungsfragen

1. Wie lautet der Schutzzweck der Hehlerei? (Rn. 26)
2. Welche Straftaten können taugliche Vortaten einer Hehlerei sein? (Rn. 36 f.)
3. Was versteht man unter einer Ersatzhehlerei und wie bewertet man sie? (Rn. 34)
4. Kann der Teilnehmer einer Vortat Täter einer Hehlerei sein? (Rn. 42)
5. Welche Beziehung muss zwischen Vortäter und Hehler bestehen? (Rn. 46)
6. Welchem wirtschaftlichen Interesse dient die „Verschaffung", welchem das „Absetzen"? (Rn. 44)
7. Reicht es für ein vollendetes Absetzen aus, wenn der Täter mit den Absatzbemühungen begonnen hat? (Rn. 59 f.)
8. Wie lauten die subjektiven Voraussetzungen der Hehlerei? (Rn. 64 f.)

IV. Die Geldwäsche (§ 261 StGB)

Literaturempfehlungen: *El-Ghazi/Lastetter*, Das Gesetz zur Verbesserung der strafrechtlichen Bekämpfung der Geldwäsche – Ein Überblick über die wichtigsten Änderungen beim Straftatbestand des § 261 StGB und bei der selbständigen Einziehung nach § 76 a Absatz 4 StGB, NZWiSt 2021, 209 ff.; *Gazeas*, Das neue Geldwäsche-Strafrecht: Weitreichende Folgen für die Praxis, NJW 2021, 1041 ff.; *Nestler*, Strafanwendungsrechtliche Probleme des reformierten Geldwäschetatbestands, Jura 2022, 169 ff., 814 ff., 1154 ff.

1. Einleitung

Mit dem Begriff der Geldwäsche beschreibt man das Phänomen, das „**schmutziges Geld**", also illegale Vermögenswerte (z.B. Erlöse aus Drogengeschäften, illegalen Waffenexporten, Erpressungen, Zuhälterei) in den legalen Wirtschafts- und Finanzkreislauf fließen und auf diese Weise „**sauber**" gewaschen" werden, sodass die sog. „Papierspur" verloren geht, die den Strafverfolgungsbehörden den Weg zum bemakelten Vermögen weist.[164] An dieser Schnittstelle zwischen illegalen Straftaterlösen und legalem Finanzkreislauf[165] setzt die Vorschrift an. Der Begriff der „Geldwäsche" („money laundering") soll auf **Al Capone**, der Chicagoer Unterweltgröße der 1920er- und 1930er-Jahre, zurückgehen, der die Einnahmen seiner kriminellen Geschäfte in **Waschsalons** investierte.[166] Heutzutage hat die Geldwäsche eine immer zunehmendere **praktische Relevanz**: 2022 wurden 19.960 Fälle polizeilich erfasst und 2021 rund 1.476 Personen wegen Geldwäsche abgeurteilt.[167] Die Strafbestimmung wird durch das sog. Geldwäschegesetz ergänzt, das sich in erster Linie an die Kreditwirtschaft richtet.[168]

73

---

[164] MK-*Neuheuser*, § 261 Rn. 7.
[165] LK-*Krause*, Vor § 261.
[166] *Gazeas*, NJW 2021, 1041 (1041).
[167] SVS 2021, S. 37 f.
[168] L-*Kühl/Heger*, § 261 Rn. 2 a.

a) Geschichte

74 Die Geldwäsche wurde 1992 durch das OrgKG[169] in das StGB eingefügt. Die Strafnorm beruhte dabei auf der europäischen Geldwäscherichtlinie von 1991[170], welche wiederum auf eine UN-Richtlinie von 1988 zurückgeht. Im Laufe der Zeit wurde die Norm mehrfach geändert, sodass sie die am häufigsten geänderte Vorschrift des StGB ist.[171] Die letzte Änderung erfolgte 2021 durch das **Gesetz zur Verbesserung der strafrechtlichen Bekämpfung der Geldwäsche**.[172] Das Gesetz dient vor allem dazu, die seit dem 02.12.2018 in Kraft getretene Richtlinie (EU) 2018/1673 des Europäischen Parlamentes und des Rates (vom 23.10.2018) über die strafrechtliche Bekämpfung der Geldwäsche umzusetzen. Durch die Reform erfolgte eine Neufassung und Neustrukturierung des § 261 StGB.[173]

b) Rechtsgut

75 Rechtsgut der Vorschrift ist die von der **inländischen Strafrechtspflege** (Kriminalpolizei, Staatsanwaltschaft, Strafgerichtsbarkeit) zu erfüllende Aufgabe, die Wirkungen von Straftaten zu beseitigen.[174] Abs. 1 S. 1 Nr. 3 und Nr. 4 schützen zusätzlich die durch die Vortaten geschützten Rechtsgüter.[175] Während die Tathandlungen nach **Abs. 1 objektbezogen** sind, d. h. sich auf den Umgang mit dem aus der Vortat herrührenden **Gegenstand** beziehen, erstreckt sich **Abs. 2** auf **Informationen** über den Gegenstand.[176] Die Norm ist ein **abstraktes Gefährdungsdelikt**.[177]

76 § 261 StGB hat somit, anders als der individualschützende § 259 StGB, einen **überindividuellen Schutzzweck**. Der **Unterschied zur Hehlerei** besteht zudem darin, dass die Hehlerei eine Straftat voraussetzt, die sich gegen **fremdes Vermögen** richtet. Illegale Erlöse aus Drogen-, Waffen- oder Prostitutionsgeschäften wie etwa der Zuhälterei stammen dagegen aus Delikten, die nicht das Vermögen, sondern andere Rechtsgüter schützen, etwa bei den Drogendelikten die Volksgesundheit, bei der Zuhälterei die sexuelle Selbstbestimmung und Freiheit des Menschen. Die Hehlerei setzt zudem als Tatobjekt einen **körperlichen Gegenstand** voraus, wie auch die **Ersatzhehlerei** nicht nach § 259 StGB strafbar ist. Darüber hinaus können auch bei der **Begünstigung** (§ 257 StGB), erlangte Ersatzvorteile tatbestandlich nicht immer erfasst werden. Ferner setzt die Begünstigung in subjektiver Hinsicht die Absicht voraus, einem anderen die Vorteile zu sichern (oben Rn. 20), was aber nur unter engen Voraussetzungen angenommen werden kann.[178]

---

169 Gesetz zur Bekämpfung des illegalen Rauschgifthandels und anderer Erscheinungsformen der Organisierten Kriminalität vom 15.07.1992: BGBl. 1992, 1302.
170 Richtlinie des Rates zur Verhinderung der Nutzung des Finanzsystems zum Zwecke der Geldwäsche vom 10.06.1992.
171 *Gazeas*, NJW 2021, 1041 (1041); *Fischer*, § 261 Rn. 1 mit einem Auszug aus der Änderungshistorie des § 261 StGB.
172 BGBl. 2021, 327.
173 Zur Kritik an der Neuregelung: HK-*Hartmann*, § 261 Rn. 15 ff.; *Gazeas*, NJW 2021, 1041; *Wessels/Hillenkamp/Schuhr*, BT-2, Rn. 945.
174 Vgl. BT-Drs. 12/989, 27; *L-Kühl/Heger*, § 261 Rn. 1.
175 BeckOK StGB/*Ruhmannseder*, § 261 Rn. 7; *L-Kühl/Heger*, § 261 Rn. 1.
176 NK-*Altenhain*, § 261 Rn. 7; *Wessels/Hillenkamp/Schuhr*, Rn. 962.
177 NK-*Altenhain*, § 261 Rn. 6.
178 S/S/W-*Jahn*, § 257 Rn. 23; SK-*Hoyer*, § 259 Rn. 43.

§ 12 Die Anschlussdelikte (§§ 257, 259, 261 StGB)

c) Prüfungsschema in Klausuren

Die Norm spielt in Fortgeschrittenenübungen und Examensklausuren nur eine höchst untergeordnete Rolle. Im Studium empfiehlt es sich dennoch, sich mit der Grundstruktur des § 261 StGB vertraut zu machen.

Prüfungsschema § 261 StGB
A. Tatbestand
  I. Objektiver Tatbestand
    1. Vortat: Rechtswidrige Tat (Auslandstaten: Abs. 9)
    2. Tatobjekt: Aus Vortat herrührender Gegenstand
    3. Täter: Jedermann
    4. Tathandlungen:
       a) Verbergen (§ 261 Abs. 1 S. 1 Nr. 1 StGB)
       b) Vereiteln, Umtauschen, Übertragen, Verbergen (§ 261 Abs. 1 S. 1 Nr. 2 StGB)
       c) Sich-Verschaffen oder Dritt-Verschaffung (§ 261 Abs. 1 S. 1 Nr. 3 StGB)
       d) Verwahrung oder Sich-Verwendung oder Dritt-Verwendung (§ 261 Abs. 1 S. 1 Nr. 4 StGB)
       e) Verheimlichen oder Verschleiern von Tatsachen (§ 261 Abs. 2 StGB)
    5. Keine Unterbrechung der Herrührungskette in den Fällen des Abs. 1 S. 1 Nr. 3 und Nr. 4 (Abs. 1 S. 2)
  II. Subjektiver Tatbestand:
    1. Vorsatz
    2. Vorsatz-Fahrlässigkeitskombination (Abs. 6 S. 1): Leichtfertigkeit hinsichtlich Herrühren genügt, sofern im übrigen Vorsatz
    3. Bei Strafverteidigern sichere Kenntnis der Herkunft erforderlich in den Fällen des Abs. 1 S. 1 Nr. 3 und 4 (Abs. 1 S. 3, Abs. 6 S. 2)
  III. Qualifikation (Abs. 4) für Verpflichtete nach § 2 Geldwäschegesetz
B. Rechtswidrigkeit
C. Schuld
D. Strafausschluss/Strafmilderung
  I. Beteiligung an Vortat (§ 261 Abs. 7 StGB), beachte aber die Einschränkung
  II. Freiwillige Unterstützung der zuständigen Behörden (§ 261 Abs. 8 StGB)
E. Besonders schwerer Fall (§ 261 Abs. 5 StGB)

2. Tatbestandsstruktur

a) Tatobjekt

Tatobjekte der Geldwäsche sind Gegenstände, die aus einer **rechtswidrigen Tat** herrühren und einen Vermögenswert aufweisen. Das ist **jede** bestimmbare, einer Person zuordenbare und übertragbare **Position**, die einen **wirtschaftlichen Wert** hat.[179] Dazu gehören Bargeld, anders als bei der Hehlerei aber auch **Buchgeld** auf dem Girokonto

---

[179] NK-*Altenhain*, § 261 Rn. 11; *Wessels/Hillenkamp/Schuhr*, BT-2, Rn. 951.

oder anderen Konten, Wertpapiere, Forderungen, Beteiligungen an Gesellschaften,[180] **Kryptowerte** wie z.B. Bitcoins, ausgespähte **Daten**,[181] Drogen und Falschgeld.[182] Die Geldwäsche erfasst also, entgegen ihrer vordergründigen Gesetzesüberschrift, nicht nur Geld im herkömmlichen Sinne, sondern auch andere Vermögenswerte.

81 Anders als in der alten Fassung des § 261 StGB muss eine Katalogtat nach der Neufassung der Norm nicht mehr vorliegen. Als taugliche Vortat kommen nun alle rechtswidrigen Taten in Betracht, die unter einen Straftatbestand des Kern- oder Nebenstrafrechts fallen und rechtswidrig sind („**All-crime-Prinzip**").[183] Mit dieser Regelung könnte man nunmehr praktisch **allen Bürgern**, die einen Vermögensgegenstand erlangen, der, wie sie wissen, aus einer Straftat herrührt (z. B. eine gestohlene Schokolade, die Ersparnis aufgrund einer Schwarzfahrt)[184] ein Vergehen der Geldwäsche nachweisen.[185] Abs. 9 erweitert die taugliche Vortat auf bestimmte Auslandstaten, wenn die Tat nach deutschem Strafrecht eine rechtswidrige Tat wäre und die Tat auch am Tatort mit Strafe bedroht ist oder die Tat auch nach den in Abs. 9 Nr. 2 a bis h genannten Vorschriften und Übereinkommen der Europäischen Union mit Strafe bedroht ist.

82 Der Vermögensgegenstand muss (kausal) aus der rechtswidrigen Tat **herrühren**. Das Gesetz verwendet hier bewusst einen Begriff, der offen ist und auch Ketten von Verwertungshandlungen erfassen soll.[186] Bei der Neufassung der Norm hat sich der Gesetzgeber dafür entschieden, diesen (weiten) Begriff beizubehalten.[187] Erfasst wird nach der Gesetzesbegründung damit neben dem unmittelbar aus der Vortat herrührenden Tatertrag **jeder Gegenstand**, der bei **wirtschaftlicher Betrachtungsweise** an die Stelle des Tatertrags, des Tatprodukts oder eines zuvor an deren Stelle getretenen Vermögensgegenstands getreten ist.[188] Gemeint sind damit die Ursprungsgegenstände (z.B. die Beute oder der Verbrechenslohn), aber auch solche in veränderter Form (z.B. eingeschmolzenes Gold) sowie dasjenige, was als Austauschobjekt (Surrogat) für den ursprünglichen Gegenstand erlangt wurde (z.B. mit Drogengeld gekaufter Schmuck).[189] Damit sind beispielsweise im bargeldlosen Vermögensverkehr verschobene Vermögenswerte erfasst.[190] Die Verarbeitung und Umgestaltung des Gegenstands durch eine selbstständige spätere Leistung Dritter führt dagegen dazu, dass der Unmittelbarkeitszusammenhang entfällt und insofern ein Herrühren nicht mehr gegeben ist.[191]

---

180 *Kindhäuser/Böse*, BT-2, § 49 Rn. 2.
181 NK-*Altenhain*, § 261 Rn. 11.
182 S/S/W-*Jahn*, § 261 Rn. 37.
183 NK-*Altenhain*, § 261 Rn. 4; *Fischer*, § 261 Rn. 11.
184 Bspe. von *Gazeas*, NJW 2021, 1041.
185 *Fischer*, § 261 Rn. 11.
186 *Sch/Sch-Hecker*, § 261 Rn. 9.
187 Vgl. BT-Drs. 19/24180, 29; BT-Drs. 19/24902, 3 f.; anders noch der Regierungsentwurf: BR-Drs. 620/20, 26.
188 BT-Drs. 19/26692 S. 7; NK-*Altenhain*, § 261 Rn. 27; krit. dazu A/W-*Heinrich*, § 29 Rn. 14: Gesetzgeber habe bewusst ein „Perpetuum mobile der Einziehung" geschaffen.
189 BGH NStZ 2017, 28 (29).
190 Zu dieser Problematik vgl. etwa S/S/W-*Jahn*, § 261 Rn. 37 ff.
191 MK-*Neuheuser*, § 261 Rn. 47.

b) Tathandlungen

aa) § 261 S. 1 Abs. 1 Nr. 1 und Nr. 2 StGB

Tathandlungen in Abs. 1 S. 1 Nr. 1 und Nr. 2 sind solche, mit denen der **behördliche Zugriff** auf die bemakelten Vermögenswerte **erschwert** wird, also das Verbergen (**Nr. 1**, z.B. durch Vergraben, Verstecken, Geldüberweisung in andere Staaten) oder das Vereiteln, Umtauschen, Übertragen oder Verbergen, in der Absicht, das Auffinden, die Einziehung oder die Ermittlung der Herkunft zu erschweren (**Nr. 2**, z.B. durch das Einfließenlassen von „schmutzigem" Geld in ein Unternehmen mit hohem Bargeldaufkommen[192]). Ausreichend ist dabei die Absicht zum Vereiteln usw., ein tatsächlicher Umtausch usw. muss nicht stattgefunden haben. Es handelt sich damit bei der Nr. 2 um ein abstraktes Gefährdungsdelikt.[193]

83

bb) § 261 Abs. 1 S. 1 Nr. 3 und Nr. 4 StGB

Abs. 1 S. 1 Nr. 3 und Nr. 4 erstreckt sich in Nr. 3 auf die **Sich- oder Drittverschaffung**, d. h. die Erlangung der tatsächlichen Verfügungsgewalt über die Sache im Wege derivativen Erwerbs. Diese Tatbestandsmerkmale haben dieselbe Bedeutung[194] wie bei der gleichlautenden Variante der Verschaffungshehlerei, § 259 Abs. 1 Var. 1, 2 StGB (oben Rn. 51 ff.).

84

Weitere Handlungsformen sind nach Nr. 4 das **Verwahren oder für sich Verwenden**, worunter der bestimmungsgemäße Gebrauch wie etwa Geldgeschäfte fallen. In dieser Nummer wird aber vom Gesetz vorausgesetzt, dass der Täter die Herkunft des Geldes kennt, wobei dolus eventualis genügt.

85

Für die Fälle des Abs. 1 S. 1 Nr. 3 und Nr. 4 gilt die Einschränkung des Abs. 1 S. 2. Wer einen Gegenstand erwirbt, den ein Dritter zuvor erlangt hat, ohne hierdurch eine rechtswidrige Tat zu begehen, macht sich nicht nach Abs. 1 S. 1 strafbar. So unterbricht dieser **straflose Vorerwerb** die Kette und bewirkt, dass weitere auf den Gegenstand bezogene Handlungen nach Abs. 1 S. 1 nicht mehr tatbestandsmäßig sind. Kauft etwa jemand mit erpresstem Geld legal ein Auto von einem gutgläubigen Autoverkäufer und schenkt er das Fahrzeug später dem bösgläubigen Gauner G, so macht sich der bedachte G nicht wegen Geldwäsche in Form des Sich-Verschaffens strafbar.

86

cc) § 261 Abs. 2 StGB

Nach **Abs. 2** macht sich strafbar, wer Tatsachen, die für das Auffinden, die Einziehung oder die Ermittlung der Herkunft eines Gegenstandes nach Abs. 1 von Bedeutung sein könnten, **verheimlicht oder verschleiert**. Erforderlich sind dazu konkret irreführende und aktiv unterdrückende Machenschaften, damit den Ermittlungsbehörden der Zugang zum Tatobjekt oder dessen Einziehung erschwert wird. Aus der Sicht der Behörden müssen diese Bemühungen aber nicht zum Erfolg geführt haben oder zwingt heimlich erfolgt sein.[195]

87

---

[192] Fischer, § 261 Rn. 27.
[193] BT-Drs. 19/24180, 30 f.; El-Ghazi/Laustetter, NZWiSt 2021, 209 (213).
[194] Wessels/Hillenkamp/Schuhr, BT-2, Rn. 966.
[195] BT-Drs. 19/24180, 33.

c) Geldwäsche durch Strafverteidiger

88 ▶ **Beispiel („Strafverteidiger-Fall"):**[196] *Zwei Rechtsanwälte waren miteinander verheiratet und gemeinsam in einer Sozietät in Frankfurt am Main tätig. Der Rechtsanwalt vertrat den Angeklagten A, die Rechtsanwältin den Angeklagten B. A und B begingen in einem ganz außergewöhnlichen Maße Betrügereien im Zusammenhang mit Anlagegeschäften und schädigten ihre Opfer um 2 Milliarden DM. Gegen die beiden Betrüger wurde ermittelt, die sich die beiden Rechtsanwälte als Wahlverteidiger aussuchten. Das Ehepaar nahm von beiden Angeklagten jeweils einen Honorarvorschuss in Höhe von 200.000 DM entgegen. Die Tatverdächtigen kamen mit dem Koffer in die Kanzlei, jeder mit 200.000 DM gefüllt und überreichten ihn mit den Worten: Da ist ihr Honorar. Den beiden Anwälten war bewusst, dass das Geld nur aus dem Betrug stammen konnte.* ◀

89 Die besondere Problematik der **Annahme bemakelten Geldes als Honorar** durch einen Strafverteidiger wurde in der Neufassung des § 261 StGB (oben Rn 74) ausdrücklich geregelt. Nach § 261 Abs. 1 S. 3 StGB handelt der Strafverteidiger, der ein Honorar für seine Tätigkeit annimmt, in den Fällen des Abs. 1 S. 1 Nr. 3 und 4 nur vorsätzlich, wenn er zum Zeitpunkt der Annahme des Honorars sichere Kenntnis von dessen Herkunft hat. Abs. 6 S. 2 schließt dabei auch die Strafbarkeit wegen Leichtfertigkeit aus. – Vor dieser ausdrücklichen Regelung im § 261 Abs. 1 S. 3, Abs. 6 S. 2 StGB, war es umstritten, ob sich ein Strafverteidiger wegen Geldwäsche strafbar machen kann. Das **BVerfG** entwickelte hierzu eine **Vorsatzlösung**, die vom **Gesetzgeber** 2021 **übernommen** wurde: Der mit dem damaligen § 261 Abs. 2 Nr. 1 StGB aF (heute § 261 Abs. 1 Nr. 3 StGB) verbundene Eingriff in die Berufsausübungsfreiheit der Strafverteidiger und in die Institution der Wahlverteidigung ist verfassungsrechtlich gerechtfertigt, wenn der Strafverteidiger im Zeitpunkt der Entgegennahme des Honorars sicher weiß, dass dieses aus einer Katalogtat herrührt. Die bewusste Übertragung bemakelter Vermögenswerte unter dem Schirm des verfassungsrechtlich geschützten Vertrauensverhältnisses ist ein Missbrauch der privilegierten Verteidigerstellung, der vor der Verfassung keinen Schutz verdient. Weiß der Strafverteidiger im Zeitpunkt der Annahme des Verteidigerhonorars sicher (dolus directus 2. Grades), dass die erhaltenen Mittel aus einer Katalogtat herrühren, so tritt er aus seiner Rolle als Organ der Rechtspflege heraus. Ein lediglich bedingter Vorsatz (dolus eventualis) oder Leichtfertigkeit (§ 261 Abs. 5 aF bzw. Abs. 6 StGB nF) genügen jedoch nicht.[197]

▶ **Lösung:** *Im „Strafverteidiger-Fall" hatten beide Rechtsanwälte positiv sichere Kenntnis davon, dass ihr Honorar aus Straftaten stammte. Am heutigen § 261 StGB gemessen, würde daher eine Verurteilung nicht an § 261 Abs. 1 S. 3, Abs. 6 S. 2 StGB scheitern.* ◀

3. Selbstgeldwäsche

90 Der an der Vortat Beteiligte Täter der Geldwäsche erfüllt zwar den Tatbestand des § 261 StGB – dieser setzt, anders als § 259 StGB, keine Vortat eines anderen voraus – er kann aber nach **Abs. 7** straflos sein. Die vorherige Beteiligung ist also ein **Strafausschließungsgrund**. Eine ähnliche Regelung findet man auch in § 257 Abs. 3 S. 1 StGB. Eine Straflosigkeit des an der Vortat Beteiligten ist jedoch ausgeschlossen, wenn er einen Gegenstand, der aus einer rechtswidrigen Tat herrührt, in den Verkehr bringt und dabei die rechtswidrige Herkunft des Gegenstands verschleiert. Das im

---

[196] Nach BGHSt 47, 68.
[197] Zum Meinungsstreit vgl. die Ausführungen in der 2. Aufl. dieses Lehrbuchs, § 12 Rn. 88 ff.

Verschleiern angelegte **Täuschungselement** weise einen spezifischen, strafwürdigen Unrechtsgehalt auf.[198] Es muss sich dabei um zielgerichtete, irreführende Machenschaften mit dem Zweck handeln, einem Vermögensgegenstand den Anschein einer anderen (legalen) Herkunft zu verleihen.[199] Bei Bargeschäften des Alltags (wie z.b. Verschenken oder Verkaufen) ist dies nicht der Fall.

Soweit die Selbstgeldwäsche straflos ist, bleibt zu bedenken, dass es sich dabei aber „nur" um einen persönlichen Strafausschließungsgrund handelt.[200] Andere Beteiligte der Geldwäsche können daraus keinen Vorteil herleiten.[201] So kann etwa der Vortäter der Geldwäsche mit den anderen Tatbeteiligten gem. § 261 Abs. 5 S. 2 StGB eine Geldwäschebande bilden. Die anderen Tatbeteiligten, die nicht an der Vortat beteiligt waren, machen sich daher auch dann wegen einer bandenmäßigen Geldwäsche strafbar, wenn der Vortäter nach Abs. 7 straflos bleibt; dies gilt zudem dann, wenn erst durch die Beteiligung des Vortäters die Voraussetzungen des Bandenbegriffs (mindestens drei Beteiligte) erfüllt sind.[202]

4. Subjektiver Tatbestand; Versuch

Für alle Tathandlungen ist Vorsatz erforderlich. Prinzipiell genügt **dolus eventualis**. Ausreichend für den bedingten Geldwäschevorsatz ist es, dass der Täter Umstände für möglich hält und billigend in Kauf nimmt, bei deren Vorliegen irgendeine rechtswidrige Vortat verwirklicht gewesen wäre. Dabei genügt seine Gleichgültigkeit gegenüber der von ihm für möglich gehaltenen Herkunft.[203] Der Täter muss weder den konkreten Vortäter noch die Einzelheiten der rechtswidrigen Vortat kennen.[204] Bei der Geldwäsche durch Strafverteidiger reicht ein bedingter Vorsatz bezüglich der Herkunft des Geldes jedoch nicht aus; erforderlich ist sichere Kenntnis (§ 261 Abs. 1 S. 3 StGB). Die **Leichtfertigkeit**[205] nach Abs. 6 S. 1 genügt für alle Varianten des Abs. 1 und Abs. 2; sie erstreckt sich aber nur auf ein bestimmtes Tatbestandsmerkmal, nämlich die Kenntnis von der Herkunft des Geldes.[206] Im Übrigen bleibt also das Vorsatzerfordernis bestehen. In den Fällen des Abs. 1 Nr. 3 und Nr. 4 ist Abs. 6 S. 1 nicht anwendbar, wenn es sich um einen Strafverteidiger handelt (Abs. 6 S. 2). Auch der **Versuch** der Geldwäsche ist nach Abs. 3 strafbar, was einen durchgängigen Vorsatz zugleich hinsichtlich der Herkunft des Geldes voraussetzt.[207]

5. Strafschärfung; tätige Reue; Konkurrenzen

In § 261 Abs. 4 StGB ist eine **Qualifikation** geregelt, Diese greift ein, wenn die Tathandlungen durch einen nach § 2 Geldwäschegesetz Verpflichteten (z.B. Steuerberater, Immobilienmakler, Kunstvermittler) begangen werden. Der **besonders schwere Fall** der Geldwäsche (gewerbs- oder bandenmäßiges Handeln) ist in § 261 Abs. 5 StGB

---

198 Vgl. etwa *Teixeira*, NStZ 2018, 643; *Dann*, NJW 2016, 203.
199 NK-*Altenhain*, § 261 Rn. 121.
200 L-*Kühl/Heger*, § 261 Rn. 10.
201 NK-*Altenhain*, § 259 Rn. 8; *Wessels/Hillenkamp/Schuhr*, BT-2, Rn. 961.
202 BGH NJW 2005, 3507 (3508).
203 BGH NStZ-RR 2020, 80 (81).
204 BT-Drs. 19/24180, 37.
205 Ausführlich zu den Voraussetzungen der leichtfertigen Geldwäsche siehe LG München I, Urt. v. 27.6.2019 – 12 KLs 319 Js 227596/16 = BeckRS 2019, 33417.
206 *Wessels/Hillenkamp/Schuhr*, BT-2, Rn. 980.
207 OLG Karlsruhe NStZ 2009, 269.

als Regelbeispiel ausgestaltet worden. Nach § 261 Abs. 6 StGB erlangt ein Beteiligter durch **eine strafbefreiende Selbstanzeige** (Nr. 1) oder dem Bewirken der Sicherstellung (Nr. 2) Straffreiheit.

94 Tateinheit ist möglich mit § 263 StGB, § 266 StGB und wegen der Verschiedenheit der Rechtsgüter auch mit § 257 StGB. Ebenso ist Tateinheit mit § 259 StGB[208], der keine Sperrwirkung gegenüber dem § 261 StGB entfaltet[209] und der, anders als § 261 StGB, keinen kollektiven Rechtsgutsbezug aufweist.[210]

Wiederholungsfragen

1. Welche Rechtsgüter schützt § 261 StGB? (Rn. 75)
2. Bei welche Nummer der Geldwäsche besteht Übereinstimmung mit der Hehlerei? (Rn. 84)
3. Kann der Vortäter sich wegen Geldwäsche schuldig machen? (Rn. 91)
4. Unter welchen Voraussetzungen macht sich ein Strafverteidiger bei der Entgegennahme von Honoraren wegen Geldwäsche strafbar? (Rn. 89)

---

208 Zum Verhältnis von versuchter gewerbsmäßiger Hehlerei und Gelwäsche siehe BGH NJW 2019, 1311 (1315 ff.).
209 BGHSt 50, 347 m. Anm. *Schramm*, wistra 2008, 245 (zu § 261 a. F.); *L-Kühl/Heger*, § 261 Rn. 18; NK-*Altenhain*, § 261 Rn. 135.
210 Vgl. aber *El Ghazi/Laustetter*, NZWiSt 2023, 121, die aufgrund des all-crime-Ansatzes § 261 StGB als lex specialis betrachten und § 259 StGB für überflüssig halten.

Teil 4 Die Straftaten gegen spezialisierte Vermögenswerte

Neben den Straftatbeständen, die das Vermögen im Allgemeinen, d. h. in seiner ganzen Breite schützen, enthält das StGB einige Strafvorschriften, die sich auf spezielle Ausprägungen des Vermögens beziehen. Dazu gehören vor allem die Straftatbestände zum Schutz vor Gebrauchs- und Verbrauchsanmaßung, aus denen im Folgenden die beiden (in Klausuren) wichtigsten Straftatbestände des § 248 b StGB und § 248 c StGB herausgegriffen werden. Am Ende wird noch § 289 StGB behandelt.

§ 13 Der unbefugte Gebrauch eines Fahrzeugs (§ 248 b StGB)

Literaturempfehlungen: *Bock*, Unbefugter Gebrauch eines Fahrzeugs, § 248 b StGB, JA 2016, 342 ff.; *Kudlich*, Taxifahrer – geprellt und abgezogen, JA 2015, 32 ff.; *Rensch/Schwarz*, Übungsklausur: „Als die Tiere den Stall verließen", ZJS 2021, 370 ff.

I. Einleitung

§ 248 b StGB, der 1953 durch das 3. StÄG in das StGB integriert wurde,[1] stellt den ansonsten straflosen Fall des sog. „Gebrauchsdiebstahls" (= furtum usus) bezüglich Kraftfahrzeugen und Fahrrädern unter Strafe.[2] Zur Verwirklichung des § 248 b StGB bedarf es – im Gegensatz zu § 242 StGB bzw. § 246 StGB – keiner Zueignungsabsicht oder Zueignung.[3] 2022 wurden 4.199 Fälle polizeilich registriert und 2021 wurden rund 397 Personen wegen einer Straftat nach § 248 b StGB abgeurteilt.[4] Die Norm hat aufgrund des Einbaus elektronischer Wegfahrsperren erheblich an praktischer Bedeutung verloren. Dass der Anteil Jugendlicher an den Verurteilten hoch ist, verwundert nicht.[5]

1. Rechtsgut

Unterschiedliche Ansichten werden hinsichtlich des von § 248 b StGB geschützten Rechtsguts vertreten.

▶ **Beispiel („Porsche Carrera"-Fall):** *O kaufte in Erfurt von T einen gebrauchten Porsche Carrera GT zum Preis von 100.000 EUR. Da O das Geld jedoch nicht auf einmal aufbringen konnte, vereinbarten beide eine Ratenzahlung über 12 Monate. T übergab den Porsche sofort samt Schlüssel und Papiere an den O. Bis zur vollständigen Zahlung des Kaufpreises behielt sich T jedoch das Eigentum am Porsche vor. Eines Abends parkte O den Porsche wie gewohnt nach der Arbeit auf der Straße vor seinem Haus. T, der den Ersatzschlüssel des Porsches bis zur vollständigen Kaufpreiszahlung heimlich behalten hatte, überkam an dem Abend die Nostalgie. Er begab sich in der Nacht zum Haus des O und unternahm mit „seinem" Porsche*

---

1 BGBl. I 1953, 735.
2 BGBl. I S. 735; MK-*Hohmann*, § 248 b Rn. 6.
3 Zur Unterscheidung der Gebrauchsanmaßung vom Diebstahl vgl. BGH NStZ 2015, 396.
4 SVS 2021, S. 36.
5 A/W-*Heinrich*, § 13 Rn. 140.

eine letzte, zweistündige Spritztour durch Thüringen. – Hat sich T wegen § 248 b StGB strafbar gemacht? ◀

4   Nach der sog. **Nutzungsrechtstheorie** schützt § 248 b StGB das Nutzungsrecht an einem Fahrzeug.[6] Das Eigentum selbst werde durch den Gebrauchsdiebstahl nicht infrage gestellt, sodass dieses auch nicht als das Schutzgut von § 248 b StGB erachtet werden könne.[7] Auch der Wortlaut der Norm[8] spreche von der unbefugten Ingebrauchnahme gegen den Willen des *Berechtigten*. Als „Berechtigter" sei jedoch nicht bloß der Eigentümer, sondern jeder zum Gebrauch des Fahrzeugs Berechtigte zu verstehen.[9] Die Norm setze nicht voraus, dass der Täter ein „fremdes" Fahrzeug oder Fahrrad gebraucht. Zudem sei auch in § 289 StGB das Nutzungsrecht gegenüber dem Eigentum im StGB schon derart institutionalisiert, dass sogar der Eigentümer tauglicher Täter eines unter Strafe gestellten Gebrauchsentzugs sein kann. Zudem stelle die Personenverschiedenheit von Nutzungsberechtigtem und (Sicherungs-)Eigentümer in der Kfz-Branche die Regel dar. Daher wolle es nicht einleuchten, dass der Halter eines zur Sicherheit übereigneten oder unter Eigentumsvorbehalt gekauften Fahrzeugs gegenüber dem (Noch-)Eigentümer keinen Schutz genießt.[10]

5   Richtigerweise ist aber das **Eigentum** das von § 248 b StGB geschützte Rechtsgut.[11] § 248 b StGB sanktioniert den sog. „Gebrauchsdiebstahl". Das Gebrauchsrecht stellt sich jedoch lediglich als Ausfluss aus dem Vollrecht Eigentum dar, sodass dieses für eine Strafbarkeit nach § 248 b StGB notwendigerweise mitverletzt sein muss.[12] Vor allem die systematische Einordnung der Norm im 19. Abschnitt des StGB streitet für diese sog. Eigentumstheorie.[13] Sowohl § 242 StGB als auch § 246 StGB schützen das Rechtsgut Eigentum, sodass daraus die Konsequenz gezogen werden kann, dass selbiges auch für § 248 b StGB gilt. Vor allem aber spricht das hier vertretene Grundverständnis des Strafrechts als bloßer Sekundärordnung (oben § 1 Rn. 25 ff.), das nur besonders gravierende Verstöße gegen die zivil- und öffentlich-rechtliche Primärrechtsordnung erfasst, gegen einen strafrechtlichen Schutz des bloßen Nutzungsrechts: Es kann nicht Aufgabe des Strafrechts und mithin auch nicht des § 248 b StGB sein, lediglich vertragswidriges oder nachlässiges Verhalten zu kriminalisieren.[14] Gebrauchsrechtsverletzungen durch einen (Vorbehalts- oder Sicherungs-)Eigentümer fallen folgerichtig nicht unter den Tatbestand.

6   ▶ **Lösung:** *Im „Porsche Carrera-Fall" würde sich T nach der Eigentumstheorie nicht wegen unbefugten Gebrauchs eines Fahrzeugs strafbar gemacht haben, da er selbst noch bis zur vollständigen Kaufpreiszahlung der Eigentümer des Porsches ist und es dementsprechend an einer Verletzung des Eigentums fehlen würde. Nach der Nutzungsrechtstheorie müsste der Fall dahin gehend entschieden werden, dass das Eigentum des T an dem Sportwagen seiner Strafbarkeit nach § 248 b StGB nicht entgegensteht.* ◀

---

6   Fischer, § 248 b Rn. 2; NK-*Kindhäuser/Hoven*, § 248 b Rn. 1; LK-*Vogel/Brodowski*, § 248 b Rn. 2.
7   NK-*Kindhäuser/Hoven*, § 248 b Rn. 1.
8   Beck OK-StGB-*Wittig*, § 248 b Rn. 1.
9   BGHSt 11, 47, 51.
10 NK-*Kindhäuser/Hoven*, § 248 b Rn. 1.
11 Sch/Sch-*Bosch*, § 248 b Rn. 1; MK-*Hohmann*, § 248 b Rn. 1; L-*Kühl/Heger*, § 248 b Rn. 1.
12 MK-*Hohmann*, § 248 b Rn. 1; Sch/Sch-*Bosch*, § 248 b Rn. 1.
13 SK-*Hoyer*, § 248 b Rn. 2.
14 MK-*Hohmann*, § 248 b Rn. 2.

§ 13 Der unbefugte Gebrauch eines Fahrzeugs (§ 248 b StGB)

2. Klausurrelevanz; Prüfungsschema in Klausuren

Die Norm spielt in den Klausuren der Zwischenprüfung und Vorgerücktenübung durchaus eine Rolle, steht aber meist nicht im Zentrum einer Klausur. Sie tritt zudem häufig auf der Ebene der Konkurrenzen zurück.

Prüfungsschema § 248 b StGB
A. Tatbestand
   I. Objektiver Tatbestand
      1. Tatmittel Kraftfahrzeug (Definition in § 248 b Abs. 4 StGB) oder Fahrrad
      2. Tathandlung
         a) Ingebrauchnahme
         b) gegen den Willen des Berechtigten
   II. Subjektiver Tatbestand: Vorsatz
B. Rechtswidrigkeit
C. Schuld
D. Strafantrag, § 248 b Abs. 3 StGB
E. Subsidiaritätsklausel, § 248 b Abs. 1 StGB

II. Objektiver Tatbestand

§ 248 b StGB setzt objektiv die Ingebrauchnahme eines Kraftfahrzeugs oder eines Fahrrads gegen den Willen des Berechtigten voraus.

1. Tatobjekt

Als taugliche Tatobjekte kommen gemäß § 248 b StGB ausschließlich **Kraftfahrzeuge** und **Fahrräder** in Betracht.

a) Kraftfahrzeug

Für das Kraftfahrzeug ist nach der **Legaldefinition** in Abs. 4 der Antrieb durch Maschinenkraft ausschlaggebend. Demzufolge umfasst der Tatbestand nicht nur Land- sondern auch Wasser- und Luftkraftfahrzeuge. Nicht inbegriffen sind daher Segelboote und Segelflugzeuge.[15] Als taugliches Tatobjekt explizit durch Abs. 4 ausgeschlossen sind alle Landkraftfahrzeuge, die an Bahngleise gebunden sind. Der Ausschluss beruht auf dem Umstand, dass derartige Kraftfahrzeuge aufgrund ihrer eingeschränkten Beweglichkeit leichter wiederauffindbar sind.[16] Dieser Rechtsgedanke lässt sich gleichermaßen auf Kraftfahrzeuge übertragen, die eine vergleichbare Einschränkung in ihrer Beweglichkeit aufweisen wie Schienenfahrzeuge (z.B. Seil- und Schwebebahnen).[17]

b) Fahrrad

Als weiteres taugliches Tatobjekt nennt § 248 b Abs. 1 StGB das Fahrrad. Hierunter sind alle **radgebundenen Fortbewegungsmittel** zu verstehen, die sich durch menschliche

---

15 Sch/Sch-*Bosch*, § 248 b Rn. 2; NK-*Kindhäuser/Hoven*, § 248 b Rn. 2.
16 SK-*Hoyer*, § 248 b Rn. 4.
17 MK-*Hohmann*, § 248 b Rn. 10; NK-*Kindhäuser/Hoven*, § 248 b Rn. 2.

Körperkraft fortbewegen lassen.[18] Für die Klassifizierung als „Fahrrad" kommt es hierbei auch nicht auf die Anzahl oder die Anordnung der Räder an; auch Tandems, Dreiräder und Rollstühle usw. werden daher vom Tatbestand erfasst.[19] Ist das Fahrrad aber ein E-Bike oder besitzt es sonst einen Hilfsmotor, ist es als Kraftfahrzeug i.S.d. § 248 b StGB zu qualifizieren, sofern es der verkehrsstrafrechtlichen Zulassung nach § 1 Abs. 3 StVG bedarf (dazu § 5 Rn. 48).[20] Tretroller wie sog. Kickboards oder Scooter liegen außerhalb des denkbaren Wortsinns „Fahrrad"; sind sie motorisiert, können sie aber u. U. als Kraftfahrzeuge gelten.[21]

2. Tathandlung

13 Ein derartiges Fahrzeug muss vom Täter in Gebrauch genommen worden sein. **Ingebrauchnahme** bedeutet dessen bestimmungsgemäße Benutzung als Fortbewegungsmittel.[22] Irrelevant für die Ingebrauchnahme ist es, ob die Fortbewegung mittels der dem technischen Wesen des Fahrzeugs eigentümlichen Triebkräfte stattfindet.[23] Auch bedarf es hierfür keiner gewissen Erheblichkeit der Ortsveränderung; allerdings **genügt** die **Inbetriebnahme des Motors**, ohne dabei das Fahrzeug in Gang zu setzen, **nicht** für die Qualifizierung als Ingebrauchnahme.[24] Weiterhin **nicht ausreichend** ist es, wenn der Täter das Fahrzeug **zu anderen Zwecken** als der Fortbewegung nutzt (z.B. Nutzung des Fahrgastraums als Schlafplatz)[25] oder ein Fahrrad **nur weggetragen** wird, um es in kurzer Entfernung wegzuwerfen.[26] Von der Norm werden ebenfalls solche Fälle nicht erfasst, in denen die Ingebrauchnahme allein den Zweck verfolgt, das Fahrzeug an den Eigentümer oder den zum Besitz berechtigten Nichteigentümer **zurückzuführen**. Ein derartiges Verhalten zielt gerade nicht auf die Verletzung der uneingeschränkten Verfügungsmöglichkeiten des Berechtigten ab, sondern dient vielmehr deren (Wieder-)Einräumung.[27]

3. Ingebrauchnahme gegen den Willen des Berechtigten

14 Die Ingebrauchnahme ist **unbefugt**, wenn sie gegen den Willen des Berechtigten stattfindet, d.h. wenn ein erkennbar oder mutmaßlich entgegengesetzter Wille des Berechtigten vorliegt.[28]

a) Berechtigter

15 Als Berechtigter ist derjenige anzusehen, dem das **Verfügungsrecht** über den Gebrauch des Fahrzeugs als Fortbewegungsmittel obliegt. Nach der hier vertretenen *Eigentumstheorie* (oben Rn. 85) kommt es auf die Eigentumsverhältnisse an,[29] während nach

---

18 SK-*Hoyer*, § 248 b Rn. 6; NK-*Kindhäuser/Hoven*, § 248 b Rn. 2.
19 NK-*Kindhäuser/Hoven*, § 248 b Rn. 2.
20 SK-*Hoyer*, § 248 b Rn. 6.
21 LK-*Vogel/Brodowski*, § 248 b Rn. 5.
22 Sch/Sch-*Bosch*, § 248 b Rn. 4; SK-*Hoyer*, § 248 b Rn. 7.
23 Beck OK-StGB-*Wittig*, § 248 b Rn. 3; MK-*Hohmann*, § 248 b Rn. 13; SK-*Hoyer*, § 248 b Rn. 5.
24 MK-*Hohmann*, § 248 b Rn. 14.
25 BGH NJW 2014, 2887; SK-*Hoyer*, § 248 b Rn. 7; MK-*Hohmann*, § 248 b Rn. 14.
26 BayObLG JR 1992, 346.
27 *L-Kühl/Heger*, § 248 b Rn. 3; MK-*Hohmann*, § 248 b Rn. 15.
28 *Eisele*, BT-2, § 7 Rn. 283; *L-Kühl/Heger*, § 248 b Rn. 4.
29 MK-*Hohmann*, § 248 b Rn. 16; a.A. *Eisele*, BT-2 § 7 Rn. 279, 284.

der Nutzungsrechtstheorie neben dem Eigentümer auch andere Nutzungsberechtigte infrage kommen.[30]

b) Einverständnis

Das Einverständnis des Eigentümers zur Ingebrauchnahme des Fahrzeugs wirkt bereits **tatbestandsausschließend**.[31] Dies ist etwa der Fall, wenn ein Arbeitnehmer ein Dienstfahrzeug mit Erlaubnis des Arbeitgebers privat nutzt.[32] Auch das mutmaßliche Einverständnis lässt ausnahmsweise bereits den Tatbestand und nicht erst die Rechtswidrigkeit entfallen.[33]

c) Unbefugtes Ingebrauchhalten; erneute Ingebrauchnahme

▶ **Beispiel ("Paul-Fall"):**[34] *A lieh sich von einem Bekannten, den er nur unter dem Namen "Paul" kannte, einen Personenkraftwagen, um unter Benutzung dieses Fahrzeugs eine Besorgung zu machen. A besaß keinen Führerschein, dennoch fuhr er mit dem Wagen davon. Unterwegs bemerkte er im Handschuhkasten des Fahrzeugs eine größere Anzahl verschiedenartiger Autoschlüssel. Daraus schloss er, dass "Paul" nicht der rechtmäßige Besitzer des Wagens sein könne. Trotzdem setzte er seine Fahrt fort und wurde unterwegs von der Polizei gestellt.* ◀

Umstritten sind diejenigen Fälle, in denen der Täter das Einverständnis des Berechtigten nur **irrigerweise** annimmt, später jedoch bemerkt, dass dieses nicht gegeben war, er das Fahrzeug trotz dessen aber in Gebrauch hält.[35] Teilweise wird das unbefugte Ingebrauchhalten der unbefugten Ingebrauchnahme gleichgesetzt.[36] Hierfür spreche, dass die zur Fortbewegung erzeugten Kräfte sich bis zur Außerbetriebnahme des Fahrzeugs stetig erneuerten und auch die durch die Ingebrauchnahme hergestellte Herrschaftsgewalt bis zu diesem Zeitpunkt bestehen bliebe.[37] § 248 b StGB setze keinen Gewahrsamsbruch voraus. Zudem entspreche es dem historischen Willen des Gesetzgebers, jede Form des Schwarzfahrens von Fahrzeugen[38] strafrechtlich zu unterbinden.

Richtigerweise hat der Täter aber **keinen Vorsatz hinsichtlich der Ingebrauchnahme**. Bezüglich des Ingebrauchhaltens gibt es der Wortlaut des § 248 b StGB nicht her, ein derartiges Verhalten als tatbestandsmäßig zu qualifizieren.[39] Abgesehen davon kann die „erneute Ingebrauchnahme" nicht durch § 248 b StGB sanktioniert werden, da dieser nicht die Bestrafung von Vertragsverletzungen mit Bagatellcharakter bezweckt.[40] Daher ist, entgegen der Nutzungsrechtstheorie,[41] die Konstellation der „erneuten Inge-

---

30 NK-*Kindhäuser/Hoven*, § 248 b Rn. 5.
31 *Eisele*, BT-2 § 7 Rn. 285; *Fischer*, § 248 b Rn. 6.
32 LAG Rheinland-Pfalz BB 2019, 1393.
33 BGH NJW 2014, 2887 mit insoweit krit. Bspr. *Kudlich*, JA 2014, 873; *Floeth*, NZV 15, 95; *Mitsch*, NZV 2015, 423, 425 f., der jedoch eine tatbestandsausschließende mutmaßliche Einwilligung ablehnt, wenn eine vorherige Nachfrage beim Berechtigten möglich ist; *Theile/Stürmer*, ZJS 15, 123; *Rengier*, BT-1, § 6 Rn. 11, wonach die mutmaßliche Einwilligung lediglich die Rechtswidrigkeit ausschließen soll. Aufbereitung des Falls bei *Jäger*, BT, Rn. 736.
34 BGHSt 11, 47, 48.
35 BGHSt 11, 47; MK-*Hohmann*, § 248 b Rn. 20 f.
36 LK-*Vogel/Brodowski*, § 248 b Rn. 7; *Rengier*, BT-1, § 6 Rn. 16; jüngst wieder BGH NJW 2014, 2887.
37 BGHSt 11, 47, 50.
38 Zum historischen Motiv des Gesetzgebers vgl. BGHSt 11, 47, 51.
39 MK-*Hohmann*, § 248 b Rn. 20.
40 *Schmidhäuser*, NStZ 1990, 340, 341; MK-*Hohmann*, § 248 b Rn. 21.
41 NK-*Kindhäuser/Hoven*, § 248 b Rn. 6; *Eisele*, BT-2, Rn. 287.

brauchnahme", in der der Täter die ihm eingeräumte Sachherrschaft zu unberechtigtem Gebrauch nutzt, aus dem Anwendungsbereich des § 248 b StGB herauszunehmen.

20 ▶ **Lösung:** *Im „Paul-Fall" hat der BGH entschieden, dass die Strafbarkeit des Täters von dem Augenblick an beginnt, in dem er nach seiner Vorstellung das Fahrzeug gegen den Willen des Berechtigten in Gang setzt oder in Gang hält. Keine Rolle spiele es dabei, ob der Täter seine mangelnde Berechtigung schon bei der Ingangsetzung des Fahrzeugs kennt oder ob er sie erst später erkennt, aber das Fahrzeug gleichwohl weiter in Gang hält. Nur diese Auslegung entspreche dem gesetzgeberischen Zweck, jedweder Schwarzfahrt entgegenzuwirken.* ◀

21 Vergleichbare Probleme treten auf, wenn ein Täter, der das Fahrzeug zunächst befugt im Gebrauch genommen hat, nach dem Erlöschen der Berechtigung **erneut in Gebrauch nimmt**. Hier wird man zwar in dem erneuten Benutzen des Fahrzeugs zwanglos sprachlich eine Ingebrauchnahme erblicken können, weshalb die h.M. in diesen Fällen zu einer Strafbarkeit nach § 248 b StGB kommt.[42] Aber es kann nicht die Aufgabe des § 248 b StGB sein, vertrags- oder abredewidriges Verhalten (z.B. zu lange oder zu intensive Nutzung) beim Gebrauch von Fahrzeugen zu pönalisieren.[43] Richtigerweise ist deshalb in einer teleologischen Betrachtungsweise das Merkmal der Ingebrauchnahme zu verneinen.[44] Bei dauernden Enteignungen greift ohnehin § 246 StGB ein.

III. Subjektiver Tatbestand

22 Für die subjektive Komponente des Tatbestandes ist es ausreichend, wenn der Täter hinsichtlich der Verwirklichung aller Tatbestandsmerkmale mit bedingtem Vorsatz handelt.[45] Geht der Täter in irriger Annahme vom Einverständnis des Berechtigten aus, so liegt ein vorsatzausschließender Tatbestandsirrtum gemäß § 16 Abs. 1 S. 1 StGB vor.[46]

IV. Strafantrag

23 Eine Verfolgung der Tat findet gemäß Abs. 3 nur **auf Antrag** statt. Als Antragsberechtigter kommt hierbei der Verletzte in Betracht. Dies kann sowohl der Eigentümer als auch der Nutzungsberechtigte sein.[47]

V. Konkurrenzen

24 § 248 b StGB ist gegenüber Delikten **formell subsidiär**, welche die gleiche oder ähnliche Schutzrichtung aufweisen (insbesondere §§ 242, 246 StGB).[48] Bezüglich des **verbrauchten Kraftstoffs** an einem Fahrzeug treten die §§ 242, 246 StGB im Wege der Konsumtion hinter § 248 b StGB zurück, da dieser ansonsten kaum zur Anwendung gelangen würde.[49] Zwar läge nach dem Wortlaut des § 248 b StGB das gegenteilige Ergebnis näher (Vorrang des mit schwererer Strafe bedrohten Diebstahls); gleichwohl kann hier von einer – vom Gesetzgeber gewünschten – „stillschweigenden Subsidiari-

---

42 BGHSt 11, 47; *Rengier*, BT-1, § 6 Rn 16.
43 A/W-*Heinrich*, § 13 Rn. 142.
44 MK-*Hohmann*, § 248 b Rn. 21; *Maurach/Schroeder/Maiwald/Hoyer/Momsen*, § 37 Rn. 9.
45 Sch/Sch-*Bosch*, § 248 b Rn. 8; *Eisele*, BT-2, Rn. 288; L-*Kühl/Heger*, § 248 b Rn. 5.
46 Beck OK-StGB-*Wittig*, § 248 b Rn. 6.
47 L-*Kühl/Heger*, § 248 b Rn. 7; NK-*Kindhäuser/Hoven*, § 248 b Rn. 11.
48 Sch/Sch-*Bosch*, § 248 b Rn. 13; *Eisele*, BT-2, Rn. 289.
49 MK-*Hohmann*, § 248 b Rn. 25; Sch/Sch-*Bosch*, § 248 b Rn. 15.

§ 13 Der unbefugte Gebrauch eines Fahrzeugs (§ 248 b StGB)

tät" (*Puppe*) des § 242 StGB ausgegangen werden.[50] Gegenüber §§ 253, 263 StGB tritt § 248 b StGB zurück, wenn der Täter den Besitz am Fahrzeug durch Täuschung oder Nötigung erlangt.[51] Anders verhält es sich bei Kollisionen mit Tatbeständen, die eine andere Schutzrichtung aufweisen. Diese können mit dem Dauerdelikt, welches mit der unbefugten Ingebrauchnahme beginnt und mit der Beendigung der Fahrt vollendet ist, in Tateinheit stehen.[52]

Wiederholungsfragen

1. Welches Rechtsgut schützt § 248 b StGB? (Rn. 4 f.)
2. Welche Tatobjekte werden von § 248 b StGB erfasst? (Rn. 10)
3. Wird ein E-Bike von § 284 b StGB geschützt? (Rn. 12)
4. Wie wird die Ingebrauchnahme definiert? Fällt darunter auch das Ingebrauchhalten? (Rn. 13, 18)
5. Nach welchen Kriterien bestimmt sich die Unbefugtheit der Ingebrauchnahme? (Rn. 13, 18)

---

50 *Puppe*, JuS 2016, 961, 964.
51 SK-*Hoyer*, § 248 b Rn. 19; NK-*Kindhäuser/Hoven*, § 248 b Rn. 12.
52 *Eisele*, BT-2, Rn. 289; Sch/Sch-*Bosch*, § 248 b Rn. 14.

§ 14 Die Entziehung elektrischer Energie (§ 248 c StGB)

Literaturempfehlung: *Bock*, Entziehung elektrischer Energie, § 248 c StGB, JA 2016, 502 ff.

I. Einleitung

1 § 248 c StGB ist 1953 durch das 3. StÄG vom Nebenstrafrecht in das StGB überführt worden.[1] Die Strafvorschrift wurde 1900 geschaffen, nachdem zuvor das **Reichsgericht** in einer Entscheidung zum Analogieverbot, die Rechtsgeschichte geschrieben hat, festgestellt hatte, dass Strom kein körperlicher Gegenstand i.S.d. § 90 BGB und daher ein Diebstahl von Strom nicht denkbar sei[2] (dargestellt als „**Stromklau-Fall**" oben § 2 Rn. 10, 12). Seine letzte Modifikation erfuhr § 248 c StGB durch das 6. StrRG, wodurch die Norm um die Drittzueignungsabsicht sowie den Abs. 3 erweitert wurde.[3] § 248 c StGB enthält zwei unterschiedliche Straftatbestände: In Abs. 1 wird eine Eigen- oder Drittzueignungsabsicht verlangt, in Abs. 4 die Schädigungsabsicht des Täters. Beide Tatbestände entsprechen damit auch bezüglich ihrer Strafandrohungen dem § 242 bzw. § 303 StGB.[4]

1. Praktische Bedeutung, Rechtsgut

2 Mit über 469 Abgeurteilten im Jahr 2021 und rd. 2800 polizeilichen Verdachtsfällen im Jahr 2022 ist die Norm durchaus praktisch bedeutsam.[5] Allerdings kann die Schadenshöhe im jeweiligen Fall sehr niedrig liegen. Wird etwa Energie entzogen, um ein Handy aufzuladen, verursacht dies einen Schaden in Höhe von weniger als einem Cent.[6] In solchen Fällen stellt sich die Frage nach der verfassungsrechtlichen Verhältnismäßigkeit des strafrechtlichen Mitteleinsatzes zur Bekämpfung des Strom-„Diebstahls":[7] Da § 248 c StGB aber keine Bagatellklausel enthält – auch nicht inzidenter innerhalb eines Tatbestandsmerkmals – bleibt in solchen praktischen „Null-Schadens-Fällen" de lege lata wohl nur eine Strafverfahrenslösung nach § 153 StPO. Nicht minder problematisch sind die Kollateralschäden der Pönalisierung in Gestalt des Risikos einer außerordentlichen Kündigung infolge eines „Strom-Diebstahls" am Arbeitsplatz, wenn Arbeitnehmer dort ihre privaten Handys oder Notebooks aufladen und dadurch geringe Schäden, vielfach unterhalb eines Cents verursachen.[8] Auch mietrechtlich kann der „Stromklau" Konsequenzen haben.[9]

3 Bedingt durch die mangelnde Sacheigenschaft der elektrischen Energie ist das von § 248 c StGB geschützte Rechtsgut auch nicht das Eigentum, sondern die **uneingeschränkte Verfügungsbefugnis des Berechtigten über die elektrische Energie**.[10] Ohne Bedeutung bleibt hierbei auch, dass „elektrische Energie" nach dem heutigen Wissensstand, in Form von Elektronen, selbst Teil der Materie ist. Die Einführung des § 248 c

---

1 BGBl. I 1953, 735.
2 RGSt 29, 111 und RGSt 32, 165.
3 MK-*Hohmann*, § 248 c Rn. 5.
4 SK-*Hoyer*, § 248 c Rn. 2.
5 SVS 2021, S. 36.
6 *Brodowski*, ZJS 2010, 144.
7 AnwK-*Kretschmer* § 248 c Rn. 1: der Tatbestand sei ein „skurril wirkendes Delikt" und der zivilrechtliche Schadensersatz ausreichend.
8 LAG Hamm, Urt. v. 2.9.2010 – 16 Sa 260/10, BeckRS 2010, 72669.
9 Vgl. etwa LG Berlin BeckRS 2015, 00408.
10 *Fischer*, § 248 c Rn. 2; MK-*Hohmann*, § 248 c Rn. 1.

§ 14 Die Entziehung elektrischer Energie (§ 248 c StGB)

StGB hatte zur Folge, dass der Gesetzgeber die elektrische Energie dem Sachbegriff der §§ 242, 246 StGB normativ entzogen hat.[11] § 248 c StGB ist aufgrund seines besonderen Rechtsguts, seines Charakters als Dauerdelikt und seiner Tathandlungen kein Sonderfall und kein lex specialis zu § 242 StGB, sondern eine Strafnorm sui generis.[12]

2. Prüfungsschema in Klausuren

Der Straftatbestand spielt in Klausuren eher eine untergeordnete Rolle. Dennoch sollte man die Grundzüge der Norm kennen.

Prüfungsschema § 248 c StGB
A. Tatbestand
   I. Objektiver Tatbestand
      1. Tatobjekt: Elektrische Anlage oder Einrichtung
      2. Tathandlung
         a) Entziehung elektrischer Energie
         b) mittels eines zur ordnungsgemäßen Entnahme nicht bestimmten Leiters
   II. Subjektiver Tatbestand
      1. Vorsatz
      2. Absicht der
         a) rechtswidrigen Selbst- oder Drittzueignung des Stroms oder
         b) rechtswidrigen Zufügung eines Schadens (§ 248 c Abs. 4 StGB)
B. Rechtswidrigkeit
C. Schuld
D. Strafantrag (§ 248 c Abs. 3 StGB)

II. Objektiver Tatbestand

1. Tatobjekt

§ 248 c StGB verlangt für die Verwirklichung des objektiven Tatbestands als taugliches Tatobjekt zunächst **fremde elektrische Energie.**

Das Tatbestandsmerkmal der „**elektrischen Energie**" ist anhand von physikalisch-naturwissenschaftlichen Kriterien zu definieren.[13] Elektrische Energie ist die Fähigkeit, elektrischen Strom fließen zu lassen.[14] Das weitere Tatbestandsmerkmal, die **Fremdheit** der Energie, definiert sich danach, wer die Verfügungsbefugnis besitzt. Denn an elektrischer Energie kann kein Eigentum i.S.v. § 903 BGB begründet werden, weshalb das Tatbestandsmerkmal der Fremdheit, entgegen dem Verständnis von § 242 StGB, dahingehend zu modifizieren ist, dass es dem Täter an einer Entziehungsbefugnis fehlen muss.[15] Je nachdem „gehört" der Strom dem Erzeuger, dem Versorgungsunternehmen oder dem Abnehmer, dessen Leitung angezapft wird.[16] Zu beachten ist hierbei, dass

---

11 NK-*Kindhäuser/Hoven*, § 248 c Rn. 2.
12 AnwK-*Kretschmer*, § 248 c Rn. 9; LK-*Vogel/Brodowski*, § 248 c Rn. 1.
13 NK-*Kindhäuser/Vogel*, § 248 c Rn. 2.
14 LK-*Vogel/Brodowski*, § 248 c Rn. 2.
15 L-*Kühl/Heger*, § 248 c Rn. 1; *Fischer*, § 248 c Rn. 2; MK-*Hohmann*, § 248 c Rn. 8.
16 LK-*Vogel/Brodowski*, § 248 c Rn. 2.

eine dem Täter eingeräumte Entnahmeberechtigung nicht bereits deshalb entfällt, weil dieser die elektrische Energie abweichend vom vertraglich vereinbarten Verwendungszweck nutzt.[17] Letzteres ist etwa der Fall, wenn auf einem Arbeitsplatzrechner ein rechenintensives und daher den Stromverbrauch erhöhendes Computerspiel ausgeführt wird.[18]

2. Tathandlung

8   Sowohl Abs. 1 als auch Abs. 2 verlangen als Tathandlung, dass die elektrische Energie einer elektrischen Anlage oder Einrichtung mittels Leiters entzogen worden sein muss.

a) Elektrische Anlage oder Einrichtung

9   Unter einer elektrischen Anlage oder Einrichtung ist jede Sachgesamtheit zu verstehen, die der Erzeugung, Speicherung, Zusammenführung oder Weiterleitung von elektrischer Energie dient.[19] Hiervon umfasst sind insbesondere Generatoren, Akkumulatoren, Transformatoren sowie das gesamte (öffentliche und private) Stromnetz, unabhängig von der Spannung.[20] Der einzige Unterschied zwischen elektrischen Anlagen und Einrichtungen besteht darin, dass sich die **Anlagen** gegenüber den Einrichtungen durch ihre **Dauerhaftigkeit im Bestand** auszeichnen.[21]

b) Entziehung

10 Das Tatbestandsmerkmal der „**Entziehung**" verlangt die einseitig bewirkte Energieentnahme, welche die Minderung des zuvor verfügbaren Energievorrats zur Folge hat, sodass dieser vom Berechtigten nicht mehr oder zumindest nicht mehr im vollen Umfang verwendet werden kann.[22] Zu beachten bleibt hierbei, dass die „Entziehung" nicht erfordert, dass sich der Täter der dem Strom innewohnenden Eigenschaften, Licht und Wärme zu erzeugen oder Arbeit zu leisten, bedient, sodass auch das Hervorrufen eines Kurzschlusses[23] tatbestandsmäßig sein kann, insofern hierdurch eine Minderung des verfügbaren Energievorrats eintritt.[24] Täter kann sowohl derjenige sein, der den Leiter selbst angebracht hat, als auch derjenige, der in Kenntnis des Leiters Strom entnimmt.[25]

c) Leiter

11 ▶ **Beispiel („Segway-Fall"):**[26] *K hatte sich für einige Tage einen Elektroroller („Segway") gemietet. An einem Freitag fuhr K mit diesem Elektroroller von seiner etwa zwei Kilometer entfernt liegenden Wohnung zum Betrieb der B zur Arbeit. K schloss diesen Elektroroller in der Zeit zwischen etwa 9.30 Uhr und 9.45 Uhr im Vorraum zum Rechenzentrum der B an eine Steckdose an, um den Akku aufzuladen. K benutzte dabei ein von ihm mitgebrachtes*

---

17 MK-*Hohmann*, § 248 c Rn. 9.
18 *Brodowski*, ZJS 2010, 146.
19 Beck OK-StGB-*Wittig*, § 248 c Rn. 2; MK-*Hohmann*, § 248 c Rn. 12.
20 *Fischer*, § 248 c Rn. 2.
21 Sch/Sch-*Bosch*, § 248 c Rn. 6–8; MK-*Hohmann*, § 248 c Rn. 12.
22 *Eisele*, BT-2, § 8 Rn. 294; MK-*Hohmann*, § 248 c Rn. 13.
23 Siehe MK-*Hohmann*, § 248 c Rn. 13.
24 SK-*Hoyer*, § 248 c Rn. 3; MK-*Hohmann*, § 248 c Rn. 13.
25 BGH NStZ 2019, 414.
26 LAG Hamm, Urt. v. 2.9.2010 – 16 Sa 260/10, BeckRS 2010, 72669.

§ 14 Die Entziehung elektrischer Energie (§ 248 c StGB)　　　　　　　　　　§ 14

Ladekabel. Zugang zu dem Vorraum haben nur 12 autorisierte Personen, darunter auch der K. Gegen 10.00 Uhr bemerkte der Vorgesetzte V des K, dass der im Vorraum abgestellte Segway zum Aufladen an eine herkömmliche 220 Volt-Steckdose angeschlossen war, die von den Mitarbeitern für Dienstzwecke genutzt werden darf. V sprach den K hierauf an und forderte ihn auf, den Motorroller zu entfernen. Zu diesem Zeitpunkt befand sich der K in einem „Hotline"-Telefonat mit einem Außendienstmitarbeiter der B. Erst nachdem er in der Zeit zwischen etwa 11.00 Uhr und 11.15 Uhr erneut aufgefordert worden war, den Elektroroller vom Stromnetz zu nehmen, beendete K das Telefonat und kam dieser Aufforderung nach. Wird ein Ladevorgang von einer Dauer von 1,5 Stunden zugrunde gelegt, so betrugen die Stromkosten für die Aufladung des Elektrorollers etwa 1,8 Cent. ◄

Die Entziehung der elektrischen Energie muss **mithilfe eines Leiters** stattfinden. Als solcher sind alle körperlichen Gegenstände einzustufen, die aufgrund ihrer physikalischen Beschaffenheit zur Aufnahme und Übertragung von Elektrizität in der Lage sind (z.B. Stromkabel und Metallteile).[27] 12

Strittig ist in diesem Zusammenhang allerdings, ob zwischen Leiter und elektrischer Anlage oder Einrichtung eine **körperliche Verbindung** bestehen muss. Hierzu wird teilweise vertreten, dass es für die Strafbarkeit nach § 248 c StGB auf eine solche körperliche Verbindung nicht ankomme.[28] Tatbestandsmäßig seien bereits solche technischen Vorrichtungen, die durch Induktion oder Lichtbogen in der Lage sind, den Strom aufzunehmen.[29] Auch die Gegenansicht fordert für die Tatbestandsmäßigkeit keine feste Verbindung zwischen dem Leiter und der elektrischen Anlage oder Einrichtung.[30] Erforderlich sei es jedoch, dass zwischen ihnen zumindest eine körperliche Berührung gegeben sei.[31] Für die Gegenansicht und somit für die h.M. spricht, dass es bei einer Stromaufnahme via Induktion oder Lichtbogen gerade an einem körperlichen Gegenstand, über den die Elektrizitätsübertragung stattfindet, und demzufolge an einer körperlichen Übermittlung fehlt.[32] Die Subsumtion einer solchen Energieaufnahme unter den Tatbestand des § 248 c StGB würde somit einen Verstoß gegen Art. 103 Abs. 2 GG bedeuten und ist folglich abzulehnen.[33] 13

Ferner handelt auch nicht tatbestandsmäßig, wer einen Leiter benutzt, der **zur ordnungsgemäßen Entnahme** von Energie bestimmt ist.[34] Die Bestimmtheit eines Leiters zur ordnungsgemäßen Entnahme von Energie ist hierbei vom Willen des Verfügungsberechtigten abhängig.[35] 14

Umstritten ist die **Nutzung einer fremden Steckdose oder eines stromführenden fremden USB-Anschlusses**. Die h.M. stellt hier darauf ab, ob der Berechtigte die Nutzung der Steckdose mittels des vom Nutzer verwendeten Kabels allgemein oder konkret untersagt hat. Verbindet demnach jemand sein Handyladegerät oder sein Notebook über eine Steckdose mit dem Stromnetz, obwohl der jeweils Verfügungsberechtigte (z.B. Vermieter, Arbeitgeber, Hotelier, Gastwirt) dies untersagt hat, so soll das Kabel 15

---

27 NK-*Kindhäuser/Hoven*, § 248 c Rn. 5; MK-*Hohmann*, § 248 c Rn. 14.
28 Vgl. Sch/Sch-*Bosch*, § 248 c Rn. 9.
29 L-*Kühl/Heger*, § 248 c Rn. 2; Sch/Sch-*Bosch*, § 248 c Rn. 9.
30 SK-*Hoyer*, § 248 c Rn. 5; MK-*Hohmann*, § 248 c Rn. 14; NK-*Kindhäuser/Hoven*, § 248 c Rn. 5.
31 NK-*Kindhäuser/Hoven*, § 248 c Rn. 5; SK-*Hoyer*, § 248 c Rn. 5; MK-*Hohmann*, § 248 c Rn. 14.
32 NK-*Kindhäuser/Hoven*, § 248 c Rn. 5.
33 SK-*Hoyer*, § 248 c Rn. 5; MK-*Hohmann*, § 248 c Rn. 14.
34 *Eisele*, BT-2, § 8 Rn. 294.
35 MK-*Hohmann*, § 248 c Rn. 15; vgl. SK-*Hoyer*, § 248 c Rn. 6.

ein „Leiter" sein.³⁶ Richtigerweise kann es aber nicht Aufgabe des § 248 c StGB sein, abredewidriges Verhalten oder Vertragsverletzungen zu kriminalisieren und eine solche Nutzung einer Steckdose unter Strafe zu stellen, wenn sie als solche nach dem Willen des Berechtigten zur Entziehung von Energie bestimmt ist. Daher entfällt bei der im Innenverhältnis pflichtwidrigen Nutzung nach der zutreffenden Minderheitsansicht³⁷ die Tatbestandsmäßigkeit. Diese Fälle sind nicht anders zu behandeln als diejenigen, auch von der h.M. als straflos angesehenen Konstellationen der pflichtwidrigen Nutzung schon angeschlossener Geräte (z.B. die Nutzung eines angeschlossenen Dienst-PCs für private Vergnügungszwecke).

16 ▶ **Lösung:** *Im „Segway-Fall" hat sich K nach h.M. dadurch, dass er die Steckdose vertragswidrig genutzt hat, nach § 248 c StGB strafbar gemacht, da er mit seinem Stromkabel einen Leiter verwendet hat, der nicht zur ordnungsgemäßen Nutzung des Stromnetzes bestimmt war.³⁸ Da K jedoch die Nutzung der Steckdose allgemein erlaubt war und der Missbrauch eines betrieblichen Stromanschlusses für private Zwecke zwar arbeitsrechtlich unzulässig ist, letztlich aber doch nur einen Vertragsverstoß gegen die Pflichten aus dem Arbeitsvertrag darstellt, ist das Verhalten des K nach der hier vertretenen Minderheitsansicht nicht strafbar, sondern nur zivil- und arbeitsrechtlich verboten.* ◀

III. Subjektiver Tatbestand

17 Auf subjektiver Tatbestandsseite verlangt § 248 c StGB zum einen Vorsatz hinsichtlich der Verwirklichung aller objektiven Tatbestandsmerkmale und zum anderen die Absicht sich oder einem Dritten die elektrische Energie rechtswidrig zuzueignen (Abs. 1) oder jemand anderen rechtswidrig zu schädigen (Abs. 4).

1. Vorsatz

18 Beim Vorsatz ist es sowohl für Abs. 1 als auch für Abs. 4 ausreichend, dass der Täter hinsichtlich der Verwirklichung aller objektiven Tatbestandsmerkmale mit **dolus eventualis** handelt.³⁹ In Bezug auf das **normative Tatbestandsmerkmal** der „Fremdheit" ist insoweit vom Täter eine Parallelwertung in der Laiensphäre zu fordern, d. h. dieser darf nicht nur die Tatsachen kennen, aus denen sich die rechtliche Einordnung ergibt, sondern muss zumindest billigend in Kauf nehmen, dass die Verfügungsbefugnis einem anderen obliegt.⁴⁰

2. Zueignungsabsicht (§ 248 c Abs. 1 StGB)

19 Abs. 1 verlangt zusätzlich zum Vorsatz die Absicht, die elektrische Energie sich oder einer Dritten rechtswidrig zuzueignen. Absicht meint hierbei das Handeln mit **dolus directus 1. Grades**.⁴¹ Mangels Sachqualität der elektrischen Energie kommen als Zueignungsobjekt – in Modifikation zu § 242 StGB – nicht die Eigentumsverhältnisse, sondern die dem zur Entnahme Berechtigten zustehenden Befugnisse, sich der dem

---

36 *Fischer*, § 248 c Rn. 3; MK-*Hohmann*, § 248 c Rn. 15; *Rengier*, BT-1, § 6 Rn. 22.
37 *Brodowski*, ZJS 2010, 144, 146; S/S/W-*Kudlich*, § 248 c Rn. 7; M/R-*Schmidt* § 248 c Rn. 5; LK-*Vogel/Brodowski*, § 248 c Rn. 11.
38 LAG Hamm, Urt. v. 2.9.2010 – 16 Sa 260/10, BeckRS 2010, 72669.
39 NK-*Kindhäuser/Hoven*, § 248 c Rn. 8.
40 MK-*Hohmann*, § 248 c Rn. 16.
41 SK-*Hoyer*, § 248 c Rn. 8; MK-*Hohmann*, § 248 c Rn. 17.

Strom innewohnenden Fähigkeiten (s.o.) zu bedienen, in Betracht.[42] Diese Fähigkeiten müssen dem Berechtigten vom Täter zumindest teilweise auf Dauer entzogen worden sein, um selbst darüber zu verfügen oder einem Dritten die Verfügung darüber zu ermöglichen.[43]

Die Zueignung stellt sich als rechtswidrig dar, wenn dem Täter weder ein schuldrechtlicher Anspruch noch die Einwilligung des Berechtigten zur Entnahme der elektrischen Energie zur Seite steht.[44]

3. Schädigungsabsicht (§ 248 c Abs. 4 StGB)

Im Gegensatz zu Abs. 1 verlangt Abs. 4 die Absicht, jemand anderen zu schädigen. Die Schädigung in Form des Energieverlusts ist das alleinige Ziel des Täters, sodass Objekt der Absicht die Enteignung ohne Aneignung ist.[45]

4. Vorsatz bzgl. der Rechtswidrigkeit

Hinsichtlich der Rechtswidrigkeit der beabsichtigten Zueignung (Abs. 1) bzw. Schädigung (Abs. 4) genügt es, wenn der Täter mit dolus eventualis handelt.[46] Da es sich hierbei, ebenso wie bei der „Fremdheit", um ein **normatives Tatbestandsmerkmal** handelt, ist auch hier vom Täter eine Parallelwertung in der Laiensphäre zu fordern.[47]

IV. Versuch; Strafantrag

Der Versuch ist nach § 248 c Abs. 2 StGB strafbar. Ein solcher liegt vor, wenn der Leiter rechtzeitig entdeckt wird, bevor der Strom entzogen wurde.[48] Gemäß § 248 c Abs. 3 StGB gelten die §§ 247, 248 a StGB für Taten nach Abs. 1 entsprechend. Die **Geringwertigkeitsgrenze** bestimmt sich hierbei anhand des objektiven Verkehrswertes zur Zeit der Tat und liegt derzeit bei etwa 25–50 EUR.[49] Taten nach Abs. 4 werden nur auf Antrag des Geschädigten verfolgt, welcher der Inhaber der Verfügungsbefugnis über die elektrische Energie ist.[50]

V. Konkurrenzen

Aufgrund seiner Lückenschließungsfunktion stellt sich § 248 c StGB gegenüber §§ 242, 263 StGB grundsätzlich als **lex specialis** dar.[51] Verdeckt der Täter jedoch durch den Betrug eine diesem vorausgegangene Tat gemäß § 248 c StGB, so ist der Betrug als mitbestrafte Nachtat zu klassifizieren.[52] Ferner wird § 248 c StGB von § 242 StGB in solchen Fallkonstellationen verdrängt, in denen der Täter die elektrische Anlage (z.B. Batterie) insgesamt wegnimmt.[53] Empfängt der Täter Elektrizität mittels Lichtbogen

---

42 NK-*Kindhäuser/Hoven*, § 248 c Rn. 9; SK-*Hoyer*, § 248 c Rn. 9; MK-*Hohmann*, § 248 c Rn. 17.
43 Beck OK-StGB-*Wittig*, § 248 c Rn. 3.
44 NK-*Kindhäuser/Hoven*, § 248 c Rn. 9.
45 MK-*Hohmann*, § 248 c Rn. 20.
46 SK-*Hoyer*, § 248 c Rn. 11.
47 MK-*Hohmann*, § 248 c Rn. 22; SK-*Hoyer*, § 248 c Rn. 11.
48 Vgl. etwa LG Schweinfurt NJW 1973, 1809.
49 *Eisele*, BT-2 § 9 Rn. 297.
50 MK-*Hohmann*, § 248 c Rn. 26.
51 *Fischer*, § 248 c Rn. 8.
52 NK-*Kindhäuser/Hoven*, § 248 c Rn. 13.
53 MK-*Hohmann*, § 248 c Rn. 25; Übungsfall bei *Jänicke*, JuS 2016, 1099.

oder Induktion (z.B. Auffangen elektromagnetischer Wellen via Fernseh- oder Radiogerät), so kommt lediglich eine Strafbarkeit gemäß § 265 a StGB, nicht jedoch nach § 248 c StGB, in Betracht.[54]

Wiederholungsfragen

1. Das Urteil des Reichsgerichts, das zur Einführung des § 248 c StGB geführt hat, schrieb Rechtsgeschichte. Welches Prinzip des Strafrechts stand dabei warum im Mittelpunkt? (Rn. 1)
2. Wie hoch sind die Schäden beim Stromdiebstahl? (Rn. 2)
3. Wie lauten die beiden Tathandlungen des § 248 c StGB? (Rn. 8, 10)
4. Fällt die Benutzung einer fremden Steckdose mit einem Smartphone- oder Notebook-Ladegerät unter § 248 c StGB? (Rn. 15)

---

54 SK-*Hoyer*, § 248 c Rn. 5; MK-*Hohmann*, § 248 c Rn. 25.

§ 15 Die Pfandkehr (§ 289 StGB)

I. Einleitung

Die Norm hat sich erst im 19. Jahrhundert herausgebildet und ist seit 1871 im StGB enthalten. Der Täter einer Pfandkehr begeht eine Art „Besitzdiebstahl" zum Nachteil desjenigen, der ein Sicherungs- oder Nutzungsrecht an der Sache besitzt.[1]

1. Rechtsgut

Die Bezeichnung des § 289 StGB als „Pfand"kehr erfasst den Umfang des Tatbestandes freilich nicht gänzlich und verengt ihn zu sehr.[2] Rechtsgut des § 289 StGB ist nämlich der Schutz des Gläubigers vor der eigenmächtigen Vereitelung privater Sicherungs- und Nutzungsrechte durch den Sacheigentümer oder den zugunsten des Eigentümers handelnden Dritten.[3] § 289 StGB ist somit ein Vermögensdelikt.[4] Zu diesen Sicherungs- und Nutzungsrechten gehören neben den Pfandrechten (z.B. §§ 562, 583, 592, 647, 1204 ff. BGB) auch die Nutznießungsrechte (§§ 1030 ff., 1649 Abs. 2 BGB), Gebrauchsrechte (z.B. §§ 535, 581, 598 BGB) und Zurückbehaltungsrechte (z.B. §§ 293, 972, 1000 BGB, § 369 HGB). Diese Rechte haben für den Inhaber einen Vermögenswert, wodurch § 289 StGB als Vermögensdelikt eingestuft werden kann.[5]

§ 289 StGB ist ein erfolgskupiertes Delikt; einer tatsächlichen Rechtsvereitelung bedarf es nicht, es genügt die dahin gehende Absicht des Täters.[6] Der Versuch ist nach § 289 Abs. 2 StGB strafbar und ein Strafantrag nach Abs. 3 der Norm erforderlich (absolutes Antragsdelikt). Rund 144 Personen wurden 2021 nach §§ 288, 289 StGB verurteilt.[7]

2. Prüfungsschema in Klausuren

Der Straftatbestand spielt in Klausuren allenfalls eine untergeordnete Rolle.

Prüfungsschema § 289 StGB

A. Tatbestand
   I. *Objektiver Tatbestand*
      1. *Tatobjekt*
         a) *Eigene oder fremde bewegliche Sache*
         b) *Geschütztes Recht an der Sache (Nutznießungs-, Pfand-, Gebrauchs- oder Zurückbehaltungsrecht)*
      2. *Tathandlung; Wegnahme der Sache zugunsten des Eigentümers*
   II. *Subjektiver Tatbestand*
      1. *Vorsatz*
      2. *Rechtswidrige Absicht der Rechtsvereitelung*

---

[1] *Maurach/Schroeder/Maiwald/Hoyer/Momsen*, BT-1, § 37 Rn. 14.
[2] LK-*Schünemann*, § 289 Rn. 1; MK-*Maier*, § 289 Rn. 1; *Kindhäuser/Böse*, § 10 Rn. 1.; *Rengier*, BT-1, § 28 Rn. 1.
[3] LK-*Schünemann*, § 289 Rn. 1; *L-Kühl/Heger*, § 289 Rn. 1, MK-*Maier*, § 289 Rn. 1, *Rengier*, BT-1, § 28 Rn. 1; a.A. SK-*Hoyer*, § 289 Rn. 1; *Bock*, ZStW 121 (2009), 548, 553: auch Gewahrsam sei mit geschützt.
[4] *Eisele*, BT-2, Rn. 1009; *Mitsch*, BT-2, S. 905.
[5] BGHSt 32, 88, 91; Beck OK-StGB-*Schmidt*, § 289 Rn. 1; MK-*Maier*, § 289 Rn. 1.
[6] Beck OK-StGB-*Schmidt*, § 289 Rn. 2; LK-*Schünemann*, § 289 Rn. 2, 24; MK-*Maier*, § 289 Rn. 2.
[7] SVS 2021, S. 40.

B. *Rechtswidrigkeit*
C. *Schuld*
D. *Strafantrag, § 289 Abs. 3 StGB*

II. Objektiver Tatbestand

1. Eigene oder fremde bewegliche Sache

6 Die Merkmale sind wie beim Diebstahl gem. § 242 StGB auszulegen.[8] Herrenlose Sachen sind dabei auch hier keine tauglichen Tatobjekte.

2. Geschützte Rechte

7 § 289 StGB zählt abschließend vier geschützte Rechte auf: **Pfand-, Nutznießungs-, Gebrauchs- und Zurückbehaltungsrechte.** Wie die Rechte entstanden sind, spielt für § 289 StGB keine Rolle; es werden dingliche und persönliche, privatrechtliche und öffentlich-rechtliche sowie gesetzliche und vertragliche Sicherungs- und Nutzungsrechte gleichsam geschützt.[9] Notwendig ist allein das wirksame Entstehen bzw. Bestehen des Rechts, wodurch auch gutgläubig erworbene Rechtspositionen geschützt sind.[10]

8 Streitig ist, ob § 289 StGB auch das **Pfändungspfandrecht** gem. § 804 ZPO erfasst, welches durch Pfändung im Zwangsvollstreckungsverfahren begründet wird. Nach einer Ansicht ist § 136 Abs. 1 StGB als lex specialis § 289 StGB vorrangig.[11] Dem ist aber mit der h.M. entgegenzuhalten, dass § 136 StGB die staatliche Herrschaftsgewalt über Pfandsachen schützt und gerade nicht vor der Vereitelung privater Sicherungs- und Nutzungsrechte des Gläubigers.[12] Daher ist das Pfändungspfandrecht gem. § 804 ZPO zu den geschützten Rechten des § 289 StGB zu zählen.

3. Wegnahme der Sache

9 ▶ **Beispiel („"Das ‚Rücken des Mieters'-Fall"):**[13] *Mieter M hatte zum Ende seines Mietverhältnisses erhebliche Mietrückstände. Daher teilte ihm die Vermieterin V mit, dass sie von ihrem Vermieterpfandrecht Gebrauch mache und untersagte M, die in der Wohnung befindlichen Gegenstände von dort wegzuschaffen. Dennoch räumte M die Wohnung über Nacht vollständig aus (auch als sog. „Rücken"*[14] *bezeichnet).* ◀

10 Grundsätzlich liegt eine **Wegnahme** vor, wenn fremder Gewahrsam gebrochen und neuer begründet wird.[15] Ob bei § 289 StGB dieselben Anforderungen an das Tatbestandsmerkmal zu stellen sind, ist umstritten. Der Streit kommt maßgeblich bei besitzlosen Pfandrechten (z.B. §§ 562, 592, 704 BGB) zum Tragen.

11 Nach einer engen Ansicht ist der Begriff der Wegnahme wie in § 242 StGB zu verstehen. Neben dem identischen Wortlaut, der zur Einheit der Rechtsanwendung eine einheitliche Auslegung indiziere, spreche dafür vor allem, dass der im Vergleich zu

---

8 Oben § 2 Rn. 11 ff.
9 MK-*Maier*, § 289 Rn. 5; *Rengier*, BT-1, § 28 Rn. 3.
10 MK-*Maier*, § 289 Rn. 5; NK-*Gaede*, § 289 Rn. 4.
11 L-*Kühl/Heger*, § 289 Rn. 1: Ausschluss aufgrund telelogischer Erwägungen.
12 LK-*Schünemann*, § 289 Rn. 6; MK-*Maier*, § 289 Rn. 12; NK-*Gaede*, § 289 Rn. 6; SK-*Hoyer*, § 289 Rn. 4; *Kindhäuser/Böse*, § 10 Rn. 5; *Rengier*, BT-1, § 28 Rn. 8; *Wessels/Hillenkamp/Schuhr*, BT-2 Rn. 492.
13 BayObLG NJW 1981, 1745; vgl. auch KG Urt. v. 8. 1. 2018 – 8 U 21/17 = BeckRS 2018, 1185.
14 *Sch/Sch-Heine/Hecker*, § 289 Rn. 9.
15 Siehe hierzu § 2 Rn. 19 ff.

§§ 136, 288 StGB erhöhte Strafrahmen nur durch ein gesondertes Unrechtselement, namentlich dem Bruch fremden Gewahrsams, zu begründen sei.[16]

Nach der h.M. ist das Merkmal „Wegnahme" weiter als im § 242 StGB auszulegen. Denn Rechtsbegriffe haben keine für alle Normen identische Bedeutung, sondern müssen immer im spezifischen Kontext der Regelung gesehen werden (sog. „Relativität der Rechtsbegriffe"[17]). Demnach sei Wegnahme jedes räumliche Entfernen der Sache aus dem tatsächlichen Machtbereich des Berechtigten, wobei den Machtbereich ein besitz- oder gewahrsamsähnliches Herrschaftsverhältnis kennzeichne.[18] Auf einen **Gewahrsamsbruch** wird damit gleichwohl verzichtet und es genügt, dass die Zugriffsmöglichkeit des Rechtsinhabers durch Entfernung der Sache aus dem räumlichen Zugriffsbereich vereitelt wird. Das entspricht auch dem Sinn und Zweck des § 289 StGB, der anders als § 242 StGB, nicht Eigentum und Gewahrsam schützt, sondern vor der Vereitelung von Sicherungs- und Nutzungsrechten. Gerade wenn das Sicherungsrecht unabhängig vom Besitz besteht (besitzloses Pfandrecht), würde § 289 StGB dieser Intension nicht nachkommen und damit die Gleichwertigkeit der Pfandrechte infrage stellen.[19] Zudem kann der Rechtsinhaber, anders als beim Besitzpfandrecht, kaum wirksame Sicherungsvorkehrungen treffen. § 288 StGB kann hier nicht weiterhelfen, da dieser erst greift, wenn die Zwangsvollstreckung „droht", was insoweit Strafbarkeitslücken hinterlässt.[20]

Die Wegnahme muss zudem zugunsten des Eigentümers der Sache geschehen. Dabei kann ein Dritter wie auch der Eigentümer selbst Täter sein. Umstritten sind dabei Fälle, in denen jemand Pfand-Leergut entwendet, das weiterhin dem Hersteller gehört. Wer dieses Leergut bei Händlern einlöst und so letztlich an den Eigentümer zurückgelangen lässt, soll nach einer Ansicht eine Pfandkehr begehen, da er zugunsten des Eigentümers handle.[21] Richtigerweise verfolgt der Wegnehmende aber in erster Linie eigene Interessen (Erlangung des Pfandbetrags).[22]

▶ *Lösung: Im „Rücken des Mieters-Fall" hat V an den eingebrachten Gegenständen in der Wohnung keinen Gewahrsam des M brechen können. Nach der engen Ansicht erfüllt M's Verhalten damit nicht die Voraussetzungen der Wegnahme. Nach vorzugswürdiger h.M. genügt es, dass die Sache aus dem räumlichen Zugriffsbereich des Rechtsinhabers entfernt wird.[23] M vereitelte mit dem Ausräumen der Wohnung die Möglichkeit der V, von ihrem Vermieterpfandrecht gem. § 562 BGB Gebrauch zu machen. Das Vermieterpfandrecht erstreckt sich dabei freilich nur auf pfändbare Sachen (§ 562 Abs. 1 S. 2 BGB), sodass § 811 Abs. 1 Nr. 1,2 ZPO zu beachten sind. M handelte zudem vorsätzlich und in der rechtswidrigen Absicht, das Vermieterpfandrecht der V vereiteln zu wollen.* ◀

---

16 NK-*Gaede*, § 289 Rn. 9 f.; SK-*Hoyer*, § 289 Rn. 9 f.; *Bock*, ZStW 121 (2009), 548, 553 f.; *Joerden*, JuS 1985, 20, 23.
17 *Schramm*, IntStR, § 1 Rn. 24.
18 BayObLG NJW 1981, 1745, 1746; *Fischer*, § 289 Rn. 4; LK-*Schünemann*, § 289 Rn. 14; Sch/Sch-*Heine/Hecker*, § 289 Rn. 9; A/W-*Heinrich*, § 16 Rn. 29; *Rengier*, BT-1, § 28 Rn. 12; *Wessels/Hillenkamp/Schuhr*, BT-2, Rn. 494.
19 BayObLG NJW 1981, 1745 (1746); MK-*Maier*, § 289 Rn. 15; *Rengier*, BT-1, § 28 Rn. 12.
20 BayObLG NJW 1981, 1745 (1746); A/W-*Heinrich*, § 16 Rn. 29.
21 OLG Hamm NStZ 2008, 154.
22 LG Saarbrücken NStZ-RR 2019, 45; *Fischer*, § 289 Rn. 5.
23 *Kudlich*, PdW BT-1, Nr. 87.

III. Subjektiver Tatbestand

1. Vorsatz

15 ▶ **Beispiel („Werkstattreparatur-Fall"):** *A ließ sein Auto in der Werkstatt des W reparieren. Da A knapp bei Kasse war und wusste, dass W die reparierten Fahrzeuge auf dem Gelände abstellte, nahm A den Zweitschlüssel und fuhr sein Auto, ohne die Reparatur zu bezahlen, vom Grundstück des W.* ◀

16 Der subjektive Tatbestand setzt zumindest **bedingten Vorsatz** bzgl. der objektiven Tatbestandsmerkmale voraus. Auf eine exakte juristische Bewertung und Subsumtion des Täters kommt es dabei nicht an. Vielmehr muss der Täter bei einer Parallelwertung in der Laiensphäre erkennen, dass er dem Rechtsinhaber ein Sicherungsmittel entzieht und dadurch schädigt.[24] Dies kann beim besitzlosen Pfandrecht nicht einfach angenommen werden, da dem Täter hier regelmäßig nicht bewusst ist, dass er dem Gläubiger ein Sicherungsmittel entzieht.[25]

17 ▶ **Lösung:** *Im „Werkstattreparatur-Fall" war A bewusst, dass er mit Entfernen des Autos vom Grundstück des W diesem ein Sicherungsmittel nimmt, um die Zahlung der Reparaturkosten zu erreichen. Bei Parallelwertung in der Laiensphäre erkennt A, dass er W mit seinem Tun schädigt. Dies genügt, um den subjektiven Tatbestand zu bejahen. Es ist nicht erforderlich, dass A den Sachverhalt juristisch exakt erfasst und etwa feststellt, er habe das gem. § 647 BGB begründete Werkunternehmerpfandrecht und das gem. § 273 BGB begründete Zurückbehaltungsrecht des W mit dem Wegfahren des Autos vereitelt.* ◀

18 Ist der Täter nicht der (Mit-)Eigentümer der Sache, sondern ein Dritter, muss dieser Dritte jedenfalls zugunsten des Eigentümers handeln. Die Handlung des Dritten kann dabei auf den eigenen Vorteil bedacht sein, solange der Wille des Täters maßgeblich darauf gerichtet ist, dem Eigentümer einen Vorteil zu verschaffen. Es genügt daher nicht, wenn der Dritte ausschließlich eigene Interessen verfolgt.[26]

2. Vereitelungsabsicht

19 Hinsichtlich der überschießenden Innentendenz, der **Absicht, das fremde Recht im Widerspruch zur Rechtsordnung zu vereiteln**, ist mit der h.M. dolus directus 2. Grades, Wissentlichkeit, erforderlich.[27] Hierfür spricht aus systematischer Sicht die parallele Ausgestaltung zu § 288 StGB, der auch direkten Vorsatz genügen lässt.

Wiederholungsfragen

1. Wie lautet das Rechtsgut des § 289 StGB? (Rn. 2)
2. Schützt § 289 StGB auch das Vermieterpfandrecht (§ 562 BGB) und das Pfändungspfandrecht (§ 804 ZPO)? (Rn. 8,14)
3. Wie ist das Merkmal der Wegnahme in § 289 StGB auszulegen? (Rn. 11)
4. Welche Anforderungen sind an den subjektiven Tatbestand des § 289 StGB hinsichtlich des Vorsatzes zu stellen? (Rn. 16)

---

24 OLG Düsseldorf NJW 1989, 115 (116); MK-*Maier*, § 289 Rn. 19; *Eisele*, BT-1, Rn. 1028; *Kindhäuser/Böse*, BT-2, § 10 Rn. 11.
25 *Eisele*, BT-1, Rn. 1028; *Rengier*, BT-1, § 28 Rn. 15.
26 LK-*Schünemann*, § 289 Rn. 20; *Kindhäuser/Böse*, § 10 Rn. 12; *Wessels/Hillenkamp/Schuhr*, Rn. 495.
27 *L-Kühl/Heger*, § 289 Rn. 4; LK-*Schünemann*, § 289 Rn. 25; *Rengier*, BT-1, § 28 Rn. 14; a.A. SK-*Hoyer*, § 289 Rn. 13; *Bock*, ZStW 121 (2009), 548, 558: dolus directus 1. Grades.

Stichwortverzeichnis

Die Angaben verweisen auf die Paragrafen des Buches (**fette Zahlen**) sowie die Randnummern innerhalb der einzelnen Paragrafen (magere Zahlen).
Beispiel: § 9 Rn. 10 = **9** 10

Amtserschleichung **7** 161
Anschlussdelikte **12** 1 ff.
Auslegung **1** 4 f.
Äußeres Erscheinungsbild, Scheinwaffen **2** 130, **4** 59
Auxilium post delictum **12** 3, 25
Bande
– Bandenabrede **2** 140
– Bandenwille **2** 142
– Definition **2** 135
– Gehilfenstellung **2** 138
– Mitgliederzahl **2** 137
– Mitwirkung **2** 143
– Mythen **2** 133 ff.
– Organisations- und Ausführungsgefahr **2** 134
Bandenbetrug **7** 200
Bandendiebstahl
– einfacher **2** 133
– schwerer **2** 154
Bandenraub **4** 62
Begünstigung **12** 3 ff.
– Beteiligung **12** 21
– Hilfeleistung **12** 11
– Prüfungsschema **12** 8
– Rechtsgut **12** 5
– Vortat **12** 9
– Vorteile **12** 14
– Vorteilssicherungsabsicht **12** 20
Beisichführen
– Diebstahl **2** 123, 128
– Raub **4** 49
– schwerer Raub **4** 57
Bereicherungsabsicht
– Betrug **7** 166
– Erpressung **9** 40
– objektive Rechtswidrigkeit der Bereicherung **7** 180
Berufswaffenträger **2** 128a
Besonders schwerer Fall
– bei der Untreue **10** 66
– beim Diebstahl **2** 79
– Klausurentechnik **2** 82
– Quasi-Vorsatz **2** 84
– Regelbeispielsmethode **2** 80
Besonders schwerer Raub
– mit Waffen **4** 66
– schwere körperliche Misshandlung **4** 67

Betrug **7** 1 ff., 168
– Amtserschleichung **7** 159
– ausdrückliche Täuschung **7** 26
– Bereicherungsabsicht **7** 166
– Beteiligung **7** 184, 187
– Corona **7** 156
– Dieselskandal **7** 190
– Doping **7** 32
– Dreiecksbetrug **7** 88
– Eingehungsbetrug **7** 145
– Erfüllungsbetrug **7** 149
– Exklusivitätstheorie **7** 6
– falscher Polizeibeamter **7** 84
– Forderungsbetrug **7** 82
– gutgläubiger Erwerb **7** 149
– Heiratsschwindel **7** 157a
– ignorantia facti **7** 50
– individueller Schadenseinschlag **7** 128
– Irrtum **7** 42
– Kausalzusammenhang **7** 163
– Kommunikationsdelikt **7** 7
– konkludente Täuschung **7** 29
– Konkurrenzen **7** 209
– Lagertheorie **7** 90
– Love-Scamming **7** 157a
– Makeltheorie **7** 150
– Mittäterschaft **7** 185
– mittelbare Täterschaft **7** 186
– Provisionsvertreter **7** 172
– Prüfungsschema **7** 10
– Rechtsgut **7** 2
– Selbsthilfebetrug **7** 181
– soziale Zweckverfehlung **7** 154
– Stoffgleichheit **7** 170
– Tatsache **7** 13
– Täuschung **7** 12 ff., 23
– Täuschung durch Unterlassen **7** 34
– Unrechtscharakter **7** 5
– Vermögensgefährdung **7** 134
– Vermögensschaden **7** 95, 121
– Vermögensverfügung **7** 70
– Vermögensverlust großen Ausmaßes **7** 202
– Versicherungsbetrug **8** 65
– Versuch **7** 195
– Vorsatz **7** 164
– Zweifel an Richtigkeit **7** 56
Bilanzielle Bewertungsmaßstäbe **7** 135, **10** 51

Computerbetrug **8** 2 ff.
– Ablauf- und Hardwaremanipulation **8** 41

355

Stichwortverzeichnis

- Beeinflussung des Datenverarbeitungsvorgangs 8 48
- berechtigter Karteninhaber 8 35
- betrugsspezifische Betrachtung 8 26
- computerspezifische Auslegung 8 25
- Daten und Datenverarbeitungsvorgang 8 11
- elektronischer Taschendiebstahl 8 40a
- Geldautomatenfälle 8 29 ff.
- Inputmanipulation 8 15
- Konkurrenzen 8 56
- NFC 8 38
- Pfandautomat 8 40a
- Programmmanipulation 8 12
- Prüfungsschema 8 9
- Rechtsgut 8 4
- Scannerkasse 8 40, 48
- Systematik 8 5
- Unbefugte Datenverwendung 8 22 ff.
- unbefugte Verwendung von Daten 8 23
- unberechtigter Karteninhaber 8 33
- Vermögensschaden 8 52
- Vorsatz 8 53

Computersabotage
- Hackerangriffe aus Ausland 6 63
- Prüfungsschema 6 64
- Rechtsgut 6 60
- Taterfolg 6 62
- Tathandlungen 6 61

Containern 2 15, 18

Corona
- Betrug 7 156
- Corona-Soforthilfen 7 156
- Kurzarbeitergeld 7 156
- Subventionsbetrug 7 156, 8 1

Daten, Tatobjekt 6 52

Datenträger, Zueignung 2 55

Datenveränderung 6 52
- europäische Vorgaben 6 48
- Prüfungsschema 6 51
- Rechtsgut 6 49
- Tathandlungen 6 54
- Vorsatz 6 57

Diebstahl 2 1 ff.
- absichtslos-doloses Werkzeug 2 73
- Bagatellfälle 2 2
- besonders schwerer Fall 2 79
- Beweglichkeit der Sache 2 14
- Containern 2 15, 18
- Drittzueignung 2 64
- Einbruchsdiebstahl 2 87
- Fremdheit der Sache 2 15 ff.
- Geldautomat 2 24
- Geschichte 2 1
- Gewahrsam 2 20
- Gewahrsamsbruch 2 26
- Gewahrsamsenklave 2 23
- Konkurrenzen 2 78, 114
- mehrstufiger Gewahrsam 2 35
- Prüfungsschema 2 8
- Prüfungsschema bes. schwerer Fall 2 85
- Qualifikationen 2 116 ff.
- Rechtsgut 2 5
- Regelbeispiele 2 79
- Sachbegriff 2 10
- Scannerkasse 8 40
- Schmierestehen 2 75
- Selbstbedienungskasse 2 26a
- subjektiver Tatbestand 2 39
- Systematik 2 3
- Täterschaft und Teilnahme 2 72
- Trickdiebstahl 2 30
- Versuch 2 76, 107
- Vollendung 2 32
- Wash-Wash 2 30
- Wegnahme 2 19
- Zueignungsabsicht 2 44

Diebstahl mit Waffen
- Berufswaffenträger 2 128a
- Prüfungsschema 2 118 f.
- Waffe 2 121

Dieselskandal 7 190
- Beteiligung am Betrug 7 191
- Betrugstatbestand 7 192

Dreiecksbetrug 7 88

Dreieckserpressung 9 33

Drohung 9 16 ff.

E-Bike 5 48

EC-Karte 11 8

Einbruchsdiebstahl 2 87
- als Regelbeispiel 2 90
- Wohnungseinbruchsdiebstahl 2 89

Entziehung elektrischer Energie 14 1 ff., 13
- elektrische Anlage 14 9
- elektrische Einrichtung 14 9
- elektrische Energie 14 7
- Entziehung 14 10
- Konkurrenzen 14 24
- Legitimität 14 2
- Leiter 14 12 f.
- Nutzung einer fremden Steckdose 14 15
- Nutzung eines fremden USB-Anschlusses 14 15
- Prüfungsschema 14 5
- Rechtsgut 14 3
- Schädigungsabsicht 14 23
- Vorsatz 14 18
- Zueignungsabsicht 14 19, 21

Erfolgskupiertes Delikt
- Betrug 7 166
- Diebstahl 2 5
- erpresserischer Menschenraub 9 67
- Pfandkehr 15 3
- räuberischer Diebstahl 5 3

Stichwortverzeichnis

Erpresserischer Menschenraub
- Abgrenzung zur Erpressung 9 60
- Drei-Personen-Verhältnis 9 71
- Entführen 9 66
- Entführungstatbestand 9 68
- erfolgskupiertes Delikt 9 67
- Prüfungsschema 9 64
- Rechtsgut 9 61
- Sich-Bemächtigen 9 66
- Tatbestandsalternativen 9 63
- Zwei-Personen-Verhältnis 9 73

Erpressung 9 1 ff.
- Bereicherungsabsicht 9 42
- Dreieckserpressung 9 33
- Drohung 9 16
- Drohung mit Unterlassung 9 17
- erfolgskupiertes Delikt 9 3
- Handlung, Duldung, Unterlassung 9 22
- Kausalität 9 37
- Nötigungsmittel 9 10 ff.
- PIN 9 38
- Prüfungsschema 9 8 f.
- Rechtsgut 9 2
- Systematik 9 7
- Vermögensschaden 9 31
- Vermögensverfügung 9 22 ff.

Erschleichen von Leistungen 8 76 ff.
- Beförderung durch Verkehrsmittel 8 87
- Entgeltlichkeit 8 105
- Leistungsautomat 8 96
- Prüfungsschema 8 82
- Rechtsgut 8 78
- Schwarzfahren 8 88 ff.
- Tathandlung 8 83
- Telekommunikationsnetz 8 85, 102
- Verhältnis zu § 263 8 79
- Versuch 8 107
- Warenautomat 8 97

Europäisches Verbraucherleitbild, Betrug 7 63

Europäische Vorgaben
- allgemein 1 32
- Betrug 7 63
- Button-Lösung 7 69
- Computerbetrug 8 2
- Datenveränderung 6 48
- Geldwäsche 12 74

Funduntschlagung 2 29, 3 28
Furtum usus 2 53, 3 42, 13 1

Gaspistole 2 120
Gefährliches Werkzeug
- abstrakt-objektive Gefährlichkeit 2 125
- beim Diebstahl 2 125
- beim schweren Raub 4 50
- Diebstahl 2 124 ff.
- innerer Verwendungsvorbehalt 2 128
- Raub 4 58

Geldwäsche 12 73 ff.
- europäische Vorgaben 12 74
- Herrühren 12 82
- Katalogtat 12 81
- Prüfungsschema 12 79
- Rechtsgut 12 75
- Selbstgeldwäsche 12 90
- Strafverteidiger 12 88
- Tathandlungen 12 83 ff.
- Tatobjekt 12 80
- Unterschied zur Hehlerei 12 76 f.
- Vorsatz 12 92

Gemeinschädliche Sachbeschädigung 6 40
- Klimaaktivisten 6 41

Geringwertigkeit, Diebstahl 2 104
Gesamtsaldierung, Betrug 7 97
Gesetzlichkeitsprinzip
- Eigentums- und Vermögensstrafrecht 1 2

Gewalt 9 11 ff.
Gewalt gegen eine Person
- durch Unterlassen 4 20
- Raub 4 15
- räuberische Erpressung 9 52

Gewalt gegen eine Sache 9 14
Gewerbsmäßigkeit
- Begriff 2 102
- Betrug 7 199
- Diebstahl 2 100

Hehlerei 12 24 ff.
- abgeleiteter Erwerb 12 46
- Absatzerfolg 12 59
- Absatzhehlerei 12 55
- Absatzhilfe 12 62
- Absetzen 12 56
- Ankaufen 12 49
- Beteiligung an Vortat 12 42
- Datenhehlerei 12 33
- Drittverschaffung 12 54
- durch Vortat Erlangtes 12 38
- Ersatzhehlerei 12 34
- Erwerbshehlerei 12 44 ff.
- Geschichte 12 25
- Konkurrenzen 12 71
- Kooperationszusammenhang 12 46
- Prüfungsschema 12 30
- Rechtsgut 12 26
- Sich-Verschaffen 12 51
- subjektiver Tatbestand 12 64
- Tatobjekt 12 32
- Versuch 12 67
- Vortat 12 36
- Wahlfeststellung 12 72

Internet der Dinge 6 63

Klassifizierung der Tatbestände 1 5
- Eigentumsdelikte 1 7

357

Stichwortverzeichnis

- Vermögensdelikte 1 9
Klimaaktivismus
- gemeinschädliche Sachbeschädigung 6 41
- Sachbeschädigung 6 18, 28
Kraftfahrzeug 13 11
- E-Bike 5 48, 13 12
- Pedelec 5 48
- Segway 5 48
Kreditkarte 11 17, 18
Kreditkartenmissbrauch
- Drei-Parteien-System 11 37
- Missbrauch 11 36, 38
- Vier-Parteien-System 11 38

Labellostift 2 129
Landowsky-Beschluss 1 4, 7 152, 10 4, 11, 51
- Betrug 7 25
Love-Scamming 7 157a
Lucrum ex negotio cum re 2 49
Lucrum ex re 2 47

Missbrauchstatbestand 10 13
Missbrauch von Scheck- und Kreditkarten 11 1 ff.
- Bankomatenmissbrauch 11 13
- berechtigter Karteninhaber 11 27
- Kreditkarten 11 16
- Missbrauch 11 34 ff.
- POS-System 11 10
- Prüfungsschema 11 6
- Rechtsgut 11 4
- Scheckkarte 11 8
- Sonderdelikt 11 44
- Täterkreis 11 27
- Tatgegenstand 11 7
- Vermögensschaden 11 41
- Vier-Parteien-System 11 23
- Vorsatz 11 43
- Zwei-Parteien-System 11 17

NFC
- Computerbetrug 8 21

Ökonomischer Vermögensbegriff 7 99
Organisationsherrschaft 7 188
Pfandkehr 15 1 ff.
- erfolgskupiertes Delikt 15 3
- geschützte Rechte 15 7
- Pfandflasche 15 13
- Pfändungspfandrecht 15 8
- Prüfungsschema 15 5
- Rechtsgut 15 2
- Tatobjekt 15 6
- Vereitelungsabsicht 15 19
- Vorsatz 15 15
- Wegnahme 15 9
- Wegnahme zugunsten Eigentümer 15 13

PIN
- Computerbetrug 8 30
- Erpressung 9 37
- Vermögenswert 9 37
- Wegnahme 2 29
Pönalisierungskompetenz 1 28 f.
Prinzip der Gesamtsaldierung
- bei der Untreue 10 45
- beim Betrug 7 96
Privatwohnung 2 151
- dauerhaft genutzte 2 152
Prüfungsschema
- Begünstigung 12 8
- Betrug 7 10
- Computerbetrug 8 9
- Computersabotage 6 64
- Datenveränderung 6 51
- Diebstahl bes. schwerer Fall 2 85
- Diebstahl mit Waffen 2 118
- einfacher Diebstahl 2 8
- Entziehung elektrischer Energie 14 5
- erpresserischer Menschenraub 9 64
- Erpressung 9 8
- Erschleichen von Leistungen 8 82
- Geldwäsche 12 79
- Hehlerei 12 30
- Missbrauch von Scheck- und Kreditkarten 11 6
- Pfandkehr 15 5
- Raub 4 9
- räuberische Erpressung 9 51
- räuberischer Angriff auf Kraftfahrer 5 35
- räuberischer Diebstahl 5 8
- Raub mit Todesfolge 4 80
- Sachbeschädigung 6 8
- schwerer Bandendiebstahl 2 155
- schwerer Raub 4 47
- unbefugter Gebrauch eines Kraftfahrzeugs 13 8
- Unterschlagung 3 7 f.
- Versicherungsmissbrauch 8 61

Raub 4 1 ff.
- besonders schwerer 4 63 f.
- Beteiligung 4 38
- Dreiecksnötigung 4 18
- Drohungskomponente 4 24
- durch Unterlassen 4 22
- einfacher Raub 4 4
- Erschwerungsgründe im Beendigungsstadium 4 69
- Finalzusammenhang 4 26
- Geschichte 4 1
- Gewalt 4 15
- Kausalzusammenhang 4 30
- Konkurrenzen 4 43
- lebensgefährlicher 4 68
- Prüfungsschema 4 9
- raubspezifische Einheit 4 31

Stichwortverzeichnis

- Rechtsgut 4 4
- Struktur Tatbestand 4 5
- subjektiver Tatbestand 4 32
- sukzessive Beteiligung 4 39
- Versuch 4 36
- Vollendung 4 35
- Wegnahme 4 12
- Wegstoßen am Geldautomaten 4 11 ff.

Räuberische Erpressung 9 48 ff.
- Abgrenzung zu § 239b StGB 9 62
- Dreiecksnötigung 9 54
- Prüfungsschema 9 51

Räuberischer Angriff auf Kraftfahrer 5 31 ff., 56
- Ausnutzung 5 54
- besondere Verhältnisse des Straßenverkehrs 5 49 ff.
- Führen eines Fahrzeugs 5 41
- Geschichte 5 33
- Kraftfahrzeug 5 45
- Prüfungsschema 5 35
- Rechtsgut 5 32
- subjektiver Tatbestand 5 55
- Vereinzelung des Opfers 5 51
- verkehrsbedingter Halt 5 41
- Verüben eines Angriffs 5 38

Räuberischer Diebstahl 5 2 ff., 11
- ahnungsloses Opfer 5 16
- auf frischer Tat betroffen 5 14
- Besitzerhaltungsabsicht 5 23 f.
- Beteiligung 5 26 ff.
- Deliktsnatur 5 3
- dogmatische Begründung 5 6
- Gleichstellung mit Raub 5 5
- Prüfungsschema 5 8
- Rechtsgut 5 2
- Vorsatz 5 22
- Vortat 5 10

Raub mit Todesfolge 4 75 ff.
- Beendigungsphase 4 87
- Beteiligung 4 98
- erfolgsqualifiziertes Delikt 4 76
- Gefahrzusammenhang 4 83 f.
- Grundtatbestand 4 81
- Leichtfertigkeit 4 89
- Prüfungsschema 4 80
- Rücktritt vom Versuch 4 95
- Versuch 4 94

Rechtsanwalt
- Betrug 7 38
- Geldwäsche 12 88
- Untreue 10 32

Regelbeispiele
- Betrug 7 198
- Diebstahl 2 79
- Quasi-Vorsatz 2 84
- Untreue 10 64
- Verfassungskonformität 2 81

- Versuch 2 107

Sachbeschädigung 6 1 ff.
- Beschädigung 6 17
- Fremdheit 6 14
- funktionale Beeinträchtigung 6 19
- Graffiti 6 23, 28
- Klimaaktivisten 6 18, 28, 34
- Konkurrenzen 6 38
- Prüfungsschema 6 8
- Qualifikationen 6 39
- Rechtsgut 6 6
- Rechtswidrigkeit 6 33 ff.
- Substanzverletzung 6 18
- Systematik 6 4
- Tatobjekt 6 9
- Tier 6 12
- unerhebliche Beeinträchtigungen 6 24
- Veränderung des äußeren Erscheinungsbilds 6 28
- Vorsatz 6 30
- Zerstören 6 26

Sache
- Begriff 2 11
- bewegliche Sache 2 14
- Diebstahl 2 10
- fremde Sache 2 16, 6 14
- menschlicher Körper 2 13
- Sachbeschädigung 6 10

Scannerkasse, Diebstahl 2 26a

Scheckkarte 11 8

Scheinwaffen
- Diebstahl 2 130
- erpresserischer Menschenraub 9 68
- schwerer Raub 4 56

Schmierestehen 2 75

Schwarzfahren 8 88, 90

Schwarztanken 3 11
- Betrug 7 53
- Diebstahl 2 25

Schwerer Bandendiebstahl 2 154
- Prüfungsschema 2 155

Schwerer Raub 4 44
- gefährliches Werkzeug 4 50
- Prüfungsschema 4 47
- Scheinwaffen 4 57
- Struktur 4 45

Segway 5 48, 14 11

Sonstiges Werkzeug oder Mittel
- Diebstahl 2 130
- Raub 4 57

Strafrecht
- Freiheitsschutz 1 1
- Gestaltungsfreiheit des Gesetzgebers 1 31
- Rechtsgüterordnung 1 6
- Rechtsgüterschutz 1 1
- Rechtsgutslehre 1 31

359

Stichwortverzeichnis

- Sanktionsordnung 1 26
- Sekundärordnung 1 25

Tier, Gewalt gegen eine Sache 9 14
Tierschutz, Sachbeschädigung 6 12
Treubruchstatbestand 10 28

Unbefugter Gebrauch eines Fahrzeugs 13 1 ff.
- Berechtigter 13 15
- Fahrrad 13 12
- Ingebrauchnahme 13 13 ff.
- Kraftfahrzeug 13 11
- Nutzungsrechtstheorie 13 4
- Prüfungsschema 13 8
- Rechtsgut 13 3
- Tatobjekte 13 10
- Vorsatz 13 22

Unterschlagung 3 1 ff.
- Drittzueignung 3 22, 30
- Fundunterschlagung 3 28
- Herrschaftsbeziehung 3 20
- Konkurrenzen 3 38
- Manifestationstheorien 3 15
- Prüfungsschema 3 7
- Rechtsgut 3 5
- subjektiver Tatbestand 3 35
- Täterschaft und Teilnahme 3 37
- Tatobjekt 3 10
- Verhältnis zum Diebstahl 3 3
- Versuch 3 36
- veruntreuende Unterschlagung 3 44
- Zueignungstheorien 3 18

Untreue 10 1 ff.
- besonders schwerer Fall 10 66
- Einverständnis 10 23
- Ersatzwilligkeit 10 47
- Gesamtbetrachtung 10 30
- Geschäftsbesorgung 10 31
- Geschichte 10 3
- gravierende Pflichtverletzung 10 41 ff.
- individueller Schadenseinschlag 10 55
- Irrtum 10 60
- Kreis der Treupflichtigen 10 32
- Landowsky-Beschluss 10 11, 51
- Mietkaution 10 29
- Missbrauch der Befugnis 10 18
- Missbrauchstatbestand 10 13
- nachträgliche Genehmigung 10 25
- Prüfungsschema 10 6
- Rechtsanwalt 10 36
- Rechtsgut 10 2
- Sonderdelikt 10 62
- tatsächliches Treueverhältnis 10 34
- Treubruchstatbestand 10 28
- Treupflichtverletzung 10 37
- Verfügungs- oder Verpflichtungsbefugnis 10 15
- Verhältnis der Tatbestände 10 7

- Vermögensbetreuungspflicht 10 27 ff.
- Vermögensschaden 10 44
- Wirtschaftsstraftat 10 4
- Zweckverfehlung 10 54

Vermögensbegriff 7 98
- Anwartschaften 7 115
- Arbeitskraft 7 118
- juristisch-ökonomischer 7 100
- ökonomischer 7 99
- personaler 7 102
- rechtlich missbilligter Mitteleinsatz 7 107
- staatliche Leistungen 7 119
- unrechtmäßiger Besitz 7 115

Vermögensdelikte
- fragmentarischer Charakter 1 19
- im engeren und weiteren Sinne 1 17
- Verhältnis zum Wirtschaftsstrafrecht 1 21

Vermögensschaden
- beim Betrug 7 95
- Berechnung 7 101
- individueller Schadenseinschlag 7 130, 10 58
- Kompensation 7 126
- Vermögensgefährdung 7 135
- Zweckverfehlung 7 157, 10 54

Vermögenstheorien 7 99

Vermögensverfügung
- bei Betrug 7 71
- bei Erpressung 9 22 ff.
- beim Betrug 7 70
- Unmittelbarkeit 7 76
- Verfügungsbewusstsein 7 80

Verschleifungsverbot 7 25
- Betrug 7 61
- Untreue 10 44

Versicherungsbetrug 7 143, 207, 8 65
- Repräsentantenhaftung 8 71 ff.
- Vortat 8 66
- Vortäuschen 8 67

Versicherungsmissbrauch 8 59 ff.
- Prüfungsschema 8 61

Veruntreuende Unterschlagung 3 44
- Anvertrauen 3 46
- Nichtige Auftragsverhältnisse 3 48
- Versuch 3 51

Waffe
- Diebstahl 2 120 f.
- schwerer Raub 4 50

Wirtschaftsstrafrecht
- Begriff 1 22
- White Collar 1 24 ff.

Wohnungseinbruchsdiebstahl 2 147
- Begriff der Wohnung 2 148
- Privatwohnung 2 151
- Privatwohnungseinbruch 2 150
- Schutzzweck 2 148

Stichwortverzeichnis

- Tathandlung 2 149

Zerstörung von Bauwerken 6 44
Zerstörung wichtiger Arbeitsmittel 6 45
Zueignung
- Aneignung 2 57
- bei Unterschlagung 3 12
- Datenträger 2 55
- Drittzueignung 2 61
- Enteignung 2 52
- Joyriding 2 54
- objektive Rechtswidrigkeit 2 67
- Sachwerttheorie 2 47
- Sichzueignung 2 61
- Substanztheorie 2 47
- wiederholte Zueignung 3 23
- Zueignungsabsicht Diebstahl 2 44